31

EDITH STEINS WERKE
II

EDITH STEINS WERKE

HERAUSGEGEBEN VON

DR. L. GELBER

CONSERVATOR
ARCHIVUM CARMELITANUM EDITH STEIN

P. FR. ROMAEUS LEUVEN O.C.D.

PROV. HOLLANDIAE

BAND II

ENDLICHES UND EWIGES SEIN

VERSUCH EINES AUFSTIEGS ZUM SINN DES SEINS

VON

DR. EDITH STEIN

UNBESCHUHTE
KARMELITIN

HERDER
FREIBURG · BASEL · WIEN

Dritte, unveränderte Auflage

Alle Rechte vorbehalten – Printed in Germany
© Verlag Herder Freiburg im Breisgau 1986
Imprimi potest servatis di iure servandis
Fr. Amandus a S. Ant. Abb., Vic. Prov.
Geleen, 7 Dec. 1949
Herstellung: Weihert-Druck, Darmstadt 1986
ISBN 3-451-13097-1

INHALT

Inhalt

Inhalt

Inhalt

Mit dem Werk *Endliches und Ewiges Sein* erscheint eine der großen philosophischen Studien Edith *Steins*. Dieses Werk reifte, als sich Edith Stein aus dem bewegten Leben ihrer weltlichen Laufbahn zurückzog, um ihrem geistlichen Ruf zu folgen. Als ehemalige *Husserl*-Schülerin, dann Assistentin ihres großen Lehrers und hochgeschätzte Phänomenologin mit bedeutenden Veröffentlichungen in Husserls „Jahrbuch für Philosophie und phänomenologische Forschung" hatte sie sich in späteren Jahren der Lehrtätigkeit zugewendet und war zuletzt Dozentin am Deutschen Institut für wissenschaftliche Pädagogik zu Münster. Schließlich entsagte sie dem weltlichen Leben, das ihr bereits Ansehen auf philosophischem und pädagogischem Gebiet gebracht hatte und nahm am Altar zu Köln-Lindenthal in tiefer Demut den Schleier der Karmelitin entgegen.

Im Laufe weniger Klosterjahre sollte Edith Stein in innerer und äußerer Kreuzigung zum Gipfel des Berges Karmel emporsteigen. Ohne die Veröffentlichung des vorliegenden Werkes noch selbst zu erleben, auch ohne den Schlußstrich unter ihre letzte Schrift *Kreuzeswissenschaft*[1] setzen zu dürfen, die Studie, mit der sie den Gipfel jenes Berges erreicht, wird sie gerufen, um im Martyrium der nationalsozialistischen Judenverfolgungen aus dem Leben zu scheiden[2].

Wenn wir von diesem Lebensweg innerer und äußerer Kreuzigung hinüberblicken nach dem Weg zum Seinsverständnis, den Sr. Benedicta in *Endliches und Ewiges Sein* einschlägt, so wird der gemeinsame Leitgedanke beider Wege offenbar: endliches Sein ist die Entfaltung eines Sinnes, dessen endloser Urgrund uns zum ewigen Sein führt. Im Blick auf den Lebensweg entspringt dieser Gedanke freudiger Glaubensüberzeugung: „Was nicht in *meinem* Plan lag, das hat in Gottes Plan gelegen. Lebendiger wird in mir die Glaubensüberzeugung, daß es — von Gott her gesehen — keinen Zufall gibt, daß mein ganzes Leben

---

[1] Siehe E. Steins Werke Bd. I
[2] Siehe ebd. (Nachwort) den biographischen Abriß.

bis in alle Einzelheiten im Plan der göttlichen Vorsehung vorgezeichnet und vor Gottes allsehendem Auge ein vollendeter Sinnzusammenhang ist. Dann beginne ich mich auf das Licht der Glorie zu freuen, in dem auch mir dieser Sinnzusammenhang entschleiert werden soll." Demgegenüber ist der Durchbruch vom endlichen zum ewigen Sein nicht nur religiös geahnt oder mystisch erlebt, sondern philosophisch, methodisch gesucht und errungen. Ausgehend vom eigenen, erlebten Sein, werden die Seinsbedingungen dieser Erlebniseinheit analysiert. Schritt um Schritt steigt E. Stein empor auf festem, wissenschaftlich geprüftem Boden.

Was bedeutet das für den Leser dieses Werkes? Auch er muß sich im Studium langer und schwieriger Analysen den Weg hinauf bahnen. Während des Hinaufsteigens wird sich ihm der Zusammenhang der Gedankengänge noch nicht entschleiern, aber am Gipfel angelangt, wird er ihren Wahrheitswert und dadurch ihre Schönheit erkennen. Denn nun fügen sich die Analysen zusammen zu einem tiefen Einblick in das Wesen der Dinge in zeitlicher Entfaltung, um schließlich auf den Urgrund alles Seins, wo das Ewige strahlt, zu führen. Damit soll nicht gesagt sein, daß wir dann in die tiefsten Schichten hinabsehen können — dazu müßten wir das *summum analogon*, das Ewige selbst kennen. Doch werden wir von dieser Höhe die natürlichen Ansätze der Linien erkennen, die in die geheimnisvollen Tiefen des Seins hinabführen; und der Anblick des Abbildes Gottes in der ganzen Natur, des Ewigen Logos würdig, wird uns mit ehrfürchtigem Staunen erfüllen. Zudem mag uns nun ein Blick rückwärts nach denen, die den Gipfel nicht erreichten oder die es vorzogen, im Tal zu bleiben, erst recht deutlich lehren, wie erhaben unsere Einsicht und Aussicht ist.

Vielleicht werden sich an manchen Punkten des Aufstiegs Fragen oder Zweifel aufdrängen: hier wäre eine Wegrichtung vorzuziehen, die es erlaubt, *Thomas* näher zu bleiben; dort wäre jene alte, der Verfasserin anscheinend nicht bekannte Begriffsunterscheidung anzubringen; an dieser oder jener Stelle gäbe es noch einen anderen Pfad zur Höhe. Wir antworten: Gewiß, wo Menschen zur Seinshöhe hinaufsteigen, bestehen viele Möglichkeiten. Edith Stein selbst sagt: „Wirklichkeitswissenschaft kommt nie zum Abschluß".

Möge dieses Werk in die Hände aller gelangen, die nach Erlösung aus dem unerlösten Sein streben, auch derjenigen, die die Sprache der *Christlichen Philosophie* nicht verstehen. Denn hier erhalten wir eine vom Meister der Phänomenologie selbst empfohlene Führerin, die — soweit dies möglich ist — auf analytischem Wege zur Wesensschau durchdringen will[3].

Die Herausgeber

---

[3] Siehe im Nachwort die historisch-archivalische Verantwortung dieser Herausgabe mit näheren Ausführungen über die Entstehung des Werkes und seine Stellung im Steinschen Schaffen. Auch finden sich dort die Erläuterungen zur Revision des Textes.

VORWORT

Dieses Buch ist von einer Lernenden für Mitlernende geschrieben. Die Verfasserin war in einem Alter, in dem andere es wagen dürfen, sich Lehrer zu nennen, gezwungen, ihren Weg von vorn zu beginnen. Sie war in der Schule Edmund *Husserls* herangebildet und hatte eine Reihe von Arbeiten nach phänomenologischer Methode geschrieben. Diese Abhandlungen waren in Husserls Jahrbuch erschienen, und dadurch wurde ihr Name bekannt gerade zu einer Zeit, wo sie aufgehört hatte, philosophisch zu arbeiten, und an nichts weniger dachte als an eine öffentliche Wirksamkeit. Sie hatte den Weg zu Christus und Seiner Kirche gefunden und war damit beschäftigt, die praktischen Folgerungen daraus zu ziehen. Als Lehrerin an der Lehrerinnenbildungsanstalt der Dominikanerinnen zu Speyer durfte sie in der wirklichen katholischen Welt heimisch werden. Dabei mußte sehr bald der Wunsch erwachen, die gedanklichen Grundlagen dieser Welt kennen zu lernen. Es war fast selbstverständlich, daß sie zuerst zu den Schriften des hl. *Thomas von Aquino* griff. Die Übersetzung der *Quaestiones disputatae de veritate* bahnte ihre Rückkehr zur philosophischen Arbeit an.

Der hl. Thomas fand eine ehrfürchtige und willige Schülerin — aber ihr Verstand war keine *tabula rasa*, er hatte schon eine sehr feste Prägung, die sich nicht verleugnen konnte. Die beiden philosophischen Welten, die darin zusammentrafen, verlangten nach einer Auseinandersetzung. Der erste Ausdruck dieses Verlangens war der kleine Beitrag zur Husserl-Festschrift: „Husserls Phänomenologie und die Philosophie des hl. Thomas von Aquino"[1], noch während der Arbeit an den „Untersuchungen über die Wahrheit"[2] geschrieben. Als die Übersetzung abgeschlossen und im Druck war, wurde der Versuch einer Auseinandersetzung aufs neue in Angriff genommen, diesmal auf breiterer sachlicher Grundlage. Es entstand i. J. 1931 ein umfangreicher Entwurf. Im Mittelpunkt stand die Erörterung der Begriffe *Akt* und *Potenz*; nach ihnen sollte auch das Ganze benannt werden.

---

[1] Festschrift, Edmund Husserl zum 70. Geburtstag gewidmet, Verlag Niemeyer, Halle a. d. S. 1929, S. 315ff. (E. Steins Werke Bd. IV).

[2] Des hl. Thomas von Aquino Untersuchungen über die Wahrheit, Verlag Borgmeyer, Breslau, I. Band 1931, II. Band 1932, Wörterverzeichnis 1934 (E. Steins Werke Bd. III).

Eine gründliche Überarbeitung — damals schon als unerläßlich erkannt — mußte zugunsten andersgearteter Berufsarbeit zurückgestellt werden.

Nachdem die Verfasserin in den Orden der *Unbeschuhten Karmeliten* aufgenommen war und ihr Noviziatsjahr beendet hatte, erhielt sie im vergangenen Jahr von ihren Vorgesetzten den Auftrag, den alten Entwurf für den Druck vorzubereiten. Es ist eine ganz neue Fassung entstanden; von der alten sind nur wenige Blätter (der Anfang des I. Teils) übernommen worden. Der Ausgang von der thomistischen Akt-Potenz-Lehre wurde beibehalten — aber nur als Ausgang. Im Mittelpunkt steht die *Frage nach dem Sein*. Die Auseinandersetzung zwischen thomistischem und phänomenologischem Denken erfolgt in der sachlichen Behandlung dieser Frage. Und weil beides — das Suchen nach dem Sinn des Seins und das Bemühen um eine Verschmelzung von mittelalterlichem Denken mit dem lebendigen Denken der Gegenwart — nicht nur ihr persönliches Anliegen ist, sondern das philosophische Leben beherrscht und von vielen als eine innere Not empfunden wird, darum hält sie es für möglich, daß ihr Versuch anderen helfen könnte, so unzulänglich er ist. Über die Unzulänglichkeit ist sie sich vollkommen klar. Sie ist in der Scholastik ein Neuling und kann sich das, was ihr an Kenntnissen fehlt, nur ganz allmählich und stückweise anzueignen suchen. Darum konnte es ihr auch nicht einfallen, eine geschichtliche Darstellung der behandelten Fragen zu geben. Die Anknüpfung an vorliegende Lösungen ist immer nur Ausgangspunkt für eine sachliche Erörterung. Und das dürfte nicht nur der Weg zu größerer sachlicher Klarheit sein — kein menschliches Gedankensystem wird je so vollkommen sein, daß wir dessen nicht mehr bedürften —, sondern auch der Weg zu lebendiger Fühlungnahme mit den Geistern der Vergangenheit und zu der Einsicht, daß es über alle Zeiten und Schranken der Völker und der Schulen hinweg etwas gibt, was allen gemeinsam ist, die ehrlich nach der Wahrheit suchen. Wenn dieser Versuch etwas dazu beiträgt, den Mut zu solchem lebendigen philosophischen und theologischen Denken zu wecken, so ist er nicht umsonst gewesen.

Vielleicht wird von mancher Seite gefragt werden, in welchem Verhältnis dieses Buch zu der *Analogia entis* von P. Erich *Przywara* S. J. stehe[3]. Es handelt sich ja hier und dort um dieselbe Sache, und P. E. Przywara hat in seinem Vorwort darauf hingewiesen, daß die ersten Bemühungen der Verfasserin um eine Auseinandersetzung zwischen

---

[3] P. E. *Przywara* S. J., Analogia entis. Metaphysik. I. Prinzip, Kösel-Pustet, München 1932.

Thomas und *Husserl* für ihn von Bedeutung gewesen sind. Die erste Fassung ihres Buches und die endgültige Fassung der *Analogia entis* sind etwa gleichzeitig geschrieben, aber sie durfte die früheren Entwürfe der *Analogia entis* einsehen und hat überhaupt in den Jahren 1925—1931 in lebhaftem Gedankenaustausch mit P. E. Przywara gestanden. Dieser Austausch hat wohl auf seine wie auf ihre Fragestellung bestimmend eingewirkt. (Für sie bedeutete er darüber hinaus eine starke Anregung zur Wiederaufnahme der philosophischen Arbeit.) Sachlich ist der erschienene I. Band der *Analogia entis* eine methodisch-kritische Vorerwägung zur Behandlung der Fragen, die in diesem Buch in Angriff genommen wurden und die P. E. Przywara für seinen zweiten Band vorgesehen hat (Bewußtsein — Sein — Welt)[4]. Eine gewisse Überschneidung liegt aber doch vor, da auf der einen Seite die Analogie als das Grundgesetz aufgewiesen wird, das alles Seiende beherrscht und darum auch für das Verfahren maßgebend sein muß, auf der andern Seite die sachliche Untersuchung des Seienden auf den Sinn des Seins hin zur Aufdeckung desselben Grundgesetzes führt. Die Untersuchungen, die hier durchgeführt sind, umfassen nicht die ganze Breite der Fragestellung, wie sie in *Analogia entis I* entwickelt ist. Das Bewußtsein ist als Zugangsweg zum Seienden und als eine besondere Gattung des Seins behandelt, aber es wird nicht durchgehend die Wechselbezogenheit von Bewußtsein und gegenständlicher Welt zugrunde gelegt, und es werden nicht die Bewußtseinsgestaltungen untersucht, die dem Aufbau der gegenständlichen Welt entsprechen[5]. Ebenso wurde das Gedankliche nur als eine Gattung des Seienden hereingezogen und die Wechselbezogenheit von Seiendem und begrifflicher Fassung nur gelegentlich erwogen, aber nicht als eigentliches Thema umfassend behandelt. Das geschah in bewußter Selbstbeschränkung: was hier versucht wird, ist der Grundriß einer Seinslehre, kein System der Philosophie. *Daß* die Seinslehre für sich allein in Angriff genommen wurde, das setzt freilich eine Auffassung ihres Verhältnisses zur Lehre von den konstituierenden Bewußtseinsgestaltungen und zur Logik voraus, die nur in einer durchgeführten Erkenntnis- und Wissenschaftslehre zureichend begründet werden könnte.

Wenn man das Verfahren, das in diesem Buch tatsächlich eingeschlagen ist, mit dem in *Analogia entis I* geforderten vergleicht, so tritt darin sicher das „innergeschichtliche" Denken zurück gegenüber dem

---

[4] Vgl. Analogia entis I, Vorwort S. IX.

[5] Sie bilden das Forschungsgebiet, das Edmund *Husserl* als Gegenstand der *transzendentalen Phänomenologie* aufgewiesen hat.

Streben nach „übergeschichtlicher Wahrheit"[6]. Es findet sich aber für den Weg, den die Verfasserin gewählt hat, eine Rechtfertigung in dem, was P. E. Przywara als „kreatürliches Denken" bezeichnet[7]: verschiedene Geistesart bedingt auch eine Verschiedenheit des wissenschaftlichen Verfahrens, und aus der wechselseitigen Ergänzung der Beiträge, die verschiedene Geister auf Grund ihrer einseitigen Begabung leisten können, ergibt sich der Fortschritt in der Annäherung an die „übergeschichtliche Wahrheit". Zu diesen natürlich bedingten Einseitigkeiten gehört es, daß es für *einen* Denker der gewiesene Weg ist, den Zugang zu den „Sachen" durch die begriffliche Fassung zu finden, die ihnen andere Geister bereits gegeben haben,— seine Stärke ist das „Verstehen" und das Aufdecken der geschichtlichen Zusammenhänge; ein *anderer* ist durch seine Geistesart zu unmittelbarer Sachforschung berufen und gelangt zum Verständnis fremder Geistesarbeit nur mit Hilfe dessen, was er sich selbst zu erarbeiten vermag, — diese Geister bedingen (als große Meister oder kleine Handlanger) die „Urgeschichte", d. h. das Geschehen, dem alle Geistesgeschichte nachgeht. Die zweite Geistesart ist die aller geborenen Phänomenologen. Danach ist zu erwarten, daß der II. Band der *Analogia entis*, wenn er einmal erscheint, durch seine umfassende „Innergeschichtlichkeit" eine wesentliche Ergänzung zu den Untersuchungen dieses Buches bringen wird, wie sie der I. schon für gewisse Fragen bietet.

Grundsätzliche Übereinstimmung findet sich in der Auffassung des Verhältnisses von Schöpfer und Geschöpf und auch des Verhältnisses von Philosophie und Theologie; zu dem zweiten wird allerdings an späterer Stelle noch etwas anzumerken sein[8]. Gemeinsam ist ferner beiden Büchern eine Stellung gegenüber *Aristoteles* und *Plato,* die kein Entweder—Oder für sie anerkennt, sondern eine Lösung versucht, die beiden ihr Recht gibt, und ähnlich für den hl. *Augustinus* und den hl. *Thomas.*

Vielleicht wird angesichts mancher Ergebnisse dieses Buches die Frage auftauchen, warum sich die Verfasserin nicht statt an *Aristoteles* und *Thomas* an *Plato, Augustinus* und *Duns Scotus* angeschlossen habe. Darauf ist nur zu antworten, daß sie eben tatsächlich von Thomas und Aristoteles ausgegangen ist. Wenn die sachliche Erörterung zu gewissen Zielen geführt hat, die sie von einem andern Ausgangspunkt her vielleicht schneller und leichter hätte erreichen können, so ist das doch kein Grund, nachträglich den Weg zu verleugnen, den sie gegangen ist. Es kann wohl sein, daß gerade die

---

[6] Vgl. dazu „Analogia entis" S. 25.   [7] a. a. O. S. 24.   [8] Vgl. Kap. I, § 4.

Hindernisse und Schwierigkeiten, durch die sie sich auf diesem Wege hindurchkämpfen mußte, für andere von Nutzen sein mögen.

Schließlich ist noch ein Wort über das Verhältnis dieses Buches zu den bedeutsamsten Versuchen einer Grundlegung der Metaphysik zu sagen, die in unserer Zeit gemacht worden sind: zu Martin *Heideggers Existenzphilosophie* und ihrem Gegenbild, der *Seinslehre*, die uns in den Schriften von Hedwig *Conrad-Martius* entgegentritt. In der Zeit, als die Verfasserin Husserls Assistentin in Freiburg war, vollzog sich Heideggers Annäherung an die Phänomenologie. Das führte zu persönlicher Bekanntschaft und einer ersten sachlichen Fühlungnahme, die aber bald durch räumliche Trennung und Verschiedenheit der Lebenswege unterbrochen wurde. Heideggers *Sein und Zeit* hat die Verfasserin bald nach dem Erscheinen gelesen und davon einen starken Eindruck erhalten, ohne aber damals zu einer sachlichen Auseinandersetzung kommen zu können.

Erinnerungen, die von dieser um Jahre zurückliegenden ersten Beschäftigung mit Heideggers großem Werk zurückgeblieben waren, sind wohl gelegentlich bei der Arbeit an dem vorliegenden Buch aufgetaucht. Aber erst nach seinem Abschluß ergab sich das Bedürfnis, diese beiden so verschiedenen Bemühungen um den Sinn des Seins gegenüberzustellen. So ist der Anhang über Heideggers Existenzphilosophie entstanden[1].

Von Hedwig *Conrad-Martius* hat die Verfasserin durch nahes Zusammenleben in einer jetzt lange zurückliegenden, aber für beide entscheidenden Zeit richtunggebende Anregungen empfangen. Dem Einfluß ihrer Schriften wird man in diesem Buch wiederholt begegnen.

Allen, die zum Gelingen des Werkes beigetragen haben, spreche ich meinen herzlichen Dank aus.

Köln-Lindenthal, 1. September 1936

Die Verfasserin

---

[1] Siehe Nachwort, S. 495 f.

I.

EINLEITUNG: DIE FRAGE NACH DEM SEIN

§ 1. Erste Einführung in die Akt- und Potenz-Lehre des heiligen Thomas von Aquino

Als Zugangsweg soll eine erste vorläufige Darstellung der *Akt-* und *Potenz*-Lehre des hl. *Thomas von Aquino* dienen. Es ist ein gewagtes Unternehmen, aus einem geschlossenen System ein einzelnes Begriffspaar herauszugreifen, um ihm auf den Grund zu kommen. Denn das *organon* des Philosophierens ist *eines*, und die Einzelbegriffe, die man herauslösen kann, sind so verflochten, daß jeder von den andern erhellt wird und keiner außerhalb des Zusammenhanges erschöpft werden kann. Aber das liegt im Wesen alles menschlichen Philosophierens: die Wahrheit ist nur *eine*, aber sie legt sich für uns in Wahrheiten auseinander, die wir Schritt für Schritt erobern müssen; wir müssen an einem Punkt in die Tiefe gehen, damit sich uns größere Weite erschließe; aber wenn sich ein größerer Umkreis erschlossen hat, dann wird sich am Ausgangspunkt eine neue Tiefe auftun.

Der Gegensatz von Potenz (Möglichkeit, Vermögen, Macht) und Akt (Wirklichkeit, Wirksamkeit, Wirken) hängt mit den letzten Fragen des Seins zusammen. Die Erörterung dieser Begriffe führt sofort ins Herz der thomistischen Philosophie[1].

Die erste Frage, die Thomas in den *Quaestiones disputatae de potentia* stellt, ist: *Besitzt Gott Potenz?*[2] Und in der Antwort enthüllt sich ein Doppelsinn von Potenz und Akt. Das ganze System der Grundbegriffe wird durchschnitten von einer radikalen Scheidelinie, die — vom Sein angefangen — jeden einzelnen durchspaltet, so daß er diesseits und jenseits ein verschiedenes Gesicht zeigt: *nichts kann im gleichen Sinn von Gott und Geschöpfen gesagt werden*. Wenn trotzdem die gleichen Ausdrücke für beide gebraucht werden dürfen, so

---

[1] G. *Manser* O. P. (Das Wesen des Thomismus: Divus Thomas 1924, S. 10) nennt die Lehre von Akt und Potenz das „innerste Wesen des Thomismus", und sein großes Buch „Das Wesen des Thomismus" (2. Auflage Freiburg-Schweiz 1935) ist ganz auf diesem Gedanken aufgebaut.

[2] Quaestiones disputatae de potentia q I a 1.

liegt es daran, daß diese Termini zwar *nicht einsinnig (univok)*, aber auch *nicht* schlechthin *zweideutig (äquivok)* sind, sondern in einem *Übereinstimmungs*verhältnis stehend *(analog)*. Und so könnte man der Scheidelinie selbst den Namen *analogia entis* geben, die Bezeichnung für das Verhältnis von Gott und Geschöpf.

Man kann und muß bei Gott von Potenz sprechen, aber diese Potenz steht nicht im Gegensatz zum Akt. Man muß zwischen aktiver und passiver Potenz scheiden, und Gottes Potenz ist aktiv. Gottes Akt ist auch nicht im selben Sinn Akt wie ein geschöpflicher Akt. Geschöpflicher Akt — in einer der verschiedenen, aber auch innerlich zusammenhängenden Bedeutungen des Wortes — ist Wirken, Tätigkeit, die anhebt und aufhört und eine passive Potenz als ihre Seinsgrundlage voraussetzt. Gottes Wirken hebt nicht an und hört nicht auf, es ist von Ewigkeit zu Ewigkeit; es ist sein unwandelbares Sein selbst. Nichts ist in ihm, was nicht Akt wäre, er ist *actus purus* Darum ist für den Akt keine Potenz als Seinsgrund vorausgesetzt; gewiß keine passive Fähigkeit, die von außen her in Bewegung gebracht, „aktiviert" werden müßte. Aber auch die aktive Potenz, die ihm zugesprochen wird, besteht nicht neben und außerhalb des Aktes: sein „Können", seine „Macht" wirkt sich in dem Akt aus. Und wenn er nach außen hin — in der Schöpfung und in der Erhaltung und Leitung der erschaffenen Welt — nicht alles wirkt, was er wirken könnte, wozu er die Macht hat, wenn hier Können und Vollbringen scheinbar auseinandertreten, so ist in der Tat doch kein Mehr der Potenz gegenüber dem Akt, keine unausgewirkte Potenz vorhanden, denn die Selbstbeschränkung der Macht in ihrer Wirkung nach außen ist selbst Akt und selbst Auswirkung der Macht. Gottes Potenz ist nur *eine*, und Sein Akt ist nur *einer*, und in diesem Akt ist diese Potenz vollständig ausgewirkt.

§ 2. Die Frage nach dem Sein im Wandel der Zeiten

Wem scholastisches Denken fremd ist, der mag den Eindruck gewinnen, daß es sich um eine theologische Fragestellung handle, weil von *Schöpfer* und *Geschöpf* die Rede sei. Die späteren Ausführungen werden zeigen, daß diesen Ausdrücken ein Sinn zukommt, der sich rein philosophisch fassen läßt, obwohl dieser Sinn sich erst den Denkern erschlossen hat, die durch die Offenbarung Gott als den Schöpfer kennen gelernt hatten. Mit seiner Lehre von Akt und Potenz steht der hl. *Thomas* durchaus auf dem Boden der aristotelischen Philosophie. Die Herausarbeitung dieses Gegensatzes durch *Aristo-*

teles bedeutete einen gewaltigen Fortschritt in der Behandlung der Frage, die das griechische Denken von seinen Anfängen an beherrscht hatte: der Frage nach dem *ersten* und nach dem *wahren Sein*. Καὶ δὴ καὶ τὸ πάλαι τε καὶ νῦν καὶ αἰεὶ ζητούμενον καὶ αἰεὶ ἀπορούμενον, τί τὸ ὄν, τοῦτό ἐστι, τίς ἡ οὐσία. (Die von altersher und ebenso heute und allezeit aufgeworfene und immer ungelöste Frage: *Was ist das Seiende?* ist dasselbe wie die Frage: *Was ist die οὐσία ?*[3]) Dieser Satz — er sei hier vorläufig nur hingestellt ohne einen Versuch, seine Bedeutung zu ergründen — darf als das Leitmotiv der *Metaphysik des Aristoteles* bezeichnet werden, jener merkwürdigen Schrift, in der das jahrhundertelange Ringen des griechischen Geistes um die „immer ungelöste Frage" ihren gesammelten Ausdruck gefunden hat. Es ist nicht die Aufgabe dieser Arbeit und überhaupt nicht meine Aufgabe, zu zeigen, wie sich das Ganze, das man als das „philosophische System" des Aristoteles bezeichnet, gebildet hat. Ich halte es wohl für möglich, daß es aus dieser Frage wie aus einem triebkräftigen Keim hervorgewachsen ist. Und das ungestüme Verlangen der Philosophiebeflissenen[4] späterer Jahrhunderte nach einer Erklärung des Aristoteles ist wohl begreiflich, wenn man bedenkt, daß im Mittelpunkt seines Denkens eine Frage stand, die ihm bestimmt schien, die ewige „Verlegenheit" (das ist ja ἀπορία) der Philosophie zu sein.

Der hl. Thomas hat die Frage nach dem Sein aufgegriffen, wie er sie bei Aristoteles fand. Seine Auffassung der Philosophie als einer Wissenschaft, die rein auf Grund der natürlichen Vernunft vorgeht, gestattete ihm diese Anknüpfung. Andererseits war in den christlichen

---

[3] *Aristoteles*, Metaphysik Z, 1028 b 1. Vgl. die Stelle aus *Platos* „Sophistes" (244a), die M. *Heidegger* an den Anfang von „Sein und Zeit" (S. 1) gesetzt hat: „. . . offenbar ist euch doch längst bekannt, was ihr sagen wollt, wenn ihr den Ausdruck *seiend* gebraucht, wir jedoch glaubten es zwar einst zu verstehen, jetzt aber sind wir in Verlegenheit geraten."
Über die S hwierigkeit, für das Wort οὐσία in einer andern Sprache einen treffenden Ausdruck zu finden, soll bald gesprochen werden.

[4] *Albert der Große*, der selbst so schwer an der Last der ἀπορούμενα zu tragen hatte, sagt am Ende seines Traktats „De causis et processu universitatis", er habe diese Abhandlung nicht aus eigenem Antrieb geschrieben, sondern sie sei ihm durch das unablässige Verlangen seiner „Gefährten" nach einer Erklärung des Aristoteles „entwunden" worden. Unter den *socii* sind wohl die jungen Ordensbrüder zu verstehen, die seine Vorlesungen hörten. Vgl. *Roland-Gosselin*, Le „De ente et essentia", Le Saulchoir, Kain-Belgique 1926, S. 179.

Jahrhunderten durch die Zusammenarbeit von Philosophie und Theologie die Philosophie vor Tatsachen und Aufgaben gestellt worden, von denen sie in ihrem vorchristlichen Zustand noch nichts geahnt hatte: Aristoteles wußte nichts von einer *Schöpfung*, nichts von einem Gottmenschen, der *zwei Naturen in einer Person* vereinte, nichts von einer dreifaltigen Gottheit, *von einer Natur in drei Personen*. Die Seinslehre, soweit er sie geführt hatte, reichte nicht aus, um diesen Glaubenswahrheiten gerecht zu werden. Schon bei *Boëthius* fand Thomas Anknüpfungspunkte zur Fortbildung der aristotelischen Seinslehre, noch bessere Stützen bot ihm *Avicenna* (für den wenigstens der Schöpfungsgedanke als Antrieb in Betracht kam). Er ging dem arabischen Denker auf seinen Wegen ebenso furchtlos und ebenso besonnen nach wie dem griechischen und schritt sicher zwischen seinen Irrtümern und denen seines Gegners *Averroës* hindurch, bei beiden „alles prüfend und das Beste behaltend".

Das opusculum *De ente et essentia*, von dem jungen Baccalaureus Thomas in Paris auf Bitten seiner „Brüder und Gefährten" geschrieben [5], zeigt den engsten Anschluß an die Metaphysik des Aristoteles. Schon der Titel [6] erinnert deutlich an den Satz, den ich als Leitmotiv der Metaphysik bezeichnet habe: denn *ens* ist ὄν und *essentia* steht für οὐσία. Es ist ein *Grundriß der Seinslehre* des Heiligen, dem er in den Hauptzügen treu geblieben ist, wenn er auch unermüdlich daran weitergearbeitet hat, bis er einige Monate vor seinem Tode die Arbeit an seiner *Summa* abbrach, weil ihm Gott Dinge geoffenbart hatte, denen gegenüber ihm alles, was er geschrieben hatte, wie ein wenig Spreu erschien. Schon in diesem Jugendwerk ist der entscheidendste Schritt über Aristoteles hinaus getan: es wird innerhalb des *Seienden (ens)* zwischen dem *Sein (esse)* und dem *Wesen (essentia)* geschieden. Die Gleichsetzung von ὄν und οὐσία, von der Aristoteles ausgeht, bleibt nur für das *erste Seiende* erhalten. Mit dieser Scheidung ist erst das *Sein als solches* erfaßt — gesondert von dem, *was* ist —, und zwar in der Weise, daß es Endliches und Unendliches umfaßt, aber zugleich den Abgrund, der dieses und jenes trennt. Von hier aus eröffnete sich ein Weg, die ganze *Mannigfaltigkeit des Seienden* in den Griff zu bekommen.

Wenn wir die Frage nach dem Sein als das Beherrschende sowohl im griechischen wie im mittelalterlichen Denken ansehen können, als

---

[5] Vgl. *Roland-Gosselin* a. a. O. S. XVf.

[6] Das Werk ist nicht in allen Mss. unter diesem Titel überliefert, wird aber meist so genannt, und es ist wohl anzunehmen, daß dieser Titel von dem Heiligen selbst stammt.

das Unterscheidende aber, daß den Griechen diese Frage angesichts der natürlichen Gegebenheit der geschaffenen Welt aufging, daß sie sich aber den christlichen Denkern (in gewissem Umfang auch den jüdischen und islamitischen) erweiterte durch die übernatürliche Welt der Offenbarungstatsachen, so ist das von der Überlieferung gelöste neuzeitliche Denken dadurch gekennzeichnet, daß es an Stelle der Seinsfrage die Erkenntnisfrage in den Mittelpunkt stellte und die Verbindung mit dem Glauben und der Theologie wieder löste. Es ließe sich wohl zeigen, daß es auch der modernen Philosophie im Grunde um das wahre Sein zu tun war und daß sie mit ihrem Aufgreifen von Gedankenansätzen, die gleichfalls bis in die Anfänge der griechischen Philosophie zurückreichen und notwendige Erkenntnisrichtungen bezeichnen, wertvolle Dienste für die Seinsfrage geleistet hat. Schwererwiegend war die vollständige Loslösung von der offenbarten Wahrheit. Die *moderne Philosophie* sah in der offenbarten Wahrheit keinen Maßstab mehr, mit dem sie ihre Ergebnisse zu prüfen hätte. Sie war auch nicht mehr bereit, sich von der Theologie Aufgaben stellen zu lassen, um sie dann mit ihren eigenen Mitteln zu lösen. Sie betrachtete es nicht nur als ihre Pflicht, sich auf das „natürliche Licht" der Vernunft zu beschränken, sondern auch, nicht über die Welt der natürlichen Erfahrung hinauszugreifen. Sie wollte in jedem Sinne selbstherrliche (*autonome*) Wissenschaft sein. Das hat dahin geführt, daß sie weitgehend auch gott-lose Wissenschaft wurde. Und es führte zur Spaltung der Philosophie in zwei Heerlager, die getrennt marschierten, verschiedene Sprachen redeten und gar nicht mehr darum bemüht waren, einander zu verstehen: die *moderne* Philosophie und die katholische Schulphilosophie, die sich selbst als die *philosophia perennis* betrachtete, von Außenstehenden aber wie eine Privatangelegenheit der theologischen Fakultäten, der Priesterseminare und Ordenskollegien angesehen wurde. Die *philosophia perennis* erschien wie ein starres Begriffssystem, das als toter Besitz von Geschlecht zu Geschlecht weitergegeben wurde. Der Strom des Lebens aber hatte sich ein anderes Bett gegraben. Die letzten Jahrzehnte haben darin einen Umschwung gebracht, der sich von verschiedenen Seiten her vorbereitete. Zunächst auf katholischer Seite. Um zu verstehen, was sich hier vollzog, muß man bedenken, daß die *katholische Philosophie* (und *katholische Wissenschaft* überhaupt) nicht gleichbedeutend war mit der Philosophie der Katholiken. Das katholische Geistesleben war weitgehend vom *modernen* abhängig geworden und hatte den Zusammenhang mit seiner großen Vergangenheit verloren. Die zweite Hälfte des 19. Jahrhunderts hat darin **eine** wirkliche Renaissance gebracht, eine Wiedergeburt durch das Untertauchen in den besten Quellen. Ist es nicht erstaunlich, daß es erst der Erlasse *Leos XIII.* und *Pius' XI.* bedurfte, um das Thomasstudium wieder zu beleben, daß es nötig war, erst einmal für brauchbare Druckausgaben zu sorgen, daß in den Bibliotheken noch eine Fülle ungedruckten und völlig unbekannten handschriftlichen Materials zu entdecken war und daß eine umfassende Übersetzungstätigkeit erst in den allerletzten Jahren eingesetzt hat ? All das sind Aufgaben, die in Angriff genommen und z. T. bewundernswert gefördert wurden, aber noch keineswegs zu Ende geführt sind. Es sind aber doch bis heute schon Ausgrabungsarbeiten geleistet worden, die eine vergessene Welt — eine reiche, heiß bewegte, voll lebendiger und fruchtbarer Keime — zu Tage gefördert haben. Die aufblühende moderne Geisteswissenschaft, selbst eine Frucht des ausgehenden 19. und beginnenden 20. Jahrhunderts, hat wesentlich zum Gelingen dieser Unternehmungen beigetragen. Wir wissen heute, daß der *Thomismus* nicht als ein fertiges Begriffssystem aus dem Haupt seines Meisters entsprungen ist. Wir kennen ihn als ein lebendiges Geistesgebilde, dessen Werden und Wachsen wir verfolgen können. Es will von uns innerlich angeeignet werden und in uns neues Leben gewinnen. Wir wissen, daß die großen Denker des christlichen Mittelalters um dieselben Fragen gerungen haben, um die es auch uns geht, und daß sie uns vieles zu sagen haben, was uns helfen kann.

Denn das ist die andere Seite der Sache: etwa zur selben Zeit, in der die *Christliche Philosophie*[7] aus ihrem Dornröschenschlaf erwachte, machte die *moderne Philosophie* die Entdeckung, daß es auf dem Wege, den sie seit etwa drei Jahrhunderten verfolgte, nicht mehr weiterging. Aus dem Versanden im Materialismus suchte sie zunächst Rettung durch die Rückkehr zu *Kant*, aber das reichte nicht aus. Der Neukantianismus verschiedener Prägung wurde abgelöst durch die Richtungen, die wieder dem *Seienden* zugewandt waren. Sie brachten den verachteten alten Namen *Ontologie* (Seinslehre) wieder zu Ehren. Sie kam zuerst als *Wesens*philosophie (die Phänomenologie *Husserls* und *Schelers*); dann stellte sich ihr die *Existenz*philosophie *Heideggers* zur Seite und Hedwig *Conrad-Martius'* Seinslehre

---

[7] Ein Name, der im katholischen Lager selbst heiß umstritten ist. Besonders lebhaft war die Erörterung darüber in den letzten Jahren in Frankreich. Einen vorzüglichen Überblick gibt „La Philosophie Chrétienne" (Kain-Belgique 1933), der Tagungsbericht über die II. „Journée d'Etudes de la Société Thomiste", die in Juvisy am 11. IX. 1933 stattfand.

als deren Gegenpol. Die wiedergeborene Philosophie des Mittelalters und die neugeborene Philosophie des 20. Jahrhunderts — können sie sich in *einem* Strombett der *philosophia perennis* zusammenfinden? Noch sprechen sie verschiedene Sprachen, und es wird erst eine Sprache gefunden werden müssen, in der sie sich verständigen können.

§ 3. Schwierigkeiten des sprachlichen Ausdruckes

Damit ist ein Punkt berührt, der für den Philosophen der Gegenwart ein wahres Kreuz bedeutet. Wir leben wirklich in einer babylonischen Sprachverwirrung. Man kann kaum einen Ausdruck gebrauchen, ohne fürchten zu müssen, daß der andere etwas ganz anderes darunter versteht, als man selbst meint. Die meisten „Fachausdrücke" sind mehrfach geschichtlich belastet. Ich habe in den kurzen vorbereitenden Ausführungen absichtlich den hl. Thomas in seiner Sprache reden lassen und die Namen *Potenz* und *Akt* nicht übertragen. Es ist nicht meine Absicht, dabei stehen zu bleiben. Es sind seit einigen Jahren in Deutschland Bestrebungen am Werk, der Philosophie eine eigene — deutsche — Sprache zu schaffen. Die mittelhochdeutschen Schriften der großen Mystiker bilden eine wertvolle Grundlage. Ein kühner Vorstoß in dieser Richtung ist die deutsche Ausgabe der *Summa theologica des hl. Thomas* von Joseph *Bernhart*[8]. Die *Summa*-Übersetzung des *Katholischen Akademikerverbandes*[9] strebt dasselbe, nur in viel gemäßigterer Form, an. Diese Versuche zeigen aber zugleich die Gefahren einer solchen Verdeutschung. Wer sich im Übersetzen aus fremden Sprachen versucht hat, weiß, wieviel Unübersetzbares es gibt — obgleich andererseits die Möglichkeit viel weiter geht als das, womit man sich vielfach zufrieden gibt —, und wer darüber nachgedacht hat, was *die* Sprache und was Sprach*en* sind, der weiß auch, daß es gar nicht anders sein kann. Die Sprachen wachsen aus dem Geist der Völker hervor als Niederschlag und Ausdrucksform ihres Lebens, die Mannigfaltigkeit und die Eigenart der Völker muß sich darin spiegeln. Die Griechen, die ein philosophisches Volk waren, hatten sich auch eine philosophische Sprache geschaffen. Wo aber sollten die Römer eine philosophische Sprache hernehmen? Sie holten sich ihre Philosophie auf den griechischen Universitäten, von ihren griechischen Gästen oder Sklaven

---

[8] Verlag Alfred Kröner, Leipzig 1934.

[9] Die deutsche Thomasausgabe, seit 1933 bei Anton Pustet in Salzburg erscheinend ⟨jetzt Verlag Kerle, Heidelberg⟩. (Bisher Bd. I, II, III, IV, V, VI, VII, IX, XI, XX, XXV, XXVII, XXIX und XXX erschienen.)

und waren wohl noch am besten daran, solange sie griechisch lasen und schrieben. Sobald sie aber daran gingen, eine römische Literatur zu schaffen, mußten sie sich bitter plagen, um ihrer Sprache das ab- zunötigen, was ihr fehlte. *Seneca* schreibt darüber an *Lucilius*[10]: „Du wirst die römische Beschränktheit noch mehr verurteilen, wenn Du erfährst, daß es eine einzelne Silbe gibt, die ich nicht übersetzen kann. Du fragst, welche das sei: ὄν (das Seiende). Ich komme Dir schwer- fällig vor: es liegt nahe zu übersetzen: *Quod est* (was ist). Doch ich sehe einen erheblichen Unterschied zwischen beiden: ich muß einen zusammengesetzten Ausdruck für ein einzelnes Wort (*verbum pro vocabulo*) setzen; wenn es aber nicht zu umgehen ist, werde ich *Quod est* setzen.“ Auf die Bildung *ens* (Seiendes)[11] ist Seneca noch nicht verfallen. (*Boëthius* verwendet sie bereits, wenn er auch meist noch *quod est* sagt.) Sie wäre ihm wohl auch gar zu barbarisch erschie- nen. Schon den Ausdruck *essentia* (Wesen)[12] wagte er einem Mann von Geschmack nicht ohne weiteres zuzumuten. Er schickt eine be- wegliche Klage über die Armut der lateinischen Sprache voraus und fährt dann fort: „‚Was soll diese lange Einleitung?‘ fragst Du. ‚Worauf läuft sie hinaus?‘ Ich will es Dir nicht verheimlichen: ich möchte, daß Du, wenn möglich, mit gnädigen Ohren den Ausdruck *essentia* anhörst; sonst werde ich ihn auch vor ungnädigen aussprechen. ... Was soll man für οὐσία sagen — das notwendige Ding, die Natur, die die Grundlage für alles in sich enthält? Ich bitte Dich also, er- laube mir, dies Wort zu gebrauchen. Indessen will ich mir Mühe ge- ben, von dem zugestandenen Recht den sparsamsten Gebrauch zu machen: vielleicht werde ich mich sogar mit der Erlaubnis begnügen.“

Sehen wir hier nicht wie in einem klaren Spiegel die Schwierig- keiten, mit denen wir selbst zu kämpfen haben? Freilich über Armut der deutschen Sprache haben wir uns nicht zu beklagen. Darin sind wir dem Griechischen gegenüber weit besser daran als die Römer. Unsere Schwierigkeit im Verhältnis zur lateinischen Sprache ist die entgegengesetzte: es ist von vornherein aussichtslos, ihre vieles um- spannenden Ausdrücke mit je *einem* deutschen Wort wiedergeben zu wollen. Man wird immer nur eine Seite der Sache treffen und in man-

---

[10] Ausgabe Hense bei Teubner 1914, 18. Brief (angeführt bei *Roland- Gosselin* a. a. O. S. 8—9).

[11] Dem ὄν genau nachgebildet, von *esse* (sein) abgeleitet, aber nicht sprach- üblich.

[12] Das Verhältnis *esse* — *essentia* = Sein — Wesen ließe sich besser noch mittelhochdeutsch wiedergeben, da damals *wesen* noch als Verbum neben *sin* (sein) vorkam.

chen Zusammenhängen zu bedenklichen Sinnentstellungen kommen. Was tun? Natürlich von dem Reichtum unserer Sprache Gebrauch machen und, so weit nötig und möglich, an verschiedenen Stellen verschiedene Ausdrücke setzen, die den verschiedenen Bedeutungszusammenhängen gerecht werden[13]. Aber das hat auch seine Gefahren. Es wird einmal nur einem Übersetzer möglich sein, der nicht nur die Sprachen — die eigene Muttersprache und die fremde — sicher beherrscht, sondern auch in der Gedankenwelt des betreffenden Werkes und seines Verfassers zu Hause ist und überdies selbst in unmittelbarer Fühlung mit den sachlichen Fragen lebt, um die es geht. Welcher Übersetzer wird sich aber all das zutrauen? Um nicht in die Gefahr zu kommen, seine eigenen persönlichen Einfälle statt der wahren Meinung des Verfassers darzubieten, wird er in vielen Fällen auf den lateinischen Ausdruck zurückgreifen müssen[14]. Mitunter ist es auch darum nötig, weil wir trotz des größeren Reichtums der deutschen Sprache doch für *manche* Begriffe keinen ganz entsprechenden Ausdruck haben. Der wichtigste Grund aber, der mir einen völligen Verzicht auf die lateinischen Fachausdrücke unmöglich erscheinen läßt, ist noch ein anderer. Die *Wortkargheit* des Lateinischen ist *nicht Armut schlechthin*, es liegt darin auch eine Stärke. Wenn das *Griechische* mit der Freiheit und Leichtigkeit seiner Ausdrucksmöglichkeiten die *Sprache der lebendigen Denkbewegung* ist, so ist das *Lateinische* mit seiner strengen Gesetzlichkeit und herben Knappheit berufen zur Formung *scharf geprägter Ausdrücke für zusammenfassende Ergebnisse*. Die Mannigfaltigkeit der Bedeutungen, die durch ein lateinisches Wort ausgedrückt werden, ist keine beliebige, sondern eine geordnete, sinnmäßig zusammenhängende. Diese für die sachlichen Zusammenhänge, für die Ordnung des Seienden überaus aufschlußreichen Sinneinheiten geben wir preis, wenn wir uns der lateinischen *Terminologie* einfach entledigen. Wir verzichten auf das reife Ergebnis einer jahrhundertelangen Gedankenarbeit und eines Volksgeistes, der mit seiner Eigenart — wie jeder Volksgeist — zu besonderer Leistung für

---

[13] Welche Mannigfaltigkeit zur Wiedergabe einzelner Ausdrücke nötig ist dafür kann man Beispiele in dem lateinisch-deutschen Wörterverzeichnis zu „Des hl. Thomas von Aquino Untersuchungen über die Wahrheit" (Quaestiones disputatae de veritate), Borgmeyer, Breslau 1934, finden. Siehe etwa unter *ratio* oder *intellectus*.

[14] Ich habe bei meinem Übersetzungsversuch an solchen Stellen den lateinischen Text in Klammern beigefügt.

die ganze Menschheit berufen war. Wer wollte sich vermessen, mit leichter Hand etwas anderes an die Stelle zu setzen?[15]

Also: das eine tun und das andere nicht lassen. Was sich in deutschen Worten sagen läßt: dafür eigene, möglichst angemessene Ausdrücke suchen, aber das feste Grundgerüst der überlieferten Schulsprache beibehalten und durchblicken lassen, es zur Richtschnur nehmen und darauf zurückgreifen, so oft die Gefahr einer Sinnesverfälschung oder bedenklicher Einseitigkeit droht. (Man muß nämlich auch erwägen, daß das Bedeutungs*ganze*, dem eine Teilbedeutung entnommen ist, ihr eine Färbung verleiht, die bei der Absonderung leicht verloren geht.)

Damit könnten wir uns zufrieden geben, wenn es sich nur um das Verhältnis der deutschen Sprache zur lateinischen handelte. Nun wissen wir aber, daß die lateinische Terminologie der griechischen nachgebildet ist und mit welchen Schwierigkeiten diese Nachbildung zu kämpfen hatte. Wir werden am ehesten Aussicht haben, den Sinn der lateinischen Ausdrücke recht zu verstehen und ihn in deutschen Worten treffend wiederzugeben, wenn wir auf den griechischen Ursprung zurückgehen. Sowenig die griechische Philosophie durch die Scholastik entbehrlich geworden ist, so wenig die griechische Sprache durch die lateinische[16].

Ein sehr erleuchtendes Beispiel für das Gesagte bilden gerade die Namen *Potenz* und *Akt*, von denen die Erörterung ausging. In dem Wort *Akt* ist zusammengefaßt, was die griechischen Worte ἐνέργεια, ἔργον, ἐντελέχεια ausdrücken. (Es könnten noch andere hinzugefügt werden, aber eine erschöpfende Aufzählung ist hier weder nötig noch angebracht.)

Ἐνέργεια (Energie) bezeichnet das *wirkliche Sein* im Gegensatz zum möglichen: δύναμις. Der Möglichkeit nach z. B. ist die Hermesgestalt in dem Holz, aus dem sie geschnitzt werden kann, wirklich aber erst die ausgearbeitete; möglich ist wissenschaftliches Denken bei dem, der die Fähigkeit dazu hat, auch wenn er nicht gerade denkt; wirklich ist es im Vollzug, und so ist ἐνέργεια Wirksamkeit. Die Möglichkeit oder Fähigkeit (δύναμις, Potenz) hat die Wirklichkeit zum Ziel (τέλος) — so die Denkfähigkeit das Denken; wenn die Verwirklichung der

---

[15] Vgl. dazu die Abhandlung „Um den deutschen Thomas" von A. *Dempf* und W. *Moock* im „Hochland", Nov. 1934, S. 175 ff.

[16] Damit soll natürlich nicht gesagt werden, daß es unmöglich sei, ohne Studium der Quellenschriften in der Ursprache einen Zugang zur Geisteswelt des Mittelalters zu gewinnen. Es ist die Rede von denen, die andern einen Zugang vermitteln wollen und ihn sich erst selbst erschließen müssen.

Möglichkeit ein *Werk* ist, wird sie auch ἔργον genannt. Dabei ist sowohl an solches gedacht, was mit seinem Sein in dem Wirkenden beschlossen bleibt — wie das Denken im Denkenden —, als auch an Ergebnisse des Wirkens, die ein eigenes Dasein haben: z. B. das Haus, das durch die Tätigkeit des Baumeisters entsteht. Im ersten Fall ist es besonders deutlich, daß ἐνέργεια und ἔργον (Wirksamkeit und Werk) eins sind. Und weil im wirklichen Sein die Möglichkeit ihr Ziel erreicht hat, wird es auch ἐντελέχεια (Entelechie) genannt, was wir etwa mit *Seinsvollendung* wiedergeben können[17].

Zur sachlichen Erörterung all dieser Begriffe ist hier noch nicht der Ort. Es sollte nur gezeigt werden, wie die Heranziehung der griechischen Texte uns helfen kann, der Sinnmannigfaltigkeit eines lateinischen Ausdruckes auf die Spur zu kommen und treffende deutsche Worte zu finden. Wirklichkeit, Wirksamkeit, Werk, Tätigkeit, Seinsvollendung — es mangelt uns wahrhaftig nicht an Ausdrucksmöglichkeiten. Aber das Beispiel zeigt wohl auch, wie bedenklich es wäre, *einen* dieser Ausdrücke an *allen* Stellen für das lateinische Wort *actus* einzusetzen. Wer z. B. von der modernen Philosophie herkommt und gewöhnt ist, unter *Akt* die frei vollzogene geistige Tat zu verstehen, wäre den ärgsten Mißverständnissen ausgesetzt, wenn er in den Werken der Scholastik überall diesen Sinn zu Grunde legen wollte.

Es soll in den folgenden Untersuchungen der Versuch gemacht werden, nach den entwickelten Grundsätzen vorzugehen. Wo scholastische Gedankengänge den Ausgangspunkt bilden, da sollen sie zunächst auch in den scholastischen Ausdrücken dargeboten werden. Aber um uns zu vergewissern, daß wir den sachlichen Sinn erfaßt haben und uns nicht bloß in Worten bewegen, wollen wir den jeweiligen Zusammenhängen entsprechende eigene Ausdrücke suchen. Dabei soll uns das Forschen nach den Ursprüngen der scholastischen Begriffe behilflich sein: nach den *geschichtlichen* Ursprüngen, mehr aber noch nach den *sachlichen* Ursprüngen, die sich uns nur erschließen, wenn wir die alte, immer wieder neu gestellte und niemals ganz gelöste Frage nach dem Seienden und nach der οὐσία selbst in Angriff nehmen. Wir wollen dabei mit den alten Meistern lebendig mitzudenken suchen, aber nicht nur mit den alten Meistern, sondern auch mit denen, die in unserer Zeit die Frage auf ihre Weise wieder aufgegriffen haben. Dies letzte Hilfsmittel ist ein sachlich gerechtfertigtes, weil die Philosophen, bei denen aus innerer Notwendigkeit heraus —

---

[17] Vgl. zu diesen Ausführungen *Aristoteles*, Met. Θ, 1047/50, und im Folgenden S. 211 f.

nicht durch die Anleitung einer schulmäßigen Überlieferung — die
Seinsfragen wieder zum Durchbruch kamen, in der unmittelbarsten
Nähe dazu leben und uns helfen können, die ursprünglichen Antriebe
der alten Meister zu verstehen. Es ist aber insbesondere der gebotene
Weg für die Verfasserin, die in der Schule Edmund *Husserls* ihre
philosophische Heimat und in der Sprache der Phänomenologen ihre
philosophische Muttersprache hat. Sie muß versuchen, von diesem
Ausgangspunkt den Weg in den großen Dom der Scholastik zu finden.
Sie glaubt das Ziel soweit zu kennen, als es nötig ist, um sich von ihm
auf dem Wege leiten zu lassen.

§ 4. Sinn und Möglichkeit einer „Christlichen Philosophie"

Wie es scheint, gibt es aber für die Verständigung zwischen mittel-
alterlicher und neuzeitlicher Philosophie ein noch viel größeres Hindernis als die Verschiedenheit der Sprache: das ist die verschiedene
Einstellung zu der Frage nach dem Verhältnis von Wissen und Glauben, Philosophie und Theologie. Ob es erlaubt sei, von einer *Christlichen Philosophie* zu sprechen, darüber sind sich — wie schon erwähnt wurde — die katholischen Philosophen und Theologen auch
untereinander nicht einig[18]. Aber ob man nun die Philosophie als eine

---

[18] In den Aussprachen in Juvisy (12. IX. 1933) ist ein dreifacher Sinn des
Ausdruckes *Christliche Philosophie* herausgestellt worden (vgl. „La Philosophie
Chrétienne" S. 115 ff.):

1. Die Kirchenväter haben das Christentum selbst als ihre „Philosophie"
bezeichnet, weil sie darin die Erfüllung dessen sahen, was die griechischen Philosophen angestrebt hatten, und weil die Glaubenslehre sich philosophischer Begriffe bediente. In diesem Sinn war *Christliche Philosophie* nicht von Theologie unterschieden. (Die Väter scheiden sich in ihrem Verhältnis zur heidnischen
Philosophie, die von manchen als Vorstufe zur christlichen Philosophie anerkannt, von andern ganz verworfen wird.)

2. In älterer und neuerer Zeit sind Versuche gemacht worden, eine Philosophie aufzubauen, die nicht nur die natürliche Vernunft, sondern auch den
Glauben als Erkenntnisquelle benutzt. Von denen, die in der Philosophie eine
rein natürliche Wissenschaft sehen — und das ist der thomistische Standpunkt —, wird dieser *Christlichen Philosophie*, ebenso wie der unter 1 genannten,
das Recht bestritten, sich „Philosophie" zu nennen: Im Augenblick, wo der
Philosoph beginnt, die offenbarte Wahrheit als solche zu benutzen, „hört er
formell auf, Philosoph zu sein, und verwandelt sich in einen Theologen"
(P. Daniel *Feuling* O. S. B. in der Aussprache in Juvisy, a. a. O. S. 129).

3. Sprachüblich ist der Ausdruck zur Bezeichnung der mittelalterlichen
Philosophie, die sich unter dem unleugbaren Einfluß des Christentums entwickelt hat. In diesem Sinn hat ihn die Enzyklika „Aeterni Patris" verwendet

rein natürliche Wissenschaft ansieht — d. h. als eine Wissenschaft, deren einzige rechtmäßige Erkenntnisquelle die natürliche Erfahrung und Vernunft ist —, oder ob man ihr das Recht einräumt, aus der Offenbarung zu schöpfen: daran ist jedenfalls kein Zweifel, daß die Philosophie der großen Kirchenlehrer des Mittelalters sich „im Schatten" der Glaubenslehre entwickelt hat. Sie hat in der offenbarten Wahrheit den Maßstab aller Wahrheit gesehen; sie war eifrig bemüht, die Aufgaben zu lösen, die ihr durch die Glaubenslehren gestellt wurden; sie vertraute auf den Glauben als auf eine Kraft, die dem menschlichen Verstand auch bei seiner natürlichen Arbeit größere Sicherheit gebe. In all diesen Punkten hat sich die *moderne* Philosophie von ihr geschieden. Gibt es für so verschiedene Richtungen eine gemeinsame Arbeitsmöglichkeit? Gerade der hl. Thomas hat diese Möglichkeit entschieden bejaht. Daß er an eine Philosophie auf Grund der bloßen natürlichen Vernunft, ohne Zuhilfenahme der offenbarten Wahrheit glaubte, das beweist schon sein Verhältnis zu Aristoteles und den Arabern. Es geht auch deutlich hervor aus seiner *Summa contra gentiles*, die man die *Philosophische Summe* zu nennen pflegt. Hier spricht er davon, daß es den Heiden und Mohammedanern gegenüber, mit denen man keine gemeinsame Schriftgrundlage habe (wie mit den Juden das A. T., mit den Irrgläubigen das N. T.), notwendig sei, „auf die natürliche Vernunft zurückzugreifen, der alle zustimmen müssen"[19]. Es gibt zwei Wege zur Wahrheit[20], und wenn die natürliche Vernunft nicht bis zur höchsten und letzten Wahrheit gelangen kann, so doch bis zu einer Stufe, von der aus schon die Ausschließung bestimmter Irrtümer und der Nachweis eines Zusammenstimmens der natürlich beweisbaren und der Glaubenswahrheit möglich wird.

Wenn es so nach der Überzeugung des Heiligen einen gemeinsamen Weg und ein gemeinsames Arbeitsgebiet für alle Wahrheitssucher gibt, so ist es ebenso klar, daß für ihn nicht etwa natürliches Wissen und

---

und Etienne *Gilson* in seinen „Vorlesungen über den Geist der mittelalterlichen Philosophie" (L'Esprit de la philosophie médiévale, Paris 1931/32); mit ihm übereinstimmend auch Jacques *Maritain*, an dessen Ausführungen wir unsere Überlegungen knüpfen. Danach ist auch die thomistische Philosophie *Christliche Philosophie*, obwohl sie natürliche Wissenschaft sein will und sich streng gegen die Theologie abgrenzt und obwohl gerade die strengsten Thomisten die Begriffe „Philosophie" und „christlich" für im Grunde unvereinbar erklären. Vgl. P. *Mandonnet* O. P., La Philosophie Chrétienne S. 62f.; vgl. auch P. Daniel *Feuling* O. S. B. a. a. O. S. 125.

[19] Summa contra gentiles I 2. [20] a. a. O. I 3.

Glauben, Philosophie und Theologie getrennt nebeneinander stehen, als gingen sie einander nichts an. Seine Absicht geht ja gerade in der sogenannten *Philosophischen Summe* auf den *Erweis der Wahrheit des katholischen Glaubens* und die Widerlegung der entgegenstehenden Irrtümer. Und daß für ihn die Glaubenswahrheit Maßstab aller Wahrheit ist, dafür legt fast jede Seite seiner Schriften Zeugnis ab: ein einfaches *Sed haec sunt contra fidem* gilt ihm als vollkommen hinreichende Widerlegung auch der größten philosophischen Autorität.

Jacques *Maritain* weist in seiner Darstellung der thomistischen Lösung[21] darauf hin, daß es für die Frage nach Sinn und Möglichkeit einer *Christlichen Philosophie* wichtig sei, zwischen *Natur* und *Zustand* der Philosophie zu unterscheiden. Ihrer Natur nach sei die Philosophie von Glauben und Theologie völlig unabhängig. Aber die Natur verwirklicht sich jeweils unter bestimmten geschichtlichen Bedingungen. Und mit Rücksicht auf ihre Verwirklichung könne man von einem *christlichen Zustand der Philosophie* sprechen. Um klarzumachen, was er unter der „Natur der Philosophie" — d. h. unter dem, „was sie in sich selbst ist"[22] — versteht, weist er darauf hin, daß „nach dem heiligen Thomas von Aquin die Substanzen in absoluter Weise und durch sich selber in ihrem besonderen, ihrem eigentümlichen Wesen bestimmt sind, die Betätigungsmöglichkeiten der Substanzen hingegen ... durch die den Substanzen wesensmäßig entsprechenden Akte und diese wiederum durch die den Akten zugeordneten Objekte. Wenn sich nun in uns jene bestimmte Ausprägung und auf Entfaltung hindrängende Gestaltung des Geistes ausbildet, die den Namen Philosophie trägt, so bezieht sie sich — wie jegliches Erkennen, Forschen und Urteilen — mit Wesensnotwendigkeit auf etwas Gegenständliches, sie läßt den Verstand auf die Natur dieses Gegenständlichen eingehen, und sie empfängt ihre besondere Charakterisierung durch nichts als durch dieses Gegenständliche. So ist also die Philosophie einzig und allein von ihrem Gegenstand her in ihrer Eigenart bestimmt. Das Gegenständliche, dem sie sich auf Grund ihres Wesens zuwendet (keineswegs etwa das Subjekt, in welchem sie Wohnung nimmt), ist das bestimmende Moment für ihre Natur"[23]. Wir möchten in der Klärungsarbeit noch etwas weiter gehen[24]. Die Philosophie wird hier als eine „Ausprägung und ... Gestaltung

---

[21] „Von der Christlichen Philosophie", Bd. I dieser Schriftenreihe, aus dem Französischen übertragen und eingeleitet von Balduin *Schwarz*, Salzburg 1935.
[22] a. a. O. S. 56.   [23] a. a. O. S. 58f.
[24] Dabei ist es unvermeidlich, schon manches vorwegzunehmen, was erst in späteren Untersuchungen zur Erörterung kommen wird.

des Geistes" in Anspruch genommen, als eine Art des „Erkennens, Forschens und Urteilens", darum auf etwas Gegenständliches bezogen
und „durch nichts als durch dieses Gegenständliche" seiner Art nach
gekennzeichnet. Eine Ausprägung des Geistes: das ist eine Festlegung
in einer bestimmten Richtung, auf eine bestimmte Betätigungs-
möglichkeit (die Formung der *Potenz* zum *Habitus*). Wenn man von
„Erkennen, Forschen, Urteilen" spricht, denkt man aber weniger
an eine dauernde Geisteshaltung als an den entsprechenden *Akt*,
die lebendige Betätigung. Unter Philosophie kann man beides verstehen: das lebendige Philosophieren und die dauernde Geisteshaltung.
(Der Philosoph ist auch Philosoph in den Augenblicken, in denen er
nicht philosophiert.) Darüber hinaus aber noch ein Drittes — und ich
möchte sogar sagen, dies Dritte in erster Linie: *Philosophie als
Wissenschaft*. Das lateinische Wort *scientia* bedeutet zugleich *Wissen*
(und dies sowohl als *Habitus* wie als *Akt*) und *Wissenschaft*. Und
der theologische Sprachgebrauch verwendet auch den Ausdruck
Wissenschaft im Sinne von *Wissen* (so, wenn von der Wissenschaft
als einer Gabe des Heiligen Geistes gesprochen wird). Die moderne Logik und Wissenschaftstheorie aber versteht unter Wissenschaft ein gedankliches Gebilde, das ein von den einzelnen denkenden
Geistern unabhängiges Dasein hat, ein innerlich zusammenhängendes,
nach bestimmten Gesetzen geordnetes Gebäude von Begriffen, Urteilen, Beweisen. Das, was eine Wissenschaft zu einem innerlich einheitlichen und zusammenhängenden Ganzen macht und von anderen
abgrenzt, ist ihre Bezogenheit auf ein bestimmtes Gegenstandsgebiet
und die Bedingtheit durch dieses Gebiet, das ihrem ganzen Verfahren
die Regel vorschreibt. Wenn Wissenschaft als Gebilde zu fassen ist,
das nicht von einem einzelnen denkenden Geist abhängig und an ihn
gebunden ist, so setzt sie doch das Gegenüber eines Seienden und erkennender Geister — sogar bestimmt gearteter, nämlich in schrittweisem Vorgehen erkennender Geister — voraus. Fassen wir Wissenschaft in diesem Sinn, so bleibt dem Wort immer noch ein Doppelsinn,
der dem Unterschied von *Natur* und *Zustand* entspricht. Es kann
einmal darunter das verstanden werden, was jeweils als geschichtliche
Tatsache vorliegt, z. B. die Mathematik in ihrem gegenwärtigen Stande. Von ihr gilt, was *Husserl* sagt: „Objektiven Bestand hat die
Wissenschaft nur in ihrer Literatur, nur in der Form von Schriftwerken hat sie ein eigenes, wenn auch zu dem Menschen und seinen
intellektuellen Betätigungen beziehungsreiches Dasein[25]; in dieser

---

[25] Was hier von Schriftwerken gesagt ist, das ist auf alles auszudehnen,

Form pflanzt sie sich durch die Jahrtausende fort und überdauert die Individuen, Generationen und Nationen. Sie repräsentiert so eine Summe äußerer Veranstaltungen, die, wie sie aus Wissensakten vieler Einzelner hervorgegangen sind, wieder in eben solche Akte ungezählter Individuen übergehen können....“[26] Etwas vorher heißt es: „Wissenschaft geht, wie der Name besagt, auf Wissen“. Und bald danach: „Im Wissen aber besitzen wir die Wahrhëit“. Die Wissenschaft in ihrem jeweiligen Zustand ist der Niederschlag alles dessen, was der Menschengeist zur Erforschung der Wahrheit getan hat, in Gebilden, die sich von dem forschenden Geist abgelöst haben und die nun ein eigenes Dasein führen. Was daran sinnenfällig ist, das ist *Ausdruck* eines *Sinnes*, der *verstanden* werden will. Die Wissenschaft in ihrem jeweiligen Zustand ist immer ein Bruchstück; und es gehören dazu auch alle Irrtümer, Umwege und Entstellungen der Wahrheit, denen der Menschengeist bei seinen Bemühungen verfallen ist.

Davon zu unterscheiden ist die Wissenschaft, wie sie ihrer *Natur* nach ist, oder (wie ich lieber sagen möchte) die *Wissenschaft als Idee*. Wir können uns denken, daß ein Sachgebiet vollständig erforscht wäre (obgleich wir wissen, daß der menschliche Geist in seinem irdischen Bemühen tatsächlich niemals diese Vollendung erreichen wird), daß alles, was sich überhaupt darüber aussagen läßt, in Form wahrer Sätze vorläge und daß all diese Sätze in dem sachgemäß geforderten Begründungszusammenhang stünden oder — was dasselbe besagt — die Einheit einer „geschlossenen Theorie“ bildeten. Das wäre eine Wissenschaft in idealer Vollendung, „ohne Makel und Runzel“. Für unsere Erfahrung als geschichtliches Gebilde wird es so etwas niemals geben: es ist das Leitbild, dem wir uns mit all unserm Forschen und Mühen zu nähern suchen. Es ist aber darüber hinaus zu fragen, wie weit ein solches Leitbild sinnvoll sei: ob es überhaupt ein Sachgebiet gebe, das sich durch eine Wissenschaft „ausschöpfen“ lasse, ob es für alle Sachgebiete in Betracht komme oder nur für bestimmt geartete. Um diese Fragestellung verständlich zu machen, müssen wir (wiederum späteren ausführlichen Erörterungen vorgreifend) kurz überlegen, was denn wohl unter der *Wahrheit* zu verstehen sei, die wir im Wissen besitzen. Ich weiß, daß in unserm

---

worin wissenschaftliche Arbeit einen greifbaren Niederschlag gefunden hat: Zeichnungen und überhaupt alle Arten von bildhafter Darstellung wissenschaftlicher Ergebnisse; ferner auch alle „Apparate“, die als Hilfsmittel zur Erforschung der Wahrheit dienen, aber zugleich schon als Ergebnisse wissenschaftlichen Nachdenkens anzusehen sind.

[26] E. *Husserl*, Logische Untersuchungen I², Halle a. d. S. 1913, S. 12.

Garten jetzt die Kirschen blühen. Der Satz „Die Kirschen blühen . . ."
ist wahr. Die Kirschen blühen „in Wahrheit". Der Satz als sprach-
liches Gebilde ist Ausdruck eines Sinnes, den ich mit meinem Wissen
umfasse; er baut sich aus einer Reihe von verständlichen Ausdrücken
auf. Daß ich diesen Sinn *wissend* umfasse (und nicht etwa bloß mei-
nend), besagt, daß der Satz nicht bloß Ausdruck eines verständlichen
Sinnes ist, sondern daß er „wahr" ist oder daß ihm etwas „in Wahrheit" entspricht. „Wahr" bedeutet in diesen beiden Wendungen nicht
ganz dasselbe, aber die beiden Bedeutungen stehen in einem inneren
Zusammenhang. Wenn man — wie es sprachüblich ist — von *Wahrheiten* spricht, so meint man damit „wahre Sätze". Das ist eine
ungenaue Ausdrucksweise. Der Satz ist nicht „eine Wahrheit"
(veritas), sondern „ein Wahres" *(verum)*. Seine *Wahrheit* (im strengen Sinn) besteht darin, daß er *mit einem Seienden in Übereinstimmung* ist oder daß ihm etwas entspricht, was unabhängig von ihm
besteht. Der Wahrheit des Satzes liegt das *wahre* — d. h. das in
sich begründete und den Satz begründende — *Sein* zugrunde.
Das wahre Sein ist es, worauf alle Wissenschaft abzielt. Es liegt aller
Wissenschaft voraus, nicht nur der menschlichen Wissenschaft
als einer Veranstaltung zur Gewinnung von richtigem Wissen und
damit zugleich von wahren Sätzen und als des greifbaren Nieder-
schlages aller dahinzielenden Bemühungen, sondern selbst noch der
Wissenschaft als Idee. Der *Satz* beschäftigt sich mit einem *Gegenstand*, von dem er etwas aussagt und den wir den *Satz-Gegenstand*
nennen. Was aber der Satz, seinem eigentlichen Abzielen nach, „setzt"
oder behauptet, ist nicht dieser Gegenstand (in unserm Beispiel: „die
Kirschen"), auch nicht das, was er von dem Gegenstand aussagt
(„blühen"), sondern der ganze bestehende *Sachverhalt* („Die Kirschen blühen . . ."). Sätze sind Ausdruck bestehender Sachverhalte
und haben in ihnen ihre Seinsgrundlage. Die Sachverhalte wiederum
sind nicht in sich selbst begründet, sondern haben ihre Seinsgrundlage
in *Gegenständen* (in einem besonderen Sinne des Wortes). Jedem
Gegenstand gehört ein Bereich von Sachverhalten zu, in denen sich
sein innerer Aufbau und die Beziehungen, in denen er vermöge seinem
Standort im Zusammenhang des Seienden sich befindet, auseinanderlegen. Jedem Sachverhalt wiederum gehört ein Bereich von Sätzen
zu, in denen er Ausdruck finden kann. (Daß es für denselben Sachverhalt eine Mannigfaltigkeit von Ausdrucksmöglichkeiten gibt, das
liegt an der Sinnfülle der einzelnen Sachverhaltsglieder.) Schon die
Sachverhalte sind mit ihrer Gliederung bezogen auf die mögliche Erkenntnis schrittweise vorgehender Geister. Das ist aber nicht so zu

verstehen, als würden sie vom erkennenden Geist „erzeugt": vielmehr schreiben sie ihm die Regel seines Verfahrens vor. In den Sachverhalten sind auch die Sätze als Ausdrucksmöglichkeiten schon begründet, und in dieser Weise „gibt es" sie, ehe sie von einem Menschengeist gedacht und in den *Stoff* einer menschlichen Sprache, in Laute oder Schriftzeichen, hineingeformt werden. Unter der *Wissenschaft als Idee*, die aller menschlichen Wissenschaft zugrunde liegt, ist also der „reine" (gleichsam noch körperlose) Ausdruck aller Sachverhalte zu verstehen, in denen sich das Seiende gemäß seiner eigenen Ordnung auseinanderlegt. Es ist aber nun die Frage, ob alle Sachverhalte, die dem Seienden entsprechen würden, und schon der Bereich von Sachverhalten, die einem einzelnen Gegenstand entsprechen, als ein abschließbares Ganzes zu denken sind, das seinen Gegenstand erschöpfen würde. Es kann hier dahingestellt bleiben, wie es sich damit bei den Sachgebieten verhalten mag, die von den *exakten* Wissenschaften behandelt werden. Jedenfalls ist sie zu verneinen für die wirkliche Welt in ihrer Fülle, die für eine zergliedernde Erkenntnis unausschöpfbar ist. Und wenn es so ist, dann ist jede *Wirklichkeitswissenschaft* (als Wissenschaft von der vollen Wirklichkeit) schon ihrer Idee nach etwas, was niemals zum Abschluß kommen wird.

Daß es eine Mannigfaltigkeit von Wissenschaften gibt, ist begründet in der Teilung des Seienden in eine Reihe von gattungs- und artmäßig in sich geeinten und gegeneinander abgegrenzten Gegenstandsgebieten. Die Frage ist nun, welches das Gegenstandsgebiet der Philosophie sei. *Maritain* sagt: „Was man sich auch für eine Vorstellung von der Philosophie bilden mag: Wenn man nicht das von sich aus für die natürlichen Kräfte des menschlichen Geistes Zugängliche für den Zuständigkeitsbereich der Philosophie hält, definiert man nicht die Philosophie, sondern man leugnet sie"[27]. Das ist im Sinne der klaren Scheidung von Philosophie und Theologie zu verstehen, wie der hl. *Thomas* sie am Anfang der *Summa theologica* gibt: daß die „philosophischen Wissenschaften ... im Bereich der menschlichen Vernunft bleiben", die Theologie dagegen „auf göttlicher Offenbarung beruht"[28]. Hier ist offenbar unter Philosophie alle natürliche Wissenschaft verstanden. Das entspricht dem Wissenschaftsbetrieb des Mittelalters, das noch keine scharfe Trennungslinie zwischen den Sondergebieten der weltlichen Wissenschaften kannte. Es entspricht aber nicht mehr der Auffassung der Gegenwart, die mit einer Reihe von völlig getrennten *Fächern* — nach Gegenstand und Methode

---

[27] a. a. O. S. 60.   [28] S. th. I q 1 a 1 corp.

durchaus voneinander unterschieden — zu rechnen hat und der Philosophie eine eigentümliche Stellung gegenüber allen *Einzelwissenschaften* zuweist. Während z. B. Mathematik und Geschichte völlig unbekümmert umeinander arbeiten können und tatsächlich arbeiten, ist die Philosophie genötigt, sich sowohl um die Mathematik als um die Geschichte zu kümmern. Und wenn der durchschnittliche Mathematiker und Geschichtsforscher innerhalb seiner Wissenschaft den gebahnten Weg geht, ohne der Philosophie, der Mathematik oder Geschichte Beachtung zu schenken, so werden doch immer Zeiten kommen, in denen die Einzelwissenschaft der Besinnung auf ihre philosophischen Grundlagen bedarf, um zur Klarheit über ihre eigenen Aufgaben zu kommen. Keine Wissenschaft darf willkürlich vorgehen — ihr Verfahren wird ihr durch die Natur ihres Sachgebietes vorgeschrieben. Darum stehen an den Anfängen der Wissenschaften meist schöpferische Geister, die sich ernstlich um die Klärung ihrer Grundbegriffe bemühen (man denke an *Galilei* und *Newton* oder auch an *Schillers* und noch Leopold von *Rankes* Bemühungen um den Sinn der Geschichte). Ist aber einmal das Verfahren (die *Methode*) begründet, dann besteht die Möglichkeit, es handwerksmäßig zu erlernen und auszuüben. Und es läßt sich nicht leugnen, daß es „Wissenschaften" gibt, die ihre Arbeit ohne ausreichende vorausgehende Klärung gleich einer abenteuerlichen Entdeckungsfahrt auf unbekanntem Wege in ein unbekanntes Land unternommen haben. Für sie wird früher oder später allemal eine Zeit der Ratlosigkeit kommen, in der sie nicht mehr aus noch ein wissen. Dann gibt es keine andere Rettung als die Besinnung auf die eigenen Grundlagen und die Prüfung des bisher geübten Verfahrens sowie seiner Ergebnisse an diesen Grundlagen. So war der große Umbruch, in dem sich die Psychologie seit der letzten Jahrhundertwende befindet, unvermeidlich infolge des erstaunlichen *salto mortale*, mit dem die Psychologie des 19. Jahrhunderts den Seelenbegriff übersprungen hat [29]. Die Klärung der

---

[29] Es ist ganz erstaunlich, was vom Reich der Seele übrig geblieben ist, seit die *Psychologie* in der Neuzeit begonnen hat, sich ganz unabhängig von allen religiösen und theologischen Betrachtungen der Seele ihren Weg zu bahnen: das Ergebnis war eine Psychologie ohne Seele. Sowohl das Wesen der Seele als ihre Kräfte wurden als „mythologische Begriffe" ausgeschaltet. Schließlich ist man dabei gelandet, alle seelischen Regungen aus einfachen Sinnesempfindungen zusammensetzen zu wollen. Man hat aus dem Fluß des seelischen Lebens selbst Geist, Sinn und Leben ausgeschaltet. — Jene naturwissenschaftliche Psychologie des 19. Jahrhunderts ist heute ihrer grundsätzlichen Auffassung nach überwunden. Die Wiederentdeckung des Geistes

Grundlagen aller Wissenschaften ist Aufgabe der Philosophie[30]. Sie hat das zu untersuchen, was die Einzelwissenschaften als bekannt und selbstverständlich aus dem vorwissenschaftlichen Denken überneh-men. Und wo der Einzelwissenschaftler selbst solche Arbeit leistet — der Mathematiker, der über die Natur der Zahl, der Geschichts-forscher, der über den Sinn der Geschichte nachdenkt —, da verfährt er als Philosoph. Von hier aus können wir verstehen, warum der hl. Thomas die Philosophie (oder *Weisheit* im Sinne einer natür-lichen Vorstufe der übernatürlichen Geistesgabe) als *perfectum opus rationis* (vollkommene Vernunftleistung) bezeichnet[31]. Sie begnügt sich nicht mit einer vorläufigen Klärung, sondern ihr Ziel ist *letzte* Klarheit; sie will λόγον διδόναι (Rechenschaft geben) bis auf die letzten erreichbaren Gründe. Und wenn die Welt der Erfahrung mit der Fülle dessen, was sie den Sinnen und dem Verstand darbietet, den natürlichen Wissenstrieb reizt und *Gesichtspunkte* an die Hand gibt, sie nach dieser oder jener Richtung zu durchforschen, so will sie durchstoßen bis zum letzten Verständlichen, zum *Sein selbst*, zum *Aufbau des Seienden als solchen* und der *wesensmäßigen Teilung des Seienden* nach *Gattungen und Arten*, um von da aus zu sachgemäßen Fragestellungen und Forschungsweisen zu gelangen[32]. Die Unter-suchung des Seins und des Seienden als solchen ist Aufgabe dessen, was *Aristoteles* in seiner *Metaphysik* als *erste Philosophie* bezeichnet

---

und das Bemühen um eine echte Geisteswissenschaft gehört sicher zu den größten Wandlungen, die sich auf wissenschaftlichem Gebiet vollzogen haben.

[30] Das soll nicht heißen, daß sie nur um der andern willen da sei, sondern daß alle in ihr verwurzelt sind, sofern sie echte Wissenschaft sind.

[31] S. th. II/II q 45 a 2; *Maritain* a. a. O. S. 60.

[32] Vgl. dazu die Definition der Philosophie, die P. Daniel *Feuling* in Juvisy vorgeschlagen hat: „La philosophie est la connaissance par la pure raison na-turelle des êtres et de l'être dans les causes suprêmes et dans les raisons der-nières — en tant que le donné phénoménal (φαινόμενον) permet à la pure raison naturelle l'accès à la saisie et à l'intelligence de l'être (νούμενον, nou-mène) des êtres, soit dans le mode de l'évidence, soit de la probabilité, soit de l'opinion, selon les conditions particulières du cas concret" — „Die Philosophie ist die rein natürliche Vernunfterkenntnis des Seienden und des Seins aus den höchsten Ursachen und letzten Gründen — soweit die Erscheinungsgegebenheit *(phainomenon)* der rein natürlichen Vernunft den Zugang zum Erfassen und Begreifen des Seins *(noúmenon)* des Seienden gestattet, sei es in der Weise der Einsicht oder der Wahrscheinlichkeit oder der Meinung, je nach den besonderen Bedingungen des bestimmten Falles" (a. a. O. S. 126). „Erkenntnis des Seien-den und des Seins aus den höchsten Ursachen und den letzten Gründen" — das entspricht der im Text gegebenen Bestimmung. Die Beschränkung auf die

hat und was daher später *Metaphysik* genannt wurde[33]. Die Behandlung der verschiedenen Grundgattungen des Seienden fällt den Teilgebieten der Philosophie zu, die für die Einzelwissenschaften grundlegend sind. Durch sie stellt sich nun auch wieder der Zusammenhang zwischen Philosophie und Einzelwissenschaften her: wenn einmal die Arbeit der Philosophie vollendet wäre und alle Einzelwissenschaften auf der von ihr geschaffenen Grundlage aufgebaut, dann wären sie wahrhaft philosophische Wissenschaften, und wir hätten eine Einheit der Wissenschaft, die der Einheit des Seienden entspräche. Aber das ist wiederum ein Idealzustand, dem die menschliche Wissenschaft zusteuert, ohne ihn je erreichen zu können. Solange

---

natürliche Vernunft, wenn sie als endgültig und unaufhebbar gefaßt wird — und so ist es von P. Daniel Feuling gemeint —, schließt schon die Entscheidung über das Verhältnis der Philosophie zum Glauben und zur Theologie in sich: daß es kein eigentliches Eingehen von Offenbarungswahrheiten in den Aufbau der Philosophie geben könne. Das bedeutet die Ablehnung dessen, was in der Anmerkung über den Sinn des Ausdruckes *Christliche Philosophie* an zweiter Stelle genannt ist (S. 12). Eine Erörterung über die Notwendigkeit der Erscheinungsgegebenheit würde eine ausführlichere Untersuchung dessen, was unter Erscheinungsgegebenheit zu verstehen ist, erfordern, als an dieser Stelle angemessen wäre.

[33] Heidegger hat den alten Sinn der *Metaphysica generalis* als Lehre vom *Seienden als solchem* nicht aufgehoben, sondern nur betont, daß es dafür nötig sei, den Sinn des Seins zu klären. Darin stimmen wir mit ihm überein. Er ist dann noch einen Schritt weiter gegangen und hat behauptet, daß man, um den Sinn des Seins zu verstehen, das Seinsverständnis des Menschen untersuchen müsse, und weil er den Grund der Möglichkeit des Seinsverständnisses in der Endlichkeit des Menschen fand, sah er die Aufgabe einer Grundlegung der Metaphysik in der Erörterung der Endlichkeit des Menschen. Dagegen sind von zwei Seiten her Bedenken zu erheben. *Es geht in der Metaphysik um den Sinn des Seins als solchen, nicht nur des menschlichen Seins.* Wer die Frage nach dem im Seinsverständnis selbst liegenden Sinn des Seins überspringt und unbekümmert darum das Seinsverständnis des Menschen „entwirft", bei dem ist Gefahr, daß er sich vom Sinn des Seins abschneidet; und soviel ich sehen kann, ist Heidegger dieser Gefahr erlegen. Das zweite Bedenken: Das Seinsverständnis gehört nicht zur Endlichkeit als solcher, da es endliches Seiendes gibt, dem kein Seinsverständnis eigen ist. Das Seinsverständnis gehört zu dem, was personal-geistiges Sein von anderem Sein unterscheidet. Innerhalb seiner wäre das *menschliche* Seinsverständnis von dem anderer endlicher Geister und alles *endliche* Seinsverständnis vom *unendlichen* (göttlichen) zu unterscheiden. Was *Seinsverständnis überhaupt* ist, das läßt sich nicht herausstellen ohne Klärung dessen, was der *Sinn des Seins* ist. So ist und bleibt die *Grundfrage einer Grundlegung der Metaphysik* die *Frage nach dem Sinn des Seins.*

wir *in via* sind, werden Philosophie und Einzelwissenschaften als getrennte Forschungsrichtungen arbeiten müssen. Aber sie sind berufen, einander beständig neue Aufgaben zu stellen und sich wechselseitig durch ihre Ergebnisse zu befruchten, zu vertiefen und zu fördern. Wenn wir aber einmal *in patria* sind, dann wird das „Stückwerk"[34] irdischer Weisheit und Wissenschaft abgelöst durch das „Vollkommene" der göttlichen Weisheit, die uns in einem Blicke schauen läßt, was der menschliche Verstand in seinem jahrtausendelangen Mühen zusammenzutragen suchte.

Nach der Klärung dessen, was wir unter Philosophie zu verstehen haben, können wir weiter fragen, was der „christliche Zustand" der Philosophie bedeuten mag. *Maritain* macht verschiedenes geltend, was durch diesen Namen bezeichnet werden kann. Durch die Gnade wird der Geist des Menschen gereinigt und gestärkt und ist Irrtümern weniger ausgesetzt als im gefallenen Zustand, wenn auch keineswegs völlig dagegen gesichert[35]: das betrifft die Philosophie als Geisteshaltung *(Habitus)* und Geistestätigkeit *(Akt)*. Die Glaubenslehre bereichert aber auch die Philosophie um Begriffe, die ihr tatsächlich fremd geblieben sind, solange sie nicht aus dieser Quelle schöpfte, obwohl sie an sich von ihr entdeckt werden könnten: z. B. den der Schöpfung. Das betrifft die Philosophie als Wissenschaft: das, was uns als Philosophie der christlichen Zeit überliefert ist, enthält Bausteine, die aus der christlichen Gedankenwelt stammen. Darüber hinaus hat schließlich die Welt selbst dadurch, daß sie mit den Augen des Glaubens gesehen wird, einen neuen Sinn bekommen. „Als Gegebenheit ist ... nunmehr eine Welt dargeboten, die das Werk des *Wortes*, der zweiten göttlichen Person ist, in der alles zu den *endlichen* Geistwesen, die sich als Geistwesen wissen, vom *unendlichen* Geist redet"[36]. Damit ergibt sich aber für die Philosophie in ihrem „christlichen Zustand" eine neue Sicht ihrer eigenen Natur: das, was *Maritain* mit Gabriel *Marcel* als einen „Skandal" für die Vernunft bezeichnet — die „Tatsache, daß die Gültigkeit des Offenbarungsgutes jenseits aller Erfahrbarkeit liegt, die auf rein menschlichen

---

[34] 1 Kor. 13.

[35] Die Gnade befreit den christlichen Gelehrten nicht von der Notwendigkeit einer gründlichen wissenschaftlichen Durchbildung, soweit sie für ihn erreichbar ist — so wenig, wie sie sonst von den natürlichen Berufspflichten entbindet. Wer in falschem Vertrauen auf den Gnadenbeistand sich darüber hinwegsetzen wollte, der könnte natürlich weit hinter dem gründlichen und gewissenhaften nicht-christlichen Forscher zurückbleiben.

[36] *Maritain* a. a. O. S. 73.

Grundlagen möglich ist . . ."[37] Wenn der Philosoph seinem Ziel, das Seiende aus seinen letzten Gründen zu verstehen, nicht untreu werden will, so wird er durch seinen Glauben genötigt, seine Betrachtungen über den Bereich dessen hinaus, was ihm natürlicherweise zugänglich ist, auszudehnen. Es gibt Seiendes, das der natürlichen Erfahrung und Vernunft unzugänglich ist, das uns aber durch die Offenbarung bekannt gemacht wird und den Geist, der es aufnimmt, vor neue Aufgaben stellt. „Über das Sinnenhafte holt sich die Philosophie bei den Naturwissenschaften Auskunft, wie sollte sie sich über das Göttliche nicht beim Glauben und bei der Theologie Auskunft holen? ‚Die religiösen Tatsachen oder die definierten Dogmen', sagt *Malebranche*, ‚sind meine Erfahrungen . . .'; (nachdem ich sie als gültig erkannt habe), ‚gebrauche ich meinen Geist (ihnen gegenüber) in derselben Weise wie jene, die Physik studieren'"[38]. Was die natürliche Vernunft als das *erste Seiende* erreicht, darüber geben ihr Glaube und Theologie Aufschlüsse, zu denen sie von sich aus nicht gelangen könnte, und zugleich über das Verhältnis, in dem alles Seiende zum ersten Seienden steht. Die Vernunft würde zur Unvernunft, wenn sie sich darauf versteifen wollte, bei dem stehen zu bleiben, was sie mit ihrem eigenen Licht entdecken kann, und die Augen vor dem zu schließen, was ein höheres Licht ihr sichtbar macht. Denn das muß betont werden: Was uns die Offenbarung mitteilt, ist nicht ein schlechthin Unverständliches, sondern ein verständlicher Sinn: nicht aus natürlichen Tatsachen zu begreifen und zu beweisen; überhaupt nicht zu „begreifen" (d. h. begrifflich auszuschöpfen), weil es ein Unermeßliches und Unerschöpfliches ist und nur jeweils soviel von sich faßbar macht, als es erfaßt haben will; aber in sich selbst verständlich und für uns verständlich in dem Maße, wie uns Licht gegeben wird, und Grundlage für ein neues Verständnis der natürlichen Tatsachen, die sich eben damit als nicht *bloß* natürliche Tatsachen enthüllen. Was Maritain für das menschliche Handeln ausgeführt hat: daß es so genommen werden müsse, wie es auf Grund des Sündenfalles und der Erlösung tatsächlich sei, und daß sich die Moral darum nicht als *reine* Philosophie vollenden lasse, sondern nur in Abhängigkeit von der Theologie, d. h. durch Ergänzung ihrer eigenen Grundwahrheiten von der Theologie her, das scheint mir — in einer gewissen Abwandlung und Erweiterung — von allem Seienden und von der gesamten Philosophie zu gelten. Die Grundwahrheiten unseres Glaubens — von der Schöpfung, vom Sündenfall, von der Erlösung und Vollendung — zeigen alles Seiende in einem Licht, wonach es unmöglich erscheint,

---

[37] a. a. O. S. 74.   [38] a. a. O. S. 72 f.

daß eine reine Philosophie, d. h. eine Philosophie aus bloß natürlicher Vernunft, imstande sein sollte, sich selbst zu vollenden, d. h. ein *perfectum opus rationis* zu leisten. Sie bedarf der Ergänzung von der Theologie her, ohne dadurch Theologie zu werden. Wenn es Aufgabe der Theologie ist, die Offenbarungstatsachen als solche festzustellen und ihren eigenen Sinn und Zusammenhang herauszuarbeiten, so ist es Aufgabe der Philosophie, das, was sie mit ihren eigenen Mitteln erarbeitet hat, mit dem, was ihr Glaube und Theologie bieten, in Einklang zu bringen — im Sinne eines Verständnisses des Seienden aus seinen letzten Gründen. In Einklang bringen — das bedeutet zunächst das rein Negative, daß für den gläubigen Philosophen die offenbarte Wahrheit ein Maßstab ist, dem er seine eigene Einsicht unterzuordnen hat: er gibt eine vermeintliche Entdeckung preis, sobald er selbst erkennt oder durch den Ausspruch der Kirche darauf hingewiesen wird, daß sie mit der Glaubenslehre unvereinbar sei. So sehr der Philosoph auf klare Einsicht als letzte Bürgschaft innerhalb seines eigenen Verfahrens bedacht sein muß, so begehrenswert muß ihm — angesichts der unleugbaren Irrtumsmöglichkeit bei aller rein menschlichen Erkenntnis — um der Wahrheit willen die Nachprüfung durch eine übernatürlich erleuchtete und dadurch irrtumsfreie höchste Autorität erscheinen. Gewiß wird er sich ihr nur unterwerfen können, wenn er gläubig ist. Aber es muß auch dem Ungläubigen einleuchten, daß der Gläubige sich ihr nicht nur als Gläubiger, sondern auch als Philosoph unterwerfen muß.

Die Berücksichtigung der offenbarten Wahrheit kann ferner darin bestehen, daß der Philosoph in ihr Aufgaben für sich entdeckt, die ihm ohne ihre Kenntnis entgangen waren. P. A. R. *Motte* O. P. hat in seinem Vortrag in Juvisy darauf hingewiesen, daß die Glaubenslehre von Gott und der Schöpfung der Philosophie Anlaß gab zur Scheidung von Wesen und Dasein, die Lehre von der Allerheiligsten Dreifaltigkeit und von der Menschwerdung zur Scheidung von Natur und Person, die Lehre von der Hl. Eucharistie zur scharfen begrifflichen Herausarbeitung von Substanz und Akzidens[39]. Die Begegnung mit einem bis dahin unbekannten Seienden zeigt das Seiende und das Sein als solches von einer neuen Seite. Die Offenbarung spricht in einer dem natürlichen Menschenverstand zugänglichen Sprache und bietet Stoff zu einer rein philosophischen Begriffsbildung, die von den Offenbarungstatsachen als solchen ganz absehen kann und deren Ergebnis Gemeingut aller späteren Philosophie wird (z. B. die Begriffe *Person* und *Substanz*).

---

[39] Vgl. La Philosophie Chrétienne S. 100.

Diese beiden Arten der Berücksichtigung von Glaubenswahrheiten zeigen die Philosophie in ihrem jeweiligen Zustand — als geschichtliches Gebilde — in Abhängigkeit von Glauben und Theologie als von äußeren Bedingungen ihrer Verwirklichung. Sie ergeben *Christliche Philosophie* in dem Sinne, in dem der *Thomismus* so genannt werden kann [40], aber keine christliche Philosophie, die die offenbarte Wahrheit als solche in ihren Gehalt mit aufnimmt. Wenn dagegen die Philosophie in der Erforschung des Seienden auf Fragen stößt, die sie mit ihren eigenen Mitteln nicht beantworten kann (z. B. die Frage nach dem Ursprung der menschlichen Seele), und wenn sie sich dann die Antworten zu eigen macht, die sie in der Glaubenslehre findet, um so zu einer umfassenderen Erkenntnis des Seienden zu gelangen, dann haben wir eine christliche Philosophie, die den Glauben als Erkenntnisquelle benutzt. Sie ist dann nicht mehr *reine* und *autonome* Philosophie. Es scheint mir aber nicht berechtigt, sie nun als Theologie anzusprechen. Wenn in einem geschichtlichen Werk über das Geistesleben des 20. Jahrhunderts die Umwandlung der modernen Physik durch den Einfluß der Einsteinschen Relativitätstheorie dargestellt wird, dann muß der Geschichtsforscher beim Naturwissenschaftler in die Schule gehen; sein Werk wird aber dadurch, daß er das Gelernte hineinarbeitet, kein naturwissenschaftliches. Das Ausschlaggebende ist die leitende Absicht. Das Verhältnis zwischen Philosophie und Theologie ist nicht genau dasselbe, weil es dem Geschichtsforscher nicht um die Richtigkeit oder Falschheit der Einsteinschen Theorie zu tun ist, sondern nur um ihren geschichtlichen Einfluß. Dem Philosophen aber geht es, wenn er eine Anleihe bei der Theologie macht, um die offenbarte Wahrheit als *Wahrheit*. Das Gemeinsame ist, daß in beiden Fällen eine andere Wissenschaft in Anspruch genommen werden muß, um in der eigenen weiterzukommen, und daß auf Grund des erlangten Hilfsmittels dann auf dem eigenen Gebiet weitergearbeitet wird. Allerdings kann die Philosophie für das, was sie mit Hilfe der Glaubenslehre feststellt, nicht die Einsichtigkeit in Anspruch nehmen, die das Kennzeichen ihrer eigenen, selbständigen Ergebnisse ist (sofern es sich um echte philosophische Erkenntnis handelt). Was aus der Zusammenschau von Glaubenswahrheit und philosophischer Erkenntnis stammt, das trägt den Stempel der doppelten Erkenntnisquelle, und der Glaube ist ein „dunkles Licht". Er gibt uns etwas zu verstehen, aber nur, um uns auf etwas hinzuweisen, was für uns unfaßlich bleibt. Weil der letzte Grund alles Seienden ein unergründlicher ist, darum rückt alles, was von ihm her gesehen wird,

---

[40] Vgl. die Anmerkung S. 12 f.

in das „dunkle Licht" des Glaubens und des Geheimnisses, und alles Begreifliche bekommt einen unbegreiflichen Hintergrund. Das ist es, was P. *Przywara* als *reductio ad mysterium* bezeichnet hat. Wir stimmen mit ihm — wie aus den letzten Ausführungen ersichtlich ist — auch darin überein, daß die Philosophie „*durch* Theologie, nicht *als* Theologie" vollendet werde[41]. Dagegen vermochte ich bei ihm nicht klar zu ersehen, von welcher Seite die Vereinigung von „Theologie und Philosophie innerhalb einer Metaphysik"[42] erfolgt. Der *Form-Primat* der Theologie[43] ist gewiß anzuerkennen in dem Sinn, daß der letzte Richterspruch über die Wahrheit sowohl theologischer als philosophischer Sätze der Theologie — in ihrer höchsten Bedeutung als Sprechen Gottes durch das kirchliche Lehramt — zusteht. Aber gerade weil die Philosophie (nicht die Theologie) einer inhaltlichen Ergänzung bedarf, fällt ihr die Aufgabe zu, die Einheit einer umfassenden Lehre herzustellen. So ist nach unserer Auffassung *Christliche Philosophie* nicht bloß der Name für die Geisteshaltung des christlichen Philosophen, auch nicht bloß die Bezeichnung für die

---

[41] Analogia entis I 45.

[42] a. a. O. S. 45. „Metaphysik" bedeutet nach P. *Przywara* (S. 3) das „Dahintergehen" in die „Hintergründe" der „Physis" als der „Seinsweise", darin ein Seinswesen in sich selbst seiend und wirkend beruht. Es ist die aristotelische *erste Philosophie*, die sich mit dem Seienden als solchem — nicht mit den inhaltlich getrennten Gattungen — beschäftigt. Wie schon früher (§ 2) angedeutet wurde und später (Kap. V) ausführlich gezeigt wird, steht in ihrem Mittelpunkt die Frage nach dem, was im eigentlichen Sinn seiend ist (der οὐσία) — das scheint aber P. Przywara bei seiner Erklärung der „Physis" im Auge zu haben. Wenn den Gründen dieses eigentlichen Seins so weit nachgegangen wird, als es der natürliche Verstand vermag, so ist diese *erste Philosophie philosophische Metaphysik*. Wird die Theologie zu Hilfe genommen, dann ergibt sich das, was P. Przywara als *theologische Metaphysik* bezeichnet. — Wie schwer es ist, die Grenze zwischen Philosophie und Theologie richtig zu ziehen, darauf hat P. *Roland-Gosselin* O. P. in einer bedeutsamen brieflichen Äußerung hingewiesen (La Philosophie Chrétienne S. 153f.): „Nicht nur die Philosophie, sondern auch die Theologie hat sich ‚durch den Einfluß des Glaubens auf die Vernunft' begründet. Christliche Theologie und Philosophie als geschichtliche Gebilde entstanden zur selben Zeit und hauptsächlich mit Rücksicht auf die Bedürfnisse der Theologie, ohne daß man sich immer viel darum gekümmert hätte, wie weit die Scheidungen und begrifflichen Fassungen, die von der Theologie verlangt wurden, von einer streng philosophischen Methode angenommen und gerechtfertigt werden könnten. Vielleicht ist für sehr viele Punkte die genaue Absteckung der Grenzen noch zu leisten."

[43] Analogia entis I 58.

tatsächlich vorliegenden Lehrgebäude christlicher Denker — es bezeichnet darüber hinaus das Ideal eines *perfectum opus rationis*, dem es gelungen wäre, die Gesamtheit dessen, was natürliche Vernunft *und* Offenbarung uns zugänglich machen, zu einer Einheit zusammenzufassen. Das Streben nach diesem Ziel fand seinen Niederschlag in den *Summen* des Mittelalters[44]; diese großen Gesamtdarstellungen waren die angemessene äußere Form einer auf das Ganze gerichteten Forschung. Die Verwirklichung dieses Ideals aber — in dem Sinn, daß alles Seiende in seiner Einheit und in seiner Fülle erfaßt wäre — entzieht sich grundsätzlich aller menschlichen Wissenschaft: schon das endliche Wirkliche ist etwas, was sich begrifflich nicht ausschöpfen läßt, um so mehr das unendliche Sein Gottes. Die reine Philosophie als Wissenschaft vom Seienden und vom Sein aus seinen letzten Gründen, soweit die natürliche Vernunft des Menschen reicht, ist auch in ihrer denkbar größten Vollendung wesenhaft ein Unvollendetes. Sie ist zunächst offen zur Theologie hin und kann von daher ergänzt werden. Aber auch die Theologie ist kein geschlossenes und je abschließbares Gedankengebilde. Sie entfaltet sich geschichtlich als fortschreitende gedankliche Aneignung und Durchdringung des überlieferten Offenbarungsgutes. Darüber hinaus aber ist zu bedenken, daß die Offenbarung nicht die unendliche Fülle der göttlichen Wahrheit in sich befaßt. Gott teilt sich dem Menschengeist mit in dem Maß und in der Weise, wie es Seiner Weisheit entspricht. Es steht bei Ihm, das Maß zu erweitern. Es steht bei Ihm, die Offenbarung in einer Form zu geben, die der menschlichen Denkweise angemessen ist: dem schrittweisen Erkennen, der begrifflichen und urteilsmäßigen Fassung; oder den Menschen über seine natürliche Denkweise hinauszuheben zu einer völlig andern Erkenntnisart, zu einem Teilhaben an der göttlichen Schau, die in einem einfachen Blick alles umfaßt[45]. Die vollendete Erfüllung dessen, worauf die Philosophie, als Streben nach Weisheit, abzielt, ist allein die göttliche Weisheit selbst, die einfache Schau, mit der Gott sich selbst und alles Geschaffene umfaßt. Die für

---

[44] Es sind *theologische* „Summen", wenn sie die Ergebnisse der Philosophie in den Dienst der Theologie stellen, *philosophische*, wenn sie ihr Bemühen um Verständnis des Seienden auf die Offenbarungstatsachen ausdehnen.

[45] Der Name *Schau (visio)* ist dafür üblich, weil für uns das Sehen die eindringlichste und überzeugendste Art des Erkennens ist. Wir müssen uns aber darüber klar sein, daß es sich keineswegs um etwas handelt, was unserm Sehen gleicht — um ein Erfassen von außen, in einem Abstand. Es ist ein Wissen, das mit dem, worum es weiß, völlig eins ist, am ehesten dem zu vergleichen, wie wir um unser eigenes Leben wissen.

einen geschaffenen Geist — freilich nicht aus eigener Kraft — erreichbare höchste Verwirklichung ist die *selige Schau*, die Gott ihm schenkt, indem Er ihn mit sich vereinigt: er gewinnt Anteil an der göttlichen Erkenntnis, indem er das göttliche Leben mitlebt. Die größte Annäherung an dieses höchste Ziel ist während des Erdenlebens die *mystische Schau*. Es gibt aber auch eine Vorstufe, zu der nicht diese höchste Begnadung nötig ist, und das ist der echte lebendige *Glaube*. Nach der Lehre der Kirche ist „der Glaube eine übernatürliche Tugend, durch die wir, auf die Eingebung und mit dem Beistand der göttlichen Gnade, für wahr halten, was Gott offenbart und uns durch die Kirche gelehrt hat, nicht wegen der inneren, sachlichen Wahrheit, die wir mit dem Licht der natürlichen Vernunft erkennen würden, sondern wegen der Autorität des offenbarenden Gottes selbst, der weder getäuscht werden noch täuschen kann"[46]. Der theologische Sprachgebrauch bezeichnet als Glauben nicht nur die Tugend *(fides, qua creditur)*. sondern auch das, was wir glauben, die offenbarte Wahrheit *(fides, quae creditur)*, und schließlich die lebendige Betätigung der Tugend, *das Glauben (credere)* oder den *Glaubensakt*. Und dieses lebendige Glauben ist es, das wir jetzt im Auge haben. Es ist darin Verschiedenes enthalten: indem wir auf die Autorität Gottes hin die Glaubenswahrheiten annehmen, *halten wir sie für wahr*, und eben damit *schenken wir Gott Glauben (credere Deo)*. Wir können aber nicht Gott Glauben schenken, ohne *an Gott zu glauben (credere Deum)*, d. h. zu glauben, daß Gott *ist* und *Gott* ist: das höchste und damit vollkommen wahrhaftige Wesen, das wir mit dem Namen *Gott* meinen. Die Glaubenswahrheiten annehmen heißt darum Gott annehmen, denn Gott ist der eigentliche Gegenstand des Glaubens, von dem die Glaubenswahrheiten handeln. Gott annehmen, das heißt aber auch sich Gott im Glauben zuwenden oder „zu Gott hin glauben" *(credere in Deum)*, Gott zustreben[47]. So ist der Glaube ein Ergreifen Gottes. Das Ergreifen aber setzt ein Ergriffenwerden voraus: wir können nicht glauben ohne Gnade. Und Gnade ist Anteil am göttlichen Leben. Wenn wir uns der Gnade öffnen, den Glauben annehmen, haben wir den „Anfang des ewigen Lebens in uns"[48].

Wir nehmen den Glauben auf das Zeugnis Gottes hin an und gewinnen dadurch Erkenntnisse, ohne einzusehen: wir können die Glaubenswahrheiten nicht als in sich selbst einleuchtend annehmen

---

[46] Catechismus Catholicus[13] (Rom 1933), Pro adultis q 515, S. 242.

[47] Vgl. dazu *Thomas von Aquino*, De veritate q 14 a 7 ad 7 (Untersuchungen über die Wahrheit II 28).

[48] a. a. O. q 14 a 2 corp. (S. 9).

wie notwendige Vernunftwahrheiten oder auch wie Tatsachen der sinnlichen Wahrnehmung: wir können sie auch nicht nach logischen Gesetzen aus unmittelbar einleuchtenden Wahrheiten ableiten. Das ist der eine Grund, warum der Glaube ein „dunkles Licht" genannt wird. Es kommt aber hinzu, daß er als *credere Deum* und *credere in Deum* immer über alles hinausstrebt, was offenbarte Wahrheit ist, Wahrheit, von Gott in der Weise des menschlichen Erkennens in Begriffe und Urteile gefaßt, in Worten und Sätzen ausgedrückt. Er will mehr als einzelne Wahrheiten von Gott, er will Ihn selbst, der *die* Wahrheit ist, den ganzen Gott, und ergreift Ihn, ohne zu sehen : „obgleich's bei Nacht ist"[49]. Das ist die tiefere Dunkelheit des Glaubens gegenüber der ewigen Klarheit, der er zustrebt. Von dieser doppelten Dunkelheit spricht unser hl. Vater *Johannes vom Kreuz*, wenn er sagt: „. . . das Vorwärtsschreiten des Verstandes ist ein Mehrsichbefestigen im Glauben; und so ist das Vorwärtsgehen ein Verfinstertwerden, da der Glaube Finsternis für den Verstand ist"[50]. Dennoch ist es ein Vorwärtsschreiten : ein Hinausgehen über alle begrifflich faßbare Einzelerkenntnis hinein in das einfache Umfassen der Einen Wahrheit. Darum steht der Glaube der göttlichen Weisheit näher als alle philosophische und selbst theologische Wissenschaft. Weil uns aber das Gehen im Dunkeln schwer wird, darum ist jeder Strahl des Lichtes, das als ein Vorbote der künftigen Klarheit in unsere Nacht fällt, eine unschätzbare Hilfe, um an unserm Weg nicht irre zu werden. Und selbst das kleine Licht der natürlichen Vernunft vermag wertvolle Dienste zu leisten. Eine *Christliche Philosophie* wird es als ihre vornehmste Aufgabe ansehen, Wegbereiterin des Glaubens zu sein. Gerade darum war es dem hl. *Thomas* so sehr am Herzen gelegen, eine reine Philosophie auf Grund der natürlichen Vernunft aufzubauen: weil sich nur so ein Stück gemeinsamen Weges mit den Ungläubigen ergibt; wenn sie einwilligen, diese Strecke mit uns zu gehen, werden sie sich in der Folge vielleicht noch etwas weiter führen lassen, als es ihre ursprüngliche Absicht war. Vom Standpunkt der *Christlichen Philosophie* besteht also kein Bedenken gegen eine gemeinsame Arbeit. Sie kann in die Schule der Griechen und der Modernen gehen und nach dem Grundsatz: „Prüfet alles und das Beste behaltet", sich aneignen, was ihren Maßstäben standhält. Sie kann andererseits zur Verfügung stellen, was sie selbst zu geben hat, und den andern Nachprüfung und Auswahl überlassen.

---

[49] Hl. *Johannes vom Kreuz*, Der Urquell (Gedichte des heiligen Johannes vom Kreuz, München 1924, S. 17f.).

[50] Lebendige Liebesflamme, Werke Bd. III, München 1924, S. 170.

Es besteht für den Ungläubigen kein sachlicher Grund, gegen die Ergebnisse ihres natürlichen Verfahrens mißtrauisch zu sein, weil sie außer an den obersten Vernunftwahrheiten auch an der Glaubenswahrheit gemessen sind. Es bleibt ihm selbst unbenommen, den Maßstab der Vernunft in aller Strenge zu handhaben und alles abzulehnen, was ihm nicht genügt. Es steht ferner bei ihm, ob er weiter mitgehen und auch die Ergebnisse zur Kenntnis nehmen will, die mit Hilfe der Offenbarung gewonnen sind. Er wird die verwendeten Glaubenswahrheiten nicht als „Sätze" (Thesen) annehmen wie der Gläubige, sondern nur als „Ansätze" (Hypothesen). Aber ob die Folgerungen, die daraus gezogen werden, den Vernunftwahrheiten entsprechen oder nicht, dafür gibt es wieder auf beiden Seiten einen gemeinsamen Maßstab. Ob er dann die Zusammenschau, die sich für den gläubigen Philosophen aus natürlicher Vernunft und Offenbarung ergibt, mitvollziehen kann und ob er damit ein tieferes und umfassenderes Verständnis des Seienden gewinnen wird, das dürfte er ruhig abwarten. Wenn er so vorurteilsfrei ist, wie es nach seiner Überzeugung der Philosoph sein soll, so wird er vor dem Versuch jedenfalls nicht zurückschrecken.

II.

AKT UND POTENZ ALS SEINSWEISEN

§ 1. Darstellung nach „De ente et essentia"

Die *Lehre von Akt und Potenz* war wie das Portal eines großen Ge-
bäudes, das sich aus der Ferne in seiner ganzen Höhe zeigte. Schon
dieser erste Blick aus der Ferne hat ein vorläufiges Verständnis dafür
gegeben, daß mit diesem Begriffspaar der ganze Umfang des Seienden
zu umspannen ist. Aber es ist auch schon durch eine kleine sprachliche
Prüfung klar geworden, daß die Ausdrücke nicht eindeutig sind, sondern eine Mannigfaltigkeit des Sinnes umschließen. Diese Mannigfaltigkeit auseinanderzulegen und ihre innere Gesetzlichkeit zu ergründen, ist nun die Aufgabe.

Die erste Einführung in die Lehre von Akt und Potenz war dem
Werke des *Aquinaten* entnommen, das sich am ausführlichsten mit
diesen Fragen beschäftigt: den *Quaestiones disputatae de potentia.*
Sie sind ein Werk des reifen Meisters, nach den Untersuchungen von
Martin *Grabmann*[1] zwischen 1265 und 1267 entstanden, etwa zur
gleichen Zeit, in der er mit der Arbeit am I. Teil der *Theologischen
Summe*, der Gotteslehre, beschäftigt war. Was in der *Summa*, die
ein Lehrbuch der gesamten Theologie werden sollte, nur kurz berührt
werden durfte, das konnte hier gründlich und ausführlich behandelt
werden. So ist es zu verstehen, daß die Fragestellung in den *Quaestiones disputatae de potentia* eine vorwiegend *theologische* ist. Dadurch
ist nicht ausgeschlossen — wie jeder Thomaskenner weiß —, daß aus
ihnen eine Fülle rein philosophischer Belehrung zu gewinnen ist. Aber es
ist nicht immer leicht, das philosophisch Belangvolle aus den theologischen Zusammenhängen herauszulösen. Und vor allem wird der Fern-
stehende, der sich über das Ineinandergreifen theologischer und philosophischer Fragen nicht klar ist, schwer die Besorgnis los, daß er sich
auf einem für den Philosophen unerlaubten Boden befinde. Darum
dürfte es gut sein, für die sachliche Behandlung jetzt nicht weiter
den Gedanken jenes Werkes zu folgen, sondern auf das schon früher

---

[1] Die Werke des hl. Thomas von Aquino. Eine literarhistorische Untersuchung und Einführung, München 1931, S. 275 ff.

erwähnte Jugendwerk zurückzugreifen, in dem der hl. Thomas noch ganz als Schüler „des Philosophen" erscheint: das opusculum *De ente et essentia*[2]. Freilich finden wir hier nur einen ersten Ansatz, der sich zu der ausgeführten Lehre wie ein Samenkorn zu einem großen Baum verhält. Aber gerade das kann uns vielleicht helfen, zu einem ursprünglichen sachlichen Verständnis vorzudringen.

Schon in diesem kleinen Grundriß einer Seinslehre betrachtet Thomas die Gesamtheit des Seienden als ein Stufenreich. Er unterscheidet drei Hauptstufen:

1. *Stoffliche* oder *zusammengesetzte Dinge* (aus *Stoff* und *Form* zusammengesetzte); das ist die Körperwelt — die *toten* Dinge und alle Lebewesen, der Mensch eingeschlossen.

2. *Geistige* oder *einfache;* dabei dachte Aristoteles an die Geister, durch die — nach seiner Auffassung — die Gestirne bewegt werden. Die mittelalterlichen Denker verstanden darunter die Engel. „Einfach" nannte Thomas sie, weil er sie für *reine Formen* ansah. (Die Frage, ob zum Aufbau der *reinen Geister* etwas Stoffliches nötig sei oder nicht, war zu seiner Zeit sehr umstritten.)

3. Das *erste Seiende* — Gott. Daß das erste Seiende, die Ursache alles anderen, völlig einfach, reines Sein, sei, darüber war man sich einig. Lehnte man nun — wie Thomas — für die geschaffenen Geister eine Zusammensetzung aus Stoff und Form ab, so mußte man ein anderes Mittel suchen, um sie von dem ersten Seienden zu unterscheiden. Thomas kommt in diesem Zusammenhang zu der Trennung von *Form* und *Sein* bei den geschaffenen Geistern. *Form* ist bei ihnen gleichbedeutend mit *Wesen (essentia)*. „... das Geistwesen *(intelligentia)* ist Form und Sein und hat sein Sein von dem ersten Seienden, das nur Sein ist, und das ist die erste Ursache, die Gott ist. Alles aber, was etwas von einem anderen empfängt, ist im Verhältnis dazu *in Potenz*, und das, was in ihm aufgenommen ist, ist sein *Akt*[3]. Also muß die Washeit oder Form selbst, die das Geistwesen ist, im Verhältnis zu dem Sein, das es von Gott empfängt, in Potenz sein, und jenes empfangene Sein ist in der Weise des Aktes. Und so findet sich Potenz und Akt in den Geistwesen, jedoch nicht Form und Stoff ... Und weil die Washeit *(quidditas)* des Geistwesens das Geistwesen selbst ist, darum ist seine Washeit oder sein Wesen

---

[2] Ich benutze den Text, wie er in dem schon wiederholt genannten Werk von *Roland-Gosselin* (S. 1—48) in einer sorgfältigen kritischen Ausgabe geboten wird. Darauf beziehen sich die Seitenzahlen. Angeführte Stellen gebe ich in eigener Übersetzung.

[3] Von mir durch Kursivdruck hervorgehoben.

(essentia) eben das, was es selbst ist, und *sein Sein*, das es von Gott empfangen hat, *ist das, wodurch es in der wirklichen Welt ein selbständiges Sein hat (quo subsistit in rerum natura)* ..."[4] „Und da in den Geistwesen Potenz und Akt angenommen wird, kann unschwer eine Vielzahl von Geistwesen gefunden werden[5]; das wäre unmöglich, wenn keine Potenz in ihnen wäre ... Es gibt also zwischen ihnen einen Unterschied nach dem *Grade von Potenz und Akt*, so daß das höhere, dem ersten Sein näherstehende, *mehr Aktualität* und *weniger Potentialität* in sich hat, und entsprechend die andern"[6].

Der kleine Ausschnitt zeigt deutlich, wie eng in der Seinslehre des hl. Thomas die Begriffe *Akt* und *Potenz* mit einer Reihe von andern aristotelischen Grundbegriffen — Form, Stoff, Substanz (= das, was „subsistiert") usw. — zusammenhängen. Es wird daher in der Folge notwendig sein, auch auf sie einzugehen. Aber sich hier auf sie zu stützen, hieße eine Unbekannte durch andere erklären wollen. Es soll also aus der angeführten Stelle vorläufig nur das herausgelöst werden, was sich ohne Erörterung jener Begriffe zum Verständnis der Ausdrücke *Akt* und *Potenz* daraus entnehmen läßt.

Es ist bei den reinen Geistern das, *was* sie sind, von ihrem *Sein* unterschieden worden, und das Sein ist als ihr *Akt* bezeichnet worden. Das stimmt zusammen mit der Auffassung des *ersten Seienden*, das sowohl *reines Sein* als *reiner Akt* genannt wurde. Andererseits wurde gesagt, das, was das Sein empfange, sei *in Potenz* im Verhältnis zu dem Sein, das es empfange. Folgen wir dem Wortsinn von *potentia* (oder δύναμις), das *Können* oder *Vermögen* besagt, so ist das *in potentia esse* ein „im Vermögen" oder „in der Möglichkeit sein" oder ein „Sein-Können". Das, was „sein kann", hat — wie es hier dargestellt wurde — nicht von sich aus die *Macht*, zum Sein überzugehen. Andererseits besagt sein „Sein-Können" mehr als: es sei nichts darin, was das Hinzutreten des Seins ausschließe. Vielmehr steckt in dem „in der Möglichkeit sein" schon ein *Sein* in doppeltem Sinne darin: einmal eine Hinordnung oder ein Hingerichtetsein auf *das* Sein, das als *Akt* angesprochen wurde. Sodann aber schon eine gewisse *Art des Seins*. Denn „möglich sein" heißt ja nicht einfach „*nicht* sein". Wäre es nicht so, daß schon das mögliche Sein selbst eine Art des Seins wäre, so hätte es keinen Sinn, von *Graden* der *Potentialität* zu sprechen. Wenn man nur *einen*, überall gleichen Sinn von *Sein* annehmen dürfte und wenn Akt und Sein schlecht-

---

[4] a. a. O. S. 35. Die Hervorhebungen stammen von mir.

[5] Im Gegensatz zu dem ersten Sein, das Eines ist.

[6] a. a. O. S. 36.

hin zusammenfielen, dann wäre es auch unmöglich, zu sagen, daß es etwas gebe, was mehr oder minder Akt wäre und dem ersten Sein entsprechend näher oder ferner stünde. So kommen wir dazu, *Abstufungen des Seins* zu unterscheiden und *Akt* und *Potenz* als *Weisen des Seins* zu verstehen. Der Übergang von der Potenz zum Akt oder — wie wir jetzt sagen können — vom *möglichen* zum *wirklichen Sein* ist ein Übergang von einer Seinsweise zur andern, und zwar von einer niederen zu einer höheren. Aber auch innerhalb des möglichen und des wirklichen Seins gibt es noch Abstufungen. So wird erst die Rede von einem *reinen Akt* verständlich, und es wird klar, daß der reine Akt das *höchste* Sein bezeichnen muß. Aus den früheren Erwägungen ging schon hervor, daß damit der Sinn der Ausdrücke *Akt* und *Potenz* nicht erschöpft ist. Aber vorläufig wollen wir bei der gewonnenen Bedeutung stehen bleiben.

Was wir bisher erreicht haben, ist ein gewisses Verständnis der *Worte*. Wir verbinden jetzt mit ihnen einen bestimmt umrissenen Sinn. Haben wir aber auch schon ein ausreichendes *sachliches* Verständnis? Wenn der Blinde von Rot und Blau und Grün reden hört, so sind das für ihn keine sinnlosen Worte, er weiß, daß damit verschiedene Farben gemeint sind, aber er *kennt* die Farben nicht. Wissen wir von Akt und Potenz jetzt mehr als der Blinde von den Farben? Ein wenig wohl. Der Unterschied von Möglichkeit und Wirklichkeit ist ziemlich deutlich. Die feineren Abstufungen allerdings bereiten vielleicht schon Schwierigkeiten; und alles in allem befinden wir uns doch noch in einer großen Entfernung von dem, was mit Akt und Potenz als Stufen oder Weisen des Seins gemeint ist. *Gibt es einen Weg zu größerer Sachnähe?*

§ 2. Die Tatsache des eigenen Seins als Ausgangspunkt der sachlichen Untersuchung

Wem mittelalterliches Denken fremd ist, dem mögen die Gegenstände, die der hl. Thomas zur Untersuchung des Seins heranzieht, unerreichbar fern erscheinen: Gott und die Engel — was wissen wir von ihnen und woher? „. . . Cherubim und Seraphim: . . . wie Abwesende glauben wir sie, gemäß dem Wort, das uns von gewissen himmlischen Gewalten kündet"[7]. Aber es gibt etwas, das uns ganz anders nahe ist, ja unentrinnbar nahe. So oft der Menschengeist bei seinem Forschen nach der Wahrheit nach einem unbezweifelbar ge-

---

[7] *Augustinus*, De Trinitate X 3.

wissen Ausgangspunkt gesucht hat, ist er auf dieses unentrinnbar Nahe gestoßen: *die Tatsache des eigenen Seins.* „. . . wieviel von allem, was wir wissen, bleibt, das wir so wissen, wie wir wissen, daß wir leben? In diesem Wissen fürchten wir gar nicht, durch irgendeinen Wahrheitsanschein getäuscht zu werden, da doch gewiß ist, daß auch, wer sich täuscht, lebt." Wir sind hier aller Sinnestäuschungen enthoben. „. . . denn hier sieht man ja nicht mit den Augen des Fleisches. Innerlichstes Wissen ist es, darin wir um unser Leben wissen, und da kann auch kein Zweifler sagen: vielleicht schläfst du und weißt es nicht . . . Wer gewiß ist im Wissen um sein Leben, sagt hierin nicht: ich weiß, daß ich wache, sondern: ich weiß, daß ich lebe — ob er schläft oder wacht: er lebt"[8].

Als *Descartes* in seinen *Meditationes de prima philosophia* es unternahm, die Philosophie als eine zuverlässige Wissenschaft auf einem unbezweifelbar gewissen Grunde neu aufzubauen, da begann er mit dem bekannten *allgemeinen Zweifelsversuch.* Er schaltete alles aus, was sich — als der Täuschung unterworfen — bezweifeln läßt. Es blieb ihm als unstreichbarer Rest die *Tatsache des Zweifelns* und — allgemein gefaßt — des *Denkens* selbst, und in dem Denken das *Sein:* *cogito, sum.* In verwandter Weise hat Edmund *Husserl* bei seinen Bemühungen um die Begründung der phänomenologischen Methode *Urteilsenthaltung* (ἐποχή) gegenüber all dem verlangt, was wir in „natürlicher Einstellung", als in der Welt unserer Erfahrung lebende Menschen, unbefangen gläubig einfach hinnehmen, *gegenüber* der gesamten Existenz der *natürlichen Welt* und der Geltung der *bestehenden Wissenschaft*[9]. Was als Feld der Untersuchung übrig bleibt, ist das Feld des *Bewußtseins* im Sinne des *Ichlebens:* ich kann es dahingestellt sein lassen, ob das *Ding,* das ich mit meinen Sinnen wahrnehme, wirklich existiert oder nicht — aber die *Wahrnehmung* als solche läßt sich nicht durchstreichen; ich kann bezweifeln, ob die Schlußfolgerung, die ich ziehe, richtig ist, — aber das schlußfolgernde Denken ist eine unbezweifelbare Tatsache; und so all mein Wünschen und Wollen, mein Träumen und Hoffen, mein Freuen und Trauern — kurz alles, worin *ich lebe und bin,* was sich als das Sein des sein(er) selbst bewußten Ich selbst gibt. Denn überall — in dem „Leben" Augustins, in dem „ich denke"

---

[8] *Augustinus,* De Trinitate XV 12. Die Übersetzung mit kleinen Änderungen nach P. E. *Przywara* S. J., Augustinus, Leipzig 1934, S. 120.

[9] Vgl. Ideen zu einer reinen Phänomenologie und phänomenologischen Philosophie, Halle 1913, S. 48ff., und Méditations Cartésiennes, Paris 1931, S. 16 ff.; die Schrift ist eine Übersetzung und hervorgegangen aus Vorträgen, die Husserl 1929 in Paris gehalten hat.

Descartes', im „Bewußt-sein" oder „Erleben" Husserls —, überall
steckt ja ein *ich bin*. Es wird nicht daraus erschlossen, wie es die
Formel *cogito, ergo sum* anzudeuten sche̊int, sondern es liegt unmittelbar darin: denkend, fühlend, wollend oder wie immer geisʋig
mich regend, *bin* ich und bin dieses Seins inne. Diese Gewißheit des
eigenen Seins ist — in einem gewissen Sinne — die *ursprünglichste
Erkenntnis; nicht* die *zeitlich* erste, denn die „natürliche Einstellung"
des Menschen ist vor allem andern der äußeren Welt zugewandt, und
es braucht lange, bis er sich einmal selbst findet; auch *nicht* im Sinne
eines *Grundsatzes*, aus dem sich alle andern Wahrheiten logisch ableiten ließen oder auf dem, wie an einem Maßstab, alle andern zu
messen wären; sondern im Sinne des mir Nächsten, von mir Unabtrennbaren und damit eines Ausgangspunktes, hinter den nicht weiter
zurückgegangen werden kann. Diese Seinsgewißheit ist eine „un-
reflektierte" Gewißheit, d. h. sie liegt vor allem „rückgewandten"
Denken, mit dem der Geist aus der ursprünglichen Haltung seines
den Gegenständen zugewandten Lebens heraustritt, um auf sich selbst
hinzublicken. Versenkt sich aber der Geist in solcher Rückwendung
in die einfache Tatsache seines Seins, so wird sie ihm zu einer dreifachen Frage: Was ist das Sein, dessen ich inne bin? Was ist das Ich,
das seines Seins inne ist? Was ist die geistige Regung, in der ich bin
und mir meiner und ihrer bewußt bin? Wende ich mich dem Sein zu,
so zeigt es, wie es in sich ist, ein Doppelgesicht: das des Seins und
des Nichtseins[10]. Das „ich bin" hält dem Blick nicht stand. Das „worin
ich bin"[11] ist jeweils ein anderes, und da das Sein und die geistige
Regung nicht getrennt sind, da ich „darin" bin, ist auch das Sein ein
jeweils anderes; das Sein von „vorhin" ist vergangen und hat dem
Sein von „jetzt" Platz gemacht. Das Sein, dessen ich als meines Seins
inne bin, ist von Zeitlichkeit nicht zu trennen. Es ist, als „aktuelles"
Sein — d. h. als gegenwärtig-wirkliches — punktuell: ein „Jetzt"
zwischen einem „Nicht mehr" und einem „Noch nicht". Aber indem
es sich in seinem fließenden Charakter in Sein und Nichtsein spaltet,
enthüllt sich uns die *Idee des reinen Seins*, das nichts von Nichtsein

---

[10] H. *Conrad-Martius* hat in ihrer Abhandlung „Die Zeit" (Philosoph. Anzeiger II, 2 u. 4, 1927/28) die Hinfälligkeit des zeitlichen Seins und sein Verhältnis zum ewigen eindringlich analysiert.

[11] *Husserl* nennt es „Akt", aber da wir von dem scholastischen Aktbegriff
ausgegangen sind und seine sachlichen Grundlagen suchen, andererseits noch
nicht wissen, in welchem Verhältnis der phänomenologische und der scholastische Aktbegriff zueinander stehen, wird es gut sein, den Ausdruck vorläufig
zu meiden und dafür von „geistiger Regung" zu sprechen.

in sich hat, bei dem es kein „Nicht mehr" und kein „Noch nicht', gibt, das nicht zeitlich ist, sondern *ewig*.

So sind ewiges und zeitliches Sein, unwandelbares und wandelbares, und ebenso Nichtsein Ideen, auf die der Geist in sich selbst stößt, sie sind nicht von andersher entlehnt. Eine Philosophie aus natürlicher Erkenntnis hat hier einen rechtmäßigen Ausgangspunkt[12]. Auch die *analogia entis*, als Verhältnis des zeitlichen zum ewigen Sein verstanden, wird an diesem Ausgangspunkt bereits sichtbar. Das *aktuelle Sein* ist in dem Augenblick, in dem es ist, etwas von der Art des Seins schlechthin, des vollen, das keinen Wandel der Zeit kennt. Aber weil es nur für einen Augenblick ist, ist es auch im Augenblick nicht volles Sein, seine Hinfälligkeit steckt schon in dem augenblicklichen Sein, dieses selbst ist nur ein *Analogon* des ewigen Seins, das unwandelbar und darum in jedem Augenblick volles Sein ist: d. h. ein *Abbild*, das Ähnlichkeit mit dem Urbild hat, aber weit mehr Unähnlichkeit[13].

§ 3. Das eigene Sein als aktuelles und potentielles; Zeitlichkeit

Ob aus dem Abbildungsverhältnis von zeitlichem und ewigem Sein eine Ursprungsbeziehung zwischen beiden zu folgern oder in eins damit gegeben ist, wie sie die Namen *Schöpfer* und *Geschöpf* einschließen, darauf brauchen wir hier nicht einzugehen[14]. Zunächst gilt es, die Ausgangstatsache weiter auszuschöpfen. Mit der Idee des Seins und Nichtseins hat sich uns zugleich die der *Aktualität* erschlossen. Das Sein, das sich uns zeigte, war *gegenwärtig-wirkliches*; wir können dafür (weil das Sein, das wir betrachten, Ich-leben ist) auch sagen: *vollebendiges*. Aber damit ist die Tatsache noch nicht fertig beschrieben. Was war, aber nicht mehr ist, und was sein wird, aber noch nicht ist, das ist nicht schlechthin nichts. Vergangenes und künftiges Sein ist nicht schlechthin Nichtsein. Das besagt nicht nur, daß Vergangenes und Künftiges ein erkenntnismäßiges Sein in Erinnerung und Erwartung hat, ein *esse in intellectu (sive in memoria)*. Das gegenwärtig-wirkliche Sein des Augenblicks selbst ist nicht *denkbar* als für sich allein bestehend — wie der Punkt nicht außerhalb der Linie und der Augenblick selbst nicht ohne eine zeitliche Dauer —, und wenn wir es

---

[12] Ob es der einzig mögliche ist, darf an dieser Stelle dahingestellt bleiben.

[13] „. . . inter creatorem et creaturam non potest tanta similitudo notari, quin inter eos maior sit dissimilitudo notanda" (IV. Laterankonzil, 1215, Dz. 432).

[14] Vgl. dazu S. 54 ff.

bewußtseinsmäßig fassen, *gibt* es sich als etwas, was, aus Dunkelheit aufsteigend, einen Lichtstrahl durchläuft, um wieder in Dunkelheit zu versinken; oder als Gipfelpunkt einer Welle, die selbst einem Strom angehört — alles anscheinend Bilder für ein Sein, das dauernd, aber nicht während der ganzen Dauer aktuell ist. Doch wie ist das zu verstehen? In dem, was ich jetzt bin, steckt etwas, was ich jetzt nicht aktuell bin, aber künftig einmal aktuell sein werde. Und das, was ich jetzt aktuell bin, war ich schon früher, aber nicht aktuell. Mein gegenwärtiges Sein enthält die *Möglichkeit* zu künftigem aktuellem Sein und setzt eine Möglichkeit in meinem früheren Sein voraus. Mein gegenwärtiges Sein ist aktuelles und potentielles Sein, wirkliches und mögliches zugleich; und soweit es wirklich ist, ist es Verwirklichung einer Möglichkeit, die früher schon bestand. Aktualität und Potentialität als Seinsweisen sind in der schlichten Seinstatsache enthalten und daraus zu entnehmen.

Die Potentialität, die in Aktualität übergehen kann, ja deren Sinn es ist, in Aktualität überzugehen, ist nicht Nichtsein. Sie ist etwas zwischen Sein und Nichtsein, oder Sein und Nichtsein zugleich. Die Freude, die mich eben noch erfüllte, jetzt aber „im Abklingen" ist, kann nicht mehr voll-lebendig genannt werden, aber ebensowenig ist sie versunken und vergessen oder gar so, als wäre sie nie dagewesen. Sie ist da, aber in einer — im Vergleich zur vollen Lebendigkeit — abgeschwächten Seinsweise. So ist — in verschiedenen Abstufungen — das, was in der Gegenwart ist, aber nicht voll-lebendig ist; so ist das, was einmal voll-lebendig war, aber es nicht mehr ist, sofern es wieder aus der gegenwärtigen Seinsweise in die des vollen Lebens übergehen kann; so ist das, was in Zukunft voll-lebendig sein wird, sofern es in der vorausgehenden Zeitdauer jene vorbereitende Seinsweise hat.

Es ist wohl zu bemerken, daß die abgewandelten Seinsweisen, in denen ich „noch" bin, was ich einst war, und „schon" bin, was ich künftig sein werde, beide zu meinem *gegenwärtigen* Sein gehören: mein vergangenes und mein künftiges Sein *als solches* ist völlig nichtig; ich *bin jetzt*, nicht damals und nicht dann. Nur dadurch, daß ich in Erinnerung und Erwartung mein vergangenes und mein künftiges Sein geistig innerhalb einer gewissen, nicht scharf abgegrenzten Reichweite festhalte, erwächst mir das *Bild* einer von dauerndem Sein erfüllten Vergangenheit und Zukunft, einer *Daseinsbreite*, während in der Tat mein Sein auf Messers Schneide steht. Hedwig *Conrad-Martius* hat den Gegensatz der phänomenalen Daseinsbreite und der faktisch punktuellen Aktualität in aller Schärfe herausgestellt[15]. Es gibt (in der Zeit!) keine Dimension, in der Existierendes versinken kann, so daß sie es „gewissermaßen noch enthält", und ebenso „keine Dimension, die das aus sich selbst herausgibt oder entläßt, es schon vorher enthaltend, was zur Existenz werden soll und wird. Vergangenheit und Zukunft bieten das in Wahrheit nicht, was sie anschaulich-phänomenal zu sein und zu bieten scheinen"[16]. Die ganze Rätselhaftigkeit der *Zeit* und des *zeitlichen Seins* als solchen tut sich hier auf. Der gegenwärtige Augenblick ist nicht möglich ohne Vergangenheit und Zukunft, aber Vergangenheit und Zukunft stehen nicht fest, sie sind keine Behälter, in denen etwas bewahrt werden oder aus denen etwas kommen kann: es läßt sich in ihnen kein dauerndes Sein bergen. Die Eigentümlichkeit des dauernden Seins ist nicht von der Zeit her zu verstehen, sondern umgekehrt die Zeit von der punktuellen Aktualität her. Die „ontische Geburtsstätte der Zeit" liegt „in der vollaktuellen Gegenwärtigkeit"; darin, daß „aktuelle Existenz ... eine bloße Berührung mit dem Sein ... in einem Punkt"[17] ist, ein Gegebenes und zugleich „als Gegebenes ein Genommenes", ein „Hangen zwischen Nichtsein und Sein"[18]. Was uns als dauerndes Sein erscheinen will, ist ein *kontinuierliches Passieren* der Berührungsstelle. Das ist die *existentielle Urbewegung*, die sich die Zeit — als ihren „Raum" — schafft. Im „Existenzberührungspunkte *ist* Zeit. Und zwar als „*Gegenwart*"[19]. „Zeit ist die den Existenzberührungspunkt passierende Gegenwart *schlechthin.*" Vergangenheit und Zukunft sind von der Gegenwart nicht vorausgesetzt, aber „mit und an der Gegenwart" konstituiert vermöge des Entsteigens aus dem Nichts und Versinkens ins Nichts, das zur Urbewegung gehört, als „formale Leerdimensionen"[20]. Die Urbewegung ist eine „Bewegung in das Sein hinein, dem Nichts entgegen; oder in sich selbst hinein (in dasjenige, was eben zur Setzung kommt), aus dem Nichts heraus. Sein ist in *diesem* Sinn ein „Werden und bleibt es immer, es wird niemals zu einem (ruhenden) Sein". Dieses Sein bedarf der Zeit. Die immer zu erneuernde „Position" setzt notwendig eine formale Dimension, in der sie immer neu Platz *findet;* setzt Aktualität oder Gegenwart im prägnanten Sinn: als den Ort oder die Stelle des Positionsaktes, der gerade vollzogen wird[21]. „Gegenwart ist ‚dort',

---

[15] Vgl. Die Zeit, in: Philos. Anzeiger, Jahrg. 2, 1927/28, Heft 2, S. 170ff.; Heft 4, S. 387. H. Conrad-Martius schränkt die Bedeutung des Ausdruckes *Aktualität* auf die punktuelle „Existenzberührung" ein und spricht daher beim ewigen Sein nicht von Aktualität.

[16] a. a. O. S. 172f. [17] a. a. O. S. 154f. [18] a. a. O. S. 157.

[19] a. a. O. S. 166. [20] a. a. O. S. 167. [21] a. a. O. S. 346.

wo dieser ontische Urakt sich vollzieht. Das kann nur ein ‚Punkt‘, nie eine Breite sein ... Gegenwart bricht kontinuierlich ins Nichts hinein ... Aktualität ist ... vorgerückt, wie sie es konstitutiv muß. Das *heißt* aber, *daß* jetzt eine neue Stelle erreicht ist und die alte nicht mehr gilt. Die Dimension der Zeit ist ja nichts *außer* diesem Vorrücken der Aktualität"[22]. Ihr fester Angelpunkt ist die *passierende Gegenwart*. Die Zeit vermag keinen Existenzbesitz, keine Gegenwartsbreite zu schaffen, „weil zeitliche Setzung die Existenzform desjenigen Existierenden *ist*, das nicht wesenhaft, sondern nur faktisch existiert; weil dieses nur faktisch Existierende *selbst* prinzipiell nicht ... zu einer endgültigen Seinssetzung in sich, zu einem wahren Existenzbesitze zu gelangen vermag"[23].

Diese grundsätzlichen Feststellungen führen weit über das hinaus, worum es uns gegenwärtig geht: um den Gegensatz von Aktualität und Potentialität in unserem Ichleben. Dieses hat sich uns als zeitliches enthüllt, d. h. als kontinuierlich immer neu aufleuchtende punktuelle Aktualität. Aber diese Aktualität selbst ist keine reine: in meiner punktuellen Gegenwart ist aktuelles und potentielles Sein zugleich; ich bin nicht alles, was ich gegenwärtig bin, in gleicher Weise. Um klarzumachen, was unter „reiner Aktualität" zu verstehen ist, müssen wir ein Seiendes, in dem in der angegebenen Weise Potentialität und Aktualität vereint sind, einem andern entgegenstellen, in dem diese Gegensätze aufgehoben sind, auch damit wieder dem vorgreifend, was erst spätere Untersuchungen herausstellen können[24].

Was ein Mensch *tut*, das ist die Verwirklichung dessen, was er *kann*; und was er kann, ist Ausdruck dessen, was er *ist*; indem sich seine Fähigkeiten in seinem Tun verwirklichen, kommt sein *Wesen* zur höchsten *Seinsentfaltung*. Was uns hier getrennt entgegentritt, ist in Gott eins. Wie all sein Können in der Tat verwirklicht ist, so ist sein ganzes Wesen ewig — unwandelbar in höchster Seinsentfaltung, ja sein *Sein ist* sein *Wesen*: Gott ist *Der ist*; das ist der Name, mit dem er selbst sich genannt hat[25], und in diesem Namen ist — nach *Augustinus*—am besten ausgesprochen, was Er ist[26]. Der vollkommenen Einheit des göttlichen Seins steht die Gebrochenheit und Gespalten-

---

[22] a. a. O. S. 348.   [23] a. a. O. S. 349.

[24] Es muß hier noch einmal betont werden, daß wir *Aktualität* in etwas anderem Sinne brauchen als H. Conrad-Martius in den eben wiedergegebenen Ausführungen. Für uns bedeutet Aktualität die Seinshöhe als solche. Darum können wir *auch* und sogar *vorzugsweise* bei Gott von Aktualität sprechen, während für H. Conrad-Martius das „Passieren" den Begriff der Aktualität bestimmt.   [25] 2 Mos. 3, 14.   [26] *Augustinus*, De Trinitate I 1.

heit des geschöpflichen Seins gegenüber. Aber trotz des Abgrundes zwischen beiden ist doch eine Gemeinsamkeit, die es erlaubt, hier und dort von *Sein* zu sprechen. Alles, was ist, ist, sofern es ist, etwas nach der Art des göttlichen Seins. Aber allem Sein, abgesehen vom göttlichen Sein, ist etwas von Nichtsein beigemischt. Und das hat seine Folgen in allem, *was* es ist. Gott ist *actus purus*. Uneingeschränktes Sein ist rein aktuelles Sein. Je größer der „Seinsanteil" eines Geschöpfes ist, desto stärker ist auch seine Aktualität. Solange es ist, ist etwas von dem, was es ist, aktuell — aber nie alles. Es kann mehr oder weniger von dem, was es ist, aktuell sein, und das, was aktuell ist, kann mehr oder minder aktuell sein. Es gibt also Unterschiede der Aktualität dem Umfang und dem Grad nach. Was ist, ohne aktuell zu sein, ist potentiell; und die Potentialität hat die entsprechenden Unterschiede nach Umfang und Grad. Das ist geschöpfliche *Potentialität*. So wie Aktualität und Potentialität hier gefaßt sind, sind es *Seinsweisen*: reine Aktualität das göttliche Sein, die geschöpflichen Seinsweisen verschieden abgestufte Mischungen von Aktualität und Potentialität (das besagt zugleich von Sein und Nichtsein); reine Potentialität wird als Seinsweise der bloßen Materie bezeichnet, kommt daher wie diese selbst tatsächlich nicht vor. Potentialität in diesem Sinn gibt es bei Gott nicht. *In potentia esse — in actu esse*, das sind die Seinsweisen endlicher Dinge. Gott kann nicht anders als *in actu esse*.

Es wurde in den letzten Ausführungen von *aktuellem* und *potentiellem Sein* (gegenwärtig-wirklichem und möglichem, voll-lebendigem und abgeschwächtem) gesprochen; daneben von *Aktualität* und *Potentialität* (Wirklichkeit und Möglichkeit). Auch bei *Thomas von Aquino* war von *in actu esse, in potentia esse*, von *actualitas* und *potentialitas* die Rede. Sind diese Begriffspaare untereinander und mit *Akt* und *Potenz* einfach gleichbedeutend ? Thomas hat von dem, was das Sein empfängt, gesagt, es sei „in Potenz" im Verhältnis zu dem Sein, das es empfängt, das Sein selbst aber hat er als *Akt* bezeichnet (dabei war jedoch *Sein* in dem ausgezeichneten Sinn des wirklichen oder vollendeten Seins genommen). Dagegen ist „Potenz", streng genommen, nicht „mögliches Sein", sondern „Möglichkeit zu sein" oder Hinordnung auf wirkliches Sein. Das, *was* wirklich ist oder werden kann, ist *in actu* oder *in potentia*, aktuell oder potentiell. Aktuelles und potentielles Sein, wirkliches und mögliches Sein drücken also die *Seinsweisen von etwas* aus, das in sie eingehen kann. *Akt* und *Potenz* sind Namen für die Seinsweisen an sich genommen und unabhängig von dem, was in sie eingeht. Wir wollen dafür deutsch sagen: *Sein in Vollendung* oder *wirkliches Sein*[27] und *Vorstufe zum Sein*. *Potentialität* und *Aktualität* (Möglichkeit und Wirklichkeit) bezeichnen die *Seinsweisen von etwas in Allgemeinheit*, d. h. ohne sie einem bestimmten Seienden zuzusprechen.

Der Unterschied der Seinsweisen dürfte einigermaßen klar sein. Aber was *Seinsweise* besagt, das verlangt noch nach weiterer Klärung durch Betrachtung dessen, was in die verschiedenen Seinsweisen eingehen kann.

§ 4. Erlebniseinheiten und ihre Seinsweise; Werden und Sein

Gegenwärtig-wirklich ist in mir jetzt *mein Denken*, das Nachsinnen über die Frage des Seins. Das hat aber nicht erst in diesem Augenblick angefangen, es „dauert" schon eine ganze Weile und wird noch eine Weile weiter dauern, bis es durch eine andere geistige Tätigkeit abgelöst oder durch einen plötzlichen „äußeren Eindruck" abgeschnitten wird. Durch die ganze Dauer, während deren es anhält, bildet es ein Ganzes, das sich in der Zeit aufbaut. Die moderne Psychologie und die Phänomenologie nennen dieses Ganze einen Denk-*Akt*, und auch der Scholastik ist der Gebrauch des Wortes in diesem Sinne nicht fremd; weil es aber eine andere Bedeutung ist als die, um deren Klärung es jetzt geht, wollen wir dafür einen andern Namen setzen. Der Ausdruck „geistige Regung", der an einer früheren Stelle gebraucht wurde, wäre für das Denken gerade nicht ganz glücklich, weil wir unter „Regung" etwas Unwillkürliches zu verstehen pflegen und nicht ein freies Tun. Es soll also der Name *Erlebnis-Einheit*[28] gewählt werden, und darunter ist ganz allgemein ein solches Ganzes zu verstehen, das sich im bewußten Leben des Ich während einer Dauer aufbaut und diese Dauer „erfüllt". Ob es sich dabei um ein freies Tun oder ein unwillkürliches Geschehen handelt, um welche Art von Erlebnisgehalt überhaupt, das spielt dabei keine Rolle. Das Denken, in dem ich jetzt lebe, ist eine andere Erlebniseinheit als das vor einigen Stunden über denselben Gegenstand. Die „gegenwärtige" hat erst vor einigen Mi-

---

[27] Dabei ist daran zu denken, daß *vollendetes* Sein nur der *reine* Akt ist, innerhalb des *wirklichen* Seins gibt es noch Abstufungen (vgl. S. 40f.).

[28] Es ist ein in der Phänomenologie üblicher Ausdruck. Bei *Erlebnis* ist darunter nicht — wie in manchen Zusammenhängen im gewöhnlichen Sprachgebrauch — etwas besonders Bedeutungsvolles, die Seele in ihrer Tiefe Ergreifendes zu verstehen, sondern einfach eine im Ichleben erwachsende Dauereinheit.

nuten angefangen, die „vergangene" wurde vorhin abgebrochen, und
eine ganze Reihe von andern Erlebniseinheiten hat sich dazwischen
geschoben. Die „gegenwärtige" ist gegenüber den „vergangenen" als
aktuelle ausgezeichnet. Jedoch bei näherem Zusehen zeigt es sich, daß
diese sogenannte *aktuelle* Einheit gar nicht als Ganzes aktuell ist.
Streng genommen ist „voll-lebendig" nur das, was im Jetzt sich vollzieht; aber das Jetzt ist ja ein unteilbarer Augenblick, und was ihn erfüllt, „sinkt" unmittelbar danach „in die Vergangenheit zurück", und
jedes neue Jetzt ist von neuem Leben erfüllt. Nun kommt aber eine
große Schwierigkeit. Wenn zeitliches Sein immer sofort in Nicht-Sein
übergeht, wenn in der Vergangenheit nichts „stehen und bleiben" kann,
was hat dann die Rede von Dauereinheiten für einen Sinn ? Wie kann
eine Einheit erwachsen, die über den Augenblick hinausreicht ? Das
Ich-Leben erscheint uns als ein stetiges Aus-der-Vergangenheit-in-
die-Zukunft-Hineinleben, wobei beständig Potentielles aktuell wird
und Aktuelles in Potentialität zurücksinkt — deutsch ausgedrückt:
noch nicht Voll-Lebendiges die Höhe der Lebendigkeit erreicht und
volles Leben zu „gelebtem Leben" wird. Das Voll-Lebendige ist das
„Gegenwärtige", das „Gelebte" ist „vergangen", das noch nicht Lebendige „zukünftig". Können wir nun von einer Dauereinheit sprechen, die sich — als ein *Seiendes* — aus der Vergangenheit durch den
gegenwärtigen Augenblick hindurch in die Zukunft hinein erstreckt
und so eine „Zeitstrecke" erfüllt ? Unmöglich, wenn wir an dem
festhalten, was über zeitliches Sein gesagt wurde. Allerdings rechnen
wir beständig mit solchen Dauereinheiten und verstehen sogar unter
„gegenwärtig" nicht bloß die Augenblickshöhe und unter „vergangen"
und „künftig" das, was ihr innerhalb einer dauernden Erlebniseinheit
vorausgeht und folgt, sondern nennen ganze Dauereinheiten — eine
Überlegung, eine Furcht oder Freude — gegenwärtig, vergangen oder
zukünftig. Dabei wird als vergangen eine Erlebniseinheit bezeichnet,
die als Ganzes „in die Vergangenheit gerückt" ist und sich nicht mehr
lebendig weiter aufbaut, als künftig eine, die noch gar nicht die
Gegenwartshöhe erreicht hat, als gegenwärtig aber eine, die zwar
nicht ihrer ganzen Erstreckung nach vollebendig, aber im lebendigen
Werden begriffen ist und in jedem Augenblick an die Höhe der Lebendigkeit rührt. Aber wir wissen doch nun schon, daß weder in der
Vergangenheit noch in der Zukunft etwas „sein" kann. In ihnen „ist"
nichts als Leerstellen, die einmal durchlaufen wurden oder durchlaufen werden. Alle *Fülle* ist nur im gegenwärtigen Augenblick.
Dennoch haben jene irreführenden Redewendungen eine sachliche

Grundlage. Es *gibt* doch so etwas wie Freude, Furcht u. dgl., und zwar als Einheiten, die in einer Bewegung aufgebaut werden müssen und dazu Zeit brauchen. Diese Bewegung ist mein Leben oder lebendiges Sein. Was sich darin „aufbaut", das umspanne ich jeweils von dem gegenwärtigen Augenblick her, in dem ich lebendig bin; nichts davon „steht" in der Vergangenheit. Alles, was von dem, was ich war, jetzt noch ist, das ist in mir und mit mir im gegenwärtigen Augenblick. Wo stehen aber jene Einheiten, wenn nicht in der Zeit ? Als was haben wir sie überhaupt zu denken ? Davon wird bald zu sprechen sein. Vorläufig halten wir fest: mein Sein ist ständige Bewegung, ein flüchtiges, im strengsten Sinn *vergängliches* Sein und der äußerste Gegensatz zum *ewigen, wandellos-gegenwärtigen.* Man versteht, daß dieser Gegensatz die alten griechischen Denker ganz erfüllte und daß sie es nicht über sich vermochten, das Entgegengesetzte mit demselben Namen zu bezeichnen, daß *Heraklit* den beständigen Fluß als das *wahre Sein* oder vielmehr nur ein *Werden* als wirklich anerkannte, während *Parmenides* nur das Ewig-Wandellose als wahres Sein gelten ließ und die Welt des Werdens als Welt des Scheins betrachtete. *Werden* und *Sein* — bricht nicht auch für uns mit der Anerkennung dieses Gegensatzes die Einheit des Seienden auseinander ? Und doch dürfen wir uns durch den klaffenden Abgrund den Blick für die umfassende Gemeinsamkeit nicht trüben lassen, die wir unter dem Namen *analogia entis* (Übereinstimmung des Seins in allem Seienden — aber eine Übereinstimmung, der größere Nicht-Übereinstimmung entspricht) erkannt haben. Das Werden ist vom Sein nicht zu lösen, d. h. von dem eigentlichen, *wahren Sein*, dem Sein im vollen Sinn des Wortes. Es kann nicht selbst das eigentliche und wahre Sein sein, weil es seinem Sinne nach ein *Übergang zum Sein* ist. Als solches ist es aber durch nichts anderes als durch das Sein zu bestimmen. Wollte man die Möglichkeit eines vom Werden verschiedenen Seins leugnen, dann müßte man auch die Möglichkeit des Werdens leugnen und würde beim Nichts landen. So weist das stete Werden und Vergehen, wie wir es in uns erfahren, selbst beständig über sich selbst hinaus. Es strebt zum Sein hin (das ist natürlich nur eine bildhafte Beschreibung), rührt aber nur von Augenblick zu Augenblick daran. So enthüllt uns unser *Sein*, das ein stetes Werden und Vergehen und immer nur auf dem Wege zum wahren Sein ist, die *Idee des wahren Seins*, des vollendeten, ewig wandellosen — des *reinen Aktes.* Wir wollen vorläufig noch nicht die Frage stellen, ob wir zugleich das wahre Sein als *Wirklichkeit* berühren und unserer wirklichen Beziehung zu ihm inne werden.

§ 5. *Aufbau und Seinsbedingungen der Erlebniseinheit*

Es sollen zunächst die Dauereinheiten weiter betrachtet werden, die man als „gegenwärtig" zu bezeichnen pflegt, d. h. die in lebendigem Werden begriffenen. Dadurch, daß beständig etwas von ihnen die Seinshöhe — wenn auch nur für einen Augenblick — erreicht, erhält das Ganze Anteil am Sein und gibt sich als gegenwärtig-wirklich, als „etwas Aktuelles". Das, *was* diesen Charakter des Gegenwärtig-Wirklichen hat und ihn verliert, sobald es abgeschlossen ist und als „Ganzes" „in die Vergangenheit rückt" — d. h. als etwas, was *war*, aber nicht mehr ist, im Blick behalten werden kann —, ist von diesem Charakter, von der Seinsweise, zu unterscheiden. Wir nennen es den *Erlebnisgehalt.* Der Gehalt ist wesentlich — wenn auch nicht allein — bestimmend für die *Einheit* des Gebildes. Die Freude über eine gute Nachricht ist eine solche Einheit. Sie setzt das verständnisvolle Vernehmen der Nachricht und die Erkenntnis ihrer Erfreulichkeit voraus; aber dieses gehört nicht zur Einheit der Freude als solcher. Es kann sein, daß ich schon eine ganze Weile um die Nachricht weiß, ehe ich anfange, mich darüber zu freuen. Entweder hatte ich ihre Bedeutung anfangs noch nicht recht erfaßt, oder ich war mir wohl klar über die Erfreulichkeit, aber ich war von andern Dingen so in Anspruch genommen, daß ich mich nicht freuen konnte. Das Erleben des Gehaltes „Freude" ist also von zwei Seiten her bedingt: vom *Gegenstand* und vom *Ich.* Der Gegenstand — in diesem Fall der Inhalt der Nachricht [29] — gehört nicht als *Teil* zur Freude als Erlebnisgehalt, wohl gehört aber dazu die *Richtung* auf diesen Gegenstand (die *Intention,* nach dem Sprachgebrauch der Phänomenologen); die Eigentümlichkeit, daß sie Freude über diesen Gegenstand ist, gehört zu ihrem Bestand, und *intentional,* d. h. als das „von ihr Gemeinte", gehört auch der Gegenstand ihr zu. Das Ganze der Erlebniseinheit „diese Freude" ist abgeschlossen, wenn ich mich nicht mehr freue oder wenn zwar „wieder eine" Freude in mir ist, aber eine Freude über etwas anderes oder an etwas anderem. Auch das *Ich* ist in verschiedenem Sinn an der Erlebniseinheit beteiligt. Wenn ich sage: „Ich sehe wohl ein, daß dies etwas Erfreuliches ist, aber ich bin jetzt nicht imstande, mich zu freuen", so ist das Ich aus dem erlebten „Einsehen" und dem erlebten „Nicht-imstande-sein" nicht zu streichen. Ich kann nichts erleben, ohne daß „ich" erlebter-

---

[29] Ich nehme an, daß die Freude sich auf das, was mir mitgeteilt wird, bezieht — nicht auf die Tatsache, daß es mir mitgeteilt wird, was ja an sich auch möglich ist.

maßen dabei wäre. Aber was ist das für ein *Ich*? Wenn ich versuche, mir über den Grund Rechenschaft zu geben, warum ich mich nicht freuen kann, so ist es vielleicht möglich, festzustellen, daß eine große Sorge mich zu sehr erfüllt, um noch für eine Freude Raum zu lassen. Es kann aber auch sein, daß ich nur einfach mein Unvermögen fühle, ohne einen Grund angeben zu können. Trotzdem bin ich überzeugt, daß es „an mir liegt", daß „in mir" ein Grund vorhanden ist, dem ich nur nicht auf die Spur kommen kann. Es gibt also „in mir" etwas — und gar mancherlei —, was mir unbekannt ist. Und in diesem Sinn gehört das Ich nicht zum Erlebnisgehalt, es liegt ⟨sic!⟩ — in ähnlicher, wenn auch nicht ganz in derselben Weise wie der Gegenstand, dem das Erlebnis zugewandt ist — über das Erlebnis hinaus. *Husserl* bezeichnet beide, den Gegenstand und das „psychische Ich", als *transzendent*[30].

§ 6. Das „reine Ich" und seine Seinsweisen

Im Gegensatz zu diesem verborgen hinter dem unmittelbar bewußten Erleben stehenden Ich nennt *Husserl* das im Erleben unmittelbar bewußte das *reine Ich*. Nur von diesem soll vorläufig die Rede sein, solange die Betrachtung sich im Bereich des unmittelbar Bewußten, des uns Nächsten und von uns Unabtrennbaren, hält[31]. Husserl sagt von ihm, es habe keinen Inhalt und sei an sich unbeschreiblich: „reines Ich und nichts weiter"[32]. Das heißt, es sei das Ich, das in jedem „*ich* nehme wahr", „*ich* denke", „*ich* ziehe Schlüsse", „*ich* freue mich", „*ich* wünsche" usw. lebt und in dieser oder jener besondern Weise auf das Wahrgenommene, Gedachte, Gewünschte usw. gerichtet ist. Es kann hier dahingestellt bleiben, ob die *Reinheit* des reinen Ich wirklich so zu verstehen sei, daß es in sich — inhaltlich — kein so oder so geartetes und daß es darum von andern nur zahlenmäßig unterschieden wäre. Es kommt zunächst nur darauf an, zu sehen, daß es in jedem Erlebnis lebt und daraus nicht zu streichen ist. Es ist vom Erlebnisgehalt unabtrennbar, aber es ist nicht eigentlich als *Teil* dieses Gehalts anzusehen. Vielmehr gehört jedes Er-

---

[30] Das ist ein anderer Gebrauch des Wortes als der überlieferte, wonach *transzendent* das ist, was unsere Erfahrung übersteigt. In Husserls Sinn sind die Gegenstände der Erfahrung — mit Ausnahme der *immanenten*, d. h. zum Bestand des Bewußtseins selbst gehörigen — transzendent.

[31] Die Phänomenologen nennen es die *immanente Sphäre*.

[32] E. *Husserl*, Ideen zu einer Phänomenologie und phänomenologischen Philosophie, Halle 1913, S. 160.

lebnis ihm zu, das Ich ist das, das in einem jeden lebt; der Fluß, in dem sich immer neue Erlebniseinheiten aufbauen, ist *sein Leben.* Das besagt aber noch etwas mehr als daß ihm alle Erlebnis*gehalte* zugehören. Das Ich *lebt,* und das Leben ist sein *Sein.* Es lebt jetzt in der Freude, ein wenig später in der Sehnsucht, und dann wieder in einem Nachdenken (meist in verschiedenen solchen Erlebniseinheiten zugleich) — die Freude verklingt, die Sehnsucht vergeht, das Denken hört auf: aber das Ich vergeht nicht und hört nicht auf, sondern ist in jedem Jetzt lebendig. Damit soll nicht ausgesprochen sein, daß ihm *ewiges* Leben[33] zukomme. Ob es immer war und immer sein wird, danach brauchen wir hier nicht zu fragen. Es soll nur aufgezeigt werden, daß es nicht entsteht und vergeht wie die Erlebniseinheiten, sondern ein *lebendiges* ist, dessen Leben sich mit wechselnden Gehalten erfüllt. Dies wiederum heißt nicht, daß sein Leben ein fertiges Gefäß wäre, das sich allmählich mit Gehalten füllte, — es ist selbst ein in jedem Augenblick neu aufquellendes. Es heißt aber, daß *sein Sein in jedem Augenblick gegenwärtig-wirklich, aktuell* ist. So wird es etwas weniger rätselhaft, daß die Erlebnisgehalte zum wirklichen Sein gelangen, obwohl sie jeweils nur einen Augenblick, mit einem ,,Punkt" daran rühren. Es ist eigentlich gar nicht *ihr* Sein, sie sind für sich allein nicht zum wirklichen Sein fähig, sondern erhalten nur durch das Ich, in dessen Leben sie eingehen, an dessen Sein Anteil. *Das Ich* ist also im Verhältnis zu dem, was ihm das Sein verdankt, was aus ihm und in ihm zum Sein emporsteigt, *Seiendes in einem ausgezeichneten Sinn*: hier nicht im Sinn der *Seinshöhe* zu ihren *Vorstufen,* sondern im Sinn des *Tragenden* zu dem von ihm *Getragenen.* Ehe wir aber diesem höchst bedeutsamen Unterschied von Tragendem und Getragenem weiter nachgehen, soll das Verhältnis des Ich zur Seinshöhe und ihren Vorstufen (zu Akt und Potenz) geklärt werden. Nach dem, was bisher festgestellt wurde, hat es den Anschein, als müßte das Ich immer aktuell, als könnte es gar nicht potentiell sein. Wir haben ja unter Potentialität nicht die bloße logische Möglichkeit des Übergangs vom Nichtsein zum Sein verstanden, sondern eben eine Vorstufe zum Sein, die selbst schon eine Weise des Seins ist. Die Möglichkeit, aus dem Nichts ins Dasein zu treten, besteht auch für das Ich[34]. Aber sein, ohne lebendig zu sein — wie die vergangene Freude ein ,,unlebendiges Sein" hat —, das scheint unmöglich. Wenn das Ich nicht lebt, dann *ist* es auch nicht, und ist auch nicht Ich,

---

[33] *Ewig* nicht in dem echten Sinn des über die Zeit erhobenen reinen Seins, sondern im vulgären Sinn der zeitlichen Endlosigkeit.

[34] Darüber soll bald noch etwas mehr gesagt werden.

sondern ist Nichts. Es ist an sich leer und bekommt alle Fülle durch die Erlebnisgehalte; sie aber bekommen von ihm das Leben. Dennoch scheint es, als ob von verschiedenen Graden der Lebendigkeit beim Ich gesprochen werden könnte und müßte. Um das einzusehen, muß man das eigentümliche Leben des Ich noch etwas näher betrachten. Weil alles Leben der Gehalte dem Ich entspringt und weil es in allen Erlebnissen lebt, darum ist es verständlich, daß die Erlebniseinheiten — obgleich durch ihre verschiedenen Gehalte in sich geschlossen und von andern abgegrenzt — sich nicht wie die Glieder einer Kette aneinander- und nebeneinanderreihen, sondern daß es berechtigt ist, wenn Husserl von einem *Erlebnisstrom* spricht. Das immer lebendige Ich geht von einem Gehalt zum andern, aus einem Erlebnis ins andere, und so ist sein Leben *ein* fließendes Leben. Vom Ich her ist es aber auch zu verstehen, daß das „nicht mehr Lebendige", das „Vergangene" nicht einfach ins Nichts versinkt, sondern in abgewandelter Weise fortbesteht, und daß das „noch nicht Lebendige", das „Zukünftige", schon in gewisser Weise ist, ehe es lebendig wird. Das Ich läßt das, was es erlebt hat, nicht sogleich los, sondern behält es noch eine Weile im Griff [35], und ebenso streckt es sich schon dem Kommenden entgegen und greift danach. Und auch das, was es gegenwärtig nicht festhält, bleibt in gewisser Weise erreichbar. Es braucht hier nicht die Frage erörtert werden, ob überhaupt etwas völlig vergessen werden könne — so vergessen, daß es nicht wieder „auftauchen" oder „ins Gedächtnis zurückgerufen" werden könnte. Sicher ist, daß weit Zurückliegendes, woran ich sehr lange gar nicht mehr gedacht habe, erinnernd „vergegenwärtigt" werden kann: z. B. die Freude, die wir als Kinder hatten, wenn unsere Mutter von einer Reise zurückkam. Die Vergegenwärtigung kann auf sehr verschiedene Weise geschehen. Entweder *weiß* ich bloß *um die Tatsache, daß* und wie ich mich damals gefreut habe. Dann ist das Wissen das, worin ich gegenwärtig lebe, und die Tatsache, daß ich mich damals gefreut habe, ist der Gegenstand meines Wissens. Die Freude, um die ich nur weiß, ist

---

[35] *Husserl* hat für das, was aus Vergangenheit und Zukunft in dieser Weise „noch" oder „schon" in die Gegenwart hineinreicht, die Ausdrücke *retentional* und *protentional*. (Vgl. seine „Vorlesungen zur Phänomenologie des innern Zeitbewußtseins", in: Jahrbuch für Philosophie und phänomenologische Forschung IX, 1928, deren Entwürfe die Verfasserin im J. 1917/18 für den Druck durchgearbeitet hat.) In diesen Namen kommt zum Ausdruck, daß Vergangenes und Zukünftiges vom gegenwärtigen Jetzt her „gehalten" werden. Das Bild vom „Strom" darf nicht dahin mißdeutet werden, als „stünde" es hinter mir und vor mir als etwas, in das ich rückwärts und vorwärts hineinlangen könnte.

keine lebendige Freude, auch keine „lebendig vergegenwärtigte";
das Ich lebt nicht darin. Es ist sodann möglich, daß ich mich in jene
Zeit „zurückversetze", „gleichsam" in der Erwartung des Wieder-
sehens lebe und dann Zug um Zug das Wiedersehen und die Wieder-
sehensfreude noch einmal nacherlebe. Was ist nun „lebendig", gegenwärtig-wirklich ? Jetzt vollziehe ich das *nach*, was damals *ursprünglich*
sich vollzog. Es ist etwas Ähnliches wie das verstehende Miterleben
dessen, was *ein Anderer* gegenwärtig neben mir erlebt. Solange die
Freude des andern oder die Freude von damals nur *nach*vollzogen ist,
ist nur dieser *Nach*vollzug mein gegenwärtiges Leben, die Freude ist
aber nicht vollebendige, sondern „meine frühere" oder die fremde in
der Weise der Vergegenwärtigung, die hinter der vollen Lebendigkeit
meiner gegenwärtigen Freude zurückbleibt. Wie steht es in diesem
Fall mit dem Ich ? Lebe ich, wenn ich mich in die Vergangenheit zurückversetze, im Jetzt oder im vergangenen Augenblick ? Lebe ich, das gegenwärtige Ich, in der vergangenen Freude ? Oder gehört zu der vergangenen Freude ein anderes, ein vergangenes Ich, das dann doch wohl ein
nicht-aktuelles wäre ? Was zunächst den Zeitpunkt anlangt: das Ich
lebt — so scheint es — zugleich „jetzt" und „damals". Jetzt — denn
ich versetze mich *aus* dem gegenwärtigen Augenblick in den vergangenen und gebe den gegenwärtigen nicht preis. Damals — denn
ich „versetze mich" *in* den vergangenen Augenblick und lebe darin.
Was kann das aber heißen, wenn wir bedenken, daß in der Vergangenheit nichts wirklich sein kann ? Ich *bin* nur jetzt wirklich und kann
an eine Stelle, an der ich früher wirklich war, nicht wieder zurückkehren. Aber ich habe die Stelle mit dem, was einmal „dort" wirklich
war, und mit ihrem (nicht streng abgegrenzten und gemessenen) Abstand vom Jetzt geistig im Griff und habe die Freiheit, das, was damals war, jetzt zu wiederholen — freilich nur, soweit es noch in der
abgewandelten Weise, die wir *potentiell* nennen, — in mir ist. In
Wahrheit ist es also nicht möglich, zugleich jetzt und damals zu leben,
das Vergangene bleibt vergangen; ich kann nur, *was* damals wirklich
war, jetzt wiederholen mit dem Bewußtsein, daß es Wiederholung
von Vergangenem ist. Das Damals — d. h. das einstige Jetzt — wird
dadurch nicht zum gegenwärtigen Jetzt. Es bleibt bewußtseinsmäßig
davon getrennt durch das erlebte „Sichzurückversetzen" oder Herbei-
holen, durch den erlebten Gegensatz der gegenwärtigen und der vergangenen Gesamtlage und durch die von meinem vergangenen Leben
„erfüllte" Zeitstrecke zwischen dem Damals und Jetzt[36]. Ich lebe in

---

[36] Wir denken daran, daß die *Erfüllung* keine eigentliche ist, weil das
Vergangene nicht dort „steht", wo es einmal war.

der vergangenen Freude nicht wie in einer gegenwärtigen, solange ich sie nur *nach*lebe. Dabei kann es sein, daß ich, das gegenwärtige Ich, an der Stelle des vergangenen Ich stehe und an seiner Stelle sein Leben nachlebe. Ich weiß wohl, daß ich „damals" anders in der Freude lebte als „jetzt", wo ich sie nur nachlebe, aber es ist kein doppeltes Ich da. Es kann aber auch sein, daß mir in der Vergegenwärtigung mein Ich von damals wie ein fremdes begegnet und daß ich seine Freude wie eine fremde mitvollziehe. Ich, das lebendige Ich von jetzt, stehe dann neben dem Ich von damals, das jetzt nicht lebendig ist. Ich weiß nur, daß es — oder vielmehr ich — damals lebendig war. Haben wir in diesem Fall ein potentielles Ich vor uns und müssen wir sagen, daß das Ich doppelt vorhanden sei, einmal als aktuelles und einmal als potentielles? Das würde nicht der Sachlage entsprechen. Das „vergangene Ich" ist nur ein „Bild" meiner selbst, wie ich einst lebendig war, und das Bild des Ich ist kein Ich.

Es besteht schließlich noch die Möglichkeit, daß die vergangene Freude in mir „wiederauflebt", zu wirklicher Freude wird, wie ja auch der verstehende Mitvollzug einer fremden Freude in wirkliche eigene Freude übergehen kann. Gerade weil in der *Vergegenwärtigung* diese Möglichkeit des Übergangs zu Lebendig-Gegenwärtigem liegt, ist das Vergangene in mir *potentiell* im echten Sinn, sein Sein Vorstufe zu erneutem, lebendig-gegenwärtigem, in das es immer wieder übergehen kann.

Das Ich ist also immer aktuell, immer lebendig-gegenwärtig-wirklich. Andererseits gehört ihm der ganze Erlebnisstrom zu, alles was „hinter ihm" und „vor ihm" liegt, worin es einmal lebendig war oder lebendig sein wird. Wir nennen dieses Ganze geradezu „sein Leben". Und dieses Ganze ist ja als Ganzes nicht aktuell. Nur was jeweils „jetzt" lebendig ist, ist gegenwärtige Wirklichkeit. Die Lebendigkeit des Ich umspannt also nicht alles, was sein ist; es ist immer lebendig, solange es ist, aber *seine Lebendigkeit* ist *nicht die* sein ganzes Sein umspannende des *reinen Aktes*, sie ist eine *zeitliche*, von Augenblick zu Augenblick fortschreitende. Und dazu kommt die Einschränkung: *solange es ist*. Wir haben gesehen: Das Ich kann gleichsam „rückwärts gehen", es kann den Strom des vergangenen Lebens überschauen und dieses oder jenes wiederaufleben lassen. Es ist dann immer *sein* früheres Leben, das es wiederaufnimmt. Aber es ist dabei nicht unbegrenzt frei. Es stößt auf Lücken im Strom, die es nicht ausfüllen kann. Es findet hier nichts, was es vergegenwärtigen könnte, es findet auch „sich" in solchen leeren Zeitstrecken nicht. Manchmal handelt es sich um *Erinnerungslücken*, andere können ihm möglicherweise aushelfen und ihm etwas über sein Leben in dieser Zeit bezeugen, vielleicht ruft ihm das auch manches „Vergessene" in die Erinnerung zurück. Aber es kommt noch anderes in Betracht: traumloser Schlaf, Ohnmacht, — *war* das Ich in dieser Zeit oder hat es eine Unterbrechung seines Seins erfahren? Ferner: der Erlebnisstrom ist für das erlebende Ich weder als begrenzt noch als unbegrenzt gegeben. Wenn es in seine Vergangenheit blickt und immer weiter rückwärts geht, so vermag es schließlich nichts Bestimmtes mehr zu unterscheiden, alles „verschwimmt" — ging es in dieser „Verschwommenheit" immer weiter? Es selbst kommt an keinen Anfang. Andere können ihm den Anfang seines leiblichen Seins bezeugen. Hat auch das Ich einen Anfang seines Seins gehabt? Seine unmittelbare Erfahrung gibt ihm darauf ebensowenig Antwort wie auf die Frage nach dem möglichen Ende. An verschiedenen Punkten seines Seins klafft eine Leere: Kam es aus dem Nichts? Geht es in das Nichts? Kann sich in jedem Augenblick unter ihm der Abgrund des Nichts öffnen? Wie hinfällig erscheint auf einmal das Sein des Ich, von dem früher gesagt wurde, daß es Seiendes in einem ausgezeichneten Sinn sei[37], und sogar in doppeltem Sinn ausgezeichnet: als *immer Lebendiges* gegenüber dem nicht mehr oder noch nicht Lebendigen und als *Tragendes* gegenüber dem Getragenen, das ihm die Seinshöhe des Lebens verdankt. An dieser doppelten Auszeichnung ist nicht zu rütteln, und doch wird auch an ihr die Ohnmacht und Hinfälligkeit des *ausgezeichneten Seienden* sichtbar. Es ist selbst immer lebendig, aber es kann das, was es zum Leben nötig hat, nicht dauernd lebendig erhalten: sein Leben bedarf der Gehalte, ohne Gehalte ist es leer und nichts. Die Gehalte erhalten von ihm das Leben, aber jeweils nur für einen Augenblick, um dann wieder zurückzusinken. Sie bleiben — in der abgewandelten Seinsweise des nicht mehr Lebendigen — *sein*, aber nicht als ein unumschränkter Herrschaftsbereich. Und ferner: woher kommen ihm die Gehalte, ohne die es nichts ist? Ein Geräusch „dringt auf mich ein" — das ist etwas, was *von außen* kommt, es entspringt nicht dem Ich, Sache des Ich ist nur das „Betroffenwerden" oder „Vernehmen". Eine Freude „steigt in mir auf" — das kommt *von innen*, wenn es auch in der Regel die Antwort auf etwas von außen Kommendes ist. Was heißt aber dieses *von innen*? Kommt die Freude aus dem *reinen* Ich? Wenn wir darunter mit *Husserl* nur das Ich verstehen, das in jedem „*ich* denke", „*ich* weiß", „*ich* will" usw. lebt und dabei

---

[37] Vgl. S. 47.

seiner selbst als des denkenden, wissenden, wollenden bewußt ist, so müssen wir sagen, die Freude kommt aus einer jenseitigen Tiefe, die sich im bewußten Erlebnis der Freude öffnet, ohne durchsichtig zu werden. So ist das bewußte Ichleben durch seine Gehalte von einem doppelten *Jenseits*[38] abhängig, von einer *äußeren* und einer *inneren Welt*, die sich in dem bewußten Leben des Ich, in dem von ihm unabtrennbaren Seinsbereich[39] bekunden. Wie steht es aber mit dem Leben selbst, von dem gesagt wurde, daß es den Gehalten durch das Ich zuteil werde? Ist das Ich eine Quelle des Lebens? Da das Leben das *Sein* des Ich ist, würde das zugleich heißen, daß es sein Sein *aus sich selbst* hätte. Das stimmt aber offenbar nicht zu den festgestellten merkwürdigen Eigentümlichkeiten dieses Seins: zu der Rätselhaftigkeit seines Woher und Wohin, den unausfüllbaren Lücken in der ihm zugehörigen Vergangenheit, der Unmöglichkeit, das, was zu diesem Sein gehört (die Gehalte), aus eigener Macht ins Sein zu rufen und darin zu erhalten, vor allem aber damit, wie das Ich selbst *ist* und wie es sein eigenes Sein erlebt. Es findet sich als lebendiges, als gegenwärtig seiendes und zugleich als aus einer Vergangenheit kommendes und in eine Zukunft hineinlebendes vor — *es selbst und sein Sein sind unentrinnbar da, es ist ein ,,ins Dasein geworfenes"*[40]. Das ist aber der äußerste Gegensatz zur Selbstherrlichkeit und Selbstverständlichkeit eines *Seins aus sich selbst*. Und sein Sein ist ein von Augenblick zu Augenblick auflebendes. Es kann nicht ,,halten", weil es ,,unaufhaltsam" entflieht. So gelangt es niemals wahrhaft in seinen Besitz. Darum sind wir genötigt, das Sein des Ich, diese beständig wechselnde lebendige Gegenwart, als ein *empfangenes* zu bezeichnen. Es ist *ins Dasein gesetzt* und wird von Augenblick zu Augenblick darin erhalten. Eben damit ist die Möglichkeit eines Anfangs und Endes und auch einer Unterbrechung seines Seins gegeben.

---

[38] *Transzendenz* in Husserls Sinn.   [39] *Immanenz* in Husserls Sinn.

[40] M. *Heidegger*, Sein und Zeit, Halle 1927, S. 179. Es wird damit vorzüglich zum Ausdruck gebracht, daß der Mensch sich im Dasein vorfindet, ohne zu wissen, wie er hineingekommen ist, daß er nicht aus und durch sich selbst ist und auch aus seinem eigenen Sein keinen Aufschluß über sein Woher zu erwarten hat. Damit wird aber die Frage nach dem Woher nicht aus der Welt geschafft. Man mag noch so gewaltsam versuchen, sie totzuschweigen oder als sinnlos zu verbieten, — aus der Eigentümlichkeit des menschlichen Seins erhebt sie sich unabweisbar immer wieder und verlangt nach einem dieses in sich grundlos begründenden, in sich begründeten Sein, nach Einem, der das ,,Geworfene" wirft. Damit enthüllt sich die Geworfenheit als Geschöpflichkeit.

§ 7. Das Sein des Ich und das ewige Sein

Woher aber kommt dieses empfangene Sein? Nach dem, was bisher über das Ichleben festgestellt wurde, scheinen verschiedene Möglichkeiten zu bestehen. Entweder das Ich erhält sein Leben wie seine Erlebnisgehalte aus den „jenseitigen Welten", die sich ihm durch seine Erlebnisse ankündigen, aus der äußeren oder der inneren Welt oder aus beiden. Oder es verdankt sein Sein unmittelbar dem reinen Sein, das ewigwandellos, selbstherrlich und selbstverständlich aus sich selbst und in sich selbst ist. Die zweite Möglichkeit würde die erste nicht völlig ausschließen. Wenn das Ich unmittelbar durch das reine Sein ins Dasein gesetzt und darin erhalten würde, so könnte daneben doch eine Abhängigkeit seines Lebens von der äußeren oder der inneren Welt, von einer von ihnen oder von beiden bestehen. Dagegen ist ein Empfangen des Seins unabhängig vom ewigen Sein undenkbar, weil es außer diesem nichts gibt, was wahrhaft im Besitz des Seins wäre. Alles Endliche ist ein ins Sein gesetztes und darin erhaltenes und darum von sich aus nicht fähig, Sein zu setzen und zu erhalten. Indessen, über das Verhältnis des Ich zu den ihm jenseitigen Welten werden wir erst etwas sagen können, wenn wir die Beschränkung der Betrachtung auf den uns unmittelbar und unabtrennbar zugehörigen Seinsbereich aufheben. Können wir über das Verhältnis zum reinen Sein schon innerhalb dieser Beschränkung etwas sagen?

Mein Sein, so wie ich es vorfinde und mich darin finde, ist ein nichtiges Sein; ich bin nicht aus mir selbst und bin aus mir selbst nichts, stehe jeden Augenblick vor dem Nichts und muß von Augenblick zu Augenblick neu mit dem Sein beschenkt werden. Und doch ist dies nichtige Sein *Sein* und ich rühre damit jeden Augenblick an die Fülle des Seins. Es wurde früher gesagt[41], das Werden und Vergehen, wie wir es in uns finden, enthülle uns die *Idee* des wahren Seins, des wandellos-ewigen. Die Erlebniseinheiten, deren Sein ein Werden und Vergehen ist, bedürfen des Ich, um zum Sein zu gelangen. Aber das Sein, das sie durch das Ich erhalten, ist nicht das wandellosewige, ist vielmehr nur eben dieses Werden und Vergehen mit einer Seinshöhe im Augenblick des Übergangs vom Werden zum Vergehen. Das Ich scheint dem reinen Sein näherzustehen, weil es nicht nur für *einen* Augenblick die Seinshöhe erreicht, sondern in *jedem* Augenblick darin erhalten wird, freilich nicht als ein wandelloses, sondern mit einem ständig wechselnden Gehalt seines Lebens.

Das Ich kann nicht nur von dem Werden und Vergehen seiner Erleb-

---

[41] S. 36 f.

nisgehalte her, sondern auch von der Eigentümlichkeit seines nur von Augenblick zu Augenblick gefristeten Seins her zur Idee des ewigen Seins gelangen: es schrickt zurück vor dem Nichts und verlangt nicht nur nach endloser Fortsetzung seines Seins, sondern nach dem Vollbesitz des Seins: einem Sein, das seinen gesamten Gehalt in wandelloser Gegenwart umfassen könnte, statt das eben zum Leben Emporgestiegene sich immer wieder entschwinden zu sehen. So kommt es zur *Idee der Fülle*, indem es an seinem eigenen Sein das durchstreicht, was ihm selbst als Mangel bewußt ist.

Es erfährt aber auch in sich selbst *Grade der Annäherung an die Seinsfülle.* Seine *Gegenwart*, das, was sein Jetzt erfüllt, ist nicht immer vom gleichen Umfang. Das kann daran liegen, daß sich ihm in verschiedenen Augenblicken ein Mehr oder Minder an Gehalten bietet. Es selbst hat aber auch in verschiedenen Augenblicken eine mehr oder minder große *Spannweite.* Und etwas Ähnliches zeigt sich im Verhältnis zu dem, was es von Vergangenem und Zukünftigem noch oder schon festhält. Zu den Unterschieden der Spannweite kommen Unterschiede in der *Stärke der Lebendigkeit* des Gegenwartslebens, mehr oder minder *hochgespannten Seins.* Über alle ihm selbst erreichbaren Stufen gedanklich hinausgehend bis an die äußerste Grenze des denkbar Möglichen kann das Ich zur Idee eines *allumspannenden und höchstgespannten Seins* gelangen. Es zeigt sich dabei, was früher ins Auge gefaßt wurde[42], daß die ständige Aktualität des Ich eine Gradabstufung zuläßt. Dem vollendeten Sein, dem *reinen Akt* gegenüber erscheint das *aktuelle* Sein des Ich als ein unendlich fernes und schwaches Abbild, aber es gibt in dieser Ferne noch Abstufungen, und von jenen *Vorstufen* des Seins, die wir als *Potentialität* bezeichneten, erscheint es so scharf abgehoben, daß es nicht angemessen erscheint, es selbst wegen seiner Abstufungen und der Möglichkeit eines Überganges von tieferen zu höheren Stufen — die besteht — in die Potentialität einzubegreifen. Höchstens wäre es angebracht, von einer Verbindung von Aktualität und Potentialität zu sprechen[43]. Dies wäre aber eine andere „Verbindung" von Aktualität und Potentialität als die, die wir bei den Erlebniseinheiten fanden.

Wenn wir das *wirkliche Sein* als *Akt* bezeichnen[44], so stehen dem *reinen Akt* als dem *vollendeten* Sein, dem wandellos-ewigen, alle Fülle

---

[42] S. 48.

[43] Wie *Thomas* die höheren und niederen Geister dadurch unterscheidet, daß die einen mehr Aktualität und weniger Potentialität in sich hätten als die andern (vgl. S. 33f.)   [44] Vgl. S. 40f.

54

mit der denkbar höchsten Lebendigkeit umspannenden, die *endlichen Akte* als unendlich schwache Abbilder in mannigfacher Abstufung gegenüber; ihnen selbst aber entsprechen wiederum als ihre *Vorstufen* verschiedene *Potenzen*: Der *endliche Akt* ist aber, in dem Bereich, in dem wir die Betrachtung vorläufig halten, zunächst und eigentlich *Sein des Ich*, und nur durch das Ich haben die Erlebniseinheiten daran Anteil.

Die Idee des reinen Aktes oder des ewigen Seins wird für das Ich, das sie einmal erfaßt hat, zum *Maß* seines eigenen Seins. Wie kommt es aber dazu, darin auch die *Quelle* oder den *Urheber* seines eigenen Seins zu sehen? Die Nichtigkeit und Flüchtigkeit seines eigenen Seins wird dem Ich klar, wenn es sich *denkend* seines eigenen Seins bemächtigt und ihm auf den Grund zu kommen sucht. Es rührt auch daran vor aller rückgewandten Betrachtung und Zergliederung seines Lebens durch die *Angst*, die den unerlösten Menschen in mancherlei Verkleidungen — als Furcht vor diesem und jenem —, im letzten Grunde aber als Angst vor dem eigenen Nichtsein durchs Leben begleitet, ihn „vor das Nichts bringt"[45]. Die Angst ist freilich

---

[45] M. *Heidegger*, Sein und Zeit S. 184 ff. Seine Freiburger Antrittsvorlesung: „Was ist Metaphysik?" stellt in den Mittelpunkt der Erörterung das *Nichts*. Das Gestimmtsein, in dem der Mensch vor das *Nichts* gebracht wird, ist die *Angst:* Indem *das Seiende entgleitet* und *wir selbst uns entgleiten*, offenbart die Angst das Nichts. In der hellen· Nacht des Nichts der Angst ersteht erst die *ursprüngliche* Offenbarkeit des Seienden *als eines solchen: daß es Seiendes ist — und nicht Nichts*. Die Hineingehaltenheit des Daseins in das Nichts aus dem Grunde der verborgenen Angst ist das Übersteigen des Seienden im Ganzen: die Transzendenz. . . . *Die Frage nach dem Nichts umspannt das Ganze der Metaphysik:* denn Sein und Nichts gehören zusammen. . ., „weil das *Sein* selbst im Wesen *endlich* ist und sich nur in der Transzendenz des in das *Nichts* hinausgehaltenen Daseins offenbart" (S. 26). Die *antike Metaphysik* verstand in dem Satz: *ex nihilo nihil fit*, unter dem *Nichts* den ungestalteten Stoff und ließ als seiend nur das Gebilde gelten. Die *christliche Dogmatik* leugnet den Satz, sie behauptet statt dessen: *ex nihilo fit — ens creatum*, und versteht unter *nihil* die Abwesenheit von außergöttlichem Seienden. Die Frage nach dem Sein und dem Nichts als solchen unterbleiben beide (S. 25). Es ist klar: der Vortrag, der für ein nicht fachlich geschultes Publikum berechnet war und eher aufreizen als belehren wollte, verzichtet auf die Strenge der wissenschaftlichen Abhandlung. Die Redeweise klingt manchmal geradezu mythologisch: es wird von dem Nichts fast gesprochen wie von einer Person, der einmal zu ihrem immer unterdrückten Recht verholfen werden muß. Man wird erinnert an das „Nichts, das einstmals alles war". Hat aber die antike Metaphysik wirklich unter dem Nichts den un-

durchschnittlich nicht das beherrschende Lebensgefühl. Sie *wird* es in Fällen, die wir als krankhaft bezeichnen, aber normalerweise wandeln wir in einer großen Sicherheit, als sei unser Sein ein fester Besitz. Das kann darauf beruhen, daß wir bei jeder Oberflächensicht stehen bleiben, die uns in einer „stehenden" Zeit ein „bleibendes und dauerndes" Sein vortäuscht und uns durch das „Sorgen" für unser Leben den Anblick seiner Nichtigkeit verdeckt. Aber allgemein und schlechthin ist die Seinssicherheit nicht als bloßes Ergebnis solcher Täuschung und Selbsttäuschung anzusprechen. Die rückgewandte, denkende Zergliederung unseres Seins zeigt, wie wenig Grund zu solcher Sicherheit *in ihm selbst* gegeben ist, wie sehr es in der Tat dem Nichts ausgesetzt ist. Ist damit jene Seinssicherheit als sachlich unbegründet, also „unvernünftig" erwiesen und als vernünftige Lebenshaltung eine „leidenschaftliche... ihrer selbst gewisse und sich ängstende *Freiheit zum Tode*"[46] ? Keineswegs. Denn der unleugbaren Tatsache, daß mein Sein ein flüchtiges, von Augenblick zu Augenblick gefristetes und der Möglichkeit des Nichtseins ausgesetztes ist, ent-

---

gestalteten Stoff verstanden? Dann hätte sie den Satz nicht aufstellen können, denn nach ihrer Auffassung wurde ja alles „Gebilde" aus dem ungeformten Stoff „gebildet". Sie unterscheidet von dem schlechthin Nichtseienden das Nichtseiende, das doch in gewisser Weise — der Möglichkeit nach — ist. Und dieses ist der Stoff, aus dem alles im „eigentlichen" Sinn Seiende geformt wird.

In welchem Sinn ist nun der Satz zu verstehen: *ex nihilo fit — ens creatum?* Der Satz kann nur so verstanden werden, daß der Schöpfer im Erschaffen durch kein anderes Seiendes bedingt ist, daß es überhaupt nichts Seiendes gibt als den Schöpfer und die Schöpfung.

Stimmt es dann, wenn Heidegger behauptet, daß die christliche Dogmatik weder nach dem Sein noch nach dem Nichts fragt? Es stimmt, sofern die Dogmatik als solche überhaupt nicht *fragt*, sondern *lehrt*. (Die Dogmatik kann fragen, ob etwas Glaubenslehre sei oder nicht; aber was als Dogma feststeht, daran ist für die Dogmatik nichts mehr fraglich.)

Das besagt aber nicht, daß sie sich um Sein und Nichts nicht kümmere. Sie spricht vom Sein, indem sie von Gott spricht. Und sie spricht vom Nichts in vielen Zusammenhängen, z. B. indem sie von der Schöpfung spricht und unter dem Geschaffenen ein Seiendes versteht, dessen Sein ein Nichtsein einschließt. Weil wir „so *endlich* sind . . . , daß wir . . . nicht durch eigenen Beschluß und Willen uns ursprünglich vor das Nichts zu bringen vermögen", bedeutet das Offenbarwerden des Nichts in unserem eigenen Sein zugleich den Durchbruch von diesem unserm endlichen, nichtigen Sein zum unendlichen, reinen, ewigen Sein.

[46] a. a. O. S. 266.

spricht die andere ebenso unleugbare Tatsache, daß ich trotz dieser Flüchtigkeit *bin* und von Augenblick zu Augenblick *im Sein erhalten* werde und in meinem flüchtigen Sein ein dauerndes umfasse. Ich weiß mich gehalten und habe darin Ruhe und Sicherheit — nicht die selbstgewisse Sicherheit des Mannes, der in eigener Kraft auf festem Boden steht, aber die süße und selige Sicherheit des Kindes, das von einem starken Arm getragen wird — eine, sachlich betrachtet, nicht weniger vernünftige Sicherheit. Oder wäre das Kind „vernünftig", das beständig in der Angst lebte, die Mutter könnte es fallen lassen?

Ich stoße also in meinem Sein auf ein anderes, das nicht meines ist, sondern Halt und Grund meines in sich haltlosen und grundlosen Seins. Auf zwei Wegen kann ich dahin gelangen, in diesem Grund meines Seins, auf den ich in mir selbst stoße, das *ewige Sein* zu erkennen. Das eine ist der *Weg des Glaubens*: wenn Gott sich offenbart als *der Seiende*, als *Schöpfer* und *Erhalter*, und wenn der Erlöser sagt: „Wer an den Sohn glaubt, der hat das ewige Leben"[47], so sind das lauter klare Antworten auf die Rätselfrage meines eigenen Seins. Und wenn Er mir durch den Mund des Propheten sagt, daß Er treuer als Vater und Mutter zu mir stehe, ja daß Er die Liebe selbst sei, dann sehe ich ein, wie „vernünftig" mein Vertrauen auf den Arm ist, der mich hält, und wie töricht alle Angst vor dem Sturz ins Nichts — wenn ich mich nicht selbst aus dem bergenden Arm losreiße.

Der Weg des Glaubens ist nicht der Weg der philosophischen Erkenntnis. Er ist die Antwort aus einer andern Welt auf die Frage, die sie stellt. Sie hat auch einen eigenen Weg. Es ist der Weg des schlußfolgernden Denkens, den die *Gottesbeweise* gehen. Grund und Urheber meines Seins, wie alles endlichen Seins, kann letztlich nur ein Sein sein, das nicht — wie alles menschliche Sein — ein empfangenes ist: es muß *aus sich selbst* sein; ein Sein, das nicht — wie alles, was einen Anfang hat — auch nicht sein kann, sondern notwendig ist[48]. Weil sein Sein kein empfangenes ist, kann es in dem Seienden keine Trennung geben zwischen dem, *was* es ist (und was sein oder nicht sein könnte), und dem Sein, sondern es muß *das Sein selbst* sein[49]. Dieses Sein, das aus sich selbst und notwendig, ohne Anfang und Ursache alles Anfangenden ist, muß *Eines* sein; denn wäre es eine Mehrheit, so müßte es eine Scheidung geben zwischen dem, was das eine vom andern unterscheidet und es zu *diesem* macht, und dem, was es mit anderen gemeinsam hat. Eine solche Scheidung

---

[47] Joh. 3, 36.

[48] Vgl. den 3. der 5 thomistischen Gottesbeweise, S. th. I q 2 a 3.

[49] Vgl. S. th. I q 3 a 4.

gibt es aber in dem ersten Sein nicht[50]. Es mag sein, daß mein flüchtiges, Sein einen „Halt" hat an etwas Endlichem. Aber als Endliches könnte das nicht der letzte Halt und Grund sein. Alles Zeitliche ist *als solches* flüchtig und bedarf des ewigen Haltes[51]. Bin ich mit meinem Sein an anderes Endliches gebunden, so werde ich *mit* ihm im Sein erhalten. Die Seinssicherheit, die ich in meinem flüchtigen Sein spüre, weist auf eine *unmittelbare* Verankerung in dem letzten Halt und Grund meines Seins (unbeschadet möglicher mittelbarer Stützen) hin. Das ist freilich ein sehr dunkles Erspüren, kaum *Erkenntnis* zu nennen. *Augustinus*, der den Weg zu Gott vor allem vom inneren Sein her gesucht und das Hinausweisen unseres Seins über sich selbst zum wahren Sein in immer neuen Wendungen betont hat, bringt doch zugleich stets unser Unvermögen, den Unfaßlichen zu fassen, zum Ausdruck. „Wer . . . meint, es könne dem Menschen, der noch dieses sterbliche Leben führt, begegnen, daß er . . . die strahlende Heiterkeit des Lichtes der Unwandelbaren Wahrheit erreichte und mit einem Geist, der Gewöhnung dieses Lebens völlig entfremdet, ihr beständig und unbeugsam anhangen — der hat nicht verstanden, was er sucht, noch wer (er ist, der) sucht . . ."[52] „. . . wenn du hinzuzutreten beginnst als Ähnlicher und anhebst, Gott durchzuspüren — im Maße, wie in dir die Liebe wächst, weil auch die Liebe Gott ist —, spürst du etwas, was du sagtest und nicht sagtest . . . Ehe du nämlich spürtest, meintest du Gott zu sagen: du beginnst zu spüren, und hier spürst du, wie nicht gesagt werden kann, was du spürst . . ."[53] Dies dunkle Spüren gibt uns den Unfaßlichen als den unentrinnbar Nahen, in dem wir „leben, uns bewegen und sind"[54], aber als den Unfaßlichen. Das schlußfolgernde Denken prägt scharfe Begriffe, aber auch die vermögen den Unfaßlichen nicht zu fassen, ja sie rücken ihn in die Ferne, die allem Begrifflichen eigen ist. Mehr als der Weg des philosophischen Erkennens gibt uns der Weg des Glaubens: den Gott der persönlichen Nähe, den Liebenden und Erbarmenden, und eine Gewißheit, wie sie keiner natürlichen Erkenntnis eigen ist. Aber auch der Weg des Glaubens ist ein *dunkler* Weg. Gott selbst stimmt seine Sprache zu menschlichen Maßen herab, um uns das Unfaßliche faßlicher zu machen: „. . . da Er in jener Sendung Seines Knechtes Moses sagte: ‚Ich bin,

---

[50] S. th. I q 11 a 3.

[51] H. *Conrad-Martius* hat in diesem Sinne den Gottesbeweis formuliert: „*wenn* zeitliche Existenz . . ., *dann* auch notwendig ewige Existenz", aber ohne „den sachlichen Mut, diesen rationalen Schritt zu tun" (Die Zeit S. 371f.).

[52] De consensu Evang. IV 10, 20. (Vgl. *Przywara* a. a. O. S. 207f.)

[53] In Ps. 99, 5f. (*Przywara* a. a. O. S. 201).   [54] Apg. 17, 28.

der Ich bin', und: ‚Sage den Söhnen Israels: Der *ist*, sendet mich zu euch' — weil eben dieses eigentliche Sein für den menschlichen Geist schwer zu fassen ist und er (Moses) als Mensch zu Menschen gesandt wurde, wenngleich nicht von einem Menschen — ... fügte er gleich hinzu: ‚Sag den Söhnen Israels: der Gott Abrahams, der Gott Isaaks und der Gott Jakobs hat mich gesandt zu euch: das ist mein Name in Ewigkeit ... Was ich sprach: Ich bin, der Ich bin, das ist wahr, aber du fassest es nicht. Was ich aber sprach: Ich bin der Gott Abrahams und der Gott Isaaks und der Gott Jakobs, dies ist sowohl wahr als auch für dich faßlich ... Dies nämlich: Ich bin der Ich bin, das gehört zu mir; dies aber: Gott Abrahams und Gott Jakobs, das gehört zu dir' "[55].

---

[55] *Augustinus*, In Ps. 134, 6 (*Przywara* a. a. O. S. 203f.).

III.

WESENHAFTES UND WIRKLICHES SEIN

§ 1. Zeitlichkeit, Endlichkeit, Unendlichkeit, Ewigkeit

Mit dem Gegensatz von aktuellem und potentiellem Sein — als Seinshöhe und Vorstufe zur Höhe verstanden — haben sich uns noch andere Seinsunterschiede enthüllt. Was zugleich aktuell und potentiell (in diesem Sinn) ist, das bedarf zum Übergang vom einen zum andern der Zeit. Aktuell-potentielles Sein isᵢ *zeitliches* Sein. Zeitliches Sein ist Existenzbewegung: immer neues Aufleuchten von Aktualität. Das Seiende, das zeitlich ist, *besitzt* sein Sein nicht, sondern wird immer aufs Neue damit *beschenkt*. Damit ist die Möglichkeit des Anfangens und Aufhörens in der Zeit gegeben. Hierdurch ist *ein* Sinn von *Endlichkeit* umschrieben: das, was sein Sein nicht besitzt, sondern der Zeit bedarf, um zum Sein zu gelangen, wäre danach das Endliche. Wenn es tatsächlich ohne Ende im Sein erhalten würde, wäre es damit noch nicht im echten Sinne des Wortes *unendlich*. Wahrhaft unendlich ist, was nicht enden *kann*, weil es nicht mit dem Sein beschenkt wird, sondern im *Besitz des Seins* ist, *Herr des Seins*, ja das *Sein selbst*. Wir nennen es das *ewige* Sein. Es bedarf der Zeit nicht, sondern ist auch Herr der Zeit. Zeitliches Sein ist endlich. Ewiges Sein ist unendlich. Aber Endlichkeit besagt mehr als Zeitlichkeit, und Ewigkeit besagt mehr als Unmöglichkeit des Endens in der Zeit. Was endlich ist, bedarf der Zeit, um *das* zu werden, *was* es ist. Und das ist ein *sachlich Begrenztes:* was ins Sein gesetzt wird, das wird als *etwas* ins Sein gesetzt: als etwas, das *nicht nichts*, aber auch *nicht alles* ist. Und das ist der andere Sinn von Endlichkeit: *etwas und nicht alles sein*. Entsprechend besagt *Ewigkeit* als Vollbesitz des Seins: *nichts nicht sein*, d. h. *alles sein*.

Wenn Zeitlichkeit als solche an Endlichkeit als sachliche Begrenztheit gebunden ist, so ist damit noch nicht gesagt, daß das, was sachlich begrenzt ist, auch notwendig zeitlich sein müsse. Um das Verhältnis von Zeitlichkeit und Endlichkeit zu klären, wird es dringlich, außer dem Sein das, *was* ist, ins Auge zu fassen — zunächst innerhalb des Bereichs, auf den wir die Untersuchung vorläufig beschränkt haben. Damit kehren wir zu einer Frage zurück, die schon angeschnitten, aber nicht gelöst wurde: die *Erlebniseinheiten* erschienen uns als etwas, was sich im fließenden, zeitlichen Sein des Ich aufbaut und damit zu einem *Ganzen* wird und als solches bewahrt wird, obwohl es keine Möglichkeit hat, in der Zeit „zu stehen und zu bleiben". Diese merkwürdigen Verhältnisse bedürfen weiterer Klärung.

§ 2. Wesenheit (εἶδος) und wesenhaftes Sein

An der einfachen Seinstatsache, von der wir ausgingen, schieden wir anfangs die geistige Regung, in der ich meines Seins inne werde, das Ich und das Sein selbst. Bei näherer Betrachtung mußte das Sein des Ich noch von dem seiner geistigen Regung oder der Erlebniseinheit unterschieden werden: das lebendig-wirkliche Sein des Ich, das von Augenblick zu Augenblick aus verborgenen Quellen erneuert wird, und das Sein der in seinem Leben erwachsenden Erlebniseinheit, das ein Werden und Vergehen ist, ein Aufsteigen zur Höhe des Lebendig-Wirklichen, dem sofort das Absteigen folgt.

Damit ist aber die Erlebniseinheit noch nicht genügend gekennzeichnet. Von dem Werden und Vergehen muß das unterschieden werden, *was* wird und vergeht und, nachdem es geworden ist, trotz seiner *Vergangenheit* immer noch in gewisser Weise ist. Es wurde festgestellt, daß die Einheit eines Erlebnisses und seine Abgrenzung gegenüber andern (nicht allein, aber doch wesentlich) durch seinen *Gehalt* bedingt ist: die Freude am Gelingen einer Arbeit ist etwas anderes als das Arbeiten selbst; beides kann zeitlich aufeinanderfolgen, aber auch, wenn ich arbeite und mich gleichzeitig des Gelingens freue, ist beides von einander abgehoben. *Meine* Freude — diese Freude, die ich eben fühle — entsteht und vergeht: *die* Freude als solche entsteht nicht und vergeht nicht. Es ist hier noch Verschiedenes zu unterscheiden. Ich kann die Freude genau so nehmen, wie ich sie erlebe, das volle unverkürzte *Was* meines Erlebnisses: dazu gehört, daß es Freude am Gelingen der Arbeit ist, daß es eine herzliche, eine dankbare Freude ist usw. Oder ich kann die *Freude als solche* nehmen. Für sie ist es gleichgültig, *woran* ich mich freue, welcher *Art* die Freude ist, ob sie lange oder kurz dauert, auch ob es *meine* oder eines andern Menschen Freude ist. Wir stoßen hier auf eines jener Gebilde, die *Plato* mit seinen *Ideen* (ἰδέα, εἶδος) im Auge hatte: das „Schöne an sich", durch das alle schönen Dinge schön sind, das „Gerechte an sich", durch das alle gerechten Handlungen gerecht sind, usw. *Aristoteles* hat das selbständige Sein der *Ideen* entschieden geleugnet und es in immer erneuten Bemühungen als unmöglich zu erweisen gesucht, aber mit anderer Deutung ihrer Seinsweise und ihres Verhältnisses zu den Dingen hat er sie doch — unter dem Namen εἶδος (Urbild) oder μορφή (Form) — übernommen[1]. Wir wollen für diese Gebilde nicht den viel umstrittenen und vieldeutigen Namen *Idee* gebrauchen, sondern den phänomenologischen Ausdruck *Wesenheit*[2]. Es gibt viele Erlebnisse der Freude: verschieden durch das Ich, das sie erlebt, durch ihren Gegenstand, durch ihre zeitliche Bestimmtheit und Dauer und noch manches andere. *Die Wesenheit Freude ist eine.* Sie ist nicht meine oder deine, sie ist nicht jetzt oder später, sie dauert nicht lang oder kurz. Sie hat kein Sein in Raum und Zeit. Aber wo und wann immer Freude erlebt wird, da ist die Wesenheit Freude *verwirklicht.* Durch sie sind alle Freudenerlebnisse als das, *was* sie sind, bestimmt, ihr verdanken sie ihren *Namen.* Was besagt das *verwirklicht*? Wenn nirgends in der Welt Freude erlebt wird, gibt es dann auch die Wesenheit Freude nicht? „Es gibt" sie nicht so, wie es erlebte Freude gibt. Aber es könnte keine erlebte Freude geben, wenn nicht die Wesenheit Freude zuvor schon wäre. Sie ist das, was alle erlebte Freude möglich macht. Das „Zuvor" besagt nicht, daß sie in der Zeit vorausginge. Sie ist ja überhaupt nicht in der Zeit. Darum ist sie auch nicht potentiell in dem Sinn, in dem es die noch nicht vollebendige Freude ist. Das Sein der Wesenheit ist keine niedere Vorstufe des wirklichen Seins. *Hering* sagt von ihr: „Wir meinen . . . etwas, was in sich völlig frei ist von einer Beziehung auf Gegenstände, etwas, was ‚ist, was es ist', mag es überhaupt reale und ideale Welten von Gegenständen geben oder nicht. Wir können sie denken ohne die Welt. Sie sind nicht . . . bedürftig eines *Trägers*, sondern . . . *selbständig* und *in sich ruhend*"[3]. Sie „gehört in eine völlig andere Sphäre als in die der Gegenstände. Gleichwohl tritt sie in Beziehung zu diesen. Wir sagen, es gebe Gegenstände, die an ihr *teil-*

---

[1] Es wird sich zeigen, daß zwischen εἶδος und μορφή ein sachlicher Unterschied besteht. (Vgl. Kap. IV, § 8 und § 19, 2.)

[2] Über die Fragen, die damit angeschnitten werden, haben wir zwei sehr sorgfältige und aufschlußreiche phänomenologische Arbeiten: J. *Hering*, Bemerkungen über das Wesen, die Wesenheit und die Idee (Husserls Jahrbuch für Philosophie und phänomenologische Forschung IV 495 ff.), und R. *Ingarden*, Essentiale Fragen (Husserls Jahrbuch VII 125 ff.; auch als Sonderdruck erschienen). Herings Arbeit ist die grundlegende. Ingarden knüpft für die Frage des Wesens und der Wesenheit daran an; für die Lehre von der Idee, die bei Hering noch wenig ausgeführt ist, geht er eigene Wege.

[3] a. a. O. S. 510.

hätten, und umgekehrt — nicht ganz korrekt —, sie könne sich an den Gegenständen realisieren"[4]. „Gäbe es keine Wesenheiten, so gäbe es auch keine Gegenstände. Es sind die letzten *Bedingungen der Möglichkeit der Gegenstände und ihrer selbst*". „Die Wesenheit oder das εἶδος ... findet nicht wie der Gegenstand ihr Dasein durch Teilhaben (μέθεξις) an etwas außer ihr, welches ihr *Wesen* verleihen würde, so wie sie selbst dem Gegenstande, sondern sie schreibt sich selbst, wenn man so sagen darf, ihr Wesen vor. Die Bedingungen ihrer Möglichkeit liegen nicht außer ihr, sondern voll und ganz *in ihr* selbst. Sie ist, und sie allein, eine πρώτη οὐσία"[5]. Manches von dem Gesagten, besonders der letzte Satz, schießt über das Ziel hinaus. Als er niedergeschrieben wurde, war es dem Verfasser wohl nur darum zu tun, das Verhältnis der Wesenheiten zu *endlichen* Gegenständen festzustellen. Ich glaube nicht, daß er an eine Gegenüberstellung der Wesenheit und des *ersten Seienden* — in dem Sinn, in dem dieser Ausdruck in unserm Zusammenhang gebraucht wurde und in dem er bei Aristoteles und in der Scholastik üblich war — gedacht hat. Das Verhältnis von diesem und jenem *ersten Seienden* klarzustellen, war ja das große Anliegen der christlichen Platoniker, die sich vor die Aufgabe gestellt sahen, die Gottesidee ihres Glaubens mit der platonischen Ideenlehre in Einklang zu bringen. Und nur im Zusammenhang mit dem Verhältnis des *Schöpfers* zu den *Ideen* kann das Verhältnis der *Ideen* zur *Welt* letztlich geklärt werden. Es ist hier nicht der Ort, diese Frage anzuschneiden[6]. Unser Verfahren schreibt uns vor, das Sein zunächst einmal so weit zu klären, wie es innerhalb des uns unmittelbar nahen und von uns untrennbaren Seinsgebiets, des Ichlebens, möglich ist. Wir sind in diesem Gebiet auf ein Seiendes gestoßen, das dem Fluß des Ichlebens entzogen und für ihn vorausgesetzt ist: auf die Erlebnis-Wesenheiten. Im Verhältnis zu den Erlebnis-Einheiten, die werden und vergehen, sind sie in der

---

[4] Hering selbst betrachtet den Ausdruck „realisieren" als einen Notbehelf (S. 510 Anm. 2). Auch der platonische Ausdruck „teilhaben" ist kaum mehr als ein Notbehelf.

[5] Es ist deutlich, daß der aristotelische Ausdruck πρώτη οὐσία hier in einem Aristoteles durchaus nicht entsprechenden Sinn gebraucht, ja gerade für das verwandt wird, wofür ihn Aristoteles mit aller Entschiedenheit abgelehnt hat. Die ganze Abhandlung darf, trotz freier Anlehnung an die Sprache der *Metaphysik*, nicht als Versuch einer Aristotelesdeutung gelesen werden. Es ist eine durchaus selbständige sachliche Inangriffnahme der Fragen, um die es bei Plato und Aristoteles ging, und — in einigen Punkten — eine Klärung und Weiterführung.

[6] Vgl. dazu § 11 dieses Abschnittes.

Tat ein *erstes Seiendes*. Das Ichleben wäre ein unentwirrbares Chaos, in dem nichts unterschieden werden könnte, wenn in ihm nicht Wesenheiten „verwirklicht" würden; durch sie kommt Einheit und Mannigfaltigkeit, Gliederung und Ordnung, Sinn und Verstehbarkeit hinein. *Sinn* und *Verstehbarkeit* — ja wir stehen hier geradezu an der Urquelle des Sinnes und der Verstehbarkeit. *Sinn* — λόγος — was besagt das Wort? Wir können es nicht sagen und nicht erklären, weil es alles Sagens und Erklärens letzter Grund ist. Daß Worte einen Sinn haben, liegt allem Sprechen zu Grunde. Daß man mit allem Fragen und Begründen auf einen letzten in sich verstehbaren Grund kommt, ist Voraussetzung alles Erklärens und Begründens. Der letzte Grund ist der in sich und aus sich verstehbare Sinn. *Sinn und Verstehen gehören zueinander*. Sinn ist das, was verstanden werden kann, und Verstehen ist Sinn-erfassen. Das *Verstehbare (intelligibile)* zu *verstehen (intelligere)* ist das eigentlichste Sein des *Geistes*, der von daher den Namen *Verstand (intellectus)* bekommen hat. Als *logisch* oder **rational** verfahrender geht er den *Sinnzusammenhängen* nach. *Ratio*[7] (logisches Verfahren) ist Ableitung von Sinn aus Sinn oder Rückführung von Sinn auf Sinn. In dem Letzten, das nicht mehr ableitbar und nicht mehr rückführbar ist, kommt der Verstand zur Ruhe. Hering sagt von den echten Wesenheiten, sie seien das einzige, „was einer *restlosen Verständlichmachung aus sich selbst heraus fähig ist*" und dessen „Kenntnis uns allein in den Stand setzt, alles, was es gibt, nicht nur festzustellen, sondern auch zu *verstehen*"[8]. Sie stellen eine sachhaltige Mannigfaltigkeit dar. Es gibt abgeleitete Wesenheiten, die auf einfachere zurückweisen und aus diesen verständlich zu machen sind (z. B. „Bittersüß"). Aber die letzten einfachen Wesenheiten sind nicht mehr auseinander ableitbar. Im Bereich des Bewußtseins bezeichnen die Namen der unterschiedenen Erlebnisgehalte solche einfachen Wesenheiten: z. B. Trauer, Freude, Schmerz, Lust, aber auch Bewußtsein, Erlebnis, Ich. Die Wesenheiten dürfen natürlich nicht mit dem nach ihnen genannten Wirklichen verwechselt werden. Die Wesenheit Ich ist kein lebendiges Ich und

---

[7] In einer der vielen Bedeutungen dieses sinnreichen Wortes. Man kann *ratio* und *intellectus* so gegeneinander abgrenzen, daß *ratio* der sich in Begründungszusammenhängen *bewegende, intellectus* der im Verstehen des letzten Sinnes *ruhende Verstand* ist.

[8] a. a. O. S. 522. Hinter die Restlosigkeit des Verstehens setzen wir ein Fragezeichen. Wir stehen vielmehr mit diesem Grund alles Verstehens vor einer letzten Tatsächlichkeit, die uns zwingt, vor einem unergründlichen Geheimnis haltzumachen. (Vgl. Kap. III, § 10 und Kap. IV, § 19, 7.)

die Wesenheit Freude keine erlebte Freude. Größer vielleicht ist die Gefahr, daß man Wesenheit als *Begriff* zu deuten sucht[9]. Das wäre ein großes Mißverständnis. Begriffe *bilden* wir, indem wir an einem Gegenstand *Merkmale* zur Abhebung bringen. Wir haben darin eine gewisse Freiheit: Wesenheiten bilden wir nicht, sondern *finden* sie vor. Wir haben darin keinerlei Freiheit: es steht wohl in unserer Hand, zu suchen, aber nicht, zu finden. Und an den letzten Wesenheiten können wir, weil sie einfach sind, auch nichts zur Abhebung bringen. Sie können darum auch nicht *definiert* werden, wie Begriffe definiert werden. Die Worte, die man verwendet, um zu ihnen hinzuführen, haben — wie Max *Scheler* zu sagen pflegte — nur die Bedeutung eines Zeigestabes: Sieh selbst hin, dann wirst du verstehen, was ich meine. „Ich", „Leben", „Freude" — wer könnte verstehen, was die Worte bedeuten, wenn er es nicht in sich selbst erfahren hätte? Aber wenn er es in sich erfahren hat, dann kennt er nicht nur *sein* Ich, *sein* Leben und *seine* Freude, sondern er versteht auch, was Ich, Leben, Freude *überhaupt* sind; und nur weil er das versteht, kann er *sein* Ich, *sein* Leben, *seine* Freude als *Ich, Leben Freude* erkennen und begreifen. Es sind viele neue Fragen damit aufgerührt[10]. Doch wir müssen bemüht sein, dem Faden zu folgen, der uns bisher geleitet hat.

Die Erlebnis-Wesenheiten sind keine Erlebnisse, sie sind für die Erlebniseinheiten vorausgesetzt. Welcher Art ist ihr *Sein*? Es ist kein Werden und Vergehen wie das der Erlebnisse, auch keine von Augenblick zu Augenblick neu empfangene Lebendigkeit wie das des Ich. Es ist ein *wandelloses* und *zeitloses* Sein. Also das *ewige Sein* des ersten Seienden? In der Tat beschreibt *Plato* das Sein seiner *Ideen* mit denselben Ausdrücken, die später von den christlichen Philosophen für die Schilderung des göttlichen Seins verwendet wurden,

---

[9] *Gredt*, Elementa philosophiae Aristotelico-Thomisticae[5], Freiburg i. Br. 1929, I 12, zählt unter verschiedenen Namen für *Begriff (conceptus)* auch *idea ab* εἴδω auf und scheint damit Begriff und εἶδος (Wesenheit) gleichzusetzen. Das beruht aber darauf, daß *Begriff* in der traditionellen Logik in einem weiteren Sinne genommen wird, als es im Folgenden geschieht — dafür werden dann *verschiedene Begriffe* des *Begriffs* gegeneinander abgegrenzt: vor allem der *subjektive* (das, *wodurch* wir begreifen) und der *objektive* (das, *was* wir begreifen). Auch das, was dort *Idee* genannt wird, ist mit *Wesenheit* nicht einfach gleichzusetzen.

[10] z. B. die Frage der *Universalien*, die im Mittelalter so lebhaft erörtert worden ist; aber ihre Behandlung setzt viel weitergehende Klärungen voraus, als uns bisher zur Verfügung stehen (vgl. S. 93 ff.).

und auch Aristoteles ist zu keiner klaren Scheidung zwischen dem
göttlichen Sein und dem der unveränderlichen Wesen (dabei dachte
er allerdings nicht an die Ideen (sondern an Geistwesen) gelangt.
Erst die christlichen Denker haben sich darum bemüht, beides zu
trennen und das wechselseitige Verhältnis zu ergründen. Tatsächlich
ist ein großer Unterschied zwischen dem ersten Sein, in dem wir den
Urheber alles andern Seins sehen, und dem Sein der Wesenheiten.
Das erste Sein ist das *vollendete*, und das heißt nicht nur: das wandellose, das nicht wird und vergeht, sondern das unendliche und alle
Fülle und *Lebendigkeit* in sich schließende. In dieser Weise vollendet
ist das Sein der Wesenheiten nicht. Sein Vorzug vor dem der wirklichen Erlebniseinheiten ist, daß es, der Zeit enthoben, auf gleicher
Höhe wandellos beharrend und ruhend ist. Aber es ist kein *lebendiges*, sondern erscheint als ein totes und starres, wenn man die einzelne Sinneseinheit als begrenzte und für sich bestehende nimmt. Das
ist der Einwand, der schon gegen die platonische Ideenlehre erhoben wurde. Wie kommt es zu ihrer *Verwirklichung* und zur *Teilnahme* an ihnen — was „bringt sie in Bewegung"? Daß in mir eine
wirkliche Freude auflebt, das ist nicht der Wesenheit Freude zuzuschreiben, und daß *ich* lebe, nicht der Wesenheit Ich. Wir rühren
hier an den Zusammenhang von *Wirklichkeit* und *Wirksamkeit*, der
uns — sobald wir ihm nachgehen — einen neuen Sinn des Wortes
Akt erschließen wird. Das Sein der begrenzten und gesonderten
Wesenheiten ist *unwirksames* und darum auch *unwirkliches Sein*. Das
erste Seiende aber ist das ur-wirksame und ur-wirkliche. Das Sein
der Wesenheit ist aber auch *kein potentielles*, wenn wir darunter eine
Vorstufe des wirklichen Seins verstehen. Wenn es auch nicht *schlechthin* vollendet, weil nicht alle Fülle des Seins in sich bergend, ist, so
ist es doch *auf seine Weise* vollendet, weil es keine Steigerung über
sich hinaus (ebensowenig eine Minderung) erfahren kann. Es ist Bedingung der Möglichkeit des wirklichen Seins und seiner Vorstufen,
des aktuellen und des potentiellen. Die *Verwirklichung* der Wesenheit besagt nicht, daß *sie* wirklich wird, sondern daß *etwas* wirklich
wird, was ihr entspricht. Die Möglichkeit des wirklichen Seins ist in
ihrem Sein begründet. Darum ist es nicht etwa möglich, ihr unwirkliches Sein Nichtsein zu nennen. Was für ein anderes Bedingung des
Seins ist, das muß selbst ein Sein haben. Ja, schon weil es *etwas* ist,
muß es auch *sein*. Nur, was *nichts* ist, *ist nicht*. Aber welcher Art ist
dieses Sein? Wir wollen es — im Gegensatz zum wirklichen — *wesenhaftes* nennen und uns vorläufig damit begnügen, es durch diesen
Gegensatz zu kennzeichnen. Um es in seiner Eigenart zu fassen, wird

es gut sein, zuvor die Wesenheiten noch gegen anderes abzugrenzen, was mit ihnen zusammenhängt, aber keineswegs mit ihnen gleichbedeutend ist.

§ 3. Wesenheit, Begriff und Wesen

Es wurde gesagt: Wesenheiten lassen sich nicht definieren. Was Freude ist, kann mir niemand begreiflich machen, wenn ich nicht selbst Freude erlebt habe. Habe ich aber Freude erlebt, dann verstehe ich auch, was „Freude überhaupt" ist. Indessen — finden wir nicht in den Lehrbüchern der Psychologie Definitionen der Freude ? Und hat uns nicht der hl. *Thomas* eine sorgfältig ausgearbeitete *Affekten-lehre* mit scharfen Begriffsbestimmungen und Einteilungen, Über- und Unterordnungen gegeben[11] ? Die Freude wird dort bestimmt als eine *Passion*[12] des *Begehrungsvermögens*; durch ihren *Gegenstand* unterscheidet sich „die Freude, die einem Gut, von der Trauer, die einem Übel gilt". Sie entspricht ferner einer bestimmten Stufe *im Fortgang der Strebensbewegung:* „der Genuß . . . geht zuerst eine gewisse Verbindung mit dem Strebenden ein, sofern er als ein ihm Gleiches oder Angemessenes aufgefaßt wird : und daraus ergibt sich die Passion der Liebe *(amor)*, die nichts anderes ist als ein Geformtwerden des Strebens durch den Gegenstand des Strebens selbst; darum heißt die Liebe eine Vereinigung des Liebenden mit dem Geliebten. Das aber, was so in gewisser Weise verbunden ist, wird weiterhin begehrt . . ., damit die Verbindung realiter vollzogen werde, so daß der Liebende das Geliebte genießen könne; und so entsteht die Passion des Verlangens: hat man es aber wirklich erlangt, so erzeugt es die Freude. So ist also das erste in der Bewegung des Begehrens die Liebe, das Zweite das Verlangen, das Letzte die Freude . . ."[13] Die Freude im engeren Sinne *(laetitia)* wird von einer Reihe ihr nahe verwandter Gemützszustände abgegrenzt: „. . . die einen besagen einen hohen Grad der Freude: diese Hochspannung aber ist entweder zu finden im Hinblick auf eine innere Verfassung *(dispositio)*, und dann ist sie Freude, die eine innere Ausweitung des Herzens bedeutet; sie heißt nämlich *laetitia* gleichsam als *latitia;* oder im Hinblick

---

[11] Vgl. z. B. De veritate q 26 a 4/5 (Untersuchungen über die Wahrheit II 379 ff.).

[12] = seelischer Zustand. Zum Begriff der *Passion* vgl. das Lateinisch-deutsche Wörterverzeichnis zu den „Untersuchungen über die Wahrheit" (S. 39) und die dort angegebenen Stellen.

[13] De veritate q 26 a 4 (Untersuchungen usw. II 380).

darauf, daß die Hochspannung der inneren Fröhlichkeit *(gaudium)* sich in äußeren Zeichen Luft macht — dann ist es Frohlocken *(exultatio)*; es heißt nämlich *exultatio*, sofern die innere Fröhlichkeit gewissermaßen nach außen hinausspringt *(exterius exilit)*; dies Hinausspringen ist zu bemerken als eine Veränderung der Miene, worin — wegen ihres nahen Zusammenhanges mit der Einbildungskraft — zuerst die Anzeichen der Gemütsverfassung hervortreten, und dann ist es Heiterkeit *(hilaritas)*; oder sofern man infolge der hochgespannten Fröhlichkeit auch zu Worten und Taten geneigt ist . . ., und dann ist es Aufgeräumtheit *(iucunditas)*"[14].

Alles das sind sicherlich richtige, klärende und verdeutlichende Feststellungen; sie weisen der Freude ihre Stelle im Seelenleben zu, sie lehren sie von anderm unterscheiden, was mit ihr verwandt oder ihr entgegengesetzt ist, zeigen, unter welchen Bedingungen sie entsteht, welches ihre Begleiterscheinungen und Folgen sind, und schaffen damit eine wertvolle Grundlage für ihre richtige Einschätzung und praktische Behandlung. Aber gelten sie von der *Wesenheit* Freude? Zweifellos nicht. Die Wesenheit Freude ist kein seelischer Zustand, sie hat keine Grade, gibt sich nicht in leiblichen Ausdruckserscheinungen kund und treibt nicht zu Worten und Taten an. Man könnte sich fragen, ob es nicht zutreffe, daß sie auf das Gute bezogen und überhaupt auf einen Gegenstand gerichtet sei. Aber auch das wird man verneinen müssen. Es gilt von *jeder* Freude, aber nicht von der Wesenheit Freude. Es ist nicht das, was die Freude zur *Freude* macht. Also die Begriffsbestimmung, in die sich die Ausführungen des hl. Thomas zusammenfassen lassen, ist nicht die Bestimmung der Wesenheit. Sie kann es schon darum nicht sein, weil für das Verständnis all dieser Ausführungen bereits vorausgesetzt ist, daß man weiß, was Freude ist.

Was wird denn nun durch den Begriff bestimmt? Nicht die Wesenheit, aber auch nicht die einzelne erlebte Freude, jedenfalls nicht eine allein. *Jede* Freude ist auf etwas Gutes bezogen, jede hat eine bestimmte „Höhe", jede drängt nach einem Ausdruck. Aber *diese* Freude ist auf dieses Gut bezogen und jene auf jenes. Die eine hat einen höheren, die andere einen niederen Grad. Der Begriff faßt zusammen, was *aller* Freude gemeinsam ist (sofern es bei der Bildung des Begriffes darauf abgesehen ist, alles zu erfassen, was Freude ist; an sich können Begriffe ja auch weniger allgemein, ja sogar auf ein Einzelding eingeschränkt sein). Für gewisse Zwecke kann es genügen,

---

[14] a. a. O. S. 383.

dabei nur einige Merkmale „herauszugreifen", die es ermöglichen, alles, was Freude ist, gegenüber allem andern abzugrenzen. Will man aber auf die Frage antworten: *Was ist die Freude?* — und will man nicht nur irgend eine richtige Antwort geben (z. B.: „. . . ein Erlebnis", oder: „. . . eine Gemütsbewegung"), sondern die sachlich erschöpfende Auskunft, die *Wesensdefinition*, so wird der Begriff alles enthalten müssen, was zum *Wesen der Freude* gehört. Dabei ist mit *Wesen* etwas bezeichnet, was weder mit der Wesenheit noch mit dem Begriff zusammenfällt.

Hering hat folgenden „Hauptsatz vom Wesen" aufgestellt[15]: „*Jeder Gegenstand (welches seine Seinsart auch sein möge) hat ein und nur ein Wesen, welches als sein Wesen die Fülle der ihn konstituierenden Eigenart ausmacht.* — Umgekehrt gilt — und dies besagt etwas Neues: *Jedes Wesen ist seinem Wesen nach Wesen von etwas, und zwar Wesen von diesem und keinem andern Etwas.*" Das Wesen ist also die „den Gegenstand ausmachende *Eigenart*"[16], „sein Bestand an wesentlichen Prädikabilien"[17]. Hering bezeichnet es auch als *Sosein (ποῖον εἶναι)*[18]. Daß es *Wesen von etwas* ist, Eigenart *eines* Gegenstandes, kennzeichnet es als etwas *Unselbständiges*. Es ist das, wodurch das *Was des Gegenstandes bestimmt ist (τὸ τί ἦν εἶναι)*. Darum ist ein „wesen-loser" Gegenstand undenkbar. Es wäre kein Gegenstand mehr, sondern nur noch die leere Form eines solchen.

In dem Rahmen, in dem wir unsere ersten Untersuchungen anstellten, dem Bereiche des Ichlebens, konnten wir es bisher vermeiden, von *Gegenständen* zu sprechen. Jetzt, da dieser Rahmen überschritten ist — wenn wir auch in diesem Bereich auf *Wesen* und *Wesenheiten* gestoßen sind, so ist doch schon jetzt deutlich, daß es so etwas nicht nur in diesem Bereich gibt, sondern im Bereich alles Seienden —, ist das nicht mehr möglich. *Gegenstand*[19] kann einmal als das genommen werden, was dem erkennenden Geist *entgegen*- oder *gegenübersteht*. Dann ist es gleichbedeutend mit *Etwas* über-

---

[15] a. a. O. S. 497. [16] a. a. O. S. 496.

[17] Vgl. Husserl, Ideen § 2, S. 9.

[18] Davon ist das ποῖον (die Beschaffenheit) zu unterscheiden: das Braunsein dieses Pferdes ist etwas anderes als seine braune Farbe.

[19] In der modernen Philosophie *Objekt*: als das, was dem erkennenden *Subjekt* „gegenübersteht". Auch die Scholastik kennt dieses Wort in dieser Bedeutung. Daneben — vielleicht darf man sogar sagen: im ersten Sinn — ist ihr aber der Gegenstand *subiectum* — *Unterlage* oder *Träger* in verschiedenem Sinn. (Vgl. die oben folgenden Ausführungen und *Gredt* a. a. O. II 135.)

haupt: alles, was *nicht nichts* ist, was darum *erkannt* und wovon etwas *ausgesagt* werden kann[20]. In diesem Sinn gibt es *selbständige* und *unselbständige* Gegenstände. So verstanden sind also auch „Erlebnis", „Freude", „Wesen" und „Wesenheiten" Gegenstände. Es kann aber auch bei Gegen*stand* vornehmlich an das *Stehen* und zwar an das gegen andere abgesonderte Stehen gedacht werden, an *Selbständigkeit* und *Eigen-ständigkeit*. Dann ist nicht jedes Etwas Gegenstand, sondern nur das, was in sich selbst Bestand hat, ein Sein in sich[21]. In diesem Sinn sind „Dinge" und „Personen" Gegenstände, in gewisser Weise auch Zahlen und Begriffe[22]; Eigenschaften und Erlebnisse aber sind keine, und auch Wesen nicht.

Wenn es im „Hauptsatz vom Wesen" hieß, daß jeder Gegenstand ein Wesen habe, so waren nicht nur Gegenstände im engeren Sinne des Wortes gemeint. Auch Eigenschaften und Erlebnisse haben ein Wesen, ja es muß auch vom Wesen des Wesens gesprochen werden. Jedes Ding hat *sein* Wesen. Ist es ein Einzelding *(individuum)* — dieser Mensch oder *diese meine* Freude —, so ist auch sein Wesen ein Individuum. „Zwei völlig gleiche (individuelle) Objekte haben zwei völlig gleiche Wesen, aber nicht identisch dasselbe; von zwei gleichen Blumen, zwei kongruenten Dreiecken hat eben jedes *sein* Wesen"[23]. Zum Wesen *dieses* Menschen gehört es, daß er leicht aufbraust und leicht wieder versöhnt ist, daß er die Musik liebt und gern Menschen um sich sieht. Es gehört nicht zu seinem Wesen, daß er eben jetzt über die Straße geht und daß er vom Regen überrascht wird. Auch vom Wesen *des* Menschen kann und muß gesprochen werden. Zum Wesen des Menschen gehört es, daß er Leib und Seele hat, vernunftbegabt und frei ist. Es gehört nicht zu seinem Wesen, daß er weiße Haut oder blaue Augen hat, daß er in einer Großstadt geboren wird, an einem Kriege teilnimmt oder an einer ansteckenden Krankheit stirbt. Das Wesen umfaßt also nicht alles, was von einem Gegenstand ausgesagt werden kann. Es gibt *wesentliche* und *unwesentliche Eigenschaften*; und zu dem, *was* und *wie* er ist, kommt das, was mit ihm geschieht: sein *Schicksal*, d. i. sein Tun und Leiden (ποιεῖν καὶ πάσχειν)[24], seine Beziehung zu anderen, seine Raum- und Zeit-

---

[20] *Subiectum logicum.*

[21] *Substantia subsistens, Hypostase.* In diesem Sinn gehört zum Gegenstand nicht die Beziehung auf ein erkennendes *Subjekt*, die in der ersten Bedeutung enthalten ist.

[22] ·Aber nicht in dem strengen Sinn der unter Anm. 21 genannten Namen.

[23] *Hering* a. a. O. S. 498.

[24] *Hering* a. a. O. S. 499.

bestimmtheit[25]. Nur was auf die Fragen: *was* ist der Gegenstand ? und wie ist er ? antwortet (und nicht all das, sondern nur ein Teil davon), gehört zum Wesen. Andererseits ist nicht alles, was *nicht* zum Wesen gehört, *zufällig*, sondern manches ist *im Wesen begründet*. (Der Sinn des *Zufälligen* bestimmt sich als „nicht im Wesen begründet".) Daß Napoleon den Feldzug nach Rußland unternahm, gehört nicht zu seinem Wesen, aber es ist in seinem Wesen begründet. Unter dem, was im Wesen gründet, ist manches — aber wiederum nicht alles —, was *notwendig* daraus folgt. So ist enes Unternehmen Napoleons in seinem Wesen als *möglich* vorgezeichnet, es ist daraus *verständlich*, aber wir können es nicht als notwendig daraus folgend bezeichnen: es ist nicht undenkbar, daß er sich anders entschlossen hätte[26]. Dagegen folgt aus dem Wesen des Quadrats notwendig, daß sein Flächeninhalt größer ist als das eines gleichseitigen Dreiecks von gleicher Seitenlänge. Es ist unmöglich, daß es anders wäre. Es *folgt* aus seinem Wesen und *gehört* nicht dazu, weil zu seinem Wesen überhaupt keine Beziehung zu einem andern Gegenstand gehört. Dagegen gehört es zu seinem Wesen, daß es vier gleiche Seiten hat.

Das sind nur einige andeutende und unzureichende Aussagen über das Wesen, aber sie genügen, um seine Verschiedenheit vom Begriff und von der Wesenheit zu erkennen. Der *Begriff* wird *gebildet*, um den Gegenstand zu bestimmen. Das *Wesen* wird am Gegenstand *aufgefunden*. Es ist unserer Willkür gänzlich entzogen. Das Wesen gehört zum Gegenstand, der Begriff ist ein von ihm getrenntes Gebilde, das auf ihn „bezogen" ist, ihn „meint"[27]. *Die Begriffsbildung hat die Wesenserfassung zur Voraussetzung.* Sie schöpft daraus.

Auch von der *Wesenheit* ist das Wesen dadurch unterschieden, daß es zum Gegenstand gehört, während die Wesenheit im Verhältnis zum Gegenstand etwas Selbständiges ist. Wir sprechen von der „Wesenheit Freude", aber vom „Wesen *der* Freude". Das Wesen zeigt einen *Aufbau aus Wesenszügen*, die sich am Wesen zur Abhebung bringen und begrifflich fassen lassen. Das Wesen ist das, *was* begrifflich faßbar und *wodurch* der Gegenstand faßbar und bestimmbar wird.

---

[25] Den mannigfaltigen *Aussageweisen* entsprechend, die Aristoteles unter dem Namen *Kategorien* zusammengefaßt hat.

[26] Es ist wohl nicht zu gewagt, den Satz aufzustellen: Es folgt aus dem Wesen *des* Menschen, daß aus dem Wesen *eines* Menschen keine Handlung als notwendig abzuleiten ist.

[27] Daher der Name *intentio* für den Begriff.

§ 4. Das Wesen und sein Gegenstand; Wesen, „volles Was und Wesenswas"; Wesensveränderung und Wesenswandel

Um über die *Seinsweise* des Wesens etwas sagen zu können, müssen wir das Verhältnis des Wesens zum Gegenstand, dessen Wesen es ist, noch näher betrachten. Wir können vom Wesen *dieser meiner* Freude sprechen und vom Wesen *der* Freude. Das sind verschiedene Gegenstände und verschiedene Wesen. „Diese meine Freude" ist mein gegenwärtiges Erlebnis, etwas Einmaliges, zeitlich Festgelegtes und Begrenztes, mir und keinem anderen Zugehöriges. Wenn sie vorüber ist und wenn ich sie mir wieder „vergegenwärtige", so ist diese Vergegenwärtigung nicht dasselbe wie das, was ich jetzt erlebe, sondern ein neues Erlebnis, wenn auch mit einem beiden gemeinsamen Gehalt. Eben dieser gemeinsame Gehalt — vorausgesetzt, daß nichts von dem gegenwärtig Erlebten verloren gegangen ist, daß ich Zug um Zug in der Erinnerung das Vergangene wiederaufleben lassen kann, was natürlich ein idealer Grenzfall ist — ist das *volle Was* dieser meiner Freude, während das „Gegenwärtig-sein" oder „Vergangensein" ihre Seinsweisen sind. Zu diesem vollen Was gehört, daß sie Freude an der eben erhaltenen Nachricht ist, daß sie lebhaft ist, daß sie lange anhält. Es gehört nicht dazu, daß ich gleichzeitig ein Geräusch von der Straße höre. Es gehört auch nicht dazu, aber es folgt daraus, daß ich nun „vor Freude" nicht mehr so gut arbeiten kann wie vorher. Vor allem gehört natürlich dazu, daß es *Freude* ist, eine Verwirklichung der Wesenheit Freude. Fällt das *volle Was* mit dem Wesen dieser meiner Freude zusammen? Das können wir nicht sagen. Vielmehr ist hier noch eine doppelte Unterscheidung zu treffen: 1. Wenn wir Wesen als ποῖον εἶναι oder τί εἶναι fassen, so ist es nicht das *Was*, sondern das Was*sein* (bzw. So*sein*) oder die Wasbestimmtheit[28]. 2. Zum *vollen* Wassein (in das wir alles ποῖον εἶναι eingeschlossen denken) gehört auch, *wie groß* die Freude ist. Aber die Freude kann wachsen, sie kann stärker, reicher und tiefer werden und ist doch noch „diese meine Freude", dieselbe wie vorher — *anders*, aber *keine andere* geworden. Das *volle* Wassein ist ein anderes, aber das Wesen nicht. Zum Wesen des Gegenstandes gehört alles das und nur das, was erhalten bleiben muß, damit es noch „dieser Gegenstand" bleibt. Natürlich ist diese meine Freude nicht mehr vorhanden, wenn ich keine *Freude* mehr spüre. Wenn ich die Nachricht einem andern Menschen mitteile und wenn er dann von einer *gleichen* Freude erfüllt wird, so ist das eine andere als meine. Es gehört also auch zum

---

[28] Vgl. dazu S. 146 f.

Wesen dieser Freude, *wessen* Freude es ist. Und — wie schon früher gesagt wurde — es bleibt nicht dieselbe, wenn es nicht mehr Freude am selben *Gegenstand* ist. Der Unterschied zwischen dem vollen Wassein und dem Wesen besteht nur dort, wo ein Gegenstand, dessen Sein sich „über eine Dauer erstreckt" — d. h. der Zeit braucht, um fortlaufend zum Sein zu gelangen —, während dieser Dauer Veränderungen unterliegt. Das gilt für alle Gegenstände, deren Sein ein „Werden und Vergehen ist". Dahin gehören — wie wir schon festgestellt haben — alle Erlebniseinheiten, es gehört dazu aber auch die gesamte Welt der sinnenfälligen Dinge, die *Natur*. Er besteht nicht bei Zahlen, bei reinen geometrischen Gebilden, bei reinen Farben und Tönen, bei all dem, was man — im Gegensatz zu den *realen* — als *ideale* Gegenstände bezeichnet. Bei ihnen fallen Wassein und Wesen zusammen. In der Welt des Werdens und Vergehens aber ist in dem, *was* ein Gegenstand jeweils ist, ein fester und ein wechselnder Bestand zu unterscheiden. Der feste Bestand ist das, was wir als das Wesenswas bezeichnen können. Damit ist nicht gesagt, daß das Wesen selbst jeglichem Wandel entzogen sei. Bei einem Menschen sehen wir den *Charakter* als das Bleibende und Feste an, woran wir uns zu halten haben und was uns den Schlüssel zum Verständnis seines wechselnden Erscheinens und Gehabens gibt. Es kommt aber vor, daß so ein Schlüssel plötzlich versagt, nachdem er sich lange Zeit bewährt hat. Der Mensch erscheint uns „wie ausgewechselt". Es ist keineswegs gesagt, daß wir uns bisher in ihm getäuscht haben. Er kann wirklich „umgewandelt" sein, und sobald wir den neuen Schlüssel entdeckt haben, finden wir uns wieder zurecht. Der Mensch ist noch derselbe, das Wesen aber ist — „verändert" oder „ein anderes?" Das ist nun die Frage. In der Tat scheint mir beides möglich. Von *Veränderung* des Wesens wird man sprechen, wenn nacheinander einzelne Züge des Wesensbildes sich wandeln und so allmählich ein verändertes Gesamtbild entsteht, wie es bei der Entwicklung des Kindes zum Jüngling und des Jünglings zum Mann der Fall ist. Es bleibt dann doch in dem veränderten Gesamtbild ein Grundbestand des früheren. Und das kann auch bei plötzlichen *Bekehrungen*, bei der „Umwandlung des Saulus in einen Paulus", der Fall sein. Der Eiferer für das mosaische Gesetz ist ja in dem „Gefesselten Jesu Christi"[29], der im Dienst des Evangeliums sich völlig aufzehrt, noch deutlich wiederzuerkennen, wenn auch die unerbittliche Härte des Kämpfers einer sich selbst verschwendenden Güte gewichen ist und

---

[29] Eph. 3, 1.

die Starrheit der Gesetzestreue der leichtbeweglichen Lenkbarkeit gegenüber dem leisen Hauch des Heiligen Geistes. Dagegen sind aber auch Fälle möglich, wo kein Bleibendes im Wechsel mehr festzustellen ist. Dann ist es angemessen, zu sagen, daß das Wesen „ein anderes", nicht „verändert" sei. Wenn trotzdem der Mensch noch als „derselbe" anzusprechen ist, so liegt das daran, daß vom Wesen noch sein *Träger* zu unterscheiden ist, dem erst das eine und dann das andere Wesenswas zukommen kann[30]. Wo das Wesen nicht „verändert", sondern „ein anderes" geworden ist, wollen wir nicht von *Veränderung*, sondern von *Wandel* und *Verwandlung* (Wandel des Wesens — Verwandlung des Gegenstandes) sprechen.

Veränderung und Wandel des Wesens kommt natürlich nur bei veränderlichen Gegenständen in Betracht. Zahlen, reine Farben, reine Töne haben immer dasselbe, unveränderte Wesen.

§ 5. Einzelwesen und allgemeines Wesen

Diese Verschiedenheiten von Was und Wesen weisen darauf hin, daß auch die entsprechende Seinsweise keine einheitliche sein wird. Aber vor der Prüfung dieser Frage wird es gut sein, neben dem Wesen der Einzeldinge noch das in ihnen verwirklichte *Allgemeine* zu prüfen. Es wurde gesagt: das Wesen „dieser meiner Freude" sei ein anderes als das Wesen *der* Freude. Zum Wesen *der* Freude gehört es, daß sie *Freude* ist (also die Wesenheit Freude darin verkörpert), daß sie Freude *an einem Gegenstande* oder *über* einen Gegenstand ist (aber ohne Festlegung auf diesen oder jenen), daß sie das Erlebnis eines seelischen Wesens[31] ist (aber nicht meine oder die eines bestimmten andern). Wir könnten hier auch die früher angeführten Darlegungen des hl. *Thomas* über die Freude heranziehen. Das Wesen *der* Freude ist in „dieser meiner Freude" und in jedem einzelnen Erlebnis der Freude verwirklicht und *nur* in den einzelnen Erlebnissen verwirklicht. Denn was bedeutet der Ausdruck: „*die* Freude" ? Es gibt nicht neben den einzelnen Erlebnissen der Freude eine „allgemeine Freude", die wie ein Einzelding ihren Platz in der wirklichen Welt — in diesem Fall im Erlebniszusammenhang eines bestimmten

---

[30] Die Frage des *Trägers* wird später ausführlich zur Sprache kommen müssen (vgl. S. 200 ff.).

[31] Der Doppelsinn von *Wesen*, der durch diesen Gebrauch des Wortes hereinkommt, ist wohl ungefährlich: „Lebewesen", „seelische Wesen" sind nicht *Wesen* in dem hier in Frage stehenden Sinn, sondern Gegenstände, zu deren Wesen es gehört, Leben oder Seele zu haben.

seelischen Wesens — hätte[32]. Dennoch sind Aussagen über „die Freude" möglich, die nicht auf ein einzelnes Erlebnis der Freude bezogen sind. „Die Freude erhöht die Lebenskraft." „Die Freude kann tief oder oberflächlich sein." Die einzelne Freude ist *entweder* tief *oder* oberflächlich; d. h. ich kann im Zweifel sein, ob sie so oder so beschaffen ist, aber an sich selbst steht es fest, wie sie ist. *Die* Freude aber ist „tief oder oberflächlich"; für sie gibt es keine Entscheidung, ob sie so oder so ist. Es ist sogar sprachlich möglich, zu sagen: „Die Freude kann tief *und* oberflächlich sein." Auf die einzelne Freude bezogen wäre das ein Widersinn. Es bestehen aber zwischen den Sätzen über die „allgemeine Freude" und denen über die „einzelne Freude" Zusammenhänge. Weil *die* Freude „tief und oberflächlich" sein kann, besteht für die einzelne Freude die Möglichkeit, *entweder* tief *oder* oberflächlich zu sein. Wäre *die* Freude als solche tief, dann käme auch für die einzelne keine andere Möglichkeit in Betracht. Es wird also, so oft über *die* Freude etwas gesagt wird, zugleich etwas über die einzelne Freude gesagt. Ist dann vielleicht in dem Ausdruck „*die* Freude" „alles, was Freude ist", zusammengefaßt? In manchen Zusammenhängen läßt sich in der Tat eins für das andere einsetzen, z. B.: „Alles, was Freude ist, erhöht die Lebenskraft". Bei dem andern Satz — „Die Freude ist tief oder oberflächlich" — geht es nicht ohne weiteres. Man wird etwa umformen können: „Von allem, was Freude ist, ist ein Teil oberflächlich, ein Teil tief." Die sprachlichen Gebilde und ihre Umformungsmöglichkeiten sind uns ein Hinweis auf die Zusammenhänge im Bereich des Seienden, das damit gemeint ist. *Die Freude* ist jedenfalls ein *Name*, mit dem alles genannt wird, was Freude ist, jedes wirkliche und mögliche Erlebnis der Freude. In verschiedenen Zusammenhängen bezeichnet er einmal das einzelne Freudenerlebnis (Wenn ich sage: „Die Freude hat mich gesund gemacht", so habe ich dabei nicht „die Freude im allgemeinen" im Auge, sondern eine ganz bestimmte Freude, *an* dieser Freude aber doch besonders, daß es *Freude* ist), ein andermal zusammenfassend alle möglichen und wirklichen Freudenerlebnisse; es kann auch etwas gemeint sein, was umfassender ist als eine einzelne Erlebniseinheit, aber doch nicht *alles*, was Freude ist, umfassend. („In seinem Leben überwog die Freude den Schmerz", d. i. alle Freude eines ganzen Menschenlebens.)

Sagt man nun: Wirklich ist also nur das Einzelne, das „Allgemeine" ist ein „bloßer Name", so ist damit die Sache noch nicht erledigt. Es

---

[32] Das ist der immer wiederkehrende Einwand des Aristoteles gegen die platonische Ideenlehre.

erhebt sich dann die Frage: Was ist denn ein Name? Es ist nicht der Wortlaut allein, sondern der Wortlaut (oder das *Zeichen*) mit dem ihm zugehörigen *Sinn* oder der *Bedeutung*. Das Wort *meint* einen Gegenstand, aber immer in einem bestimmten Sinn oder durch eine bestimmte Bedeutung. Derselbe Gegenstand kann unter sehr verschiedenen Bedeutungen gemeint sein. „Bonaparte", „der Kaiser der Franzosen", „der Sieger von Jena", „der Gefangene von St. Helena" — der Gegenstand ist derselbe, aber die Bedeutungen alle verschieden. Es sind auch beim selben Wortlaut verschiedene Bedeutungen möglich und entsprechend verschiedene Gegenstände. Wenn ich das lateinische Wort *ora* höre, so kann ich es als den Ausdruck für „Gesicht" nehmen oder kann es in der Bedeutung „Küste" auffassen oder als die Befehlsform „bete!" Was im einzelnen Fall gemeint ist, kann ich nur durch den Zusammenhang herausbekommen. Auch der Name „die Freude" hatte in den verschiedenen Sätzen, die wir betrachteten, verschiedene Bedeutungen und bezog sich auf verschiedene Gegenstände. Es handelte sich aber nicht um einfache Zwei- oder Mehrdeutigkeit *(Äquivokation)*, sondern in den verschiedenen Bedeutungen desselben Ausdrucks war ein gemeinsamer Sinnbestand. Derselbe Name kann einmal die bestimmte einzelne Freude bezeichnen und ein andermal alles, was Freude ist, weil hier wie dort eben „Freude" vorliegt, weil überall „dasselbe" erkannt ist. Die Gegenstände sind nicht dieselben, und wir können uns ihrer Verschiedenheit auch durch genauere Ausdrücke anpassen, indem wir in einem Fall „diese meine Freude" und im andern „alles, was Freude ist" sagen. (Es mag auch Sprachen geben, die solche Unterschiede durch bloße Abwandlung der Wort*form* — etwa durch verschiedene Endungen — ausdrücken können.) Was den verschiedenen Ausdrücken gemeinsam bleibt, ist dann Ausdruck eines gemeinsamen Sinnbestandes, der etwas Gemeinsames an den Gegenständen selbst zur Abhebung bringt. Was ist nun das Gemeinsame, das wir mit dem Namen „Freude" nennen. Es drängt sich der Gedanke auf, daß es die *Wesenheit* Freude sein könnte. Von den Wesenheiten wurde ja früher gesagt, daß sie den letzten Sinn darstellten und das eigentlich Verständliche seien. So müssen wohl auch sie es sein, die letztlich den Worten ihren Sinn geben. In der Tat ist das, was letzter Grund aller Verständlichkeit ist, auch das, was Sprachverständnis und sprachliche Verständigung möglich macht. *Das, was Namen eigentlich und letztlich zum Ausdruck bringen, sind Wesenheiten.* Wenn wir aber nichts anderes sprachlich zum Ausdruck bringen wollten, dann bestünde unsere Sprache nur aus *Eigennamen*. Tatsächlich sprechen wir im gewöhnlichen Leben höchst selten von Wesenheiten. Die Gegenstände, vornehmlich die greifbaren Dinge, sind es, mit denen wir im Leben umgehen und von denen wir sprechen. Daß es so etwas wie Wesenheiten überhaupt gibt, das entdeckt nur der grübelnde Denker auf Wegen, die sich von der Einstellung des täglichen Lebens weit entfernen, und dann hat er die größte Mühe, andern begreiflich zu machen, was er meint. Und doch könnte auch der reine Praktiker von den Dingen, mit denen er umgeht, nicht reden, wenn es keine Wesenheiten gäbe. Man wirft dem Nebenmenschen „Selbstsucht" vor, denkt dabei wohl daran, daß er in ungeordneter Weise auf sich „selbst" bedacht ist. Aber wer denkt daran, daß „Sucht" eigentlich „Krankheit" bedeutet und welche Auffassung des Lasters in diesem Namen ausgesprochen ist ? Wer denkt daran, wenn er vom Fronleichnamsfest spricht, daß „frôn leichnam" „des Herren Leib" bedeutet ? So ist unsere Sprache — und jede menschliche Sprache — durchsetzt mit Ausdrücken, die alle etwas Bestimmtes meinen, eine allgemein verständliche Bedeutung haben, aber diese Bedeutung ist nicht die *ursprüngliche* und nicht die *eigentlich* durch das Wort *ausgedrückte*. Nur wer mit der Geschichte der Sprache vertraut ist, kennt die ursprünglichen und eigentlichen Bedeutungen. „Ursprünglich" und „eigentlich ausgedrückt" besagt dabei nicht dasselbe. Daß die Worte heute nicht mehr ihre Bedeutung haben, ist auf den geschichtlichen Vorgang des Bedeutungswandels in seinen verschiedenen Formen zurückzuführen. Aber auch die Worte in ihrer ursprünglichen Bedeutung meinen gewöhnlich mehr als sie eigentlich ausdrücken. Wir nennen *Einzel*dinge mit *allgemeinen* Namen, *viele* Dinge mit *einem* Namen. Keine Sprache ist so reich, daß sie für jedes Ding einen Eigennamen hätte. Und selbst wenn wir ein Ding mit einem *Eigennamen* nennen, ist er *arm* im Verhältnis zur Fülle des Gegenstandes, der dadurch bezeichnet wird und der doch *mit* seiner Fülle gemeint ist. Die Goten nannten ihren König mit dem Namen *Dietrich (thiuda-reiks)*; damit wurde er als *Volksherrscher* bezeichnet. Wir können dabei an den Ersten denken, der diesen Namen trug; wir können annehmen, daß der Name noch in seinem ursprünglichen Sinn verstanden und nur für diesen einen Menschen gebraucht wurde: wenn man ihn nannte, so meinte man aber doch den *ganzen* Menschen, nicht nur den Mann in seiner Herrscherstellung oder mit dem Wesenszug, durch den er zu dieser Stellung berufen war, sondern mit seinem ganzen Wesen. Und darauf zielte diese ganze sprachliche Betrachtung ab: unsere *Worte sind keine Wesensnamen*, erst recht kein Ausdruck des vollen Was. Sie bezeichnen ein Ganzes, das eine Mannigfaltigkeit von Wesenszügen und außerwesentlichen

Zügen in sich schließt, durch einen einzigen Zug, manchmal durch
einige Züge, bestenfalls durch *Wesenszüge*, oft auch durch außer-
wesentliche *Kennzeichen*. Der Name steht uns für das Ganze, und
meist kommt uns gar nicht mehr zum Bewußtsein, was er eigentlich
ausdrückt. Unsere Sprache ist so unvollkommen, weil unsere Wesenserkenntnis so unvollkommen ist[33]. Unsere einfachen Namen können
nur etwas Einfaches ausdrücken. *Einfach* aber *sind nur die letzten
Wesenheiten*. Ohne sie *als* Wesenheiten zu erkennen, wissen wir um
sie und bedienen uns ihrer, wenn wir Dinge erkennen und benennen;
beides wäre ohne sie unmöglich. Wir wissen schon, daß das Sein der
Wesenheiten ein anderes ist als das Sein im Bereich des Werdens und
Vergehens. Sie sind nichts *Wirkliches*, aber das Wirkliche wäre
nicht — es wäre weder wirklich noch möglich —, wenn sie nicht wären.
Es hat *Anteil an ihnen, dadurch daß es ein Wesen hat. Jedes Wesenswas* (vom Grenzfall des völlig einfachen Wesens abgesehen, das nur
Eines sein kann und in dem Was und Wesenheit zusammenfallen)
baut sich aus Wesenszügen auf. Die Wesenszüge aber *bilden Wesenheiten nach*. Wir dürfen nicht sagen, die Wesenszüge *seien* Wesenheiten.
Denn die Wesenheiten sind je *eine*. Der Wesenszüge aber, die sie nachbilden, kann es viele geben. Die Wesenheit Röte ist in der roten Farbe
jedes roten Gegenstandes nachgebildet[34]. Aber die rote Farbe als dingliche Eigenschaft gibt es so oft, wie es rote Gegenstände gibt. Bei
manchen Dingen, nicht bei allen, gehört das Rotsein zu ihrem Wesen,

---

[33] Der Glaube lehrt uns, daß der Mensch, der im Stande der Unschuld die
Dinge in ihrem Wesen erkannte, auch imstande war, sie mit ihren eigenen Namen
zu nennen: „. . . wie Adam jedes von den lebenden Wesen benannte, so ist sein
Name" (1 Mos. 2, 19). Mit der Paradiesesunschuld und der Paradieseserkennt-
nis ging auch die Paradiesessprache verloren.

[34] Es ist nicht möglich, in unserem Zusammenhang die *platonische Ideenlehre*
in ihrer geschichtlichen Gestalt zu behandeln. Aber alle Fragen, die in diesem
Teil erörtert werden, fallen sachlich in ihren Bereich. Es war die große Schwierigkeit, mit der *Plato* selbst und mit der *Aristoteles* zu kämpfen hatte, daß sie auf
das ganze Gebiet des *idealen Seins* stießen und sich natürlich in der Mannigfaltigkeit dieses Gebiets nicht ohne weiteres zurechtfinden konnten. Bei dem
Versuch, die *Ideen* zu fassen, kamen ihnen bald *Wesen* bald *Wesenheiten* oder
ideale Gegenstände in den Griff. All das unter *einen* widerspruchsfreien Begriff zu bringen, erwies sich als unmöglich. Der Anfang einer phänomenologischen Wesenslehre, wie er in den Arbeiten *Husserls* und seiner Schüler vorliegt, scheint mir erst den Weg zum Verständnis, zur gerechten Würdigung und
Auswertung des Lebenswerkes Platos und der Metaphysik des Aristoteles zu
bahnen.

z. B. bei der „roten Rose". Damit ist natürlich nicht die Selbstverständlichkeit ausgesprochen, daß die rote Rose rot ist. Es soll vielmehr gesagt werden, daß zur roten Rose das Rotsein anders gehört
als zu manchen andern roten Dingen (z. B. zu einer roten Schürze,
die man in den Farbentopf gesteckt hat, weil gerade noch ein Rest
Farbe da war). Das Rotsein gehört nicht zur Rose überhaupt,
aber zu einem bestimmten Rosen-*Typus* (was ein *Typus* ist, lassen
wir jetzt dahingestellt), es ist aus dem bestimmten Wesensbild
nicht fortzudenken, während das Blausein der blauen Rosen (wie sie
vor einigen Jahren einmal „modern" waren) in dem Gesamtbild etwas
Fremdartiges und Unnatürliches war.

Es muß versucht werden, den Unterschied des *allgemeinen We-*
sens und des *Einzelwesens* schärfer zu fassen. „Diese meine Freude" ist „eine Freude" und ist *ein Erlebnis.* Das sind verschiedene
Stufen der Allgemeinheit und Besonderheit. Es gibt das Wesen dieser
meiner Freude, das Wesen der Freude und das Wesen des Erlebnisses.
Das Was und Wesen dieser meiner Freude ist ein Einmaliges. Es ist
in dieser Freude *wirklich,* es ist „das Wesentliche" darin. Das Wesentliche der Freude ist überall verwirklicht, wo Freude erlebt wird, in
jeder einzelnen Freude; es „steckt" in jedem Einzelwesen, und darum
nennt man es *allgemein.* Es steht im Gegensatz zum *Individuellen,*
wenn man unter dem Individuellen das *Unmitteilbare* versteht[35];
denn das allgemeine Wesen ist gerade das Mitteilbare, das, was in
einer Mehrheit von Einzeldingen wirklich werden kann. Wenn schon
das Wesen des Einzeldinges *unselbständig* ist, weil es nur in *einem*
andern wirklich werden kann (nämlich in *seinem* Gegenstand), so ist
das *allgemeine* Wesen doppelt unselbständig, denn es bedarf der Einzelwesen und ihrer Gegenstände, um wirklich zu sein. Das allgemeine
Wesen ist aber doch, obwohl es mehrmals „vorkommt", *Eines.* Es ist
Dasselbe, was hier und dort und in allen ihm zugehörigen Einzelwesen
wirklich ist oder werden kann, während das Einzelwesen nur in einem
— in *seinem* — Gegenstand wirklich und möglich ist. Es kann „seinesgleichen" haben, aber es kann nicht „mehrmals vorkommen".

§ 6. Wirkliches und wesenhaftes Sein

Die Rede vom „Wirklich-werden-*können*" oder von wirklichen und
möglichen Einzeldingen bringt uns wieder auf die Frage des *wirk-*
lichen und *möglichen* (aktuellen und potentiellen) *Seins.* Das, *was* ist,

---

[35] Vgl. *Thomas von Aquino,* S. th. III q 77 a 2; De potentia q 9 a 1.

hat nun für uns einen mehrfachen Sinn bekommen. Es kann darunter einmal der Gegenstand mit seinem vollen Was verstanden werden, mit seinem wesentlichen und außerwesentlichen Sosein; sodann das volle Was für sich genommen oder auch das, was der Gegenstand seinem individuellen Wesen oder dem allgemeinen Wesen nach ist. Dabei kommen noch verschiedene Stufen der Allgemeinheit in Betracht: das Wesen der Freude, das Wesen der Gemütsbewegung, das Wesen des Erlebnisses. Wir wollen jetzt die Frage des *Gegenstandes* als solchen ausschalten und nur sein *Was* in den verschiedenen möglichen Bedeutungen auf das Verhältnis zum Sein hin betrachten. Gehen wir von dem Erlebnis „diese meine Freude" aus, so müssen wir, um sein volles Was zu fassen, die ganze Dauer seines Aufstiegs zum Sein nehmen. Dieses Was ist kein Starres und Festes, sondern ein während dieser Dauer ständig Fließendes, sich Veränderndes. Es wird und vergeht, und sein Sein ist nicht ein schlechthin aktuelles und nicht ein schlechthin potentielles, sondern in jedem Augenblick beides, in jedem Augenblick erreicht etwas davon die Seinshöhe[36]. *Das Wesen und Wesenswas dieser meiner Freude ist in jedem Augenblick ihrer Dauer als Ganzes wirklich.* (Daran kommt sehr deutlich der Unterschied zwischen dem vollen Was und dem Wesenswas zur Abhebung.) Das gilt uneingeschränkt, wenn das Wesen während der ganzen Dauer unverändert bleibt (in unserem Fall: solange die Freude „dieselbe" bleibt). Zu fragen ist für diesen Fall, welches Sein zum Wesen vor dem Beginn der Freude und nach ihrem Ablauf gehöre. Sicherlich ist das Wesen dieser meiner Freude nur so lange *verwirklicht*, wie die Freude wirklich ist[37]. Vorher hat es kein Sein in der „wirklichen Welt", in diesem Fall in der Erlebniswirklichkeit eines Ich. Dennoch können wir nicht sagen, daß es vorher nicht sei. Wir können ja sein Was unabhängig von seiner Verwirklichung in seinem Gegenstand fassen, und so muß dem Was— gemäß unserem Satz, daß alles, was *Etwas* ist, auch *ist* — auch eine Art des Seins zukommen. Es ist nicht dieselbe Art des Seins, die es als in seinem Gegenstand wirkliches hat. Weil durch dieses sein Sein, das dem seines Gegenstandes vorausgeht, und das noch nicht verwirklichte Was-Sein (= Wesen) dieses Gegenstandes das *wirkliche* Sein möglich wird, kann man Was und Wesen selbst als *möglich* bezeichnen, wie es der

---

[36] Vgl. S. 78 f., wo gezeigt wird, daß noch von einem andern Sein des Was gesprochen werden kann.

[37] Man könnte meinen, daß nur das Was, nicht aber das Wesen (als Was-*sein*) eine Verwirklichung zulasse. Doch wird auch das Wassein erst mit dem Gegenstand wirklich.

hl. *Thomas* getan hat. Aber das besagt mehr als die logische Möglichkeit, daß es in einem Gegenstand wirklich werden kann, und auch mehr als die niedere Vorstufe zum wirklichen Sein, die wir als Potenz bezeichneten. Wir sprechen von *Wesensmöglichkeit*. Das ist aber nicht eigentlich die Möglichkeit des Wesens, sondern die in ihm begründete Möglichkeit seiner Verwirklichung[38]. Das Wesen schließt in sich ein *eigenes* Sein, das nicht nur als ein Weg zur Wirklichkeit als zu seinem Ziel zu verstehen ist, sein *wesenhaftes Sein*. Vorstufe ist es allerdings, weil das wirkliche Sein nur von ihm aus zu erreichen ist; außerdem, weil das Wesen etwas Unselbständiges und Ergänzungsbedürftiges ist und weil zu ihm die Möglichkeit des Eingehens in die Gegenstandswirklichkeit gehört. Es ist aber nicht als *niedere* Vorstufe zu bezeichnen, weil der Gegenstand — in einem gewissen Sinn — durch das Wesen wirklich wird und nicht umgekehrt[39]; es ist in dem Wirklichen das *grundlegend* Wirkliche. Von daher wird es uns verständlich werden, daß der Name *Akt* vom wirklichen Sein auf *das, wodurch* ein Wirkliches *wirklich* ist, übertragen wurde[40].

Wir haben den Ausdruck *wesenhaftes Sein* früher für das Sein der *Wesenheiten* gebraucht. Wenn er sich jetzt auch für das im Wesen inbegriffene Sein aufdrängt, so muß geprüft werden, ob er hier und dort im selben Sinn gebraucht wird. Es scheint mir in der Tat zu dem eigentümlichen Verhältnis der Wesen zu den Wesenheiten zu gehören, daß ihre Seinsweisen nahe zusammengehören. Für die Wesenheiten, soweit wir sie bisher kennen gelernt haben, ist das wesenhafte Sein das einzige Sein. Für die Wesen dagegen ist außerdem das Wirklichsein in ihren Gegenständen möglich, und die Beziehung auf Gegenstände, deren Was sie bestimmen, liegt schon in ihrem vorwirklichen Sein. Dieses doppelte Sein entspricht der vermittelnden Stellung der Wesen zwischen den Wesenheiten und der „wirklichen Welt". Die Welt des wesenhaften Seins[41] ist als ein Stufenreich zu denken. Das Einfache und *Urbildliche* höchster Stufe sind darin die *Wesenheiten*. Ihnen sind *nachgebildet* die Wesenszüge der zusammengesetzten

---

[38] Vgl. S. 257 ff.

[39] Späteren Zusammenhängen vorgreifend, könnte man zu erläuterndem Vergleich das Verhältnis von Leib und Seele heranziehen. Die Seele gelangt *im* Leib zum Sein, aber der Leib erlangt das Sein *durch* sie und nicht umgekehrt.

[40] Vgl. S. 169 ff. u. 237 f.

[41] Wir dürfen sie wohl als das ansehen, worauf Platos *Reich der Ideen* abzielte. Es wäre noch zu untersuchen, wie es zu dem steht, was die Scholastik als *intelligibile* bezeichnet — dem *Verständlichen*, dem dem erkennenden Geist Zugänglichen (vgl. S. 96 ff.).

Gebilde, die wir *Wesenswas* nennen. (Wir können dafür auch den Ausdruck *Washeit [quidditas]* einführen, weil wir zu *Was* keine Pluralform bilden können. Ganz treffend ist der Ausdruck nicht, weil das „heit“ ja auf das Was*sein* deutet. Er soll uns darum nur als Notbehelf dienen[42].) Die Wesen und Washeiten zeigen eine Abstufung nach größerer und geringerer Allgemeinheit. Man wird geneigt sein, als niederste Stufe die individuellen Washeiten anzusehen. Es ist aber auch das *volle Was* der Dinge in dieses Gebiet einzubeziehen, sofern auch ihm ein doppeltes Sein zukommt: das vorhin geschilderte Sein in den Gegenständen, das ein Werden und Vergehen ist, und ein davon abhebbares Sein als reines Was, das dem Wechsel von Werden und Vergehen enthoben ist[43]. Ihrem wesenhaften Sein nach sind die Gebilde verschiedener Stufe voneinander getrennt und nur in der Weise der Über-, Unter- und Nebenordnung aufeinander bezogen. Ihrem wirklichen Sein nach aber sind die Wesen und Washeiten höherer Stufe *in* den ihnen untergeordneten weniger allgemeinen, letztlich in den individuellen Wesen und den zugehörigen Gegenständen mit ihrem vollen Was.

Wir sind auf die Scheidung des wesenhaften und des wirklichen Seins bei den individuellen Wesen gestoßen, die während der Dauer ihrer Verwirklichung unverändert beharren. Es gilt nun noch den als

---

[42] Dasselbe gilt natürlich auch von dem Ausdruck *Wesenheit.* Zur Verwendung von *quidditas* (Washeit) bei Thomas von Aquino vgl. S. 90 f.

[43] *Husserl* spricht in den „Ideen“ (S. 8 ff.) von der Möglichkeit, an einem individuellen Ding der Erfahrung durch *Wesensanschauung* oder *Ideation* sein *Was* zur Abhebung zu bringen. Diese eigentümliche, von aller Erfahrung unterschiedene Anschauung entnimmt der Erfahrungstatsache ihren Gehalt, ohne die Erfahrungs*setzung* (die Auffassung des Dinges als eines *wirklichen*) zu vollziehen, und setzt ihn als etwas, das auch anderswo, außerhalb des Zusammenhanges, in dem er erfahren wurde, verwirklicht sein könnte. Für Husserl gehört also *Allgemeinheit* zum *Wesen als solchem*, ungeachtet der Allgemeinheitsstufen innerhalb des Wesensgebiets, auf die auch er hinweist. Die Möglichkeit einer solchen Auffassung beruht offenbar auf dem Doppel-„Wesen“ des Wesens, das sich uns aufgedrängt hat. Sie zieht nur die eine Seite, das *wesenhafte Sein,* in Betracht und schneidet die dem Wesen nicht äußerlich anhaftende, sondern innerlich zugehörige Verbindung zur Wirklichkeit ab. Von diesem im ersten Ansatz der Scheidung von Tatsache und Wesen vollzogenen Schnitt her ist es wohl zu verstehen, daß Husserl zu einer idealistischen Deutung der Wirklichkeit kam, während seine Mitarbeiter und Schüler (Max *Scheler*, Alexander *Pfänder*, Adolf *Reinach*, Hedwig *Conrad-Martius*, Jean *Hering* u. a.), von dem Vollsinn des *Wesens* geleitet, sich immer mehr in ihrer realistischen Auffassung befestigten.

möglich aufgewiesenen Fall veränderlicher Wesen zu prüfen. Ein Mensch, den wir im Jünglingsalter gekannt haben, ist nun zum Mann herangereift. Wir finden, daß sein Wesen sich verändert hat. Wie ist das mit der Feststellung zu vereinen, daß das Wesen und Wesenswas — im Gegensatz zum vollen Was — während der ganzen Dauer seiner Verwirklichung wirklich sei? Als einfachste Lösung erscheint es, von *zwei* Wesen zu sprechen, die eines nach dem andern in dem Menschen wirklich werden. In der Tat werden wir dem wesenhaften Sein nach das, was *vor* der Veränderung war, von dem, was *nachher* ist, als ein anderes unterscheiden müssen. Wir müssen aber *außerdem* ein drittes voraussetzen, das die beiden andern und den Übergang von einem zum andern umfaßt und begründet, denn dieser Übergang ist ein *wesensmöglicher.* Von dem umfassenden und begründenden Wesen[44] wird man sagen müssen, daß es während der ganzen Lebensdauer in jedem Augenblick wirklich sei, die Teilwesen dagegen nur während der ihnen entsprechenden Dauerabschnitte.

§ 7. *Wesen und Wesenskern; Wesenheit und Washaftigkeit (μορφή)*

Für ein tieferes Verständnis der Wesen und Washeiten ist nun eine Betrachtung ihres inneren Aufbaus nötig. Soeben wurde ein Unterschied zwischen *Begründendem* und *Begründetem* sichtbar. Es wurde ferner von ihnen gesagt, sie seien zusammengesetzt aus *Wesenszügen.* Aber wir wollen nicht nur die einzelnen Züge kennen, sondern wir suchen nach einem *inneren Zusammenhang* zwischen ihnen, der uns das Wesen *verständlich* machte. Solange wir diesen nicht kennen, „fehlt uns der Schlüssel, der uns die Fülle des Wesens aufschließt als einen zusammenhängenden Bau"[45]. „Es gilt . . . verständlich zu machen, weshalb gerade diese Züge in dieser Verflechtung auftreten können und, das Vorhandensein eines Teils von ihnen vorausgesetzt, als Ganzes verbunden auftreten mußten nach geregelter innerer Zusammengehörigkeit". Wir suchen nach einem „mehr oder weniger einfachen Kern von Grundzügen . . ., dessen Vorhandensein das der übrigen Fasern des Wesens nach klar erschauten oder mehr instinktiv uns leitenden apriorischen Gesetzen verständlich macht". „Daß aber ein solcher Wesenskern, ja daß überhaupt eine zusammenhängende, nach inneren Notwendigkeiten begreifbare Struktur jedem Wesen innewohne, kann nun keinesfalls behauptet werden"[46]. Sehr

---

[44] Wir werden es später noch unter dem Namen *Wesensform* wiederfinden. (Vgl. Kap. IV, § 7, 8 u. 19.)
[45] *Hering* a. a. O. S. 503.   [46] a. a. O.

deutlich ist das Vorhandensein eines *Wesenskerns* bei der Wesenseigentümlichkeit eines Menschen. Hier vor allen Dingen suchen wir nach einem Grundbestand, von dem aus uns alles andere verständlich wird. Ähnlich bei andern geistigen und geschichtlichen Gebilden: z. B. bei der Politik Friedrichs des Großen oder bei einer Dichtung bemühen wir uns um einen „Schlüssel" zum Verständnis des Wesensbaus. Bei manchen anderen Gegenständen wäre ein solches Suchen sinn- und zwecklos. Wo wir auf *Wesen mit Kern* rechnen dürfen und wo das Forschen nach dem Kern ohne Erfolg bleiben müßte, darüber könnte nur eine durchgeführte Wesenslehre der verschiedenen Sachgebiete[47] Auskunft geben. Hier kommt es zunächst nur darauf an, den Wesensaufbau als solchen zu verstehen.

Hering hat das Wesen als ποῖον εἶναι (Sosein) bezeichnet. Dabei ist das ποῖον, das So, so weit zu fassen, daß es auch das τί — das, *was* das Ding ist — einschließt[48]. Zum Wesen dieses Dinges gehört nicht nur sein Rotsein, Weichsein, Duftendsein usw., sondern auch sein Rosesein oder Knospesein, das auf die Frage: *Was* ist es? antwortet. Ja, das τί εἶναι scheint uns das Wesen noch unmittelbarer auszudrücken, weil es darin in seiner Einheit und Ganzheit gefaßt ist, als jene dem Wesen zugehörigen einzelnen Züge. Andererseits sind die Einzelzüge zur Kenntnis unentbehrlich. τί und ποῖον, τί εἶναι und ποῖον εἶναι stehen in Zusammenhang, und die Aufdeckung dieses Zusammenhangs muß uns den Wesensbau als solchen erschließen.

Es gehört zur Rose als einem Körperding, Gestalt, Größe, Farbe und andere Beschaffenheiten zu haben. *Diese* Rose hat ihre ganz bestimmte Gestalt, Farbe, Größe usw. Wir sagen: die Rose ist rot; „rot" gehört zu ihrem ποῖον. Wir können dann auch sagen: die Farbe der Rose ist Rot (oder auch *ein* Rot, denn Rot ist noch keine letzte Bestimmtheit). Für die Farbe gibt Rot nicht ihr ποῖον an, sondern das, als *was* sie sich näher bestimmt, also etwas zu ihrem τί Gehöriges. Rot ist eine Farbe, und Farbe ist eine dingliche Eigenschaft. Man kann die Farbe auf das hin betrachten, was ihr Eigentümliches gegenüber Gestalt, Größe usw. ist. Und man kann sie auf ihre Bestimmtheit als Rot, Blau usw. betrachten. Das, was diese Farbe zur *Farbe* macht, ist das, was in ihr der Wesenheit „Farbe" entspricht. Und so entspricht in dieser Farbe, die Rot ist, das, was sie zum Rot macht, der Wesenheit „Röte". „Farbe" und „Röte" sind einfache Wesenheiten. Aber „Rot" ist schon etwas Zusammengesetztes: es ist

---

[47] Das, was *Husserl materiale Ontologie* nennt (Ideen S. 19f.). Manche Hinweise darauf finden sich im nächsten Abschnitt.

[48] a. a. O. S. 505 ff.

nicht nur Rot, sondern zugleich „eine Farbe". Es hat an den beiden Wesenheiten „Röte" und „Farbe" Anteil. Es wurde gesagt, das, was das Rot zum Rot macht, *entspreche* der Wesenheit „Röte". Es *ist* nicht die Wesenheit selbst, sondern ist etwas *in* dem Rot, ein anderes in diesem als in jenem Rot. Hering bezeichnet es als *Washaftigkeit* oder auch als μορφή, „die den Gegenstand zu dem ‚formt', was er ist"[49]. „Auch für die μορφή gilt, was wir vom Wesen sagten; sie ist *ihrem Sinne nach μορφή an etwas*, und zwar an einem ganz bestimmten. Sie ist *seine μορφή*". Die Farbe der Rose hat eine μορφή in sich, die sie zum Rot macht, und hat dadurch Anteil an der Wesenheit „Röte". Die μορφή der Farbe ist nicht unmittelbar die μορφή der Rose, aber *mittelbar* ist sie doch an deren Aufbau beteiligt; Hering bezeichnet sie daher als *unmittelbare μορφή* der Farbe und *mittelbare μορφή* der Rose, entsprechend die Rose und ihre Farbe als *mittelbaren* und *unmittelbaren Träger* der μορφή. Die Rose als Ganzes hat ihre eigene μορφή.

Es ist *nicht* das Gesetz aufzustellen: „Die Morphen eines Teiles sind Teile der Morphen des Ganzen"[50]. (Die Morphe „Gleichseitigkeit" ist kein Teil der Morphe „Dreieckhaftigkeit".) Es gibt aber eine Verschmelzung von Morphen zu einer Gesamtmorphe, z. B. von „Röte" und „Farbe"[51] in der „Farbe der Rose, die Rot ist". Dagegen bleiben das „Pferdsein" dieses Pferdes und sein „Haustiersein", die beide sein τί εἶναι bestimmen, unverschmolzen.

Allgemein gilt: „Jedes μ[52] ist ergänzungsbedürftig durch seinen Träger. Wenn nun die Ergänzungsbedürftigkeit verschiedener μ (μ1, μ2, μ3 ...) durch denselben Gegenstand A gestillt wird, bilden diese μ *mit A zusammen* ein Ganzes. Die einzelnen μ sind mittelbar verknüpft durch A, können relativ zueinander selbständig sein. Eine Verbindung der μ untereinander zu einer fundierten Einheit ist damit nicht geschaffen"[53].

„Es müssen demnach besondere Beziehungen zwischen μ1 und μ2 obwalten, sollen wir eine Verbindung derselben zu einer fundierten Einheit erhoffen dürfen". Derart ist die Verbindung von μ1 (Farbe) und μ2 (Röte) in einer bestimmten Farbe. „Daß μ2 nicht ohne μ1 an einem Träger auftreten kann, ist nicht zufällig, sondern gründet in

---

[49] a. a. O. S. 509. Der Ausdruck μορφή (Form) ist hier in einem weiteren Sinne gefaßt als bei Aristoteles, wo unter μορφή nur die innere Form eines *Dinges*, d. h. eines selbständigen und wirklichen Seienden, zu verstehen ist. Vgl. dazu die Untersuchungen des folgenden Abschnittes.

[50] a. a. O. S. 515.

[51] Nicht zu verwechseln mit den gleichbenannten Wesenheiten.

[52] = μορφή.   [53] a. a. O. S. 516f.

dem Wesen von μ_1 und μ_2. Es erscheint ferner sicher, daß diese Fundierung in μ_2 nicht eine mittelbare ist, derart, daß die beiden Morphen nur durch Vermittlung des Trägers verbunden wären, dem durch μ_2 vorgeschrieben würde, zugleich μ_1 in sich zu bergen. Zwar ist dies *auch* der Fall, aber nur deshalb, weil μ_2 mit μ_1 eine direkte Verbindung eingehen muß als der einzigen Form, in der es fähig ist, an einem Objekt aufzutreten"[54].

„Diese Verschmelzung der beiden Morphen ist nun aber eine so innige, daß wir nicht etwa eine bloße *Verknüpfung von zwei Washaftigkeiten*: ‚Farbhaftigkeit' und ‚Röte' vor uns haben, sondern *eine* (neue) *Washaftigkeit*: ‚Rothaftigkeit' oder korrekter ‚Rotfarb-Haftigkeit', allerdings *in sich charakterisiert als eine nicht einfache, als eine, an der verschiedene* ihre Kompliziertheit bedingende Komponenten aufgewiesen werden können. Diese Ergänzungsbedürftigkeit von μ_2 durch μ_1 möchten wir durchaus als *unmittelbare* bezeichnen"[55].

Ergänzungsbedürftigkeit und Verschmelzung von Morphen weisen auf einen wichtigen Unterschied hin: auf den von *abgeleiteten* oder *zusammengesetzten* und *einfachen* oder *Ur-Wesenheiten* und den entsprechenden von *abgeleiteten* und *Ur-Morphen*.

Es ist nun neben der Verschmelzung ergänzungsbedürftiger Morphen zu einer neuen zusammengesetzten Morphe auch eine Verbindung von Morphen möglich, die nicht unmittelbar durch einander ergänzungsbedürftig sind. So finden wir bei der Betrachtung der „Washaftigkeit, die das Pferd zu dem macht, was es im zoologischen Sinne ist", „daß all die vielen einzelnen Züge, die der Zoologe aufzählt, lediglich ein mehr oder weniger enges Bündel verschiedener Elemente, nicht aber ein Novum eigener Qualität bilden. Wir haben hier offenbar vor uns ein *Morphenkonglomerat*, oder wenn man will, einen Morphenkomplex, nicht aber eine eigene komplexe oder gar einfache Morphe. Daher sprechen wir hier von einer *unechten* Morphe"[56].

Wir verstehen nun den Unterschied von *Wesen mit und ohne Kern*. „Die am Objekt auftretenden Washaftigkeiten schreiben ihm sein Sosein, sein Wesen vor. In den Fällen, wo der Bestand der an ihrem Träger auftretenden Morphen sich zu einer neuen echten Gesamtmorphe zusammenschließt, die als Morphe nicht beliebig und als *diese* Morphe überhaupt nicht in ihrem Bestand vermehrt oder vermindert werden kann, gewinnt auch das Wesen des Objektes den Charakter einer abgeschlossenen Einheit, deren Erfassen charakte-

---

[54] a. a. O. S. 517f.   [55] a. a. O. S. 518.   [56] a. a. O. S. 522.

risiert ist als ein neuer Akt der Erkenntnis gegenüber dem, der die Vielheit der einzelnen Züge des Wesens als einer Gruppe erfaßt"[57]. Die Rede vom *Wesenskern* kann dabei noch in verschiedenem Sinn aufgefaßt werden.

„1. Ist das So eines Gegenstandes eine komplexe echte Washaftigkeit, so ordnen sich die zunächst ohne Rücksicht auf ihren Zusammenhang festgestellten Einzelzüge des Soseins zu einem organischen Bau, sobald es gelungen ist, jene Morphe und das von ihr bedingte Gesamt-Sosein zu erschauen. Letzteres spielt hier eine Rolle, die der eines Kernes vergleichbar ist". (Offenbar ist hier das Gesamtwesen selbst als Kern bezeichnet.)

„2. Besser angebracht ist das Bild vom Kerne in den Fällen von Fundierungszusammenhängen zwischen den Teilen des Objektes, wo auf Grund des Innewerdens der eine⟨n⟩ oder einige von ihnen beseelenden Washaftigkeiten bzw. Wesenheiten und ihrer mittelbaren Ergänzungsbedürftigkeit durch andere ein Verständnis des Vorhandenseins der andern Teile als Verkörperungen der jene fundierenden μορφαί bzw. εἴδη[58] möglich ist. Hier spielt der den erstgenannten Teilen entsprechende Wesensteil zugleich die Rolle des Wesenskerns"[59].

§ 8. *Akt und Potenz — wesenhaftes Sein*

Die freie Verwendung platonischer und aristotelischer Ausdrücke in den wiedergegebenen Darlegungen *Herings* drängt zu einer Gegenüberstellung des hier vorliegenden Versuches der Grundlegung einer Wesenslehre mit früheren Ansätzen in der *philosophia perennis*. Ehe wir uns aber daran wagen, soll erst noch das, was wir jetzt als *wesenhaftes Sein* herausgestellt haben, in seinem Verhältnis zu *Akt* und *Potenz* in dem bisher festgehaltenen Sinn beleuchtet werden.

Wir haben im Anschluß an den Gebrauch des Wortes, den wir bei *Thomas von Aquino* fanden — vorläufig einen doppelten Sinn von *Akt* gefunden: den des *vollendeten* Seins (der nur beim *reinen* Sein ganz erfüllt ist) und den des *wirklichen* Seins, das Abstufungen — nach der größeren Nähe oder Entfernung zum vollendeten Sein — zuläßt. Unter *Potenz* verstanden wir, wenn wir von der anfangs erwähnten göttlichen Potenz, der *Macht* über das Sein, absehen, die *Vorstufe zum wirklichen Sein*, die selbst wieder Abstufungen zeigt. Sie ist nicht losgelöst vom wirklichen Sein, als nur mögliches Sein, denkbar: wir fanden ja beim endlichen Sein, daß es in jedem Augenblick wirkliches und mögliches zugleich sei. So muß auch beim wirklichen

---

[57] a. a. O. S. 522f.   [58] = Wesenheiten.   [59] a. a. O. S. 523f.

Sein von Potentialität gesprochen werden, weil es einen immer neuen Aufstieg von der Möglichkeit zur Wirklichkeit und eine Steigerung zu höherer Seinsvollendung als möglich einschließt. Wir fanden den Gegensatz im Bereich des *Werdens* und *Vergehens*, das selbst als ein ständiger Übergang vom möglichen zum wirklichen Sein und vom Wirklichen zum Möglichen zu fassen ist: auf dem Grunde eines Überganges vom Nichtsein zum Sein, das *Möglichkeit* in einem andern Sinn voraussetzt.

Nun haben wir im *wesenhaften Sein* — im Sein der Wesenheiten und im Sein der Wesen und Washeiten, .wenn man sie abgelöst von ihrer Verwirklichung betrachtet — ein Sein gefunden, das kein *Werden* und *Vergehen* ist und das im *Gegensatz zum wirklichen Sein* steht. Hat dabei *Wirklichkeit* denselben Sinn wie dort, wo wir das wirkliche Sein als das aktuelle im Gegensatz zum möglichen (potentiellen) faßten ? Im Bereich des Ichlebens, von dem wir ausgingen, bedeutete das *aktuelle* Sein das *gegenwärtig-lebendige*, das *potentielle* das *noch nicht* oder *nicht mehr lebendige*. Das hing mit der Eigentümlichkeit jenes Gebietes zusammen. Wenn aber Wirklichkeit nicht auf dieses Gebiet beschränkt sein soll — und im Sprachgebrauch des täglichen Lebens liegt es ja näher, bei der ,,wirklichen Welt" an die ,,äußere" als an die ,,innere" zu denken, und zwar an die äußere als eine ,,dingliche" Welt —, so wird Wirklichkeit noch einen andern Sinn haben müssen als den der Lebendigkeit. Ob ein innerer Zusammenhang zwischen diesem und jenem besteht und welcher, das wird später zu untersuchen sein.

In der Tat sind wir einem solchen Sinn von Wirklichkeit bereits begegnet: In der einleitenden Betrachtung[60] fanden wir als erste Bedeutung von *Akt* den des *Wirkens*; damit ist Aktualität oder Wirklichkeit als *Wirksamkeit* aufgefaßt. Ein Zusammenhang zwischen diesem Sinn und dem des Voll-Lebendigen wird sogleich sichtbar: Die noch nicht lebendige Freude wird mich weder zu Taten antreiben noch sich in lautem Frohlocken nach außen ,,Luft machen". Entsprechend auf andern Gebieten: Das noch nicht entzündete Licht wird nicht leuchten, die nicht schwingende Saite nicht tönen. In all diesen Fällen zeigt sich: Wirksamkeit deckt sich nicht ohne weiteres mit Wirklichkeit; sie scheint dazu zu gehören, aber sie gründet in etwas Tieferliegendem als dessen Auswirkung. Dieses Tieferliegende ist das, was wir auch als das *vollendete Sein* bezeichnet haben. Schlechthin vollendet — so mußten wir sagen — ist allerdings nur das reine,

---

[60] Vgl. S. 1.

das ewige Sein. Aber auch beim endlichen Sein hat es einen Sinn, von Vollendung zu sprechen: es ist das dem jeweiligen Seienden entsprechende *Höchstmaß* des Seins. Auf dieser Höhe bricht das Sein gleichsam in Wirksamkeit aus, es geht aus sich heraus, und das ist zugleich seine „Offenbarung". Ehe diese Höhe erreicht ist, schließt die entsprechende *Vorstufe des Seins,* die *Potenz,* nur die *Möglichkeit* des *Wirkens* ein, die als *Fähigkeit* bezeichnet wird. Die gegenwärtige Lebendigkeit ist die Seinshöhe der Erlebniseinheit. Das in ihr eigentlich Lebendige und eigentlich Seiende ist das Ich. Das, was in der dinglichen Welt den Erlebniseinheiten entspricht, sind dingliche Zustände oder Vorgänge, z. B. die möglichen oder wirklichen Töne einer Saite[61]. Der Ton erreicht die Seinshöhe, die der gegenwärtigen Lebendigkeit, etwa der Freude, entspricht, wenn er „laut wird". Aber das, was — *in ihm* — eigentlich „laut wird" und darin eine Höhe seines Seins offenbart, ist die Saite oder — noch genauer — die Geige, deren Teil die Saite ist, *eine* Höhe seines Seins, denn das Tönendsein ist nicht das Sein der Saite schlechthin. Das Sein der Saite erschöpft sich nicht im Tönen. Darum kann sie als tönende potentiell und in anderer Hinsicht „auf der Höhe" sein, also doch als *wirklich* angesprochen werden.

Nehmen wir nun *Aktualität* als *Wirklichkeit* und Wirklichkeit als *Seinsvollendung,* die sich in *Wirksamkeit* „auswirkt" und offenbart, so ist weiter zu fragen, ob mit dem wirklichen Sein und seinen Vorstufen (dem aktuellen und potentiellen Sein) alles Sein überhaupt getroffen ist oder ob noch in anderm Sinn von Sein gesprochen werden könne und müsse; ferner, worin dann die Gemeinsamkeit des Seins als solchen hier und dort bestehe.

In dem *wesenhaften Sein* glaubten wir ein Sein zu entdecken, das *nicht Vorstufe* zum wirklichen Sein, andererseits aber *kein wirksames* Sein ist. Für die Wesenheit gibt es keine Vorstufe, von der sie zum Sein emporsteigt. Aber sie ist nicht wirksam: die Wesenheit „Freude" belebt nicht, die Wesenheit „Licht" leuchtet nicht, die Wesenheit „Ton" tönt nicht. Was bleibt dann noch von dem Sinn von Sein übrig? Das „auf der Höhe sein", in seinem Wesen „vollendet sein"; der so schwer zu übersetzende griechische Ausdruck τὸ τί ἦν εἶναι (das, was war, sein) scheint mir hier eine reine Erfüllung zu finden[62].

---

[61] Davon sind die *reinen* Töne zu unterscheiden (die *idealen Gegegenstände*), die weder Geigen- noch Flötentöne sind.

[62] Bei Aristoteles ist dieser Ausdruck allerdings im Hinblick auf das *wirkliche Wesen,* nicht auf das *wesenhafte Sein* geprägt. Zur Wortbedeutung von τὸ τί ἦν εἶναι vgl. S. 132 ff.

Was wesenhaft ist, das *ist* in Unwandelbarkeit das, was es *war*. Genauer gesagt: der Unterschied von Gegenwart, Vergangenheit und Zukunft ist hier aufgehoben. Was wesenhaft ist, tritt nicht ins Dasein, es *ist*, nicht als von Augenblick zu Augenblick dem Nichts Entrissenes, nicht zeitlich. Aber weil es unabhängig von der Zeit ist, *ist* es auch in jedem Augenblick. *Das Sein der Wesenheit und Washeit ist Ruhen in sich selbst.* Darum wäre es im Deutschen am kürzesten und treffendsten mit *wesen* bezeichnet. Darin ist noch eindrucksvoller als in dem lateinischen *essentia* — *esse* die enge Zusammengehörigkeit von Sein und Wesen ausgedrückt. Werden und Vergehen einerseits, *wesen* anderseits stehen einander gegenüber als bewegtes und ruhendes Sein. Beides ist Sein. Wenn aber eins sachlich dem andern vorausgeht, so ist es das *wesen*. Denn wie Bewegung auf Ruhe zielt, so hat alles Werden ein *wesen* zum Ziel. Damit *etwas* sein und etwas *sein* könne, ist *Wesen* und *wesen* erforderlich. Aus dem nahen Zusammenhang von Wesen und Sein wird es verständlich, daß es so große Schwierigkeiten gemacht hat und daß man so spät dazu kam, das Seiende und das Sein oder innerhalb des Seienden, sofern dies kein Wirkliches war, Wesen und Sein voneinander zu trennen. Ebenso wird verständlich, daß man — scheinbar widerspruchsvoll — bald das Sein selbst, bald das Wesen als *Akt* bezeichnet hat. Wenn der hl. *Thomas* — geleitet von dem Bestreben, das erste Seiende (Gott) von allem andern Seienden in aller Klarheit und Schärfe abzugrenzen — bei den *reinen* Formen *essentia* und *esse* voneinander trennte, das Sein als Akt bezeichnete und das Wesen oder Was, im Verhältnis zu dem Sein, das es empfängt, potentiell nannte, dann müssen wir jetzt fragen, in welchem Sinn dies Sein, das zum Wesenswas hinzukommt, zu verstehen ist. Unsere Kennzeichnung des *wesens* als Ruhen der Wesenheit oder Washeit in sich selbst, als Gegensatz zum Werden und Vergehen scheint einen Übergang der Wesenheit oder Washeit vom Nichtsein zum Sein — wie er in dem Ausdruck *Empfangen des Seins* liegt — auszuschließen. Wir können wohl von einem Empfangen des Seins sprechen, wenn wir an die *Verwirklichung des Wesens* denken, aber das wesenhafte Sein scheint keinen Anfang, das Wesenswas keine Trennung von diesem seinem wesenhaften Sein zuzulassen. Steht es dazu im Widerspruch, wenn der hl. Thomas sagt: „Von der Washeit heißt es, daß sie geschaffen werde; denn ehe sie ein Sein hat, ist sie nichts außer im Geist des Schöpfers, und dort ist sie nicht als Geschöpf, sondern als schöpferische Wesenheit"[63] ? (Quid-

---

[63] *Wesenheit* ist hier nicht in dem scharfen Gegensatz zu *Wesen* zu nehmen, wie er früher herausgearbeitet wurde. *Essentia* kann beides bedeuten.

ditas creari dicitur: quia antequam esse habeat, nihil est nisi forte in
intellectu creantis, ubi non est creatura, sed creatrix essentia[64].)
Wenn wir uns den Sinn dieses Satzes klar zu machen suchen und dabei
bedenken, was Thomas unter *Washeit* versteht, dann ergibt er wohl
eher eine Bestätigung der hier entwickelten Auffassung. Die *Washeit*
ist das, *wozu* ein Ding geformt wird, das, *was* es ist, „ein Teil des
zusammengesetzten Ganzen"[65]. Sie wird auch *Form* genannt. Davon unterscheidet Thomas die *Idee* im Sinne dessen, was er an der
eben angeführten Stelle „schöpferische Wesenheit" nannte; „denn
dieser Name *Idee* scheint eine von dem, dessen Form sie ist, getrennte
Form zu bedeuten". „Sie ist das, *wonach* es geformt wird; und dies ist
die exemplarische Form, zu deren Abbild etwas gestaltet wird".
Diese exemplarischen Formen haben nach der augustinischen Deutung
der platonischen Ideenlehre, der Thomas hier folgt, ihr Sein im göttlichen Geist. Von ihnen unterschieden sind die *geschaffenen Formen*, die ihr Sein in den Dingen haben. Unter den geschaffenen Formen haben wir offenbar die in den Dingen *verwirklichten* Wesen
zu verstehen. Das Sein, das sie empfangen, ist das *wirkliche* Sein,
das sie in den Dingen haben. Das „Geschaffenwerden" ist eine nähere
Deutung dessen, was wir unter *Empfangen des Seins* zu verstehen
haben. Aber wenn die Rede vom Empfangen des Seins einen Sinn
haben soll, so muß das, *was* das Sein empfängt, schon vor dem Empfangen des wirklichen Seins eine Art des Seins haben. Thomas könnte
das wohl nur in dem Sinn zugeben, in dem er den urbildlichen Ideen
ein Sein zugesteht: als Sein im göttlichen Geist. In dem Sinn aber
müßte er es zugeben. Denn selbst wenn man annimmt, daß das Abbild hinter dem Urbild zurückbleibt, daß das Was des Dinges mit der
schöpferischen Idee inhaltlich nicht in Deckung ist, so ist es doch
undenkbar, daß der Schöpfer das Abbild, so wie es ist, mit seinem
Zurückbleiben hinter dem Urbild nicht schon voraus erkannt hätte.

So ist es jedenfalls klar, daß das wesenhafte Sein vom wirklichen
Sein der Dinge unterschieden und unabhängig ist. Die weiteren Fragen sind, in welchem Verhältnis es zu dem wirklichen Sein der Dinge
steht und in welchem Verhältnis zu dem ewigen Sein des ersten Seienden. Dafür wird die Frage zu prüfen sein, was das „im göttlichen
Geist sein" bedeutet, ob es den Sinn des wesenhaften Seins *trifft* und
ob es ihn *erschöpft*.

---

[64] De potentia q 3 a 5 ad 2.
[65] De veritate q 3 a 1 corp. (Untersuchungen über die Wahrheit I 93).

§ 9. Das wesenhafte und das wirkliche Sein der Dinge

Für die Untersuchung des Verhältnisses von wesenhaftem und ding-lich-wirklichem Sein ist zu beachten, daß das Seiende, dem das wesen-hafte Sein eigen ist, ein mannigfaltiges ist: Wesenheiten, Washeiten und noch manches andere, was wir in unseren Darlegungen nur gestreift, nicht eigentlich erörtert haben. Wenn wir *Wesen* und *wesen* in ihrer nahen Zusammengehörigkeit betrachten und *Wesen* für alles Seiende nehmen, dem wesenhaftes Sein eignet, dann ist *Wesen* nicht in dem engeren Sinn gemeint, in dem es früher gegen *Wesenheit* und *Washeit* abgegrenzt wurde, sondern in erweiterter Be-deutung. Um über das Verhältnis von wesenhaftem und wirklichem Sein Klarheit zu gewinnen, werden wir aber wieder unterscheiden müssen. Das *Wesenswas* „Freude eines Kindes" war seinem wesenhaften Sein nach vor aller Zeit, ehe es die Welt und Menschenkinder in der Welt und Kinderfreude „gab". Als zum erstenmal ein Kind in der Welt Freude empfand, da war auch zum erstenmal das *Wesen und Was* „Freu-de eines Kindes" *wirklich*. Wenn das Kind „vor Freude" aufjauchzte und aufhüpfte, so war es die Freude *kraft ihres Wesens*, die so wirkte und sich offenbarte. Die Freude ist *durch ihr Wesen* wirklich und wirk-sam — das Wesen ist *in der Freude* wirklich und wirksam, in der Freude *dieses Kindes*, als ein *Einmaliges*. Das Wesenswas „Freude eines Kin-des", seinem wesenhaften Sein nach betrachtet, ist *eins*, so oft es auch verwirklicht sein mag. Entsprechende wirkliche Wesen und Was-heiten gibt es so viele, wie es sich freuende Kinder gibt. Und das Ver-hältnis des *einen wesenhaften* Was und der *vielen wirklichen* Wesen und Washeiten ist angemessen ausgedrückt, wenn wir sagen: *Das-selbe ist hier und dort und überall* wirklich, wo Kinderfreude lebendig ist. Daß etwas zu verschiedenen Zeiten und an verschiedenen Orten zugleich sein kann, macht nur für den Schwierigkeiten, der nicht davon loskommt, das räumlich und zeitlich gebundene Seiende als das Seiende schlechthin zu betrachten. So gut ich mich jetzt „im Geist" an einen andern Ort versetzen kann und dann meinem geistigen Sein nach hier und dort zugleich bin (obwohl ich mit meinem wirk-lichen Leib nur hier bin), so gut kann dasselbe *wesenhafte Was* hier und dort zugleich verwirklicht sein. Es gehört dazu allerdings ein *Etwas* hier und ein *anderes Etwas* dort, worin es verwirklicht wird[66].

Wenn das Was und das Wesen in den Einzeldingen wirklich und

---

[66] Es ist damit die Frage der *Individuation* angeschnitten. Die Untersuchung soll aber vorläufig nicht in diesen Richtungen weitergehen.

wirksam wird und *das* ist, wodurch sie wirklich und wirksam sind, — ist ihm dann wohl auch das Wirklich*werden* in den Einzeldingen zuzuschreiben, d. h. der *Übergang vom wesenhaften zum wirklichen Sein?* Damit käme dem wesenhaften Sein eine Wirksamkeit zu, und es wäre in vollem Sinne wirkliches Sein. Denn unter wirklichem (= aktuellem) Sein verstanden wir „vollendetes Sein, das sich in Wirksamkeit auswirkt und offenbart"[67]. Seinsvollendung haben wir den Wesenheiten und Washeiten zugesprochen im Sinn des Ruhens in sich selbst. Würde sich nun ergeben, daß die Washeit von sich aus zum Sein in den Einzeldingen überginge, so hätte das wesenhafte Sein den Vollsinn von *wirklichem Sein* erreicht. Ja, die Wirklichkeit der Washeiten wäre eine höhere als die der Einzeldinge, weil sie ihnen vorausgingen als wahre *Ur-Sachen*, die die Wirklichkeit der Einzeldinge hervorbrächten: sie wären im Verhältnis zu den Einzeldingen nicht nur πρῶται οὐσίαι, sondern wahrhaft *creatrices essentiae*. Wenn wir aber die Washeiten so nehmen, wie wir sie gefunden haben — als das reine *Was* der wirklichen Wesen —, so können wir eine solche höhere Wirklichkeit und eigenkräftige Wirksamkeit in ihnen nicht finden. Sie erscheinen vielmehr im Vergleich zu den wirklichen Dingen und ihren wirklichen Wesen als eigentümlich blasse und kraftlose Gebilde, sodaß wir eher geneigt sind, sie als *un*-wirkliche denn als *ur*-wirkliche Gegenstände zu bezeichnen.

§ 10. Die Universalien

Das, was wir *Washeit, Wesenswas* oder *wesenhaftes Was* genannt haben, ist jedenfalls in dem befaßt, was die Scholastik unter *universale* versteht. Der ursprünglichen Wortbedeutung nach ist es *unum versus alia seu unum respiciens alia*[68]: eins gegenüber anderem oder im Hinblick auf anderes. Und da eins auf anderes in verschiedener Weise bezogen sein kann: als es bezeichnend oder darstellend oder verursachend oder im Sein, so wird ein *vierfacher Sinn* des *Allgemeinen* unterschieden: allgemeine *Worte*, allgemeine *Begriffe*, allgemeine *Ursache* (Gott), allgemeine *Naturen*. Der Streit um die rechte Deutung der Universalien ist fast so alt wie die Philosophie. Seit den Tagen der Vorsokratiker hat es zu allen Zeiten *Nominalisten* gegeben, die nur eine *Allgemeinheit der Namen* zugeben wollten und als das damit Gemeinte die Einzeldinge betrachteten; *Konzeptualisten*, die wohl eine *Allgemeinheit der Begriffe* anerkannten, aber in

---

[67] S. 89 f.
[68] *Gredt* a. a. O. I 96.

den Begriffen Gebilde des Geistes sahen, denen in Wirklichkeit nichts entspreche; schließlich *Realisten,* die überzeugt waren, daß es in Wirklichkeit eine *Natur* gebe, die dem allgemeinen Namen und Begriff entspreche. Der Realismus spaltet sich aber noch in verschiedene Richtungen. Die thomistische Schule bezeichnet als *übertriebenen Realismus* die Auffassung, daß das Allgemeine als Allgemeines auf seiten der Dinge existiere. Dahin gehört der *Platonismus* (in der Deutung, die ihm die Scholastik mit Berufung auf Aristoteles gibt), der dem Allgemeinen ein Dasein außerhalb des Geistes und außerhalb der Einzeldinge zuschreibt. Dagegen lehrt *Duns Scotus* ein Sein des Allgemeinen in den Dingen. Ihren eigenen Standpunkt, der sich vor allem auf das Ansehen des *Aristoteles, Boëthius,* hl. *Anselmus* und hl. *Thomas* stützt, bezeichnen die Thomisten als *gemäßigten Realismus.* Diese Richtung unterscheidet zwischen der *Materie* oder dem, *was* in dem allgemeinen Begriff enthalten ist, d. i. die Natur, und der *Form,* der Allgemeinheit: der Materie schreiben sie ein Sein im Einzelding zu, der Form aber nur ein Sein im Geist[69].

Versuchen wir, ob wir in irgend einer dieser Auffassungen eine Klärung dessen finden können, was wir als *wesenhaftes Was* bezeichnet haben, und seines wesenhaften Seins. Es leuchtet ohne weiteres ein, daß wir dabei nicht einen bloßen Namen im Auge hatten, sondern etwas Sachliches. Eher könnte man auf den Gedanken kommen, das vom wirklichen unterschiedene *wesenhafte Was* als *Begriff* zu deuten[70]. Der Begriff ist ja als etwas *Gedankliches* etwas *Unwirkliches,* man kann in gewissem Sinn auch von ihm sagen, daß er hier und dort „verwirklicht" sei, sofern demselben Begriff eine ganze Reihe von Einzeldingen entsprechen kann. Er besitzt schließlich eine gewisse Unabhängigkeit gegenüber dem Denken, in dem er gedacht wird: *Derselbe* Begriff kann von vielen Menschen gedacht werden. Und es eignet ihm jene Blässe und Unlebendigkeit im Vergleich zum wirklichen Sein, von der auch beim wesenhaften Sein gesprochen wurde. Will man ihn losgelöst von dem Wort, das ihn ausdrückt, und von dem Gegenstand, der durch ihn begriffen wird, fassen, so entschwindet er leicht dem Blick[71]. Trotzdem ist es un-

---

[69] *Gredt* a. a. O. I 97.

[70] Dabei ist *Begriff* — wie schon in früheren Zusammenhängen und auch in den eben wiedergegebenen Darlegungen von *Gredt* — im Sinn des *Formalbegriffs* zu verstehen, d. h. als gedankliches Gebilde.

[71] Die Eigentümlichkeit der *Gedanken* als des eigentlichen Gegenstandsgebiets der Logik und der *Begriffe* als der *Gedankenelemente* ist in überaus klarer, anschaulicher und überzeugender Weise herausgestellt in A. *Pfänders* „Logik"

möglich, das nicht verwirklichte Was und Wesen oder das Was und Wesen abgesehen von seiner Verwirklichung als Begriff anzusehen. Denn Begriffe werden *gebildet*, sie sind „Erzeugnisse des Denkens" und lassen einer gewissen Willkür Spielraum. Die Wesen und Was-heiten aber werden — ebenso, wie es früher von den Wesenheiten festgestellt wurde — *vorgefunden* und sind unserer Willkür entzogen. *Pfänder* sagt, es mache den *Inhalt* eines Gegenstandbegriffs aus, daß er einen bestimmten *Gegenstand* meine. „*Nicht* also die gemeinten Gegenstände selbst noch irgend etwas an diesen Gegenständen bilden den Inhalt des Begriffs"[72]. Mit dem *Wesen* und *Was* meinen wir aber etwas, was wir in den Gegenständen vorfinden, auch wenn wir von ihrem Wirklichsein in den Gegenständen absehen. Allerdings werden wir den eben angeführten Satz Pfänders über den Begriffs-inhalt nicht ganz uneingeschränkt unterschreiben können. Darüber bald etwas mehr.

Wir halten fest: Das wesenhafte *Was* ist weder bloßer Name noch bloßer Begriff. Es ist etwas *Sachliches (aliquid a parte rei)*. Fügt es sich nun in die Auffassung des *gemäßigten Realismus* ein ? Die Scheidung in *Materie* und *Form* können wir mitvollziehen[73]. Die *Materie* ist das *Was* des Wesens, ungeachtet seines wirklichen oder wesenhaften Seins. Wir stimmen mit dem gemäßigten Realismus darin überein, daß ihm ein Sein in den Einzeldingen zukommt. Wie steht es nun mit der *Form* der Allgemeinheit, der nur ein *Sein im Geiste* zukommen soll ? Was mit diesem Sein im Geist gemeint ist, müssen wir noch etwas näher zu ergründen suchen. Der hl. *Thomas* sagt darüber[74]: „Das Allgemeine *(universale)* kann in doppeltem Sinn aufgefaßt werden: einmal auf die Natur selbst bezogen, welcher der Verstand die Bedeutung der Allgemeinheit *(intentionem universali-tatis)* zuweist ... Ferner kann das Allgemeine verstanden werden, sofern es allgemein ist und sofern die genannte Natur die Bedeutung der Allgemeinheit trägt, d. h. sofern „Lebewesen" oder „Mensch" als Eines in Vielem betrachtet wird. Und in diesem Sinn haben die Pla-toniker behauptet, „Lebewesen" und „Mensch" in ihrer Allgemeinheit seien Substanzen. Das zu widerlegen ist Aristoteles in diesem Kapitel

---

(Jahrbuch für Philosophie und phänomenologische Forschung IV, Halle 1921), besonders in der Einleitung (S. 139ff.) und im II. Abschnitt (S. 271ff.).

[72] a. a. O. S. 275.

[73] Es ist zu beachten, daß *Materie* und *Form* hier in anderem Sinn ge-braucht sind als in der Naturphilosophie, wo sie den *Stoff* und die *Wesensform* der Naturdinge bezeichnen.

[74] In Met. l. 7, lect. 13.

bemüht: er zeigt, daß das „Lebewesen im allgemeinen" oder der „Mensch im allgemeinen" *(animal commune, homo communis)*[75] keine Substanz in der wirklichen Welt *(in rerum natura)* sei. Sondern diese Allgemeinheit *(communitas)* hat die Form des Lebewesens oder des Menschen, sofern sie im Geiste ist, der eine Form als vielen Gegenständen gemeinsam aufnimmt, indem er sie loslöst von allem, was die Vereinzelung bedingt *(ab omnibus individuantibus)* ..." „Denn der Verstand erkennt zwar die Dinge, sofern er ihnen ähnlich ist im Hinblick auf die *species intelligibilis* ...[76], die *species* braucht aber nicht auf dieselbe Weise im Geist zu sein wie in der erkannten Sache; denn alles, was in einem Gegenstand ist, ist darin in der Weise dessen, in dem es ist. Und so folgt notwendig aus der Natur des Verstandes, die eine andere ist als die Natur der erkannten Sache, daß die Erkenntnisweise, in der der Verstand erkennt, etwas anderes ist als die Seinsweise, in der das Ding existiert. *Es muß zwar dasselbe im Ding sein, was der Verstand erkennt, jedoch nicht auf dieselbe Weise"*[77].

Besonders der letzte Satz ist für uns wichtig. Thomas spricht von *demselben*, das im Ding ist und das vom Verstand erkannt ist. Das „erkanntsein" deckt sich für ihn mit dem „im Geist sein" (im Verstand — *intellectus* — sein). Das, was das Ding ist, ist ein *intelligibile*, d. i. etwas, was in den Verstand eingehen kann; *wenn* es erkannt wird, dann wird es *actu intelligibile (wirklicher* Erkenntnisgegenstand)[78]. *Dasselbe* ist einer doppelten *hinzukommenden* Seins-

---

[75] Zum Unterschied von *universale* und *commune: commune* ist jedes beliebige Eine, das auf irgend eine Weise mehreren Dingen gemeinsam zukommt; *universale* aber ist das, was mehreren Dingen gemeinsam ist, sofern es mit ihnen identifiziert und *in ihnen vielfältig geworden* ist *(multiplicatum in illis); commune* legt also nicht fest, ob das, was von einer Mehrheit gemeinsam besessen wird *(communicatur cum pluribus)*, der Zahl nach dasselbe ist oder nicht; *universale* aber legt das fest, denn es ist niemals in mehreren Dingen der Zahl nach dasselbe. So ist die göttliche Natur den drei Personen gemeinsam *(communis)*, aber sie verhält sich nicht zu ihnen wie das Allgemeine *(universale)* zu den ihm untergeordneten Gegenständen *(inferiora)*; so ist das Zimmer ein Raum, der mehreren Menschen gemeinsam ist, ist aber keineswegs ein Allgemeines" *(Gredt* a. a. O. I 96).

[76] Wir lassen wiederum den Ausdruck *species intelligibilis* unübersetzt stehen, bis sich Gelegenheit bietet, ihn sachlich soweit zu klären, daß eine unmißverständliche Übersetzung möglich wird. Nur als vorläufiger Hinweis auf das an dieser Stelle Gemeinte kann dafür *Erkenntnisform* gesetzt werden.

[77] In Met. l. 1, lect. 10.

[78] Was dabei „verwirklicht wird", ist nicht der Gegenstand, sondern die Erkenntnis.

weise fähig[79]: des Seins im Dinge (des *wirklichen* Seins, wenn das
Ding ein wirkliches ist) und des Seins im Geist. Eben dieses, was auf
verschiedene Weise sein kann und was man unter Absehen von seinen
verschiedenen Seinsweisen fassen kann, scheint mir das zu sein, was
wir bisher *wesenhaftes Was* genannt haben. Wenn es „im Geist"
oder „in wirklicher Erkenntnis" ist, so heißt das nicht, daß es ein
Bestandstück des erkennenden Geistes oder des wirklichen Erkennens als einer Erlebniseinheit sei. Insofern ist der bei Thomas so
häufig wiederkehrende Grundsatz: das Erkannte ist im Erkennenden
in der Weise des Erkennenden, etwas mißverständlich. Der erkennende Geist ist ein einzelnes Wirkliches. Das wird das Erkannte als solches durch sein Erkanntwerden niemals. Es wird nur ein vom Geist
Umfaßtes, ihm Zugehöriges. Der Geist umfaßt es und besitzt es, aber
immer als ein ihm Jenseitiges[80]. Das Erkannte ist in einem ganz
anderen Sinne „mein" als das Erkennen. *Mein* Erkennen ist einzig
und allein meines: es kann nicht zugleich eines andern Menschen Erkennen sein. Aber das, was ich erkenne, und zwar nicht nur der Gegenstand der Erkenntnis, sondern auch das Erkannte, wie es erkannt
wird, etwa in bestimmter begrifflicher Fassung, kann auch von andern
erkannt werden. Ich entziehe es niemandem, indem ich es erkenne.
Das „im Geist sein" oder „vom Geist umfaßt sein" kommt zu dem,
was in der Erkenntnis umfaßt wird, ebenso hinzu, wie das Wirklichsein zu dem, was wirklich wird. „Wirklichsein" und „Erkanntsein"
sind verschiedene Seinsweisen dessen, was, *in rerum natura* verwirklicht, *in intellectu* ein *actu intelligibile* wird, *desselben Wesenswas*[81]. In der Tat ist das, was der Geist umfaßt, dasselbe, was
er im wirklichen Wesen als sein Was vorfindet. Es wahrt seiner
Verwirklichung wie seiner *Vergeistigung* gegenüber eine eigentümliche Unversehrtheit und Unberührtheit. Es ist, was es ist, ob es
verwirklicht ist oder nicht und ob es erkannt ist oder nicht.
Und eben dieses gegen *Verwirklichung* und *Vergeistigung* gleich-

---

[79] Das „hinzukommenden" ist zu betonen, weil sogleich gezeigt werden soll,
daß es, abgesehen von den möglichen hinzukommenden Seinsweisen, seine
eigene hat.

[80] Daß dennoch von allem geistig Erfaßten etwas in den erfassenden Geist
selbst eingehen und ihn bilden kann, wird später (Kap. VII, § 4) gezeigt
werden.

[81] Weil wir es als *dasselbe* ansehen, können wir die Behauptung *Pfänders*,
daß der Begriffsinhalt mit nichts am Gegenstande zusammenfalle, nicht ohne
Einschränkung annehmen und auch seine Ablehnung der Lehre von der Abstraktion nicht mitmachen.

gültige Sein ist es, was wir sein *eigenes*, sein *wesenhaftes* Sein nennen. Es muß dabei wohl beachtet werden, daß zur *Vergeistigung* noch etwas anderes gehört als das „Umfassen mit dem Geist", das Denken „meint" den Gegenstand durch einen Begriff hindurch, mit dem es sein Was zu fassen sucht. Der ideal vollendete Begriff wäre mit dem Wesenswas vollkommen in Deckung, ohne mit ihm zusammenzufallen. Der Begriff, den der einzelne Mensch sich bildet, zielt auf diesen Idealbegriff ab (wenn es dabei auf seinen Wesensbegriff abgesehen ist, nicht auf eine beliebige „eindeutige Bestimmung"), bleibt aber mehr oder weniger hinter ihm zurück: durch Unvollständigkeit, vielleicht auch durch Falschheit. Jeder Mensch hat seine „begriffliche Welt", die nicht nur mit der *wirklichen*, sondern auch mit der *Welt der idealen Begriffe* und mit den Begriffswelten anderer mehr oder minder in Deckung sein kann.

Weil das erkannte Wesenswas *dasselbe* ist, das wir in einer Vielheit von Vereinzelungen vorfinden, darum können wir ihm die *Bedeutung der Allgemeinheit* geben; darum ist das *Absehen* von den Bedingungen seiner Vereinzelung möglich, das zu dieser Bedeutung gehört und das man *Abstraktion* nennt. An sich ist es weder *allgemein* noch *individuell*. Es hat im Bereich des wesenhaften Seins nicht seinesgleichen — das hat es mit dem Individuum gemeinsam. Aber es ist *mitteilbar* und läßt Vereinzelungen zu — das scheidet es vom Individuum im Vollsinn des Wortes und gibt die Möglichkeit, ihm *Allgemeinheit* zuzuschreiben.

Die letzten Bemerkungen machen deutlich, daß die hier entwickelte Auffassung wohl etwas über den *gemäßigten Realismus* hinausgeht, aber nicht als *platonischer Realismus* (nach der herkömmlichen Deutung des Platonismus[82]) anzusprechen ist. Wir schreiben dem *wesenhaften Was* kein Sein nach Art der wirklichen Dinge zu, wir betrachten sie nicht als Individuen oder *Substanzen* (in einem später zu erläuternden Sinn dieses Wortes, das wir bisher sorgfältig vermieden haben). Am ehesten dürfte unsere Auffassung der des *Duns Scotus* nahekommen.

Im Bereich dessen, was wir als *wesenhaftes Sein* gegenüber dem wirklichen Sein auf der einen Seite, dem „im Geist sein" (in den verschiedenen möglichen Formen des Erkanntseins, Gedachtseins usw.) auf der andern Seite herauszustellen suchten, sind die *Wesenheiten* die *Elemente*, aus denen sich die *Washeiten* als *zusammen-*

---

[82] Ich habe mich freilich noch nie davon überzeugen können, daß Plato wirklich das gemeint hätte, was *Aristoteles* in der „Metaphysik" an der Ideenlehre bekämpft.

gesetzte Gebilde aufbauen; diese selbst gehen wiederum als ein Kern-
bestand in das *volle Was* der Dinge ein. Die Wesenheiten treten nur
durch die Washeiten und Wesen zur wirklichen Welt in Beziehung.
Die Washeiten und die Wesen werden in den Dingen als ihr fester
Bestand wirklich, das volle Was als ihr fließender Bestand. Nähern
wir uns diesem ganzen Gebiet von der *natürlichen Einstellung* her,
die der Welt der wirklichen Dinge zugewandt ist, so gewinnen wir
sie — durch „Ausschaltung" des wirklichen Seins — als das Was der
Dinge oder als ihren *sachlichen Sinn*. Gehen wir in einer rückgewandten Betrachtung von dem aus, was der Geist als auffassender, denken-
der, erkennender, verstehender umfaßt, so treffen wir auf dasselbe
als auf den Gehalt unseres gegenständlich gerichteten *Bewußtseins*
oder auf den *geistigen Sinn*[83]. Beginnen wir mit der Zergliederung
des sprachlichen Ausdrucks, so finden wir dasselbe als *sprachlichen
Sinn*[84].

§ 11. Abwehr von Mißdeutungen des „wesenhaften Seins"

Angesichts der beharrlichen Mißdeutungen, wie sie die phänomenologische Wesenslehre von den verschiedensten Seiten — auch von
der Scholastik her — erfahren hat, dürfte es gut sein, ausdrücklich
festzustellen, was mit dieser Wesenslehre, soweit wir sie hier entwickelt haben, gemeint und was *nicht* gemeint ist. In dem Gesagten
ist ausgesprochen, daß nichts Zeitliches, nichts, dessen Sein von
Augenblick zu Augenblick ein Werden und Vergehen ist, möglich ist
ohne einen der Zeit enthobenen Grund: ohne eine zeitlose *Gestalt*,
die den eigentümlichen Verlauf des jeweiligen zeitlichen Geschehens
regelt und damit in der Zeit wirklich wird. Wir gingen dabei von dem
zeitlichen Geschehen aus, das wir als unser eigenes Sein vorfinden,
und verstanden unter den zeitlosen Gestalten den Sinngehalt unseres
Erlebens. Darum ist unsern Feststellungen zu entnehmen — obgleich
wir diese Linie hier nicht verfolgen —, daß auch kein zeitliches *Erkennen* und kein Erkennen von Zeitlich-Wirklichem möglich ist, das
nicht zugleich Erkenntnis eines zeitlosen Sinnes und nur dadurch als
Erkennen überhaupt möglich wäre. Es ist *nicht* ausgesprochen, daß
wir Menschen zur Erkenntnis eines zeitlosen Sinnes unabhängig von
seiner zeitlichen Verwirklichung und von sinnlicher Gegebenheit fähig
wären. Um diese Frage in Angriff nehmen zu können, müßten wir
untersuchen, was mit sinnlicher Gegebenheit überhaupt gemeint ist

---

[83] *Husserl* hat in den „Ideen" den Ausdruck *noematischer Sinn* geprägt.

[84] Den letzten Weg ist *Husserl* in seinen „Logischen Untersuchungen" gegangen, den ersten und zweiten in seinen „Ideen".

und was damit dort gemeint sein könnte, wo es sich nicht um ein Wahrnehmen äußerer Dinge, sondern um das zu unserm Sein selbst gehörige Bewußtsein handelt. Aber die Frage ist in unsern Überlegungen überhaupt nicht angeschnitten worden, und es ist darüber auch noch nichts vorweg entschieden. Wenn wir *Wesenserkenntnis*, als Erfassen eines zeitlosen Sinnes verstanden, als Bedingung der Möglichkeit alles Erkennens überhaupt in Anspruch nehmen müssen, so ist damit nicht gesagt, daß diese Wesenserkenntnis für zeitlich erkennende Geschöpfe, wie wir Menschen es sind (unser Erkennen gehört ja zu unserm zeitlichen Sein), losgelöst von der Erkenntnis von Zeitlichem möglich wäre. Es ist damit also keineswegs dem Menschen ein Erkennen nach der Art des göttlichen zugesprochen.

Es wird auch nicht behauptet, daß wir Menschen natürlicherweise imstande seien, rein geistige Wesen (Gott oder die Engel) unmittelbar zu erkennen, d. h. ohne Zuhilfenahme der Erfahrung von Zeitlich-Wirklichem. Nur soviel ist dem Gesagten zu entnehmen: Wenn wir von „Gott" oder von „Engeln" sprechen und mit diesen Namen einen Sinn verbinden, so ist der Sinn etwas Zeitloses. Wir *meinen* mit den Namen etwas, sie *bedeuten* etwas; verschiedene Namen etwas Verschiedenes. Und wenn es „echte" Sinneinheiten sind, keine willkürlichen Erzeugnisse eines spielenden „Denkens"[85], so sind sie etwas von uns Vorgefundenes, von uns Entdecktes oder uns Geschenktes, was unserer Begriffsbildung und Namengebung Gesetze vorschreibt. Wo und auf welche Weise es „vorgefunden" wird, das sind weitere Fragen. Jedenfalls handelt es sich um etwas, was weder zeitlich-wirklich noch „bloß gedacht" ist. Und dieses ist es, was wir als „wesenhaft Seiendes" bezeichnen.

Wenn wir auch zunächst innerhalb des eigenen Seins den zeitlichen Fluß des Lebens und die ihn gestaltenden Sinneinheiten unterschieden haben, so gilt doch dasselbe von allem zeitlichen Sein, d. h. von der ganzen Welt unserer inneren und äußeren Erfahrung. Was wir meinen, wenn wir von „Dingen" sprechen, ist etwas, was entsteht und vergeht, aber in seinem Entstehen und Vergehen einen zeitlosen Sinn verkörpert. Wenn wir demnach auch in der Welt unserer Erfahrung ein fließendes „Was" und einen diesen Fluß beherrschenden „Wesensbau" unterscheiden, wenn wir unsere „Erfahrung" als von Wesenserkenntnis „bedingt und durchseelt" ansehen, so ist damit nicht gesagt, daß wir die Dinge erkennen, wie sie „an sich" und unabhängig von unserer Erfahrung sind, daß wir ihnen „bis auf den

---

[85] Ob und wieweit so etwas möglich ist, muß noch erwogen werden. (Vgl. Kap. VI, § 1.)

letzten Grund" sehen. Doch wenn wir auch feststellen müßten, daß wir der Dinge nur durch „Erscheinungen" habhaft werden können, die nicht nur durch die Dinge selbst, sondern durch die Gesetze unseres Erkennens bestimmt sind, so wäre doch die *Erscheinungsgegebenheit* und die Zuordnung des erkennenden Geistes und der erkannten Welt (die „Subjekt-Objekt-Beziehung") wiederum etwas, was Wesensgesetzen untersteht und gar nicht anders zu fassen ist. Die Möglichkeit, Geschöpfen von unserer Geistesverfassung zu „erscheinen", kann nur aus dem „Wesen" der Dinge und dem Wesen unseres Geistes verstanden werden. Alles, was darüber gesagt wird, beruht auf der Voraussetzung einer Wesenserkenntnis in unserm Sinn. Dadurch ist keineswegs ausgeschlossen, daß wir zum Wesen Gottes und der Engel, zum Wesen der Dinge und vielleicht sogar zu unserm eigenen Wesen keinen unmittelbaren Zugang haben (auch der Sinn von Mittelbarkeit und Unmittelbarkeit wäre noch zu klären) und daß unsere Wesenserkenntnis niemals erschöpfend, sondern immer nur „Stückwerk" sein kann. Aber um all diese Fragen — nach Art und Reichweite unserer Erkenntnis und nach ihrem natürlichen Gegenstand — geht es uns jetzt nicht. Nach dem *Sein* haben wir gefragt und sind auf den Gegensatz des zeitlich-wirklichen und des wesenhaften Seins gestoßen. Hier aber ergibt sich für uns eine Schwierigkeit.

§ 12. Wesenhaftes und ewiges Sein

Blicken wir zurück auf den Weg, den wir gegangen sind. Wir gingen von der unstreichbaren Tatsache unseres eigenen Seins aus. Es erwies sich als ein flüchtiges, von Augenblick zu Augenblick gefristetes und darum undenkbar ohne ein anderes, in sich gegründetes, schöpferisches, das Herr alles Seins, das Sein selbst ist. Wir stießen außerdem auf etwas anderes, was in unserm fließenden und flüchtigen Sein erwächst, was wir, nachdem es erwachsen ist, als Ganzes, als ein umgrenztes Gebilde umfassen und festhalten können. Obgleich im Fluß der Zeit erwachsen, erscheint es nun diesem Fluß enthoben, als zeitlos. Der zeitliche Fluß, das Erleben, in dem die Einheit *in mir* und *für mich* erwächst, steht unter Gesetzen, die seinen Verlauf bestimmen und nicht selbst wiederum ein Fließendes und Flüchtiges, sondern ein Festes und Ruhendes sind. Es ist eine Mannigfaltigkeit inhaltlich unterschiedener und gegeneinander abgegrenzter Sinneinheiten. Die „wirkliche Welt" mit ihrer Mannigfaltigkeit werdender und vergehender Gebilde, die Welt des fließenden, stets zugleich wirklichen und

möglichen Seins, ist in diesem „Reich des Sinnes" begründet, hat
darin den Grund ihrer Möglichkeit[86]. Die Sinneinheiten sind *endlich*,
sofern sie „etwas und nicht alles" sind. Aber es besteht für sie keine
Möglichkeit des Anfangens und Endens in der Zeit. Stehen wir damit
vor etwas, was nicht zeitlich, aber auch nicht ewig im Sinne des allumfassenden Seins ist? War es ein voreiliges „Entweder-Oder",
das Hedwig *Conrad-Martius* als Hauptergebnis ihrer Untersuchungen
über die Zeit ausgesprochen hat: „Entweder ein Seiendes existiert in
wesenhafter Kommensurabilität mit dem Nichts — dann ist es *eo
ipso* eine ewige Allperson! Oder es existiert in faktischer Gegensetzung
gegen das Nichts; dann ist es — ontisch isoliert genommen! — *eo
ipso* der konstitutiven Spannung zwischen Sein und Nichtsein und
damit der nur punktuellen Berührungsexistenz ausgeliefert, ein
Endliches im spezifischen Sinn"?[87] Die „Kommensurabilität mit
dem Nichts" bedeutet, daß jeder „mögliche Abgrund des Nichts"
durch das ewige Sein „*eo ipso* ... eingenommen" ist. „Das bedeutet
aber die unmittelbare Seinssouveränität über jedes mögliche Nichtsein. Das Schaffen ist der selbstverständliche Ausdruck dieser Souve-
ränität in seiner faktischen Wirksamkeit"[88]. Das „flüchtige" Sein ist
nicht im Besitze des Seienden, das flüchtig *ist*: es muß ihm immer
neu geschenkt werden. Schenken kann aber nur, wer das Sein wahrhaft besitzt, wer darüber Herr ist. Herr sein kann nur eine *Person*.
Herr des Seins aber wäre sie nicht, wenn sich etwas ihrer Seinsmacht
entzöge: wenn es unabhängig von ihr Sein oder Nichtsein gäbe. So
kann auch das Sein der Sinneinheiten nicht unabhängig von Gott
sein. Verfällt es damit dem Fluß der Zeit? Das ist gleichfalls nicht
möglich. Der *Sinn* erwies sich ja als das diesen Fluß beherrschende,
in sich ruhende Gesetz. Aber ruhen die Sinneinheiten wirklich „in
sich?" Ist das Sein, das wir ihnen zuschreiben, *ihr* Sein? Wenn eine
Erlebniseinheit in mir wirklich wird, so bin *ich* das, was mit dem
Sein beschenkt wird, und durch das mir geschenkte Sein wird sie
wirklich. Es ist aber nicht der sie gestaltende Sinn, der mir das Sein
schenkt, sondern mit dem Sein wird mir dieser Sinn geschenkt und
werde ich durch ihn gestaltet. Das, was mir das Sein gibt und ineins
damit dies Sein mit Sinn erfüllt, muß nicht nur Herr des Seins, sondern auch des Sinnes sein: im ewigen Sein ist alle Sinnesfülle enthalten, nirgends anders her als aus sich selbst kann es den Sinn

---

[86] Es ist hier an den Doppelsinn von Möglichkeit zu denken: 1. Wesensmöglichkeit, die wirkliches Sein mit seinen niederen Vorstufen ermöglicht;
2. diese Vorstufen selbst.

[87] Die Zeit S. 373.   [88] a. a. O. S. 372.

„schöpfen", mit dem jedes Geschöpf erfüllt wird, indem es ins Dasein gerufen wird. So ist das Sein der Wesenheiten und Washeiten
nicht als ein selbständiges neben dem ewigen zu denken. Es ist das
ewige Sein selbst, das in sich selbst die ewigen Formen gestaltet —
nicht in einem zeitlichen Geschehen —, nach denen es in der Zeit und
mit der Zeit die Welt schafft. Das klingt rätselhaft und doch alt-
vertraut:

„Ἐν ἀρχῇ ἦν ὁ Λόγος" — so antwortet die Ewige Weisheit auf
die Rätselfrage des Philosophen. Die Theologen übersetzen: „Im
Anfang war das *Wort*", und verstehen darunter das *Ewige Wort*, die
zweite Person in der Dreifaltigen Gottheit. Wir tun aber den Worten
des hl. *Johannes* keine Gewalt an, wenn wir, im Zusammenhang der
Überlegungen, die uns hierher geführt haben, mit *Faust* zu sagen
versuchen: „Im Anfang war der *Sinn*". Man pflegt ja das Ewige Wort
dem „inneren Wort" der menschlichen Rede zu vergleichen und erst
das menschgewordene Wort dem „äußeren", gesprochenen Wort[89].
Wir fügen noch hinzu, was die Ewige Weisheit durch den Mund des
Apostels *Paulus* spricht: „ . . . αὐτός ἐστιν πρὸ πάντων, καὶ τὰ πάντα
ἐν αὐτῷ συνέστηκεν — Er ist vor allen Dingen, und alle Dinge
haben in Ihm ihren festen Bestand und Zusammenhang"[90].

Offenbar tragen diese beiden Schriftworte uns weit über das hinaus,
was uns der forschende Verstand erschlossen hat. Aber vielleicht kann
uns der philosophische Sinn des Logos, zu dem wir vorgedrungen sind,
den theologischen Sinn des Logos verstehen helfen, und andrerseits
die offenbarte Wahrheit in den philosophischen Schwierigkeiten
weiterhelfen[91]. Wir versuchen zunächst, uns den Sinn der beiden
Schriftstellen klar zu machen. Mit *Sinn* bezeichnet das Johannes-
evangelium eine *göttliche Person*, also nicht etwas *Unwirkliches*, sondern das *Wirklichste*, was es gibt. Er fügt auch sogleich hinzu: „πάντα
δι' αὐτοῦ ἐγένετο — Durch Ihn sind alle Dinge geworden"[92]. Und
daran schließt sich sinngemäß die angeführte Paulusstelle, die den
Dingen „im Logos" „Bestand und Zusammenhang"[93] zuschreibt. So

---

[89] Vgl. *Thomas von Aquino*, De veritate q 4 a 1 ad 5/6 (Untersuchungen über
die Wahrheit I 115f.).

[90] Kol. 1, 17.

[91] Entsprechend den Grundsätzen des hl. *Anselmus*: *Fides quaerens intellectum* und *Credo, ut intelligam*. Vgl. dazu auch die Einleitung von Alexander *Koyré* zu seiner lateinisch-französischen Ausgabe von Anselmus' *Proslogion*, die unter dem Titel *Fides quaerens intellectum* erschienen ist (Paris 1930).

[92] „Alles" — „alle Dinge" bezeichnet alles, was geschaffen ist.

[93] So suche ich das συνέστηκεν = *constant* wiederzugeben.

haben wir unter dem göttlichen Λόγος ein *wirkliches Wesen* zu verstehen: nach der Trinitätslehre das *göttliche* Wesen. Daß es *Sinn* genannt wird, versteht sich daraus, daß es das göttliche Wesen *als ver-
standenes* ist, als *Gehalt der göttlichen Erkenntnis*, als ihr „geistiger
Sinn". Es kann auch *Wort* genannt werden, weil es der Inhalt dessen
ist, was Gott spricht, der Gehalt der Offenbarung, also *sprachlicher
Sinn*; noch ursprünglicher: weil der Vater sich darin ausspricht und
es durch sein Sprechen hervorbringt. Dieser Sinn aber ist wirklich,
und es ist nicht möglich, sein wesenhaftes von seinem wirklichen Sein
zu trennen, weil das ewige Sein wesenhaft wirklich ist und als das
erste Sein Urheber alles Seins. Daß sein wesenhaftes Sein nicht angefangen haben kann, das liegt schon im wesenhaften Sein und im
Sinn als solchen. Es ist aber auch vom göttlichen *Geist* her zu verstehen. Das wirkliche (= aktuelle) Sein des Geistes ist *Leben* und ist
lebendiges Verstehen. Gott als „reiner Akt" ist wandellose Lebendigkeit. Geistiges Leben, Verstehen ist aber nicht möglich ohne einen
Gehalt, ohne „geistigen Sinn". Und dieser Sinn muß gleich ewig und
gleich wandellos sein wie der göttliche Geist selbst. Ist es überhaupt
möglich, auch nur *gedanklich* das wesenhafte Sein des Λόγος von
seinem wirklichen Sein zu trennen, wie es bei dem endlichen Wesen
möglich ist ? Die Dreifaltigkeit als solche scheint eine derartige Trennung zu bedeuten. Der Sohn wird als *gleich-ewig (coaeternus)* mit
dem Vater bezeichnet[94], aber als „vom Vater *erzeugt*", und das besagt, daß er sein ewiges Sein vom Vater *empfängt*. Das *göttliche Wesen*
ist *eines*, kann also nicht als erzeugt bezeichnet werden. Was *erzeugt*
wird, ist die *zweite Person*, und das Sein, das sie damit empfängt,
kann nicht das wesenhafte Sein des göttlichen Wesens sein, sondern
nur sein *Wirklichsein* in einer zweiten Person. Weil die Person des
Sohnes und ihr Wirklichsein etwas „Neues" ist gegenüber der Person
des Vaters, darum kann man von ihr auch sagen, daß sie das Wesen
empfängt. Aber das Wesen empfängt nicht sein wesenhaftes Sein.
Selbst das ἐν ἀρχῇ ἦν ὁ Λόγος läßt eine solche Deutung zu, wenn
wir an die Bedeutung denken, die ἀρχή in der griechischen Philosophie hat. Es ist ja nicht „Anfang" als „Beginn der Zeit", sondern
das „erste Seiende", das Ur-Seiende. So bekommt der geheimnisvolle
Satz den Sinn: Im ersten Seienden war der *Logos* (der *Sinn* oder
das *göttliche Wesen*) — im Vater der Sohn —, der Sinn vom Ur-
Wirklichen umschlossen[95]. Die *Zeugung* bedeutet die Setzung des

---

[94] Vgl. das *Symbolum Athanasianum*.

[95] Dieselbe Deutung findet sich bei J. *Dillersberger*, Das Wort vom Logos,
Salzburg 1935, S. 35, mit Belegen aus *Augustinus* und *Origenes*.

Wesens in die neue Person-Wirklichkeit des Sohnes, die allerdings keine Hinaus-Setzung aus der Ur-Wirklichkeit des Vaters ist[96]. Die bildlichen Redewendungen, die zur Herausstellung des Verhältnisses zwischen den göttlichen Personen gebraucht werden, klingen fast so, als sollte man nicht nur eine gedankliche, sondern sogar eine wirkliche Trennbarkeit von wesenhaftem und wirklichem Sein annehmen. (Tatsächlich kann das nicht in Frage kommen, weil es sich ja bei beiden um ewiges Sein handelt.) Andererseits scheint die Auffassung des ersten Seienden als *des* Seienden, dessen *Wesen* das *Sein* ist, nicht einmal eine gedankliche Trennung zuzulassen. Die Untrennbarkeit des Wesens vom wirklichen Sein war es, durch die der hl. *Thomas* das erste Seiende von jedem anderen schied. Alles Endliche *empfängt* sein Sein (wir müssen nach unserer Auffassung sagen sein *wirkliches* Sein) als etwas zu seinem Wesen Hinzukommendes. Damit ist eine *wirkliche* Trennbarkeit von Wesen und wirklichem Sein ausgesprochen. Das wesenhafte Sein schien uns vom Wesenswas nicht wirklich, aber wohl gedanklich trennbar. Wenn aber das erste Seiende das Sein zum Wesen hat, dann ist es unmöglich, es auch nur ohne das Sein zu denken. Es bliebe nichts übrig, wenn man das Sein wegdächte — kein Was, als das man das Nicht-Seiende denken könnte. Was, Wesen und Sein sind hier nicht zu unterscheiden. Wenn man diesen Gedanken in aller Klarheit zu fassen vermöchte, so hätten wir darin die Grundlage für einen „ontologischen Gottesbeweis", die noch tiefer läge und noch einleuchtender wäre als der Gedanke des *ens quo nihil majus cogitari possit*, des denkbar vollkommensten Wesens, von dem der hl. *Anselmus* ausgeht[97]. Man könnte es freilich nicht eigentlich einen *Beweis* nennen. Wenn man sagt: Gottes Sein ist sein Wesen; Gott ist nicht ohne das Sein denkbar; Gott *ist* notwendig, so liegt nicht eine eigentliche *Folgerung*, sondern nur eine Umformung des ursprünglichen Gedankens vor. Die Richtigkeit dieser Umformung wird auch von dem hl. *Thomas*, der den ontologischen Beweis Anselmus' bekanntlich abgelehnt hat[98], nicht bestritten. Er gibt zu, daß der Satz „Es gibt einen Gott" *an sich* unmittelbar einleuchtend sei, weil Gott sein Sein *ist*. „Weil wir aber nicht wissen, was Gott ist, so ist der Satz vom Dasein Gottes *für uns* nicht unmittelbar einleuchtend (oder selbst-verständlich)[99], muß vielmehr

---

[96] Das göttliche Wesen ist ja kein *universale*, sondern ein *commune* (vgl. S. 95f.).   [97] Proslogion Kap. II (in der Ausgabe von *Koyré* S. 12).
[98] S. th. I q 2 a 1 ad 2.
[99] So übersetzt die deutsche *Summa*-Ausgabe des Kath. Ak.-Verbandes (Bd. I, S. 38) das *per se notum*.

bewiesen werden aus den Wirkungen Gottes, die zwar der Ordnung der Natur nach später als die Ursache, also weniger *selbst*-verständlich, unserm Erkennen aber früher gegeben als die Ursache, also leichter zugänglich sind"[100]. Ohne Zweifel ist es uns nicht selbstverständlich, Gott als „den Seienden" oder gar als „den, dessen Wesen das Sein ist", zu denken. Es ist der Weg der Gottesbeweise von den Wirkungen her, auf dem Thomas zu diesem Gedanken emporführt. Wenn man diesen Gedanken gefaßt hat, so ergibt sich die Notwendigkeit des göttlichen Seins unausweichlich[101]. Aber können wir diesen Gedanken wirklich *fassen*? *Si comprehendis, non est Deus*, sagt *Augustinus*. (Wenn du begreifst, so ist es nicht Gott.) Und „. . . mit welcher Kraft der Einsicht faßt der Mensch Gott, da er diese Kraft der Einsicht selber, mit der er Ihn fassen will, noch nicht faßt?"[102] Wenn wir sagen: Gottes Sein ist sein Wesen, so können wir damit wohl einen gewissen Sinn verbinden. Aber wir gelangen zu keiner „erfüllenden Anschauung" dessen, was wir meinen[103]. Ein Wesen, das nichts anderes ist als Sein, können wir nicht fassen. Wir rühren gerade noch daran, weil unser Geist über alles Endliche hinauszielt — und durch das Endliche selbst dahin geführt wird, darüber hinauszuzielen — auf etwas, was alles Endliche in sich begreift, ohne sich darin zu erschöpfen. Kein Endliches vermag ihn zu erfüllen, auch alles Endliche zusammengenommen nicht. Aber das, was ihn zu erfüllen vermöchte, vermag er selbst nicht zu fassen. Es entzieht sich seiner Anschauung. Der Glaube verheißt uns, daß wir es im Glorienlichte schauen werden. So oft wir uns hier seiner zu bemächtigen suchen, bekommen wir immer nur ein endliches Gleichnis zu fassen — ein Endliches, in dem Was, Wesen und wirkliches Sein auseinanderfallen.

In dieser dem Menschengeist eigenen Paradoxie, seinem Ausge-

---

[100] S. th. I q 2 a 1 corp.

[101] Darum ist die auf *Thomas* (I q 2 a 1 ad 2) gestützte herkömmliche *Widerlegung* des ontologischen Beweises, er sei ein „unberechtigter Übergang aus der logischen in die ontologische Ordnung" (*Summa*-Ausgabe des Kath. Ak.-Verbandes I 446 Anm. 3) nicht überzeugend. Es handelt sich um den Übergang vom Wesen zum Sein, und wenn dieser Übergang bei allen endlichen Wesen unzulässig ist, so läßt sich daraus kein Schluß auf das unendliche Wesen ziehen, weil gerade der Unterschied im Verhältnis von Wesen und Sein es am stärksten von allem Endlichen unterscheidet.

[102] De Trinitate V 1, 2 (*Przywara*, Augustinus S. 231).

[103] Das Verhältnis von Meinung *(Intention)* und Erfüllung ist von E. *Husserl* in der VI. seiner „Logischen Untersuchungen" (in der 2. Auflage III. Band) ausführlich behandelt worden.

spanntsein zwischen Endlichkeit und Unendlichkeit, scheint mir das eigentümliche Schicksal des ontologischen Gottesbeweises begründet: daß sich immer wieder neue Verteidiger und immer wieder neue Gegner für ihn finden[104]. Wer bis zu dem Gedanken des göttlichen Seins — des Ersten, Ewigen, Unendlichen, des *reinen Aktes* — vorgedrungen ist, der kann sich der Seinsnotwendigkeit, die darin eingeschlossen ist, nicht entziehen. Sucht er es aber zu fassen, wie man erkenntnismäßig etwas zu fassen pflegt, so weicht es vor ihm zurück und erscheint nicht mehr als ausreichende Grundlage, um darauf das Gebäude eines Beweises zu errichten. Dem Gläubigen, der im Glauben seines Gottes gewiß ist, erscheint es so unmöglich, Gott als nichtseiend zu denken, daß er es zuversichtlich unternimmt, selbst den *insipiens*[105] vom Dasein Gottes zu überzeugen. Der Denker, der den Maßstab der natürlichen Erkenntnis anlegt, schrickt immer wieder vor dem Sprung über den Abgrund zurück. Aber ergeht es den Gottesbeweisen *a posteriori*, den Schlüssen von den geschaffenen Wirkungen auf eine ungeschaffene Ursache, viel besser? Wieviel Ungläubige sind denn schon durch die thomistischen Gottesbeweise gläubig geworden? Auch sie sind ein Sprung über den Abgrund: der Gläubige schwingt sich leicht hinüber, der Ungläubige macht davor halt.

Um wieder auf unsere Fragen zurückzukommen: Zweifellos ist in der Gleichsetzung des göttlichen Seins und des göttlichen Wesens die gedankliche Untrennbarkeit beider und damit zugleich die *Untrennbarkeit von wesenhaftem und wirklichem Sein* in Gott ausgesprochen: *Gottes wesenhaftes Sein ist das wirkliche, ja das allerwirklichste Sein:* der *reine Akt*. Aber weil Gott für uns weder als Sein noch als Wesen[106] faßbar ist, weil wir uns Ihm immer nur mit Hilfe endlicher *Abbilder* nähern, in denen Sein und Wesen getrennt ist, so geschieht diese Annäherung bald von der Seite des Wesens, bald von der Seite des Seins her, und darum sprechen wir wie von etwas Getrenntem von dem, was an sich nicht trennbar ist.

Wie ist aber diese Untrennbarkeit vereinbar mit der Trennbarkeit, die uns durch die Trinitätstheologie nahegelegt schien? Kann ich die Personen und ihr unterschiedenes Personsein vom göttlichen Wesen trennen, wenn Wesen und Sein untrennbar ist? Ich sehe keine andere

---

[104] Vgl. A. *Koyré* a. a. O. S. V.

[105] den *Toren*, was in der Sprache der Hl. Schrift den Gottlosen bedeutet. Vgl. *Anselmus*, Proslogion Kap. III/IV.

[106] Da bei Gott *Was* und *Wesen* nicht zu unterscheiden sind, dürfen wir bei Ihm von *Wesen* sprechen, wo wir bei endlichem Seienden *Wesenswas* setzen mußten.

Lösung, als daß *das Sein in drei Personen* selbst als *wesenhaft* zu betrachten ist. Damit wird freilich auch die Trennbarkeit von Wesen und Sein, wesenhaftem und wirklichem Sein beim Logos zu einer bloßen Gleichnisrede. Aber wie könnten wir anders als in Gleichnissen von dem größten aller Glaubensgeheimnisse sprechen?

Diese Gleichnisreden führen uns nun auch zum Verhältnis des göttlichen Logos zum *Sinn* der endlichen Wesen. Wir fanden den Namen *Logos* für die zweite göttliche Person darin begründet, daß er das göttliche Wesen als erkanntes, als das vom göttlichen Geist umfaßte, zum Ausdruck bringt. Das sind Gleichnisreden, die vom menschlichen Erkennen und Benennen endlicher Dinge hergenommen sind. Wir weisen dem Logos in der Gottheit die Stelle zu, die dem *Sinn* als dem sachlichen Gehalt der Dinge und zugleich als dem Gehalt unserer Erkenntnis und Sprache im Bereich des uns Faßbaren entspricht. Das ist die *analogia*, die Übereinstimmung-Nichtübereinstimmung[107], zwischen Λόγος und λόγος, Ewigem Wort und Menschenwort. Es wird aber in den Schriftstellen, die wir heranzogen, nicht nur eine Gleichnisbeziehung behauptet, die es uns ermöglicht, „das unsichtbare Wesen Gottes ... durch das, was geschaffen ist, verstehend zu erschauen"[108], sondern es wird ausgesprochen, daß das Geschaffene *durch den Logos* geschaffen sei und *in Ihm Zusammenhang* und *Bestand* habe. Was gemeint ist, wird auch noch erläutert durch die Lesart von Joh. 1, 3—4, die im Mittelalter üblich war. Wir lesen heute: „... *sine ipso factum est nihil, quod factum est* — ... ohne Ihn (den Logos) ist nichts gemacht worden, was gemacht ist". Damals verband man: „*Quod factum est, in ipso vita erat* — Was gemacht worden ist, war in Ihm Leben". Damit scheint ausgesprochen, daß die geschaffenen Dinge im göttlichen Logos ihr Sein — und zwar ihr wirkliches Sein — haben. In der so gedeuteten Schriftstelle ist offenbar die *augustinische* Auffassung der Ideen als „schöpferischer Wesenheiten im göttlichen Geist" vorgebildet.

Wie wir das Sein der Dinge im Logos *nicht* zu verstehen haben, das ist in einer kirchlichen Lehrentscheidung ausgesprochen[109]: Die geschaffenen Dinge sind nicht in Gott wie die Teile im Ganzen, und das wirkliche Sein der Dinge ist nicht das göttliche Sein, sondern ihr eigenes, vom göttlichen unterschiedenes. Was kann dann ihr

---

[107] Die deutsche *Thomas*-Ausgabe des Kath. Ak.-Verbandes sagt dafür *Verhältnisgleichheit.* [108] Röm. 1, 20.

[109] Die Verurteilung des *Ontologismus* A. *Günthers:* Dz. 1659—1665 (Dz. = *Denzinger-Bannwart*, Enchiridion Symbolorum, ed. 11, Freiburg i. Br. 1910).

„Bestand und Zusammenhang" im Logos bedeuten? Versuchen wir zunächst das *con-stare*, das Zusammen der Dinge im Logos zu verstehen. Es besagt offenbar die Einheit alles Seienden. Unsere Erfahrung zeigt uns die Dinge als in sich geschlossene und voneinander getrennte Einheiten, allerdings in wechselseitigen Abhängigkeitsbeziehungen, die uns zu dem Gedanken eines allgemeinen ursächlichen Zusammenhanges aller wirklichen Dinge hinführen. Aber der ursächliche Zusammenhang erscheint wie etwas Äußeres. Wenn wir den Aufbau der dinglichen Welt zu erforschen suchen, so stoßen wir wohl darauf, daß es im Wesen der Dinge begründet ist, in welche ursächlichen Zusammenhänge sie eintreten können; andererseits sind es die ursächlichen Zusammenhänge, die uns etwas vom Wesen enthüllen [110]. Beides zeigt aber, daß das Wesen etwas Tieferliegendes ist als die ursächlichen Zusammenhänge. So bedeutet der allgemeine *ursächliche Zusammenhang* noch *keinen* allgemeinen *Sinnzusammenhang* aller Dinge. Dazu kommt noch, daß die Gesamtheit aller wirklichen Dinge noch nicht alles endliche Seiende überhaupt umschließt. Zur Gesamtheit alles Seienden gehört auch vieles „Unwirkliche": Zahlen, geometrische Gebilde, Begriffe u. a. m. Sie alle werden von der Einheit des Logos umschlossen. Der Zusammenhang, in dem „alles" im Logos steht, ist als die Einheit eines *Sinn-Ganzen* zu denken.

Der Zusammenhang unseres eigenen Lebens ist vielleicht am besten geeignet, um zu veranschaulichen, was gemeint ist. Man unterscheidet in der gewöhnlichen Redeweise „Planvolles" — und das gilt zugleich als „sinnvoll" und „verständlich" — und „Zufälliges", was in sich sinnlos und unverständlich erscheint. Ich habe ein bestimmtes Studium vor und suche mir dafür eine Universität aus, die mir besondere Förderung in meinem Fach verspricht. Das ist ein sinnvoller und verständlicher Zusammenhang. Daß ich in jener Stadt einen Menschen kennen lerne, der „zufällig" auch dort studiert, und eines Tages „zufällig" mit ihm auf weltanschauliche Fragen zu sprechen komme, erscheint mir zunächst nicht durchaus als verständlicher Zusammenhang. Aber wenn ich nach Jahren mein Leben überdenke, dann wird mir klar, daß jenes Gespräch von entscheidendem Einfluß auf mich war, vielleicht „wesentlicher" als mein ganzes Studium, und es kommt mir der Gedanke, daß ich vielleicht „eigens darum" in jene Stadt „gehen mußte". Was nicht in *meinem* Plan lag, das hat

---

[110] *Thomas* sagt, die wesentlichen Unterschiede der Dinge seien uns unbekannt; wir könnten sie nur mit Hilfe der *hinzukommenden (akzidentellen)* Unterschiede bezeichnen, die aus den wesentlichen hervorgehen (De ente et essentia Kap. V). Vgl. dazu, was S. 99 ff. über Wesen und Wesenserkenntnis gesagt ist.

in *Gottes* Plan gelegen. Und je öfter mir so etwas begegnet, desto lebendiger wird in mir die Glaubensüberzeugung, daß es — von Gott her gesehen — keinen *Zufall* gibt, daß mein ganzes Leben bis in alle Einzelheiten im Plan der göttlichen Vorsehung vorgezeichnet und vor Gottes allsehendem Auge ein vollendeter Sinnzusammenhang ist. Dann beginne ich mich auf das Licht der Glorie zu freuen, in dem auch mir dieser Sinnzusammenhang entschleiert werden soll. Das gilt aber nicht nur für das einzelne Menschenleben, sondern auch für das Leben der ganzen Menschheit und darüber hinaus für die Gesamtheit alles Seienden. Ihr „Zusammenhang" im Logos ist der eines Sinn-Ganzen, eines vollendeten Kunstwerkes, in dem jeder einzelne Zug sich an *seiner* Stelle nach reinster und strengster Gesetzmäßigkeit in den Einklang des gesamten Gebildes fügt. Was wir vom „Sinn der Dinge" erfassen, was „in unseren Verstand eingeht", das verhält sich zu jenem Sinnganzen wie einzelne verlorene Töne, die mir der Wind von einer in weiter Ferne erklingenden Symphonie zuträgt. In der Sprache der Theologen heißt der Sinnzusammenhang alles Seienden im Logos der *göttliche Schöpfungsplan* (*ars divina*[111]). Das Weltgeschehen von Anbeginn ist seine Verwirklichung. *Hinter* diesem „Plan" aber, *hinter* dem „künstlerischen Entwurf" der Schöpfung, steht (ohne davon seinsmäßig getrennt zu sein) die ewige Fülle des göttlichen Seins und Lebens.

Darin ist schon die Antwort auf die weitere Frage beschlossen: Wie ist das *con-stare* der Dinge, ihr *Bestehen* oder *Leben* im Logos aufzufassen? Es wurde schon erwähnt, daß darunter nicht ihr wirkliches Sein zu verstehen sei — sonst hätte ja auch die Rede von einem „Plan" und seiner „Verwirklichung" keinen Sinn mehr. Der Name *Logos* weist darauf hin, daß ihr wesenhaftes Sein gemeint sein könnte: daß der *Sinn* der Dinge, von dem wir ja sagen mußten, daß er „ungeworden" sei, im göttlichen Logos seine Heimat habe. Das, was als ein Glied im göttlichen Schöpfungsplan von Ewigkeit her Bestand hat, wird den Dingen als ihr Sinn „mitgeteilt" und in ihnen verwirklicht. Es gehört ja zum wesenhaften Sein, daß das, was in dieser Weise ist, „mitgeteilt" und in einer Vielheit von Einzeldingen wirklich werden kann. Aber mit dem wesenhaften Sein, wie wir es in den Dingen angetroffen haben, kann das Sein der Dinge im Logos nicht erschöpfend gekennzeichnet sein. Sonst verdiente es nicht, *Leben* genannt zu werden, und es könnte nicht von *schöpferischen Wesenheiten* gesprochen werden. Außerdem erinnern wir uns, daß

---

[111] *Thomas von Aquino*, De veritate q 2 a 5 corp.

in Gott wesenhaftes und wirkliches Sein nicht zu trennen ist, und schließlich daran, daß das *Johannes-Evangelium* vom Logos sagt, *durch* Ihn sei alles gemacht worden. Was in den Dingen wirklich wird, ist im Logos nicht nur als ein „Unwirkliches" vorgezeichnet, sondern ist in Ihm wirklich und wirksam: das Wirklichwerden in den Dingen ist die Wirkung dieser Wirksamkeit. So ist die Deutung der *Ideen* als schöpferischer Urbilder im göttlichen Geist zu verstehen.

Damit sind aber keineswegs alle Rätsel gelöst. Nach der früher gegebenen Kennzeichnung des wesenhaften Seins müßten wir sagen: Es ist „dasselbe", was in „urbildlicher Wirklichkeit" von Ewigkeit her in Gott war und was in der Zeit in den Dingen wirklich wird. In den Dingen nun ist die Trennung des Was und des Wesens von seiner Verwirklichung, des wesenhaften vom wirklichen Sein möglich. In Gott aber erwies sie sich als unmöglich. Mit dieser Schwierigkeit hängt eine andere, auch schon früher erwähnte, nahe zusammen: die Einheit des göttlichen Wesens und die Vielheit der *Ideen*. Wir verglichen den Zusammenhang alles Seienden im Logos einem wohlgeordneten Kunstwerk, einer gegliederten Mannigfaltigkeit von vollendeter Einheit und Geschlossenheit. Wie verträgt sich das mit der Einfachheit des göttlichen Wesens, das nichts anderes ist als das göttliche Sein? *Thomas* sucht die Lösung der Schwierigkeit darin, daß das eine und einfache göttliche Wesen die Ursache der Dinge sei und daß die Vielheit durch die Beziehung auf die Mannigfaltigkeit der Dinge hineinkomme: „... der Verstand Gottes, der alles wirkt, bringt alles nach dem Bilde seines Wesens hervor; darum ist sein Wesen die Idee der Dinge. ... Die geschaffenen Dinge aber bilden das göttliche Wesen nicht vollkommen ab; darum wird das Wesen vom göttlichen Verstand nicht absolut als Idee der Dinge genommen, sondern im Verhältnis zu dem Ding, das nach dem göttlichen Wesen selbst geschaffen werden soll, je nachdem es dahinter zurückbleibt oder es nachbildet. Verschiedene Dinge aber bilden es auf verschiedene Weise nach und jedes auf seine eigene Weise, da es einem jeden eigen ist, von dem andern unterschieden zu sein; und so ist das göttliche Wesen selbst, wenn die verschiedenen Verhältnisse der Dinge zu ihm hinzugedacht werden, die Idee eines jeden Dinges. Da nun die Verhältnisse verschieden sind, muß es notwendig eine Vielheit von Ideen geben; und es ist zwar, von seiten des Wesens gesehen, eines für alle; doch die Vielheit findet sich auf seiten der verschiedenen Verhältnisse der Geschöpfe zu ihm"[112].

---

[112] De veritate q 3 a 2 corp. (Untersuchungen über die Wahrheit I 99).

Es tut der Einheit und der Einfachheit des göttlichen Wesens keinen Abbruch, daß der göttliche Geist die Mannigfaltigkeit alles Seienden *als* Mannigfaltigkeit umspannt: es geschieht dies ja *uno intuitu*, mit einem einzigen Blick von Ewigkeit her — unwandelbar. Dieser Blick umspannt alles, „was war, ist und sein wird"[113]: *Was* und *Wesen* in ihrer Verwirklichung in den Dingen, aber auch alles Mögliche, was niemals wirklich wird, und — beides umgreifend — alles Mögliche und Wirkliche ungeachtet seines nur möglichen oder wirklichen Seins, das bloße Was oder den *Sinn* als alles umfassende Sinn-Mannigfaltigkeit. In dieser Sinn-Mannigfaltigkeit hat alles Seiende seine Stelle, das Endliche als in sich geschlossene und abgegrenzte Sinn-Einheit, das Wirkliche als „vorausgedachter Gedanke Gottes".

So kommen wir doch zu einer doppelten Bedeutung des Seins des Endlichen im Ewigen: zu einem Umfaßtsein alles *Sinnes* durch den göttlichen Geist, und zu einem urbildlich-ursächlichen Begründetsein alles Seienden im göttlichen Wesen[114].

Von hier aus öffnet sich auch die Möglichkeit zur Lösung einer Schwierigkeit, die gelegentlich gestreift wurde: die Möglichkeit, die Gegenstände, die nicht wirklich und nicht geworden, aber auch nicht bloß gedacht sind, doch als *geschaffen* anzusehen. Wir haben öfters von *idealen Gegenständen* gesprochen und sie in das Gebiet des *wesenhaften Seins* eingeschlossen. Geometrische Gebilde — der Punkt, die Gerade, das Dreieck, der Kreis; ebenso ihre *Vereinzelungen*: das seiner Länge nach bestimmte Stück einer Geraden, das Dreieck von bestimmter Seitenlänge und Winkelgröße[115] — sind nicht *wirklich*: ihre „Verwirklichungen", die Ecken, Kanten und Flächen wirklicher Körper, sind tatsächlich keine Verwirklichungen, sondern „unvollkommene Abbilder", Annäherungen an die reinen geometrischen Gebilde. Sie als „bloß gedacht" zu bezeichnen, geht nicht an, wenn ich darunter ein willkürliches Erdenken verstehe. Ich kann den Begriff „dreieckiger Kreis" bilden. Aber das ist ein widerspruchsvoller Begriff, den ich nicht zu erfüllender Anschauung bringen kann. Trotzdem hat er ein „gedankliches Sein". Ich kann „mir" jedoch einen dreieckigen Kreis „nicht denken" (d. h. ich kann ihn mir nicht in

---

[113] Ein Ausdruck, in dem Thomas gern alles, was zu irgendeiner Zeit wirklich wird, zusammenfaßt.   [114] Vgl. hierzu die Ergänzung Kap. VI, § 5.

[115] Zu jedem Einzelgebilde gehört außerdem eine Lage im Raum, durch die es von andern — ganz gleichen — zu unterscheiden ist. Die Lage gehört nicht *so* dazu wie die Größe. Es kann „dasselbe" in den verschiedensten Lagen gedacht werden.

geometrischer Anschauung vor das geistige Auge führen), weil es „so etwas nicht gibt". Und das heißt nicht bloß, daß es in Wirklichkeit nicht vorkommt, sondern daß es in sich unmöglich ist, daß ihm jenes Sein mangelt, das den geometrischen Gebilden als solchen eigen ist. Dieses Sein ist aber auch nicht das Sein des *Wesens* in dem festgelegten Sinn *Wesen von etwas*. Das Wesen bedarf eines Gegenstandes, worin es sein kann; sein Sein ist ein unselbständiges. Das Dreieck dagegen (d. h. das einzelne letztbestimmte Dreieck) ist selbst ein Gegenstand, es bedarf keines andern zu dem ihm eigentümlichen Sein. Jedes Dreieck hat sein Wesen, das in ihm — nicht „verwirklicht", aber zu „geometrischer Existenz gelangt" ist. Das „Gelangen" ist kein Werden in der Zeit.

Die geometrische Existenz hat keinen zeitlichen Anfang. Wenn wir ein Dreieck „konstruieren", so bedeutet es nicht, daß wir es „erzeugen" oder „schaffen". Wir suchen vielmehr das Gebilde auf, in dem sich die uns bekannten Teilstücke finden. (Das geschieht in der *Analyse*.) Die *Konstruktion* ist ein möglichst getreues *Nachbilden* des gefundenen geometrischen Gebildes in einem wirklichen Material oder ein *Hineindeuten* des Gebildes in den Raum. In diesem Hineindenken sind wir in der Tat „frei", weil das Gebilde beliebige Lagen annehmen kann. So ist die Lage an einem bestimmten Ort etwas, was für das Gebilde anfangen und aufhören kann; wir haben die Möglichkeit, es „im Raum zu bewegen", seine Lage zu verändern; von ihm aus gesehen ist das etwas, was mit ihm geschehen kann, was es zuläßt. Aber es ist keine *wirkliche* Bewegung und kein *wirkliches* Geschehen. Was wir mit dem Dreieck vornehmen, ist ein geistiges Tun. Das legt den Gedanken nahe, daß vielleicht die Lage dem geometrischen Gebilde selbst gar nicht zukomme, sondern daß sie ihm nur von uns „zugedacht" sei. Daß sie ihm anders zukomme als Gestalt und Größe, ist ja schon ausgesprochen worden. Da aber die Lage das Einzige ist, wodurch sich zwei gleiche Dreiecke unterscheiden, so taucht die weitere Frage auf, ob nicht auch das Einzelsein den geometrischen Gebilden nur „zugedacht" sei. Der letztbestimmte Gegenstand, dem geometrische Existenz zukommt, wäre dann das Dreieck von bestimmter Seitenlänge und Winkelgröße; sein Einzeldasein in dieser oder jener Lage oder auch in verschiedenen Lagen zugleich wäre etwas „bloß Gedachtes". Das ist aber offenbar nicht zutreffend. Die sechs gleichen Quadrate, die einen Würfel begrenzen, sind *sechs*, und jedes von ihnen hat seine eigene geometrische Existenz, wir können nicht sagen, es sei eigentlich nur *eines*, das sechsmal gedacht sei; dagegen ist es wohlberechtigt, zu sagen, „das-

selbe" Quadrat (seinem wesenhaften Sein nach) komme an dem
Würfel sechsmal vor. Allerdings ist die Frage, ob dieses „Vorkommen"
schon als echtes Einzeldasein aufzufassen sei. Der Würfel mit seinen
sechs gleichen Seitenflächen kann ja wiederum vielmals im Raum „gedacht" werden. Den Seitenflächen kommt im Aufbau eines Körpers, den Begrenzungslinien im Aufbau eines flächenhaften Gebildes
eine bestimmte Lage zu. Aber den Körpern — und ebenso den andern
Gebilden, wenn sie als selbständige aufgefaßt werden, nicht als aufbauende Teile von Körpern — kommt im Raum keine bestimmte,
sondern „irgendeine" Lage zu. Es gehört zu ihm die *Möglichkeit*, in
bestimmter Lage zu sein. Wenn diese Lage ihm nur „zugedacht" ist,
so ist auch sein Einzelsein ein „nur gedachtes". Gibt es dagegen
im Raum ein Naturding, in dem das geometrische Gebilde „verwirklicht" ist, so liegt eine echte Vereinzelung vor, nicht eine „bloß gedachte". Dabei ist das Einzelsein des geometrischen Gebildes von
dem wirklichen Sein des Dinges, an dem es zur Abhebung kommt,
noch zu unterscheiden. Die Dinge sind ja unvollkommene Verwirklichungen der geometrischen Gebilde, und die *reinen Gestalten* müssen
aus ihnen in einer eigentümlichen Anschauungsweise herausgeholt
werden.

Wir brauchen die Frage des Einzelseins geometrischer Gebilde hier
nicht weiter zu verfolgen. Worauf es in unserm Zusammenhang ankommt, das ist, das eigentümliche Sein der *idealen Gegenstände*
— für die uns die geometrischen Gebilde als Beispiel dienten — in
seinem Unterschied zum wirklichen Sein einerseits, zum bloßen Gedachtsein auf der andern Seite zu erfassen. Diese Gebilde können in
der Zeit „verwirklicht" oder „gedacht" werden, aber sie haben unabhängig davon ein zeitloses Sein, sie selbst, als in sich bestimmte
Gebilde, *werden* nicht. Kann es dann noch einen Sinn haben, sie als
„geschaffen", als „Verwirklichungen schöpferischer Gottesgedanken"
zu bezeichnen? Um diese Frage zu beantworten, müssen wir uns
den Doppelsinn des Seins der *Ideen in Gott* vor Augen halten. Die
Ideen sind einmal das *Was* alles Seienden, so wie es als gegliederte
Sinn-Mannigfaltigkeit vom göttlichen Geist umspannt ist. Darin
haben auch die Ideen ihre bestimmte Stelle. Ihr eigenes Sein ist gegenüber diesem Sein *im Logos* nicht etwas Späteres und Abgeleitetes,
sie werden mit ihrem eigenen Sein, das ein zeitloses und wandelloses
ist im Unterschied zum anfangenden und fließenden wirklichen Sein
der Dinge, vom Logos umfaßt. Die Ideen als *Ursache* alles endlichen
Seienden[116] sind das eine einfache göttliche Wesen, zu dem alles End-

---

[116] Darunter ist nicht das *Anfangende*, sondern das *Begrenzte* zu verstehen.

liche in einem eigentümlichen Abbildverhältnis steht; dieses Abbildverhältnis muß für alles endliche Seiende angenommen werden, für
das zeitlose wie für das zeitliche. Sofern das „Urbild" das Erste ist und
die „Abbilder" das Abgeleitete, das durch das Abbildverhältnis seinen
Daseinssinn empfängt, ist alles Endliche als *durch* das Ursprüngliche
und Einfache in sein Sondersein hineingesetzt und in diesem Sinn als
geschaffen anzusehen[117].

Von daher leuchtet wieder der nahe Zusammenhang zwischen dem
Logos und der Schöpfung auf. Der Logos nimmt eine eigentümliche
Mittel-Stellung ein; er hat gleichsam ein doppeltes Antlitz, wovon
eines das eine und einfache göttliche Wesen widerspiegelt, das andere
die Mannigfaltigkeit des endlichen Seienden. Er ist das göttliche Wesen als erkanntes und ist die Sinn-Mannigfaltigkeit des Geschaffenen,
die von göttlichem Geist umspannt wird und das göttliche Wesen
abbildet. Von daher ist ein Weg zum Verständnis einer doppelten
sichtbaren *Offenbarung des Logos: im menschgewordenen Wort* und in
der *geschaffenen Welt.* Und von da aus führt ein weiterer Schritt zum
Gedanken der untrennbaren Zusammengehörigkeit des menschgewordenen und des „weltgewordenen" Logos in der Einheit des
„Haupt und Leib — *ein* Christus", wie sie uns in der Theologie des
Apostels *Paulus* und in der Lehre vom Königtum Christi bei *Duns
Scotus*[118] entgegentritt. Aber das sind schon rein theologische Fragen, die über unsern Rahmen hinausgehen.

Die herangezogenen Glaubenswahrheiten — der Trinität und der
Erschaffung alles endlichen Seienden durch den göttlichen Logos[119]
— sollten Licht geben in der Schwierigkeit, in die uns die rein philosophische Erforschung der Seinsfrage führte: wir waren auf der einen
Seite vom endlichen Seienden und seinem Sein herkommend, auf
ein erstes Seiendes gestoßen, das Eines und einfach sein muß, Was,
Wesen und Sein in Einem; auf der andern Seite gelangten wir, vom
Was des endlichen Seienden ausgehend, zu einer Mannigfaltigkeit

---

[117] Vgl. dazu, was H. *Conrad-Martius* über den Schöpfer und die Schöpfung
sagt: „Es dürfte . . . der Sinn der Schöpfung oder *ein* Sinn derselben sein, in
endlicher Entfaltung zur Darstellung zu bringen, was Gott selber ist. Die Gottheit drückt sich in der Schöpfung mit ihrer personalen Gesamtgestalt aus. Gott
kann ebensowenig aus dem Leeren schaffen, wie er aus dem Leeren, resp. in
das Leere hinein erhalten kann. Er schafft und erhält notwendig aus der ewigen
Fülle Seines ewig gestalteten Wesens" (Die Zeit S. 377).

[118] Vgl. P. E. *Longpré* O. F. M., Duns Scotus, der Theologe des fleischgewordenen Wortes, in: Wissenschaft und Weisheit I (1934) 243 ff.

[119] *per quem omnia facta sunt (Symbolum Nicaenum).*

letzter Wesenselemente. Rein philosophisch zum Verständnis dieses doppelten Antlitzes des *ersten Seienden* zu gelangen, ist nicht möglich, weil uns keine erfüllende Anschauung des ersten Seienden zu Gebote steht. Die theologischen Überlegungen können zu keiner rein philosophischen Lösung der philosophischen Schwierigkeit führen, d. h. zu keiner unausweichlich zwingenden „Einsicht", aber sie eröffnen den Ausblick auf die Möglichkeit einer Lösung jenseits der philosophischen Grenzpfähle, die dem entspricht, was noch philosophisch zu erfassen ist, wie andererseits die philosophische Seinserforschung den Sinn der Glaubenswahrheiten aufschließt.

IV.

WESEN — essentia, οὐσία — SUBSTANZ
FORM UND STOFF

§ 1. „Wesen", „Sein" und „Seiendes" nach „De ente et essentia".
Verschiedene Begriffe von „Sein" und „Gegenstand" (Sachverhalte,
Privationen und Negationen, „Gegenstände" im engeren Sinn)

Das Gebiet des wesenhaften Seins, das uns von phänomenologischer
Seite her erschlossen wurde, ist ein Feld großer Untersuchungen, in
die wir nur einen ersten Einblick gewonnen haben. Aber schon dieser
erste Einblick mit den Unterscheidungen, die er uns zu machen gelehrt hat, fordert zu einer klärenden Gegenüberstellung mit der
Seins- und Wesenslehre auf, die in der überlieferten *Metaphysik*
enthalten ist. Wir erinnern uns an das opusculum *De ente et essentia*, das uns Potenz und Akt als Seinsweisen kennen lehrte. Wir
haben *essentia* mit *Wesen* übersetzt und uns andererseits klargemacht, daß es die Übersetzung des aristotelischen Ausdrucks
οὐσία sei. Daraus ergibt sich die Aufgabe, das, was wir unter *Wesen* verstanden, mit dem, was *Thomas* unter *essentia* und *Aristoteles*
unter οὐσία versteht, zu vergleichen.

Das erste Kapitel von *De ente et essentia* ist der Klärung der
Wortbedeutung von *ens* und *essentia* gewidmet. Aristoteles braucht
den Ausdruck ὄν (= *ens* = *Seiendes*) in doppeltem Sinn[1]. Daran
knüpft der hl. Thomas hier an. „In einem Sinn ist es das, was
durch die zehn Kategorien eingeteilt wird. Im andern das, was die
Wahrheit von Sätzen bezeichnet. Der Unterschied zwischen beiden
ist der, daß im zweiten Sinn seiend alles das genannt werden kann,
worüber eine bejahende Aussage möglich ist, auch wenn dadurch
nichts an sich Bestehendes (*nihil in re*[2]) gesetzt wird: in diesem Sinn
werden auch Mängel *(privatio)* und Verneinungen *(negatio)* seiend
genannt; denn wir sagen, die Bejahung sei der Verneinung entgegen-

---

[1] Vgl. Met. Δ 7, 1017 a; E 1, 1025 b, 1027 b.

[2] Ich möchte *in re* hier nicht mit *in Wirklichkeit* wiedergeben, weil es umfassender ist als *Naturwirklichkeit*.

117

gesetzt und die Blindheit sei im Auge. Aber im ersten Sinn kann nur etwas seiend genannt werden, womit etwas an sich Bestehendes gesetzt wird. In diesem ersten Sinn also ist Blindheit u. dgl. nichts Seiendes"[3]. Thomas erörtert hier das *Seiende*, weil er das *Wesen (essentia)* als das Seiende bestimmen will. Der Sinn von „seiend", den er ausschließend behandelt, ist aber noch ein doppelter. Er ist einmal das Sein, das in der sogenannten *Kopula*, im „ist" des Urteils ausgesprochen wird. Das wird hier als „Wahrheit von Sätzen" bezeichnet. „Die Rose ist rot" — „Die Rose ist nicht gelb": das sind beides wahre Sätze. Beide geben einem erkannten Sachverhalt Ausdruck, und das „ist" ist die sprachliche Form, in die sich die Behauptung dieses Sachverhaltes kleidet[4]. Das Bestehen des Sachverhaltes, das in dem „ist" des Urteils behauptet wird, ist wiederum ein eigentümliches Sein — eben jenes Sein, das den Sachverhalten zukommt. *Sachverhalte* sind Gebilde von eigentümlich gegliedertem Bau: sie haben *Gegenstände* in dem früher schon angedeuteten engeren Sinn des Wortes zur Voraussetzung; sie sind das, was (in einem bestimmten, eingeschränkten Sinn des Wortes *Erkennen*) *erkannt*, was im Urteil *behauptet* und (mit dem Urteil) im Satz *ausgedrückt* wird[5]. Die eigentümliche Gliederung der Sachverhalte beruht darauf, daß in ihnen auseinandergefaltet wird, was in den zu Grunde liegenden Gegenständen beschlossen ist: Wesen und Sein zeigen sich hier in ihrer Getrenntheit und Zusammengehörigkeit zugleich, das Wesen entfaltet sich in seine Wesenszüge, es offenbart das aus ihm Folgende usw. Die Sachverhalte haben ihr Gegenspiel in einem Geist, dessen Erkennen sich in abgesetzten Denkschritten vollzieht, sie sind aber nicht als vom Geist „gebildet" anzusehen. „Gebildet" wird das Urteil, das sich dem Sachverhalt anmißt[6]. Das Urteilen — wie alles Denken — ist in einem gewissen Sinne „frei": es steht bei mir, ob ich urteilen will

---

[3] De ente et essentia Kap. I (Ausgabe *Roland-Gosselin* S. 2 f.).

[4] Wir wollen hier nicht auf die Frage eingehen, ob die beiden Sätze *zwei* verschiedene Sachverhalte oder denselben Sachverhalt auf verschiedene Weise ausdrücken. Dagegen möchten wir auf das aufmerksam machen, was *Pfänder* in seiner „Logik" (a. a. O. S. 179f.) über die *Kopula* gesagt hat: daß sie ein Doppeltes ausdrücke, nämlich 1. die Beziehung der Prädikatsbestimmtheit auf den Subjektsgegenstand; 2. die Behauptung.

[5] Zum Begriff des Sachverhalts vgl. A. *Reinach*, Zur Theorie des negativen Urteils (in A. *Reinachs* Gesammelten Schriften, Halle 1921), und A. *Pfänder* a. a. O. S. 147ff. u. 184ff.

[6] Darum ist Pfänders Ausdruck, das Urteil *entwerfe* den Sachverhalt, leicht der Mißdeutung ausgesetzt.

oder nicht. Aber ich darf dabei nicht willkürlich vorgehen, wenn ich „richtig" urteilen will. Der Aufbau der gegenständlichen Welt schreibt den Sachverhalten ihre Gliederung und dem schrittweise vorgehenden Denken seinen Weg vor. Demnach ist das Sein der Sachverhalte kein „bloßes Gedachtsein", es hat ein *fundamentum in re*; aber weil es einer „Grundlage" bedarf, ist es ein *abgeleitetes Sein*. Die Sachverhalte sind darum nicht *das* Seiende, von dem unmittelbar ein Zugang zur *essentia* führt.

Der hl. Thomas hatte aber noch einen anderen Sinn von *Sein* im Auge, den er ausschließen wollte: das Sein, das auch noch den *Privationen* und *Negationen* zukommt. In dem Urteil: „Der Mann ist blind", drückt das Wort „blind" etwas aus, was dem Mann *fehlt*. Statt der Fähigkeit zu sehen das Fehlen dieser Fähigkeit. So scheint es jedenfalls der hl. Thomas zu verstehen. Sachlich könnte man im Zweifel sein, ob „Blindheit" nichts weiter bedeute als Fehlen der Sehfähigkeit (z. B. wenn man daran denkt, daß „der Blinde" einen ganz eigenen Menschentypus darstellt). Aber davon dürfen wir hier absehen. Es kommt jetzt für uns darauf an, die eigene Seins-weise des *Mangels* zu erfassen, und es ist jedenfalls eine mögliche Deutung von „Blindheit", sie als „Fehlen" der „Sehfähigkeit" zu verstehen. Die Sehfähigkeit ist etwas, was dem sehenden Menschen eigen ist, was ihm innewohnt, was in seinem Wesen begründet ist, etwas *Wirkliches* in ihm, was an seinem wirklichen Sein Anteil hat (Vorstufe zum wirklichen Sein — bloße *Potenz* —, sooft und so-lange er nicht wirklich [aktuell] sieht). Das Fehlen der Fähigkeit ist nichts Wirkliches im Menschen, obwohl sein Wesen dadurch, daß dieser Zug ihm fehlt, eigentümlich bestimmt ist. *Ein* Sein kommt der „Blindheit" jedenfalls zu: das Wort hat einen ganz bestimmten Sinn, und diesem Sinn ist das Sein eigen, das für allen Sinn überhaupt kennzeichnend ist. Aber ist die Blindheit dieses bestimmten Menschen nicht noch etwas darüber hinaus? Wenn ich mir einen blinden Men-schen denke (in der Einbildungskraft), so ist die Blindheit wie der ganze Mensch „bloß gedacht". Denke ich mir einen sehenden Menschen blind, so ist die Blindheit dem sehenden Menschen nur „zugedacht" und steht überdies im Widerspruch zu seiner wirklichen Beschaffen-heit. Im Gegensatz zu diesen beiden Fällen hat es Sinn, von einer „wirklichen" Blindheit zu sprechen. Sie ist zwar nicht so „wirklich" wie die Sehfähigkeit: sie kann sich nicht in einem entsprechenden Tun (d. h. im Sehen) auswirken und darin ihre Seinsvollendung er-reichen (ist keine *Potenz*, die sich *aktualisieren* kann). Aber sie hat eine Wirklichkeitsgrundlage (ihr *fundamentum in re*): die wirkliche Beschaffenheit des „Blinden" im Unterschied zur Beschaffenheit des „Normalsinnigen".

Mängel gibt es nur im Bereich des wirklichen Seins, und zwar im Bereich des Werdens und Vergehens, nicht der höchsten Wirklichkeit. Nur wo Fähigkeiten vorhanden sind, die sich in einem Tun auswirken können, ist ein entsprechender „Ausfall" möglich. Was vollendet und wandellos ist, das läßt keinen *Mangel* zu. Dagegen sind *Verneinungen* auch bei *idealen Gegenständen* möglich. „Das Dreieck ist nicht gleichseitig" — darin hat das „nicht gleichseitig" einmal einen bestimmten Sinn; darüber hinaus hat es ein *fundamentum in re* in der tatsächlichen Bestimmtheit des Dreiecks, die diese ihm „zugedachte" ausschließt.

Das Sein der Sachverhalte, das der Privationen und das der Negationen ist ein jeweils verschiedenes und außerdem verschieden von dem bloßen Gedachtsein und von dem Sein des Sinnes als solchen. Aber diese drei Seinsweisen (der Sachverhalte, Privationen und Negationen) haben etwas Gemeinsames: das ist das *fundamentum in re*, das Vorhandensein einer Seinsgrundlage. Und auf jenes zu Grunde liegende Seiende zielt der hl. Thomas mit *dem* Seienden ab, das er dem ausschließend behandelten gegenüberstellt. Von ihm sagt er im Anschluß an *Averroës*: „Seiend im ersten Sinn wird genannt, was das Wesen eines Dinges bezeichnet"[7]. Im andern Sinn aber „wird manches seiend genannt, was kein Wesen hat, wie es bei den Privationen offenbar ist". Diese beiden Sätze sind wichtige Hinweise zum Verständnis dessen, was mit dem *Seienden* und mit dem *Wesen* gemeint ist. Können wir sie mit jenem früher angeführten *Hauptsatz vom Wesen* vereinbaren, daß jeder Gegenstand sein Wesen habe[8]? Oder müßten wir nicht nach diesem Grundgesetz sagen, daß auch die Privationen und Negationen ihr Wesen hätten? Für die Beantwortung dieser Frage ist daran zu erinnern, daß Privationen und Negationen wohl Gegenstände im weitesten Sinne dessen, worüber etwas ausgesagt werden kann, sind, aber nicht Gegenstände im engeren Sinn, in dem sie selbst Gegenstände voraussetzen. Es ist ferner daran zu denken, daß auch der Ausdruck *Wesen* in verschiedenem Sinn gebraucht wird. Wenn man sagen wollte: Es gehört zum Wesen der Privation, daß sie nichts Wirkliches in den Dingen ist, so wäre *Wesen* nur ein anderer Ausdruck für *Sinn*. Und in diesem Sinn wäre eingeschlossen, daß das „Wesen der Privation" jedenfalls kein „wirkliches Wesen" sein kann. Schließlich ist zu beachten, daß der Sinn *der* Privation der Privation *als solcher* eigen ist, die *ein-*

---

[7] a. a. O. S. 3.   [8] Vgl. S. 69.

120

zelne Privation aber bestimmt sich als das, *was* sie ist, was ihren Sinn oder ihr *Wesen* ausmacht, von dem her, was in diesem Falle mangelt oder ausgefallen „ist", von dem Seienden, das zur Privation im Gegensatz steht, und das ist etwas, was sein eigenes, wirkliches Wesen hat.

So wenden wir uns jetzt mit dem hl. Thomas *dem* Seienden zu, das — in seinem Sinn — ein *Wesen* hat, um zu verstehen, was er mit *Wesen (essentia)* meint. „... Weil ... das Seiende in diesem Sinn durch die zehn Kategorien eingeteilt wird, muß das Wesen etwas allen Naturen, durch die die Mannigfaltigkeit des Seienden in verschiedene Gattungen und Arten eingeordnet wird *(collocatur)*, Gemeinsames sein, wie das Menschsein das Wesen des Menschen ist: und so bei anderen"[9]. Durch diesen Satz haben wir uns aber in das Netz der aristotelischen Begriffe einfangen lassen und können nicht weiter im Verständnis, ehe wir über diese Begriffe ausreichende Klarheit haben. *Kategorien, Naturen, Gattungen* und *Arten* sollen uns begreiflich machen, was mit *Wesen* gemeint ist. Das können sie nur, wenn uns der Sinn dieser Ausdrücke vertraut ist.

§ 2. Versuch einer Klärung des Begriffs οὐσία

1. Kategorien als Seinsweisen und Gattungen des Seienden; Substanz und accidens

Durch die zehn *Kategorien*, so hören wir, wird das Seiende eingeteilt. „An sich seiend wird alles genannt, was die Formen der Aussage bezeichnen; auf so vielfache Weise sie aussagen, so vielfach bezeichnen sie das Sein"[10]. Wir verstehen das so, daß den verschiedenen Aussageformen verschiedene Seinsweisen und *Gattungen* des Seienden entsprechen. Und in der *Metaphysik* haben die *Kategorien* vorwiegend die Bedeutung von Seinsweisen und Gattungen des Seienden. Gleich im Anschluß an die angeführte Stelle werden sie aufgezählt: τί ἐστι (das, *was* etwas ist), ποιόν (irgendwie beschaffen = Beschaffenheit, *Qualität*), ποσόν (irgendwie groß = *Quantität*), πρός τι (zu etwas = *Relation*), ποιεῖν ἢ πάσχειν (Tun und Leiden = *Aktion* und *Passion*), ποῦ (wo = räumliche Bestimmtheit, wobei noch Ort und Lage zu unterscheiden sind), πότε (wann = zeitliche Bestimmtheit). An dieser Stelle werden nicht mehr Kate-

---

[9] a. a. O. S. 3.

[10] Καθ' αὐτὰ δὲ εἶναι λέγεται ὅσαπερ σημαίνει τὰ σχήματα τῆς κατηγορίας· ὁσαχῶς γὰρ λέγεται, τοσαυταχῶς τὸ εἶναι σημαίνει (Met. Δ 7, 1017 a 22 ff.).

gorien genannt, man rechnet aber auch die etwas später behandelte: ἔχειν (Haben oder Gehaben) hinzu.

Als *Seiendes* wird alles bezeichnet, was mit diesen Namen genannt wird. Das τί ἐστι steht aber nicht zufällig an erster Stelle. Es kommt ihm eine Auszeichnung gegenüber allem anderen Seienden zu, es ist für die anderen Kategorien vorausgesetzt. Denn es ist *das, was* das Ding ist; und das bezeichnet es eigentlicher als daß es ein so beschaffenes und so großes ist, zu anderem in Beziehung steht, tätig ist oder leidet. Darum wird das Seiende aller anderen Kategorien als *Hinzukommendes* oder Zufallendes *(accidens)* bezeichnet. Das „Zugrundeliegende" aber wird mit dem lateinischen Namen *Substanz*[11] genannt. Aristoteles hat dafür die Bezeichnung οὐσία. Οὐσία ist sprachlich vom Stamme ὄν abgeleitet und bezeichnet ein *Seiendes in vorzüglichem Sinn.* Es wurde schon erwähnt, daß es dieses Wort ist, das *Thomas* mit *essent'a* übersetzt. Kommen wir damit zu der Gleichung:

$$\text{οὐσία} = \text{Substanz} = \textit{essentia} = \text{Wesen ?}$$

Das wäre entschieden zu voreilig geschlossen. Thomas nahm als das Seiende, dem ein Wesen zukommt, *das* Seiende in Anspruch, das durch die Kategorien eingeteilt wird, also nicht nur die *Substanzen*, sondern auch alle Arten von *Akzidentien.* Sie *alle*, nicht nur die Substanzen haben ein Wesen.

2. πρώτη und δευτέρα οὐσία

Es ist ferner, wenn wir uns zunächst an die knapperen und einfacheren Erklärungen der aristotelischen *Kategorienlehre*[12] halten, sowohl das τί wie die οὐσία doppeldeutig. Das letzte Zugrundeliegende kann einmal als das verstanden werden, wovon anderes ausgesagt wird, was aber selbst von nichts mehr ausgesagt wird. Es bedeutet aber auch das, was nicht in einem anderen ist, worin aber anderes ist. Im ersten Sinn ist οὐσία *das*, was *ist* und als das, *was* es ist, bestimmt wird: d. h. das Einzelding, von dem ausgesagt wird, *was* es ist, *wie* es ist usw., das aber selbst nicht mehr von etwas anderem ausgesagt wird. Und so verstanden ist οὐσία ein τόδε τι (ein „dieses Etwas da" oder „Diesda", auf das man nur noch mit dem Finger zeigen kann,

---

[11] *Sprachlich* hat *Substanz* mit οὐσία keinen Zusammenhang. Es gehört eng zusammen mit dem griechischen ὑπόστασις. Zum scholastischen Sprachgebrauch und zum sachlichen Zusammenhang von Substanz und Subsistenz vgl. *Gredt* a. a. O. II 126 f. und im Folgenden Kap. VII, § 1. Zur Verwendung des Ausdrucks *Substanz* vgl. unten S. 182 ff.

[12] Vgl. das 3. Kap. der *Kategorienlehre.*

um es in seiner Einmaligkeit zu bezeichnen). Ihr gibt *Aristoteles* den Namen πρώτη οὐσία (erstes Seiendes). Wenn man aber die Kategorien als Aussageformen auffaßt, so kann die πρώτη οὐσία, weil sie ja nicht ausgesagt wird, unter ihnen nicht vorkommen. Das τι bezeichnet dann das, was auf die Frage, *was* dies Ding ist, antwortet: die gattungs- oder artmäßige Bestimmtheit. Es ist kein τόδε τι, sondern ein ποιόν τι (ein irgendwie beschaffenes Was). Aristoteles nennt es δευτέρα οὐσία (zweites Seiendes): „zweites", weil es von etwas anderem — nämlich von der πρώτη οὐσία — ausgesagt wird; trotzdem οὐσία, Seiendes in vorzüglichem Sinn, weil alles andere von ihm ausgesagt werde; weil es nicht in einem anderen sei („Mensch" sei nicht in „diesem Menschen"[13]) und noch andere Vorzüge mit der πρώτη οὐσία gemeinsam und vor anderen voraushabe: es stünde zu nichts im Gegensatz, ließe keine Steigerung und Minderung zu (es könne wohl etwas mehr oder minder οὐσία sein — die Art sei es mehr als die Gattung —, aber nicht mehr oder minder „Mensch" oder „Lebewesen") und habe die Eigentümlichkeit, Entgegengesetztes aufnehmen zu können (z. B. weiß und schwarz, groß und klein sein bzw. werden zu können).

Nach diesen Erläuterungen der Kategorienlehre erscheint es nicht mehr möglich, οὐσία allgemein mit *essentia* wiederzugeben, weil *essentia*, wenn wir es als „Wesen eines Dinges" auffassen, jedenfalls nicht das Ding selbst (also nicht die πρώτη οὐσία) bezeichnet. Ebensowenig dürfte es aber angebracht sein, für οὐσία überall *Substanz* zu setzen, wie es in deutschen Übertragungen üblich ist, und von *ersten* und *zweiten Substanzen* zu sprechen. Durch diese Ausdrucksweise geht der — noch zu klärende — Sinn, den wir im allgemeinen mit *Substanz* verbinden, verloren. Außerdem wird der so wesentliche nahe Zusammenhang von οὐσία und ὄν verschleiert. Darum werden wir den Ausdruck *Substanz* vorläufig ganz vermeiden und, solange wir keine ausreichende Klarheit für eine unmißverständliche Namengebung haben, weiter von οὐσία sprechen oder eine dem jeweiligen Zusammenhang angemessene Umschreibung geben.

3. Einige Erörterungen der οὐσία aus der „Metaphysik" des Aristoteles

Die herkömmlich gewordene Ausdrucksweise und die einfache Scheidung von ersten und zweiten Substanzen erklärt sich wohl durch den engen Anschluß an die Ausführungen der Kategorienlehre,

---

[13] Wie das zu verstehen ist, wird noch zu erwägen sein (vgl. S. 135 ff.).

die vorzugsweise mit der Auffassung der οὐσία als letztem *Zugrundeliegenden* arbeiten. Für den Aufbau einer Seinslehre ist es wichtig,
den Zusammenhang von οὐσία und ὄν nicht aus dem Auge zu verlieren. Dieser Zusammenhang ist es, um den sich Aristoteles in der
Metaphysik vor allem bemüht. Der berühmte Satz: „Die von alters
her und ebenso heute und allezeit aufgeworfene und immer ungelöste
Frage: Was ist das Seiende? ist dasselbe wie die Frage: was ist die
οὐσία?"[14] ist uns ja als Leitmotiv des ganzen Werkes erschienen[15].
Und zur Klärung dieses Zusammenhanges reichen die Darlegungen
der Kategorienlehre nicht aus. Aristoteles setzt vielmehr immer wieder neu an, um herauszustellen, was οὐσία eigentlich bezeichne.
An den meisten Stellen unterscheidet er mehrere Bedeutungen des
Wortes, manche nur ausschließend, andere, um sie nebeneinander
oder abwechselnd zu verwenden:

Οὐσία heißen sowohl die einfachen Körper, wie Erde, Feuer,
Wasser u. dgl., als auch die Körper ganz allgemein genommen und
das, zu dessen Bestand sie gehören, die Lebewesen und die körperlich-
geistigen Wesen[16] sowie ihre Teile. Alle diese Dinge werden οὐσία
genannt, weil sie nicht von einem ihnen Zugrundeliegenden (ὑποκείμενον, Subjekt) ausgesagt werden, sondern das andere von ihnen.
In anderm Sinn wird οὐσία genannt, was derartigen Dingen, die
nicht von einem Zugrundeliegenden ausgesagt werden, als Ursache
innewohnt, wie z. B. die Seele dem Lebewesen. Ferner werden die solchen Dingen innewohnenden Teile οὐσία genannt, mit deren Aufhebung das Ganze aufgehoben wird — Teile, die sie begrenzen und
als ein Diesda kennzeichnen — wie die Fläche den Körper (so sagen
einige) und die Linie die Fläche; und die Zahl überhaupt scheint
manchen so etwas zu sein; denn wie sie aufgehoben sei, dann sei
überhaupt nichts, und sie begrenze alles. Schließlich wird auch „das,
was war, sein" (τὸ τί ἦν εἶναι), dessen Begriff die Definition ist, die
οὐσία eines jeden genannt.

So ergibt sich, daß in doppeltem Sinn von οὐσία gesprochen wird:
einmal im Sinn des letzten Zugrundeliegenden, das nicht mehr von
etwas anderem ausgesagt wird; sodann im Sinn dessen, das ein Diesda
und abgetrennt ist (τόδε τι ὄν καὶ χωριστόν); so etwas ist aber die Form
(μορφή) eines jeden oder seine *Idee* (εἶδος)[17].

Man ist erstaunt, in der Schlußzusammenfassung nur noch einen

---

[14] Met. Z 1, 1028 b 2ff.   [15] Vgl. S. 2.

[16] δαιμόνια: damit können die Götter des Volksglaubens oder die Gestirne
gemeint sein.

[17] Met. Δ 8, 1017 b 10—26.

doppelten Sinn von οὐσία zu finden, während vorher viel mehr
Unterscheidungen gemacht wurden. Es soll wohl dadurch die Zurückführung auf die einfache Scheidung der *Kategorienlehre* erreicht
werden. Aristoteles faßt offenbar unter dem Begriff des „Zugrundeliegenden" (ὑποκείμενον = letztes Subjekt oder Substrat) alles zusammen, was ein *sinnenfälliges Einzelding* ist oder als ein selbständig
abtrennbares Stück dazu gehört (einfache und zusammengesetzte
Körper, Lebewesen, *Dämonen* sowie die Stücke, in die sich solche
Dinge durch körperliche Teilung zerlegen lassen). Dem stellt er die *platonische Idee* gegenüber, die hier als Idee des Einzeldinges und selbst
als Einzelding mit einem selbständigen, von dem Ding, dessen Idee
sie ist, getrennten Sein aufgefaßt ist. Wenn daneben die den Dingen
„innewohnenden Ursachen" nicht mehr erwähnt werden, so läßt sich
das vielleicht so deuten, daß sie in den Einzeldingen die eigentliche
οὐσία sind. Wenn aus der voraufgehenden Aufzählung die geometrischen Gebilde und die Zahlen nicht mehr genannt werden, so kann
das seinen Grund darin haben, daß sie mit zu den „Ideen" gerechnet
werden[18]. Dann bleibt noch überraschend, daß auch das, was in der
Definition eines Dinges erfaßt wird, am Schluß fortfällt. Sollen wir
annehmen, daß auch dies, was Aristoteles als τὸ τί ἦν εἶναι bezeichnet, in den Ideen inbegriffen sei? Wir wissen aus vielen Belegstellen, daß Aristoteles nur das *Allgemeine* als begrifflich faßbar und
definierbar ansah. Dagegen werden die Ideen hier ausdrücklich als
ein „Diesda" bezeichnet. Es bleibt dann noch die Deutung, daß die
Ideen, selbst dann, wenn ihnen eine Vielheit von Einzeldingen zugehört, selbst als ein Diesda anzusehen seien. (Dabei ist zu beachten,
daß Aristoteles die Auffassung der Ideen als οὐσία nicht als seine
eigene entwickelt[19].) Wenn alles, was nicht Einzelding ist, aber doch

---

[18] An anderer Stelle wird das *Mathematische* getrennt von den *Ideen* behandelt, wie ja auch Plato geschwankt hat, ob er beides in eins fassen oder als verschiedene Arten des Seienden deuten solle (vgl. *Aristoteles*, Met. Z 7, 1028 b 20 f.).

[19] Die Dunkelheit dieser Stelle beruht wohl auf der inneren Zwiespältigkeit,
die der aristotelischen μορφή (Form) eigen ist. Sie ist auf der einen Seite — wie
Platos εἶδος — der eigentliche Gegenstand des Wissens und als solcher allgemein, ewig und unveränderlich. Weil ihr aber Aristoteles nicht wie Plato ein
eigenes, von den Dingen gesondertes Sein zugestehen will, schreibt er jedem
Ding *seine* μορφή zu und stempelt sie damit zum Individuum. (Vgl. dazu Clemens
Bäumker, Das Problem der Materie in der griechischen Philosophie, Münster
1890, S. 281 ff.) Hier ergibt sich deutlich die Notwendigkeit der Scheidung
von μορφή und εἶδος, innerer Form und Wesenheit, sowie von individuellem und
allgemeinem Wesen, wie sie im vorausgehenden Kapitel schon durchgeführt
wurde und in den folgenden Erörterungen noch weiter geklärt werden soll.

unter dem Namen οὐσία geht, unter der Bezeichnung δευτέρα οὐσία zusammengefaßt werden soll, so ist jedenfalls sehr Verschiedenes darunter gesammelt, was auch in verschiedenem Sinne οὐσία sein muß. Wir suchen darüber in weiteren Ausführungen der *Metaphysik* Aufschluß.

Gleich im Anschluß an jenen vorhin angeführten Satz [20] von der Frage nach dem Seienden, die mit der Frage nach der οὐσία zusammenfalle, wird wiederum begonnen: „Es scheint die οὐσία am offenkundigsten in den Körpern vorzuliegen; daher nennen wir die Tiere und die Pflanzen und ihre Teile οὐσία, ebenso die (unbelebten) natürlichen Körper (φυσικὰ σώματα), wie Feuer, Wasser, Erde u. dgl., auch deren Teile und das, was aus ihnen besteht, aus einem Teil von ihnen oder aus allen, also das Himmelsgewölbe und seine Teile, die Sterne, den Mond und die Sonne. Ob dies die einzigen οὐσίαι sind, oder ob es noch andere gibt, oder ob gar nichts davon οὐσία ist, sondern anderes, ist zu untersuchen. Manche halten die Grenzen der Körper: Fläche, Linie, Punkt und die Einheit für οὐσίαι, und zwar in höherem Grade als den Körper und das Feste. Ferner glauben die einen, es gebe nichts dergleichen neben den Sinnendingen, andere nehmen mehr und in höherem Grade Seiendes an, nämlich Ewiges; so *Plato* die Ideen (εἴδη) und das Mathematische als zweierlei οὐσίαι, die sinnenfälligen Körper aber als eine dritte Art. *Speusippos* aber nahm noch mehr οὐσίαι an, indem er von dem Einen ausging und Urgründe (ἀρχαί, Prinzipien) für alle Arten von οὐσία annahm, für jede einen anderen: für die Zahlen, für die Größen und noch einen für die Seele ... Einige wiederum sagen, die Ideen und die Zahlen hätten dieselbe Natur (φύσις), anderes aber schließe sich daran: Linien und Flächen bis zur οὐσία des Himmels und den Sinnendingen. Was nun von dem Gesagten richtig ist und was nicht, welche οὐσίαι es gibt, ob es welche neben den sinnenfälligen gibt oder nicht und in welcher Weise diese sind, ob es eine getrennte οὐσία [21] gibt und wann und auf welche Weise oder ob es keine neben der sinnenfälligen gibt, das müssen wir untersuchen; zuvor aber müssen wir ergründen, was die οὐσία ist" [22].

Bis hierher also sind verschiedene Lehrmeinungen vorgetragen worden; Aristoteles hat alles aufgezählt, wofür der Name οὐσία ge-

---

[20] Vgl. S. 124.

[21] χωριστή οὐσία wird mit dem lateinischen Ausdruck „substantia separata" wiedergegeben. Im Mittelalter denkt man dabei vornehmlich an die *reinen Geister*. Aristoteles aber hat hier die platonischen Ideen im Auge.

[22] Met. Z 2, 1028 b 8—32.

braucht wird, und er ist darin noch ausführlicher gewesen als an der früheren Stelle. Nun soll erst die sachliche Untersuchung beginnen.

„Man spricht aber von οὐσία, wenn nicht in mehr, so vor allem in vierfacher Bedeutung; denn „das, was war, sein" (τὸ τί ἦν εἶναι) und das Allgemeine (τὸ καθόλου) und die Gattung (γένος) scheint die οὐσία eines jeden Dinges zu sein, und als viertes das Zugrundeliegende (ὑποκείμενον)." Von diesem Vierten wird noch einmal das früher Gesagte wiederholt, daß es von nichts anderem mehr ausgesagt wird, sondern anderes von ihm. Mit ihm soll sich die Untersuchung zuerst beschäftigen; „denn das erste Zugrundeliegende scheint vor allem anderen οὐσία zu sein. So wird aber in einem Sinn der Stoff (ὕλη, Materie) genannt, in anderem Sinn die Form (μορφή) und in einem dritten das, was aus beiden besteht. Als Stoff bezeichne ich z. B. das Erz, als Form die Gestalt des Bildes (σχῆμα τῆς ἰδέας), als das aus beiden Bestehende das ganze Standbild. Wenn demnach das Gestaltende (εἶδος) früher und in höherem Grade seiend ist als der Stoff, so wird es aus demselben Grunde auch früher sein als das, was aus beiden besteht"[23].

Die Bestimmung der οὐσία als des letzten Zugrundeliegenden findet Aristoteles selbst unzulänglich; „denn einmal ist sie selbst unklar, und außerdem wird so der Stoff zur οὐσία. Denn wenn dieser nicht οὐσία ist, dann finde ich nichts anderes, was er sein könnte. Nimmt man nämlich das andere weg, so scheint nichts übrig zu bleiben. Denn das andere an den Körpern ist das, was sie erleiden und wirken und vermögen (πάθη, ποιήματα, δυνάμεις = Passionen, Aktionen, Potenzen); Länge, Breite und Tiefe aber sind Ausdehnungsbestimmtheiten (ποσότης, Quantität) und nicht οὐσίαι. Denn das „irgendwie groß" (ποσόν) ist keine οὐσία; vielmehr ist das, dem jenes als Erstem zukommt, die οὐσία. Nehmen wir nun Länge und Breite und Tiefe weg, so sehen wir nichts mehr, was übrig bliebe, es sei denn, daß das etwas wäre, was durch jenes bestimmt wird; und so muß bei solcher Betrachtung der Stoff als die einzige οὐσία erscheinen. Ich nenne aber Stoff das, was an sich weder ein Was noch ein Sogroßes noch sonst etwas von dem genannt wird, wodurch das Seiende bestimmt wird. Denn es gibt etwas, wovon ein jedes von diesen ausgesagt wird; und, ihm kommt ein anderes Sein zu als allen jenen Bestimmungsformen (κατηγορίαι), denn die anderen werden von der οὐσία ausgesagt, diese aber von dem Stoff. So ist denn das Letzte weder ein Was noch ein Sogroßes noch sonst etwas. Es kann ihm aber auch dies alles nicht

---

[23] Met. Z 3, 1028 b 33 ff., 1029 a 1—7.

abgesprochen werden; denn auch das ist bei ihm nur „mitfolgend" (κατὰ συμβεβηκός) möglich[24]. Aus all dem ergibt sich, daß der Stoff die οὐσία sei. Aber das ist unmöglich; denn der οὐσία scheint es am meisten zuzukommen, selbständig (χωριστόν = getrennt) und ein Diesda (τόδε τι) zu sein. Darum scheint das Gestaltende (εἶδος) und das aus beiden Zusammengesetzte eher οὐσία zu sein als der Stoff. Die οὐσία nun, die aus beidem zusammengesetzt ist, ich meine aus Stoff und Form (μορφή), ist hier beiseite zu lassen; denn sie ist etwas Späteres und ist auch klar. Doch auch der Stoff ist einigermaßen geklärt. Aber die dritte müssen wir nun ins Auge fassen, denn sie bereitet die größten Schwierigkeiten. Nun ist zugestanden, daß es unter den Sinnendingen οὐσίαι gibt: so müssen wir bei ihnen zuerst nach forschen"[25].

4. Grundbedeutung von οὐσία. Das Sinnending als πρώτη οὐσία; sein Aufbau aus Form und Stoff

Das eben wiedergegebene Kapitel scheint mir für das Verständnis dessen, worauf *Aristoteles* abzielt, höchst aufschlußreich. Er bezeichnet mit *οὐσία das Seiende, dem das Sein in einem ausgezeichneten Sinne zukommt.* Es erscheint ihm als etwas allgemein Zugestandenes und kaum der Erörterung bedürftig, daß die *Naturdinge,* wie wir sie aus sinnlicher Erfahrung kennen, ein solches ausgezeichnetes Sein besitzen. (Worin diese Auszeichnung besteht, darüber hat schon die *Kategorienlehre* einiges gesagt, und es soll bald noch weiter erörtert werden[26].) Aber die Dinge sind nichts Einfaches, sie sind von zusammengesetztem Bau, und wenn sie οὐσία sind, so müssen sie es — so scheint es — dem verdanken, woraus sie zusammengesetzt sind. Was in Urteilen von einem Ding ausgesagt wird, ist immer etwas ihm „Zukommendes" (es braucht nicht immer ein „Zufälliges" zu sein)[27];

---

[24] d. h. vom bloßen Stoff kann weder bejahend noch verneinend etwas ausgesagt werden. Er ist in sich völlig unbestimmt, und alle Bestimmungen „folgen" für ihn aus der Bestimmtheit des Ganzen, in dessen Aufbau er eingeht.

[25] Met. Z 3, 1029 a 10—34.   [26] Vgl. S. 129 ff. und S. 176 f.

[27] Nach der Darstellung der *Kategorienlehre* kann man im Zweifel sein, ob dies für die δευτέρα οὐσία — das, *was* das Ding ist — zutreffe. Sie wird zwar von dem Ding ausgesagt (*Dies* ist ein *Mensch*). Aber ohne das, *was* es ist, wäre das Ding *nichts* — es scheint also das *Was* nichts „Zukommendes" zu sein. Es wird ja auch von Aristoteles selbst schon als ein „Zugrundeliegendes" in Anspruch genommen. Andererseits weist die Möglichkeit einer Aussage auf eine Trennbarkeit des *Was* von dem, was dadurch „bestimmt" wird, hin. (Vgl. hierzu im Folgenden S. 204 f.)

demgegenüber muß es etwas anderes geben, dem das Zukommende zukommt, und schließlich eine *letzte Grundlage*, die keinem anderen mehr zukommt und darum auch nicht mehr von etwas anderem ausgesagt werden kann. Das ist die ὕλη (= *materia* = Stoff). Es scheint, daß wir das im Dinge erreicht haben, was οὐσία im eigentlichsten Sinne ist. Da kommt die überraschende Wendung: „Das ist unmöglich!" Denn der bloße Stoff ist etwas völlig Unbestimmtes; es läßt sich von ihm gar nicht sagen, *was* er ist, und darum *ist* er überhaupt nicht, wenn man ihn ohne alle Bestimmungen nimmt. Die οὐσία soll ja aber etwas Seiendes in vorzüglichem Sinne sein, und jetzt erfahren wir auch, worin ihr Seinsvorzug besteht: sie ist ein χωριστόν und ein τόδε τί, ein *für sich, getrennt* von allem anderen Seienden, und ein *Diesda*, ein *Individuum*, d. h. ein Einzelnes, dem etwas eigen ist, was es mit keinem anderen teilt. Das ganze Sinnending hat diese Auszeichnung, es hebt sich als in sich geschlossene Einheit und als ein von allem anderen Unterschiedenes aus dem Zusammenhang der Natur heraus, in dem unsere sinnliche Wahrnehmung und Erfahrung es vorfindet. Darum ist es unbestritten οὐσία und kann — wenn wir von dem ausgehen, was uns in der Erfahrung zuerst begegnet — als *πρώτη οὐσία*, als das erste *selbständige* und *selbst-eigene Seiende* bezeichnet werden. Aber weil es kein einfaches und ursprüngliches Seiendes ist, sondern aus verschiedenen aufbauenden Teilen zusammengesetzt, darum müssen — so scheint es — die aufbauenden Teile — einer von ihnen oder einige oder alle — ihm diesen Seinsvorzug verleihen. Das kann nicht das sein, was dem Ding nur *zukommt* (d. h. was in der Form der akzidentellen Kategorien von ihm ausgesagt wird), es kann aber auch nicht der *Stoff* sein, der durch die Eigenschaften bestimmt ist, aber ohne die Bestimmtheit *nichts* ist und nicht *ist*. Aber was bleibt dann, wenn der Stoff und die „Bestimmungen" des Stoffes wegfallen? Es schien, als bleibe dann gar nichts; aber es muß nun doch noch etwas anderes am Aufbau des Dinges beteiligt sein, und dieses *Dritte* muß das sein, was ihm Halt und Grund gibt und es zu dem ausgezeichneten Seienden macht, das es ist. Aristoteles nennt es μορφή (Form) oder εἶδος (Gestalt, Urbild). Er hat bisher beide Namen so gebraucht, als bezeichneten sie dasselbe. Aber tatsächlich knüpft sich an diese beiden Namen die große Frage, die Aristoteles in der *Metaphysik* immer wieder beschäftigt und die als die Streitfrage zwischen ihm und *Plato* gilt. Εἶδος ist der Name der platonischen *Idee*[28], und in den *Ideen* haben — nach der

---

[28] εἶδος und ἰδέα gehören beide zu dem Sprachstamm, der in dem lateinischen Wort *videre (sehen)* steckt. Die Ideen sind ja für Plato etwas, was erschaut

Darstellung der *Metaphysik* — die Platoniker die πρῶται οὐσίαι, das erste selbständige und selbst-eigene Seiende gesehen. Aber gerade darin findet Aristoteles unlösliche Schwierigkeiten. Eine *Form* muß das Ding haben, etwas, was vom Stoff und von allem, was ihm von außen zukommt, unterschieden ist und sein Sein bestimmt. Aber kann das ein von ihm Getrenntes sein ? Muß es nicht vielmehr in ihm selbst sein — als seine *innere Form*, seine μορφή ? So hat der Gang der Untersuchung gezeigt, wie die Frage nach dem Seienden unausweichlich zur Auseinandersetzung mit der Ideenlehre zwingt. Die Untersuchung sollte an den Sinnendingen durchgeführt werden, weil sie als οὐσίαι anerkannt und überhaupt für uns das Bekannteste sind[29]. Es folgt aber jetzt nicht unmittelbar eine Darlegung dessen, was unter der Form des Sinnendinges zu verstehen ist. Aristoteles greift vielmehr auf die vierfache Bedeutung von οὐσία zurück, von der er ausgegangen ist[30]. Von diesen vier Bedeutungen ist bisher nur die des „Zugrunde-liegenden" behandelt worden. Im Sinne des Ganzen aus Form und Stoff ist es als οὐσία anerkannt worden, der Stoff allein wurde ausgeschlossen. Die Form war als Gegenstand der Untersuchung ins Auge gefaßt worden. Die Darlegung wendet sich jetzt dem zu, was als erste Bedeutung von οὐσία genannt war, dem τὸ τί ἦν εἶναι (das, was war, sein). Offenbar, um dadurch dem Verständnis der Form näher zu kommen.

5. τὸ τί ἦν εἶναι und Wesen

Logisch betrachtet „ist das τὸ τί ἦν εἶναι für ein jedes Ding das, als was es an sich selbst bezeichnet wird. Denn dein Du-sein ist nicht dein Gebildet-sein; du bist ja nicht als du selbst gebildet"[31]. Daß der Mensch *gebildet (μουσικός)* ist, ist etwas „Hinzukommendes"; aber ehe der Mensch „gebildet" war, *war* er schon etwas, was ihm nicht erst „zugekommen" ist und *was* er *immer sein* wird, solange er „er selbst" bleibt. Wir werden geneigt sein, das, *was* ein Ding zu dem macht, was es ist, was es *selbst* und *dauernd* ist, als sein *Wesen* in Anspruch zu nehmen[32]. Von hier aus eröffnet sich auch das Verständnis für die Wiedergabe von οὐσία durch *essentia*. Sogleich wird aber sichtbar, daß dies ein ganz anderer Sinn von οὐσία wäre als der mit *Sub-*

---

wird. Der lateinische Ausdruck, der εἶδος sprachlich nachgebildet ist, ist *species* (von *spicere* = erblicken).

[29] Met. Z 3, 1029 b 3ff.   [30] Vgl. S. 127.   [31] Met. Z 4, 1029 b 13ff.

[32] Tatsächlich hat *Hering* das Wesen als τὸ τί ἦν εἶναι bezeichnet (a. a. O. S. 496).

stanz bezeichnete. Ein Wesen — im Sinne einer dauernden Bestimmtheit seines Was — hat jedes Etwas, nicht nur das Ding, sondern auch
seine Eigenschaften und alles andere, was von ihm ausgesagt werden
kann. Es muß aber das Wesen *des Dinges* sich von dem alles „Hinzukommenden" unterscheiden, weil ja in ihm der eigentümliche Seinsvorzug des Dinges begründet sein muß. Das nun, was das Ding als
solches von allem Nicht-Dinglichen unterscheidet — das Dingsein —,
muß sich in jedem Dinge als ihm unaufhebbar eigenes finden. Weil es
etwas ist, was sich in *jedem* findet, läßt es sich *allgemeinbegrifflich*
fassen und geht in die *Definition* eines jeden Dinges ein. Aristoteles
betrachtet ja das τὸ τί ἦν εἶναι geradezu als das, was in der Definition
zum Ausdruck kommt[33]. Andererseits muß jedem Ding *sein* Dingsein
eigen sein, sonst könnte es ja dadurch nicht zu einem *Ding*, d. h. zu
einer οὐσία im Sinne eines Selbständigen und Selbst-eigenen werden.
Ferner kann das Dingsein nicht sein ganzes Wesen ausmachen, denn
durch sein Wesen muß ja nicht nur das bestimmt sein, was es mit
anderen gemeinsam hat, sondern auch das, was ihm besonders *eigen*
ist. Das Dingsein ist also nur *ein* — allerdings grundlegender —
Wesenszug. So stoßen wir aufs neue auf den eigentümlichen Aufbau
des Wesens, den wir früher kennen gelernt haben: es ist ein *zusammengesetztes Gebilde*, in dem eine Reihe von Wesenszügen zu einem
Ganzen gefügt sind; und wenn es ein Wesen „mit Kern" ist, so ge-
horcht das Gefüge einem bestimmten Aufbaugesetz. (Das Dingsein
ist Grundzug in allen Dingwesen.) Es ist — mindestens einem Teil
seines Bestandes nach — *allgemein faßbar (allgemeines Wesen)* und
ist doch *dieses* Dinges Wesen und als solches selbst ein *Diesda (individuelles Wesen)*. Es ist schließlich Wesen *dieses Dinges* und als
solches *unselbständig*. Wenn unter dem τὸ τί ἦν εἶναι nur das verstanden werden dürfte, was allgemein faßbar ist (etwa das *Mensch*sein
des Sokrates, aber nicht sein *Sokrates*sein[34]), so fiele es offenbar mit
dem individuellen Wesen nicht zusammen. Vielleicht wäre darin ein
Unterschied zwischen τὸ τί ἦν εἶναι und μορφή zu finden[35]. Aber wir
wollen der Frage, wie dies beides zueinander steht, jetzt nicht nachgehen, sondern auf eine andere, sachliche Schwierigkeit aufmerksam
machen. Es wird das am Ding gesucht, dem es seinen Seinsvorzug
als οὐσία verdankt, und dieser Seinsvorzug wurde darin gesucht, daß

---

[33] Natürlich muß dann die Definition als begriffliche Fassung des Wesens
verstanden werden und nicht als eine beliebige „eindeutige Bestimmung", die
geeignet ist, ein Ding gegen andere abzugrenzen.

[34] Das ist wohl zweifellos die Meinung des Aristoteles.

[35] Vgl. S. 133.

es ein selbständiges und selbst-eigenes ist. Kann dieser Seinsvorzug auf etwas zurückgehen, was ihn nicht selbst besitzt? Kann das Ding οὐσία sein auf Grund von etwas, was nicht im selben Sinn οὐσία ist? Damit ist aber die Möglichkeit der ganzen Fragestellung in Frage gestellt.

6. Stoff, Form und Einzelding (ὕλη, μορφή und τόδε τί)

Wir kehren noch einmal zu der Stelle zurück, wo *Aristoteles* die verschiedenen Bedeutungen von οὐσία scheidet[36]. Nachdem er vorher nur Verschiedenes aufgezählt hat, was üblicherweise οὐσία genannt wird, ist er an dieser Stelle den Bedeutungen dieses Namens nachgegangen. Die vierte dieser Bedeutungen — das ὑποκείμενον — steht offenbar zu den anderen im Gegensatz. Das Wort bezeichnet selbst noch ein Dreifaches: die ὕλη (Stoff), die μορφή (Form) und das Zusammengesetzte aus beiden: das τόδε τί (Einzelding). Stoff, Form und ganzes Ding haben offenbar etwas gemeinsam, was mit der Bedeutung der οὐσία = selbständiges und selbst-eigenes Seiendes in Zusammenhang steht. Selbstständig (χωριστόν) ist allerdings weder der Stoff noch die Form, sondern nur das ganze Ding. Aber ein τόδε τί (ein Diesda), ein Einmaliges ist auch der Stoff und die Form: nicht der Stoff überhaupt und die Form überhaupt, aber der Stoff und die Form dieses Dinges. Darum kann man auf den Gedanken kommen, den Seinsvorzug des Dinges, der ihm den Namen οὐσία einträgt, auf diese seine aufbauenden Teile zurückzuführen. Die drei anderen Bedeutungen von οὐσία dagegen sollen offenbar wirklich *andere* sein, d. h. wenn auch sie ein Seiendes bezeichnen, das einen Seinsvorzug besitzt, so muß dieser Vorzug jedenfalls nicht darin bestehen, χωριστόν und τόδε τί zu sein. So werden wir vielleicht dahin gelangen, πρώτη und δευτέρα οὐσία als zwei Arten von Seiendem zu verstehen, die jede durch einen anderen Seinsvorzug ausgezeichnet sind.

7. Wesen, Allgemeines und Gattung
(τὸ τί ἦν εἶναι, καθόλου γένος)

Es gilt also nun zu verstehen, was τὸ τί ἦν εἶναι, τὸ καθόλου und γένος bedeuten, ob jedes von ihnen etwas Verschiedenes besagt und ob vielleicht ein ähnlicher Zusammenhang zwischen ihnen besteht wie zwischen ὕλη, μορφή und τόδε τί.

Das τὸ τί ἦν εἶναι schien uns das Wesen des Dinges zu bezeichnen,

---

[36] Vgl. S. 127.

aber nicht das individuelle, sondern das allgemeine Wesen: z. B. das Menschsein dieses Menschen[37]. Zum Verständnis dürfte auch der sprachliche Sinn der merkwürdigen Bildung τὸ τί ἦν εἶναι beitragen, der sehr umstritten ist. Mit τὸ ἀγαθῷ εἶναι bezeichnet[38] *Aristoteles* die Güte im Gegensatz zu τὸ ἀγαθόν, d. h. zu dem Guten oder dem, was gut ist. Es ist das, was alles Gute gut macht. Platonisch würde man sagen: die Idee des Guten. Aber das dürfen wir hier nicht, weil ja für Aristoteles das, was das Gute gut macht, nicht von ihm getrennt, sondern in ihm selbst ist. Darum ist auch der Name „Güte", wenn man darunter die „Wesenheit"[39] versteht, nicht ganz angebracht. In dem εἶναι scheint mir ausgedrückt, daß das *Gutsein* gemeint ist, das dem Guten eigen ist; das *Eigen*sein kommt in dem Dativ ἀγαθῷ zum Ausdruck. Denken wir uns als das ἀγαθόν eine bestimmte Handlung, so bezeichnet das ἀγαθὸν εἶναι weder das Sein dieser Handlung schlechthin noch das Sein der Güte schlechthin, sondern das Gutsein der Handlung oder ihre wesentliche Güte. Es ist damit nicht das ganze Wesen ausgedrückt, aber ein Wesenszug. In τὸ τί ἦν εἶναι entspricht dem ἀγαθῷ der allgemeine Ausdruck τί ἦν. Für jedes einzelne Ding ist dafür die Antwort auf die Frage τί ἐστι? (Was ist es?) einzusetzen. Unter τὸ τί ἦν εἶναι wäre demnach das zu verstehen, was es zu dem macht, was es ist: sein *Wassein* oder sein *Wesen*: aber das Wesen, soweit es allgemein faßbar ist und sich in allen Einzeldingen derselben Art wiederfindet. (Darin sehen wir, wie gesagt, einen Unterschied zur μορφή, die dem Einzelding allein eigen ist: Aristotelisch müssen wir wohl sagen, daß bei den *reinen Formen* τὸ τί ἦν εἶναι und μορφή sachlich zusammenfallen; aber durch den einen Ausdruck wird das Wesen bezeichnet, sofern es allgemein faßbar ist, durch den anderen etwas, was dem Einzelding eigen ist. Und beim Einzelding fällt das, *was* es ist, nicht mit der Form zusammen, wofern es aus Stoff und Form zusammengesetzt ist[40].)

Es hat noch Schwierigkeiten gemacht, warum τί ἦν (was war) und nicht τί ἐστι (was ist) gesagt wird. Auch dafür sind verschiedene Deutungen gegeben worden. Ich möchte es in dem Sinn verstehen, in dem wir früher das *volle Was* vom *Wesenswas* geschieden

---

[37] Das *allgemeine* Wesen ist dabei keine ganz strenge Ausdrucksweise: jeder Mensch hat *sein* Menschsein, aber er hat *als* Mensch „seinesgleichen", und das „Gleiche" ist als *Allgemeines* abhebbar.

[38] Nach *Ueberweg-Heinze*, Geschichte der Philosophie Bd. I, § 49, S. 251.

[39] In dem Sinn, wie wir den Begriff in Kap. III, § 2 und § 3 entwickelt haben.

[40] Vgl. dazu S. 299 ff.

haben[41]. Unter dem, *was* ein Ding ist, ist manches, was es nur vorübergehend und zufällig ist, was dem Wechsel unterliegt. Dem gegenüber ist das Wesen das *beharrende* Wassein, das, was dem Ding von innen her — nicht unter äußeren Einflüssen — eigen ist und unter wechselnden Einflüssen bleibt. Und das dürfte in dem ἦν zum Ausdruck gebracht sein[42]. Das Ding „ist", was es „war", weil sein Wesen dem Zeitfluß enthoben ist.

---

[41] Vgl. Kap. III, § 3.

[42] *Heidegger* (Kant und das Problem der Metaphysik, Bonn 1929, S. 231) deutet τὸ τί ἦν εἶναι als was immer schon war und findet darin *das Moment der ständigen Anwesenheit*, wie er auch οὐσία als Anwesenheit deutet (Sein und Zeit S. 25). Er sieht in beidem ein „spontanes und selbstverständliches Verstehen des Seins aus der Zeit". Wir sehen umgekehrt das Verständnis des Seins als Grundlage für das Verstehen der Zeit an (vgl. Kap. II, § 3 und Kap. III, § 1) und können in den aristotelischen Texten keinen Anhaltspunkt für das Entgegengesetzte finden.

Es ist augenscheinlich, daß die ganze Untersuchung bei Heidegger schon von einer bestimmten vorgefaßten Meinung über das Sein getragen ist: nicht nur von jenem *vorontologischen Seinsverständnis*, das zum menschlichen Sein selbst gehört und ohne das keine Frage nach dem Sein möglich ist. Auch nicht von jener echten Ontologie, wie sie Heidegger selbst verstanden haben will: einer Forschung, die mit unbeengtem und ungetrübtem Blick das Sein ins Auge faßt, um es selbst zum „Sprechen" zu bringen. Es ist von vornherein alles darauf angelegt, die Zeitlichkeit des Seins zu beweisen. Darum wird überall ein Riegel vorgeschoben, wo sich ein Ausblick zum Ewigen öffnet; darum darf es kein vom Dasein unterschiedenes *Wesen* geben, das sich im Dasein verwirklicht; darum keinen vom Verstehen unterschiedenen *Sinn*, der im Verstehen erfaßt wird; darum keine vom menschlichen Erkennen unabhängigen *ewigen Wahrheiten* — durch all das würde ja die Zeitlichkeit des Seins gesprengt, und das darf nicht sein, mögen auch Dasein, Verstehen und ‚Entdecken" noch so sehr zu ihrer eigenen Klärung nach etwas von ihnen selbst Unabhängigem, Zeitlosem verlangen, was durch sie und in ihnen in die Zeitlichkeit eingeht. Wenn solche sich aufdrängende Verweisungen abgedrosselt werden sollen, nimmt die Sprache eine eigentümliche, grimmig-verächtliche Färbung an: z. B. wenn die *ewigen Wahrheiten* als zu den „längst noch nicht radikal ausgetriebenen Resten von christlicher Theologie innerhalb der philosophischen Problematik" gehörig bezeichnet werden (Sein und Zeit S. 229 f.). Es bricht hier ein antichristlicher Affekt durch, der im allgemeinen beherrscht ist, vielleicht ein Kampf gegen das eigene, keineswegs erstorbene christliche Sein. Er zeigt sich auch in der Art, wie die Philosophie des Mittelalters behandelt ist: in kleinen Seitenbemerkungen, die es als überflüssig erscheinen lassen, sich ernstlich mit ihr auseinanderzusetzen; als Irrweg, auf dem das rechte Fragen nach dem Sinn des Seins verloren ging. Hätte es sich nicht gelohnt, nachzu-

Wir glauben durch die kleine sprachliche Erwägung eine Bestätigung dafür gefunden zu haben, daß unter τὸ τί ἦν εἶναι das allgemeine *Wesen* zu verstehen sei, und legen im Folgenden diese Bedeutung zu Grunde. Von hier aus können wir vielleicht einen Zugang zu dem Verhältnis von τὸ τί ἦν εἶναι und καθόλου finden.

„῞Ολον (Ganzes) heißt etwas, dem einmal keiner der Teile fehlt, auf Grund deren es naturgemäß ein Ganzes genannt wird; das außerdem das, was es umfaßt, so umfaßt, daß dieses Eines ist. Das geschieht aber auf zweierlei Weise: entweder so, daß jedes einzelne (von dem Umfaßten) Eines ist, oder so, daß aus diesem (aus allem, was umfaßt ist) Eines wird. Denn was καθόλου (vom Ganzen, allgemein) ... ausgesagt wird, ... ist darum so καθόλου (allgemein), weil es vieles umfaßt, indem es von jedem Einzelnen ausgesagt wird und ein jedes für sich Eines ist: z. B. [werden] Mensch, Pferd und Gott [so umfaßt],

---

forschen, ob nicht in dem Bemühen um die *analogia entis* die echte Frage nach dem Sinn des Seins lebe? Bei gründlicher Erwägung wäre auch klar geworden, daß die Tradition *Sein* keineswegs im Sinne von „Vorhandensein" (= dinglichem Beharren) meinte (vgl. M. *Beck*, Philosophische Hefte 1, Berlin 1928, S. 20). Es ist ferner sehr auffallend, wie bei der Erörterung des Wahrheitsbegriffs als Wahrheit im Sinne der Tradition einfach die Urteilswahrheit hingestellt wird, obgleich der *hl. Thomas* in der ersten „Quaestio de veritate" bei der Beantwortung der Frage: „Was ist Wahrheit?" einen vierfachen Sinn von Wahrheit unterscheidet und die Urteilswahrheit keineswegs als die ursprünglichste darstellt, wenn auch als die „erste" von uns aus gesehen. Wenn er mit *Hilarius* das *Wahre* als das *sich offenbarende und erklärende Sein* (De veritate q 1 a 1 corp., s. Untersuchungen über die Wahrheit I 5) bezeichnet, so erinnert das sogar sehr an Heideggers „Wahrheit als Entdecktheit". Und wo hat die Rede von der Wahrheit als „Existential" ein Recht, wenn nicht bei der Ersten Wahrheit? Gott allein ist ohne Einschränkung „in der Wahrheit", während der menschliche Geist, wie Heidegger selbst betont, zugleich „in der Wahrheit und in der Unwahrheit" ist. Die Kritiker von „Sein und Zeit" haben es meist als ihre Aufgabe angesehen, die Wurzeln dieser Philosophie bei den führenden Geistern des letzten Jahrhunderts nachzuweisen (*Kierkegaard, Nietzsche, Karl Marx, Bergson, Dilthey, Simmel, Husserl, Scheler* u. a.) (vgl. Philosophische Hefte, hrsg. von M. *Beck*, Heft 1, Juli 1928, Sonderheft über: *Heidegger, Sein und Zeit;* A. *Delp*, Tragische Existenz, Freiburg i. Br. 1935). Es scheint ihnen entgangen zu sein, wie stark das Ringen mit *Kant* bestimmend gewesen ist. (Das Kant-Buch hat es offenbar gemacht.) Und kaum weniger bedeutsam ist der ständige Hinblick auf die ursprünglichen Fragestellungen der Griechen und deren Abwandlung in der späteren Philosophie. Es würde sich lohnen, das Verhältnis Heideggers zu *Aristoteles* und zur *Scholastik* aus der Art, wie er zitiert und deutet, einmal in einer eigenen Untersuchung gründlich nachzuprüfen. Das kann hier nicht unsere Aufgabe sein.

weil alle Lebewesen sind"[43]; καθόλου ist also der *Begriff*, der umfaßt, was zu seinem „Umfang" gehört; ferner das Sachliche, das durch den allgemeinen Begriff gefaßt wird. In dem Beispiel ist schon etwas genannt, was wiederum „allgemeine" Einheiten umfaßt und durch sie hindurch erst einen „Umfang" von Einzeldingen. Ob wir nun das umfassendere oder das weniger umfassendere *Allgemeine* nehmen — in jedem Fall ist der Unterschied zum τὸ τί ἦν εἶναι deutlich. „Mensch", „Lebewesen" ist etwas anderes als „Mensch *sein*", „Lebewesen *sein*". Nur das zweite gehört zu diesem Menschen (sowohl das Menschsein als das Lebewesensein), hilft das τόδε τί selbst aufbauen. Der „Begriff Mensch" ist kein Teil des Menschen.

Wir fragen jetzt noch nach dem γένος (Gattung). *Aristoteles* unterscheidet eine dreifache Bedeutung des Wortes[44]. Es hat einmal den Sinn von stetiger *Erzeugung* von Lebewesen derselben Art (γένεσις, *generatio*); es bezeichnet sodann das ganze *Geschlecht*, das von einem Erzeuger ausgeht. Schließlich braucht man es in der Weise, wie die Fläche die Gattung der flächenhaften Gebilde heißt und der Körper die Gattung der körperhaften Gebilde. Denn jede Raumgestalt ist eine so und so bestimmte Fläche oder ein so oder so bestimmter Körper, Fläche und Körper aber sind das, was den Unterschieden zugrunde liegt (τὸ ὑποκείμενον ταῖς διαφοραῖς). Endlich so, wie in den Begriffen das erste darin Enthaltene die Gattung ist — das, was man als das, worin etwas besteht, angibt (ὃ λέγεται ἐν τῷ τί ἐστι) — und die Eigenschaften (ποιόται, Qualität) als ihre Unterschiede (διαφορά, *differentia*) bezeichnet werden[45]. In diesem letzten Sinn wird die Gattung auch *Stoff* (ὕλη) genannt. „Denn das, dem der Unterschied und die Eigenschaft zukommt, ist das Zugrundeliegende (ὑποκείμενον), das wir *Stoff* nennen"[46].

Es ist klar, daß mit dem καθόλου und dem τὸ τί ἦν εἶναι nur die beiden letzten Bedeutungen von γένος in Verbindung gebracht werden können: der *allgemeine Begriff*, der durch *Merkmale* besondert wird, und das *Seiende*, das in allgemeinen Begriffen und ihren Besonderungen gedanklich erfaßt wird. Auf Gattung in diesem doppelten Sinn ist auch zu beziehen, was anschließend über gattungsmäßige Verschiedenheit gesagt wird. „Als andere der Gattung nach werden Gegenstände bezeichnet, deren erstes Zugrundeliegendes ein anderes ist, sodaß weder eins auf das andere noch beide auf dasselbe (d. h. auf ein zu Grunde liegendes Drittes) zurückzuführen sind: so

---

[43] Met. Δ 26, 1023 b 26—32.   [44] Met. Δ 28, 1024 a 29 ff.
[45] Met. Δ 28, 1024 b 1 ff.   [46] a. a. O.

sind Form (εἶδος) und Stoff (ὕλη) der Gattung nach verschieden; ebenso alles, was eine andere Form (σχῆμα κατηγορίας)[47] des Seienden genannt wird. Denn von dem Seienden bedeutet manches ein ‚was es ist' (τί ἐστι), anderes ein ‚Sobeschaffenes' (ποιόν τι): gemäß den früheren Unterscheidungen. Denn dies läßt sich weder aufeinander zurückführen noch auf etwas allen gemeinsam Zugrundeliegendes"[48].

Wenn der Ausdruck *Stoff* hier wiederkehrt, der uns früher bei der Untersuchung der Sinnendinge begegnet ist, so ist er offenbar in einem anderen Sinn als dort — gleichnishaft — gebraucht. Begriffe und das *Allgemeine*, das in ihnen erfaßt wird, bestehen nicht aus einem Stoff wie Körperdinge[49]. Das Gemeinsame ist nur die Unbestimmtheit, die einer Bestimmung bedürftig und fähig ist. Sie ist aber bei den Gattungen nicht völlige Unbestimmtheit: als scharf voneinander abgegrenzte sind sie auch bestimmte, aber ihre Bestimmtheit läßt Raum für nähere Bestimmung.

Die *Kategorien* werden hier als Gattungen des Seienden bezeichnet, aber sie werden nur als ein Beispiel genannt, sind also nicht die einzigen Gattungen des Seienden. Allgemein läßt sich sagen: die *Gattungen* sind *Grundgestaltungen des Seienden*, die sich nicht aufeinander zurückführen oder auseinander ableiten lassen, auch nicht auf ein gemeinsames Drittes zurückgehen. Aus dieser Fassung ist zu folgern, daß es auch Gestaltungen des Seienden gibt, die eine solche Zurückführung oder Ableitung zulassen. Das sind die *Arten* (εἴδη), die Aristoteles *Teile der Gattung* nennt[50]. Andererseits „wird auch die Gattung Teil der Art genannt"[51], weil der Artbegriff den Gattungsbegriff in sich enthält. „Der Art nach verschieden heißt, was zur selben Gattung gehört und einander nicht untergeordnet ist; ferner, was innerhalb derselben Gattung einen Unterschied hat; sodann, was in der οὐσία einen Gegensatz hat. Und auch das Entgegengesetzte (ἐναντία, das Konträre) ist der Art nach verschieden . . ."[52] Schließlich, was zur letzten Art einer Gattung gehört und begrifflich verschieden ist: so sind Mensch und Pferd der Gattung nach ungetrennt, haben aber verschiedene Begriffe; auch was zur selben οὐσία gehört

---

[47] *Form* ist hier im Sinn der *Leerform* gebraucht. Vgl. dazu S. 194 ff.

[48] a. a. O. 10 ff.

[49] *Baeumker* spricht hier von *begrifflicher Materie* (a. a. O. S. 293).

[50] Met. Δ 25, 1023 b 18 f.

[51] a. a. O. 24.

[52] Das *Konträre* ist vorher bestimmt als das, was innerhalb einer Gattung sich am meisten unterscheidet oder so unterschieden ist, daß es demselben nicht zugleich eigen sein kann (Met. Δ 10, 1018 a. 28 ff.).

und einen Unterschied hat[53]. Mensch und Tier sind ein Beispiel für das, was innerhalb derselben Gattung — Lebewesen — einander nicht untergeordnet ist und einen Unterschied — vernunftbegabt, vernunftlos — aufweist. Für οὐσία dürfen wir wohl hier *Ding* setzen. Innerhalb des Dinges sind einander entgegengesetzt verschiedene Farben, die es nicht zugleich haben kann. Verschieden, aber nicht einander ausschließend entgegengesetzt sind z. B. Farbe und Gestalt. Mensch und Pferd werden als begrifflich verschiedene *letzte* Arten bezeichnet. Das weist — ebenso wie die Möglichkeit einer Über- und Unterordnung — auf Stufen der Allgemeinheit innerhalb einer Gattung hin.

Die Gattungen „teilen" sich in Arten: d. h. jede Grundgestaltung des Seienden sondert sich in ihr untergeordnete Gestaltungen: das Ding in Dingarten, die dingliche Eigenschaft in Arten von Eigenschaften. Die Besonderung schreitet fort bis zu letzten Arten, die keine niederen Arten mehr unter sich haben; aber auch sie haben noch etwas „unter sich" oder „umfassen" noch etwas: das *einzelne Seiende* dieser Art, das Einzelding oder die einzelne dingliche Eigenschaft — *dieser* Mensch oder die braune Haarfarbe dieses Menschen. Wir sind wohl jetzt so weit, zu begreifen, wie καθόλου und γένος zueinander stehen. Beide bezeichnen ein Allgemeines, und zwar in dem doppelten Sinn des begrifflich Allgemeinen und des Seienden, das begrifflich gefaßt wird. Aber καθόλου ist allgemeiner: es bezeichnet *alles*, was etwas „umfaßt", also auch die Arten aller Stufen und die Unterschiede der Arten, während γένος nur die obersten und allgemeinsten Grundgestaltungen bedeutet.

Auch zur Bestimmung des Verhältnisses dieser beiden Arten von Allgemeinheiten zum τὸ τί ἦν εἶναι steht jetzt der Weg offen. *Aristoteles* hat es als das in Anspruch genommen, was in den Definitionen zum Ausdruck kommt. Definition ist nicht jeder beliebige Begriff, sondern nur, „was sich auf ein Erstes bezieht; so geartet ist aber, was nicht wie eines von einem anderen ausgesagt wird. Es findet sich also τὸ τί ἦν εἶναι nirgends außer in den *Arten der Gattungen*[54], sondern in diesen allein; denn diese werden nicht im Sinn der Teilnahme und der empfangenen Bestimmtheit (πάθος) oder wie ein Zukommendes (συμβεβηκός) ausgesagt ..."[55] Einen Begriff gibt es für all dies, aber keine Definition und kein τὸ τί ἦν εἶναι. „Vielleicht spricht man aber von der Definition ebenso wie vom „was etwas ist" (τὸ τί

---

[53] Met. Δ 10, 1018 b 1 ff.
[54] Von mir in kursiver Schrift hervorgehoben.
[55] Met. Z 4, 1030 a 10—14.

ἐστι) in mehrfachem Sinn; denn das, „was etwas ist", bezeichnet einmal die οὐσία und das τόδε τί, in anderem Sinn aber alle Formen des Seienden (Kategorien), das „so groß", „so beschaffen" usw Wie nämlich das „es ist" ihnen allen zukommt, aber nicht in gleicher Weise, sondern den einen ursprünglich, den anderen in abgeleiteter Weise, so auch das „was es ist" schlechthin nur der οὐσία, in gewisser Weise aber auch den anderen; denn auch bei dem „so beschaffen" (ποιόν) kann man fragen, was es ist, so daß auch dies ein Was ist, aber nicht schlechthin . . ."[56] Es wird also das τὸ τί ἦν εἶναι schlechthin und ursprünglich nur der οὐσία zuerkannt, den andern abgeleiteterweise und in einer gewissen Abwandlung. Dabei handelt es sich nicht um eine bloße Doppeldeutigkeit des Namens, sondern die verschiedenen Bedeutungen stehen in einem inneren Zusammenhang[57].

Wir hatten aus der Angabe, das τὸ τί ἦν εἶναι sei das, was in einer Definition erfaßt würde, geschlossen, daß es ein *Allgemeines* sein müsse und daß es nicht der Begriff, sondern das „begriffene" Seiende sei. Nun können wir hinzufügen, daß der Ausdruck weniger umfaßt als καθόλου, das alles Allgemeine bezeichnet; es ist festgelegt auf die *Arten*, und wiederum nicht auf alle Arten des Seienden, sondern auf die Sonderarten der Gattung *Ding* (= οὐσία in der bereits geklärten Bedeutung des selbständigen und selbsteigenen Seienden, der *Substanz*). Es ist nicht das Ding selbst, also nicht selbst πρώτη οὐσία, sondern *das, was das Ding artmäßig bestimmt*. Auch die nicht auseinander ableitbaren Dinggattungen geben an, was das Ding ist. Mit τὸ τί ἦν εἶναι ist die niederste Artbestimmtheit gemeint, die sich nicht mehr artmäßig besondert, sondern nur noch „vereinzelt". Es ist das Letzte, was sich noch begrifflich fassen läßt und wodurch sich das Einzelding fassen läßt.

Das τὸ τί ἦν εἶναι, durch das das Ding als das, *was* es ist, bestimmt und begrifflich bestimmbar ist, ist nicht das Ding selbst, ist nicht πρώτη οὐσία. Dem Ding gegenüber ist es durch seine Allgemeinheit und seine Unselbständigkeit seinsmäßig abgehoben. Durch die beiden Eigentümlichkeiten gehört es mit καθόλου und γένος zusammen. Wenn all diesem der Name οὐσία zukommt, so muß er — wie schon vorwegnehmend gesagt wurde — in anderem Sinne gebraucht sein,

---

[56] Met. Z 4, 1030 a 17 ff.

[57] So bezeichnet man als „gesund" sowohl den Menschen, der sich in diesem Zustand befindet, als die Mittel, die ihn bewirken, und die Anzeichen, an denen man ihn erkennt. (Ein Beispiel für einen gemeinsamen Sinnbestand in verschiedenen Bedeutungen desselben Wortes, das bei *Aristoteles* und *Thomas* häufig wiederkehrt.)

als das Einzelding οὐσία heißt. Darum ist es von der πρώτη οὐσία als δευτέρα οὐσία zu unterscheiden. Der *eigentümliche* Seinsvorzug der δευτέρα οὐσία muß gerade in dem bestehen, was sie von der πρώτη οὐσία unterscheidet: daß sie ein *Allgemeines* ist, d. h. ein *Mitteilbares* und ein *Umfassendes*. Mitteilbar ist die Gattung an die Arten, die an ihr „teilhaben", und durch die Arten an die Einzeldinge, die an der Art teilhaben. Das Mitteilbare umfaßt all das, worin es als ihm „Mitgeteiltes" eingeht; andererseits wird es — in einem andern Sinn — von dem „umfaßt", worin es eingeht, indem es darin wirklich eingeht und an seinem Aufbau beteiligt ist[58].

8. Verschiedene Bedeutungen von οὐσία und ihr gemeinsamer Sinnbestand (Existenz, dingliche Wirklichkeit, Wasbestimmtheit, wesenhaftes Sein als verschiedene *Seinsvorzüge*)

Es ist aber nun für πρώτη und δευτέρα οὐσία in Anwendung zu bringen, was zuvor über Doppeldeutigkeit und Bedeutungszusammenhang gesagt wurde[59]: πρώτη und δευτέρα οὐσία werden doch wohl etwas gemeinsam haben, worin es begründet ist, daß sie beide οὐσία genannt werden. Wir suchten diesen gemeinsamen Sinnbestand damit auszudrücken, daß wir unter οὐσία in der beide umfassenden Bedeutung ein Seiendes verstanden, das einen Seinsvorzug hat. Sollte dies nicht ein Seinsvorzug sein, der beide gemeinsam vor etwas von ihnen Unterschiedenem auszeichnet?

Es kommt dabei noch Verschiedenes in Betracht. Wenn wir von dem Begriff das *Seiende* unterschieden, das durch den Begriff gefaßt wird, so war *Seiendes* schon in einem auszeichnenden Sinn gemeint, denn ein gewisses Sein kommt ja auch den Begriffen zu. Aber das Sein der Begriffe ist ein Sein „aus zweiter Hand", kein ursprüngliches, sondern ein abgeleitetes. Begriffe werden gebildet und zwar einem Seienden nachgebildet, dessen Sein von ihnen unabhängig ist. Ihr Sein ist gebunden an das Gegenüber einer gegenständlichen Welt und erkennender Geister, die in schrittweisem Denken sich dieser Welt geistig bemächtigen; es ist also ein doppelt bedingtes und abhängiges Sein. Dieser Bedingtheit und Abhängigkeit gegenüber hat das Seiende, dem die Begriffe „nachgebildet" oder „angemessen" werden, den Seinsvorzug der *Ursprünglichkeit* und *Unabhängigkeit*. Man könnte geneigt sein, zu sagen: Begriffe sind *unwirklich*, aber

---

[58] Das sind *Seinsbeziehungen* zwischen *Allgemeinem* und *Besonderem*, die den *logischen* Beziehungen des Begriffs zu dem, was sein *Umfang* umfaßt und was seinen *Inhalt* aufbaut, entsprechen.   [59] Vgl. S. 138f.

das Seiende, das in ihnen erfaßt wird, *ist wirklich.* Aber nach dem, was früher über *wesenhaftes* und *wirkliches* Sein gesagt wurde, muß der Name *wirkliches* Sein für einen besonderen Bezirk des ursprünglichen und unabhängigen Seins vorbehalten werden: für die Welt, in der es Wirken und Wirksamkeit gibt. Zahlen, reine Gestalten, reine Farben, reine Töne sind keine Begriffe, sondern das Ursprüngliche, woran der Begriff der Zahl, der Gestalt usw. gebildet wird. Aber sie sind nicht „wirklich" wie die Welt der Dinge, die sich bewegen und verändern, entstehen und vergehen und selbst ein solches Geschehen verursachen. Auch den Ausdruck *Dasein* möchte ich für das *ursprüngliche* Sein nicht einführen. Es ist dieser Name gerade in der neuesten Zeit in anderem Sinne in Anspruch genommen worden. Martin *Heidegger* hat ihn ausschließlich zur Bezeichnung des ichhaften Seins verwendet[60], Hedwig *Conrad-Martius* für das wirkliche

---

[60] Sein und Zeit, Halle 1927, S. 7. — Hedwig *Conrad-Martius* sagt von Heideggers Vorgehen, es sei, „wie wenn mit ungeheurer Wucht, weisheitsvollster Umsicht und nicht nachlassender Zähigkeit eine durch lange Zeiträume ungeöffnete und fast nicht mehr öffenbare Tür aufgesprengt wird und gleich darauf wieder zugeschlagen, verriegelt und so stark verbarrikadiert, daß ein Wiederöffnen unmöglich scheint" (Heideggers „Sein und Zeit", in: Kunstwart 1933). Er habe mit seiner „in unnachahmlicher philosophischer Schärfe und Energie herausgearbeiteten Konzeption des menschlichen Ich den Schlüssel zu einer Seinslehre in Händen, die — alle subjektivierenden, relativierenden und idealisierenden Gespenster der jetzt ablaufenden Geistesära verscheuchend — mitten hinein und zurück in eine wahre kosmologische und gottgetragene Welt" führen konnte. Er setzt „das Sein zunächst und zuerst in seine vollen und ganzen Rechte ein", wenn auch nur an einer Stelle: am Ich. Er bestimmt das *Sein des Ich* dadurch, daß es sich *auf das Sein versteht.* Damit ist der Weg freigemacht, um — unbeirrt durch die „kritische" Frage, wie das erkennende Ich über sich selbst hinausgelangen könne — dieses zum menschlichen Sein selbst gehörige Seinsverständnis auszuschöpfen und so nicht nur das eigene Sein, sondern auch das Sein der Welt und das alles geschöpfliche Sein begründende göttliche Sein zu fassen. Statt dessen wird das Ich auf sich selbst zurückgeworfen. Heidegger begründet sein Ausgehen von der Analyse des Daseins damit, daß man nach dem Sinn des Seins nur ein Seiendes fragen könne, zu dessen Sein ein Seinsverständnis gehöre. Und weil das „Dasein" nicht nur für sein eigenes Sein Verständnis habe, sondern auch für anders geartetes, darum müsse man mit der Daseinsanalyse beginnen. Folgt aber nicht aus dem Begründungssatz gerade das Entgegengesetzte? Weil der Mensch nicht nur für sein eigenes Sein, sondern auch für andersartiges Verständnis hat, darum ist er nicht auf sein eigenes Sein als den einzig möglichen Weg zum Sinn des Seins angewiesen. Gewiß muß man das eigene Seinsverständnis befragen, und es empfiehlt sich, vom eigenen Sein auszugehen, weil damit das

Sein (worin das ichhafte Sein eingeschlossen ist)[61]. Und es ist leicht ersichtlich, daß die wirkliche Welt (das Ich noch in besonderer Weise) mit größerem Recht *da*seiend genannt wird als jene anderen Gebilde, die sich nicht unabweisbar aufdrängen, sondern erst aufgesucht und aus einer gewissen Verborgenheit hervorgeholt werden müssen. Aber auch die Ausdrücke *ursprünglich* und *selbständig*, mit denen wir das gemeinte Sein kennze chnen wollten, sind als endgültige Namen nicht glücklich, weil es zwar im Verhältnis zu den Begriffen ursprünglich und selbständig ist, aber nicht schlechthin, wie bald noch gezeigt werden soll. Am treffendsten dürfte der Name *Existenz* sein, da es dem Sprachgebrauch entspricht, „bloß Gedachtes" als „nicht existierend" zu bezeichnen, andererseits nicht nur dem Wirklichen Existenz zuzuerkennen, sondern auch z. B. von *mathematischer Existenz* zu reden.

Wir nennen also Existenz die Seinsweise, die gegenüber dem Gedachtsein als die ursprünglichere ausgezeichnet ist, und haben in dem *Existierenden* einen Sinn von οὐσία, der als gemeinsamer Sinnbestand in der πρώτη und δευτέρα οὐσία enthalten ist. Das Existierende ist das, dem die Begriffe „angemessen" werden und woran sie ihr „Maß" haben.

Nun gibt es aber innerhalb des Existierenden wiederum Unterschiede des Seins und entsprechende Unterschiede des Seienden. Der Doppelsinn der *Kategorien* — daß sie zugleich Aussageformen und Seinsformen bezeichnen — entspricht der Abgrenzung von gedanklichem (logischem) Sein und Existenz. Als *logische Formen* teilen sie die gedanklichen Gebilde ein, als *ontologische Formen* das Exi-

Seinsverständnis in seiner Wurzel bloßgelegt und kritische Bedenken von vornherein abgeschnitten werden können. Es besteht aber durchaus die Möglichkeit, vom dinglichen Sein oder vom ersten Sein auszugehen. Man wird von daher keinen hinlänglichen Aufschluß über das menschliche Sein erhalten, sondern nur Verweisungen darauf, denen man nachgehen muß; umgekehrt gibt uns auch das menschliche Sein nur Verweisungen auf andersgeartetes Sein, und wir müssen dieses selbst „befragen", wenn wir es verstehen wollen Freilich wird es nicht so „antworten", wie ein Mensch antwortet. Ein Ding hat kein Seinsverständnis und kann nicht über sein Sein reden. Aber es *ist* und hat einen *Sinn*, der sich in seiner äußeren Erscheinung und durch sie „ausspricht". Und diese Selbstoffenbarung gehört zum Sinn des dinglichen Seins.

[61] *Dasein, Substantialität, Seele.* (Die Abhandlung ist nur in französischer Übersetzung erschienen in den *Recherches Philosophiques*, Paris 1932/33, aber ich habe das deutsche Manuskript zur Verfügung und werde die Stellen, die später anzuführen sind, daraus entnehmen.) (Vgl. S. 252 ff.)

stierende. Der schärfste Schnitt in jedem dieser Gebiete ist der zwischen dem, was einem Seienden *zukommt* (oder von einem „Gegenstand" „ausgesagt" wird), und dem Seienden, dem das Zukommende zukommt oder das ihm „zu Grunde liegt" (dem „Gegenstand", von dem etwas „ausgesagt" wird). Im Verhältnis zu dem Zugrundeliegenden ist das Zukommende unselbständig und abhängig, jenes ist ursprünglich und selbständig in einem neuen Sinn. Das Zukommende (die Gestalt, Farbe, Größe des Dinges usw.) *existiert*, aber es existiert *nicht in sich*, sondern in *einem anderen* — eben in dem „Zugrundeliegenden" — und hat sein Sein durch dieses oder hat daran „teil". Darum sagt Aristoteles, das ποιόν, ποσόν usw. sei wohl „irgendwie", aber nicht „schlechthin" und habe auch wohl sein „was es ist", aber doch nicht so wie das Zugrundeliegende. Als das Zugrundeliegende, das in sich und schlechthin existiert und sein *Was* hat, wurde das τόδε τί, das Einzelding, in Anspruch genommen.

Für das Einzelding ist der Name πρώτη οὐσία gebraucht worden. Im Unterschied zum τόδε τί bezeichnete das τί ἐστι das, „*was* etwas ist": nicht das Ding selbst, sondern sein Was. Das kann aber wieder ein Mehrfaches sein: die Gattung, die Art bis zur letzten noch allgemein faßbaren Besonderung, die das τὸ τί ἦν εἶναι bestimmt. So verstanden, bezeichnet das τί nicht mehr die πρώτη, sondern die δευτέρα οὐσία. Ist aber *alles* das, was sich als *Wasbestimmtheit* auffassen läßt, als δευτέρα οὐσία in Anspruch zu nehmen und kommt allem ein Seinsvorzug innerhalb des Existierenden zu, d. h. ein Seinsvorzug gegenüber dem „Zukommenden"?

Die πρώτη οὐσία war als letztes Zugrundeliegendes gekennzeichnet worden, weil anderes von ihr, sie aber nicht von etwas anderem ausgesagt werden kann. Das, *was* etwas ist, ist keine letzte Grundlage in diesem Sinn [62]. Von Sokrates kann ausgesagt werden, daß er „ein Mensch" und daß er „ein Lebewesen" ist. Wir können auch sagen, daß er „Mensch" oder „Lebewesen" sei. Das beides hat einen verschiedenen Sinn, aber beidemal wird die Gattungs- oder Artbestimmtheit von dem Einzelding ausgesagt. Liegt dann etwas anderes vor, als wenn ein „Zukommendes" ausgesagt wird, wenn also von Sokrates gesagt wird, daß er „groß" oder weise sei oder in Athen gelebt habe? Wenn wir von Sokrates sagen, daß er „ein Mensch" sei, so rechnen wir ihn in die Gesamtheit derer ein, die „Mensch" sind. Die *Art* ist dann als ein *Ganzes* gedacht, dessen *Teile* die zugehörigen Einzeldinge sind. Ebenso läßt sich die Gattung Lebewesen als das Ganze aus allen Arten von Lebewesen und damit aus allen einzelnen Lebe-

---

[62] Vgl. zu den folgenden Ausführungen die über die Universalien (Kap. III, § 9).

wesen auffassen. So verstanden, sind Art und Gattung „umfassend-
allgemein". Aber Sokrates — und jeder Mensch — ist „ein Mensch",
weil er „Mensch" ist, d. h. weil „Mensch" das ist, was er ist; in dem
Menschsein ist aber das Lebewesensein eingeschlossen, es ist ein *Teil*
dessen, was er ist. Wir wollen vorläufig noch nicht auf die Frage eingehen, ob mit dem Menschsein — in dem Aristoteles das τὸ τί ἦν εἶναι
des einzelnen Menschen sieht — das, was der einzelne Mensch ist,
erschöpft ist, ob nicht vielmehr im Sokratessein die letzte Wesensbestimmung liegt. Es soll zunächst der Unterschied des „Menschseins"
und des „ein Mensch sein" noch etwas deutlicher gemacht werden.
Der einzelne Mensch ist „ein Mensch", weil das Menschsein zu seinem
Wesen *gehört*[63]. Es gehört nicht zu seinem Wesen, aber *gründet* in
seinem Wesen oder folgt daraus, daß er „ein Mensch" ist. Daß
es die *Gattung Mensch* als das *Ganze*, dessen *Teile* die einzelnen
Menschen sind, gibt, folgt daraus, daß „Mensch" etwas *Allgemeines*
im Sinne des *Mitteilbaren* ist: aus dieser Mitteilbarkeit dessen, was
„Mensch" besagt, ergibt sich die Möglichkeit einer Mehrheit von
Einzeldingen, die „Mensch sind", und damit einer Gesamtheit „alles
dessen, was Mensch ist".

Wir haben Gebilde wie „Mensch", „Lebewesen" u. dgl. an früherer
Stelle als *wesenhaftes Was* oder *Sinneinheiten* bezeichnet, ihr Sein
als *wesenhaftes Sein*[64]. Dieses Sein ist im Grunde *noch nicht allgemein*, sondern ist *das, was allgemeines wie einzelnes Sein möglich
macht*, zugleich das, *was gedachtes Sein wie Existenz* (und darin eingeschlossen *wirkliches Sein*) *möglich macht*. So sind wir auf etwas
gestoßen, was nicht nur ursprünglicher ist als das gedankliche Sein,
sondern auch als die Existenz und das Existierende[65]. Wir vermuten,
daß es eben dies war, worauf das platonische εἶδος zielte, und wir
verstehen jetzt, warum die *Platoniker* für die *Ideen* und nicht für
die wirklichen Dinge den Seinsvorzug der πρώτη οὐσία in Anspruch
nahmen. Im *aristotelischen* Sinn können die *Ideen* weder als πρῶται
noch als δεύτεραι οὐσίαι anerkannt werden, sie sind in der Tat ein
„Drittes", wie Aristoteles betont hat, um sie *ad absurdum* zu führen.
Aber dieses „Dritte" ist, wie wir sahen, Grundlage für das „Erste"
und „Zweite". Vorläufig bedarf aber das „Zweite" noch weiterer Klärung.

---

[63] Wenn ich nicht sage: sein Wesen *ist*, so ist vorgreifend angedeutet, daß
ich im Menschsein nicht das ganze Wesen des einzelnen Menschen sehe, sondern
nur einen *Teil* seines Wesens.   [64] Vgl. Kap. III, § 6 u. § 8.

[65] Vgl. hierzu, was in Kap. III, § 10 über das Verhältnis der *Ideen* zum
Logos gesagt ist.

9. Gattung, Art und Wesensbestimmtheit

Gattung und *Art* haben für uns durch die letzten Ausführungen einen mehrfachen Sinn bekommen. Nur ausschließend nennen wir die *Gattungs-* und *Art-Begriffe*, denen nicht der Seinsvorzug der *Existenz* zukommt. Daneben stehen die Gattungen und Arten als *Ganze*, deren *Teile* die ihnen zugehörenden Einzeldinge sind. Es ist ihnen Existenz und sogar wirkliches Dasein zuzuschreiben, je nachdem ihre *Exemplare* existieren bzw. wirklich sind oder nicht. Denn ihr Umfang ist auf „alle wirklichen und möglichen Exemplare" auszudehnen, wo diese Scheidung überhaupt sinnvoll ist (sie ist es nur im Bereich des Werdens und Vergehens, d. h. des zeitlich-wirklichen Seins; auf mathematischem Gebiet z. B. gibt es den Unterschied nicht; hier existiert alles, was möglich ist). Es ist sodann an das zu denken, was die Einzeldinge zu *Exemplaren* der Art oder Gattung macht. Wir sagten, daß jeder einzelne Mensch „ein Mensch" sei, das sei in seinem „Menschsein" begründet. Das, was das Einzelding zum Exemplar einer Art oder Gattung macht, können wir als seine *Gattungs-* oder *Artbestimmtheit* bezeichnen. Es gehört zum Dinge selbst[66]. Als *letzte* Artbestimmtheit ist es sein τὸ τί ἦν εἶναι. Die „allgemeineren" Bestimmtheiten sind in dieser letzten — als sie aufbauend — enthalten. Streng genommen ist es aber bei all dem, was dem Ding selbst eigen ist, nicht richtig, von *Allgemeinheit* zu sprechen. Es ist den Gattungs- und Artbestimmtheiten der Dinge jener *Sinn* zu „entnehmen", der *derselbe* in allen Exemplaren einer Art und Gattung ist. Er ist das *Mitteilbare*, das in einer Mehrheit von Exemplaren „vorkommen" kann. Aber das *Mitgeteilte* als in das Einzelding Aufgenommenes ist nicht mehr *allgemein*. Es gehört zum eigenen Wesen dieses Dinges und kann in anderen wohl „seinesgleichen" haben, aber nicht als *dasselbe* hier und dort sein. Es ist nun zu fragen, wie die Gattungs- und Artbestimmtheit sich zum individuellen Wesen verhält. Zuvor aber soll die noch ungelöste Frage erörtert werden, wie die Gattungs- und Artbestimmtheit, die auf die Frage nach dem Wassein antwortet, sich zu jenen Bestimmtheiten verhält, die man als *akzidentelle Kategorien* bezeichnet. Es war uns ja darum zu tun, festzustellen, ob dem τί (εἶναι) ein Seinsvorzug vor dem ποιόν (εἶναι),

---

[66] Wenn Aristoteles sagt, die δευτέρα οὐσία (als Gattung oder Art verstanden) sei nicht im Einzelding, so trifft das wohl für den Gattungs- und Art*begriff* zu, ferner für die Gattung und Art als umfassende Ganze, nicht aber für die Gattungs- und Art*bestimmtheit*.

ποσόν (εἶναι) usw. zukomme. Wir wollen uns damit begnügen, die Untersuchung für das Verhältnis von τί εἶναι und ποιὸν εἶναι durchzuführen[67].

10. τί εἶναι und ποιὸν εἶναι (Was- und So-Bestimmtheit)

„Dieses Ding ist eine Rose." „Es ist rot." Das sind zwei Aussagen über dasselbe Einzelding. Die eine stellt etwas von seinem·τί εἶναι, die andere etwas von seinem ποιὸν εἶναι fest. Wir erinnern uns jetzt, daß *Hering*[68] in seiner Abhandlung das Wesen des Dinges als τὸ τί ἦν εἶναι, τί εἶναι und ποιὸν εἶναι bezeichnet hat. Das sind verschiedene Ausdrücke, die zwar dieselbe Sache bezeichnen, aber doch nicht gleichbedeutend sind und durch die Verschiedenheit ihrer Bedeutung über den Aufbau dessen, was sie bezeichnen, Aufschluß geben können. *Was* das Ding ist und *wie* es ist, das ist nicht unabhängig voneinander. Zum Rosesein gehört das Rot- (oder Gelb- oder Weiß-) sein, das So-oder-so-gestaltet-sein, duftend-sein usw. (wobei das „so oder so" verschiedene, aber bestimmte und beschränkte Möglichkeiten bezeichnet). Streicht man alles ποιόν, so bleibt auch kein τί übrig. Aber das τί ist mehr als eine „Summe von Beschaffenheiten", und darum sagt uns das τί εἶναι mehr vom Wesen eines Dinges als das ποιὸν εἶναι. Das Rotsein ist ein einzelner Wesenszug der Rose. Das Rosesein ist ein Gefüge, in das sich die Einzelzüge nach bestimmten Aufbaugesetzen einfügen. τί εἶναι und ποιὸν εἶναι kommen zur Deckung, wenn wir unter ποιὸν εἶναι die Gesamtheit der Wesenszüge in der Ordnung, die ihnen durch das τί vorgeschrieben ist, verstehen.

Unter den Beschaffenheiten des Dinges sind solche, die nicht zu seinem Wesen gehören, wenn wir unter *Wesen* den festen und dauernden Bestand seines Was- und Soseins verstehen (z. B. das Betautsein der Rose). Aber sie tragen zu dem *vollen Was* bei, worunter wir die Gesamtheit des festen und des wechselnden Bestandes verstanden[69]. Die wechselnden wie die dauernden Beschaffenheiten haben die eigentümliche Seinsweise des „In-etwas-Seins", die für alle *Akzidentien* kennzeichnend ist. Auch Gattungs- und Artbestimmtheit sind etwas dem Ding „Zukommendes", auch das *Wassein* ist „im" Ding und ist nicht das Ding selbst. Aber dieses In-sein ist ein anderes

---

[67] Der Unterschied zwischen τί und τί εἶναι — Was und Wesen — ist zu beachten. Ihm entspricht die durchgeführte Scheidung zwischen Gattung und Art als allgemeinem *Sein* einerseits, Gattungs- und Art*bestimmtheit* andererseits. Vgl. S. 145 f.   [68] a. a. O. S. 496 f. und 504 ff.   [69] Vgl. Kap. III, § 4.

als jenes; es ist im Verhältnis zu jenem ein grundlegendes: das *Was-sein* nimmt das *Sosein* in sich auf, jedes einzelne „So" findet im „Was", jedes Sosein im Wassein seine vorgezeichnete Stelle. So ergibt sich für das τί εἶναι nicht nur im Sinne der letzten Artbestimmtheit, sondern aller Gattungs- und Art-bestimmtheit ein Seinsvorzug gegenüber dem ποιὸν εἶναι, der es als berechtigt erscheinen läßt, all dies als δευτέρα οὐσία in Anspruch zu nehmen, wenn auch das τὸ τί ἦν εἶναι wiederum in ausgezeichnetem Sinn.

11. Übersicht über die verschiedenen Bedeutungen von οὐσία und ὄν.

Nach den bisherigen Feststellungen sind wir schon zu einer weit größeren Mannigfaltigkeit von Formen des Seins und des Seienden gelangt, als die einfache Scheidung von πρώτη und δευτέρα οὐσία vermuten ließ. Wir versuchen einen vorläufigen Überblick:

$$\text{''}Ov\ =\ Seiendes$$

I. *Οὐσία* = *Existierendes*

  1. πρώτη οὐσία = τόδε τί (Einzelding)

  2. δευτέρα οὐσία = Wesensbestimmtheit als Wasbestimmtheit (Gattungs- und Artbestimmtheit bis zur letzten Bestimmtheit) = τί εἶναι [70]

  2a. δευτέρα οὐσία (πῶς) = Wesensbestimmtheit als Sobestimmtheit = ποιὸν εἶναι

II. *Λόγος νοητός* = *Gedanklich Seiendes*

III. *''Οντως ὄν* = εἶδος (Wesenhaftes Seiendes als Seinsgrund und Wesensgrund für I und II)

  1. Wesenheiten = Seinselemente

  2. Washeiten (Wesenswas) = zusammengesetzte Sinngebilde
    Πρῶτον ὄν = Πρώτη οὐσία = Λόγος
    Erstes Seiendes = Wesen — Sein = Sinn

Darin bedarf aber noch manches der Klärung.

---

[70] Nach aristotelischer Ausdrucksweise ist als δευτέρα οὐσία nicht nur τί εἶναι (Was-*Sein*), sondern auch — und vielleicht sogar vornehmlich — das bloße *Was* (τί) zu verstehen.

§ 3. Form und Stoff

1. τί und ποιὸν τί εἶναι und ποιὸν εἶναι

Das Verhältnis von τί und ποιόν dürfte verständlich geworden sein. Aber es macht vielleicht noch Schwierigkeiten, das τί εἶναι und ποιὸν εἶναι (das Was-sein und So-sein) vom τί und ποιόν (Was und So) zu unterscheiden. *Hering* hat das τί εἶναι (und das ποιὸν εἶναι, in dem Sinn, in dem es sich mit dem τί εἶναι deckt) als das Wesen des Dinges erklärt: also etwa das Rose-*sein*. Wenn das ganz streng zu nehmen ist, so muß es auf einen wurzelhaften Zusammenhang von Wesen und Sein im Ding führen. Wir haben unter dem τί „Rose" einmal das *wesenha te Was* oder den *Sinn* verstanden, das, was weder eine einzelne Rose noch das Wesen einer einzelnen Rose ist, aber in jeder einzelnen Rose verwirklicht ist; sodann das *Was*-sein der einzelnen Rose, die ihr eigene, innewohnende Artbestimmtheit, die noch nicht die letzte Wesensbestimmtheit ist, aber dazugehört. Letztbestimmt ist erst das Was *dieser* Rose, das sie von allen anderen unterscheidet (jedenfalls von allen andern, die ihr nicht „ganz gleich" sind, wenn wir mit der Möglichkeit rechnen, daß es „ganz gleiche" geben kann). Ist bei dieser letzten Bestimmtheit noch das Was vom Was-sein zu unterscheiden? Und *wenn* es zu unterscheiden ist — ist dann das letztbestimmte Was oder das Was-sein als (individuelles) Wesen in Anspruch zu nehmen? Hering hat zwischen dem ποιόν des Dinges, seiner „Beschaffenheit im weitesten Sinn", und seinem ποιὸν εἶναι streng geschieden: „Zu dem ποιόν dieses Pferdes gehört z. B. die braune Farbe seiner Haare, von der ich sagen kann, sie sei heller als die braune Farbe am Kleide des Reiters. Das Braun*sein* des Pferdes kann nicht heller sein als das Braunsein des Kleides"[71]. Und nur das Braun*sein* läßt er als einen Zug des Wesens gelten. Wenn das für einen Wesenszug richtig ist, so muß es auch für das ganze Wesen zutreffen. Daß das Braun*sein*, nicht das Braun, zum Wesen dieses Pferdes gehört, leuchtet ein. Auch das Pferd*sein* gehört zu seinem Wesen als das, was wir seine Artbestimmtheit genannt haben. Weil die letzte Wesensbestimmtheit beim Menschen offenkundiger hervortritt, wollen wir für sie das Beispiel wechseln[72]. Ist Sokrates-sein, nicht „Sokrates" das

---

[71] a. a. O. S. 496.

[72] Auf die Frage, ob es für die untermenschlichen Gebilde gar keine solche letzte Wesensbestimmtheit wie für den Menschen gibt — d. h. keine über die Artbestimmtheit hinausgehende —, wollen wir hier nicht eingehen (vgl. dazu Kap. VIII, § 2).

Wesen dieses Menschen ? Und wenn es so ist — ist dann „Sokrates"
noch etwas anderes als dieser Mensch und Sokrates-sein etwas anderes
als das Dasein, das wirkliche Sein dieses Menschen ? Sonst käme es
ja darauf hinaus, daß beim einzelnen Menschen Dasein und Wesen
zusammenfielen: sie fielen zusammen im „wirklichen Wesen", der
πρώτη οὐσία. Die Bezeichnungen „Lebewesen", „seelisches Wesen"
für die Einzelgebilde wären dann nicht uneigentlich, sondern durchaus
sachlich angemessen. Aber das wäre die Aufhebung alles dessen, was
bisher über Wesen und Sein gesagt wurde: Der *Grundsatz vom
Wesen* — daß jeder Gegenstand sein Wesen *hat* und jedes Wesen
Wesen *eines Gegenstandes* ist — bräche zusammen, wenn Wesen und
Gegenstand dasselbe wären. Es wäre nicht möglich, mit dem hl. *Thomas*
das Wesen als Möglichkeit, als Potenz, das Sein als Akt aufzufassen.
Es entfiele für das Einzelding die Möglichkeit des Nichtseins: der
Gegensatz von endlichem und ewigem Sein wäre aufgehoben. Der
Ansatz kann also nicht stimmen. „Sokrates" als Bezeichnung der
letzten Wesensbestimmtheit meint etwas anderes als den Menschen
Sokrates selbst, und das Sokratessein dieses Menschen muß etwas an-
deres sein als sein Dasein.

2. Reine Form und Wesensform (εἶδος und μορφή): individuelles
Wesen; wirkliches Wesen; Wesen, Potenz und Akt; πρώτη οὐσία
als Ur-Sache

„Sokrates" bedeutet das, *was* Sokrates ist, und dieses Was läßt
sich — ebenso wie „Mensch" und „Lebewesen" — aus der Wasbestimmtheit dieses Menschen herauslösen und in Reinheit fassen —
als *wesenhaftes Was*[73]. „Sokrates-sein" bedeutet „Sokrates" zum
Was haben oder „in dieser Form" zu sein. Was bedeutet das: „in
dieser Form" ? Man pflegt mit *Form* den aristotelischen Ausdruck
μορφή wiederzugeben. *Aristoteles* braucht ihn öfters wechselweise mit
εἶδος, aber wir sahen schon, daß dies nur möglich ist, wenn man
εἶδος nicht im Sinn der platonischen Idee faßt; denn μορφή bezeichnet
nicht etwas vom Ding Getrenntes, sondern etwas zu ihm Gehöriges. Man sagt dafür heute auch *Wesensform*[74], weil *Form* in der
neueren Philosophie einen ganz anderen Sinn angenommen hat[75].
Μορφή bedeutet keinesfalls ein leeres Gefäß, in das ein beliebiger *Inhalt* hineingefüllt wird. Aristoteles stellt dem Begriff der μορφή als

---

[73] Damit soll nicht behauptet sein, daß es sich auch begrifflich fassen lasse.
[74] So die deutsche *Summa*-Ausgabe des Kath. Akademiker-Verbandes.
[75] Vgl. S. 194 ff.

anscheinend geforderte Ergänzung den des Stoffes, der ὕλη, gegenüber. Es wurde an früherer Stelle[76] das Beispiel angeführt, mit dem Aristoteles selbst erläutert, was er meint: als Stoff bezeichnete er das Erz, als Form die Gestalt des Bildes, als das aus beiden Bestehende das ganze Bildwerk. Dieses Form-Stoff-Verhältnis wurde maßgebend für die Auffassung der geschaffenen Welt und hat das ganze Denken des Mittelalters bestimmt. Es ist schon gelegentlich erwähnt worden, wie lebhaft umstritten die Frage war, ob auch die *reinen Geister* als Gebilde aus Form und Stoff zu denken seien. Wenn Form und Stoff nur als Wechselbegriffe zu denken waren, so mußte man ja zu dieser Forderung kommen. Wir wissen aber, daß der hl. *Thomas* stets auf der „Reinheit" der *reinen Geister* bestanden hat, daß er sie als *formae separatae*, als „abgetrennte" — d. h. von allem Stoff freie — Formen bezeichnet hat. Wenn eine solche Auffassung möglich ist, dann kann der Sinn der *Form* sich nicht durch den Gegensatz und das Ergänzungsverhältnis zum *Stoff* erschöpfen und sich nicht von daher allein bestimmen. Und Geformtsein oder in einer Form sein muß etwas anderes heißen als gleich einem Werk der „bildenden Kunst" gestaltet sein. „Sokratessein" heißt, daß alles Was und Wie dieses Menschen, auch all sein Tun und Leiden, kurz: alles, was zu seinem Sein gehört, wie aus einer einheitlichen Wurzel herausgewachsen ist[77]. Darum trifft das Bild des organischen Werdens und Wachsens, das neben dem des bildenden Gestaltens am liebsten zur Veranschaulichung der μορφή verwendet wird, die Sache besser — ja es ist gar kein bloßes Bild, sondern stellt uns die Sache selbst vor Augen. Die Pflanze entfaltet sich aus dem Samen nach einem einheitlichen Bildungsgesetz. Wurzel und Schaft, Blätter und Blüten, ihre Art zu stehen und sich zu bewegen, ja selbst die Eigentümlichkeit ihres Werdens und Reifens und Welkens stimmen zusammen als die mannigfaltige „Äußerung" des einen *Wesens*. Sokrates geht, und Sokrates spricht, er unterhält sich mit einem Handwerker oder widerlegt einen berühmten Sophisten: Alles das sind „Äußerungen seines Wesens". Gehen, Sprechen, Sichunterhalten — das alles hat einen allgemeinen Sinn, der überall erfüllt ist, wo ein Mensch etwas der-

---

[76] S. 127.

[77] Das „alles" ist *cum grano salis* zu verstehen. Eine Untersuchung des menschlichen Wesens wird zu prüfen haben, wie weit das, was tatsächlich zum Menschen gehört, *wesenhaft* ist. Vorläufig handelt es sich aber nur darum, am Beispiel des Menschen zur Klarheit zu bringen, was unter *Form* zu verstehen ist, und dafür darf mit einer gewissen Einseitigkeit das Wesenhafte in seiner Einheitlichkeit unterstrichen werden.

gleichen tut. Aber *so*, wie Sokrates es tut, ist es bei niemandem sonst. Sein ganzes Tun und Lassen ist *so*, wie „er selbst" ist. Darum könnte man auch sagen, es sei Äußerung seines *Soseins*. Aber *dieses* Sosein hat dann einen anderen Sinn als den eines Wesenszuges oder der Gesamtheit seiner Wesenszüge. Es ist etwas Einfaches, was in jedem Wesenszug wiederkehrt, was das ganze Wesen und jeden Wesenszug zu etwas Einmaligem macht, sodaß die Freundlichkeit oder Güte des Sokrates anders ist als die eines anderen Menschen — nicht nur eine andere —, obgleich *dieselbe* Wesenheit hier und dort verwirklicht ist. Das Ganze, das *so* ist, entfaltet sich in den einzelnen Zügen und im Leben dieses Menschen. Es ist sein *individuelles Wesen*. In welchem Sinn aber ist es sein *Sein* ? Wenn wir uns die Frage vorlegen, ob Sokrates „in Wirklichkeit" so gewesen sei, wie Plato, oder so, wie Xenophon ihn geschildert hat, dann tritt der Unterschied zwischen wirklichem und wesentlichem Sein, Dasein und Was- oder So-sein hervor. Es ist möglich, daß der „wirkliche Sokrates" anders war als das Bild, das Plato gezeichnet hat. Aber das „Sokratesbild" Platos zeigt uns höchst lebendig einen Menschen mit einem ganz bestimmten „Gepräge". Wir haben sein *individuelles Wesen* vor Augen; aber dieser Mensch ist (angenommen, daß jene Möglichkeit zuträfe) nicht der „wirkliche Sokrates"; sein individuelles Wesen ist nicht das „wirkliche Wesen" des Sokrates. Der „platonische Sokrates" wäre in diesem Fall als eine „dichterische Gestalt" anzusehen. Es sind nun zwei Linien zu verfolgen: 1) Ist die dichterische Gestalt mit ihrem individuellen Wesen etwas „bloß Gedachtes" ? 2) Wie hebt sich von dem Wesen der dichterischen Gestalt „Sokrates" das Wesen des „wirklichen Sokrates" *als* wirkliches ab ?

Zunächst die erste Frage: Es gibt dichterische Gestalten, von denen wir sagen, daß sie „lebenswahr" seien, und andere, die wir „unwahr", „verzeichnet" oder „unmöglich" nennen. Diese „Lebenswahrheit" besagt nicht, daß die Gestalten dem wirklichen Leben nachgezeichnet sein müssen. Der echte Dichter hat die Gabe, lebenswahre Gestalten zu „schaffen". Dies Schaffen ist allerdings eigener Art. Es ist keineswegs „frei" im Sinne selbstherrlicher Willkür. Je echter und größer die Kunst, desto mehr gleicht es wohl einem Empfangen und Gebären, desto weniger hat es von werkmeisterlichem Zusammenfügen. Das „Gebilde" hat sein eigenes inneres Aufbaugesetz, unter das sich der „Meister" beugen muß, wenn es ein Kunstwerk, nicht ein „Mach-werk" werden soll. Die Gestalten haben ihr eigenes Wesen, und es „entfaltet sich" vor seinen Augen. Er muß ihnen „zuschauen", wie sie sich in dieser oder jener Lage „benehmen", er hat es ihnen nicht vorzuschreiben. Es gibt also für den Künstler *Urbilder*, deren er sich zu bemächtigen hat, ihr Sein ist von seinem Tun unabhängig und dafür vorausgesetzt. Hier haben wir *reine Formen* vor uns, und an ihnen muß zu erfassen sein, was *Form* unabhängig vom Verhältnis zu einem Stoff bedeutet. Es entspringt dem Wesen des homerischen Achill, daß er für den Tod des geliebten Freundes grausame Rache nimmt, daß er um ihn trauert und klagt wie ein liebendes Mädchen, daß er dem greisen Vater des erschlagenen Feindes mit der zarten Ehrfurcht eines Sohnes begegnet und dem eigenen Schicksal mit ruhiger Fassung ins Auge sieht[78]. So „entfaltet sich" sein Was und Wesen. Dem „Sichentfalten" kommt eine besondere Bedeutung zu. Das Wesen ist ein sich entfaltendes Gebilde: es legt sich auseinander in die einzelnen Wesenszüge, die in ihm beschlossen sind, und schließt sich voll auf (wird aktuell) im Tun und Leiden[79]. Das Eigentümliche der *Gestalt*, ein Mannigfaltig-Einheitliches zu sein: zusammengeschlossen als ein Ganzes und zugleich entfaltet in der Mannigfaltigkeit ihrer Einzelzüge, das ist der Sinn der *reinen Form*, wie sie sich ohne Beziehung auf einen durch sie gestalteten oder zu gestaltenden Stoff fassen läßt. Im Sich-entfalten des Beschlossenen (das den Zusammenschluß nicht aufhebt) und im Beschlossensein des Entfalteten liegt das zum Wesenswas selbst gehörige Sein. Ist es eine Raumgestalt, so verwirklicht sich die Wesensentfaltung in räumlicher Ausbreitung. Ist es eine *Zeitgestalt* (z. B. eine Melodie oder eine Erlebniseinheit), so entspricht der Wesensentfaltung ein Wirklichwerden im Nacheinander: Raum und Zeit gehören zu diesen eigentümlichen Seinsweisen.

Um auf unsere Frage zurückzukommen: *echte* dichterische Gestalten sind nicht etwas bloß Gedachtes, sondern wesenhafte Gebilde. Sie stehen unter dem Gesetz einer Form, deren Entfaltung sie nachbilden. Sie selbst entfalten sich dieser Form gemäß. (Sie *sind* nicht die *reine Form*, weil zu ihrem Aufbau etwas *Stoffliches* gehört, wodurch sie die Form festzuhalten und für andere faßbar zu machen suchen: im Fall der Dichtung ist es die Sprache — wenn nicht allein, so doch in erster Linie. Wenn es sich nicht um vollendete Meisterwerke handelt, werden sie auch mehr oder minder von dem Urbild abweichen.) So können wir nicht nur beim wirklichen Sokrates, sondern auch noch beim platonischen Sokrates (immer unter der Annahme, daß dieser

---

[78] Vgl. *Homers* Ilias, 16., 19. u. 21. Gesang.

[79] „Sichauseinanderlegen" und „Sichvollaufschließen" sind Ausdrücke für zwei verschiedene Bedeutungen von *Entfaltung*, die hier eine Rolle spielen (vgl. dazu S. 153 ff.). Dazu wird als dritte noch die des „Entfaltetseins" kommen (S. 154 f.).

nicht der wirkliche Sokrates sei, sondern eine dichterische Gestalt) sein Sokrates-sein von ihm selbst unterscheiden. Sokrates-sein heißt — so sagten wir — in der Form „Sokrates" sein; dafür können wir jetzt setzen: sich der Form „Sokrates" gemäß entfalten. Bei der reinen Form gehören Was, Wesen und Sein untrennbar zusammen. Sie ist das sich-entfaltende Was; im Sich-entfalten des Was besteht ihr Wesen und zugleich ihr Sein: im *wesenhaften Sein* fallen *Wesen* und *Sein* zusammen. Es ist hier auch nicht das Wesen von seinem Gegenstand zu unterscheiden. Der platonische Sokrates dagegen „hat" ein Wesen: Wesen und Gegenstand fallen hier nicht zusammen. Das Wesen des Sokrates schreibt ihm vor, wie er sich der reinen Form gemäß zu entfalten hat. Dabei lassen sich auch Was und Wesen noch unterscheiden; das Wesen ist das Wassein des Gegenstandes; das Sichentfalten gehört zum Was als sein Sein und bedingt die entsprechende Entfaltung des Gegenstandes.

Zur Vorbereitung der Antwort auf die zweite Frage: „Wie hebt sich von dem Wesen der dichterischen Gestalt „Sokrates" das Wesen des „wirklichen Sokrates" *als* wirkliches ab ?" muß das Gesagte noch etwas ergänzt werden. Wir haben den Begriff der *reinen Form* oder *Gestalt* so weit gefaßt, daß Raumgestalten, Zeitgestalten und die Gestalten von Dingen und Personen (vielleicht auch noch manches andere) darunter fallen, sahen aber, daß den verschiedenen Arten von Gestalten verschiedene Weisen des Sichentfaltens entsprechen. Ein Dreieck entfaltet sich anders als eine Melodie. Aber diese verschiedenen Entfaltungsweisen haben noch etwas Gemeinsames gegenüber der ganz anders gearteten Entfaltung, die zu den Formen *wirklicher Gegenstände* gehört. Für das Dreieck von bestimmter Seitenlänge und Winkelgröße ist die Art seiner Entfaltung festgelegt. Es gibt dabei nur noch *einen* Umstand, der verschiedene Möglichkeiten offen läßt: den der *Lage*. Aber dieser Umstand ändert an dem Dreieck selbst nichts mehr. Es gehört wohl zum Dreieck, daß es sich an einem bestimmten Ort und in bestimmter Lage entfalten muß, aber diese äußere Festlegung fügt zu dem, was es in sich ist, nichts mehr hinzu. Ähnlich steht es mit der Entfaltung einer Melodie als bestimmter Tonfolge. Solche Gebilde entfalten sich gleichsam nur in einer Ebene, sie haben keinen Gegensatz von Oberfläche und Tiefe, von Vorder- und Hintergründen [80]. *Wirkliche* Gegenstände haben einen viel verwickelteren und tiefgründigeren Aufbau, und dem entspricht die Eigentümlichkeit ihrer Wesensentfaltung. Wir sagten vom Menschen So-

---

[80] Es ist hier nur an die reinen Raumgestalten und Tonfolgen gedacht ohne Rücksicht auf *Symbolwerte*, die ihnen zukommen können.

krates, sein Wesen „lege sich auseinander" in seinen Wesenszügen
und „schließe sich voll auf" in seinem Tun und Lassen. Das sind offenbar verschiedene Arten des Sichentfaltens. Die Freundestreue des
Achill, die Grausamkeit gegenüber dem Feind, die Weichheit und
Güte — das sind verschiedene Wesenszüge. Aber wenn er den fliehen-
den Hektor um die Mauern der Stadt jagt und später noch den Leichnam des Erschlagenen schändet, merkt man nichts von Weichheit
und Güte. Und wenn er bei seiner Mutter am Meeresstrand sitzt, ihr
sein Leid klagt und sich von ihr trösten läßt, möchte man ihm jene
Grausamkeit nicht zutrauen. In seinem Verhalten tritt bald dieser,
bald jener Wesenszug hervor. Was sich nicht in lebendigem Verhalten „äußert", das bleibt verborgen, und zwar nicht nur für die
Erkenntnis verhüllt, sondern seinsmäßig unaufgeschlossen wie eine
unentfaltete Knospe[81]. Augenscheinlich sind wir hier wieder auf den
Gegensatz von *Akt* und *Potenz* gestoßen. *Akt* ist das *lebendige
Verhalten* des Menschen, sein „Tun und Lassen". (Damit haben wir
uns dem genähert, was die moderne Philosophie und Psychologie
unter *Akt* versteht.) *Potenz* ist das *Vermögen* zu einem entsprechenden lebendigen Verhalten: im Verhältnis dazu ist es eine
Vorstufe, ein Sein*können*, ist aber andererseits Grundlage dafür und
ausgezeichnet durch größere Beständigkeit[82] gegenüber der Flüchtigkeit des wechselnden Verhaltens; es ist etwas, was unter der „Oberfläche" liegt. Die *Vermögen* oder *Fähigkeiten* sind die Wesenszüge, in die sich das Wesen auseinanderlegt. Es schließt sich auf,
indem ein *Können* in das entsprechende *Tun* übergeht. Das Wesen
ist das Tiefste in dem ganzen Gebilde, es ist der „Grund", aber nicht
ein Grund, der in der Tiefe festliegt, gleichsam durch die Vermögen
wie durch eine „Zwischenschicht" von der „Oberfläche" des lebendigen Verhaltens getrennt, sondern ein Grund, der bis an die Oberfläche hindurchreicht, eine Wurzel, die aufsteigt und sich als Stamm
emporreckt und bis in die feinsten Verästelungen hinein entfaltet.
Und so ist auch das lebendige Verhalten keine „bloße Oberfläche",
sondern in der Tiefe des Wesens verwurzelt.

Nun tauchen aber neue Bedenken auf: War nicht der Gegensatz
von Akt und Potenz an das Gebiet des wirklichen Seins, die Welt des
Werdens und Vergehens gebunden ? Dann könnten wir es wohl ver-

---

[81] Dies beides kann getrennt sein: es ist möglich, daß ein Wesenszug sichtbar
ist zu einer Zeit, wo er nicht in lebendigem Verhalten aufgeschlossen ist: z. B.
die Grausamkeit in einem festgeprägten Gesichtszug.

[82] Nach früher Gesagtem ist es klar, daß darunter kein „Stehen in der Zeit"
zu denken ist, sondern ein „Erhaltenwerden" von besonderer Art (vgl. Kap II, §3).

stehen, daß für die „wirklichen Menschen" die Wesensentfaltung im
Übergang vom möglichen zum wirklichen Verhalten bestehen mag.
Aber sollte dieser Gegensatz auch bei den dichterischen Gestalten
eine Stelle haben, die doch nicht wirklich sind, oder gar bei den
reinen Formen? Das Eingehen auf diese Bedenken muß uns zur Beantwortung der Frage nach dem Verhältnis des *wirklichen Wesens*
zum Wesen der dichterischen Gestalt führen.

Es gibt zu denken, daß wir auf den Gegensatz von Akt und Potenz
diesmal gerade bei der Betrachtung einer dichterischen Gestalt gestoßen sind. Der Unterschied zwischen der Grausamkeit als einem
dauernden Wesenszug Achills und der „Betätigung" dieses Zuges in der
Behandlung Hektors war doch deutlich. Aber wenn der ganze Achill
niemals gelebt hat, wenn er etwas durchaus Unwirkliches ist — was
kann es dann für einen Sinn haben, bei ihm von einem Gegensatz zwischen möglichem und wirklichem Verhalten zu sprechen? Es spielt hier
die Eigentümlichkeit dessen, was wir eine „dichterische Welt" — allgemein gefaßt eine „Phantasiewelt" — nennen, eine Rolle. Aber da
sowohl die wirklichen als die dichterischen Gestalten ihr Urbild in
reinen Formen haben und sich ihnen gemäß entfalten, wird es gut
sein, noch einmal ins Auge zu fassen, in welchem Sinn bei den reinen
Formen selbst von Entfaltung gesprochen werden kann. Wenn wir
annehmen, daß der homerische Achill in jedem Zug dem *Urbild*,
der reinen Form, nachgezeichnet ist und es in keiner Weise verfälscht,
so dürfen wir sagen, daß in diesem Urbild alle Einzelzüge und alle
möglichen Verhaltungsweisen beschlossen sind. Wir können auch sagen,
die Form sei in den ihr zugehörigen Einzelzügen und den möglichen
Verhaltungsweisen entfaltet, aber *Entfaltung* darf dabei nicht als ein
zeitliches Geschehen verstanden werden. Die Form ist nicht eigentlich
„sich entfaltende", sondern „entfaltete" Gestalt, es gibt für sie kein
Werden, keinen Wandel und Wechsel, also auch keinen Übergang
von Möglichkeit zu Wirklichkeit. Darum wurde das *mögliche Verhaltungsweisen* unterstrichen. Die reine Form „Achill" „verhält"
sich überhaupt nicht. Aber es sind in ihr alle möglichen Verhaltungsweisen eines Menschen, der sie „zur Form hat", vorgezeichnet. Es
wird in keinem Menschenleben alles wirklich, was für den Menschen
seinem Wesen nach möglich ist. Und auch eine Dichtung kann nur aus
den Wesensmöglichkeiten auswählen und sie keineswegs erschöpfen.
Ihre Gestalten sind „wahr" oder „echt", soweit sie in den Grenzen der
Wesensmöglichkeiten gehalten sind.

Im wirklichen Menschenleben ist die Entfaltung des Wesens ein
zeitliches Geschehen. Wir wollen jetzt nicht untersuchen, wieweit

das für die „Auseinanderlegung" in den Wesenszügen zutrifft. Denn dazu bedürfte es einer gründlicheren Darlegung des Baues der Seele, als sie uns vorläufig zu Gebote steht oder an dieser Stelle angebracht wäre. Es mag für jetzt genügen, wenn es für das „Sichaufschließen" im lebendigen Verhalten gezeigt wird. An den *Erlebniseinheiten* ist uns ja zuerst der Gegensatz von potentiellem und aktuellem Sein als noch nicht lebendigem und gegenwärtig-lebendigem aufgegangen, und der Übergang vom einen zum anderen als die eigentümliche Seinsweise des „Ichlebens": ein Sein, das ständiges Werden und Vergehen ist [83]. Der Aufbau der Erlebniseinheiten führte uns zu dem Verhältnis von wesenhaftem und wirklichem Sein, und die Untersuchung dieses Verhältnisses nötigte zum Überschreiten des ursprünglichen Blickfeldes, teils aus sachlichen Gründen — weil jener Gegensatz ein viel weiterreichender ist —, teils durch die Anknüpfung an *Aristoteles*, für den die Naturwirklichkeit das „Nächstliegende" war, von dem er ausging. Von der „Naturwirklichkeit" des Menschen her sind wir zu den Erlebniseinheiten zurückgeführt worden. Aber sie haben jetzt ein anderes Gesicht angenommen. Was wir früher „Ichleben" nannten, ist uns jetzt als „lebendiges Verhalten" des Menschen begegnet. Während jenes als ein reiner Zusammenhang ineinander übergehender Erlebniseinheiten erschien, ist dies ein „aus der Tiefe" aufsteigendes. Das Verhältnis von „reinem Ich" und „Ich-Mensch", „reinen Erlebnissen" und „menschlichen Verhaltungsweisen" wird später eigens zum Gegenstand der Untersuchung gemacht werden müssen [84]. Anknüpfungspunkte dafür sind in den Darlegungen des II. Kapitels bereits gegeben. Gegenwärtig würden solche Auseinandersetzungen den Zusammenhang zerreißen. Wir müssen vorläufig damit rechnen, daß die Erlebniseinheiten als solche ihren Aufbau nicht ändern, wenn sie als Verhaltungsweisen eines Menschen betrachtet werden. Wir können darum das verwenden, was früher über sie festgestellt wurde.

Die Aufregung Bismarcks während der Friedensverhandlungen in Nikolsburg ist eine Erlebniseinheit von bestimmter Dauer. Der Verlauf ist uns aus der Schilderung in seinen *Gedanken und Erinnerungen* [85] genau bekannt: Der alte Kaiser (damals noch König) Wilhelm, der sich sonst so willig von seinem großen Kanzler leiten ließ, war damals für die milden Bedingungen, die Bismarck für Österreich vorschlug, durchaus nicht zu haben. Alle Bemühungen, ihn von der Gewichtigkeit der Gründe zu überzeugen, waren umsonst. Der Kanzler

---

[83] Vgl. Kap. II, § 2 u. 3.   [84] Vgl. Kap. VII, § 3.
[85] Volksausgabe, Stuttgart 1913, II 62 ff.

gab schließlich den — wie es schien — vergeblichen Kampf auf und zog sich in ein Nebenzimmer zurück. Hier machte sich die übergroße Nervenanspannung in einem Weinkrampf Luft. Nach einem erneuten, wiederum vergeblichen Versuch am nächsten Tage war er so weit, daß ihm „der Gedanke nahe trat, ob es nicht besser sei, aus dem offenstehenden vier Stock hohen Fenster zu fallen"[86]. Da klopft ihm jemand von hinten auf die Schulter. Es ist der Kronprinz — der spätere Kaiser Friedrich — sonst oft ein Gegner von Bismarcks Politik. Diesmal bietet er sich zum Anwalt seiner Sache bei seinem Vater an und hat mehr Glück als Bismarck — der Widerstand wird gebrochen. Öffnet sich nicht in diesem Erregungsausbruch eine verborgene Tiefe? Man spürt aus der knappen und schlichten Darstellung die Folge der Erlebnisse: die gewaltsame Anspannung eines eisernen Willens auf ein als recht erkanntes Ziel, die Anstrengung des Verstandes, um die Gründe überzeugend herauszuarbeiten, das Angehen gegen einen hartnäckig sich entgegenstemmenden Willen, das Waffenstrecken gegenüber der augenscheinlichen Aussichtslosigkeit des Kampfes und dann das augenblickliche Versagen der Kräfte nach dem Übermaß der Anstrengung. Aber all das kommt hervor aus der Tiefe einer „Natur", die in diesen „Äußerungen" zu Tage tritt. Es ist ein Mensch, der für seine Aufgabe lebt und stirbt, der sich mit Leidenschaft und bis aufs äußerste für seine Sache einsetzt und innerlich nicht loslassen kann, wenn er sich auch äußerlich zum Abbrechen genötigt sieht. Das Wesen schließt sich auf, es wird mit den in ihm beschlossenen Zügen offenbar, indem es in dem „lebendigen Verhalten" zu der ihm erreichbaren Seinshöhe gelangt. Es wird hier zugleich deutlich, wie *Akt* als *Sein* und *Akt* als *Tun* sachlich zusammenhängen, wie eines sich im andern vollendet[87]. Und es zeigt sich das „Wirkliche" hier zugleich als das „Wirksame", indem das Wesen Eindrücke erleidet und, davon erschüttert, aus seiner Tiefe Verhaltungsweisen „hervorbringt", die sich auch nach außen kundgeben. Das ist *Wesensentfaltung* als *wirkliches Geschehen*. Der Unterschied gegenüber dem Entfaltetsein der reinen Form ist deutlich.

Nun erhebt sich aber wiederum die Frage: wie ist so etwas in der Dichtung möglich, wo es doch kein wirkliches Geschehen gibt? Auch der Groll des Achill ist eine Erlebniseinheit von bestimmter Dauer: er setzt sich fast die ganze Zeitspanne hindurch fort, in der sich die Ereignisse abspielen, die in der *Ilias* berichtet werden. Er wird ja

---

[86] a. a. O. S. 67.

[87] Wenn und soweit das Wesen sich in der Zeit verwirklicht, erreicht es im Tätigsein die Seinshöhe.

auch in den einleitenden Versen geradezu als der Gegenstand der
Dichtung bezeichnet. Wir erleben es mit, wie er durch das anmaßende
Benehmen des Königs Agamemnon hervorgerufen wird[88], wie er
gegenüber allen Beschwichtigungsversuchen hartnäckig festgehalten
wird[89] und wie er schließlich sich löst unter der Einwirkung eines noch
tiefer einschneidenden Schmerzes und des Waltens höherer Mächte[90].
Auch hier gibt sich das *Verhalten* als ein aus der Tiefe aufsteigendes
und das Wesen enthüllendes. Und die *Wirksamkeit* ist eine weit
über das Leben dieses einen Menschen hinausreichende, da das Schicksal zweier Völker dadurch bestimmt wird. Was besagt aber die „Wirksamkeit" eines „Unwirklichen"? Es geht in der „Welt Homers" genau
so zu wie in der wirklichen Welt. Seine Menschen benehmen sich wie
wirkliche Menschen und sind „gebaut" wie wirkliche Menschen: sie
haben ein Wesen, und ihr Leben ist die Entfaltung ihres Wesens. Aber
diese ganze Welt ist keine wirkliche, sondern eine „Scheinwelt".
Sie ist ein Gebilde der *Einbildungskraft*: der Geist vermag etwas
aus sich herauszustellen, was der wirklichen Welt gleicht, weil es den
Urbildern des Wirklichen nachgebildet ist, aber es ist nur *scheinbar*
wirklich. Achills Groll ist kein wirklicher Groll, er steigt nicht wirklich aus der Tiefe des Wesens auf, und es ist kein wirkliches Wesen,
das sich in ihm entfaltet. Achill ist keine πρώτη οὐσία, kein in selbst-
eigener und selbständiger Wirklichkeit Existierendes. Er wird mit
der ganzen „Welt", in die er hineingestellt ist, getragen von dem Geist
des Dichters (oder des verstehenden Lesers). Er „besitzt" sein Wesen
nicht, sondern es ist ihm „verliehen". Und dem Wesen, das ihm verliehen wird, entsprechen die Verhaltungsweisen, die ihm in der Dichtung tatsächlich „zugeschrieben" sind oder zugeschrieben werden
könnten.

Der Gegensatz von wirklicher und Scheinwelt soll uns nun zur Erfassung dessen, was Wirklichkeit und wirklich Seiendes ist, helfen, und
zur Beantwortung all der Fragen, die im Zusammenhang damit aufgetaucht sind. *Das Wirkliche besitzt sein Wesen und entfaltet es in
einem zeitlichen Geschehen.* Es ist die *Ur-Sache* dieses Geschehens, und
das Geschehen ist wiederum — in der Kraft der Ursache — wirklich
und wirksam, d. h. es bringt anderes Geschehen hervor. Das *Wesen*
ist hier *individuelles, wirkliches Wesen* — diesem Gegenstand und
keinem anderen eigen — und ist *Verwirklichung einer reinen Form*,
das „In-dieser-Form-sein" des Gegenstandes. In dem Wesen ist alles
Wassein und Sosein des Gegenstandes beschlossen: alle gattungs-
und artmäßige Bestimmtheit; es ist aber auch alles Beschaffensein,

---

[88] Ilias 1. Gesang.   [89] Ilias 8. Gesang.   [90] Ilias 17. Gesang.

alles Tun und Leiden, alles In-Beziehung-stehen als ihm entweder notwendig oder möglicherweise „zukommend" darin vorgezeichnet. Fallen alle diese „Bestimmungen" fort, so bleibt auch kein Wesen und kein Gegenstand. So ist es wohl verständlich, daß ohne sie keine πρώτη οὐσία möglich ist, obwohl sie selbst keine πρώτη οὐσία sind. Wenn wir das Wesen als τὸ τί ἦν εἶναι in Anspruch nehmen wollen, so besteht gegenüber *Aristoteles* der Unterschied, daß wir es als individuelle Bestimmtheit, nicht als artmäßige Bestimmtheit auffassen. Wir haben uns das am Beispiel des Menschen Sokrates klargemacht, dessen Sokratessein von seinem Menschsein unterschieden ist und es in sich schließt. In diesem Beispiel ist der Mensch Sokrates die πρώτη οὐσία = Ur-Sache. Insofern besteht aber doch Übereinstimmung mit Aristoteles, als auch er das Menschsein (das für ihn das τὸ τί ἦν εἶναι dieses Menschen ist) als diesem Menschen eigen ansieht, wenn auch als allgemein-begrifflich faßbar. Wie weit bei den untermenschlichen Dingen der Unterschied zwischen dem individuellen Wesen und der letzten Artbestimmtheit aufrecht zu erhalten ist — das soll der Sonderuntersuchung des menschlichen und des dinglichen Wesens überlassen bleiben. Der Begriff des *Dinges* kann so weit gefaßt werden, daß alle Ur-Sachen darunterfallen: Menschen, untermenschliche Lebewesen und *tote* Dinge. (Sprachüblich ist es aber, *Ding* in eingeschränktem Sinne zu gebrauchen: entweder für die *toten* Dinge im Gegensatz zum Lebendigen oder für das Unpersönliche im Gegensatz zu *Person*.)

Einzelgegenstände, die nicht wirklich sind — z. B. ein einzelnes Dreieck von bestimmter Seitenlänge, Winkelgröße und Lage —, sind ein Diesda (τόδε τί), aber keine Ur-Sache (πρώτη οὐσία). Ihre Entfaltung ist kein zeitliches, wirkliches und wirksames Geschehen, kein Aufsteigen aus einem Wesensgrund, es gibt bei ihnen keinen echten „Wesens-Besitz".

3. Der aristotelische Formbegriff (Erster Ansatz)

Es soll nun geklärt werden, wie das, was *Aristoteles Form* (μορφή) nennt, zum *Wesen* (τὸ τί ἦν εἶναι) als der letzten Bestimmtheit des Dinges und zur *reinen Form* (εἶδος = Urbild des Dinges) steht. Dafür ist zunächst noch genauer festzustellen, was Aristoteles unter μορφή versteht. Er sucht die Form im Bereich des *Werdens* auf. „Alles, was wird, wird durch etwas und aus etwas und etwas; das „etwas" meine ich aber im Sinne aller Seinsformen (Kategorien); denn es wird entweder ein dieses oder ein so großes oder ein so beschaffenes oder da und da befindliches ... Das, woraus es wird, ist das, was wir Stoff nennen; das, wodurch es wird, etwas naturhaft Seiendes (τῶν φύσει τί ὄντων); das, was es wird, ein Mensch oder eine Pflanze oder etwas anderes von dem, was wir vor allem anderen οὐσία nennen. Alles nun, was naturhaft oder durch Kunstschaffen wird, hat einen Stoff; denn jedes Hierhergehörige (d. i. Werdende) kann sein oder nicht sein; das ist aber für ein jedes der Stoff. Überhaupt ist das, woraus es ist, Natur; und das, wonach es ist, Natur; denn das, was wird, z. B. Pflanze oder Tier, hat Natur; und auch das, wodurch es ist: die gleichartige, als Urbild (εἶδος) bezeichnete Natur; diese ist aber in einem anderen; denn ein Mensch erzeugt einen Menschen"[91].

„Durch Kunst aber wird das, dessen Urbild (εἶδος) in der Seele ist. Εἶδος nenne ich aber das Wesen eines jeden (τὸ τί ἦν εἶναι) und die πρώτη οὐσία"[92]. Εἶδος hat hier offenbar einen doppelten Sinn: es ist einmal das Wesen des Gewordenen, und so verstanden wird es mit der ihm innewohnenden Form (μορφή) gleichgesetzt. Es ist außerdem *Urbild*, das dem Werden und dem Gewordenen vorausgeht und Ausgangspunkt der Bewegung ist, durch die das Werdende wird. Die *Bewegung* ist erst Denkbewegung, dann äußere, werkschaffende Tätigkeit. Aber auch das Urbild ist keine *reine Form*, sondern hat sein Sein in einem „Diesda": beim Werkschaffen ist es im Geist des Künstlers[93], bei dem natürlichen Werden, z. B. bei der Erzeugung der Lebewesen, ist es das Wesen (und das heißt hier die Artbestimmtheit) des Erzeugenden. Mit Rücksicht auf diesen Doppelsinn kann gesagt werden, „daß die Gesundheit aus Gesundheit wird, das Haus aus einem Haus — aus einem ohne Stoff eines, das Stoff hat; denn die Heilkunst und die Baukunst sind das Urbild der Gesundheit und des Hauses; ich verstehe aber unter stofflosem Seienden (οὐσία ἄνευ ὕλης) das Wesen (τὸ τί ἦν εἶναι)"[94].

„So kann ... unmöglich etwas werden, wenn nicht schon vorher etwas ist. Daß nun ein Teil notwendig schon sein muß, ist klar; denn der Stoff ist ein Teil, er ist in etwas (im Werdenden) und wird selbst. Aber nun [sagen wir:] auch vom Begrifflichen (τῶν ἐν τῷ λόγῳ) [muß

---

[91] Met. Z 7, 1032 a 12—25.

[92] Met. Z 7, 1032 a 31, 1032 b 1—2. Wir erinnern uns, daß Aristoteles als das, was „vor allem anderen" οὐσία ist, nicht nur das ganze Ding, sondern auch seine μορφή und ὕλη bezeichnet hat (vgl. S. 127).

[93] In dem weiten Sinn von *Kunst* (τέχνη, ars), in dem jedes planmäßige Hervorbringen Kunst ist, ist der Handwerker und der Arzt *Künstler*.

[94] Met. Z 7, 1032 b 11—14.

schon etwas sein]; denn wir geben auf zweierlei Weise an, was eherne
Ringe sind; wir nennen den Stoff, indem wir sie als Erz bezeichnen,
und nennen die Form, indem wir sie als eine solche Gestalt bezeichnen;
und dies ist die erste Gattung, in die man sie setzt. Der Begriff des
ehernen Ringes aber enthält noch den Stoff"[95]. Man bezeichnet aber
die Bildsäule, die „aus Stein gemacht" ist, nicht als „Stein", sondern
als „steinern". Wenn man nämlich „genau zusieht, wird man nicht
einmal einfach sagen, sie werde aus diesem, weil das, woraus etwas
wird, sich verändern und nicht bleiben muß"[96].

Das, was im eigentlichen Sinn wird, ist weder der Stoff noch die
Form, sondern das, was beides in sich enthält: nicht das Erz noch die
Kugel, sondern die eherne Kugel. „Offenbar wird also weder die Gestalt (εἶδος) — oder wie man sonst die Form (μορφή), die ein Sinnending ist, nennen mag[97] — noch das Wesen (τὸ τί ἦν εἶναι), und
es gibt dafür kein Werden; denn dieses (Form und Wesen) ist das,
was in einem andern durch Werkschaffen oder naturhaft oder durch
eine Kraft wird. Man macht vielmehr, daß die eherne Kugel ist. Man
macht sie nämlich aus Erz und Kugel; denn man bringt in jenes die
Gestalt hinein, und dann ist die eherne Kugel. Gäbe es aber ein Werden des Kugelseins, so müßte etwas aus etwas werden. Denn das
Werdende muß immer teilbar sein und etwas davon muß dies, das
andere jenes sein — ich meine, das eine Stoff, das andere Form
(εἶδος)"[98]. „Aus dem Gesagten geht hervor, daß das, was man εἶδος
oder οὐσία nennt, nicht wird, sondern die Vereinigung (σύνοδος), die
nach ihr benannt ist, wird; und daß alles, was wird, Stoff enthält und
teils dies, teils jenes (Stoff und Form) ist"[99].

Es wird nun noch einmal ausdrücklich betont, daß das εἶδος nicht
als ein getrennt von den Einzeldingen existierendes Urbild anzusehen
sei und daß es eines solchen zur Erklärung des Werdens nicht bedürfe.
Denn bei den Naturdingen sei das Erzeugende ein Ding derselben Art
wie das Erzeugte, „nicht der Zahl nach, aber der Art nach dasselbe ...;
denn ein Mensch erzeugt einen Menschen ..."[100] „So ist es offenbar,
daß es keineswegs nötig ist, eine Idee (εἶδος) als Vorbild (παράδειγμα)
aufzustellen (denn für diese — die Naturdinge — wären sie am ehesten

---

[95] Met. Z 7, 1032 b 31 ff., 1033 a 1—5.   [96] Met. Z 7, 1033 a 21 ff.
[97] Εἶδος bedeutet hier nicht *Urbild* und μορφή nicht *Wesensform*, sondern
beides ist die Bezeichnung der sichtbaren Raumgestalt, darum auch von
τὸ τί ἦν εἶναι unterschieden. Es wird später sichtbar werden, daß bei allen
Stoffdingen Wesensform und Raumgestalt nahe zusammenhängen. (Vgl. S. 194 f.
206 ff. 222 ff.)   [98] Met. Z 8, 1033 b 5—13.
[99] Met. Z 8, 1033 b 16—20.   [100] Met. Z 8, 1033 b 31 f.

zu fordern, weil sie vor allen anderen οὐσία sind), vielmehr reicht das Erzeugende aus, um etwas hervorzubringen und das Sein der Form (εἶδος) im Stoff zu verursachen. Dies Ganze aber: die so beschaffene Form in diesem Fleisch und Bein ist Kallias und Sokrates; und ein anderes ist es dem Stoff nach, denn er ist (hier und dort) ein anderer, dem εἶδος (Art, Form) nach aber dasselbe; denn das εἶδος ist unteilbar"[101].

Wenn gesagt wird, daß die Form (εἶδος) nicht werde, so ist dabei wohl zunächst an das, *was* das Ding ist, gedacht; Aristoteles betont aber ausdrücklich, daß es nicht nur davon gelte, sondern auch von den anderen Seinsformen (Kategorien): „denn es wird nicht die Beschaffenheit (ποιόν), sondern das so beschaffene Holz, und nicht die Größe (ποσόν), sondern das so große Holz oder Lebewesen. Nur dies ist der οὐσία[102] ... eigentümlich, daß eine andere wirkliche οὐσία[103] vorausgehen muß, die sie hervorbringt, Beschaffenheit und Größe aber nicht, sondern nur der Möglichkeit nach"[104].

Es ist wohl schon deutlich geworden, daß sich unsere eigenen Überlegungen über *Form* und *Wesen* in einigen sehr wichtigen Punkten von den eben wiedergegebenen Darlegungen des Aristoteles entfernen, es soll aber noch in aller Klarheit herausgearbeitet werden. Zuvor ist es nötig, zu zeigen, welche schwierigen Fragen sich aus der aristotelischen Auffassung ergeben.

Aristoteles sagt: Zu allem *Werden* gehört etwas, *woraus* das Werdende wird. Er kennt kein Werden, das ein *Hervorgerufenwerden aus dem Nichts* ist — d. h. der *Schöpfungsgedanke* ist ihm fremd. Es *wird* nur das „Zusammengesetzte" aus Stoff und Form; *Stoff und Form müssen ewig sein*[105]. Sind beide von Ewigkeit her vereint, oder sind sie als ursprünglich getrennt zu denken: als reiner Stoff oder reine Form?

4. Der aristotelische Stoffbegriff (Erster Ansatz)

Es scheint nicht möglich, über die *Form* Aufschluß zu gewinnen, ohne sich über den *Stoff* Klarheit zu verschaffen. Was in den bisher angeführten Stellen als Beispiel für den Stoff genannt wurde — Holz oder Erz oder Stein —, ist kein reiner Stoff, sondern ist schon „ge-

---

[101] Met. Z 8, 1034 a 2—8.

[102] Hier ist δευτέρα οὐσία = das, was das Ding ist.

[103] οὐσία ἐντελεχείᾳ οὐσία = πρώτη οὐσία = ein Ding derselben Art.

[104] Met. Z 8, 1034 b 14—19.

[105] Es sind dies die Punkte, die den gläubigen Denkern des Mittelalters — Arabern, Juden und Christen — am meisten zu schaffen machten.

formt" im Sinne der artmäßigen Bestimmtheit, und es „kommt vor"
in „Stücken", deren jedes ein „Diesda" von bestimmter Raumgestalt
ist, ein wirkliches Ding, eine πρώτη οὐσία. Wenn Aristoteles sagt:
„Ich nenne Stoff, was nicht wirklich (ἐνεργείᾳ, aktuell) ein Diesda
ist, sondern der Möglichkeit nach (δυνάμει, potentiell)"[106], so könnte
man das zunächst auf solche Stoffe beziehen, wenn man sie als das
Ganze unangesehen der Ausformung in bestimmte einzelne Stücke
denkt (z. B. alles Holz, das es gibt). So ist es aber offenbar nicht aufzufassen, denn bald darauf heißt es, daß es für den Stoff kein Entstehen und Vergehen gebe: für die uns erfahrungsmäßig bekannten
Stoffe aber gibt es Entstehen und Vergehen. Gemeint ist vielmehr das,
was beim Werden und Vergehen von Dingen das Zugrundeliegende
ist. Aristoteles rechnet das Werden und Vergehen unter die *Veränderungen* (μεταβολαί) und führt aus: wie zu jeder Veränderung
etwas gehöre, was sich verändere — bei der Ortsveränderung etwas,
was bald hier, bald dort sei, bei der Größenveränderung etwas, was
größer oder kleiner werde, bei der Veränderung der Beschaffenheit
etwas, was z. B. jetzt gesund und dann krank sei —, so auch bei der
Veränderung *der οὐσία nach* (der *substantialen Veränderung*): es
müsse dabei etwas sein, „was jetzt im Entstehen, dann im Vergehen
begriffen ist und was jetzt als ein Diesda zu Grunde liegt, dann als
ein Unbestimmtes (κατὰ στέρησιν, in der Weise der *Privation*)[107].
Wenn Elemente eine chemische Verbindung eingehen, so liegt ein
solches Werden und Vergehen vor. Die Elemente vergehen, die Verbindung entsteht. Das ist aber nach Aristoteles so zu verstehen, daß
etwas zu Grunde liegt, was nicht entsteht und vergeht, sondern *bleibt*,
indem es sich aus dem einen in das andere *verwandelt*. Das Zugrundeliegende ist der Stoff, der nur der Möglichkeit nach, nicht wirklich ein
Diesda ist und für den es kein Entstehen und Vergehen mehr gibt.
Aristoteles betont, daß ein jedes Ding seinen eigentümlichen Stoff
habe, wenn sich auch vielleicht alle Stoffe auf einen Urstoff oder eine
Mehrheit von Urstoffen zurückführen ließen[108].

Wenn Aristoteles schwankt, ob er den Stoff als πρώτη οὐσία gelten
lassen soll oder nicht, so ist das vielleicht darauf zurückzuführen, daß
er darunter bald die erfahrungsmäßig bekannten und dinglich geformten Stoffe versteht (wie Holz oder Eisen), bald das zugrunde
liegende Unbestimmte. Es kann aber auch auf den Stoff im Sinne des

---

[106] Met. Z 1, 1042 a 27f.   [107] Met. Z 1, 1042 b 1—3.

[108] Im Urstoff, πρώτη ὕλη, sahen die älteren Vorsokratiker den *Urgrund* (ἀρχή,
Prinzip) alles Seins; aber für die meisten war der Urstoff ein bestimmtes Element, nicht — wie für Aristoteles — etwas Unbestimmtes.

Unbestimmten gedeutet werden, wenn man bedenkt, daß er zwar nicht wirkliche, aber mögliche οὐσία genannt wird.

Aus der zuletzt angeführten Stelle ist zu entnehmen, daß es *Stufen der Unbestimmtheit* gibt. Der eigentümliche Stoff des einzelnen Dinges ist unbestimmt im Verhältnis zu dem Ding, das durch seine dingliche Form Bestimmtheit erhält. Wenn aber diese „eigentümlichen Stoffe" (οἰκεῖαι ὕλαι) auf einen Urstoff oder einige Urstoffe zurückzuführen sind, muß doch wohl dieser Urstoff etwas noch Unbestimmteres sein, das durch eine Stufenfolge von Bestimmungen (Gattung, Art bis zur letzten Bestimmtheit) zu den eigentümlichen Stoffen besondert wird. Völlig geklärt scheint mir der Begriff des *eigentümlichen Stoffes* bei Aristoteles nicht. Aber von hier aus wird es verständlich, daß nach seiner Auffassung die artmäßige Bestimmtheit durch den *eigentümlichen Stoff*, in den sie Aufnahme findet, sich zum Einzeldasein besondert (d. h. daß „die Materie Individuationsprinzip" ist): Weil „die teilbare Materie in verschiedenen ihrer Teile die gleiche Form" aufnimmt, sind mehrere Individuen derselben Art möglich [109]. Hier scheint mir auch der Ausgangspunkt für die Bildung des Begriffs der *materia designata* oder *determinata*, des räumlich bestimmten Stoffes, als Individuationsprinzip bei *Avicenna* und *Thomas von Aquino* zu sein [110]: „. . . *bezeichneten Stoff (materia signata)* nenne ich den, der als in seinen Ausmaßen bestimmter betrachtet wird" [111]. Aber darüber wird erst später zu sprechen sein.

Obgleich jedes Ding *seinen* Stoff hat, ist es doch möglich, daß aus demselben Stoff Verschiedenes wird: z. B. aus Holz eine Kiste oder ein Bett. Der Unterschied ist durch die *bewegende Ursache* bedingt. Aber die bewegende Ursache ist nicht unbeschränkt in der Wahl dessen, was sie aus einem gegebenen Stoff machen kann: „eine Säge kann z. B. nicht aus Holz gemacht werden" [112]. Es kann auch aus verschiedenen Stoffen Gleiches gemacht werden (z. B. eine Hermesgestalt aus Holz oder Stein). In diesem Fall „muß die Arbeit des Künstlers (τέχνη) als der bewegende Seinsgrund (ἀρχὴ κινοῦσα) derselbe sein; denn wäre der Stoff ein anderer und das Bewegende ein anderes, so wäre es auch das Gewordene" [113].

Aristoteles leitet mit diesem letzten Gedanken von der Behandlung des Stoffes zur Erörterung der Form über: er will zeigen, daß der Stoff allein nicht ausreicht, um das Werden verständlich zu machen.

---

[109] *Baeumker* a. a. O. S. 284.
[110] Vgl. *Roland-Gosselin* a. a. O. S. 59 ff. und 104 ff.
[111] De ente et essentia, a. a. O. S. 10. Vgl. In Boëthium de Trinitate q 4 a 2.
[112] Met. Z 4, 1044 a 28.   [113] a. a. O. 1044 a 31 f.

Wir führten sie indessen an, um daraus vielleicht noch näheren Aufschluß über den Begriff des *eigentümlichen Stoffes* zu gewinnen.
Dabei ergibt sich aber die Verlegenheit, daß die Beispiele dem Gebiet
des menschlichen Werkschaffens entnommen sind und nicht dem des
naturhaften Werdens. Alle menschliche Arbeit setzt aber schon an
einem fertig bestimmten Stoff, an einem wirklichen Ding an. Wenn
aus einem Stück Holz ein Bett gemacht wird, so wird nicht aus einem
Naturstoff ein anderer, sondern demselben Stoff wird eine andere
Raumgestalt gegeben: und das ist keine neue Dingform (substantiale
Form), sondern nur eine neue Beschaffenheit (akzidentelle Form). Es
liegt kein dingliches Werden vor, sondern nur eine *Veränderung* im
engeren Sinn des Wortes. In der Tat läßt Aristoteles das, was von
Menschenhand „geschaffen" ist, gar nicht als πρώτη οὐσία gelten[114].
Menschenwerke sind nicht auf sich selbst gestellt wie Naturdinge,
sondern werden mit dem Sinn oder der Zweckbestimmtheit, die ihr
eigentümliches Sein begründet, vom Geist getragen: vom Geist dessen,
der ihnen den Zweck bestimmt und sie entsprechend gestaltet, und
vom Geist derer, die ihren Zweck verstehen und entsprechend mit
ihnen „umgehen". Kann bei einer so tiefgreifenden Verschiedenheit
des Aufbaus das „Werk" uns zur Kenntnis des „Naturdinges", seines
Stoffes und seiner Form verhelfen? Das „Werk", wenn es ein sinnenfälliges Ding ist, hat einen Stoff, der selbst schon ein Naturding ist.
Die Naturdinge wiederum nach Art der Menschenwerke zu denken,
ist nur möglich, wenn man sie als Gebilde denkt, die ein „Künstler"
oder „Werkmeister" aus einem gegebenen Stoff geformt hat[115]. Eine
solche Welt wäre keine „Schöpfung" im Sinne unseres Glaubens. Daß
Aristoteles keine Schöpfung aus nichts kennt, ist schon erwähnt worden. Andererseits entspricht seiner Auffassung auch nicht eine Welt,
die aus einem ihr zeitlich vorausgehenden Urstoff geformt würde. Für
Plato war eine solche Weltentstehungslehre möglich, weil er vom
Stoff getrennte, *reine* Formen kannte. Wenn man aber — wie Aristoteles — die Sinnendinge als πρῶται οὐσίαι, als erste Wirklichkeit
ansah, dann konnte man sich ihren Stoff zu keiner Zeit als getrennt
von ihnen existierend denken. Wenn also der Urstoff als ungeworden
gedacht wurde, so konnte er nur als geformter gedacht werden:
d. h. die „Welt" selbst oder die „Natur" mußte als „ewig" gesetzt
werden. „Die Welt ist ungeworden und unvergänglich. Wer das bestreitet und meint, eine so gewaltige sichtbare Gottheit wie Sonne
und Mond und der übrige Himmel mit den Planeten und Fixsternen,

---

[114] Met. Z 2, 1043 a 4 ff., 1043 b 21 ff.

[115] Dem entspricht der Demiurg in *Platos* „Timaeus".

der in der Tat ein Pantheon umfaßt, unterscheide sich nicht von Dingen, die mit Händen gemacht sind, macht sich furchtbarer Gottlosigkeit schuldig"[116]. Es ist dieser Stelle noch eine bezeichnende Äußerung angefügt, die auf mündlicher Überlieferung zu beruhen scheint: „Auch pflegte Aristoteles, wie man hört, höhnisch zu sagen: Bisher habe er nur für sein Haus gefürchtet, es könnte einmal durch heftige Winde oder gewaltige Stürme, durch Verfall oder infolge leichtfertiger Bauart einfallen; jetzt aber drohe noch eine viel größere Gefahr von seiten der Leute, die durch ihre Lehren die ganze Welt zum Einsturz brächten". Wenn man diese Aussprüche aus der Frühzeit liest, so glaubt man etwas von der ursprünglichen Einstellung des Menschen Aristoteles zur Welt zu spüren; im Verhältnis dazu erscheinen die späteren philosophischen Beweisführungen wie nachkommende Begründungen. So fest gegründet und von so überwältigender Schönheit erscheint ihm die Welt, daß sie durch nichts angetastet werden kann. „Die Welt ist weder geworden, weil ein so herrliches Werk nicht auf Grund eines neu gefaßten Entschlusses seinen Anfang genommen haben kann, und sie ist nach allen Seiten so vollkommen, daß keine Kraft so starke Bewegungen und eine solche Veränderung bewirken, kein Alter in der Länge der Zeiten zustande kommen kann, wodurch jemals der Zerfall und der Untergang dieses Weltenbaus herbeigeführt werden könnte"[117]. Aller Stoff ist in dem Weltganzen geformt, und alle formende Kraft ist in ihm beschlossen. So gibt es nichts außerhalb, wodurch es zerstört werden könnte. „Die Welt kann aber auch nicht durch etwas zersetzt werden, was in ihr selbst läge. Denn dann müßte ja der Teil größer und mächtiger sein als das Ganze, was widersinnig ist. Denn die Welt setzt mit unerbittlicher Kraft alle ihre Teile in Bewegung, ohne von einem von ihnen bewegt zu werden"[118]. Man kann sich kaum einen größeren Gegensatz denken als diese Weltgläubigkeit und Weltfreudigkeit des *Aristoteles* und auf der anderen Seite die Grundhaltung *Platos*, für den die Sinnenwelt nur ein schwaches, vergängliches Gleichnis der Ideen war[119].

Wenn der Lobpreis der Welt etwas pantheistisch klingt, so ist das in der späteren Gotteslehre überwunden. Aristoteles kennt zwar keinen Weltschöpfer, wohl aber einen ewigen und rein geistigen *Welt-*

---

[116] Aus dem „Dialog über Philosophie" (*Aristoteles'* Hauptwerke, ausgewählt, übersetzt und eingeleitet von Wilhelm *Nestle*, Leipzig 1934, S. 27).

[117] a. a. O. S. 30.   [118] a. a. O. S. 30.

[119] Sehr bezeichnend für diesen Gegensatz ist auch die aristotelische Abwandlung des platonischen Höhlengleichnisses (a. a. O. S. 32).

beweger. Die Welt selbst führte ihn dazu: das *Weltganze* sieht er als ungeworden und unvergänglich an, aber *in* der Welt gibt es Werden und Vergehen, unaufhörliche Bewegung. Da jede einzelne Bewegung auf eine verursachende zurückweist, die Reihe aber nicht unendlich sein kann, muß es einen ersten, selbst unbewegten Beweger geben[120]. Aber dieser Gedankengang soll uns vorläufig nicht weiter beschäftigen. Es muß erst versucht werden, über den „Stoff" noch größere Klarheit zu gewinnen. Wir wissen bisher, daß er nach der Auffassung des Aristoteles niemals als „reiner Stoff" wirklich dagewesen ist oder dasein kann, es kommt ihm an sich nur ein *mögliches Sein* zu, *wirklich* ist er nur als geformter.

5. Stoff und Form — Potenz und Akt

Wir stoßen hier auf den *Zusammenhang zwischen der Form-Stoff-Frage und der Akt-Potenz-Frage*[121]. Es muß versucht werden, eins durch das andere zu erhellen. Wenn wir Akt und Potenz als *wirkliches und mögliches Sein* fassen, wie wir es taten, so ist es klar, daß die Untersuchung dessen, was οὐσία ist, an diesem Gegensatz nicht vorbeigehen kann. *Οὐσία* hat ja — so fanden wir — den Sinn: *Seiendes, das* vor anderem *einen Seinsvorzug hat*. Darum war es — weit gefaßt — das *Existierende* gegenüber dem bloß Gedachten. Unter dem Existierenden hatte wiederum das *Selbständige* einen Vorzug gegenüber dem Unselbständigen, das nur durch seine Zugehörigkeit zu einem Selbständigen an dessen Sein Anteil hat: der gattungs- und artmäßigen Bestimmtheit und den Beschaffenheiten der selbständigen Gegenstände. Der höchste Seinsvorzug wurde von Aristoteles den *wirklichen Dingen* zugesprochen: sie heißen vor allen anderen οὐσία, darum πρώτη οὐσία. So haben wir die Verbindung von οὐσία als dem ausgezeichneten Seienden und ἐνέργεια (Wirklichkeit, Akt) gewonnen: *Wirklichkeit ist der höchste Seinsvorzug, das Wirkliche ist das Seiende im eigentlichsten Sinne*. Dagegen ist die *Möglichkeit* (δύναμις, Potenz) die *Vorstufe* der Wirklichkeit, das Mögliche ein noch nicht im Vollsinn Seiendes. Wo es aber eine Vorstufe gibt, da gibt es auch einen Aufstieg zur höheren Stufe: der Übergang von der Möglichkeit zur Wirklichkeit ist das *Werden*, genauer gesagt, gehört zum Werden, denn wir haben früher gesehen, daß Werden im eigentlichsten Sinn ein Herausgehobenwerden

---

[120] Met. Λ 7, 1072 a 21 ff.

[121] Tatsächlich schließt sich an das Buch H der *Metaphysik*, das sich mit Stoff und Form beschäftigt, unmittelbar die Behandlung von Potenz und Akt im Buch Θ.

aus dem Nichts ins Dasein ist; aber das Sein, in das es hineingehoben wird, ist immer ein zugleich „wirkliches" und „mögliches"[122]. Im Bereich des Werdens hat der Gegensatz von Wirklichkeit und Möglichkeit seine Stelle. Alles Seiende dieses Bereichs wird davon durchschnitten: nicht nur das Seiende im eigentlichsten Sinn, das Ding selbst, sondern auch alles, was ihm „zukommt" — „wirklich" zukommt oder zukommen „kann". Jede Art der *Bewegung* oder *Veränderung* ist ein *Übergang von Möglichkeit zu Wirklichkeit* oder umgekehrt.

Weil aber das Wirkliche, das ein Werdendes ist, — nach Aristoteles — ein Zusammengesetztes aus Form und Stoff ist, müssen auch diese „Bestandteile" des Wirklichen mit dem Gegensatz von Möglichkeit und Wirklichkeit etwas zu tun haben. Der *ungeformte Stoff*, so hörten wir, hat nur ein *mögliches Sein*. Was das besagt, ist aber noch nicht eindeutig, weil „Möglichkeit" und „Wirklichkeit" mehrfachen Sinn haben.

Nur ausschließend nennt Aristoteles die *logische Möglichkeit*. Etwas ist möglich — das würde in diesem Sinn nur heißen, daß sein Gegenteil nicht notwendig sei[123]. Darin ist noch keine Vorstufe des wirklichen Seins zu sehen. Was hier in Betracht kommt, ist δύναμις (Potenz) als *Vermögen*: und das besagt „Seinsgrund[124] (ἀρχή, Prinzip) der Veränderung oder Bewegung in einem anderen, sofern es ein anderes ist, sodann durch ein anderes, sofern es ein anderes ist"[125]. Das Geheiltwerden vollzieht sich in dem Kranken, der gesund wird. Die Heilkunst aber, als das Vermögen zu heilen, das jene „Bewegung" hervorruft, hat ihr Sein nicht in dem Kranken, sondern im Arzt (außer etwa in dem besonderen Fall, daß der Kranke zugleich Arzt wäre). Die Heilkunst allein reicht aber zum Heilen und Gesundwerden nicht aus: es gehört außerdem dazu das Vermögen des Kranken, geheilt zu werden. Jenes ist ein *Vermögen zu tun*, dies ein *Vermögen zu leiden* (aktive und passive Potenz). In ausgezeichnetem Sinn heißt etwas vermögend oder *fähig*, wenn es imstande ist, etwas *gut* zu tun. (Im Gegensatz dazu ist *Unfähigkeit* nicht völliges Unvermögen, sondern nur das Unvermögen, etwas Gutes zu leisten.) Entsprechend ist es ein ausgezeichnetes Vermögen zu leiden, das zu einer Verände-

---

[122] Vgl. Kap. II, § 3, 4.

[123] Vgl. Met. Δ 12, 1019 b 22 ff. und H 1, 1046 a 4 ff.

[124] *Seins*grund ist im Gegensatz zum *logischen* Grund gemeint: das „Sein", das darin enthalten ist, ist vom bloßen Gedachtsein zu unterscheiden, es umfaßt sowohl *Dasein* als *Werden* und *Geschehen*.

[125] Vgl. Δ 11, 1019 a 19f.

rung zum Guten befähigt. Ein ganz vorzügliches Vermögen aber ist es, wenn etwas die *Macht* hat, allen äußeren Einwirkungen zu widerstehen und völlig unverändert zu beharren, also keinem Leiden unterworfen zu sein. Als Grundbedeutung von „Vermögen" aber hält Aristoteles die des „Seinsgrundes der Veränderung in einem anderen als anderem" fest[126].

Das Vermögen zu tun und das Vermögen zu leiden hängen in verschiedener Weise zusammen. Einmal sind beide in demselben Ding vereint, da es zugleich die Fähigkeit hat, zu leiden und in anderen Leiden hervorzurufen. Ferner gehört zu allem Leiden ein Tun oder Wirken; dabei sind allerdings das Wirkende und das Leidende verschiedene Dinge. Als Grund für das Leiden wird aber nicht nur die Leidensfähigkeit des Leidenden angegeben, sondern „daß auch der Stoff ein Seinsgrund (ἀρχή) sei"[127]. „So ist das Fette brennbar, das in bestimmter Weise Nachgebende zerbrechlich . . ."

Wenn der Stoff als Seinsgrund bestimmter Vermögen anzusehen ist, so kann er nicht als völlig unbestimmt gedacht werden und kann ferner nicht mit den in ihm gründenden Vermögen zusammenfallen. Wenn der *Urstoff (prima materia)* selbst als *Potenz* in Anspruch genommen wird, so wird man ihn entweder nicht als Seinsgrund gelten lassen, oder ihn nicht als völlig unbestimmt ansehen. Für das Zweite entscheidet sich P. G. *Manser* O. P.[128]: die *prima materia* sei „zwar ihrem inneren Sein nach nicht irgendwie eine bestimmte Substanz, aber doch beziehungsweise zum *compositum* etwas Substantielles" und könne darum „nicht ein *Nichts* sein". So kommen wir zu dem merkwürdigen Begriff eines „unbestimmten — aber doch nicht ganz unbestimmten — Etwas"[129]. Zu dieser Schwierigkeit kommt eine zweite: Dieses unbestimmte Etwas kann keine Potenz im Sinne eines Vermögens sein: z. B. das Vermögen zu brennen oder zu leuchten. Unter„Vermögen" verstehen wir aber die Fähigkeit *zu etwas*, d. h. die Fähigkeit zu einem bestimmten Tun oder Leiden. Ein „unbestimmtes Vermögen" ist nicht weniger schwer zu denken als ein „unbestimmtes Etwas". Manser scheint die Lösung darin zu sehen, daß „es zwischen *Nichts* und dem *Wirklichen* ein

---

[126] Met. H 1, 1046 a 10f. Vgl. dazu die Ausführungen über Akt und Potenz in Kap. I, § 1; Kap. II, § 1; Kap. III, § 8 und im Folgenden S. 208f.

[127] Met. H 1, 1046 a 23.

[128] Das Wesen des Thomismus², Freiburg (Schweiz) 1935, S. 601f.

[129] Wenn wir in der gewöhnlichen Redeweise von einem „unbestimmten Etwas" sprechen, so meinen wir nicht etwas in sich Unbestimmtes, sondern etwas, was *wir* nicht bestimmen können.

Mittleres gebe, das *potentielle* Sein: κατὰ δύναμιν. Und das ist nun für das körperliche substantielle Werden gerade die Urmaterie, die als Subjekt allem Werden und Vergehen zugrundeliegt, indem das, was in ihr soeben noch aktualisiert war, durch den Verlust der Form untergeht und indem aus ihr wie aus der Mutter das *Neue* durch Erwerbung einer anderen Form entsteht". Ich finde aber nicht, daß damit die Schwierigkeit beseitigt wird, denn es ist hier augenscheinlich die Scheidung zwischen dem *Sein* und dem *Seienden* außer acht gelassen. Von der Potenz — im Sinne des Vermögens — kann ich nur sagen: sie ist eine Möglichkeit, die einem Seienden innewohnt. Und der *Urstoff* wäre als dieses Seiende, nicht als mögliches Sein zu bezeichnen. Er müßte ein „Etwas" sein, dem das Sein „zukäme" (wenn nicht nach aristotelischer, so doch nach thomistischer Auffassung, die die *prima materia* als *geschaffen* ansieht und nur beim ungeschaffenen ersten Seienden Sein und Seiendes zusammenfallen läßt). Was wir uns unter diesem merkwürdigen Etwas zu denken haben, das lassen wir vorläufig dahingestellt[130]. An den angeführten Aristoteles-Stellen scheint mir die Schwierigkeit noch zu beheben, weil das, was dort als *Stoff* angegeben wird, noch nicht im Sinn des *Urstoffes* aufzufassen ist. Wenn das „Fette" als Seinsgrund der Brennbarkeit bezeichnet wird, so ist mit dem Fetten der Stoff gemeint, mit der Brennbarkeit das Vermögen, und dies beides fällt nicht zusammen. Das *Vermögen* wurzelt im *Stoff*, aber *Stoff* ist hier nicht unbestimmter, ungeformter und darum noch nicht wirklicher, sondern bestimmter und wirklicher Stoff: im Ding ist als möglich vorgezeichnet, was ihm widerfahren kann. Die Verwirklichung dieser Möglichkeiten aber ist an die Wirkfähigkeiten anderer Dinge gebunden: das Erwärmtwerden an die Wärme des Erwärmenden, das Zusammengefügtwerden der Steine zum Haus an die Kunst des Baumeisters. Was aber „eine naturhafte Einheit ist, das kann nicht durch sich selbst leiden"[131].

Die letzte Bemerkung rührt an die Frage nach dem Übergang vom möglichen zum wirklichen Sein. Er vollzieht sich — wie noch gezeigt wird — verschieden beim naturhaften Werden und beim Werkschaffen, je nachdem das *Vermögen* ein vernunftloses oder ein vernünftiges ist. (Wie diese beiden Gegensatzpaare sich zueinander verhalten, wird noch zu prüfen sein.) Es ist wichtig für uns, diesen Unterschieden nachzugehen, weil die Beispiele aus dem Gebiet des Werkschaffens — wie wir sahen — uns das Verhältnis von Form und Stoff

---

[130] Worin wir die Lösung zu finden suchen, dazu vgl. S. 184 ff. u. 246 ff.
[131] a. a. O. S. 28.

in der Naturwirklichkeit eher verhüllen als klären. Vor allem aber gilt es jetzt festzustellen, was Aristoteles unter *Natur* versteht[132].

6. Natur, Stoff und Form

„Natur (φύσις) heißt in einem Sinn die Entstehung dessen, was ein Wachstum hat (wenn man das υ gedehnt ausspricht). In anderem Sinn wird dasjenige so genannt, woraus das Wachsende als aus einem ersten in ihm Enthaltenen hervorwächst. Sodann dasjenige, wovon die erste Bewegung in einem jeden naturhaft Seienden ihren Ausgang nimmt, sofern sie in ihm als in einem Sogearteten ist[133]. Von Wachstum (φύεσθαι) aber spricht man bei allem, was durch ein anderes eine Zunahme erfährt, indem es sich mit ihm berührt und mit ihm zusammengewachsen oder daran angewachsen ist, wie die ungeborenen Leibesfrüchte. Das Zusammengewachsensein ist aber von der Berührung verschieden; bei dieser braucht außer der Berührung nichts vorhanden zu sein; wenn aber zwei Dinge zusammenwachsen, ist etwas vorhanden, was in beiden ein- und dasselbe ist und es macht, daß sie sich nicht (bloß) berühren, sondern zusammenwachsen und als ein Zusammenhängendes (συνεχές, Kontinuierliches) und der Größe nach (als Quantum, ποσόν) Eines sind, aber nicht der Beschaffenheit nach. Ferner heißt *Natur* das, woraus als Erstem die Dinge sind und werden, die nicht[134] von Natur aus sind: ein Ungestaltetes, das sich nicht aus eigenem Vermögen verändern kann, wie bei einer Bildsäule oder ehernen Geräten das Erz ihre Natur genannt wird, bei hölzernen das Holz . . .; denn aus diesen (Naturen) ist ein jedes Ding, wobei der Urstoff (πρώτη ὕλη, *prima materia*) beharrt. In diesem Sinne nämlich nennt man auch die Elemente die Natur der Naturdinge: die einen das Feuer, die anderen die Erde oder

---

[132] Für Leser, die mit der *Metaphysik* noch nicht vertraut sind: Der wichtigste Fundort für sōlche Feststellungen ist das Buch Δ, das' der Klärung der Grundbegriffe gewidmet ist.

[133] z. B. bei einem Lebewesen die Eigenbewegung im Gegensatz zu einer Fallbewegung oder einer anderen bloß körperlichen Bewegung, der es unterliegt.

[134] Leider gehen gerade an dieser wichtigen Stelle die Handschriften auseinander: in der Pariser Handschrift (E) fehlt das μή (nicht), und so ergibt sich ein völlig veränderter Sinn. Bei dieser Lesart wären die Erzeugnisse der Kunst wieder nur als Beispiel herangezogen, und eigentlich gemeint wäre mit „Natur" der „Urstoff", aus dem die Naturdinge werden. Bei der anderen Lesart aber wären mit „Naturen" die natürlichen Stoffe gemeint, die das Werkschaffen vorfindet.

die Luft oder das Wasser oder etwas anderes der Art, manche einige Elemente, andere sie alle. In noch anderem Sinn heißt die οὐσία die Natur der Naturdinge: so wenn man sagt, die Natur sei die erste Zusammensetzung, oder — wie *Empedokles* — den Dingen eine Natur abspricht und das Wort nur als Namen für die Mischung und Trennung gelten läßt, in der er das eigentlich Wirkliche sieht. „Darum sagen wir auch von dem, was naturhaft (φύσει) ist oder wird, auch wenn das schon da ist, woraus sein Werden oder Sein naturhaft entspringt, es habe noch nicht seine Natur, wenn es seine Gestalt (εἶδος) und Form (μορφή) noch nicht hat. Naturhaft ist nur das aus diesen beiden (aus dem noch nicht Geformten und der Form) Bestehende, z. B. die Lebewesen und ihre Teile, Natur aber einerseits der Urstoff (πρώτη ὕλη) — und zwar in doppeltem Sinn[135]: entweder als das Ursprüngliche für ein bestimmtes Ding oder als das schlechthin Ursprüngliche; so ist für Werke aus Erz das Erz das Ursprüngliche, das schlechthin Ursprüngliche aber ist vielleicht das Wasser, wenn alles Schmelzbare Wasser ist[136] —, andererseits die Form (εἶδος) und die οὐσία; diese ist aber das Ziel des Werdens. In übertragenem Sinn nennt man darum hiernach jede οὐσία Natur, weil auch die Natur eine οὐσία ist. Nach dem Gesagten ist Natur im ersten und eigentlichen Sinn die οὐσία der Dinge, die einen Seinsgrund der Bewegung in sich selbst als so gearteten haben; denn der Stoff wird Natur genannt, weil er jene in sich aufnimmt, und das Werden und Wachsen, weil es von jener ausgehende Bewegungen sind. Und dieser Seinsgrund der Bewegung in den Naturdingen ist in ihnen auf verschiedene Weise: der Möglichkeit nach oder wirklich (δυνάμει ἢ ἐνεργείᾳ, potentiell oder aktuell)"[137].

Wenn Aristoteles in dieser abschließenden Zusammenfassung die οὐσία der Dinge als die Natur im eigentlichsten Sinne bezeichnet, so ist darunter offenbar nicht das Ding selbst gemeint, sondern das, was er vorher τὸ εἶδος καὶ ἡ οὐσία nennt, die *substantiale Form* oder *Wesensform* nach scholastischem Sprachgebrauch. Der *Natur* im weiteren Sinne entspricht dann wohl die οὐσία im weiteren Sinn des Existierenden überhaupt.

---

[135] Hier und an anderen Stellen braucht Aristoteles nicht nur den Ausdruck ὕλη (Stoff), sondern sogar πρώτη ὕλη (Urstoff) nicht für das Unbestimmte, sondern für bestimmte Stoffe (Erz, Wasser).

[136] Aristoteles und Plato erklärten die Schmelzbarkeit der Metalle damit, daß sie Wasser seien.

[137] Met. Δ 4, 1014 b 16, 1015 a 19.

7. Naturhaftes Werden

Für unsere Fragestellung ist besonders wichtig, was über den Stoff der Naturdinge gesagt ist. Er muß ja doch wohl das sein, was da ist, ehe das Ding noch seine *Form* oder *Natur* hat, das „Ungestaltete"[138], aus dem das naturhafte Werden entspringt. Da es das ist, was dem Werden zugrundeliegt, der Ausgangspunkt für den Übergang zum wirklichen Sein, birgt es das *Vermögen* in sich, das entsprechende *wirkliche Ding* zu werden, oder *ist* dieses Ding *der Möglichkeit nach* (δυνάμει, potentiell). Es ist kein Nichtseiendes, sondern befindet sich auf jener eigentümlichen Stufe des Seins zwischen Nichtsein und wirklichem (aktuellem, ἐνεργείᾳ) Sein, die wir eine *Vorstufe des wirklichen Seins* genannt haben. Aristoteles sagt davon, es „nehme" die Form oder Natur „in sich auf". Diese Ausdrucksweise ist für das Verständnis des naturhaften Seins und Werdens von großer Bedeutung. Wir finden darin eine erhebliche Schwierigkeit. Daß das Erz die „Form" eines Schildes in sich „aufnimmt" und schon da ist, ehe es ein Schild wird, das leuchtet ein. Was ist aber das, was die „Form" des Rosenstocks „aufnimmt", was da ist, ehe der Rosenstock „wird", wie ist die „Aufnahme" und das „Werden" zu denken?

Wir suchen wieder bei *Aristoteles* Aufschluß: „... bei allen lebenden Wesen, die voll ausgebildet und nicht irgendwie verstümmelt sind oder von selbst entstehen, ist das die natürlichste Verrichtung, daß sie ein anderes Wesen ihrer Art erzeugen, also ein Tier wieder ein Tier, eine Pflanze wieder eine Pflanze, damit sie, soweit es möglich ist, an dem Ewigen und Göttlichen teilhaben. Denn danach streben alle Wesen, und all ihr natürliches Handeln ist darauf gerichtet. Da sie nun mit dem Ewigen und Göttlichen nicht unmittelbar in Berührung kommen können, weil kein individuelles Wesen unter den vergänglichen Geschöpfen immerwährende Dauer haben kann, so nehmen sie, soweit es ein jedes vermag, auf diese Weise daran teil, das eine mehr, das andere weniger; und so dauert es dann fort, zwar nicht als es selbst, aber wie es selbst, nicht als individuelles Einzelwesen, aber als Eines der Art nach"[139].

Die Fähigkeit der Lebewesen, andere ihrer Art zu erzeugen, wird von Aristoteles als ein Vermögen der Seele angesehen. Die Seele ist ja die „Wesensform" (οὐσία) der beseelten Körper und als solche Ursache ihres Seins. „Denn die Substanz ist für alle Dinge Ursache des

---

[138] Der griechische Ausdruck ist ἀρρύθμιστον = das nicht im rechten Maß Geordnete.

[139] *Aristoteles*, De anima B 4, 415 a 14ff. (*Nestle*, Aristoteles' Hauptwerke S. 156 f.).

Seins; das aber besteht für die lebenden Wesen im Leben"[140]. Sie ist zugleich der innere Seinsgrund der Bewegung, und auch Wachstum und Abnahme sind in ihr begründet, denn ,,Wachstum und Abnahme kann nur stattfinden unter Voraussetzung der Ernährung, Ernährung aber nur bei einem Wesen, das am Leben teilhat . . . Da nun also nichts *Nahrung* aufnimmt, was nicht am Leben teilhat, so ist der beseelte Körper als solcher das, was Nahrung aufnimmt, und die Nahrung gehört also zu den beseelten Wesen, und zwar nicht bloß als etwas Akzidentelles. Es ist aber ein Unterschied zwischen Nahrung und Wachstum: sofern nämlich das beseelte Wesen Quantität hat, kommt ihm Wachstum zu; sofern es aber dies Bestimmte und Substanz[141] ist, Nahrung. Denn diese erhält die Substanz, die so lange besteht, als sie ernährt wird. Auch bewirkt sie die *Zeugung*, freilich nicht des Wesens selbst, das ernährt wird, sondern eines solchen von seiner Art. Denn die Substanz des ersteren ist ja schon vorhanden, und kein Wesen erzeugt sich selbst, sondern es erhält sich nur. Daher ist dieses Prinzip der Seele das Vermögen, das Wesen, das sie in sich trägt, als solches zu erhalten; die Nahrung aber verleiht ihm Aktualität. Deshalb kann es, der Nahrung beraubt, nicht existieren. Da nun hierbei dreierlei zu unterscheiden ist: das, was ernährt wird, das, wodurch etwas ernährt wird, und das, was ernährt, so ist das Ernährende die Seele auf ihrer untersten Stufe, das Ernährte der Körper, dem diese Seele innewohnt, und das, wodurch ernährt wird, die Nahrung. Da es aber billig ist, alles nach seinem Zweck zu benennen, dieser aber darin besteht, ein artgleiches Wesen zu erzeugen, so ist die Seele auf ihrer untersten Stufe das Vermögen, ein artgleiches Wesen zu erzeugen"[142].

Wir wollen nun die Vorgänge der Ernährung und der Zeugung, die hier als nahe zusammengehörig behandelt sind, getrennt betrachten, um daran, soweit möglich, das Verhältnis von Form und Stoff in den Naturdingen zu erfassen. Es wird später zu fragen sein, ob etwas von dem, was hier für die Lebewesen festgestellt wird, auch für die ,,toten Dinge" gilt, soweit sie ,,bloße Natur" sind, d. h. noch nicht von Menschenhand bearbeitet.

---

[140] a. a. O. S. 157.

[141] Ist hier οὐσία (Substanz) wieder das Einzelding (τόδε τί), oder — wie vorher — seine ,,Form" ? Beides berührt sich bei den Lebewesen, wie die sogleich folgende Darlegung der Bedeutung der Ernährung zeigt, sehr nahe.

[142] a. a. O. S. 157 f.

8. Ernährung als Beispiel einer „Formung" von „Stoffen"

Es wurde bei der Ernährung dreierlei unterschieden: die Seele als
das Ernährende, der Körper als das Ernährte, die Nahrung als das,
wodurch ernährt wird. Dabei ist die Seele als *Form* aufzufassen, der
Leib (d. i. der beseelte Körper) als durch diese Form geformter Stoff,
die Nahrung als noch ungeformter und erst zu formender Stoff. Diese
„Ungeformtheit" ist aber nicht Ungeformtheit schlechthin. Die Nahrungsstoffe sind nur insofern „ungeformt", als sie noch nicht dem Leib
„eingeformt" sind und die *Möglichkeit* zu solchem Eingeformtwerden
(die passive Potenz) in sich tragen. Und in diesem Sinn sind sie für
den Leib *Urstoff*, aber sie sind es nicht schlechthin, sie sind ja ganz
bestimmte, wirkliche Dinge. Um einen *Urstoff* im eigentlichen Sinn,
etwas schlechthin Ungeformtes aufzufinden (falls so etwas „auf-
findbar" wäre), müßten wir noch weiter zurückgehen. Aber vorläufig
ist es schon wichtig, daß wir in der Ernährung offenbar einen Natur-
vorgang vor uns haben, bei dem es einen guten Sinn hat, von „Formung" zu sprechen. Es ist dabei noch verschiedenes auseinanderzuhalten: die chemische Umwandlung der aufgenommenen Stoffe in
solche, die sich dem Körper „einformen" lassen, und der Aufbau des
Körpers aus den so bereiteten Stoffen[143]. Bei der „Zubereitung" der
Nahrungsstoffe wird aus ihnen herausgeholt, was für den Körper
brauchbar ist, und das Unbrauchbare abgesondert. Ehe diese Arbeit
(die Verdauung) einsetzt, sind die aufgenommenen Stoffe Fremdkörper, und was unbrauchbar ist, bleibt Fremdkörper und muß
wieder ausgeschieden werden. Das Brauchbare aber erfährt die „Einformung": es wird dem Leib als räumlich gestaltetem und gegliedertem
Körper eingefügt; und es erfährt die „Beseelung", die es zu einem
Teil des beseelten Leibes macht und damit zu einem Werkzeug
(Organ) der Seele und ihrer Tätigkeiten. Die Verwendung der Nahrungsstoffe zum Aufbau eines Körpers von bestimmter Gestalt erinnert an die Formung eines Kunstwerkes. Aber die wesentliche Formung besteht doch in der Beseelung: sie ist grundlegend für den Aufbau der Raumgestalt, der sich hier eben nicht vollzieht wie bei einem
Menschenwerk — also etwa wie der Bau eines Hauses — durch werk-
meisterliches Zugreifen von außen, sondern *naturhaft*, im Innern des
naturhaften Ganzen, in das die Aufbaustoffe einbezogen werden von

---

[143] Die Verbindung und Trennung von Stoffen geht dabei nach denselben
Gesetzen vor sich wie bei chemischen Vorgängen in der äußeren Natur, man
kann sie in denselben Formeln ausdrücken; dennoch ist es kein bloß chemischer
Vorgang, sondern ein Lebensvorgang; es hängt vom Gesamtzustand des Lebewesens ab, wie es die aufgenommene Nahrung verarbeitet.

jener Lebensmitte her, die wir *Seele* nennen (in dem weiten Sinn, den das Wort *Seele* in der Sprache des Aristoteles und der Scholastik hat). Eben weil dem Kunstwerk diese Einheit eines von innen her zusammengehaltenen Ganzen fehlt, ist es keine *Natur* oder *Substanz* (οὐσία)[144].

Vom Standpunkt des Lebewesens aus gesehen, das sich durch Ernährung im Dasein erhält und wächst, ist es ein Vorgang, in dem das Lebewesen unbelebten Stoff belebt, indem es ihn sich „aneignet", zu einem Teil seiner selbst macht; das *Vermögen* dazu gehört zu seinem Wesen: es ist so geartet, daß es fremde Stoffe sich aneignen kann, und die Betätigung dieses Vermögens (der Akt dieser *Potenz*) ist eine Weise seines Seins, das Leben ist, eine *Lebenstätigkeit*. Dafür ist das Lebewesen schon als lebendig-wirkliches vorausgesetzt, es „wird" nicht erst, indem es sich ernährt, es erhält dabei nicht erst seine *Form*, sondern betätigt sich auf Grund seiner Form. Die aufgenommenen Stoffe aber erfahren in der Ernährung eine wirkliche Neuformung: sie werden etwas anderes, als sie vorher waren.

9. Elemente und Urstoff
Zweideutigkeit des aristotelischen Stoffbegriffs

Wenn aus Wasserstoff und Sauerstoff Wasser wird, so ist statt der ursprünglichen Stoffe ein neuer da. Nach aristotelischer Auffassung müßte dabei ein Zugrundeliegendes vorhanden sein, das eine neue *Natur* oder *Form* annimmt, indem es die alte verliert. Und wenn dies das *letzte* Zugrundeliegende ist, dann muß es der gesuchte *Urstoff* im eigentlichen Sinne des Wortes sein: ein Unbestimmtes und — an sich betrachtet — Unwirkliches. In der Tat ist ja bei Aristoteles die Natur als ein Stufenbau von Formen und Stoffen gedacht: die erfahrungsmäßig bekannten Körperdinge sind zusammengesetzt aus den Elementen (die Himmelskörper aus Äther, die irdischen Körper aus Feuer, Wasser, Luft und Erde), die Elemente stellen die niederste Stufe *geformten Stoffes* dar; was in ihnen geformt ist, ist der *Urstoff*. Aber er hat niemals für sich, ohne Form, existiert, und es hat niemals eine Formung als zeitlicher Vorgang stattgefunden, wodurch er zu den Elementen geformt wurde. Was nötigt dann überhaupt zu der Annahme eines so merkwürdigen Gebildes und zu der Unterscheidung von Form und Stoff bei den Naturdingen? Offenbar die Möglichkeit eines Überganges ineinander. Aristoteles glaubt an

---

[144] Wenn man das Kunstwerk „beseelt" nennt, so ist das eine gleichnishafte Rede. Die „Idee", die „in ihm lebt", lebt nicht wirklich in ihm, sondern ist ihm „verliehen".

die Möglichkeit der Umwandlung eines Elementes in ein anderes und kann sie sich nur erklären, wenn in beiden ein gemeinsamer Bestandteil vorhanden ist, der die Möglichkeit hat, das eine oder andere zu sein. Der *Sinn des Urstoffes* ist danach *Empfangsbereitschaft* für alle Formen der Dinge, die *Möglichkeit, alles zu werden*. Er erschöpft sich darin, *Vorstufe des Wirklichen* (δύναμις, Potenz) zu sein. Damit scheinen *Potenz* und *Materie* zusammenzufallen. Wir sind diesem Gedanken schon begegnet und haben gesehen, welche Schwierigkeiten er mit sich bringt[145]. Alles Sein ist Sein eines Seienden. (Von dem ersten Sein, in dem Sein und Seiendes zusammenfallen, können wir hier absehen, weil in ihm ja auch der Gegensatz von Akt und Potenz aufgehoben ist.) Ein „mögliches Sein" ohne ein „Etwas", dessen Sein es ist, kann nicht für sich gesetzt werden. Wir haben uns klar gemacht, daß alles endliche Wirkliche zugleich wirklich und möglich ist, d. h. daß etwas von seiner Natur ausgewirkt ist, anderes aber noch der Verwirklichung harrt. Das Wirkliche ist hier Grundlage des Möglichen. Ist ein Mögliches ohne solche Wirklichkeitsgrundlage denkbar? Der aristotelische Stoffbegriff meint beides: Stoffe, die bereits geformt sind, aber die Möglichkeit zu weiterer Formung in sich tragen, und das völlig Ungeformte, das noch garnicht wirklich, sondern nur möglich ist. Wir sind auf diesen Doppelsinn immer wieder gestoßen. Aristoteles glaubte ein Einheitliches zu fassen, indem er — zur Erklärung des Werdens — die dafür vorausgesetzte ὕλη ein *Seiendes* nannte, „welches beziehungsweise ein Nichtseiendes, oder auch ein Nichtseiendes, welches beziehungsweise ein Seiendes ist"[146]. Tatsächlich ist aber mit der ersten und der zweiten Hälfte der Definition Verschiedenes bezeichnet: das beziehungsweise nichtseiende Seiende ist das für weitere Bestimmungen offene Wirkliche, das beziehungsweise seiende Nichtseiende ist das noch unverwirklichte nur Mögliche. Das erste liegt uns in aller Naturwirklichkeit vor Augen, das zweite dagegen bereitet so große Schwierigkeiten, daß man es versteht, wenn *Baeumker* sich seiner ganz entledigen wollte[147]. Er führt den Aristotelischen Begriff auf einen „zu weit gehenden Realismus" zurück: die in einer wirklichen Natur begründete Möglichkeit eines neuen Zustandes deutet er als eine eigene Realität[148]. Aber ist mit dem *Urstoff* so leicht fertig zu werden? Weist er nicht doch auf etwas hin, was sich zur Anschauung bringen läßt?

---

[145] Vgl. S. 169f.

[146] Vgl. *Baeumker* a. a. O. S. 212f. nach *Aristoteles*, Physik I 8, 191 a 23—b 34.

[147] Vgl. seine Kritik des aristotelischen Begriffs der Materie a. a. O. S. 247ff.

[148] a. a. O. S. 252.

10. Aristotelischer und platonischer Stoffbegriff

Es ist auffallend, daß *Aristoteles* und *Plato* von ganz verschiedenen Seiten her zu dem gekommen sind, was Aristoteles ὕλη nennt. (Plato gebraucht diesen Ausdruck noch nicht.) Für Aristoteles ist es der gesuchte Erklärungsgrund für den unleugbaren Erfahrungstatbestand des *Werdens*. Plato kommt von der Betrachtung des *Abstandes* zwischen den *Ideen* und ihren *Abbildern*, den irdischen Dingen, zur Forderung eines Dritten, was diesen Abstand erklärt, einer „Amme" oder „Aufnehmerin" alles Werdenden; sie ist „ein unsichtbares, formloses, alles aufnehmendes Wesen, auf irgendeine schwer zu erklärende Weise des Intelligiblen teilhaft und sehr schwierig zu erfassen ..." *Baeumker* hat sich mit allem Scharfsinn bemüht zu zeigen, daß Plato unter dieser *primären Materie* nichts anderes verstanden habe als den leeren Raum[149], das, *worin*, nicht das, *woraus* die Körper sind. Er habe nicht zwischen mathematischen und physischen Körpern unterschieden, darum auch nicht zwischen dem Raum und dem, was den Raum füllt. Wenn im *Timaeus* außer von der *primären* von einer *sekundären Materie* gesprochen wird, von einer „vor der Weltbildung vorhandenen, von Gott unabhängigen und daher ewigen, sichtbaren und körperlichen Materie", einer ungeordneten, in ungeregelter Bewegung befindlichen Masse, die erst von Gott geordnet und geregelt wird, so sieht Baeumker (mit *Zeller*) darin nicht Platos wahre Ansicht, sondern eine „vorübergehende Aufnahme der alten Vorstellung vom Chaos". Man könnte einwenden, daß das, was Plato in der Form des Mythos vortrage, doch wohl etwas ernster zu nehmen sei; und daß er, wenn er außer der (von ihm selbst als Raum bezeichneten) Materie noch eine zweite einführte, die erste wohl nicht für ausreichend hielt, um das zu leisten, was das „Dritte" neben den Ideen und den irdischen Dingen leisten sollte: ihren Abstand erklären. Aber es soll hier nicht das Für und Wider verschiedener möglicher Plato-Auffassungen erwogen werden. Das Zusammentreffen so verschieden gearteter Geister wie Aristoteles und Plato in der Forderung von etwas, was ihnen zum Verständnis der sichtbaren Natur unerläßlich erscheint (oder das Festhalten des Aristoteles an der entsprechenden platonischen Anregung trotz der Verschiedenheit des gesamten Weltbildes), dient uns nur als ein Hinweis, daß sich ihnen — wenn auch fern und unklar — etwas Sachliches zeigte, das es nun schärfer zu fassen gilt.

---

[149] a. a. O. S. 184 ff.

11. Versuch einer sachlichen Klärung:
Stoff, Materie, pure Masse

Verstehen wir unter den platonischen Ideen das, was wir als *Wesenheiten* oder *Washeiten* oder auch als *reine Formen* gekennzeichnet haben, und stellen wir ihnen die Welt der sinnenfälligen Dinge gegenüber, so drängt sich der Gegensatz sofort auf: dort das allem Werden und aller Veränderung Entzogene und in sich Vollendete, unberührt von allem Geschehen in dieser Welt und nur dem Geist zugänglich, hier eine Welt von Dingen, die „ins Dasein treten", sich entwickeln, indem sie auf andere wirken und ihrerseits Einwirkungen erfahren; die sich im Kampf gegen andere „behaupten" und nach mancherlei „Schicksalen" doch zu Grunde gehen; und dazu eine Welt, die uns mit unabweisbarer Aufdringlichkeit „in die Sinne fällt". Alles, was soeben zu ihrer Kennzeichnung gesagt wurde, gilt auch von Gebilden, in deren Aufbau das Geistige gegenüber dem Räumlich-Stofflichen überwiegt[150]. Aber im gegenwärtigen Zusammenhang, in dem es uns darauf ankommt, dem Stofflichen als solchem auf den Grund zu kommen, beschränken wir uns auf die *äußere Natur*[151]. Dabei bezeichnet „äußere Natur" nicht das, was „außer mir" ist, sondern das, was wesensmäßig „ins Äußere hineingestaltet" ist[152]. Das ist alles Stoffliche[153]. Aber ins Äußere hineingestaltet sein heißt noch nicht ein materielles Ding sein. Ein durch entsprechende Spiegelvorrichtungen erzeugtes reelles Bild ist auch ins Äußere hineingestaltet, und zwar „wirklich", nicht bloß „scheinbar". Aber wenn wir es zunächst für ein echtes Ding gehalten haben und dann die Täuschung entdecken, „springt es um": das, was wir als ein in sich Beschwertes und Erfülltes nahmen, wandelt sich in ein Leeres und Hinfälliges. Es ist nicht in sich selbst gegründet, sondern „auf eine andere Realitätsquelle wesenhaft ... angewiesen"[154]. Es ist *nur nach außen, nicht in sich* und „deshalb ... auch nicht *aus sich selbst heraus* nach außen ..."

---

[150] Wo *Geist* und *Stoff* einander entgegengestellt werden, ist der Stoff als raumfüllender verstanden. Es wird später die Frage erörtert werden, ob auch innerhalb des Geistigen von einem Stoff zu sprechen ist (Kap. VII, § 5, 6).

[151] Die folgenden Ausführungen schließen sich an die Untersuchung der *Materialität* in H. *Conrad-Martius'* „Realontologie" an (Jahrbuch für Philosophie und phänomenologische Forschung Bd. VI, Halle 1923; die Seitenzahlen werden nach dem Sonderdruck gegeben). [152] a. a. O. S. 33.

[153] In dem Sinn, in dem wir das Wort bisher gebrauchten, als Übersetzung des aristotelischen Ausdruckes ὕλη = *materia*. Da aber H. Conrad-Martius zwischen *Materie* und *Stoff* noch unterscheidet, werden wir da, wo wir ihre Ausführungen wiedergeben, ebenfalls von Materie sprechen. [154] a. a. O. S. 37.

Das Materielle dagegen steht und besteht in eigener Fülle und tritt damit nach außen. Es gibt sich kund in sinnlicher Erscheinung, die das Kundgebende als solches ist. Bloße Erscheinungseinheiten haben keine „eigene Stätte". Sie werden durch etwas hervorgerufen, was außer ihnen ist, und verschwinden, sobald diese äußeren Bedingungen ihres Daseins aufgehoben werden. Ein materielles Ding kann nicht so einfach wieder aus dem Dasein verschwinden. Es hat *bodenständige Sicherheit*, aber zugleich *seinsmäßige Unbeweglichkeit und Starre*. Das unterscheidet es nicht nur von dem flüchtigen und schwebenden Sein der bloßen Erscheinungseinheit, sondern auch von Wesen, die gleich dieser in der äußeren Welt nur flüchtig in Erscheinung treten, aber nicht auf Grund äußerer Bedingungen, sondern aus eigener Kraft: die sich selbst „in das Kleid dieses Daseins leibhaft einhüllen . . . können"[155]. Natürliche materielle Setzung schließt die Möglichkeit aus, „aus eigener substanzieller Kraft in dieses Dasein sich inkorporieren und wieder aus ihm heraussetzen zu können". Der materielle Leib ist „nicht mehr ureigner Ausdruck" einer frei „substantiierenden Kraft"[156].

Suchen wir nun zu fassen, was Materialität als solche ist, so gehört dazu jedenfalls *Raumgebundenheit*, aber eine Raumgebundenheit *eigener Art*. Auch die Erscheinungseinheit ist ein Raumgebilde, aber sie *füllt* den Raum nicht, erhebt sich nicht aus seiner *Tiefe*. Alles Materielle hat eine verborgene Tiefe, die als äußere Oberfläche in Erscheinung tritt; durch geeignete Schnitte tritt immer Neues an die Oberfläche, aber auch durch eine unendliche Anzahl von Schnitten wäre nicht die ganze Tiefe an die Oberfläche zu bringen, weil „durch keinen solchen Schnitt die Tiefe wirklich zu treffen ist"[157]. Weil die Materie den „Raum in seiner Kontinuität nicht nur oberflächenhaft, sondern *restlos* und also wirklich füllt, und weil gerade in diesem Moment das Spezifikum ihrer seinsmäßigen Konstitution liegt, deshalb ist sie dem Raum als solchem gleichsam verschrieben und jeder bloß flächenhaften oder punktuellen Fassung transzendent"[158]. Der *Raum* ist ein „Abgrund", eine „absolute und sozusagen allseitige Untiefe", „das schlechthin Maßlose und zwar das an Leere Maßlose", aber in

---

[155] a. a. O. S. 42.

[156] a. a. O. S. 43. „Leib" ist hier nicht nur in dem engen Sinn des menschlichen oder tierischen Leibes zu verstehen, es bezeichnet—im allgemeinsten Sinn — die von einem wirklichen Träger getragene und an ihm ausgewirkte Washeit (in diesem Sinn kann auch von einem „geistigen Leib" gesprochen werden), als körperlicher Leib aber substantiale Fülle in räumlicher Gestalt. (Vgl. S. 31f.)   [157] a. a. O. S. 48.   [158] a. a. O. S. 51.

dieser Maßlosigkeit „die Grundlage . . . jeglicher äußeren Meßbarkeit
und jeglichen in äußeren Maßverhältnissen sich konstituierenden Gebildes"[159]. Die Materie ist ihrem Wesen nach raumhaft: „wenn Materie oder Materielles ist, dann ist eben Raum. Es bedarf keines vorgegebenen Raumes"[160]. Aber als Dimension des materiellen Seins ist
der Raum ein anderer als an sich: mit materiellem Sein erfüllt, erscheint er als ein angemessenes Gefäß, an sich aber ist er nicht nur
leer von allem anderen, sondern auch von sich selbst. Das *Materielle
als solches füllt den Abgrund restlos*; dabei hebt es ihn nicht auf, sondern er geht in es ein. Wenn alles Reale seinen an ihm ausgewirkten
Gehalt als Fülle besitzt, wenn es ein in und mit sich selbst Umschlossenes ist, so ist das Eigentümliche der materiellen Einheiten,
daß sie ihr mit sich selbst umschlossenes Wesen . . . in der Form der
absoluten Transzendenz, Selbstflucht und Leere setzen müssen"[161].
Das Materielle ist „das in den Abgrund und also in das Maßlose als
solches materialiter Hingemessene und zur materialen (sich selbst
immanenten) Einheit Gewordene. Einer Einheit, die an keiner Stelle
ihrer selbst *in sich*, sondern schlechthin außer sich ist und eben in
und mit diesem formalen Außersichsein *doch* Einheit." Der Gehalt
wird erst Fülle, indem er den Abgrund füllt. „Er ist es nicht schon
vorher . . . In seiner Vermählung mit dem Abgrund . . . entsteht die
materielle Fülle, entsteht Materie, entsteht durch und durch raumhaft bestimmte Substantialität"[162]. Eben damit entsteht der *reale
Raum*: „Abgrund plus substantiell hineingewirktem Gehalt gibt
Raum plus Materie!"[163] Das Materielle „ruht" auf dem Grunde des
Abgrunds, während die bloße Erscheinungseinheit „schwebt", von
einem transzendenten Ort her gehalten wird. Es ist aber diesen beiden
Arten räumlichen Seins schon an früherer Stelle eine dritte zur Seite
gestellt worden: die eines Seienden, das sich selbst in die Höhe hält,
statt in den Abgrund zu sinken. Es ist ein *raumhaft ausgewirkter Leib*
denkbar, der von *innen her getragen* ist, aber so, daß er ganz „in der
Schwebe" gehalten wird. Ein solcher Leib ist durch und durch durch
Kraft fundiert; seine Seinsrichtung geht von innen nach außen. Er
kann sich nicht innerlich beschweren und zur Belastung seiner selbst
werden. Es handelt sich hier „um eine wahrhaft stoffliche Entität,
d. h. um eine solche von raumgebreiteter Fülle", aber „um eine

---

[159] a. a. O. S. 52.   [160] a. a. O. S. 56.

[161] Es ist zu beachten, daß hier *Immanenz* und *Transzendenz* eine andere Bedeutung hat als bei *Husserl*. Es fehlt jede Beziehung auf das Bewußtsein. *Immanent* ist, was sich in sich selbst besitzt; *transzendent*, was „außer sich" ist.

[162] a.a.O. S. 60.   [163] a.a.O. S. 61.

immaterielle Stofflichkeit . . ., die nirgends auf sich selbst zurück- und damit der Untiefe des Raumes anheimfällt"[164]. Ihre Ruhe ist *Ruhe der Kraft*, die der Materie *Ruhe der Ohnmacht*. Materie ist „Füllung schlechthin . . . Eine Unendlichkeit und Maßlosigkeit purer Anhäufung, wie sie . . . der Unendlichkeit und Maßlosigkeit an Leere des zu füllenden Abgrunds entspricht"[165]. Die *Seinsrichtung* geht hier von *außen nach innen*. An die Stelle des Tragens tritt das Lasten. Wo dagegen ein Seiendes „Träger seiner selbst" ist, d. h. „das eigene Sein aus sich hinauswirkt zur Darstellung und Erscheinung", da liegt *lebendige Realitätssetzung* vor. „Lebendig" bezeichnet dabei keine Ein- schränkung auf ein bestimmtes Wirklichkeitsgebiet (das der „Lebe- wesen"), sondern eben diese Eigentümlichkeit des Sichgestaltens von innen nach außen. Die materiellen Lebewesen besitzen diese Lebendig- keit gar nicht in ursprünglichem Sinn. Das Materielle als solches ist nur noch formal, aber nicht material „Träger". Es „erhebt sich nicht zu sich selbst . . ., sondern . . . ist *begraben* unter der einfach mit ihm hingemessenen Fülle seines Seins . . . Aus der absoluten Leere und Maßlosigkeit heraus ein in substantieller Fülle von sich selber Ge- tragenes und Zusammengeschlossenes zu sein, ohne daß irgendein substantiierender und von innen her Einheit, Maß und Zusammen- schluß gebender Träger da ist, das ist die Seinsaufgabe, die schlicht materielle Setzung zu erfüllen hat und erfüllt"[166]. Das Substantiell- Immanente gestaltet sich in den Raum hinein, ohne dem Abgrund anheimzufallen. Dagegen führt die Substantialisierung in den Ab- grund hinein zur „Immanenz der absoluten Transzendenz" und damit zum „äußerlich Gesetzten katexochen", zur „äußeren Natur" im engeren Sinn[167].

Wir haben auf die Frage, was wohl das sachlich Aufweisbare sei, auf das die aristotelische ὕλη abzielte, aus den eben wiedergegebe- nen Ausführungen keine eindeutige Antwort bekommen. Es ist uns Verschiedenes gezeigt worden, was in Betracht kommen kann. *Stoff* und *Materie* wurden in verschiedenem Sinn gebraucht: *Stoff* als „substantielle Fülle in räumlicher Breitung"[168], *Materie* als in sich selbst beschwerte und verdunkelte Fülle, die unter sich selbst erstickt, in der jegliche „innere und äußere Qualifikationsfreiheit ertötet wird[169]. Es gibt *Stoff-Washeiten*, die nach Verwirklichung in räumlicher Fülle verlangen — nicht jeder beliebige Gehalt ist dazu fähig. Die Gestaltung in den Raum hinein kann aber auf zweifache Weise geschehen: als Gestaltung von innen nach außen, aus eigener

---

[164] a.a.O. S.63.   [165] a.a.O. S.64.   [166] a.a.O. S.67.
[167] a.a.O. S.69.   [168] a.a.O. S.71.   [169] a.a.O. S.72.

Kraft, die den Raum beherrscht, ohne ihm zu verfallen, und in der eigentümlichen Weise der materiellen Dinge, die vom Raum „verschlungen" werden und deren eigenstes Sein getroffen würde, wenn man ihnen ihren Platz im Raume nehmen wollte. Materielle Stoffe unterscheiden sich „nach den Aufbauverhältnissen, die ihre substanzielle Fülle bald so, bald so in den Raum hinein entfaltet und ihn füllend erscheinen läßt. Wie die Art des inneren Zusammenschlusses mit sich selbst ist, das drückt sich in diesen Aufbauverhältnissen aus"[170]. Nun ergibt sich aber eine merkwürdige Schwierigkeit. Verschieden geartete materielle Gebilde (und zwar ihrer *Materialität* nach verschiedene) verkörpern verschiedene Stoffwasheiten. Was es aber macht, daß diese Stoffgebilde *materielle* sind, d. h. daß ihrer Fülle jene eigentümliche Beschwerung und Verdunkelung eigen ist, das „den Abgrund maßlos Füllende", die *pure Masse* — das vermag an sich gar keine verschiedene Gestaltung anzunehmen: „als dem Abgrund schlechthin eingemessen *ist* Masse das, was sie ist, nämlich die dem Raum durch und durch vermählte und also in ihrem eigenen faktischen, ihrem Seinsbereich alles andere faktisch ausschließend"[171]. Was „absolut außer sich selbst ist, kann nicht näher oder weiter, fester oder loser mit sich verbunden sein . . ." Und ebenso kann es nicht — in den sogenannten „sekundären Qualitäten — oberflächenhaft in Erscheinung treten. Pure Masse ist „durch und durch dunkel", tot und stumm; sie ist „das wesenhaft Unqualifizierbare . . ., dieses tote, stumme, dumpfe Etwas, das nur insofern nicht Nichts ist, *als* es eben Masse ist und hierin dem Nichts allerdings so sehr entgegengesetzt wie nur irgend etwas[172]. So ist einerseits materielle Substanz nur möglich, wenn ein qualitativer Gehalt sich dem Abgrund vermählt. Andererseits widersetzt sich die pure Masse solcher Vermählung. Gibt es einen Ausweg aus dieser Schwierigkeit?

12. Atomistische und dynamische Verfassung

Hedwig *Conrad-Martius* sieht eine Lösungsmöglichkeit im *Atomismus*: die Masse zerfällt in *Massenteilchen*, „die wohl als Massenteilchen noch ins Unendliche teilbar sind, die aber doch die faktischen letzten Bausteine der faktischen konkreten Materie darstellen". Möglich ist das nur, wenn *Kräfte* „an den Massenteilchen ansetzen und sie zusammenbinden". Kräfte sind . . . Potenzen für eine Wirksamkeit bestimmter Art. Die Masse besitzt sie nicht in sich selbst, sie werden ihr nur *äußerlich* zuteil — „als solche, die sich ihrer bemächtigen . . ."

---

[170] a. a. O. S. 73.   [171] a. a. O. S. 76.   [172] a. a. O. S. 80.

So wird sie *äußerlich* der Qualifizierung fähig, die sie innerlich nicht annehmen kann. Damit verfällt andererseits der „qualitativ bestimmende Gehalt (die Stoffwasheit, die eben als solche zur Substantialisierung gelangen soll) der materiellen Substantialisierungsform. „Leibhafte Fülle ist hier nicht möglich; das qualitativ Bestimmende kann nur lebendig Qualifizierendes in einer Fülle sein, die allen Potenzen, allen Gestaltungsmöglichkeiten gegenüber *offen*, durchdringlich und in Schwebe bleibt". „Bei der Masse bleibt nur die Möglichkeit, sich ihrer in *fixen* P.tenzen zu bemächtigen". An die Stelle „lebendiger und aktuell fortwirkender Qualifizierung von innen her" tritt „ein für allemal äußerlich gesetzte"[173]. Auf diesem Boden äußerlicher Fixation kann nun „die ganze Herrlichkeit möglicher Qualifizierung manifest werden", allerdings nur „schattenhaft und andeutungsweise"[174].

Der Atomismus wurde als *eine* Lösungsmöglichkeit bezeichnet: er erklärt, wie sich unbeschadet der aufgewiesenen Eigentümlichkeit der puren Masse eine mannigfach gestaltete materielle Welt aufbauen kann. Es ist aber, wie schon wiederholt angedeutet wurde, auch eine ganz anders geartete Welt stofflicher Fülle denkbar: ohne alle Massenbeschwertheit, ganz und gar von lebendigen Kräften getragen und durchherrscht; „... sie *ist* nur das, was sie ist (nämlich substantielle Fülle, die doch keine Masse ist) *als* also durchherrschte"[175]. Es ist bei dieser *dynamischen* Lösung nicht an „bloße Kräfte" zu denken, als würde dadurch der Stoff als solcher entbehrlich. Mit Stoff als raumgebreiteter Fülle haben wir es in beiden Fällen zu tun. *Fixe Potenzen* (die physikalischen Kräfte) sind an Masse gebunden.

„*Freie* Kräfte andererseits ... sind nur das, was sie sind, in und mit der Fülle, in der sie sich auswirken ... Hier ist überhaupt keine Trennung mehr möglich: der Stoff *ist* die immerwährende aktuelle Auswirkung der Potenzen als solcher, und die Potenzen *sind* das innere Sein des Stoffes, welches eben ein kraftgesetztes ist: Stoff und Kraft sind eins". Der auf freier innerer Dynamik beruhende Stoff „entspricht dem eigentlichen Sein und Wesen dessen, was Natur und Natursetzung ist und sein soll", eigentlicher „als die auf purer Masse und äußerlich an ihr gesetzten Potenzen fundierte Materie"[176]. Aber die Welt unserer Erfahrung in ihrem gegenwärtigen Zustand macht nicht diesen Eindruck. Es handelt sich um zwei völlig verschiedene

---

[173] a. a. O. S. 81.   [174] a. a. O. S. 82.   [175] a. a. O. S. 83.

[176] a. a. O. S. 84. Wir werden an der Einheit von Kraft und Stoff festhalten, die hier vertreten wird, aber nicht an der Auffassung des Stoffes als „Auswirkung" der Kraft (vgl. S. 219 ff.).

Grundverfassungen der *äußeren Natur*. Ein Übergang von einer
zur anderen ist nicht auf dem Wege natürlicher Entwicklung denkbar,
sondern nur durch einen „Sprung", durch eine Umkehrung vom
Grund aus.

Bei dynamischer Verfassung ist eine Mannigfaltigkeit verschieden
gearteter Stoffe ohne eine gemeinsame Grundlage denkbar. Bei ato-
mistischem Aufbau „läge der äußeren Natur ein überall totes Element
unüberwindlich zu Grunde"[177]. So scheint uns in der *puren Masse*
etwas vorzuliegen, was der ὕλη des Aristoteles entspräche, soweit damit das aller äußeren Natur Zugrundeliegende gemeint ist: das,
was wir als *Urstoff* bezeichnet haben. Aber es bestehen doch in der
näheren Kennzeichnung erhebliche Unterschiede. *Aristoteles* verlangt
einen Urstoff, der *in sich* fähig wäre, alles zu werden, während die
pure Masse in sich selbst keinerlei Ausgestaltungsmöglichkeiten hat.
Und die ὕλη ist für ihn unentbehrliche Grundlage alles Werdens,
während hier eine ganz andere Art des Werdens als möglich ins Auge
gefaßt wird. Die Massenbeschwertheit stellt garnicht den ursprünglichen Zustand der äußeren Natur dar. Das Ursprüngliche, d. h. das ihr
eigentlich „Natürliche" ist die innere Einheit von Kraft und Stoff,
das freie Sichauswirken von Kraft in raumfüllenden Stoffgestaltungen.
Das Auseinanderbrechen von Kraft und Stoff, das „Herausfallen" des
Stoffes aus dieser Einheit, wobei er erst zur puren Masse wird, ist eine
Verkehrung der ursprünglichen Seinsverfassung. Die pure Masse ist
also nicht als ein ewiger, ungewordener Urstoff denkbar. Auch nicht
als unvergänglich. Denn wenn auch die äußere Natur in ihrem tatsächlichen gegenwärtigen Zustand eine massenbeschwerte ist, so ist
doch dieser Zustand kein unabänderlicher. Sie kann aus diesem Zustand „erlöst", d. h. in den ursprünglichen Zustand erhoben werden.
„Pure Masse an sich selbst ist nicht erlösbar; aber die Materie ist erlösbar von der Gebundenheit an die pure Masse, welche von selbst
aufhören würde zu *sein*, wo und wann immer die freie dynamische
Verfassung Raum zu gewinnen vermöchte"[178].

In keinem Fall ist Stoff ohne Kraft. Bei dynamischer Verfassung
ist er kraftgewirkter und von *innen* her beherrschter, bei atomistischer
Verfassung ist die Masse äußerlich angreifenden Kräften unterworfen,
aber auch nicht als getrennt von ihnen existierend denkbar. Sie
ist also auch nicht dem *Chaos* oder der platonischen *sekundären
Materie* gleichzusetzen. Es ist kein Anfangszustand der Welt denkbar, in dem die *pure Masse*, völlig ungestaltet, den Raum erfüllte.

---

[177] a. a. O. S. 87.   [178] a. a. O. S. 88.

Sie bedarf, um zu sein, eines Haltes, den sie sich nicht selbst zu geben vermag; sie wird „gehalten" durch die sie beherrschenden und gestaltenden Kräfte. Sie *ist* als aufbauender Bestandteil der äußeren Natur, die eben durch diesen Bestandteil als aus ihrem ursprünglichen Zustand „gefallene" gekennzeichnet ist. Hat es Sinn, sie als ein nur „Mögliches" zu bezeichnen? Für sich allein ist sie wirklich noch möglich. Sie ist wirklich innerhalb des Gesamtaufbaus der äußeren Natur, deren wirkliches Sein durch sie die Eigentümlichkeit des massenbeschwerten, „verdunkelten" oder „gefallenen" erhält.

13. Der Stoff im Aufbau der äußeren Welt.
Stufenfolge von Stoffen und Formungen

Es ist in der Untersuchung dessen, was *Stoff* bedeuten kann, manches vorweggenommen worden, was noch weiterer Klärung bedarf. Was *Kraft*, was *Substanz*, was *Trägerschaft* besagt, das wird noch eigens erwogen werden müssen. Zuvor aber soll herausgestellt werden, welche Rolle der Stoff in dem Aufbau der äußeren Natur spielt. Dabei sind die verschiedenen Bedeutungen von *Stoff* zu berücksichtigen, die zur Abhebung gekommen sind: die Grundbedeutung des Raumfüllenden als solchen und des der Formung Unterliegenden, sodann die Scheidung nach der Art der Raumerfüllung und den Stufen der Formung. Die pure Masse ist das maßlose Füllende und das Ungeformte, das niemals für sich allein wirklich ist. Die Unwirklichkeit und die Unfähigkeit, für sich allein zu existieren, teilt sie mit dem aristotelischen Urstoff. Alle wirklichen Stoffe sind geformte. Die Art ihrer Formung und die Art ihrer Raumerfüllung hängen wesentlich zusammen. Die *materiellen* Stoffgebilde, die massenbeschwerten, sind nicht nur raum*erfüllende*, sondern raum*gebundene*, und sie sind von außen nach innen gestaltet. Reine Erscheinungseinheiten (deren Stoff das Licht ist) werden von etwas außer ihnen im Raum hervorgerufen, ohne ihn von sich aus zu erfüllen oder zu behaupten. *Lebendige* Stoffgebilde sind von innen her in den Raum hineingestellte. *Aristoteles* hat wohl nur die materielle Natur in Betracht gezogen. Innerhalb ihrer scheidet er das *Tote* und das *Lebendige*, die beiden möglichen Grundverfassungen stofflichen Seins kennt er nicht. In der materiellen Natur bilden die niederste Stufe des wirklichen Seienden die einfachen Stoffe, die Elemente. Sie sind *geformt*, sofern jedes seine bestimmte, von den anderen unterschiedene Eigenart hat. Sie sind *Stoff* in dem doppelten Sinn des Raumfüllenden und dessen, woraus anderes entstehen kann: die gemischten Körper, z. B. die Mineralien[179]. Sie sind auf einer höheren Stufe der „Formung", sofern ihre Eigenart die der Elemente voraussetzt, aber wiederum eine neue und eigene ist. Dennoch sind auch sie wiederum *Stoff*, und zwar für eine zweifache Formung: sie sind einmal das, was dazu dient, die Körper der *Lebewesen* aufzubauen. Sie sind ferner das, woran das menschliche *Werkschaffen* angreift. In beiden Fällen hat das „Gebilde", das entsteht, eine ihm zugehörige, in sich geschlossene und nach bestimmten Gesetzen gegliederte *Raumgestalt*. Das scheidet es von den niederen Stoffen (sofern es *feste* Stoffe sind), die zwar auch in „Stücken" vorkommen und als solche eine bestimmte Raumbegrenzung haben, aber eine vorwiegend äußerlich bedingte, d. h. nicht rein ihrem eigenen Aufbaugesetz entspringende[180]. Wenn auf den niederen Stufen die Eigenart *Form* genannt wurde, so gehört auf dieser Stufe die eigentümliche Raumgestalt so wesentlich zur Form, daß es üblich ist, sie allein als *Form* zu bezeichnen. Bei dem stark ausgeprägten „Formgefühl" der Griechen und bei ihrer Hochschätzung des Geformten, Begrenzten und gesetzmäßig Geordneten gegenüber dem Formlosen, Grenzen- und Maßlosen (das vollständig Durchgeformte und Geordnete ist ihnen das Vollkommene, das Ungeformte und Unbegrenzte das Unvollkommene, jenes *Kosmos*, dieses *Chaos*) mußte schon dieser gemeinsame Wesenszug der eigentümlichen Raumgestalt Natur- und Kunstgebilde scharf von den niederen Stufen abheben und nahe aneinanderrücken. Sie sind das, um dessentwillen die niederen Stufen da sind, deren „Ziel". Bei der durchgehenden Zweckbestimmtheit des (aristotelisch gesehenen) Weltalls ist dieses „um ... willen" durchaus auch auf die Kunstgebilde zu beziehen. Der Menschengeist ist darauf angelegt, Werke zu formen, und so muß auch ein Stoff da sein, der dazu bestimmt ist, vom Menschengeist und von Menschenhänden geformt zu werden. Im Schaffen und durch das Schaffen gelangt der Menschengeist und zugleich das Werk zu seiner vollen Wirklichkeit[181]. Entsprechend sind die unbelebten Stoffe dazu bestimmt, zum Aufbau belebter Körper zu dienen, und erfahren diese „Formung" — nach aristotelischer Auffassung — bei der ersten Entstehung der Lebewesen und fortschreitend in deren Wachstum, Entwicklung und Fortpflanzung durch die Vorgänge der Ernährung und der Zeugung. Da-

---

[179] Auf den Unterschied von *Mischungen* und *Verbindungen* soll hier noch nicht eingegangen werden.

[180] Es wird noch davon die Rede sein, daß auch schon zur rein stofflichen Eigenart eine eigentümliche Raumbegrenzung gehört. (Vgl. S. 206f.)

[181] Vgl. S. 210f.

bei ist die „Formung" die Verwirklichung einer doppelten Möglichkeit: der „Bildsamkeit" des Stoffes und der „Bildungskraft" der Lebewesen. Es ist zu bemerken, daß bei der ersten Entstehung der Lebewesen ebensowenig wie bei der Entstehung der ihnen zugrundeliegenden Stoffe die „Formung" als Vorgang von uns nicht festzustellen ist. Sichtbar ist für uns nur das „Geformtsein" im Sinne eigenartiger Bestimmtheit. Die Arbeit an einem Menschenwerk dagegen und die Entwicklung eines Lebewesens sind erfaßbare Formungsvorgänge. So ist es verständlich, daß sich immer wieder Beispiele aus diesen Gebieten aufdrängen, wenn es gilt, das Verhältnis von Form und Stoff zu erläutern. Daß es verschiedenartige Vorgänge sind, darüber ist sich Aristoteles natürlich klar: bei naturhaftem Werden ist das, *woraus* das Werdende wird (der Stoff), ein Naturwirkliches (οὐσία, Substanz), ebenso das, *was* wird (das neue Lebewesen), und das, *wodurch* es wird (das erzeugende Lebewesen). Beim Kunstschaffen dagegen ist das, wodurch das Kunstwerk zustandekommt, kein Naturwirkliches, sondern der „Entwurf" „in der Seele" des Künstlers, und auch das, was entsteht, das „Werk", ist nicht im selben Sinn wie ein Lebewesen *Natur*, d. h. keine οὐσία im Sinn eines selbständigen Wirklichen[182]. Daß das, *wodurch* das Werk wird, nicht in ihm selbst liegt, besagt zugleich, daß der *Stoff* den Seinsgrund der Bewegung, die zum Ziel führt, nicht in sich selbst hat wie das in der Entwicklung begriffene Lebewesen. Das sind gewiß tiefgreifende Unterschiede. Immerhin ist es verständlich, daß Aristoteles Naturformung und Kunstformung als sehr nahe verwandt ansehen kann. Das, *woraus* das Werdende wird, ist in beiden Fällen ein Naturwirkliches; allerdings kein Vollwirkliches, sofern es die Möglichkeiten zu weiterer Formung in sich trägt: es sind bestimmte Stoffe, die zum Aufbau von Lebewesen dienen können und sollen, und bestimmte Stoffe, die dazu tauglich und „berufen" sind, zu Kunstwerken gestaltet zu werden. Und nach der Auffassung des Aristoteles tragen sie diese „möglichen" Gebilde *als* mögliche in sich.

In den vollentwickelten Lebewesen und den vollendeten Kunstwerken scheint die Formung einen gewissen Abschluß gefunden zu haben. Freilich ist es nicht so, daß sie gar keinen *Stoff* für weitere Formung mehr abgeben könnten: Es bleiben noch Möglichkeiten zur Umgestaltung und Eingestaltung in höherstufige Gebilde. Aber wir würden damit den Rahmen der *äußeren Natur* noch weiter überschreiten, als es schon durch die Hereinziehung der Kunstwerke ge-

---

[182] Vgl. *Aristoteles*, Met. Z 7, 1032 a/b, im Vorausgehenden S. 165.

schehen ist. Und es kommt ja vorläufig nur darauf an, die räumlich-stoffliche Natur als solche zu verstehen. Wir haben die Stoffe als das betrachtet, was den Raum erfüllt, und als das, was geeignet ist, zu Gebilden von geschlossener Raumgestalt geformt zu werden. Nach beiden Seiten sind noch Ergänzungen nötig, die es zugleich verständlich machen sollen, wie beide Wesenseigentümlichkeiten innerlich zusammenhängen.

14. Die Grundarten der Raumerfüllung

Die Stoffe unterscheiden sich voneinander durch die eigentümliche Art, wie sie den Raum erfüllen. Für den ganzen Aufbau der stofflichen Welt sind von wesentlicher Bedeutung die *drei Grundarten der Raumerfüllung*, die von der Naturwissenschaft als *Aggregatzustände* bezeichnet werden: *Festigkeit, Flüssigkeit, Gasförmigkeit*. Der Aufbau eines in sich Zusammengefaßten von geschlossener Raumgestalt und beharrender Abgrenzung nach außen — eines *Leibes* — ist nur möglich bei festen Stoffen. Den äußersten Gegensatz dazu bildet das Gasförmige. Hier erscheint die Massenbeschwertheit wie aufgehoben; es ist „nichts mehr, was mit sich selbst zusammengefaßt, in sich fixiert und als Totalität umgrenzt werden könnte", sondern „das sich selber schlechthin Flüchtige". Aber dieses scheinbare „Nichts" ist dennoch ein Etwas, das selber leicht und unvermerkt in alles eindringt, an allem gleichsam spielend teilnimmt und alles umgibt. Der Konstitution des Leibes setzt sich die Konstitution der *Sphäre* entgegen: . . . der „Leib" als das in sich Gesammelte und Fixierte . . ., die Sphäre als das sich selber Flüchtige und sich allem anderen in Freiheit und „Selbstlosigkeit" Hingebende . . ., dort das bewahrte und gesicherte Selbst, hier das Entselbstete in freiem Verströmen"[183]. Wenn die Flüchtigkeit als ein Mangel erscheint, so macht sie doch auf der anderen Seite die Leichtigkeit, Freiheit und Offenheit möglich, die den festen Körpern mangelt. Massenbeschwerte Stoffe können nicht beides vereinen, bei den Stoffgebilden dagegen, die sich ohne Massenbeschwerung von innen her gestalten, ist leibliche Fülle zusammen mit schwebender Freiheit möglich. Das Flüssige „nimmt weder an der Kraft sich selbst bewahrender Fixation noch an der sich selbst hinausgebenden Verflüchtigung teil: es bleibt bei sich, aber ganz ohne sich in sich selber festzulegen oder auch nur festlegbar zu sein"[184]. Es ist nicht formbar, wehrt sich aber nicht, wie das Gasförmige, gegen eine Umschließung, sondern „ist recht eigentlich dazu bestimmt, von ei-

[183] H. *Conrad-Martius*, Realontologie S. 90. [184] a. a. O. S. 97.

nem Gefäß aufgefangen zu werden", und bedarf „einer solchen Ein-
fassung . . ., um nicht unaufhaltsam *von sich selber* fort in die Tiefe
zu entgleiten." Es bewahrt sich nicht im Fallen (wie das Feste), sondern wird „von der herabziehenden Macht der Tiefe nicht nur als
Ganzes, sondern *durch und durch* beherrscht . . ."[185]. Es fällt nicht nur,
sondern *entfällt sich selber*. Es ist „das durch und durch Fallende"
und als solches nicht formbar. Aber der „kontinuierliche Selbstabfall", das *Fließen*, setzt eine sich trotzdem kontinuierlich bewahrende Fülle voraus. Durch seine bewahrte Fülle und unfixierte
Widerstandslosigkeit wird das Flüssige „zum geeigneten Material
fließender Setzungen"[186] und zum Träger des Lebens. Wir haben die
drei Aggregatzustände als Grundarten der Raumerfüllung bezeichnet,
wodurch sich die Stoffe voneinander unterscheiden. Es kann zwar
jeder Stoff bei geeigneten Bedingungen aus einem der drei Zustände
in den anderen übergehen, aber jedem ist der eine oder andere *natürlich*, und die Überführung hat etwas Künstliches an sich. Wasser
ist die reinste Verkörperung des Flüssigen als solchen, die „Flüssigkeit
an sich".

Die drei geschilderten Arten der Raumerfüllung bezeichnen wesenhaft verschiedene Grundgestalten stofflichen Seins[187]. Die Masse als
solche kann sie nicht annehmen. Auf atomistischer Grundlage ist eine
äußere Nachbildung der reinen Wesenheiten möglich, wobei aber alle
eine Entstellung erfahren: die „Selbstlosigkeit" des Gasförmigen
kommt nur zustande auf Kosten der Verflüchtigung, das Lebendige
des Flüssigen wird zu toter Hinfälligkeit, die Selbstbeschließung des
Festen zu Starrheit und Undurchdringlichkeit. Den drei Grundgestalten entsprechen drei verschiedene atomistische Verfassungen:
die *kommunistische* (Grundsatz: *jeder für jeden*), die *anarchische*
(*alle gegen alle*), die *atomistische* im engeren Sinn *(jeder für sich)*.
„Nur wo die atomistischen Glieder im fixierten Verbande „kommu-
nistischer" Verhaftung aneinander stehen, kann es auf *atomistischer
Grundlage* zu einem festen Körper kommen, nur wo sie sich unter allgemeiner gegenseitiger Abstoßung jeder Einigung und Zusammen-
bindung prinzipiell entgegensetzen, kann das Phänomen gasförmiger
Modifikation und also materieller Selbstentäußerung entstehen. Und
zuletzt sehen wir die absolute Gleichgültigkeit speziell atomistischer
Setzung am Flüssigen verwirklicht, insofern die hiermit ohne weiteres

---

[185] a. a. O. S. 98.   [186] a. a. O. S. 106.

[187] Es wird noch davon zu sprechen sein, wie sich in ihnen die Grundformen
und Bereiche wirklichen Seins (Leibhaftes, Seelisches und Geistiges) sinnbild-
haft darstellen.

gegebene Möglichkeit beständigen Abfalls eines Gliedes vom andern bei der geringsten Einwirkung von außen her dasjenige atomistisch und äußerlich zustande zu bringen vermag, was als reine Wesenheit des Flüssigen (der Selbstabfall) heraustrat"[188].

Jeder Stoff *hat* eine der drei Grundgestaltungen, entweder die ihm von Natur aus eigene oder eine, in die er jeweils durch entsprechende Umstände gebracht ist. Schon jedes *Element* ist gekennzeichnet und von andern abgehoben dadurch, daß ihm diese oder jene Grundgestalt — und weiterhin eine ihrer möglichen Besonderungen: Sprödigkeit oder Geschmeidigkeit, Schwer- oder Leichtflüssigkeit usw. — eigen ist.

15. Elemente und Verbindungen

Die Elemente stellen eine ursprüngliche Mannigfaltigkeit stofflicher Gestaltung dar. Wenn sie *Mischungen* und *Verbindungen* eingehen, so ergeben sich weitere eigentümliche Stoffgestaltungen. Ist es für das Verständnis des Stofflichen als solchen wesentlich, daß eine Vereinigung ursprünglich bestehender Stoffe zu neuen möglich ist ? Tatsächlich ist die Umwandlung von Stoffen ineinander als Grund für die Annahme eines Urstoffes, einer *materia prima*, angegeben worden[189]. Wir haben an einem Urstoff im streng aristotelischen Sinn nicht festhalten können. Etwas ihm in mancher Hinsicht Verwandtes haben wir in der *puren Masse* gefunden, aber die massenbeschwerten, atomistisch geordneten Stoffe sind nicht die einzig möglichen. So müssen wir fragen, ob und wie auf atomistischer und auf dynamischer Grundlage Mischung und Verbindung von Stoffen zu denken ist. Von *Mischung* sprechen wir dort, wo verschiedene Stoffe in einen Zusammenhang eingehen, ohne ihre stoffliche Eigenart aufzugeben. Teile des einen gehen mit Teilen des anderen in ein räumliches Ganzes ein, dessen äußere Erscheinung und Wirkung durch die Eigenart der Mischung und das in ihr begründete Zusammensein und -wirken der aufbauenden Stoffe begründet ist. Darin liegt keine besondere Schwierigkeit. Anders steht es bei den *Verbindungen*, die als etwas Neues aus den Elementen entstehen. Wasser ist etwas völlig anderes als Wasserstoff und Sauerstoff. Wir würden nicht darauf kommen, diese „Bestandteile" darin zu vermuten, wenn wir nicht beobachten könnten, wie es aus den Elementen entsteht und sich wieder in sie „zerlegen" läßt. Die „Bestandteile" sind dabei keine räumlich unterschiedenen und

---

[188] a. a. O. S. 112.

[189] Vgl. *Manser*, Das Wesen des Thomismus S. 602 610 614.

abgegrenzten Stoffteile wie in gemischten Stoffen (z. B. in Mineralien oder in Lösungen). Wasser ist nicht teils Wasserstoff, teils Sauerstoff, sondern durch und durch Wasser. Und so lange es existiert, verhält es sich durchgehend so, wie es seiner Eigenart entspricht und nicht der seiner „Bestandteile". Darum erscheint die Rede von Bestandteilen überhaupt nicht ganz angemessen. Solange die Verbindung besteht, sind die Elemente nicht vorhanden, wenn sie auch vorher da waren und später wieder „auftreten" können. Es wird in all diesen Fällen „aus etwas" „etwas *anderes*", und das ist es, was wir *Umwandlung* nennen (= *substantiale Veränderung*) im Gegensatz zu bloßer *Veränderung* (= *akzidentelle Veränderung*), bei der sich nur die Beschaffenheit des Dinges ändert, es selbst aber beharrt. Was nötigt uns, auch in Fällen der Verwandlung etwas „Beharrendes" anzunehmen, das bei der Verwandlung „zu Grunde läge" und erst die eine, dann die andere „Form" „in sich aufnähme ?" Die Verwandlung geht nicht regellos vor sich, sondern nach bestimmten Gesetzen. Es wird nicht aus Beliebigem Beliebiges, sondern bestimmte Elemente ergeben unter bestimmten Umständen bestimmte Verbindungen; sie stehen zueinander in näheren oder entfernteren „verwandtschaftlichen Beziehungen" und lösen einander dementsprechend aus gewissen Verbindungen heraus, um andere zu bilden. Schließlich sind bestimmte Maßverhältnisse der Elemente für die Verbindungen erforderlich: ihr mathematischer Ausdruck sind die chemischen Formeln. Die Naturwissenschaft faßt diese Formeln als Aufbaugesetze auf, die das Maßverhältnis der Teile des Ganzen ergeben. Bei atomistischer Auffassung sind alle Stoffe als Teile der einen raumfüllenden Masse zu denken, die nur durch die in ihnen waltenden Kräfte auf verschiedene Weise geteilt und zusammengehalten sind, darum in verschiedener Weise den Raum erfüllen und sich gegen äußere Angriffe verhalten. So ist es denkbar, daß die letzten aufbauenden Teile eines Stoffes voneinander gelöst und anders geartete gebunden werden, mit denen sie ein neuartiges Stoffganzes aufbauen. Bei solcher Deutung rückt der Vorgang der „Verbindung" sehr nahe an den der Mischung heran. Atome bauen ein Molekül auf wie sinnlich wahrnehmbare Mengen einfacher Stoffe einen gemischten Stoff, allerdings nach strengerer Gesetzlichkeit. Eine noch ungelöste Frage bleibt dabei, wie die ordnenden „Kräfte" aufzufassen sind.

Bei dynamischer Auffassung haben wir eine ursprüngliche Stoffmannigfaltigkeit ohne gemeinsame Grundlage: jeder Stoff gleichsam aus eigener Wurzel gebildet. Ist bei dieser Voraussetzung so etwas wie eine „Verbindung" denkbar. Es scheint mir, daß gerade erst hier in einem „lebendigen" und „innerlichen" Sinn davon gesprochen werden kann: wo etwas aus eigener innerer Kraft sich in den Raum hinein gestaltet, wo die stoffliche Fülle, zu und mit der es sich gestaltet, keine starre und bindend festlegende ist, da ist lebendige Umgestaltung möglich und freies Zusammenwirken verschiedenartiger Kräfte zu einem neuartigen Stoffganzen. Auch hier erhebt sich die dringende Frage nach dem Sinn dieser Kräfte.

Bei beiden Auffassungen wird das gerechtfertigt, was wir in natürlicher Erfahrung wahrzunehmen glauben: daß die Verbindung wahrhaft „aus" den Elementen entsteht: wenn an Stelle der Elemente die Verbindung „erscheint", so sind die Elemente nicht „zu nichts geworden" und der neue Stoff ist nicht „aus nichts entstanden", sondern es hat dabei eine *Umwandlung* stattgefunden. Was ist es, das die Umwandlung durchgemacht hat? Was ist aus dem, was früher war, in das, was jetzt ist, übergegangen? Der hl. *Thomas* sagt, die *Formen* der Elemente seien nicht voll-wirklich *(actu)* und wesenhaft *(secundum essentiam)* in der Verbindung, sie seien aber auch nicht völlig vergangen, sondern der *Kraft* nach *(virtute)* erhalten, „soweit die Eigenschaften *(accidentia propria)* der Elemente in gewisser Weise erhalten bleiben, in denen die Kraft der Elemente bleibt"[190]. Was besagt hier *Form*, was *Kraft*, und welchen Beitrag können uns beide zum Verständnis des stofflichen Seins leisten?

16. Formung als eigentümliche Stoffbestimmung und als Gestaltung eines „Gebildes"

Es ist immer wieder festgestellt worden: alle wirklichen Stoffe sind geformte. Dabei war aber unter *Formung* Verschiedenes verstanden: 1. die Eigenart des inneren Aufbaus, die einen Stoff vom anderen unterscheidet; 2. die Gestaltung des Stoffes zu einem einheitlichen, in sich geschlossenen Gebilde. Hängt beides innerlich zusammen, führt eines ohne weiteres auch zum anderen, und ist es dieselbe *Form*, die beides leistet? Die verschiedenen Grundgestalten des Stofflichen als solchen schienen darauf hinzuweisen, daß nicht alle Stoffe kraft ihrer Eigenart zum Aufbau geschlossener Gebilde tauglich sind. Die festen Stoffe sind von sich aus auf den Zusammenschluß in abgegrenzter Raumgestalt angelegt, Flüssiges und Gasförmiges aber gelangt dazu nur durch Begrenzung von außen oder Beherrschung durch eine überlegene Kraft. Allerdings haben wir daran zu denken, daß auch flüssige und gasförmige Stoffe zu festen Körpern

---

[190] *Thomas von Aquino*, De anima a 9 ad 10.

verdichtet werden können. Und wenn das geschieht, dann wird die Umgrenzung den Stempel ihrer stofflichen Eigenart tragen. So trägt wohl jeder Stoff die Fähigkeit zur Durchgestaltung bis zu einem eigentümlich abgegrenzten Raumgebilde in sich, aber nicht für jeden ist es „natürlich", dahin zu gelangen. Allgemein läßt sich sagen: jedes „Gebilde" ist das Werk verschiedener „Kräfte", die teils von innen, teils von außen angreifen, und die von innen her wirksame stoffliche Eigenart ist bei verschiedenen Stoffen in verschiedenem Maß daran beteiligt. Das deutet auf eine Mannigfaltigkeit dessen, was hier *Form* genannt wird, hin: dessen, was dem *Stoff* (als räumlicher Fülle) Eigenart und Gestalt gibt.

17. Der formale Aufbau des Dinges
(*Form* im Sinne der *formalen Ontologie*)

Geformter Stoff im Sinn eines raumfüllenden Gebildes von bestimmter innerer Eigenart und äußerer Gestalt, das ist es, was *Aristoteles* πρώτη οὐσία nannte und was wir gewöhnlich als ein *Ding* bezeichnen. Wir haben uns klarzumachen gesucht, was mit *Stoff* gemeint ist, und sind auf dem Weg zur weiteren Klärung dessen, was *Form* besagt. Zuvor aber wollen wir einen allgemeinen Rahmen umreißen, in den sich alles einfügt, was den Namen *Ding* trägt, den „formalen" Aufbau des Dinges in einem ganz anderen Sinn von *Form* als dem bisher gebrauchten. Es ist schon früher davon gesprochen worden, daß bei jedem endlichen Seienden *das*, was ist, von dem, *was* es ist, und von seinem *Sein* zu unterscheiden sei[191]. Von *dem*, was ist, sagen wir, *was* es ist und *daß* es ist. Wir nennen es den „Gegenstand" und brauchen dieses Wort in einem weiteren und in einem engeren Sinn. Im weiteren Sinn bedeutet es *Etwas* überhaupt, d. h. alles, was erkannt und wovon etwas ausgesagt werden kann, d. i. Seiendes überhaupt, gleichgültig ob es wirklich oder nicht wirklich, selbständig oder unselbständig ist. Ja im Sinne dessen, was gedacht und wovon etwas ausgesagt werden kann, ist selbst das „Nichts" noch *Gegenstand*. Im engsten Sinne ist Gegenstand das, was für sich steht, was ein *Selbständiges* und *Eigenständiges* ist. Sowohl im weiteren als im engeren und engsten Sinn des Wortes kann man *Gegenstand* eine *Form* nennen. Aber *Form* hat dann einen ganz anderen Sinn als die aristotelische μορφή: die *Wesensform*. Erst recht hat sie nichts zu tun mit der Form im Sinne der Raumgestalt, von der wir sahen, daß sie bei den stofflichen, im sprachüblichen Sinn des Wortes „geformten" Gebilden mit der Wesensform

---

[191] Vgl. Kap. III, § 3.

innerlich zusammenhängt. Jede Raumgestalt hat ihre bestimmte Eigenart, ihre eigentümliche Beschaffenheit, und ist in diesem Sinn etwas inhaltlich Erfülltes (= *Materiales* im Unterschied vom Materiellen = Stofflichen). Natürlich sind auch die Wesensformen etwas inhaltlich Erfülltes oder vielmehr: sie sind die „Fülle" selbst, da ja durch sie die Gegenstände zu etwas Bestimmtem, Eigenartigem, inhaltlich Erfülltem werden. Die Formen aber, von denen wir jetzt sprechen, sind etwas völlig Leeres, was der Erfüllung mit einem Inhalt bedarf. Wir wollen sie darum, um jeder Verwechslung vorzubeugen, *Leerformen* nennen. Dieser Gebrauch des Wortes *Form* und *formal* ist uns aus der *formalen Logik* vertraut, er ist überdies *der* Formbegriff, der der modernen Philosophie geläufig ist. In der formalen Logik haben wir es (abgesehen von Beispielen) mit lauter solchen Leerformen zu tun: den Formen gedanklicher Gebilde. Die Inhaltslosigkeit dieser Formen wird dadurch deutlich, daß man sie in allgemeinen Zeichen ausdrücken kann. „Die Rose ist rot" ist ein Urteil, „A ist b" ist die entsprechende Urteilsform. *Begriff*, *Urteil*, *Schluß* sind die allgemeinsten logischen Formen. Man pflegt zwar den Gegenstand im weitesten Sinne des Etwas, wovon etwas ausgesagt werden kann, als *logischen Gegenstand* zu bezeichnen. Streng genommen fällt er aber nicht in die Logik hinein, sondern ist das, was für alle *logischen Gegenstände* (d. h. für die gedanklichen Gebilde, mit denen es die Logik zu tun hat) vorausgesetzt ist. Es gehört ja zum eigentümlichen Sein der gedanklichen Gebilde, daß sie ein „Seiendes aus zweiter Hand" sind, d. h. auf ein ursprünglicheres Seiendes bezogen: eben das nennen wir den Gegenstand, der für die Logik „vorausgesetzt" ist. Durch *Begriffe* wird ein *Gegenstand* „begriffen", durch *Urteile* wird ein erkannter *Sachverhalt* behauptet (oder, anders ausgedrückt, etwas über den begriffenen Gegenstand festgestellt), durch *Schlüsse* ein Urteil aus anderen abgeleitet, d. h. ein Sachverhalt auf Grund anderer behauptet und damit ein *Zusammenhang von Sachverhalten* festgestellt: Gegenstände, Sachverhalte, Sachverhaltszusammenhänge sind das „ursprünglichere Seiende", worauf die gedanklichen Gebilde — die Begriffe, Urteile, Schlüsse — bezogen und wonach sie „gebildet" sind[192].

---

[192] Es ist zu beachten, daß in der Logik die gedanklichen Gebilde selbst zu „Gegenständen" des Denkens gemacht werden: es wird hier der Begriff des Begriffs, des Urteils, des Schlusses gebildet, es werden Urteile über Begriff, Urteil und Schluß gefällt und Schlüsse bezüglich dieser Gebilde gezogen. Die Logik „schafft" sich also in gewissem Sinne ihre Gegenstände selbst, aber auf Grund ursprünglicherer Gegenstände, die sie nicht schaffen kann.

Daß sie dem ursprünglicheren Seienden nachgebildet sind, weist darauf hin, daß dieses Seiende einen dem ihren entsprechenden Aufbau haben muß: d. h. es müssen auch dort Leerform und Inhalt voneinander abzuheben sein. Den Formen der gedanklichen Gebilde (= logischen Formen) müssen *Formen des Seienden* (= ontologische Formen) entsprechen[193]. *Gegenstand, Sachverhalt, Sachverhaltszusammenhang* sind solche Seinsformen, und zwar *Gegenstand* im weiteren und engeren Sinn. Gegenstand im weitesten Sinn ist ja „Seiendes überhaupt", also die allgemeinste Form dieses Gebietes, durch die der Rahmen einer *Ontologie,* einer Lehre vom Seienden, abgesteckt wird. In diesem allgemeinen Sinn sind auch Sachverhalte und Sachverhaltszusammenhänge Gegenstände. Im engeren Sinn ist *Gegenstand* eine von *Sachverhalt* und *Sachverhaltszusammenhang* unterschiedene und ausgezeichnete Form des Seienden. Gegenstände in diesem engeren Sinn des Seienden sind grundlegend für alles andere Seiende. *Was* ein Gegenstand ist, *wie* er ist und *daß* er ist, sodann in welchen Beziehungen zu anderen er steht oder in welche er eintreten kann — das alles legt sich in Sachverhalten auseinander. Sachverhalte sind eigentümlich gegliederte Gebilde, und das „Bestehen", das die ihnen eigene Seinsweise ist, setzt das andersartige Sein von Gegenständen voraus[194]. Gegenstand im weitern Sinn kann etwas völlig Einfaches sein (z. B. eine einfache Wesenheit wie „Röte"). Gegenstand im engeren Sinn dagegen ist ein Seiendes von gegliedertem Bau, etwa dem Gerüst eines Hauses oder dem Gerippe eines Lebewesens zu vergleichen (wenn man sich etwas sinnlich nicht Faßbares durch sinnliche Bilder veranschaulichen will). Es ist daran zur Abhebung zu bringen, *was* er ist (in der Stufenordnung der Gattungen und Arten) und *wie* er ist, und diese „Bestimmungen" sind in einer festen Ordnung dem Ganzen eingefügt: eben darin besteht die Gliederung des Baus. Die aristotelischen Kategorien in ihrer doppelten Bedeutung als Aussageweisen und Seinsweisen sind uns ein Beispiel für logische und für ontologische Formen in ihrer Wechselbezogenheit. Als ontologische Formen beschreiben sie den Bau des Gegenstandes (im engeren Sinn), greifen allerdings darüber hinaus und geben zugleich die Formen seiner Eingliederung in eine „Welt"

---

[193] Weil das Gedankliche selbst ein eigentümliches Sein hat — „Sein aus zweiter Hand" —, ist „gedankliches Gebilde" selbst eine „Form des Seienden". Logik und formale Ontologie sind also mehrfach aufeinander bezogen.

[194] Zum Begriff des Sachverhalts vgl. A. *Reinach,* Zur Theorie des negativen Urteils (A. Reinachs Gesammelte Schriften, Halle 1921, S. 56ff.; zuerst erschienen in der Lipps-Festschrift, Leipzig 1911).

von Gegenständen wieder. οὐσία (= Seiendes in ausgezeichnetem Sinne) ist als Name des Gegenstandes (in engerem Sinne) in Anspruch zu nehmen: ausgezeichnet ist der Gegenstand, sofern seine „Bestimmungen" nur „in ihm" sind und ihr Sein als „Anteil" an seinem Sein haben, die höherstufigen Gebilde (wie *Sachverhalte*) auf ihn als ihre Seinsgrundlage zurückweisen.

18. Das Ding als Grundlage (ὑποκείμενον) und Träger (ὑπόστασις). Form — Inhalt. Allgemeines — Besonderes (Gattung — Art)

Es ist nun zu fragen, ob dem Gegenstand die Bedeutung eines *Zugrundeliegenden* (ὑποκείμενον, Subjekt) oder eines *Trägers* (ὑπόστασις, Substanz) für seine „Bestimmungen" zukommt. Als ὑποκείμενον hat ja *Aristoteles* das bezeichnet, wovon anderes ausgesagt wird, während es selbst nicht wieder von anderem ausgesagt wird[195]. Das trifft den Gegenstand, sofern er für die logischen Gebilde vorausgesetzt ist, und zwar den Gegenstand in engerem Sinn (denn vieles ist in weiterem Sinn Gegenstand — d. h. es kann etwas davon ausgesagt werden —, aber es kann seinerseits von anderem ausgesagt werden, ist also nicht im engeren Sinn Gegenstand). Wollen wir uns im Gebiet des noch nicht logisch Gefaßten halten, so hat bei Aristoteles Verschiedenes die Bedeutung des ὑποκείμενον: das *Einzelding*, z. B. ein Lebewesen, das seinen Eigenschaften, der *Stoff*, der seiner seinsvollendenden Form (ἐντελέχεια) „zu Grunde liegt"[196]. Von dem Einzelding dürfen wir ohne weiteres sagen, daß es dem Begriff des *Gegenstandes* entspricht: es ist ja immer als οὐσία anerkannt worden, und als οὐσία haben wir nun auch den *Gegenstand* erkannt. Welchen Sinn hat es aber zu sagen, daß das Ding seinen Eigenschaften zu Grunde liege?

Ein Ding kann Beschaffenheiten „annehmen" und „verlieren": wenn das grüne Blatt sich „rot färbt", so verliert es die grüne Farbe und nimmt die rote an. Das Ding verändert sich, aber es bleibt dasselbe. Die Farbe verändert sich nicht, sondern wird eine andere: Grün wird nicht Rot, sondern das Ding wird *statt* grün rot — es ändert seine Farbe. Es bleibt immer farbiges Ding, aber erst grünfarbiges, dann rotfarbiges. Zu den Dingen, die Farbe haben, gehört es unauf-

---

[195] Met. Ζ 3, 1028 b 36 ff., im Vorausgehenden S. 138 f.

[196] Der *Stoff* kommt als *Gegenstand* nur in Betracht, wenn er *geformter Stoff*, also Ding ist; der völlig ungeformte Urstoff wäre nicht nur kein Gegenstand im engeren Sinn, sondern nicht einmal Gegenstand in dem weiteren Sinn eines bestimmten Etwas.

hebbar, Farbe zu haben (was gelegentlich „Farblosigkeit" genannt wird, ist eine bestimmte Art von Farbe). Farbe als solche ist also eine dauernde *Eigenschaft*[197]. Aber die Farbe muß immer eine bestimmte Farbe sein, und die Bestimmtheit kann wechseln. Die wechselnde Farbenbestimmtheit wollen wir zum Unterschied von der bleibenden Eigenschaft *Beschaffenheit* nennen. Der Aufbau des Dinges ist demnach eigentümlich geschichtet. Eigenschaften zü haben, das gehört zu seinem „Gerüst", zu dem, was an ihm unabänderlich fest ist. Aber seine jeweiligen Beschaffenheiten gehören nicht zu seinem *festen* Bestand. Was fester Bestand ist, kann als „Grundlage" oder „Träger" für das Wechselnde angesehen werden, das sich ihm einfügt, und zwar an einer dafür vorgesehenen Stelle einfügt. Zu den natürlichen Körperdingen (die wir im allgemeinen mit dem Namen *Ding* meinen) gehört es, daß sie Gestalt, Größe, Schwere und — was für die genannten Eigenschaften grundlegend ist — eine bestimmte stoffliche Eigenart haben. Das Ding ist auf seine Eigenschaften nicht unabänderlich festgelegt, es kann seine Größe, seine Gestalt verändern, aber es muß jeweils eine bestimmte Gestalt usw. haben. Ebenso muß das farbige Ding ein Ding von bestimmter Farbe sein. Die Farbe ist bestimmt als Blau oder Rot, und dadurch ist das Ding ein Ding von bestimmter Farbe. Das Ding kann nur Farbiges sein, wenn es eine bestimmte Farbe hat. Farbe kann nur eine Farbe sein als bestimmte. „Farbe" ist wohl dem Sinne nach etwas Bestimmtes, aber es ist damit eine Leerstelle gesetzt, die einer Erfüllung bedarf. Diese Erfüllung kann keine beliebige sein: das, was Farbe als solche ist, zeichnet vor, was der Leerstelle Inhalt geben kann: sie kann nur durch die Farbarten (bis zur letzten Bestimmtheit) und durch nichts anderes erfüllt werden. Ein inhaltlich Bestimmtes, das eine Leerstelle enthält und erst durch ihre Ausfüllung die zum wirklichen Sein notwendige volle Bestimmtheit erlangt, nennen wir eine *Gattung*, das, was ihre Leerstelle erfüllen kann, die entsprechenden *Artunterschiede*. Das durch die Unterschiede Bestimmte sind die Arten der Gattung. Verschiedene Arten einer Gattung haben etwas — nämlich die gattungsmäßige Bestimmtheit — inhaltlich gemeinsam. Verschiedene Gattungen haben nichts mehr inhaltlich gemeinsam[198]. Aber sie können noch eine gemeinsame Form (d. h. *Leerform*) haben. So sind „Farbe" und „Gestalt" ver-

---

[197] Es gibt außer der „sogenannten" auch *echte Farblosigkeit*: die des Wassers, des Glases usw. Danach scheint es farblose Dinge zu geben und die Farbe nicht unaufhebbar zum Aufbau des Dinges als solchen zu gehören. Auf diese Frage wollen wir hier nicht eingehen.

[198] Vgl. die aristotelische Bestimmung der Gattung Kap. IV, § 2, 7.

schiedene Ausfüllungen der Leerform „dingliche Eigenschaft". Wir haben die *Kategorien* als *Formen des Seienden* bezeichnet. Sie sind es im Sinne der *Leerform*. Wenn Aristoteles sie auch *Gattungen* nennt, so ist das, streng genommen, nicht ganz genau: sie sind nur Leerformen von Gattungen.

Für das Verhältnis von Gattung und Artunterschied ist weder die Bezeichnung „Grundlage" und „Hinzukommendes" noch „Träger" und „Getragenes" ganz entsprechend. Aber auch „Form" und „Inhalt" trifft nicht ganz zu. Nur die *Leerstelle* in der Gattung wird durch den Inhalt erfüllt. Das Verhältnis der Gattung zur Art ist das eigentümliche des *Allgemeinen* zum *Besonderen*, und der Unterschied ist das Besondernde. Dieses Verhältnis läßt sich auf das von Form und Inhalt nicht zurückführen, sondern kreuzt sich damit: es gibt Leerformen von größerer und geringerer Allgemeinheit, ebenso Inhalte von größerer und geringerer Allgemeinheit; auf jeder Allgemeinheitsstufe sind Form und Inhalt zur Abhebung zu bringen. Die Gattungen sind die allgemeinsten Gegenstände (im weiteren Sinne des Wortes), die noch einen Inhalt haben. Weil sie eine „Leerstelle" haben, sind sie nicht voll-inhaltlich bestimmte Gegenstände, sondern haben etwas von der Leerform in sich. Die Arten sind weniger allgemein und weniger „formal" (im Sinne der Leerform). Wir können das voll-inhaltlich bestimmte Ding *Grundlage* der Veränderungen nennen, die es durchmacht, und der Beschaffenheiten, die ihm damit neu „zukommen". Grundlage und Hinzukommendes (das Ding und seine „zufälligen" Beschaffenheiten) stehen dann auf der gleichen Stufe der Besonderung und der inhaltlichen Erfüllung.

Es kann aber von *Grundlage* noch in einem anderen Sinn gesprochen werden, der gerade in unserem Zusammenhang wichtig ist. Es ist gesagt worden, daß die stoffliche Eigenart „grundlegend" sei für die Gestalt, Größe und Schwere des Dinges. Sie ist auch grundlegend für das, was man die *sekundären Qualitäten* nennt: das, wodurch es seine Eigenart nach außen darbietet und kundgibt: als ein stofflich so geartetes muß es sich gerade in dieser Weise in sich zusammen- und nach außen abschließen, muß es sich so und nicht anders gegen andere benehmen und so „in die Sinne fallen". Hier ist also nicht das Ding als Ganzes Grundlage für etwas Hinzukommendes, sondern etwas von dem, was es oder wie es ist — und zwar das, was es als *Stoff* ist —, ist Grundlage für alles andere, was es ist. Von hier aus kann es verständlich erscheinen, daß *Aristoteles* den Stoff ὑποκείμενον genannt hat. Es muß wohl beachtet werden, daß es der Stoff als eigenartig bestimmter ist, der diese grundlegende Rolle spielt. Wo aber der Stoff massenbeschwerter ist, da ist die *pure Masse* zwar nicht das, was die Bestimmungen „begründet", wohl aber das, was ihnen „unterliegt" und „auf ihrem Grunde liegt".

Wir sind mit den letzten Erwägungen von der formalen zur inhaltlichen Betrachtung übergegangen. Es läßt sich aber das Gesagte rein formal fassen: innerhalb dessen, was das Ding aufbaut, gibt es etwas, was für alles andere zu seinem Aufbau Gehörige grundlegend ist. Wenn die Form des Dinges noch auf einem anderen Gebiet als auf dem des stofflichen Seins Erfüllung finden kann, so wird an Stelle der räumlich-stofflichen Eigenart etwas anderes die Leerform der *Grundlage* ausfüllen müssen.

Zwischen der Leerform und dem, was ihr Erfüllung geben kann, bestehen — wie schon an dem Verhältnis von Gattung und Art klar wurde — bestimmte Beziehungen. Das zeigt sich deutlich, wenn wir nun fragen, wie *Stoff* und *Ding* zueinander stehen. Dabei verstehen wir unter Stoff räumliche Fülle bestimmter Art, unter Ding eine πρώτη οὐσία in aristotelischem Sinn, d. h. ein selbständiges Wirkliches. Ein selbständiges Wirkliches ist etwas, was auf sich selbst gestellt ist und aus eigener Natur wirkt. Es ist klar, daß die pure Masse kein Ding sein kann, weil sie als solche weder „steht" noch „wirkt" noch eine „Natur" hat. Jedem bestimmten Stoff gehört ein eigentümliches Wirken zu, aber offenbar ist nicht jeder tauglich, aus sich ein Selbständiges aufzubauen. Zur Selbständigkeit gehört Zusammenschluß in sich selbst zum fest umrissenen und abgegrenzten Gebilde. Flüssigkeiten und Gase sind dazu nicht aus sich imstande, sie bedürfen eines festen „Gefäßes" oder einer beherrschenden Kraft, um bestimmte Gestalt und Umgrenzung zu erlangen. So können nur feste Stoffe aus sich heraus etwas aufbauen, was der Dingform entspricht. Flüssiges und Gasförmiges können aus sich heraus kein Ding bilden, wohl aber zum Aufbau eines Dinges beitragen: unter *Ding* ist dann ein Ganzes verstanden, in dem ein einheitliches Gestaltungsgesetz die Mannigfaltigkeit der aufbauenden Stoffe beherrscht, nicht eine nur äußerlich von einem Gefäß zusammengehaltene Gas- oder Flüssigkeits-„Menge", sondern ein „Organismus".

Es ist festgestellt worden, in welchem Sinn das Ding ein „Zugrundeliegendes" genannt werden kann. Ist *Träger* nur ein anderer Ausdruck für dasselbe oder wird damit noch etwas Neues gesagt? Wenn wir das Ding *Träger* seiner Farbe nennen, so ist damit gemeint, daß dingliche Farbe — wie alle dinglichen Eigenschaften — etwas Unselbständiges ist, was von einem Selbständigen getragen werden muß. Damit ist aber nicht gesagt, daß der Träger ohne das, was er „trägt", etwas Selbständiges wäre; die wesentlichen Eigenschaften „kommen" nicht zu einem bereits „fertigen" Ding hinzu, sondern bauen es selbst auf. Die Farbe ist aber auch nicht im Ding wie der Inhalt in seiner Form. *Ding* ist eine Form im Verhältnis zu diesem bestimmten Ding, und „Farbe" ist Inhaltsbestimmtheit von etwas, was zum Aufbau der Dingform gehört: eine Erfüllung der Leerform *Eigenschaft*. Die Farbe erfüllt sich oder ergänzt sich durch ihre Artbestimmtheit zu dieser bestimmten Farbe, und die ganze Dingform erfüllt sich und bestimmt sich durch die Bestimmung ihres Was und Wie, das in ihr selbst vorgezeichnet ist, zu diesem bestimmten Ding. Die bestimmten Eigenschaften verhalten sich zum bestimmten Ding — aber auch die Eigenschaftsformen zur Dingform — wie der Teil zum Ganzen: d. h. wie der aufbauende Zug zu einem mannigfache Züge in sich schließenden Wesensganzen, nicht wie abgeschnittene oder herausgeschnittene „Stücke" zu einem in sich gleichartigen (homogenen, kontinuierlichen) Ganzen, z. B. Raum- oder Zeit- oder Körper-„teile". Weil das Ding nicht ohne diese aufbauenden Teile sein kann, werden wir es nicht *Grundlage* dafür nennen. Dagegen ist es Grundlage — wie für die außerwesentlichen Beschaffenheiten — für die Veränderungen, die es durchmachen kann (wofern man die Ortsveränderung nicht dazu rechnet, bedeutet die Veränderung eines Dinges immer zugleich eine Änderung in seinem Eigenschaftsbestand oder einen Wechsel in seinen Beschaffenheiten), für alles „Geschehen", das ihm widerfahren oder zu dem es Anstoß geben kann.

Diesen verschiedenen Verhältnissen entsprechend können wir nun die Ausdrücke festlegen. *Grundlage (ὑποκείμενον, subiectum)* nennen wir das vollbestimmte Einzelding im Verhältnis zu den Beschaffenheiten, die es „annehmen" und „verlieren" kann, und zu allem Geschehen, woran es beteiligt sein kann (dazu gehört auch die „Annahme" und der „Verlust" von Beschaffenheiten). Zum Geschehen in der dinglichen Welt ist auch die Verbindung und Trennung von *Elementen* zu rechnen, ferner die Formung von *Stoffen* zu höheren Gebilden. Stoffe in diesem Sinne können wir also als ὑποκείμενον anerkennen; außerdem die Stoffnatur als Grundlage für den Aufbau eines Dinges und maßgebend für seine Eigenschaften.

Träger (ὑπόστασις, subsistierende Substanz) nennen wir das selbständige Ganze im Verhältnis zu seinen aufbauenden Teilen. Das ist, eigentlich gesprochen, wiederum das Einzelding (und nicht etwa etwas, was übrig bliebe, wenn man alles „Was" und „Wie" des Dinges weggestrichen dächte). Man kann den Namen aber auch übertragen auf die *Leerform* des selbständigen Ganzen als solchen im Verhältnis zu seinen Teilformen. Weil der Inhalt zu den aufbauenden Teilen gehört, ohne die das Ganze nicht sein kann, ist das inhalterfüllte Ganze *Träger* des *Inhalts* (alles „Was" und „Wie"), die Form des Ganzen Träger der „Form des Inhalts": so merkwürdig das klingen mag — es gehört zum formalen Aufbau des Dinges, einen Inhalt zu haben[199]. Das Einzelding ist also *Grundlage* und *Träger* zugleich, aber im Hinblick auf Verschiedenes.

Form (= Leerform) schließlich nennen wir das „Gerüst" des ganzen Dinges (und die Teile des Gerüstes) im Verhältnis zu dem, was ihm Inhalt gibt und es zu *diesem* Einzelding bestimmt. Die Dingform entspricht der Form *Gegenstand* (im engeren Sinn). Es ist aber noch zu fragen, ob beide sich völlig decken oder ob *Ding* nicht schon eine Besonderung der Gegenstandsform ist, neben der andere Besonderungen möglich sind. Für den Aufbau einer Seinslehre ist diese Frage wichtig. Zur Lösung der Schwierigkeiten, um die es uns jetzt geht, ist aber anderes noch dringlicher.

19. Stoff, Wesensform und hinzukommende Formen

Was in die Dingform als ihr Inhalt eingeht, ist geformter Stoff, d. h. Raumfüllendes von bestimmter Eigenart der Raumerfüllung, des gestaltmäßigen Zusammenschlusses zum einheitlichen Ganzen, der es nach außen offenbarenden sinnlichen Erscheinung. Was es zu diesem Sogearteten macht, das nennen wir seine *Wesensform*: sie ist — im Unterschied zu der *Leerform* — gerade das, was Inhalt gibt, aber einen Inhalt, für den der Abschluß in dieser Leerform wesentlich ist. So hängt beides innerlich zusammen; es ist nicht an ein leeres Gefäß zu denken, das mit beliebigem Inhalt gefüllt werden kann. Von dem bereits zu dinglichem Sein durchgeformten Stoff sagten wir, daß er *Grundlage* von Veränderungen sein könne oder *Stoff* einer Umformung oder Neuformung: *Stoff* in dem andern uns von *Aristoteles* her geläufigen Sinn, wonach er etwas bezeichnet, was die Möglichkeit zur Aufnahme neuer Formen in sich trägt. Es kann sich dabei um „hinzukommende Formen" handeln, um einen Wechsel in den Beschaffenheiten: das Ding wird *anders*, als es bisher war; eine seiner Eigenschaften „formt sich um", die entsprechende Leerform erfüllt sich mit einer anderen Inhaltsbestimmtheit. Eine Möglichkeit, die verwirklicht war, wird wieder bloße Möglichkeit, und eine bisher nicht verwirklichte wird verwirklicht. So ist es, wenn das

---

[199] Durch die Untersuchung der Wesensform wird sich eine weitere Bedeutung von *Träger* ergeben. (Vgl. Kap. IV, § 4, 5.)

grüne Blatt sich rot färbt, wenn der Felsblock unter dem Einfluß
der Witterung seine Gestalt verändert. Das Ding, das sich dadurch
verändert, bleibt dasselbe (akzidentelle Veränderung). Schließlich
kann die *Umformung* aber so weit gehen, daß das Ding „ein anderes" wird. Bei der Formung von Naturstoffen zu Kunstwerken
kann man im Zweifel sein, ob eine *Veränderung* oder eine *Verwandlung* vorliegt. Das Wachs, aus dem das Götterbild geformt wird, ist
— als bloßes Naturding — nach der Bearbeitung dasselbe wie vorher,
es hat nur seine Gestalt geändert. Nimmt man aber das Kunstwerk
als solches, das Ding mit seinem geistigen Sinn — als Götterbild —,
so ist es neu entstanden. Der Wachsklumpen ist in ein Götterbild
verwandelt worden. Noch wurzelhafter ist die Umwandlung, wenn
aus dem Samen ein neues Lebewesen entsteht. Es liegt hier nicht nur
eine Änderung einzelner Eigenschaften, ein Wechsel der Beschaffenheit vor, sondern von dem Augenblick an, wo die *Entwicklung*
einsetzt, wo Lebenstätigkeiten beginnen, scheint eine andere Wesensform vorhanden zu sein. Es ist ein Lebewesen entstanden aus etwas,
was vorher kein Lebewesen war (nur die „Möglichkeit" dazu in sich
hatte). Hat es in diesem Fall, wo anscheinend das Wesen ein anderes
geworden ist, noch einen Sinn, von einem Etwas zu sprechen, das
dabei „dasselbe" bleibt, von „demselben Gegenstand", der erst dieses
und dann jenes Wesen hat? Bei dem Wachs, das zum Götterbild geformt wird, ist man leicht geneigt, von „demselben" vor und nach
der Formung zu sprechen, weil der *Stoff* ja derselbe bleibt. Eben
darum bestehen aber Bedenken, von einer echten *Verwandlung* zu
sprechen. Bei der Entstehung von Lebewesen aber bleibt auch der
Stoff nicht derselbe: das Weizenkorn muß „sterben", damit ein
neuer fruchttragender Halm aufsprießen kann; der Stoff muß sich
wandeln, um Belebung zu erfahren. Es ist „aus" etwas etwas anderes
geworden. Das, was vorher war, ist nicht mehr als das, was es vorher
war; aber es ist auch nicht zu nichts geworden, sondern es hat in dem,
„wozu" es geworden ist, ein neues Sein, ein Sein „in einer neuen
Form". Es drängen sich hier dieselben Ausdrücke auf wie bei der
Verbindung von Elementen zu neuen Stoffen: offenbar handelt es
sich um einen verwandten Vorgang auf höherer Stufe. Das Samenkorn
wird nicht zu nichts, und die Pflanze entsteht nicht aus nichts, sondern sie entwickelt sich aus dem Samenkorn und baut sich mit Hilfe
der aufgenommenen Nahrungsstoffe weiter auf. Es ist ein allmählicher
Vorgang, den man — wenigstens weitgehend — in seinem Verlauf
verfolgen kann. Und die Eigenart und Beschaffenheit des Samenkorns
wie der Nahrungsstoffe ist bestimmend für Eigenart und Beschaffen-

heit der Pflanze. Die Wesensform aber scheint eine andere[200]. Daraus ergibt sich zweierlei: 1. Wir können sagen: Dasselbe, was vorher Samenkorn war, ist jetzt Pflanze. 2. Es scheint, daß hier doch eine stoffliche Grundlage vorhanden ist, die bleibt, wenn die neue Form angenommen wird. Ist dann das vom Stoff „Bleibende" das, was erst das eine und dann das andere ist?

Wenn auch bei den Vorgängen des Keimens und der Ernährung eine Zersetzung und Umformung von Stoffen stattfindet, so sind doch die Stoffe, aus denen die Lebewesen sich aufbauen, der unbelebten Natur entnommen. Nicht alle Stoffe, aber ganz bestimmte sind tauglich, „belebt zu werden". Unter den Lebewesen haben die Pflanzen die besondere Aufgabe, *anorganische* Stoffe in *organische* umzuwandeln, d. h. in solche, die zum Aufbau lebendiger Körper dienen können. Diese Umwandlung und die „Belebung" sind wohl voneinander zu scheiden. Dabei kommt nicht das „Leben" zu der Wesensform, die dem unbelebten Stoff eigen war, hinzu, sondern es tritt die „lebendige Form" (die Form des Lebewesens, und zwar eines Lebewesens von bestimmter Eigenart) an Stelle der vor der „Belebung" vorhandenen[201]. Das neu entstandene Lebewesen ist das, was es ist, auf Grund *seiner* Wesensform, wenn es auch eine gewisse Verwandtschaft mit den Stoffen aufweist, die für seine Entstehung notwendig waren. Der belebte *Stoff* selbst ist trotz der „Verwandtschaft" ein anderer als der unbelebte, aus dem er gebildet wurde. Dabei ist zu unterscheiden zwischen den Nahrungsstoffen, die aufgenommen und dem heranwachsenden Gebilde „eingeformt" werden, und dem Samen, von dem die Aufnahme und Einformung ausgeht. Auch dieser hat ja — noch unabhängig von den Stoffen, die aufgenommen werden, sobald er zu keimen beginnt — einen Stoff, aus dem er gebildet ist: einen Stoff von bestimmter stofflicher Eigenart. Seine Form ist aber mehr als stoffliche Eigenart, denn von ihr hängt es ab, zu welchem Gebilde es sich mit Hilfe der aufgenommenen Stoffe gestaltet, sobald einmal das Leben sich zu regen beginnt. Und hier ist nun die Frage:

---

[200] Diese Auffassung von der Entstehung der Lebewesen deckt sich nicht mehr mit der aristotelischen, wonach der Same bereits die bildungskräftige Form des neuen Lebewesens in sich trägt (De generatione animalium II 4). Der Unterschied soll später noch einmal zur Sprache kommen (S. 237 ff.).

[201] So entspricht es der Auffassung des hl. *Thomas* von der Einheit der Wesensform, die er so oft und so entschieden vertreten hat (z.B. De anima a 9 corp). Die Form-Stoff-Lehre des hl. Thomas soll aber erst erörtert werden, wenn die Auseinandersetzung mit Aristoteles zu einem klaren Abschluß gelangt ist. (Vgl. S. 234 ff.)

wird diese im Samen „schlummernde" Form „lebendig" oder tritt
an Stelle einer „toten" Form eine „lebendige" ? Eine Antwort ist vor
näherer Erörterung des Formbegriffs nicht möglich. Jedenfalls liegt
ein Wesenswandel vor: das, *was* dieser Gegenstand ist, ist nicht mehr
dasselbe wie vorher[202]. Aber *das*, dessen Wesen sich gewandelt hat —
der *Gegenstand* —, ist derselbe geblieben. Es ist dasselbe, was erst
Samenkorn war und jetzt Pflanze ist. Und sein *Sein* ist nicht unterbrochen worden, wohl aber hat sich seine Seins*weise* geändert. *Leben*
ist eine eigentümliche, von der des unbelebten Stoffes oder des nur
lebensfähigen unterschiedene Seinsweise. (Würde das Sein aufhören
und ein neues Sein anfangen, dann wäre auch der Gegenstand nicht
mehr derselbe[203]. Was als „dasselbe" erhalten bleibt, ist die Leerform
des Gegenstandes, und zwar nicht die allgemeine Gegenstandsform,
sondern die des Einzelgegenstandes (des Individuums). Da aber die
Leerform ohne Inhalt nicht sein kann und der Inhalt nichts ist, was
von außen „hineingefüllt" wird, so ist ein solches Durchhalten des
Seins beim Wesenswandel nur möglich, wenn auch etwas Inhaltliches
sich mit durchhält: wenn entweder eine bleibende Wesensform den
wechselnden Wesensbeständen zu Grunde liegt oder wenn unter der
Herrschaft der neuen Wesensform etwas von dem früheren Inhalts-
bestand beibehalten wird[204].

20. Stoff und Ding, Stoff und Geist

Wir fassen noch einmal zusammen, was sich aus den vorausgehenden Untersuchungen über das Verhältnis von *Ding* und *Stoff* ergibt[205].
Ding ist ein in sich geschlossenes, selbständiges Wirkliches: eine
πρώτη οὐσία im aristotelischen Sinn; ein *Gegenstand* im engsten
Sinn des Wortes, d. h. ein „Etwas", das sein eigenes Wesen in sich
trägt und mit diesem Wesen auf sich selbst gestellt ist: eine *subsistierende Substanz*. Als solches muß es nicht notwendig ein räumlich-
stoffliches Ding sein. Es gibt auch *geistige* Substanzen. *Aristoteles* hat

---

[202] Von der Möglichkeit eines Wesenswandels war schon an früherer Stelle
die Rede (Kap. III, § 4).

[203] Im einzelnen Fall kann es für unsere Erkenntnis ununterscheidbar sein,
ob Wesenswandel vorliegt oder ob *ein* Gegenstand „zu nichts wird" und ein
anderer entsteht. Daß etwas, was ist, so wenig zu nichts werde, wie aus nichts
etwas werde, das hat nur Geltung unter Absehung von der göttlichen Allmacht,
die sowohl „erschaffen" als „vernichten" kann. Ob Gott auch von der Macht
zu vernichten Gebrauch mache, ist eine theologische Frage, die hier nicht zu
erörtern ist.

[204] Vgl. dazu S. 237 ff.   [205] Vgl. S. 222 ff.

sich wohl zur Herausstellung dessen, was οὐσία eigentlich bedeutet, vornehmlich an das Gebiet der stofflichen Dinge gehalten; aber für ihn wie für uns steht es fest, daß alle endlichen Dinge zurückweisen auf ein erstes Seiendes — eine πρώτη οὐσία, die reiner Geist ist; und daneben kennt er endliche Geister (Gestirnbeweger und Menschenseelen), die ihm als οὐσία gelten. Im Gegensatz zum stofflichen ist das Geistige das Unräumliche, Unsichtbare, Ungreifbare. Während das stoffliche Ding den Raum so einnimmt, daß jeder Raumteil in vollkommener Deckung mit einem Dingteil ist, in keinem Punkt *ganz* ist, sondern mit allem, was es ist, ausgebreitet und in dieser Ausbreitung sich sinnenfällig darbietend, ist *geistiges Sein* ein *Sein in sich selbst*. Das Geistige hat ein „Inneres" in einem Sinn, der dem Räumlich-Stofflichen durchaus fremd ist. Wenn es „aus sich herausgeht" — das geschieht auf mannigfache Weise: als Zuwendung zu *Gegenständen* (das, was *Husserl* die *Intentionalität* des geistigen Lebens nennt), als rein geistiges Sicherschließen für fremde Geister und verstehendes und mitlebendes Eingehen in sie; aber auch als Sichhineingestalten in den Raum (durch die Gestaltung des Leibes und bildendes Gestalten fremder Stoffe) —, so bleibt es doch darum nicht weniger in sich selbst. Von dieser inneren Mitte aus gestaltet es sich und schließt alles, was es ist und was es sich zueignet — in einer Zueignung, die wiederum nur dem Geistigen möglich ist —, zur Einheit zusammen. Was Gestaltung und Umgrenzung hier besagt, wo keine räumliche Fülle, Gestalt und Grenze in Betracht kommt, das muß in eingehenden Untersuchungen herausgestellt werden. Hier soll nur ein erster Hinweis gegeben werden, um durch den Gegensatz zum Stofflichen dessen Eigenart noch deutlicher hervortreten zu lassen. So bezeichnet das *Stoffliche* eine *Gattung* innerhalb des Dinglich-Wirklichen. Wir verstanden darunter das *Raumfüllende* als solches und sahen, daß nicht jeder Stoff von sich aus geeignet ist, in die Form des Dinges einzugehen. Nur den festen Stoffen ist es eigen, sich in sich zusammenzuschließen und in fest umrissener Gestalt nach außen abzugrenzen. Flüssiges und Gasförmiges gelangt von sich aus nicht zu solchem Abschluß, und selbst die festen Stoffe gehorchen in ihrer dinglichen Gestaltung keineswegs nur ihrer eigenen inneren Gesetzlichkeit. Wohl hängt mit der stofflichen Eigenart, d. h. mit der Eigentümlichkeit der Raumerfüllung das Verhalten des stofflichen Dinges „nach außen" zusammen: die schwerere oder leichtere Beweglichkeit im Raum, die Art der Bewegung und auch die Raumgestalt. Die umgrenzende Raumgestalt ist ja das, was dem bloßen Stoffding Einheit und Abgeschlossenheit gibt. Jedoch ist es zumeist kein rein von innen heraus gestaltetes „Gebilde", sondern nur ein „Stück Stoff", das „ohne weiteres" in zwei oder mehr Stücke zerteilt werden kann (je nach der Eigenart des Stoffes zerschlagen, zerrissen oder auf andere Weise zerstückt). Es gibt sich nicht selbst die äußere Raumgestalt, sondern wird darin weitgehend durch seine äußeren „Schicksale" bestimmt. Es kann freilich nicht jede beliebige Gestalt annehmen, sondern seine stoffliche Eigenart bestimmt seine Oberflächenbeschaffenheit: verschiedene Stoffe haben eine verschiedene Bruch- oder Schnittfläche u. dgl.[206] Aber das Angesicht der „unbelebten" Natur ist durch das wechselseitige Aufeinanderwirken mannigfacher Stoffe bestimmt. Die Wassermengen werden zu klar umrissenen Gebilden — Bächen, Flüssen, Seen — durch die einhegenden Ufer. Das Flußbett und seine Ränder wiederum gestalten sich unter dem Druck der strömenden Fluten. An den Umrißlinien der Felsen arbeiten Wind und Wetter. Ein jedes Gebilde aber wirkt und läßt auf sich wirken gemäß dem, was es in sich selbst ist. Die ganze Natur ist das Werk formender Kräfte oder gestaltungskräftiger Formen. So kommen wir wieder auf das zurück, was längst klar wurde: was stoffliche Gebilde sind, dafür können wir kein ausreichendes Verständnis gewinnen, solange nicht geklärt ist, was *Form* und *Kraft* bedeuten. Darum muß die Untersuchung dessen, was *geformter Stoff* ist, jetzt noch einmal von seiten der Form in Angriff genommen werden.

§ 4. Zusammenfassende Erörterung des Formbegriffs

Es ist wiederholt von dem aristotelischen Formbegriff die Rede gewesen, und auch in unseren sachlichen Untersuchungen ist in verschiedenem Zusammenhang und in mehrfachem Sinn von Form gesprochen worden[207]. Es bedarf jetzt einer zusammenfassenden Klarstellung dessen, was wir unter *Form* verstehen wollen und wie sich dieser Begriff zu dem aristotelischen Formbegriff verhält.

1. Noch einmal der aristotelische Formbegriff

Der Begriff der *Leerform* kann zunächst hier ausgeschaltet werden. Wo *Aristoteles* von dem Gegensatz von Form und Stoff spricht, hat er ja immer die *Wesensform* im Auge. Wir kennen die beiden

---

[206] Die ältere Atomistik schrieb den Atomen eine bestimmte Raumgestalt zu. Bei solcher Auffassung könnte man sich denken, daß die Gestalt der „kleinsten Teile" für die Gestaltung „im Großen" maßgebend wäre.

[207] Vgl. Kap. IV, § 3, 2 3 5 18 20.

Gebiete, denen er seine Beispiele zu entnehmen pflegt: das menschliche Werkschaffen, das einem vorgefundenen Stoff eine Form gibt, und die Entstehung und Umformung von Naturgebilden. Da aber Naturgebilde und Menschenwerk nicht im selben Sinn οὐσία sind (d. h. selbständiges und selbsteigenes Seiendes), so wird auch die Form, die das Ding zu dem macht, was es ist, hier und dort nicht völlig dasselbe bedeuten. So wird es nicht möglich sein, beides zugleich zur Klarheit zu bringen, und wir werden gut tun, uns auf die Naturformen zu beschränken. Das Naturgebilde hat seine Form in sich, es ist als das, was es ist, von innen her bestimmt. Allerdings sind hier noch Unterschiede zu machen. Aristoteles sucht — wie früher gezeigt wurde[208] — die Form im Bereich des Werdens auf. Bei dem, was bereits *geworden* ist, wird sie mit dem *Wesen*, τὸ τί ἦν εἶναι, gleichgesetzt. Demnach wäre das Menschsein dieses Menschen seine ihm innewohnende Form (sie wird abwechselnd μορφή und εἶδος genannt). Für das, was *wird*, aber ist die Form, *durch* die es wird, nach aristotelischer Auffassung nicht die *ihm* innewohnende, sondern die des Erzeugers. (Wir sahen die Möglichkeit einer Scheidung von τὸ τί ἦν εἶναι und μορφή bei Aristoteles darin, daß im einen Fall das Menschsein als solches bezeichnet wird — so wie es allgemein faßbar ist —, im anderen das Menschsein dieses oder jenes Menschen, das ein jeweils anderes ist[209]. Dazu kommt bei den aus Form und Stoff zusammengesetzten Gebilden, daß auch das Wesen diese Zusammensetzung zeigt[210].) Bei der Entstehung von Lebewesen wird offenbar eine Form als durch die andere hervorgebracht angesehen: Aristoteles sagt, daß die Form des erzeugenden Lebewesens aus überschüssigen Stoffen den Samen bilde; der Same aber enthalte die Form des neuen Lebewesens in sich[211]. In anderem Zusammenhang aber heißt es, daß nicht der Stoff werde und nicht die Form, sondern das Zusammengesetzte aus beiden[212]. Wenn dabei an menschliches Schaffen gedacht war — daß nicht das Erz werde noch die Kugel, sondern die eherne Kugel —, so ist es doch wohl auch auf Fälle wie den eben vorliegenden mit zu beziehen. Das, was wird, ist der neue Mensch, dem das Menschsein eigen ist. Es gibt einen Sinn, zu sagen, daß das „Menschsein" nicht werde. Aber andererseits hat jeder Mensch *sein* Menschsein, das von dem jedes anderen unterschieden ist und das nicht ist, ehe er selbst ist. Wenn in beiden Fällen von *Form* die Rede sein soll

---

[208] Kap. IV, § 3, 3.   [209] S. 131f. u. 158f.   [210] Vgl. S. 234ff.

[211] *Aristoteles*, De generatione animalium II 4.

[212] *Aristoteles*, Met. Z 8, 1033 b.

und wenn die beiden Sätze einander nicht widersprechen sollen, so muß offenbar der Sinn hier und dort ein verschiedener sein.

Der Same ist nur „der Möglichkeit nach" das Lebewesen. Erst in dem voll entwickelten Lebewesen ist das, was es werden sollte, verwirklicht; vorher war es unerreichtes *Ziel*, und das Ziel wird von Aristoteles auch *Form* genannt. (Allerdings steht an dieser Stelle εἶδος, nicht μορφή[213].) Nach dem Grundsatz, daß „das wirkliche Sein dem möglichen vorausgehe"[214] (der Akt = ἐνέργεια der Potenz = δύναμις), sollte man annehmen, das Vollausgebildete müsse am Anfang stehen. Da aber „früher" und „später" bei Aristoteles verschiedene Bedeutungen haben, müssen wir genauer vernehmen, wie er sich zu dieser Frage äußert. Unter Möglichkeit oder Vermögen (δύναμις, Potenz) ist hier nicht nur der „Seinsgrund der Veränderung in einem anderen als anderem verstanden, sondern jeder Seinsgrund einer Bewegung oder Veränderung überhaupt. Auch die Natur (φύσις) gehört in diese Gattung des möglichen Seins; denn sie ist Seinsgrund der Bewegung, nur nicht in einem anderen, sondern in dem betreffenden Dinge selbst, sofern es es selbst ist. Die Wirklichkeit nun (ἐνέργεια, Akt) ist früher als alle Möglichkeit in diesem Sinn, sowohl dem Begriff nach als in der Rangordnung des Seienden (καὶ λόγῳ καὶ τῇ οὐσίᾳ); der Zeit nach ist es zum Teil so, zum Teil nicht so"[215]. Daß begrifflich das Wirkliche das Frühere ist, läßt sich leicht zeigen: die Sehfähigkeit läßt sich nicht anders bestimmen als durch das Sehen, d. h. durch die Tätigkeit, in der sie sich verwirklicht. Der Zeit nach aber ist das Wirkliche in der Weise früher, daß in dem Einzelwesen, das sich entwickelt, die Möglichkeit der Wirklichkeit vorangeht, d. h. der Same der vollentwickelten Pflanze. Aber diesem Möglichen geht wieder ein Wirkliches voraus: eine Pflanze derselben Art, von der der Same stammt. Immer geht der „Bewegung" ein „Bewegendes" voraus. Das Bewegende ist aber immer ein Wirkliches.

Was heißt es nun, daß der οὐσία nach das Wirkliche dem Möglichen vorausgehe? Beim Einzelwesen ist das zeitlich Frühere der Same, das zeitlich Spätere die entwickelte Pflanze. Aber der Same ist das, was zu dieser Pflanze werden soll, sie ist im Verhältnis dazu das Vollkommene gegenüber dem Unvollkommenen. (Darum geben wir τῇ οὐσίᾳ mit „in der Rangordnung des Seienden" wieder, entsprechend der allgemeinen Bedeutung von οὐσία: Seiendes, das einen Seinsvorzug hat.) Darüber hinaus hat das Vollausgestaltete im Verhältnis zum Samen die Bedeutung des *Ziels*. Denn „alles Werdende

---

[213] Met. H 4, 1044 a 36f.   [214] Met. H 8, 1049 b 5.
[215] Met. H 8, 1049 b 6—12.

strebt einem Ziel zu. Um wessentwillen nämlich etwas ist, das ist sein Seinsgrund (ἀρχή, Prinzip), das Werden aber ist um des Zieles willen; das Ziel nun ist das Sein in vollendeter Wirklichkeit (ἐνέργεια, Akt), und des Zieles wegen erhält man das Vermögen (δύναμις, Potenz)"[216]: man hat das Sehvermögen, um zu sehen, das Denkvermögen, um zu denken. So ist auch der *Stoff* der Möglichkeit nach (δυνάμει, potentiell), weil er zur Form gelangen kann (ἔλθοι ἄν εἰς τὸ εἶδος); wenn er aber in vollendeter Wirklichkeit ist (ἐνεργείᾳ, aktuell), dann ist er in der Form (ἐν τῷ εἴδει ἐστί[217])[218]. So ist denn „das Werk (ἔργον) das Ziel, die Wirksamkeit (ἐνέργεια) aber ist das Werk. Darum sagt man auch *Wirksamkeit* für *Werk*, und der Name erstreckt sich auch auf die Seinsvollendung (ἐντελέχεια)"[219]. Der Sinn dieser bedeutsamen Stelle erhellt sich aus dem unmittelbar Folgenden. Bei manchen Vermögen ist das letzte Ziel „ihr Gebrauch, z. B. für das Sehvermögen das Sehen, und es kommt nicht noch außer dem Sehen ein anderes Werk durch das Sehvermögen zustande; bei manchen Vermögen aber kommt noch etwas zustande; z. B. durch die Baukunst das Haus und nicht nur das Bauen; dabei ist aber keineswegs in einem Falle in geringerem Grade, im anderen in höherem [die Verwirklichung] Ziel des Vermögens"[220]. Der Sinn ist offenbar der, daß auch dort, wo die Tätigkeit, die in dem Tätigen beschlossen bleibt, das letzte Ziel ist und kein davon abgelöstes Werk (keine „objektive Leistung") hervorbringt, das Vermögen die volle Verwirklichung und damit seine Seinsvollendung erreicht. Denn das Wirken und nicht das Gewirktsein ist das eigentlich Wirkliche. Das Werk ist nur durch das Wirken wirklich und hat es als den Grund seines Wirklichseins in sich: „Denn das Bauen ist in dem, was gebaut wird, und wird und ist zugleich mit dem Hause. Wo also das, was wird, noch etwas anderes ist als der Gebrauch des Vermögens, da ist die Wirklichkeit (oder: das Wirken, ἐνέργεια) in dem, was gemacht wird, z. B. das Bauen in dem, was gebaut wird, und das Weben in dem, was gewebt wird, . . . und über-

---

[216] Met. H 8, 1050 a 7—10.

[217] Wir haben hier bei Aristoteles den Ausdruck *In-der-Form-sein*, der sich uns früher zur Bezeichnung dessen, was *Wesen* bedeutet, aufdrängte. (Vgl. S. 149f.)

[218] a. a. O. 1050 a 15f.   [219] a. a. O. 1050 a 21—23.

[220] a. a. O. 1050 a 24—28. Der Satz: ὅμως οὐθὲν ἧττον ἔνθα μὲν τέλος, ἔνθα δὲ μᾶλλον, τέλος τῆς δυνάμεώς ἐστιν, wird von den Übersetzern verschieden gedeutet. *Rolfes* übersetzt: „So ist doch die Aktualität durchaus nicht bald weniger, bald mehr das Ziel der Potenz"; *Bonitz:* „So ist nun nichts weniger die wirkliche Tätigkeit in dem einen Falle Zweck, in dem anderen mehr Zweck als Vermögen".

haupt die Bewegung im Bewegten; was aber kein Werk außer dem Wirken hervorbringt, das hat die Wirklichkeit in sich selbst: so ist das Sehen im Sehenden, das Denken im Denkenden, und das Leben in der Seele und darum auch die Glückseligkeit, denn sie ist ein Leben von bestimmter Beschaffenheit. So ist es klar, daß *das Seiende im vorzüglichen Sinn und die Form Wirklichkeit ist*[221] (ὅτι ἡ οὐσία καὶ τὸ εἶδος ἐνέργειά ἐστιν[222]).

Es ist früher gelegentlich darauf hingewiesen worden, daß die Sinnmannigfaltigkeit, die ,in dem Wort *Akt* zusammengefaßt ist, durch die Ausdrücke ἔργον, ἐνέργεια, ἐντελέχεια (Werk, Wirken, Wirksamkeit oder Wirklichkeit, Seinsvollendung) auseinandergefaltet wird[223]. Im Wirken gelangt das Vermögen an sein Ziel und erreicht damit seine Seinsvollendung: das Tätigsein ist das höchste Sein des Seienden, worauf seine Vermögen hingeordnet sind. Wo aber die Verwirklichung der Möglichkeit ein Entwicklungsvorgang ist, da ist das *Ziel* weder ein abgelöstes Werk noch eine einzelne Tätigkeit, sondern die Seinsvollendung des ganzen Seienden, das in der *Entwicklung* seiner Vollendung zustrebt: οὐσία heißt das Seiende auf dieser Stufe der Seinsvollendung: nicht das einzelne Wirken (der „Tätigkeitsakt"), sondern das Wirkende in seinem Wirken (das „selbständige und selbsteigene Seiende" = die *Substanz* in ihrem Wirken, das ihr höchstes Sein ist). Die einzelne *Leistung* heißt ἔργον in dem weiteren Sinn des Wortes *Werk*, wonach es zugleich Taten (gute oder schlechte „Werke" des Menschen) und selbständige, von dem schaffenden Geist abgetrennte Gebilde bezeichnen kann. Wenn wir das Wort auf Taten beziehen, leuchtet es ohne weiteres ein, daß *Werk* und *Wirken* (ἔργον und ἐνέργεια) zusammenfallen. Schwerer verständlich erscheint es bei den selbständigen Gebilden. Aber gerade sie sind in unserem Zusammenhang von Wichtigkeit. Denn offenbar sind es *stoffliche* Gebilde. Aristoteles nennt als Beispiele wieder Werke menschlicher Kunstfertigkeit: ein Haus, ein Gewebe. Er sagt, das Wirken sei in dem, was gewirkt werde. Das Bauen vollzieht sich in dem, was gebaut wird. Wirken und Werk fallen also hier nicht eigentlich zusammen. Das Werk ist geformter Stoff. Das Wirken ist die Formung, die sich in dem Stoff und an ihm vollzieht; weil das Werk diesem Wirken seine Wirklichkeit verdankt, kann das Wirken selbst seine Wirklichkeit (ἐνέργεια, Akt) genannt werden. Es kommt darin ein doppel-

---

[221] Von mir in kursiver Schrift hervorgehoben. Es ist zu beachten, daß in all diesen Ausführungen *Sein und Seiendes, Wirken und Wirkendes* nicht unterschieden sind. (Vgl. S. 239f.)

[222] a. a. O. 1050 a 28—38.   [223] Vgl. S. 11.

tes Vermögen zur Verwirklichung: das „Können" des Künstlers
(die *aktive Potenz*) und die „Bildsamkeit" des Stoffes (die *passive
Potenz*). Beide kommen darin auch zu ihrem vollendeten Sein. Das
Werk ist ein Seiendes in Seinsvollendung (darum fallen in ihm
ἐνέργεια und ἐντελέχεια zusammen). Das Wirken wird aber auch
Form (εἶδος) genannt. In dem fertigen Werk ist der Stoff „zu
seiner Form gelangt". Als οὐσία, „das Seiende in seiner Vollendung",
wird anscheinend sowohl das ganze Werk bezeichnet als die Form,
zu der es gelangt. Muß die Form, zu der der Stoff gelangt, nicht
vor dem Stoff und vor der Formung des Stoffes sein? Diese Schwierigkeit ist auch noch von einer anderen Seite her deutlich zu machen:
οὐσία sollte das Seiende in seiner Seinsvollendung (ἐντελέχεια) sein,
das Ziel, auf das die Entwicklung gerichtet ist. Solange das Ziel
nicht erreicht ist, scheint die Vollendung noch nicht wirklich zu sein.
Hier scheinen also ἐντελέχεια und ἐνέργεια, Seinsvollendung und
Wirklichkeit, auseinanderzufallen. Ja es sieht so aus, als ob Unvollendetes und Vollendetes geradezu ihre Rolle vertauschen würden: es wurde ja bisher das Unvollendete als das Mögliche (δύναμις,
Potenz) bezeichnet, das erst im Vollendeten wirklich wird. Jetzt erscheint aber das Vollendete als das noch nicht verwirklichte, also
erst „mögliche" Ziel, das Lebewesen auf der tatsächlich erreichten
Entwicklungsstufe dagegen als das „Wirkliche". Und ebenso geraten
wir in Verlegenheit, welches denn die „eigentliche" οὐσία sei: das
unvollendete Wirkliche oder das unwirkliche Vollendete. Erst im
erreichten Ziel findet sich der Ausgleich: hier ist οὐσία zugleich das
Vollentfaltete und Vollwirkliche. Dann wird auch klar, daß erst das
Vollendete vollwirklich ist (dem noch nicht erreichten Ziel fehlt die
Wirklichkeit zur Seinsvollendung, dem Unentwickelten die Vollendung zu Vollwirklichkeit).

Es ist aber noch etwas zu bedenken. Das *Ziel* ist nach Aristoteles
Ursache (αἰτία) der Bewegung; das Bewegte strebt nicht nur darauf
zu, sondern wird dadurch in Bewegung gesetzt, gleichsam von dort
aus gezogen. Bewegen kann aber nur ein Wirkliches. Das „Seiende in
seiner Vollendung", auf das die Entwicklung hinzielt, muß also — so
merkwürdig es klingt — schon vor seiner Verwirklichung wirklich
sein, um die Entwicklung in Gang zu bringen und im Gang zu erhalten.
Eine Lösung des Widerspruchs scheint nur möglich, wenn „Wirklichkeit" hier und da einen verschiedenen Sinn hat. Ja es scheint sogar
eine dreifache Bedeutung von Wirklichkeit nötig: 1. die des unvollendeten Wirklichen (das in Entwicklung begriffen ist), 2. die des un-
erreichten Ziels, 3. die des erreichten Ziels.

2. Scheidung von reiner Form und Wesensform (εἶδος und μορφή)

Die aufgezeigten Schwierigkeiten nötigen uns zunächst, εἶδος und μορφή nicht gleichzusetzen, sondern als *reine Form* und *Wesensform* voneinander zu trennen. Die reine Form oder der *Sinn*, der mit dem Wort „Mensch" bezeichnet wird, entsteht nicht und vergeht nicht. Sie ist dem Bereich des Werdens enthoben und hat ein Sein, das über dem Gegensatz von Wirklichkeit und Möglichkeit steht und ewig „vollendet" ist. Sie schreibt dem, worin sie „verwirklicht" werden soll, zugleich das Ziel und den Weg zum Ziel vor. Das, was im Werden „zu dieser Form gelangt" und als Gewordenes „in dieser Form ist" — der einzelne Mensch —, hat eben dies „In-dieser-Form-sein" und „Zu-dieser-Form-gelangen" zu seinem *Wesen*: darin besteht sein *Menschsein*. Es wird von Aristoteles als τὸ τί ἦν εἶναι, μορφή und εἶδος bezeichnet; wir machen aber hier Unterschiede. Es kann allerdings auch vom Menschsein ein allgemeiner *Sinn* abgelöst werden, der hier und dort verwirklicht ist und nicht entsteht oder vergeht. Aber das Menschsein dieses Menschen ist in ihm wirklich und wirksam; er teilt es mit keinem anderen; es ist nicht, ehe er selbst ist, sondern tritt mit ihm ins Dasein; es bestimmt, *was* er jeweils ist, und dieses wechselnde Was ist eine mehr oder minder weitgehende Annäherung an das Ziel, d. i. an die *reine Form*. Der einzelne Mensch bleibt hinter dem, was ihm die reine Form „Mensch" als Ziel vorschreibt, mehr oder minder weit zurück, und zwar in mehrfachem Sinn: er ist es *noch nicht ganz* (das Unvollendetsein des Kindes) oder er ist es *mangelhaft* (das ist die Unvollkommenheit des Krüppels oder auch des „schlechten" Menschen). Es ist schließlich noch daran zu denken, daß der einzelne Mensch auch dann, wenn er *seine* Vollendung erreicht hat (d. h. in der Glorie, weil es vorher für uns keine Vollendung gibt), nicht *alles* verwirklicht, was in der reinen Form „Mensch" vorgezeichnet ist, sondern nur das, was *sein* individuelles Wesen bestimmt (also etwa die reine Form „Sokrates"). Auch darin liegt — wie schon früher erwähnt wurde — eine Abweichung von Aristoteles, für den die Form mit der Artbestimmtheit zusammenfällt (εἶδος ist ja auch der Name für *Art*) [224]. Das führt zur Frage der Individualität als Eigenart des Einzelnen und hängt mit der Rolle, die man dem Stoff im Aufbau des Einzeldinges zuerkennt, zusammen. Sie darf uns aber jetzt noch nicht beschäftigen. Als Nächstes soll die Frage der *Ursächlichkeit* der reinen Form erwogen werden.

---

[224] Vgl. Met. H 8, 1034 a 2 ff.

3. Reine Form und Wesensform als Ursachen

Aristoteles hat *vier Ursachen* der wirklichen Dinge unterschieden[225]:
den Stoff, den Urheber der Bewegung, die Form und den Zweck (beim
Menschen wären das die Stoffe, aus denen der Körper gebildet wird,
der Same (oder der Erzeuger), das Menschsein und die Vollendung.
Es ist deutlich, daß überall ein gemeinsamer Sinnesbestand vorliegt,
der es erlaubt, von *Ursache* zu sprechen: alle diese Ursachen sind
Seinsgrund des Wirklichen, das ihnen sein Dasein verdankt; aber sie
sind es in *verschiedener Weise*, und es ist auch jeweils Verschiedenes,
was durch sie verursacht wird, sodaß zu dem gemeinsamen Sinnbestand ein jeweils anderer kommt. Wenn der Stoff Ursache genannt
wird, so ist damit gemeint, daß das Ganze ohne ihn nicht sein könnte
und daß er mitbestimmend ist für das, *was* das Ding ist. Er ist aber
nicht Anstoß des Werdens: wenn nicht etwas anderes hinzukäme,
würde aus dem Stoff kein neues Ding entstehen. Das kommt darin
zum Ausdruck, daß ihm nur passive, nicht aktive Potenz zugeschrieben wird: die Möglichkeit, etwas zu erleiden oder zu empfangen, aber
nicht die Möglichkeit, von sich aus etwas zu wirken oder zu tun.
Eben das aber ist Aufgabe der *Ursache* im zweiten Sinn: zu *wirken*
oder *den Anstoß zu einem Geschehen zu geben* — zu einem Werden oder
einer Bewegung oder Veränderung (im engeren Sinn dieser beiden
Ausdrücke, in dem sie einander und das Werden nicht einschließen).
Das Wirken ist die Tätigkeit eines Wirklichen, in der dessen Sein in
bestimmter Hinsicht zur Vollendung kommt. Was nicht wirklich ist,
kann nicht wirken[226]. Das Wirkliche, das zum Werden eines neuen
Lebewesens den Anstoß gibt, ist (wenn wir die *erste* Entstehung ausschalten) ein Lebewesen derselben Art. Das Wirken, durch das es den
Anstoß gibt, ist aber nicht sein dauerndes Sein, sondern etwas Vorübergehendes. Es hat seinen Seinsgrund in einem dauernden Vermögen (der Zeugungs*akt* gründet in der Zeugungs*potenz*), dieses aber
wiederum im Wesen, d. h. im Lebewesensein dieses Lebewesens —
aristotelisch: in seiner Form. Was für das neu entstehende Wesen
Wirkursache ist (genauer: Grundlage der Wirkursache, wenn wir als
Ursache des Werdens den Zeugungs*akt* und nicht den Erzeuger oder
seine Artbestimmtheit ansehen), das ist für das erzeugende Wesen
Formalursache, d. h. Seinsgrund für das, was es ist, was es wirken
kann und tatsächlich *wirkt*. Sobald das neue Lebewesen wirklich ist,
kann es selbst wirken und hat selbst eine solche Form als Grund seines
Wirkens und Wirkenkönnens in sich. Als Ursache des Wirkens ist sie

---

[225] Met. A 3ff., Δ 2 (Physik II 3).   [226] Vgl. S. 209 ff.

selbst als wirklich in Anspruch zu nehmen (als wirkliches Wesen oder Teil des wirklichen Wesens, wenn wir in der Gattungs- und Artbestimmtheit nicht die volle Wesensbestimmtheit sehen). Das neue Lebewesen ist *wirklich*, aber noch *nicht vollendet*: seine Vollendung steht als *Ziel* vor ihm und bewirkt die Entwicklung, die es dem Ziel entgegenführt. Das Ziel oder die Zweckursache wirkt nicht wie die bewegende oder Wirkursache. Die Entwicklung wird nicht durch ein Wirken in Gang erhalten, das ein Wirkliches derselben Art wie das in Entwicklung begriffene zur Grundlage hat. In dem Augenblick, wo die Entwicklung einsetzt, ist das sich Entwickelnde ein Selbständiges, vom Erzeuger Abgelöstes, das die Formalursache seines Wirkens in sich selbst hat. Aus seinem Wesen heraus bewegt sich das Kind, gibt seinen Bedürfnissen Ausdruck, empfängt seine ersten Eindrücke usw. Aber der Entwicklungsgang, der es über den jeweils erreichten Stand immer wieder hinausführt und eine Seinsgrundlage für neues Wirken in ihm erstehen läßt, empfängt Richtung und Antrieb durch etwas, was es nicht ist, sondern erst werden soll. Wenn das Ziel die Entwicklung bewirkt und wenn nur ein Wirkliches wirken kann, so muß dem Ziel Wirklichkeit zukommen, ehe es von dem, was sich auf das Ziel hin entwickelt, erreicht und dadurch „verwirklicht" wird. Ist dieses wirkende Ziel die reine Form, die Wesensform oder gar noch ein Drittes ? Es scheint Schwierigkeiten zu machen, der reinen Form Wirklichkeit zuzusprechen: es wurde ja gesagt, daß ihr Sein über dem Gegensatz von Wirklichkeit und Möglichkeit steht. Außerdem wurde früher gezeigt, daß nicht nur das Naturwirkliche, sondern auch die „Schöpfungen" der Kunst einer reinen Form als ihrem Urbild nachgestaltet werden. Die reine Form scheint davon unberührt zu bleiben, ob überhaupt etwas ihr nachgebildet wird und ob es ein Wirkliches ist oder ein „Scheinwirkliches". Das wirkliche Geschehen liegt auf seiten dessen, das sich dem Ziel nähert — sei es durch natürliche Entwicklung, sei es durch das Tun des Künstlers. Aber wenn sich auch an der reinen Form durch diese oder jene „Verwirklichung" nichts ändert, so ist sie doch offenbar an dem Geschehen hier und dort nicht unbeteiligt. Die *Idee* leuchtet dem Künstler auf, zieht ihn an, läßt ihm keine Ruhe und drängt ihn zum Schaffen. Und so scheint auch von dem, was als Ziel und Vollendung über dem Lebewesen steht, ein „Zug" auszugehen, der seine Entwicklung lenkt. Beim reifen Menschen, ja schon vom Erwachen der Vernunft an, kann dieser Zug gespürt werden: das Bild dessen, was man werden soll, kann mehr oder minder deutlich erfaßt und das freie Verhalten danach gerichtet werden (in Vollkommenheitsstreben und Selbsterziehung). Aber alle untermenschliche Entwicklung, die frühe Entwicklung des Menschen und wohl auch der größere Teil seiner späteren Entwicklung geht nicht in der Form des bewußten und vernünftigen Strebens nach einem erkannten Ziel vor sich, sondern nach einer — vom Standpunkt des Lebewesens aus — unwillkürlichen und verborgenen Zweckmäßigkeit. Und selbst wo ein bewußtes Streben nach einem erkannten Ziel vorliegt, tritt dieses Streben in den Dienst einer nicht erst dadurch gesetzten, sondern schon unabhängig davon vorhandenen und nur jetzt aus der Verborgenheit ans Licht geholten, dem frei Tätigen ursprünglich innewohnenden Zielstrebigkeit. Es liegt *im* Künstler *von Natur aus*, daß er schaffen muß und welcher Art die „Entwürfe" sind, die er sich zu eigen machen kann. Darum sind es bestimmte *Ideen*, die ihn „anziehen" und die er verwirklichen kann. Wenn er sie verwirklicht, dann werden nicht nur die entsprechenden Werke wirklich, sondern sein eigenes Wesen verwirklicht sich, er selbst gelangt zu einer höheren Stufe der Seinsvollendung. Andererseits: greift er mit seinem Streben nach etwas, was ihm seiner Natur nach versagt ist, so mißlingt nicht nur das Werk, sondern er selbst wird zum Zerrbild seiner selbst. Der Doppelsinn des „er selbst", der hier zu Tage tritt, ist mit dem Gegensatz von *reiner Form* und *Wesensform* nicht ausreichend zu kennzeichnen. Das erste „er selbst" meint den Menschen, wie er tatsächlich ist, mit dem an ihm ausgewirkten Wesen. Das zweite kann im Sinn der *reinen Form* verstanden werden, der der Mensch, wie er tatsächlich ist, nicht entspricht. Aber das genügt nicht. Der Mensch, der sein Ziel erreicht, wird damit nicht zur *reinen Form*, sondern zu ihrem vollkommenen Abbild. Und den „Keim" dazu trägt er in sich, mag er das Ziel erreichen oder nicht. Seine ἐντελέχεια — jetzt als Ziel*gestalt*, nicht als *Seins*vollendung verstanden[227] — ist von Anbeginn seines Seins an *in* ihm wirksam, aber sie ist nicht das allein Wirksame, und darum kann es sein, daß ihre formende Kraft sich nicht voll auswirken kann. Es muß also von der reinen Form, die *über* der Entwicklung als Leitbild steht, das *in* der Entwicklung selbst wirksame, sie in der Richtung auf das Ziel bestimmende lebendige Gesetz unterschieden werden. Es ist hier daran zu erinnern, daß nach früheren Feststellungen bei einem Seienden, dessen Sein ein Entwicklungsgang ist, das Wesen selbst einer Veränderung unterliegt[228]. Was wir eben das *ausgewirkte Wesen* nannten, das ist vor und nach einer solchen Veränderung nicht dasselbe. Aber beides ist begründet in etwas Tieferem, den

---

[227] Vgl. S. 211 f.   [228] Vgl. Kap. III, § 4 (S. 73).

ganzen Entwicklungsgang Bestimmendem und dem Ziel Entgegenführendem: und das ist es, was wir die *Wesensform* genannt haben. Ihr wohnt die zielgerichtete Kraft inne, der es das *ausgewirkte Wesen* verdankt, wenn es dem Ziel entspricht. Sind danach die reinen Formen als keiner Ursächlichkeit fähig, als unwirklich und unwirksam anzusehen? So scheint es, wenn man sie als reine Sinn-Einheiten nimmt, als in sich geschlossene, frei schwebende Wesenheiten oder Washeiten. Diese Betrachtung erweist sich aber als unzulänglich, sobald wir nach dem Verhältnis der reinen Formen zu den wirklichen Dingen und ihren Wesensformen fragen. Wenn die Dinge als *Abbilder* der reinen Formen erscheinen und diese als *Urbilder*, auf deren Verwirklichung die Wesensformen hinwirken, so ist es nicht gut möglich, an eine „zufällige" Übereinstimmung zweier an sich völlig getrennter Welten zu denken. Beide weisen ihrem Ursprung nach auf dieselbe Urwirklichkeit hin, von der aus ihr Zusammenhang verständlich wird. Einbezogen in die Einheit des göttlichen Logos werden die reinen Formen zu den Urbildern der Dinge im göttlichen Geist[229], der die Dinge mit der ihnen eingeschriebenen Zielgestalt ins Dasein setzt. So kann von einem Sein der Dinge in Gott gesprochen werden, und der hl. *Thomas* nennt dieses ihr Sein in Gott ein wahreres Sein als das Sein, das sie in sich selbst haben[230]. Die Ursächlichkeit der ewigen Urbilder ist die erschaffende, erhaltende und ordnende Wirksamkeit Gottes, ihre Wirklichkeit die göttliche Wirklichkeit oder Überwirklichkeit. (Thomas nennt ihr Sein ein potentielles, aber doch „höher . . . als das aktuelle Sein der Dinge in sich selbst, weil die aktive Potenz vollkommener ist als der Akt, der ihre Wirkung ist"[231].)

Wenn *Aristoteles* von der Bewegung in der Welt auf einen ersten Urheber der Bewegung schließt und ihm ein rein geistiges Sein zuschreibt, so ist diese Ursächlichkeit wohl als eine Zielursächlichkeit zu denken, durch die alles, was im Werden ist, in die Richtung auf das eine höchste Ziel gelenkt wird. Durch die urbildlichen Formen hätten wir nun das göttliche Wesen nicht nur als Beweger des Weltganzen, sondern als mit jedem Geschaffenen in besonderer Verbindung stehend zu denken. Zwischen urbildlicher Form und Wesensform muß ein eigentümlicher, sehr starker und naher Zusammenhang bestehen. Das Unbefriedigende an der platonischen und an der aristotelischen Formenlehre scheint mir darauf zu beruhen, daß hier die eine und dort die andere einseitig berücksichtigt wird. Und beides sehe ich

---

[229] Vgl. Kap. III, § 12.
[230] De veritate q 4 a 6 (Untersuchungen über die Wahrheit 1 124f.).
[231] De veritate q 4 a 6 ad 3 (a. a. O. S. 125).

darin begründet, daß *Aristoteles* und *Plato* der Gedanke der Schöpfung und ihrer Fortsetzung in der göttlichen Erhaltung und Leitung der geschaffenen Welt fremd war.

4. Form und Stoff im aristotelischen Weltbild und in dem unseren

Ich suche nun das Weltbild des Aristoteles und das Weltbild, wie es sich für uns auf Grund der philosophischen Betrachtung des endlichen Seienden und der Schöpfungslehre unseres Glaubens ergibt, kurz zusammenfassend gegenüberzustellen. Für *Aristoteles* ist die Welt ein wohlgeordnetes Ganzes, aus einer Mannigfaltigkeit geformter Gebilde bestehend, von Ewigkeit her und in alle Ewigkeit in Bewegung gehalten durch die erste Ursache der Bewegung, die selbst unbewegt ist. In dieser Weise wird das Denken durch seinen Gegenstand und das Begehren und Wollen durch sein Ziel in Bewegung gesetzt. Was Ursache ist, muß wirklich sein; was den Willen bewegt, muß etwas Gutes sein, was aber alles in Bewegung setzt, das letzte Ziel und das höchste Gut. Als Unbewegtes muß es in ewig-unwandelbarem Sein beharren: als Geist, dessen Sein das Denken seiner selbst und ewige Seligkeit ist. Ihm ist die Ordnung des Weltalls zuzuschreiben, durch die alles in bestimmten Beziehungen steht und ein jedes Ding in der Richtung auf ein ihm bestimmtes Ziel gelenkt wird[232]. Ihm ist auch die Einheit von Form und Stoff in den Dingen zu verdanken[233]. Der Stoff ist von Ewigkeit her und unerschaffen, aber als ungeformter ist er nur der Möglichkeit nach; sein wirkliches Sein in einem wirklichen Ding verdankt er der Form und letztlich der ersten Ursache, durch die alles *wird*, d. h. von der Möglichkeit zur Wirklichkeit geführt wird. Es will mir nun scheinen, daß der Vorwurf, den Aristoteles gegen alle seine Vorgänger erhebt[234] — sie vermöchten nicht zu zeigen, wie Stoff und Form zusammenkommen —, auch ihn selbst trifft. Eine Stelle, deren Deutung viel Schwierigkeiten gemacht hat und auch heute nicht feststeht, läßt sich vielleicht mit dieser Frage in Verbindung bringen. „Die Zweckursache ist ... sowohl Grund *für* etwas als *von* etwas, und davon ist das eine schon vorhanden, das andere noch nicht"[235]. *Lasson* gibt die Deutung: „Das, *wofür* der Zweck Grund ist, ist ein Bewegtes, z. B. der Kranke; das, *wovon* der Zweck Grund ist, ist ein Nichtbewegtes, z. B. die Gesundheit"[236]. Das ist

---

[232] Met. Λ 7, 1072 a 21 ff.   [233] Met. Λ 10, 1075 b 35.
[234] Met. Λ 10, 1075 b 35.   [235] Met. Λ 10, 1072 b 2/3.
[236] *Lasson*, Aristoteles' Metaphysik S. 172.

offenbar so zu verstehen, daß der Kranke gesund wird und nicht die Gesundheit wird. Auf das Entstehen übertragen heißt das, daß ein Mensch wird, aber nicht das Menschsein. Es ist aber schon gesagt worden, daß das „Unbewegte" nicht dieser Mensch ist und auch nicht das Menschsein dieses Menschen, sondern das, was der Name „Mensch" ausdrückt. Im Hinblick auf die *reine Form*, die *göttliche Idee* des Menschen als Maß und Ziel ist es durchaus sinnvoll, zu sagen, daß dieser Mensch mehr oder weniger „Mensch sei" als jener oder daß er mehr und mehr „Mensch werde".

Die Annahme eines ungewordenen und unvergänglichen Urstoffs stützt sich auf die Voraussetzung, daß aus Nichts nichts werden könne und daß etwas, was ist, nicht zu Nichts werden könne. Beides entfällt mit der Anerkennung eines unendlichen Seienden, in dessen Macht es steht, etwas aus dem Nichts ins Dasein zu rufen oder Seiendes zu vernichten. Die Schwierigkeit, wie der Stoff zur Form gelange und der geformte Stoff zum wirklichen Dasein, löst sich, wenn es keinen Stoff gibt, der vor und unabhängig von dem schöpferischen „Werde!" ein — wenn auch nur mögliches — Dasein hätte. Und die Frage, wie ein nur „Mögliches" wirklich werde, findet ihre Antwort, wenn Form und Stoff und Dasein durch das eine „Werde!" geschaffen werden.

Die Gebilde, die als „geformter Stoff" in Anspruch zu nehmen sind — Stoff im Sinn des Raumfüllenden als solchen verstanden —, stellen nicht die Gesamtheit alles Geschaffenen dar, sondern nur die *äußere Natur*. Ob es Geschöpfe gibt, die als *reine Formen* in einem neuen Sinn zu bezeichnen wären — nicht im Sinn urbildlicher Wesenheiten oder Washeiten, sondern wirklicher Wesen, die ohne einen raumfüllenden Stoff zur Vollendung kämen —, das haben wir noch nicht in nähere Erwägung gezogen. Vorläufig bleibt innerhalb des engeren Gebietes des Räumlich-Stofflichen noch das Verhältnis von Stoff und Form zu klären.

5. Verhältnis von Form und Stoff im „ursprünglichen" und im „gefallenen" Zustand

Was ins Dasein gesetzt wird, ist ein *Etwas*, dessen *Sein* Gestaltung eines Stoffes zu einem geschlossenen Gebilde ist. *Was* es ist, das ist in Gestaltung begriffener Stoff und stoffgestaltende Form: keines ohne das andere. Kann man eines von beiden als das Ursprünglichere bezeichnen? Zeitlich auf der niedersten Stufe des stofflichen Seins sicher nicht[237]. Aber seinsmäßig wird man der Form einen Vorrang

---

[237] Bei den Gebilden höherer Stufe geht der bereits geformte Stoff zeitlich der weiteren Formung voraus.

einräumen müssen. Das ist für die beiden möglichen Weisen der Stoffgestaltung: innerlich freie und äußerlich massenbeschwerte, getrennt zu erwägen. Wo eine Form sich frei in den Raum hinein gestaltet, da wird die stoffliche Fülle nicht als ein von ihr Vorgefundenes gestaltet, sondern aus ihr heraus geboren. So wie der denkende Geist das Wort gestaltet, in dem seine lebendige Denkbewegung gar nicht möglich ist ohne solches Gestaltwerden (es ist dabei noch nicht an die Wortlaute zu denken, sondern an die dadurch kundgegebenen Sinngebilde), wirkt sich die Form in der stofflichen Fülle als ihrem miterschaffenen und restlos gefügigen Gestaltungsmittel aus. Darum können wir mit dem hl. *Thomas* sagen, daß der Stoff um der Form willen sei. Weil aber der Stoff *mit-erschaffen* ist, darum werden wir ihm mit *Duns Scotus*[238] ein eigenes Sein zugestehen müssen: kein selbständiges und kein vollwirkliches, aber jenes eigentümliche, das am Aufbau des selbständigen wirklichen Anteil hat. Seine Bestimmtheit ist die Bestimmbarkeit. So sind stoffgestaltende Wesensformen nicht denkbar ohne durch sie gestaltete stoffliche Fülle. Eine solche Form ist *lebendig*: d. h. ihr Sein ist Bewegung aus sich selbst heraus; und *kraft*begabt: d. h. zu bestimmt geartetem Wirken fähig. Der Zusammenhang von *Form* und, in gewissem Sinne, schöpferischer *Kraft* leuchtet hier auf: *Wesensformen sind als solche gestaltungskräftig.* Von hier aus versteht man es, daß die Form als das eigentlich Seiende bezeichnet wird, dem der Stoff sein Sein verdankt, und daß man schwanken kann, ob man nicht sie allein und nicht erst das Ganze οὐσία oder Substanz nennen solle. Die Entscheidung für das Zweite wird dadurch nahegelegt, daß sie wesenhaft stoffgestaltend und darum niemals ohne Stoff ist. Form und Stoff sind ganz eigentlich ins Dasein gesetzt, ihr Sein ist Selbstauswirkung der Form in räumlicher Fülle, Geformtwerden des Stoffes und Selbstausgestaltung zum geformten Ganzen; in diesem Ganzen ist die Form das *Tragende* in einem eigentümlich erfüllten und wurzelhaften Sinn des Wortes. Wenn das Ganze als das Tragende bezeichnet wurde im Verhältnis zu dem, was zu seinem Wesensbestand gehört, so ist die Form das, was dieses Ganze von innen her trägt. Und wenn die stoffliche Eigenart in dem Ganzen das Grundlegende genannt wurde gegenüber allem, wodurch sie sich nach außen kundgibt und betätigt, so ist wiederum die stoffgestaltende Form letztlich grundlegend. Ist sie es nicht auch, durch die das Ganze sich *zum* Ganzen beschließt, sich zum „Gebilde", zur abgegrenzten Einheit gestaltet und damit der Leerform des Dinges einfügt? Nach dem,

---

[238] Vgl. Kap. VII, § 5, 6.

was früher über die verschiedenen Grundarten der Raumerfüllung gesagt wurde, scheint es, daß nicht allen Formen diese Kraft zur Selbstabschließung eigen ist[239]. Es wird also nötig sein, die verschiedenartigen Formen auf die Besonderheit ihrer Stoffgestaltung hin zu betrachten. Zuvor aber muß noch erwogen werden, wie die Gestaltung zu denken ist, wenn es sich um massenbeschwerten Stoff handelt. Wir haben die atomistische Auffassung kennen gelernt, die sich die pure Masse in letzte unteilbare Einheiten zerlegt und diese Einheiten wieder in mannigfacher Weise zusammengefaßt denkt. Es wurde gesagt, daß solche Teilung und Zusammenfassung nur als das Werk von *Kräften* möglich sei, die der Masse als solcher nicht eigen sind. Wem sind sie dann eigen? „Freie Kräfte", d. h. Kräfte ohne ein Etwas, dem sie eigen wären, sind ja etwas Undenkbares. Es ist hier daran zu erinnern, daß die pure Masse nicht als etwas Ursprüngliches zu denken ist, sondern als Ergebnis des Zerfalls einer ursprünglichen Einheit. Der aus lebendigen Formen heraus geborene und gestaltete Stoff wird zur puren Masse, wenn er aus der Wesenseinheit mit den ihn gestaltenden Formen heraus- und dem Raum anheimfällt. Wie solcher „Fall" möglich ist, das lassen wir hier dahingestellt[240]. Wäre er bis an sein Ende gelangt, d. h. die Einheit von Form und Stoff restlos gelöst, die Form ihrer stoffgestaltenden Kraft beraubt, der Stoff völlig zur nicht mehr gestaltbaren Masse geworden, dann wäre keine *Natur*, keine raum-dingliche Welt mehr möglich. So ist es tatsächlich nicht. Die Masse bleibt der Gestaltung unterworfen, und die Formen haben etwas von der Kraft zur Stoffgestaltung bewahrt, aber es ist eine äußere Bewältigung eines ihnen „entglittenen" und nicht mehr genau angemessenen Stoffes. Das ist nicht so zu verstehen, als wäre zu einem Zeitpunkt die pure Masse als solche — völlig gestaltlos — vorhanden und wäre dann der Formung durch eine hinzutretende Form unterworfen. Was uns erfahrungsmäßig begegnet, ist schon auf der untersten Stufe geformter Stoff; aber die Formen sind nicht mehr solche, die den ihnen geeinten und wesensgemäßen Stoff frei und ungehemmt beherrschen und gestalten, sondern sind an die raum-verhaftete Masse gebunden und nur noch imstande, sie in einer ihrer Eigenart entsprechenden Weise zu ordnen.

---

[239] Vgl. Kap. IV, § 3, 14.

[240] In theologischer Einstellung könnte man ihn mit dem Sündenfall in Verbindung bringen, den „gefallenen" Zustand der äußeren Natur als ein gewaltiges Sinnbild für den gefallenen Zustand des Menschen deuten. Ich möchte aber ausdrücklich bemerken, daß es keine dogmatische Erklärung dieses Inhalts gibt, wenn auch viele Schriftstellen eine solche Auffassung nahelegen.

So ergibt sich die Möglichkeit der Elemente als einer Mannigfaltigkeit von Stoffen, die in verschiedener Weise den Raum erfüllen und dieser Eigenart entsprechend sich sinnenfällig offenbaren.

6. Formen von verschiedener Gestaltungskraft.
Erste Stufe: stoffgestaltende Formen

Stoffe im Sinne von Elementen, Mischungen oder Verbindungen begegnen uns in „Stücken" oder „Mengen": ein Stück Gold, eine Wassermenge. Der Unterschied hängt mit der früher behandelten Eigentümlichkeit der Grundarten der Raumerfüllung zusammen: nur festen Stoffen ist es eigen, sich als geschlossene Einheit dingförmig abzugrenzen, Flüssiges und Gasförmiges bedarf zur abschließenden Umgrenzung eines „Gefäßes" oder einer beherrschenden, ihnen nicht innerlich eigenen Kraft. Aber auch die „Stücke" verdanken zumeist ihre tatsächliche Umrißgestalt nicht allein der Gestaltungskraft der die stoffliche Eigenart bestimmenden Form. Größe und Gestalt der äußeren Raumumgrenzung sind wohl „von innen her", d. h. durch die stoffliche Eigenart, mitbestimmt, vorwiegend aber bedingt durch äußere Einwirkungen, denen die Stoffe im Naturzusammenhang ausgesetzt sind. Sie erscheinen darum als etwas „Zufälliges", d. h. nicht im Wesen Begründetes, und das Wesen eines solchen Dinges erscheint gleichbedeutend mit seiner letzten Artbestimmtheit. Dürfen wir demnach sagen, daß den stoffgestaltenden Formen auf dieser Stufe die Kraft zur Gestaltung eigengesetzlicher, ihrem Wesen entsprechend abgegrenzter Gebilde fehle? Als allgemeines Gesetz läßt sich das jedenfalls nicht aussprechen, da es stoffliche Gebilde gibt, die rein von innen her eigengesetzlich ausgeformt sind: die *Kristalle.* Sie erscheinen wie Grenzgebilde zwischen den Gebieten der „toten Stoffe" und der „Lebewesen". Wenn wir es als Eigentümlichkeit der Lebewesen ansehen, daß sie sich von innen heraus nach einem eigenen Gesetz *gestalten*, mit Hilfe der Ernährung bis zu einem natürlichen Vollmaß *wachsen*[241], sich in der ausgebildeten Gestalt mit wechselndem Stoff *erhalten*, sich *fortpflanzen*, d. h. andere Lebenseinheiten ihrer Art hervorbringen, und schließlich *sterben*, so kann der Kristall ganz ähnliche Erscheinungen aufweisen: er „wächst" nach einem inneren Gestaltungsgesetz; wenn er in seiner Bildung gestört wird, so zerfällt er in zwei Kristalle von gleichem Aufbau und scheint sich damit wie eine Amöbe durch Teilung „fortzupflanzen". Allerdings handelt es

---

[241] Bei Pflanzen ist das Gesetz des Maßes ein etwas anderes als bei Tieren und Menschen.

sich nicht um echtes Wachstum, denn der Kristall lagert nur bereits vorhandene Teilchen desselben Stoffes an, während beim lebendigen Wachstum fremde Stoffe umgewandelt und nach demselben Bildungsgesetz gestaltet werden. Und daß auch keine echte Fortpflanzung vorliegt, dafür ist entscheidend, daß Kristalle nicht nur und auch nicht in der Regel durch Teilung entstehen, sondern zumeist aus unkristallisierten Lösungen, während Lebewesen nur aus Lebewesen hervorgehen und niemals aus totem Stoff[242]. Es kann also keinem Zweifel unterliegen, welchem Gebiete die Kristalle angehören. Soll nun die Kraft zu solcher letzten Ausgestaltung von innen her nur vereinzelten Stoffen zugeschrieben werden ? Hedwig *Conrad-Martius* nennt die „Kristallität" den „natürlichen Zustand der Materie"[243]. Das darf wohl in dem Sinn gedeutet werden, daß in jedem Stoff die Richtkräfte liegen, die zu kristallischer Gestaltung führen können. Aber wie es nicht für jeden Stoff „natürlich" ist, in den festen Zustand überzugehen, obwohl er durch besondere Bedingungen dazu gebracht werden kann, so ist es auch nur bestimmten Stoffen eigen, sich „natürlicherweise" bis zur Kristallgestalt auszuformen, und es ist für die Gestaltung des *Kosmos* wesentlich, daß nicht alle Stoffe dahin gelangen. Andererseits ist für die Gestaltungskraft der Formen dieses Gebietes festzuhalten, daß sie an sich dazu ausreichen, Dinge von eigengesetzlicher Geschlossenheit des Aufbaus zu bilden. Die Gesamtgestalt der äußeren Natur aber ist das Ergebnis des Zusammenwirkens mannigfacher stoffgestaltender Formkräfte und verlangt von den beteiligten Stoffen verschiedene Stufen der Ausgestaltung. Der Kristall stellt die höchste erreichbare Stufe dar: das Gebilde von höchster Selbständigkeit und Eigengesetzlichkeit, das den größten Anspruch hat, als οὐσία anerkannt zu werden. Er veranschaulicht den Grundsatz, den der hl. *Thomas* häufig in seinen Schriften ausgesprochen hat: daß jedes Seinsgebiet mit seiner höchsten Stufe bereits an das nächsthöhere heranreiche[244]. An ihm können wir erkennen, bis zu welcher Grenze die Gestaltungskraft jener Formen

---

[242] *Aristoteles* und viele andere haben eine solche wesenhaft unmögliche „Urzeugung" angenommen.

[243] Die „Seele" der Pflanze, Breslau 1934, S. 58. (Diesem Buch sind die Angaben über die lebensähnlichen Erscheinungen bei der Kristallbildung entnommen.)

[244] „Immer findet es sich, daß die tiefste Stufe der höheren Gattung die oberste der niederen Gattung berührt . . ., darum sagt auch der selige *Dionysius* (De divinis nominibus Kap. 7), *die göttliche Weisheit verbinde das Letzte im höheren Seinsbereich mit dem Ersten im niederen*" (Summa contra gentiles II, 68).

reicht, deren Aufgabe die Verwirklichung reiner Stoffwasheiten ist. Nicht alle Formen dieses Gebiets wirken sich bis zur äußersten Grenze ihrer Leistungsfähigkeit aus: sie gestalten keine von innen heraus umgrenzten *Gebilde*, sondern nur *Stoffe* schlechthin, die dann erst unter Einwirkung von außen zu Gebilden werden oder zum Aufbau geschlossener Gebilde beitragen (z. B. das Wasser, das durch die einfassenden Gestade zum See gestaltet wird). Die Stoffe sind *Stoff* im doppelten Sinn: als Raumfüllendes und als das, was weitere Formung zuläßt, Formung durch das Naturgeschehen oder durch menschliches Schaffen.

7. Reine Form und Wesensform der Stoffgebilde. Ihre Sinnbildlichkeit. Wesen als „Geheimnis"

Jedes Gebilde wie jeder Stoff ist Verkörperung einer Washeit, einer *reinen Form*. Die Verwirklichung wird geleistet durch die Wesensformen. Es ist möglich, daß eine reine Form (z. B. die einer Landschaft) eine Mannigfaltigkeit von Stoffen und damit auch von Wesensformen zu ihrer Verwirklichung fordert. Der Unterschied ist aber auch für die einfachen Stoffe festzuhalten.

Das Gold, das es in der Welt gibt, ist als dieser sogeartete Stoff geschaffen worden; es hat im Lauf der Jahrtausende mancherlei „Schicksale" erfahren: z. T. ist es noch gar nicht aufgefunden und nur den Einwirkungen des Naturgeschehens ausgesetzt; z. T. ist es von Menschen entdeckt, verarbeitet und den verschiedensten Zwecken dienstbar gemacht worden. Was aber der Name „Gold" besagt und was in all diesen „Stücken Gold" oder „Dingen aus Gold" verwirklicht ist, das ist nicht geschaffen worden — jedenfalls nicht im selben Sinne wie das „wirkliche" Gold — und hat auch keine Schicksale erfahren. Es war, ehe die Welt wurde, und wird fortbestehen, wenn die Welt mit allem Gold, was darin ist, untergeht. Das ist es, was wir die *Wesenheit* oder die *reine Form Gold* nennen. Alles Gold, das wir kennen, ist „Gold", nur weil und soweit es dieser reinen Form entspricht. Wir gelangen zur Kenntnis der reinen Form nur durch das Gold, das uns in der Erfahrung begegnet. Aber wir gelangen an der Hand der Erfahrung über sie selbst hinaus zu etwas, was uns nun zum Maßstab für die Dinge der Erfahrung wird. Das „wirkliche" Gold ist mehr oder weniger „reines" Gold. Das besagt zunächst, daß es mit anderen Stoffen gemischt sein und darum sein eigenes Wesen nicht ungehemmt entfalten kann. Aber auch ungemischtes Gold braucht nicht in reinem Goldglanz zu strahlen; ja wir werden sogar sagen müssen, daß kein irdisches Gold die reine Wesenheit vollkommen verwirklicht: wir können uns viel strahlenderes, viel „goldigeres" Gold denken als alles Gold, das wir kennen — aber keines, das an Vollkommenheit die *reine Form* übertreffen würde, denn in ihr ist die höchste Vollkommenheit beschlossen, sie ist das *Ideal*, d. h. die „Grenze", der sich alles wirkliche Gold sowie auch unsere *Idee* des Goldes zu nähern sucht.

Die Dinge bleiben also mit ihrem ausgewirkten Wesen hinter der entsprechenden *reinen Form* zurück. Und doch verdanken sie ihr ganzes Sein der reinen Form. Wir stehen vor der Rätselfrage des „Teilhabens der Dinge an den Ideen". *Aristoteles* hat diese Schwierigkeit lösen wollen, indem er die Ideen (als *reine Formen* verstanden) ganz wegstrich. Aber wir haben gesehen, welche neuen Schwierigkeiten daraus entstehen. Die Dinge sind, was sie sind, auf Grund der in ihnen wirkenden Wesensform. Die Wesensform gestaltet sie zum Abbild der reinen Form. Können wir den Stoff dafür verantwortlich machen, daß sie hinter der reinen Form zurückbleiben? In der Welt, wie sie ursprünglich geschaffen ist, müßte der Stoff einer reinen Verwirklichung der Formen dienen, er wäre ja dann rein durch die Wesensform und ihr gemäß gestaltet. Nur im Zustand des „Falls", als aus der ursprünglichen Einheit gelöster, kann er die reine Ausgestaltung hemmen.

Rein philosophisch ist der „gefallene" Zustand nur als eine mögliche Abwandlung der Natur zu begreifen. Die theologische Lehre vom Sündenfall gibt uns einen Anhaltspunkt, diesen tatsächlichen Zustand der Welt mit dem Abfall der Menschen von Gott in Verbindung zu bringen und die Verkehrung in der ursprünglichen Ordnung der menschlichen Natur in der ganzen irdischen Welt wiederzufinden.

Wir sprachen früher davon, daß alles Geschaffene sein Urbild im göttlichen Logos hat[245]. Als ein Abbild des göttlichen Wesens, das einen Strahl der göttlichen Herrlichkeit widerspiegeln soll, haben wir alles endliche Seiende anzusehen. Es ist aus Gott heraus — und in sich selbst hineingestellt: mit eigenem Wesen und selbständigem Dasein begabt (οὐσία = Substanz). Sein Wesen ist durchaus bestimmt durch das göttliche Wesen, muß aber in mehrfachem Sinn hinter dem göttlichen Wesen zurückbleiben: es kann in seiner Endlichkeit dessen unendliche Fülle nicht in sich fassen, und es kann nicht nur dem Umfang, sondern auch dem Grad nach die göttliche Vollkommenheit nicht erreichen. Sein Seinsanteil (Wesen und Dasein) ist ihm zugemes-

---

[245] Kap. III, § 12.

sen, während es für das göttliche Sein kein Maß gibt (auch nicht in der Einschränkung des göttlichen Seins zum Urbild eines endlichen Seienden). Darüber hinaus gibt es aber noch ein Zurückbleiben der wirklichen Dinge hinter dem ihnen erreichbaren Höchstmaß. Und *dieses* Zurückbleiben ist nur begreiflich durch den *status naturae lapsae*, durch die Entartung aller Dinge im Zustand der gefallenen Natur. So ist auch der Glanz des „Goldes verdunkelt" worden[246]. Es ist dadurch in die Wesensbestimmtheit der Dinge selbst ein Bruch hineingekommen. Sie sind immer noch Spiegel der göttlichen Vollkommenheit, aber zerbrochener Spiegel. Es besteht in ihnen ein Zwiespalt zwischen dem, was sie eigentlich sein sollten, und dem, was sie tatsächlich sind; und ebenso ein Zwiespalt zwischen dem, was sie an sich werden könnten, und dem, was tatsächlich aus ihnen wird. Das letztere betrifft nicht mehr bloß die einzelnen Stoffe in ihrer Artbestimmtheit, sondern den Zusammenhang des Naturgeschehens und die Stoffe in ihrer Eigenschaft als *Stoff* zu menschlichen Werken. Wir haben ja gesehen, daß sie Möglichkeiten in sich tragen, die nur durch äußere Einwirkungen verwirklicht werden können: ihre äußere Beschaffenheit wird bestimmt durch das, was mit ihnen geschieht. Wir dürfen annehmen, daß in der ursprünglichen Ordnung alles Naturgeschehen den Dingen zu einer vollen Entfaltung ihres Wesens und damit zu einer reinen Wiedergabe ihres göttlichen Urbildes verhelfen sollte; daß die in sie gelegten Kräfte der vollkommenen Gestaltung jedes einzelnen und des ganzen *Kosmos* angemessen und dienstbar waren und nicht als „rohe Kräfte" sinnlos oder zerstörend wirken konnten. Und so sollte auch das „Schaffen" des Menschen dazu dienen, die Gottebenbildlichkeit der Natur mehr und mehr herauszuarbeiten. Jedes *Werk* sollte nicht nur *nützlich* (d. h. den Zwecken des Menschen dienstbar), sondern auch *schön* (d. h. ein Spiegel des Ewigen) sein. Durch den Fluch über die Schöpfung sind nun die Elemente nicht bloß „entartet", sondern auch in Aufruhr gegeneinander, sodaß das Naturgeschehen zu einer wechselseitigen Hemmung ihrer Wesensentfaltung führen und „zerstörend" wirken kann. Und wenn der Mensch „im Schweiß seines Angesichtes sein Brot essen" muß, so liegt das nicht nur an der Erde, die ihm Disteln und Dornen trägt und erst nach harter Mühe gute Früchte hervorbringt, sondern an dem Widerstand aller *Stoffe*, an die er die arbeitende Hand legt.

So geben uns Erbsünde und Strafzustand der Schöpfung einen Schlüssel zum Verständnis des Gegensatzes zwischen ausgewirktem

---

[246] Thren. 4, 1.

Wesen und reiner Form. Wir müssen aber auch das Verhältnis beider in der ursprünglichen Ordnung noch etwas näher erwägen. Das wird uns im Verständnis dessen, was *Wesen* besagt, noch etwas weiterführen. Wir sagten vorhin, das Wesen der Dinge sei durchaus bestimmt durch das göttliche Wesen. Wir versuchten die *reine Form* als *Urbild* der Dinge in Gott zu verstehen. Aber das göttliche Wesen ist uns ja in diesem Leben unzugänglich: wir können es nicht nur seiner Unendlichkeit wegen nicht „begreifen", d. h. als Ganzes umfassen — wir können es überhaupt nicht anschauen, nicht „hineinschauen" und darum auch nicht die Urbilder der Dinge darin vorfinden. Das ist der große Einwand, der von *scholastischer* Seite immer wieder gegen die *phänomenologische Wesenserkenntnis* erhoben worden ist: man sah darin den vermessenen Anspruch, schon in diesem Leben der *visio beatifica* teilhaftig zu sein. Vielleicht ist schon aus den Ausführungen dieses und des vorausgehenden Kapitels klar geworden, daß es sich darum nicht handelt. Aber das bisher Gesagte bedarf doch noch einer Ergänzung, wenn Glaubenswahrheit und philosophische Erkenntnis nicht ohne Zusammenhang und unausgeglichen nebeneinander stehen bleiben sollen.

Wir kommen zum *Wesen* als der festen und dauernden, von äußeren Einflüssen unabhängigen inneren Wasbestimmtheit der Dinge rein durch die Betrachtung des endlichen Seienden, dem wir in der natürlich erfahrbaren Welt begegnen, ohne Zuhilfenahme von Glaubenswahrheiten oder gar besonderer übernatürlicher Erleuchtung. Und wir kommen noch darüber hinaus: die tatsächliche Wasbestimmtheit der Dinge weist über sich selbst hinaus auf das, *was* sie sein sollten und könnten, auf ihr Urbild, das Maß und Richt*schnur* für sie bedeutet. Die Rätsel, die uns Sein und Erkennbarkeit dieser Urbilder, reinen Formen oder Wesenheiten aufgeben — wir fassen sie und fassen sie doch eigentlich nicht, sondern nähern uns ihnen nur an; und doch können wir sie nicht abweisen, weil wir nur mit ihrer Hilfe erfassen, was wir überhaupt von den Dingen erfassen —, veranlassen uns, die Antwort, die uns eine Philosophie aus rein natürlicher Erkenntnis schuldig bleibt, auf einem anderen Gebiet zu suchen: in den Glaubenswahrheiten und der theologischen Lehrüberlieferung. Der göttliche Logos, durch den und nach dem alles geschaffen ist, bietet sich uns als das urbildliche Seiende, das alle endlichen Urbilder in sich befaßt. Sie werden dadurch für uns nicht begreiflicher, aber der Grund ihrer Unbegreiflichkeit leuchtet auf: sie sind von dem Schleier des Geheimnisses umhüllt, der alles Göttliche vor uns verbirgt und doch in gewissen Umrißlinien andeutet Und dieser Schleier fällt nun auch auf die innere Wesensbestimmtheit der Dinge, die zunächst als etwas so Klares und Nüchternes erscheint und ja tatsächlich das eigentlich „Begreifliche" für uns ist, d. h. das, was wir mit unseren Begriffen zu fassen suchen. Die Naturwissenschaft bestimmt das Gold nach seiner Farbe, seiner Härte, seinem spezifischen Gewicht, nach seinem Verhalten zu anderen Stoffen usw. Wenn wir versuchen, sein Wesen zu fassen, so werden wir Farbe, Glanz, die Fähigkeit, sich hämmern zu lassen und mancherlei Gestalten anzunehmen, und noch anderes mehr als „wesentlich" oder „im Wesen begründet" ansehen. Aber das Wesen läßt sich nicht in solche Einzelzüge auflösen oder aus ihnen zusammensetzen. Es ist ein Einheitliches und Ganzes und ist mehr als die Summe aller Einzelzüge, die wir entdecken können, und in dieser Einheit und Ganzheit schließlich nur noch mit Namen zu nennen. Und es schließt etwas in sich, was sich überhaupt nicht als „stoffliche Eigenschaft" fassen läßt. Wir haben ja *Stoff* (in einem Sinn des Wortes) als Gattungsnamen für das genommen, was den Raum erfüllt, sich darin ausbreitet und darbietet und auswirkt[247]. Aber das Wesen der stofflichen Dinge erschöpft sich nicht in ihrem räumlichen Sein. Warum werden aus Gold Kronen und Schmuck gefertigt? Doch nicht nur, weil es selten und darum kostbar ist, sondern weil es dazu „paßt", weil sein Glanz etwas von königlicher Herrlichkeit an sich hat. Und warum nennt man einen Menschen „treu wie Gold"? Weil Gold beständig ist und nicht leicht durch äußere Einflüsse angegriffen wird — gewiß. Aber es handelt sich doch nicht um eine bloße äußere Ähnlichkeit. Die bildlichen Redewendungen unserer Sprache bringen einen inneren Zusammenhang zwischen den verschiedenen Gattungen des Seienden zum Ausdruck und darüber hinaus den Zusammenhang mit dem göttlichen Urbild. Es gehört zum Wesen alles Endlichen, *Sinnbild* zu sein, und zum Wesen alles Stofflichen und Räumlichen, *Gleichnis* von Geistigem zu sein. Das ist sein geheimer Sinn und sein verborgenes Inneres[248]. Eben das, was es zum Gleichnis des

---

[247] Der andere Sinn von *Stoff* ist: das Gestaltungsfähige als solches. Der räumliche Stoff ist auch Stoff in diesem zweiten Sinn. Aber das Gestaltungsfähige als solches braucht nicht räumlich zu sein.

[248] In der „Realontologie" und der Abhandlung über die *Farben* (Festschrift zu Husserls 70. Geburtstag, Halle 1929) hat H. *Conrad-Martius* einen Anfang mit der Aufdeckung solcher Zusammenhänge gemacht. Sie bilden auch den Antrieb für die philosophischen Bemühungen Gertrud *Kuznitzkys*. (Vgl. „Naturerlebnis und Wirklichkeitsbewußtsein", Breslau 1919; „Natur als reine Erscheinung", in Archiv f. d. ges. Psychologie Bd. 50, H. 3/4, 1925; „Die Seinssymbolik des Schönen und die Kunst", Berlin 1932.)

Geistigen macht, macht es zum Sinnbild des Ewigen, weil Gott Geist ist und das endliche Geistige näherstehendes Sinnbild als das Stoffliche.

So trägt jedes Ding mit seinem Wesen sein Geheimnis in sich und weist gerade dadurch über sich selbst hinaus. Wie die Flüchtigkeit und Hinfälligkeit des endlichen *Seins* uns die Notwendigkeit eines ewigen Seins enthüllt, so die Unvollkommenheit aller endlichen *Wesen* die Notwendigkeit eines unendlich vollkommenen Wesens.

8. Zweite Stufe: Lebewesen. Leib — Seele — Geist als Grundformen wirklichen Seins

Ein neues Gebiet stofflichen Seins liegt in dem vor, was wir *Lebewesen* nennen. Das Eigentümliche gegenüber dem niederen Gebiet der sogenannten *toten* Dinge wurde schon nach mancher Richtung — im Gegensatz zu den Kristallen — gekennzeichnet: es besteht hier die Möglichkeit, fremde Stoffe umzuformen und sich einzugestalten oder „einzuverleiben" und neue Gebilde der eigenen Art aus sich herauszusetzen. Die Formen, denen solche höhere Gestaltungskraft eigen ist, werden von *Aristoteles* und der *Scholastik* als *Seele* bezeichnet, und das Stoffgebilde, das von einer solchen Form gestaltet wird, ist als *Leib* anzusprechen.

Die Ausdrücke *Seele* und *Leib* erhalten in den verschiedenen Bereichen des „Lebendigen" eine verschiedene inhaltliche Erfüllung. Darüber hinaus aber bezeichnen sie verschiedene *Grundformen wirklichen Seins*, denen als dritte die des *Geistes* an die Seite zu stellen ist. „Das leibliche Sein ist wesenhaft das, worin eine Entität sich selber in gleichsam ‚ausgeborener‘, d. h. zu faktischer Entfaltung gelangter und sich hierin mit sich selbst beschließender und umgrenzender Gestalt besitzt — einer Gestalt, in der sie ruhend endgültig darstellt und offenbart, was sie ist ... Das seelische Sein ist das verborgene ‚Leben‘ oder die verborgene Quelle, aus der heraus eine solche Entität zur Leibhaftigkeit zu gelangen vermag... Im geistigen Sein aber vermag eine also substantiierte und leibhaft gewordene Entität wiederum in selbstloser und unfixierter Form aus sich herauszugehen, sich rein und frei vom beschwerenden und umgrenzenden Selbst anderem „hinzugeben" und an ihm teilzunehmen"[249]. Diese drei Grundformen grenzen drei verschiedene *Reiche* wirklichen Seins ab, aber nicht in ausschließender Weise, sondern so, daß „die Einzelgestaltungen *innerhalb* dieser Reiche selbst wieder unter der Ge-

---

[249] H. *Conrad-Martius*, Realontologie S. 93.

staltungsherrschaft dieser drei Kategorien stehen", nur jeweils bestimmt und modifiziert durch die Hauptkategorie. „Das Reich der Leiblichkeit ist das der ‚Natur‘ oder ... das ‚irdische‘ Reich im prägnanten Sinne ... Das Reich des Geistes ist das Reich des Überirdischen, das Reich der Seele das des Unterirdischen ..."; das letzte ist „die Dimension des noch unoffenbaren Lebens ..., das als solches zur Entfaltung, zur Leiblichkeit ... drängt. Das Überirdische aber ist das Reich der durch und durch aktuellen und damit in der Herrlichkeit der vollkommenen Selbstlosigkeit (bei höchstmöglicher Fülle und Wesenhaftigkeit!), Unbeschwertheit und Lichthaftigkeit stehenden Entfaltung"[250].

Wenn auf der Stufe der *toten* Dinge noch nicht von wahrer Leibhaftigkeit gesprochen werden kann, so hat das zwei Gründe: 1. daß die Gestalt dieser Dinge nicht reine Auswirkung ihrer eigenen Wesensform ist, sondern weitgehend äußerlich bedingt und in diesem Sinn „zufällig", 2. weil in der „gefallenen" Natur die stoffliche Fülle nicht in lebendiger Einheit mit der Wesensform, sondern der Herrschaft der Form nur äußerlich unterworfen ist. Eben darum kann von *toter* Natur gesprochen werden. Was gibt uns aber ein Recht, bei den sogenannten *Lebewesen* von *Leib*, *Leben* und *Seele* zu sprechen, da sie doch mit dem Stoff, aus dem sie sich aufbauen, dessen *tote Natur* in sich aufnehmen? Von einem *Leib* kann hier gesprochen werden, weil das in sich geschlossene Gebilde von der Wesensform als Ausdruck ihres eigenen Selbst gestaltet ist, wenn auch aus einem Stoff, der sich der Gestaltung widersetzen, die Reinheit des „Ausdrucks" trüben und zum Zerfall des Gebildes führen kann. Die Wesensform selbst ist als *Seele* in Anspruch zu nehmen, weil sie ein „Verborgenes" ist, das nach Gestaltung und Offenbarung in leibhafter Fülle drängt. Und diese Gestaltung von innen nach außen ist *Leben*, freilich ein dem Tode unterworfenes Leben.

9. Die Pflanzenseele

In dem umgrenzten Sinn hat schon die *Pflanze* Seele und Leib. Hedwig *Conrad-Martius* nennt die Pflanzenseele eine „gestaltende Seele"[251]. Sie wird von der Tier- und Menschenseele dadurch abge-

---

[250] a. a. O. S. 94. Innerhalb des rein stofflichen Seins haben die drei Reiche ihr Symbol in den Zuständen des Festen, Flüssigen und Gasförmigen. (Vgl. a. a. O. S. 97.)

[251] Im Gegensatz zu der empfindenden Seele des Tieres (vgl. besonders das 2. Kap. des Buches über die Seele der Pflanze).

grenzt, daß ihr Sein sich im „Gestalten" erschöpft, daß alle ihre Leistungen diesem Zweck dienen, während bei den Seelen der anderen Lebewesen diese Aufgabe nur eine unter anderen ist. Wenn wir unter *Seele* die einem Lebewesen innewohnende Wesensform verstehen, so ist es jeder Seele als solcher eigen, daß sie die Kraft zu eigentümlicher Stoffgestaltung in sich trägt: in jener der Formkraft der bloßen Stoffgebilde überlegenen Weise, die ihr die Umformung fremder Stoffe möglich macht. Es ist die eigentümliche Seinsweise der Lebewesen, sich *fortschreitend von innen heraus* mit Hilfe der aufgenommenen Stoffe aufzubauen und zu gestalten: die eigentümliche Seinsweise, die wir *Leben* nennen. Freilich ist es kein wahres und volles Leben, weil es nicht von Grund aus und ohne Einschränkung Gestaltung von innen heraus, d. h. aus der Form heraus ist. Die Form ist wohl „lebendig", sofern sie gestaltungskräftig ist, aber sie ist gebunden an einen Stoff, in dem sie sich nicht völlig frei auswirken kann. Ihre Lebendigkeit ist kraftvoller und freier als die der *toten Dinge*, nicht nur, weil schon der ihr ursprünglich zu Gebote stehende Stoff von innen her zum Ganzen gestaltet ist, sondern weil sie auf diesen Stoff nicht beschränkt ist, vielmehr sich von „außen" — d. h. von dem, was jenseits der Grenzen dieses Ganzen und damit ihres ursprünglichen Gestaltungsbereichs liegt — Stoff aneignen, in dieses Ganze einbeziehen und es mit seiner Hilfe ausgestalten kann. Aber diese Stoffbeherrschung ist nicht unbegrenzt. Von der Eigengesetzlichkeit der „fremden" Stoffe hängt es ab, in welchem Maß das ausgestaltete Ganze Verwirklichung der Form ist.

10. Die Entwicklung der Lebewesen

Die Verwirklichung ist eine *fortschreitende*, es gehört zur Eigentümlichkeit der Lebewesen, nicht „fertig" ins Dasein zu treten. In gewissem Sinn kann man das allerdings für alles Irdische in Anspruch nehmen. Alles irdische Wirkliche, die gesamte sichtbare Schöpfung ist ein Reich des *Werdens*. Jedes schon gestaltete Ding trägt noch Möglichkeiten in sich, die der Verwirklichung harren. Das gilt auch von den noch nicht dinglich geschlossenen Stoffen. Wir wissen nicht, was unter dem *Chaos* zu verstehen ist, das uns als Anfangszustand der geschaffenen Welt genannt wird. Wir können es uns als ein „Durcheinander", eine Vermengung aller Elemente denken, in der es den einzelnen noch nicht möglich gewesen wäre, sich ihrer Eigentümlichkeit entsprechend zu entfalten. Es bedurfte eines „Anstoßes der Bewegung", um zu jenem geordneten Spiel der Kräfte zu gelangen, das wir Kausalgeschehen nennen. Die Erschaffung der Stoffe und der Anstoß der Bewegung sind nicht zeitlich getrennt zu denken, und nicht eine zwischen beiden Zeitpunkten liegende Strecke als Dauer des „Tohuwabohu". Die Stoffe können ja nur als formdurchwirkte ins Dasein treten, also in Gestaltung begriffen und ihrer Form gemäß nach außen wirkend; und so gehört zu ihrem Dasein auch die Bewegung, durch die sie sich trennen oder auch verbinden, jedenfalls aber zu einer solchen Scheidung und in eine solche Ordnung gelangen, daß sie sich als *Gebilde* entfalten können: die festen Körper als in sich geschlossene und fest umgrenzte Raumgestalten, die flüssigen und gasförmigen Körper durch die festen abgegrenzt oder sie umspielend. Es darf wohl auch angenommen werden, daß nach der ursprünglichen Ordnung der Schöpfung die Bewegung und wechselseitige Beeinflussung der Stoffe ihnen dazu helfen sollte, sich in der ihnen eigentümlichen Weise zu gestalten und zu entfalten und durch ihre ganze äußere Erscheinung jene Sprache zu sprechen, die von dem Ewigen kündet: eine Sprache, die sich nicht in Worte übersetzen läßt, deren Sinn nicht in Begriffe zu fassen ist, die aber sich immer noch eindringlich aus dem Ragen der Berge, dem Wogen des Meeres, dem Brausen des Sturmes und dem leisen Lufthauch vernehmen läßt. Daß das Naturgeschehen vielfach zu Hemmungen und Störungen, ja zur Zerstörung von Gebilden führt, das läßt sich also im Zustand der gefallenen Natur begründet ansehen; es blickt aber die ursprüngliche Ordnung immer noch durch: die Welt ist immer noch Kosmos und nicht Chaos.

Es gibt also Entstehen und Vergehen, Veränderung und Umwandlung schon in der *toten* Natur. Das *Werden* des Lebendigen hebt sich aber davon eigentümlich ab. Ein bloßes Stoffgebilde (starr, wie es als massenbeschwertes ist) würde so, wie es ist, unverändert beharren, wenn es keine äußere Einwirkung erführe. Eben darum heißt es „tot". Was lebt, dem ist es gegeben, sich von innen heraus zu bewegen und zu gestalten. Solches Leben tritt als Pflanzenleben zu Tage von dem Augenblick an, wo der Same zu keimen beginnt. Der „Werdegang" des Gebildes ist eine Entwicklung auf ein bestimmtes Ziel hin: die vollentfaltete Gestalt mit allem, was dazu gehört — bis zur reifen Frucht. Dieser Werdegang hat selbst eine ganz bestimmte *Gestalt*: keine Raumgestalt, eher noch eine „Zeitgestalt", weil es sich um ein bestimmt geartetes Fortschreiten handelt. Es ist aber doch auch in gewisser Weise der Raum daran beteiligt, weil es ein fortschreitendes Sichhineingestalten in den Raum ist und eine fortschreitende Umbildung der Raumgestalt. Im Verhältnis dazu möchte man die *toten Dinge* fertig nennen. Es gibt bei ihnen ein beharrendes Sein, und wir können bei ihnen von dem sprechen, was sie *sind*, von ihrer Wesensbestimmtheit als dem Wesen, das sie *haben* und in ihrer äußeren Erscheinung wie in ihrem Wirken und Leiden kundgeben. Bei den Lebewesen ist die Wesensbestimmtheit vielmehr das, was ihnen vorschreibt, was sie *werden* sollen, und was sie sich fortschreitend *aneignen*. Zugleich *haben* sie doch aber auf jeder Entwicklungsstufe schon ein eigentümliches Wesen und eine darin begründete äußere Erscheinung und Betätigung: wir stoßen hier wieder auf das, was schon früher festgestellt wurde: bei den Lebewesen ist das Wesen selbst ein fortschreitend sich wandelndes, in der jeweils entwickelten Wesensbestimmtheit ist das *Vermögen* (als *Möglichkeit* und als *Kraft*) zum Fortschreiten begründet. Zur Verwirklichung dieser Möglichkeit bedarf es jeweils der nötigen Aufbaustoffe. Hedwig *Conrad-Martius* hat hervorgehoben, daß die Pflanze durch ihre Verwurzelung im Boden und ihr Hineinreichen in Luft und Licht in das „hineingetaucht sei", was sie brauche[252]. Sie hat es nicht nötig, sich ihre Nahrung zu suchen, und bedarf daher weder der freien Ortsbewegung noch der Empfindung, um ihre Aufgabe zu erfüllen: anorganische Stoffe aufzunehmen und in organische zu verwandeln. Andererseits muß sie mit dem auskommen, was sie an ihrem Standort vorfindet, und davon hängt nun der tatsächliche Gang ihrer Entwicklung ab: das, was von dem, was sie werden soll, wirklich wird. Wir stoßen hier wieder auf den Gegensatz der *reinen Form* — der *Idee* der Pflanze oder der bestimmten Pflanzenart, die „über" dem Entwicklungsgang steht, der *Wesensform*, die in der einzelnen Pflanze wirksam ist, und dem sich wandelnden *ausgewirkten Wesen*, das der reinen Form mehr oder weniger entspricht. Bei den rein stofflichen Gebilden können wir keinen von der Wesensform getrennten, selbständigen Stoff finden, auf den sich die Mängel des ganzen Gebildes, wie es tatsächlich ist, zurückführen ließen. Es müssen zur Erklärung die äußeren Umstände mit herangezogen werden — neben dem Grundübel: der *Entartung* aller Stoffe nach dem Fall, dem Herausfallen der *Masse* aus der inneren Einheit mit ihrer Wesensform. Bei den Lebewesen dagegen haben wir eine stoffüberlegene Formkraft gegenüber einem fremden Stoff; es wird hier in der Tat ein vorgefundener Stoff von Grund aus umgeformt: in einen anderen Stoff verwandelt, belebt und in die Gestalteinheit des Leibes eingefügt. (Die „bildende Kunst" ahmt in ihrer Weise diese Formungsarbeit der *lebendigen Form* oder *Seele* nach.) Die Pflanzenseele ist, obwohl stoffüberlegen, doch noch durchaus stoffgebunden.

---

[252] Die „Seele" der Pflanze S. 44.

Ihr Sein erschöpft sich in der Stoffgestaltung. Für sie ist der Name *innere Form* oder *Form des Leibes* besonders angemessen. Sie ist in höherem Maße *Form*, d. h. gestaltungskräftig, als die stofflichen Formen, und ist nur Form des Leibes und nichts weiter, während die Tier- und Menschenseele darüber hinaus Wesensgrundlage eines „inneren" Lebens sind. Wenn eine Pflanze ein unvollkommenes Abbild ihrer *Idee* — der Idee der Pflanze und der Idee der Rose oder Eiche — ist, ein verkümmertes oder verkrüppeltes „Exemplar", so können hier neben den „äußeren Umständen" (ungeschützter Standort, Einflüsse der Witterung) auch mangelhafte Aufbaustoffe als Ursachen in Betracht kommen.

11. Form, Stoff und Wesen. Einheit der Wesensform. Form und Akt

Nachdem das Verhältnis von Form und Stoff zu einiger Klarheit gebracht ist, kann noch einmal die Frage aufgegriffen werden, wie *Form* und *Wesen* zueinander stehen. Wir fanden bei *Aristoteles* ein gewisses Schwanken, ob die Form allein als Wesen anzusprechen sei oder das Ganze aus Form und Stoff — dort nämlich, wo eine solche „Zusammensetzung"[253] vorliegt. Es werden ja bei Aristoteles und *Thomas* dreierlei *Substanzen* (οὐσία = selbständiges und selbsteigenes Wirkliches) unterschieden: das erste Seiende (Gott), einfache Substanzen (reine Geister) und zusammengesetzte Substanzen (Stoffdinge und Lebewesen: Pflanzen, Tiere und Menschen)[254]. Von den letzten sagt der hl. Thomas: „In den zusammengesetzten Substanzen also sind Form und Stoff, wie bekannt, z. B. beim Menschen Seele und Leib. Man kann aber nicht sagen, daß eins von ihnen für sich allein Wesen *(essentia)* genannt werden könne. Denn daß der Stoff allein kein Wesen ist, ist klar: denn ein Ding ist durch sein Wesen erkennbar und in Art und Gattung eingeordnet; der Stoff aber ist weder Erkenntnisprinzip noch wird nach ihm etwas seiner Gattung oder Art nach bestimmt, sondern nach dem, wodurch etwas wirklich ist *(quo aliquid actu est)*. Doch auch die Form für sich allein kann nicht das Wesen der zusammengesetzten Substanz genannt werden, obwohl einige dies zu behaupten versuchen. Aus dem Gesagten geht hervor, daß das Wesen das ist, was durch die Definition der Sache bezeichnet wird: die Definition der natürlichen Substanzen aber um-

---

[253] So wie sich uns die Einheit von Form und Stoff dargestellt hat, erscheint der Ausdruck „Zusammensetzung" wenig glücklich.

[254] De ente et essentia (Ausgabe *Roland-Gosselin* S. 5).

234

faßt nicht nur die Form, sondern auch den Stoff ... es ist also klar, daß das Wesen Stoff und Form umfaßt"[255].

Um diese Stelle recht zu verstehen, müssen wir daran denken, daß Thomas unter *Stoff* nicht ein bestimmtes Wirkliches versteht, sondern den unbestimmten Stoff, der für sich allein nicht wirklich sein kann[256]. Der geformte Stoff hat seine eigene Wesensbestimmtheit und ist durch sie in Gattung und Art eingeordnet. Er stellt die niederste Stufe des Wirklichen dar. Auf dieser Stufe sehen wir Stoff und Form als im wirklichen Sein untrennbar an, aber als sachlich unterschieden. Um die Frage zu beantworten, ob von einem Form und Stoff umfassenden Wesen zu sprechen sei, müssen wir uns vor Augen halten, was unter Wesen zu verstehen sei. Thomas hat soeben das Wesen als das bestimmt, wodurch das Ding erkennbar und in Gattung und Art eingeordnet ist. Das ist das, was sich begrifflich fassen läßt und was wir früher als *allgemeines Wesen* bezeichnet haben. Stofflichkeit als räumliche Fülle gehört zur Gattungsbestimmtheit der Dinge, die hier in Frage stehen, und die besondere Eigentümlichkeit der Raumerfüllung zu ihrer Artbestimmtheit. Beides ist also als zu ihrem *allgemeinen Wesen* gehörig anzusehen. Wir sprachen aber außerdem vom *individuellen Wesen*, das dem Einzelding eigen ist und es zu dem macht, was es ist. Das allgemeine Wesen ist nicht etwas neben und außerhalb des Individuellen Bestehendes, sondern das, was *in* ihm allgemein faßbar ist. Beim *individuellen Wesen* kann man nun wieder an Verschiedenes denken. Was *letztlich* das Ding zu dem Bestimmten macht, was es ist, das ist seine Wesensform. Weil aber die Wesensformen der sogenannten *zusammengesetzten Substanzen* sich notwendig in stofflicher Fülle auswirken, so gehört diese ihre stoffliche Fülle zu dem, was sie sind, und ihre Stoffbestimmtheit ist als Teil ihres individuellen Wesens anzusehen. Um den Unterschied zwischen der Wesensform und dem durch sie bestimmten Wesensganzen deutlich zu machen, haben wir dieses als das „ausgewirkte Wesen" bezeichnet. Der Unterschied ist schon bei den bloßen Stoffdingen aufzuzeigen, er tritt aber noch deutlicher hervor bei den Lebewesen, weil die Wesensform sich hier fremder, zunächst von ihr getrennter Stoffe bemächtigt. Diesem Gebiet hat der hl. *Thomas* auch sein Beispiel für Form und Stoff

---

[255] De ente et essentia (a. a. O. S. 7).

[256] Seine Auffassung des Urstoffes unterscheidet sich von der des *Aristoteles* dadurch, daß er ihn als geschaffen ansieht. Aber er sieht ihn mit Aristoteles als etwas an, das *in* den körperlichen Dingen als von ihrer Form unterschiedener Bestandteil enthalten ist, das die Möglichkeit zu allen Formen in sich trägt und darum wechselnde Formen in sich aufnehmen kann.

entnommen: Seele und Leib des Menschen. Wir bleiben noch auf der niederen Stufe stehen, um nicht die neuen Fragen hineinzuziehen, die durch das Wesen des Menschen als solchen nahegelegt werden, und setzen dafür *Seele* und *Leib* der Pflanze. Streng genommen sind allerdings nicht Seele und *Leib* trennbar, sondern nur Seele und *Körper*. Denn unter *Leib* verstehen wir den beseelten Körper; ein Körper, in dem kein Leben und somit keine Seele, die ihm Leben gibt, ist, verdient den Namen *Leib* nicht mehr. Das Leben ist das Sein des Lebewesens, und wo kein Leben ist, da „ist" auch kein Lebewesen. Die Seele formt den *Organismus*, in dem jeder Teil als *Glied* oder *Organ* in das Gesamtleben einbezogen ist. Die Trennung von Stoff und Form ist hier so deutlich, weil etwas Stoffliches da ist, ehe das Leben sich regt und die lebendige Formung von innen beginnt; ebenso bleibt etwas Stoffliches zurück, wenn das Leben, das darin war, aufhört. Eben darum sagen wir, daß ein bereits geformter Stoff neu geformt werde, daß in ihm das Leben „sich zu regen beginne" und wieder daraus entschwinde, wenn der Organismus „absterbe". Wir können von „demselben Ding" sprechen, das erst lebendig und dann tot ist. In diesem Sinne nennt es der hl. Thomas eine Äquivokation, wenn man von „Auge" oder „Ohr" des Toten spreche[257]. Das heißt nichts anderes, als daß der Körper nicht mehr Leib ist, wenn ihn die Seele verlassen hat. Aber der Körper, der vorher Leib war, ist noch da. Der Tod als der Übergang vom lebendigen zum toten Dasein ist keine Veränderung, wie es die Veränderungen des Lebewesens und die Veränderungen des toten Körpers sind. Bis zum Augenblick des Todes ist es das Lebewesen, das alle Veränderungen durchmacht und in diesem Geschehen lebt. Von diesem Augenblick an ist das Lebewesen nicht mehr da, sondern an seiner Stelle etwas anderes. Freilich nicht so, als wäre ein Ding fortgetragen und ein anderes an die Stelle gelegt worden (eins, das ihm zum Verwechseln gleicht). Es hat vielmehr eine *Verwandlung* stattgefunden: was vorher Lebewesen war, ist jetzt totes Ding.

Die Auffassung dieser Vorgänge hängt mit der Frage der Einheit der Wesensform in einem Lebewesen zusammen: der Einheit, die der hl. Thomas so entschieden gegen die Mehrzahl seiner Zeitgenossen verfochten hat. Die Wesensform *(forma substantialis)* ist das, wodurch etwas ein selbständiges und selbsteigenes Sein *(esse substantiale)* hat. „Damit etwas die Wesensform eines anderen sein könne, ist zweierlei erforderlich: das eine ist, daß die Form der Grund des

---

[257] De anima a 1.

selbständigen und selbsteigenen Seins *(principium essendi substantialiter)* für das sein muß, dessen Form sie ist; ich meine aber nicht den bewirkenden Seinsgrund *(principium effectivum)*, sondern den formalen, wodurch etwas ein Seiendes ist und genannt wird. Daraus folgt das andere: daß nämlich Form und Stoff zusammen *ein* Sein haben *(conveniant in uno esse)*; für den bewirkenden Seinsgrund und das, dem es das Sein gibt, trifft das nicht zu; und das ist das Sein, in dem das zusammengesetzte Seiende als selbständiges und selbsteigenes ist *(in quo subsistit substantia composita)*; es ist dem Sein nach eines, besteht aber aus Form und Stoff"[258]. In dem Zusammenhang, dem diese Stelle entnommen ist, handelt es sich um die Beweisführung dafür, daß die geistige Seele des Menschen Form des Leibes sein könne. Aber das Gesagte muß für jeden Stoff und jede Form gelten. Nach unserer Auffassung sind die niedersten stofflichen Gebilde eine untrennbare[259] Einheit von Stoff und Form, stoffgestaltende Form oder geformter — d. h. in seiner Eigenart bestimmter — Stoff; ohne diese Bestimmtheit ihres Was wären sie nichts, und damit würde auch ihr Sein zunichte. Ihr Sein ist *eines*, aber eins, das durch Form und Stoff bedingt ist. Der ursprüngliche „bewirkende Seinsgrund", dem sie ihr Sein verdanken, ist die göttliche Schöpfungstat: deren Sein ist ein anderes als das des Geschaffenen. Der Fall, mit dem wir uns gegenwärtig beschäftigen — die Pflanze und ihre Wesensform —, ist schon weniger einfach. Eine Reihe von Stoffen tragen zu ihrem Aufbau bei. Das Ganze ist in eigentlicherem Sinn ein zusammengesetztes Gebilde. Hat jeder Stoff seine eigene Form? Und ist die belebende Form, die wir *Seele* nennen, eine zu den anderen hinzutretende? Oder ist sie es, die dem ganzen Gebilde sein Sein gibt, und ist dieses Sein *eines* für das ganze Gebilde? Die Stoffe, die zum Aufbau des ganzen Gebildes beitragen, hatten eine Form und ein Sein: die Pflanze, die aus einem Keim erwächst, entsteht ja nicht aus nichts, sondern aus dem Keim und aus den Aufbaustoffen, die aus der Luft und dem Boden aufgenommen werden. Das ganze Gebilde aber, das aus diesen „Teilen" erwächst, ist nicht die Summe der Teile, sondern ein neues Gebilde mit einer neuen Form und einem neuen Sein. Dabei ist ein wesentlicher Unterschied zwischen dem Keim und den neu hinzukommenden Aufbaustoffen: der Keim ist der *Anfang* des neuen Gebildes: er ist es, der andere Stoffe „aufnimmt" und in ein neues

---

[258] *Thomas von Aquino*, Summa contra gentiles 2, 68.

[259] „Untrennbar", sofern der Stoff nicht ohne Form und die Form nicht ohne Stoff sein kann; aber nicht so, daß eine Umformung schlechthin ausgeschlossen wäre.

Sein überführt. Das neue und andersartige Sein ist das *Leben* und die Form, die das Leben gibt, ist die *lebendige Form* oder *Seele*. Weil das ganze Gebilde *eines* ist, muß auch das, was ihm Einheit gibt, eines sein. Das, was vor dem Beginn des Lebens vorhanden war, ist nach der Belebung nicht mehr dasselbe, was es vorher war. Das Stoffliche, das vorher war, und das Stoffliche, das nach dem Entschwinden zurückbleibt — sie wären nicht als „dasselbe" erkennbar ohne die Folge von Veränderungen, die während der Dauer des Lebens vor sich gingen und aus dem einen das andere werden ließen. Diese Veränderungen aber haben das Lebendige, nicht den toten Stoff zur Grundlage. Der Körper, der beim Entschwinden des Lebens zurückbleibt, wäre nicht das, was er ist, ohne das Leben, das ihn zu dem, was er nun ist, geformt hat. Das spricht für die Auffassung, daß die Seele nicht nur das Leben gibt — als etwas zu dem bereits vorhandenen, andersartigen Sein Hinzukommendes —, sondern das ganze Sein bestimmt. Das Lebewesen ist auch das, was es als stofflicher Körper ist, dadurch, daß es dieses sogeartete Lebewesen ist. Lebewesen sein heißt sich als lebendiger Körper aufbauen, und darin ist eingeschlossen: sich als stofflicher Körper aufbauen. Ehe das Leben begann, war eine andere Form da: in den fremden Aufbaustoffen eine stoffliche Form; bei den Samen und sonstigen „Anfängen" eines neuen pflanzlichen Lebens haben wir einen merkwürdigen Zwischenzustand — sie sind nicht tot, aber auch noch nicht lebendig; wäre die erste Form geblieben, statt der lebendigen Platz zu machen, so wäre mit dem, was durch sie geformt wurde, ganz anderes geschehen. Und wenn das Leben aufgehört hat, geschieht mit dem Körper, den die Lebensseele gestaltet hat, wiederum ganz anderes, als geschehen würde, wenn er noch lebendig wäre. Der Körper ist geformter Stoff, aber herausgelöst aus der Einheit mit der lebendigen Form, die ihn gestaltet hat. Er ist ein *Ding*, ein Gebilde von geschlossener Einheit, und „wirklich": er wirkt und erfährt Einwirkungen, aber nicht im Sinn seiner ursprünglichen Wesensform. Soll man sagen, daß sein Sein und das, was er ist, nur Nachwirkungen dieser ursprünglich gestaltenden Form sind? Und fehlt es diesem „zurückgelassenen" Sein und Wesen jetzt an einem eigenen *Träger*? Oder tritt eine neue Form — eine rein stoffliche — an die Stelle der lebendigen, die das Gebilde „aus sich entlassen" hat, oder auch eine Mehrheit solcher Formen, wenn der Körper „zerfällt"? Ich lasse diese Frage offen. Eine mögliche Deutung wäre, daß die Formen der Stoffe, die zum Aufbau des lebendigen Leibes beitragen, unter der Herrschaft der lebendigen Wesensform nicht einfach verschwinden, sondern nur außer Kraft treten, und daß sie ihre Stelle wieder einnehmen, sobald die Wesensform, die sie „bindet", sich zurückzieht[260]. Ich wage keine Entscheidung.

Vorausgesetzt ist für die ganze Sachlage jener Stand der Natur, den wir den „gefallenen" nennen. Ein wahrhaft und im vollen Sinn lebendiger Leib wäre gar nicht an „tote" Aufbaustoffe gebunden und darum nicht dem Tode ausgesetzt. Er würde ohne jede Aufnahme fremder Stoffe ganz und gar aus der Seele heraus und ihr angemessen gestaltet. Wo aber eine „tote Natur" Unterbau dessen ist, was wir *Leben* nennen, was aber nur noch ein entferntes Abbild jenes wahren Lebens ist, da gibt es jene Wandlungen vom Tod zum Leben und vom Leben zum Tod. Es erhält sich dabei etwas, was es erlaubt, trotz der Wandlung von „demselben" vorher und nachher zu sprechen: das „Diesda", die Leerform des Dinges, erfüllt von einem Inhalt, der ein Restbestand des ursprünglich gestalteten Gebildes ist. Es gibt auch Stoffeinheiten, bei denen nur einzelne Teile aus dem Lebensganzen entlassen sind: ein dürres Blatt an einem blühenden Zweig, ein abgestorbener Ast an einem grünen Baum — das sind von der lebendigen Form gestaltete Dingteile, die nicht mehr Glieder des Lebewesens, nicht mehr von seinem Leben durchströmt sind.

Der hl. *Thomas* bezeichnet öfters die Form, die dem Ganzen das Sein gibt, als *Akt* und setzt sie mit dem Sein selbst gleich: „. . . es ist nicht unangemessen (zu sagen), daß das Sein, in dem das Zusammengesetzte als Selbständiges und Selbsteigenes ist, dasselbe sei wie die Form, da das Zusammengesetzte nur durch die Form ist und beides getrennt voneinander kein selbständiges Sein hat *(nec seorsum utrumque subsistat)*"[261]. Wenn wir dabei bleiben — wie wir es für sachlich gefordert halten und wie es letztlich auch der Auffassung des hl. Thomas entspricht[262] —, Seiendes und Sein bei allem endlichen Seienden zu trennen, so werden wir die Form nicht als Sein bezeichnen können[263]. Und wenn wir unter *Akt* das wirkliche Sein verstehen, so werden wir demnach auch die Form nicht als *Akt* bezeichnen können, sondern nur als etwas *Aktuelles*, d. h. als das, was in dieser sogearteten Pflanze wirklich und wirksam ist und es macht, daß die Pflanze eine sogeartete und wirkliche ist. Entsprechend müssen die

---

[260] Es ist hier an die virtuelle Erhaltung der Elementarformen in den Verbindungen zu erinnern, von der der hl. Thomas spricht (vgl. S. 193).

[261] Summa contra gentiles 2, 68.

[262] Er unterscheidet ja auch noch bei den *reinen Formen* das, was sie sind, von ihrem Sein (vgl. oben S. 32).

[263] Wir haben früher die aristotelischen Gedankengänge kennen gelernt, die zu einer Gleichsetzung von Form, Akt und Sein führten (vgl. S. 210 ff.).

Stoffe, die zum Aufbau der Pflanze beitragen, als etwas *Potentielles* bezeichnet werden, d. h. etwas, was in sich die Möglichkeit *(passive Potenz)* hat, durch diese Form „belebt" und als Teil oder Glied in die Einheit dieses Pflanzenleibes einbezogen zu werden. Dabei sind noch verschiedene Stufen zu unterscheiden: die Fähigkeit der *anorganischen* Stoffe in *organische* umgewandelt zu werden, und die der organischen Stoffe in die Lebenseinheit des Pflanzenleibes einzugehen und damit neue Wirkungsmöglichkeiten *(aktive Potenzen)* zu erhalten. Das Leben der Pflanze ist eine beständige Verwirklichung von Möglichkeiten. Wenn wir noch einmal an die Bedeutungsverschiedenheit und den Bedeutungszusammenhang der Ausdrücke ἐνέργεια — ἔργον — ἐντελέχεια (Wirklichkeit, Wirksamkeit — Werk — Seinsvollendung)[264] zurückdenken, die alle mit dem einen Wort *Akt* wiedergegeben werden, so werden wir als ἐνέργεια, als wirkliches und wirksames Sein, am treffendsten das Leben selbst bezeichnen, das wirkliche und wirksame Seiende aber — die Wesensform und das in ihrer Kraft wirksame Lebensganze — als ἐνεργείᾳ ὄν; ἔργον = Werk kann einmal das Lebewesen auf der jeweiligen Entwicklungsstufe genannt werden: als das Ergebnis des formenden Wirkens; sodann aber jede seiner *Leistungen*, jede Lebenstätigkeit; ἐντελέχεια, Seinsvollendung ist das Ziel des ganzen Entwicklungsganges; damit wäre einmal die Entwicklungshöhe zu bezeichnen: das Sein des vollentfalteten Lebewesens; andererseits die Zielgestalt, auf die der ganze Werdegang durch die Wesensform gerichtet ist.

Als *Wesen* der lebendigen Stoffgebilde ist nach diesen Ausführungen und in Übereinstimmung mit der angeführten Thomasstelle ihre Form- und Stoffbestimmtheit anzusehen. Denn sie sind das, was sie sind, dadurch, daß bestimmtgeartete Stoffe fortschreitend nach einem eigentümlichen Bildungsgesetz umgeformt werden. So kommen wir auch auf dieser Stufe zu einer Trennung von Wesen und Wesensform (τὸ τί ἦν εἶναι und μορφή).

12. Gattungs- und Artbestimmtheit der Lebewesen. Zeugungsfähigkeit

Zur Wesensbestimmtheit der Lebewesen gehört aber noch mehr als die Zusammensetzung aus Form und Stoff und die Kraft der Form zur Stoffgestaltung oder des ganzen Gebildes zur Selbstgestaltung. Die Lebewesen stellen gegenüber den bloßen Stoffdingen eine neue Gattung des Wirklichen dar. Zu ihrer Gattungsbestimmtheit gehört

---

[264] Vgl. S. 10f. und S. 257.

außer der Zusammengesetztheit aus Form und Stoff die stoffüberlegene Gestaltungskraft der Form. Die Artbestimmtheit ist nicht bloß auf seiten der Form zu suchen wie bei den reinen Stoffgebilden, sondern die Eigentümlichkeit der Form erfordert auch eine entsprechende Artung des Stoffes. Schließlich gehört zur Gattungsbestimmtheit nicht bloß die Kraft zur Selbstgestaltung des Einzelgebildes, sondern die darüber hinausgehende Kraft des Einzelgebildes, *gleichgeartete* Gebilde hervorzubringen. Damit bekommt *Art* einen neuen Sinn: es bezeichnet nicht bloß das, was eine gemeinsame Wesensbestimmtheit hat, sondern zugleich die Gesamtheit dessen, was in einem *Abstammungszusammenhang* steht. Die beiden Bedeutungen von *Art* fallen nicht zusammen. Jedes Lebewesen hat *seine* Artbestimmtheit — die „gleiche" wie alle anderen „seiner Art" — und verdankt sie seiner Zugehörigkeit zu dem „Ganzen", das eine gemeinsame Wesensbestimmtheit hat, weil es in einem Abstammungszusammenhang steht.

Es gehört also zum Wesen des Lebendigen, daß die Formkraft mehr ist als Kraft zur Selbstgestaltung. Es ist seinem gattungsmäßigen Wesen nach zeugungsfähig. Was bedeutet das: „zeugungsfähig"? Wir sagten: fähig, ein Einzelgebilde derselben Art hervorzubringen. Wenn wir das wörtlich nehmen, so heißt es, daß ein neues Lebewesen, ein Gebilde aus Stoff und lebendiger Form, erzeugt werde. Sicher ist, daß ein neues Lebewesen entsteht und daß ein eigentümliches Stoffgebilde von dem erzeugenden Lebewesen geformt und zu eigenem Dasein abgesondert wird. Verdankt aber das Erzeugte dem Erzeugenden auch seine Form und sein Leben? Ein Apfelbaum im Schmuck seiner reifen Früchte ist noch eine Lebenseinheit. Die Früchte sind lebendig, weil sie von seinem Leben durchströmt sind; seiner Formkraft verdanken sie, was sie sind, sie sind noch Glieder des Ganzen. Der abgefallene Apfel beginnt ein Sonderdasein. Und in sich birgt er den lebensfähigen Samen. Wo liegt der Anfang des neuen Lebens?

Aristoteles sieht den Selbstaufbau der Lebewesen durch Ernährung und Wachstum und die Bildung neuer Lebewesen durch Zeugung als eng zusammengehörig an: er erklärt die Zeugung durch das Vorhandensein überschüssiger Aufbaustoffe in dem erzeugenden Lebewesen; dessen Formkraft bildet aus diesem Überschuß, den es ausscheiden muß, den Samen, der das neue Lebewesen potentiell in sich enthält[265]. In ihren Untersuchungen über das Wesen der Pflanze, die im Zusammenhang einer großangelegten Ontologie und in engster Fühlung mit den jüngsten biologischen Forschungen erwachsen sind, kommt Hedwig *Conrad-Martius* zu einem ähnlichen Ergebnis:

---
[265] Vgl. oben S. 204.

„Wachstum und Fortpflanzung ... hängen auf, engste zusammen. Karl Ernst *v. Baer* hat einmal die Fortpflanzung als ‚Wachstum über das individuelle Maß' hinaus bezeichnet. Wir können aber auch umgekehrt sagen: Wachstum ist ‚Fortpflanzung' innerhalb der einen Individualität. Auch Wachstum ist ein ständiges Zeugen und Gestalten der Pflanze oder lebenden Zelle *aus sich selber heraus"*[266]. Wachstum wie Erzeugung sind Auswirkungen dessen, was H. Conrad-Martius als „*das innerste und eigentlichste Wesen des Lebens und alles Lebendigen"* ansieht: der „*Selbsterzeugungspotenz"*[267]. Ihr sichtbarer Ausdruck ist die *Verzweigung* als „Urgestaltungsmoment der Pflanze"[268]. Die „Fortpflanzung" in immer neuen Einzelgebilden ist wie eine Fortsetzung dieses Verzweigungsvorganges. Immerhin wird nicht verkannt, daß „Wachstum und Fortpflanzung in einem gewissen Gegensatz zueinander stehen, insofern sich die Pflanze im Wachstum als *individuelle Ganzheit* forterzeugt, in der Fortpflanzung dagegen *über sich selber hinaus* nur der Erhaltung ihrer *Art* dient"[269]. Dieser Gegensatz findet seinen „*gestaltlich differenzierten Ausdruck"* in der Unterschiedenheit des (assimilierenden, ernährenden und damit dem Wachstum und der Individuation dienenden) *Blätterwerks* und des (der Fortpflanzung dienenden) *Blütenwerks"*. H. Conrad-Martius findet den Gegensatz „von Individuation und Arterhaltung ... innerhalb des vegetativen Organismus relativ unwesentlich, weil die Pflanze ihrem Wesen gemäß überhaupt noch keine geschlossene (geinnerte, zentrierte) Individualität besitzt, sondern eine wesenhaft „*offene"*. Wichtiger ist ihr zur Kennzeichnung des Pflanzenwesens, „daß 1. Wachstum *und* Fortpflanzung innerhalb des pflanzlichen Organismus *aus dem gleichen Wesensgrund* (der — existentiellen — Fähigkeit zur Selbstumfassung und Selbstbegründung) hervorgeht und daß 2. und infolgedessen das Reproduktionsprinzip, die Fortpflanzung, die eigentlichste und wesentlichste (grundlegende) Leistung des pflanzlichen Organismus ist, wie sich in der schließlichen Ausbildung der Blüte und des Blütenstandes als dem „Haupt" der Pflanze deutlichst offenbart"[270].

13. Selbstgestaltung und Fortpflanzung; Einzelwesen und Art; Eigenleben und Wesensform des Einzelwesens

In unserem Zusammenhang ist aber gerade der Unterschied von Wachstum und Fortpflanzung von entscheidender Bedeutung. Ist es

---

[266] H. *Conrad-Martius*, Die „Seele" der Pflanze, Breslau 1934, S. 59.

[267] a. a. O. S. 115.   [268] a. a. O. S. 113.

[269] a. a. O. S. 113.   [270] a. a. O. S. 113.

ein „Zufall", daß der Apfel zur Erde fällt? Könnte an sich auch auf
dem alten Stamm ein neues Bäumchen erwachsen usw.? Man wird
sagen, die neue Pflanze brauche die Nahrungsstoffe aus Boden und
Luft und müsse darum, von der alten abgetrennt, einen ausreichenden
„Lebensraum" haben, um sich entwickeln zu können. Wenn das der
einzige Grund der Abtrennung wäre, dann wäre die junge Pflanze
gar nicht als ein neues „Einzelwesen" anzusehen. Sie wäre wohl ein
lebendiges Stoffgebilde von geschlossener Raumgestalt, aber sie hätte
keine eigene *innere Form*, keine eigene *Seele*. Es wäre dann die
Art als das Ganze aus allen von der einen Form gestalteten Stoffgebilden — mit allen „Abarten", die damit in Abstammungszusammenhang stehen — die eigentliche Lebenseinheit. Sicher ist es wichtig,
die über das Einzelgebilde hinausgreifende, es umfassende wirkliche
Lebenseinheit klar herauszustellen. Es darf darin aber nicht so weit gegangen werden, daß das Einzelgebilde in seinem selbsteigenen Sein
bedroht wird. Das scheint mir nun der Fall zu sein, wenn man die
Grenzlinie zwischen Wachstum und Fortpflanzung — und damit zwischen Einzelwesen und Art — nicht scharf genug zieht. Wenn die
Entstehung eines neuen Lebewesens nichts wesentlich anderes wäre
als die Teilung einer Zelle oder die Verzweigung eines Baumes, dann
wäre sein Sonderdasein nur ein äußerliches und sein Eigenleben nur
ein scheinbares. Dann würde ihm die „Selbstumfassung" und „Selbstbegründung" genommen, in der H. *Conrad-Martius* ja gerade die Seinsgrundlage sowohl für das Wachstum als für die Fortpflanzung sieht.
Wenn man die Fortpflanzung als den alleinigen oder auch nur als den vor-
wiegenden Daseinssinn der Pflanze in Anspruch nimmt, dann kommt
die Entfaltung des Einzelwesens zu einem Gebilde von eigentümlicher
Gestalt nicht zu ihrem Recht. Wenn *Aristoteles* von einem „Stoffüberschuß" spricht, den das Einzelwesen zu seinem Selbstaufbau nicht
braucht und der darum zur Bildung neuer Einzelwesen dienen kann,
so hängt das mit dem zusammen, worum es uns jetzt geht. Von einem
„Überschuß" kann nur die Rede sein, wenn ein bestimmtes Maß vorgesehen ist. Und so ist es in der Tat. H. Conrad-Martius hat selbst in
dem Kapitel über „Aufbau und Formengesetze des Pflanzenreichs"
in aller Klarheit und mit größter Überzeugungskraft herausgearbeitet,
daß es auf die Bildung bestimmter Gestalteinheiten, bestimmter
Formganzheiten ankomme. Gewisse Grundtypen spalten sich in immer neue Arten und Unterarten gleich „einer *Zentralsonne* oder einem
Urbild . . ., das sich in allen besonderen Einzelformen in immer neuer
tatsächlicher Ausführung wiederspiegelt"; und dies zu keinem anderen
Zweck als „*dem einen einzigen des Formenreichtums und Formen-*

überschwangs selber"[271]. Die *Welt* ist ein *Kosmos* solcher „*Ganzheiten*", die „sich zudem miteinander und nacheinander wieder zu höheren Formeinheiten zusammengeschlossen zeigen und so in wunderbar rhythmisch gegliederten Entwicklungsreihen und Prozessen" seit „Anbeginn der Welt" zu „einem ebenso wunderbaren hierarchischen Aufbau von den niedersten Gestaltungen bis zu den höchsten, vom Einzelnsten bis zum Allumfassendsten" geführt haben[272]. Träger dieses Formenreichtums aber sind die Einzelwesen, in denen die Arteigentümlichkeit zu sichtbarer Gestalt wird. Sie müssen das Maß ihrer Artgestalt innehalten, sich in bestimmter Weise abschließen und umgrenzen. Wenn sie darüber hinaus wuchern, so ergeben sich Mißbildungen. Daß sie aber einen Stoffüberschuß aufnehmen können, hängt damit zusammen, daß ihr Daseinssinn sich nicht mit ihrer Selbstgestaltung erschöpft, daß sie etwas darüber hinaus zu leisten haben. Durch die Fortpflanzung dienen sie der Erhaltung der Art, aber auch ihrer Umbildung, der Entstehung neuer Spielarten. Die Art tritt in den Einzelwesen ins Dasein, kommt in ihnen zur Ausprägung, wird in ihnen fort- und umgebildet. Indem jedes über sich selbst und sein eigenes Dasein hinauswirkt, treten sie alle in eine Ursach- und Daseinskette. Aber jedes Glied dieser Kette ist ein in sich gerundetes und begründetes, mit jedem beginnt ein neues Dasein und ein neues Leben. Und dennoch ist jedes zugleich „geöffnet", weil es neue Einzelwesen aus sich heraus entläßt und die Arteigentümlichkeit — umgewandelt oder abgewandelt — weitergibt. Mit dem ersten Einzelwesen einer Art beginnt zugleich das Dasein der Art als der umfassenden Ganzheit, der alle in Abstammungszusammenhang stehenden Einzelwesen als „Glieder" angehören. Sie verwirklicht sich im Nacheinander und Nebeneinander ihrer *Exemplare*.

Nun stellen wir noch einmal die Frage: *hat* jedes Einzelwesen seine eigene Wesensform (nur dann ver‾lient es den Namen Einzel*wesen*) und sein eigenes Leben? Sodann: empfängt es Form und Leben von dem Erzeugenden? Auf die erste Frage antworten wir wie früher: Ja, es trägt seine Form in sich und gestaltet sich von innen heraus nach dem ihm eigenen Bildungsgesetz, und diese Gestaltung, von der ersten Lebensregung bis zur Erreichung der Vollgestalt und darüber hinaus, solange die Gestalt in dauerndem „Stoffwechsel" erhalten wird, ist sein „Leben", das mit seinem „Dasein" gleichbedeutend ist. Das Hervorbringen reifer Früchte ist darin eingeschlossen. Das Einzelwesen hat sein eigenes Leben, das anfängt und endet. Es gibt sich

---

[271] a. a. O. S. 73.   [272] a. a. O. S. 82.

dieses Leben nicht selbst, sondern empfängt es. Wer gibt es ihm? Das ist die zweite Frage. Wenn die reife Frucht zur Lebenseinheit des erzeugenden Einzelwesens gehört, wenn andererseits in dem erzeugten ein neues Leben beginnt, so scheint dazwischen ein Bruch zu liegen. Bei geschlechtlicher Zeugung ist es deutlich, daß das, was das Einzelwesen hervorbringt, noch kein neues Lebewesen ist. Erst das „befruchtete" Ei ist vollendete „Frucht", aber die Frucht ist noch nicht ohne weiteres gleichbedeutend mit dem selbständigen und „lebendigen" Lebewesen. Die Einrichtungen, die bei den verschiedenen Arten von Lebewesen zur „Vorbereitung" des neuen Lebens dienen, sind mannigfach. Überall aber scheint ein Zwischenzustand vorhanden zu sein, in dem die „Frucht" oder der Same wohl lebensfähig und dadurch von allen toten Stoffgebilden unterschieden, aber noch nicht selbständiges Lebewesen ist. In dem vollausgebildeten (befruchteten) Samen ist „die neue Pflanze als ein wahres Miniaturbild enthalten"[273]. D. h. es ist darin vorgezeichnet, zu welcher Gestalt und zu welchen Wirkfähigkeiten sie heranwachsen und sich ausgliedern soll. Nur aus einem Weizenkorn und aus nichts anderem kann eine Weizenpflanze (natürlicherweise) erwachsen, und nur eine Weizenpflanze — nichts anderes — kann auf dem Wege der natürlichen Entwicklung daraus werden. Das unterscheidet das lebensfähige Gebilde wesentlich von dem toten *Stoff* eines Kunstwerkes, etwa von dem Stück Wachs, aus dem vielerlei Gestalten geformt werden können und das andererseits — zur Formung solcher Gestalten — durch einen anderen Stoff ersetzt werden kann. Der Same hat also seine Artbestimmtheit als sein Bildungsgesetz in sich, und das verdankt er seiner „Abstammung". Aber er ist das, was er werden soll, nur der *potentiellen Potenz* nach[274], d. h. er muß erst heranwachsen und sich gestalten, und er muß sich obendrein den Stoff dazu erst erobern[275]. Damit dies aber geschehen könne, muß die Form *lebendige* Form werden. Und dies „Erwachen des Lebens", mit dem erst das Sein des neuen Lebewesens als solchen beginnt, scheint mir ein jedesmal neuer Einsatz zu sein, der sich aus der Zeugung nicht herleiten läßt, obwohl sie ganz und nur darauf hingeordnet ist. Darin sehe ich erst das größte Geheimnis und Wunder des Lebens. Daß Lebendiges nicht aus Totem werden kann, sondern nur aus Lebendigem, daß es

---

[273] H. *Conrad-Martius* a. a. O. S. 70.   [274] H. *Conrad-Martius* a. a. O. S. 112.

[275] Das unterscheidet ihn wesentlich von jenen toten Stoffgebilden, die auch erst in einem allmählichen Gestaltungsvorgang zu ihrer eigentümlichen Gestalt gelangen: den Kristallen. Bei ihrer Bildung wird nur ein vorhandener Stoff in der ihm eigentümlichen Weise geordnet, aber nichts Neues erzeugt.

sich aller willkürlichen „Herstellung" entzieht — das ist schon geeignet, Ehrfurcht vor dem Leben zu erwecken. Daß es aber durch alle „Einrichtungen" der belebten Natur, die darauf abzielen, nicht eigentlich hervorgebracht, sondern nur vorbereitet wird, daß es immer wieder wie aus einem geheimen Urquell aufspringt, das macht es erst zur geheimnisvollen Offenbarung des Herrn alles Lebens. Für die Menschenseele ist es Lehre der Kirche, daß jede einzelne unmittelbar aus der Hand Gottes hervorgehe. Für die tieferstehenden Lebewesen gibt es keine solche Lehrentscheidung. Aber die Ehrfurcht vor der „Heiligkeit des Lebens" als solchen, die zum echten religiösen Sinn gehört[276], scheint mir für den göttlichen Ursprung des Lebens (in einem besonderen, über den des Geschaffenseins hinausgehenden Sinn) zu sprechen.

Demnach haben wir jedes Lebewesen als ein echtes *Einzelwesen* zu betrachten. Es trägt seine Wesensbestimmtheit in sich, und zwar als *lebendige Form*, die zur Entfaltung in seinem Leben drängt, das die eigentümliche Art seines Seins ist. Es ist ihm ein bestimmtes *Maß* des Seins mitgeteilt: das, *was* es werden soll, ist eine nach bestimmten Maßen geordnete Gestalt; und auch das Leben, das zur Ausbildung dieser Gestalt und darüber hinaus zur Vorbereitung der neuen Einzelwesen, der „Erben" der Artbestimmtheit, dienen soll, ist ihm „zugemessen". Es erschöpft sich in diesen Leistungen. Es ist Werkzeug des Schöpfers bei der Verwirklichung der Artformen, und zwar nicht nur in der Weise, in der das auch die toten Stoffgebilde sind, sondern *schöpferisches Werkzeug*, indem es sich selbst (im Wachstum) und seine Nachkommen (in der Fortpflanzung) erzeugt. Aber es bleibt auch im Erschaffen *Geschöpf*: seine „Schöpferkraft" (H. *Conrad-Martius* spricht von „schöpferischer Potenz") ist eine verliehene und bemessene. Indem es in Selbstgestaltung und Fortpflanzung der Ausprägung der Art, ihrer Erhaltung und Fortbildung dient und sich darin aufzehrt, wird es gleichsam zum „Opfer" seiner Lebensaufgabe. H. Conrad-Martius hat wiederholt ausgesprochen, daß in der blumenhaften Blüte das pflanzliche Sein den vollkommensten Ausdruck finde. „. . . *Die Ausbildung der Blumenblüte ist ein höchster und folgerichtiger Formausdruck des eigenen, innersten Wesens der Pflanze.* Als die unendlich sich selber Neuerzeugende und Wiedergebärende schlägt die Pflanze in der Blume gleichsam ihr Auge auf und offenbart in diesem lieblichen Zeichen, *was ihre Seele ist*"[277]. Darin, daß die Blüte, die der

---

[276] Sie kommt zum Ausdruck im Verbot des mosaischen Gesetzes, Blut zu genießen, weil es der Träger des Lebens sei (Lev. 17, 10 ff.).

[277] a. a. O. S. 70.

Fortpflanzung dient, die Bekrönung der ganzen Gestalt ist, sieht sie ein Zeugnis dafür, daß nicht das eigene Selbst, sondern die Erhaltung der Art der hauptsächliche Lebenssinn der Pflanze sei — im Gegensatz zum Tier, bei dem bereits das Eigenwesen den Vorrang hat. „Die tierische Entwicklung verläuft im Sinne einer immer reicheren Ausbildung der Sinnesorgane, Nervenzentren und des Gehirns, d. h. derjenigen Bildungen, die das individuelle, in ein eigenes selbsthaftes Inneres hineingeformte Wesen des Tieres tragen und krönen. Die Gestalt des Tieres vollendet sich deshalb im Kopf, der das Gehirn birgt, während die für die Arterhaltung bestimmten Fortpflanzungsorgane, die Keimdrüsen, in immer tiefere Regionen hinabwandern. Umgekehrt ist bei der Pflanze die blumenhafte *Blüte* Krone und Haupt. Sie ist nur ganz sie selbst, wo sie *über sich selbst* hinaus ihresgleichen fort und fort erzeugt. Mit der samenbergenden Frucht, in der sie sich zugunsten weiterer Selbsterzeugung völlig ihrer selbst *entäußert*, vollendet sich ihre lebendige Leistung"[278].

So schön und erleuchtend diese Wesensbestimmung ist, so sehr auch ich in der Verwirklichung der Artformen die Lebensaufgabe der Pflanze sehe, so scheint es mir wiederum notwendig, die Bedeutung der Selbstgestaltung für diese Aufgabe nicht hinter der Fortpflanzung zu sehr zurücktreten zu lassen. H. Conrad-Martius bietet auch dafür selbst die sachlichen Unterlagen. Sie weist darauf hin, daß Pflanzen mit unscheinbaren Blütchen durch Häufung und geeignete Anordnung dieser Blütchen das Scheingebilde einer großen Einzelblüte zustande bringen (z. B. das Gänseblümchen). Man kann diese Scheinbildungen nicht nur durch Anpassung an die Aufgabe, Insekten zur Bestäubung anzulocken, erklären, weil die „Anähnlichung an eine regelmäßige Einzelblüte in *Form, Farbe, Zeichnung, Bildung eines Scheinkelches weit über das hinausgeht, was für Insekten, entsprechend dem Grad ihrer Wahrnehmungsfähigkeit, überhaupt Sinn haben kann*"[279]. Darum darf man „*wohl sagen, daß in den höheren Pflanzen an und für sich eine innere Formtendenz liegen muß, eine — sagen wir — strahlende und auffallende Blume hervorzubringen*". „Wieder stehen wir mit dieser Tendenz zur Ausbildung einer ausgeprägten und auffallenden Blumenblüte vor der Offenbarung des tiefsten Wesens der Pflanze"[280].

---

[278] a. a. O. S. 71. Die Pflanze, wie sie hier geschildert ist, erscheint mir als vollendetes Sinnbild der „zeitlosen Frau" (d. i. der Mutter), wie sie Gertrud von Le Fort gezeichnet hat (Die Ewige Frau, München 1934, S. 97 ff.).

[279] a. a. O. S. 78.   [280] a. a. O. S. 79.

Dieses Hindrängen der Pflanze zur Bildung einer strahlenden Blumenblüte scheint mir darauf hinzuweisen, daß eine solche Blüte zunächst einmal — und abgesehen von ihrer Bedeutung als Organ der Fortpflanzung — die krönende Vollendung der Einzelgestalt ist, in der sich der das ganze Gebilde durchherrschende „Stil" erst die vollkommene Erscheinungsform schafft. Die Pflanze im Blütenschmuck ist der Höhepunkt der Selbstgestaltung. Daß aber dieser Höhepunkt überschritten wird, daß die Blüten der Fruchtbildung dienen und aus den Früchten die neuen Gebilde erwachsen, das scheint mir allerdings der Hinweis darauf, daß es im pflanzlichen Sein nicht das Einzelleben ist, worauf es letztlich ankommt. Das Einzelleben dient dem Gesamtleben und dient der Herausbildung der Artformen; das Leben als solches aber und die Fülle der Gestalten, die seinem schöpferischen Wirken entspringen, sind Offenbarungen des ewigen Seins, das als letztbegründendes hinter beiden steht. Die Einzelgestalten sind Abwandlungen bestimmter Grundformen; in ihnen „spielt" eine unendliche Schöpferkraft mit einer unendlichen „Ideenfülle". Die Grundformen aber sprechen wieder in immer neuer und immer vollkommenerer Weise das Eigentümliche des pflanzlichen Seins als solchen aus. „So wächst . . . die Pflanze nicht nur in ihre besondere typische Raumgestalt hinein, sondern in die *totale äußere und innere Gestalt,* die ihren gegebenen und immer wieder vererbten artlichen Charakter ausmacht und die *zugleich* bestimmt wird von . . . dem allgemeinen pflanzlichen *Grundwesen* in seiner jeweiligen Entfaltungshöhe und besonderen Differenzierung . . . Jeder besondere Typus steht also vor uns als ein von einer vielheitlichen Gesamtidee beherrschtes und durchformtes, dazu von den gerade gegebenen Verhältnissen und dem verfügbaren Material abhängiges *Kunstwerk.*

Diese komplexe Gesamtidee zieht gleichsam gebietend vor der Pflanze her, bis sie von der sich aus sich selber heraus entwickelnden, sich gestaltenden und wachsenden ganz und gar erfüllt und verwirklicht ist"[281]. Die vor der Pflanze „herziehende Idee" — das ist die *reine Form* oder das *Urbild.* Daß sie in der Pflanzenwelt, wie sie tatsächlich ist, ganz und gar erfüllt und verwirklicht sei, dagegen sprechen die Entwicklungshemmungen und Mißbildungen, an denen es auch hier nicht fehlt: auch die Pflanzenwelt steht unter dem Gesetz der Sünde, obgleich der Paradiescharakter der ursprünglichen

---

[281] H. *Conrad-Martius* a. a. O. S. 80.

Natur hier noch unversehrter erscheint als auf den höheren Seins-
stufen[282]. Es offenbart sich darin — was auch von verschiedenen anderen Seiten her immer wieder sichtbar wird — die Einheit der gesamten geschaffenen Welt.

§ 5. Abschluß der Untersuchungen über Form, Stoff und οὐσία

**1. Zusammenhang der verschiedenen Seinsgebiete. Form — Stoff,
Akt — Potenz in der unbelebten und der belebten Natur**

In der Tat erscheint es mir unmöglich, eine der großen Grundgattungen des Seins ausreichend zu kennzeichnen, ohne ihre Beziehungen
zu den anderen Grundgattungen mit hereinzunehmen — nicht nur
das Gegensätzliche, das zur scharfen Abgrenzung der verschiedenen
Reiche der Natur führt (dieses herrscht bei H. *Conrad-Martius* vor,
weil es ihr vor allem um die scharfe Abgrenzung zu tun ist), sondern
auch die aufweisbaren Zusammenhänge. Es sind Wirkungs- und Sinnzusammenhänge: ein Wirkungszusammenhang ist es, wenn die unbelebte Natur die Stoffe für den Aufbau der Pflanzenwelt bietet und
wenn die Pflanzen — durch ihre Fähigkeit, anorganische in organische
zu verwandeln — die Aufbaustoffe für Tier- und Menschenkörper
vorbereiten. Sinnzusammenhänge sind es, wenn die Grundformen des
Wirklichen (Leib, Seele, Geist) sich im rein Stofflichen (durch die
Grundarten der Raumerfüllung: fester, flüssiger, gasförmiger Zustand) wiederspiegeln; wenn der eigentümliche Gegensatz des pflanzlichen und des tierischen Seins als sichtbares Sinnbild des weiblichen
und des männlichen Seins erscheint oder wenn Einzelwesen und Art-
ganzheit im Pflanzenreich in ihrer Gegensätzlichkeit und in ihrem
Zusammenhang die Gegensätzlichkeit und den Zusammenhang von
Einzelperson und Abstammungsgemeinschaft (Familie, Stamm, Rasse)
im Menschenleben vorbilden.

Das sind nur andeutende Hinweise auf die Zusammenhänge, denen
eine tiefergehende Erforschung der verschiedenen Gattungen des
Seins nachgehen müßte. Das ist hier nicht die Aufgabe. Wir haben
den Aufbau der Lebewesen nur herangezogen, um dadurch zu klären,
was *Stoff* und *Form* bedeuten und was wir unter dem Seienden
zu verstehen haben, das aus beiden zusammengesetzt ist. Die Lebewesen sind in vollem Sinn „zusammengesetzt". Während bei den
bloßen Stoffgebilden nur ein gleich-förmiger Stoff vorhanden ist —

---

[282] Vgl. dazu, was H. *Conrad-Martius* über die „Unschuld" der Blüte sagt
(a. a. O. S. 84).

gleich-*förmig*, weil von einer ihm innewohnenden und von ihm unabtrennbaren Formkraft durchwaltet und nur räumlich zerstückbar und zusammensetzbar —, ist hier eine Mannigfaltigkeit von Stoffen durch eine ihr überlegene, lebendige Form zusammengefaßt, von ihr durchherrscht und zu einer ihrem Bildungsgesetz entsprechenden gegliederten Ganzheit gestaltet. Die Stoffüberlegenheit der Form offenbart sich in der Erhaltung und Fortbildung der Gestalt in beständigem „Stoffwechsel". *Das Sein der Form ist Leben*, und *Leben ist Stoffgestaltung* in den drei Stufen: *Umformung der Aufbaustoffe, Selbstgestaltung und Fortpflanzung.* Die Zusammensetzung aus Stoff und Form und die fortschreitende, niemals abgeschlossene Gestaltung des Stoffes durch die Form gehört zum *Wesen* dieser Gebilde.

Die *aristotelische* Form-Stoff-Lehre scheint mir von daher zu begreifen, daß sie auf Grund der Anschauung der belebten Natur ausgebildet wurde. Der Versuch, sie als ein Grundgesetz alles Stofflichen zu fassen, brachte die Gefahr mit sich, das Eigenwesen der bloßen Stoffe zu verkennen und die Grenze zwischen den beiden Seinsgebieten zu verwischen. Dazu kamen die mangelhaften Vorstellungen einer eben erst anfangenden Naturwissenschaft, der die tatsächliche Beschaffenheit der Stoffe (Zahl und Eigenart der Elemente, ihr innerer Aufbau und die Gesetze ihrer Mischung und Verbindung) sowie die Zusammensetzung der belebten Körper noch sehr viel unbekannter waren als der modernen und allermodernsten Chemie, Physik und Biologie mit dem ganzen Aufgebot ihrer Hilfsmittel und Methoden. Schließlich war auch die ständige Nebeneinanderstellung von Naturgebilden und Kunstwerken der scharfen Abgrenzung und Herausarbeitung der *lebendigen Form* nicht günstig.

Wie der Gegensatz von Form und Stoff erst im Bereich des Lebendigen zu scharfer Ausprägung kommt, so erhält auch der Gegensatz von Akt und Potenz, der die ganze geschaffene Welt als das Reich des Werdens beherrscht, hier eine erhöhte Bedeutung. H. *André*, der dieser Bedeutung besonders nachgegangen ist, gibt *Akt* mit „bestimmungsmächtiges Verwirklichungsfeld" und *Potenz* mit „bestimmungsbedürftiges Materialfeld" wieder[283]. Diese Ausdrücke sind wohl nicht imstande, *alles* zusammenzufassen, was in *Akt* und *Potenz* begriffen ist, und sind auch nicht geeignet zur Bezeichnung der Grundbedeutung — des wirklichen und möglichen *Seins* —, aber sie lenken den Blick auf die eigentümlichen Verhältnisse im Bereich des

---

[283] In seinen eigenen Schriften und in der Einleitung zu H. *Conrad-Martius'* Buch über die Pflanzenseele S. 13f.

Lebendigen. Die bloßen Stoffgebilde — so sagten wir schon früher — sind im Vergleich zu den Lebewesen in gewissem Sinne „fertig". Wohl sind auch sie noch dem Werden unterworfen. Sie sind ein Wirkliches, das Möglichkeiten in sich birgt: Fähigkeiten, zu wirken und Wirkungen zu erleiden, sind also „bestimmungsmächtig" und „bestimmungbedürftig" zugleich, aber im Hinblick auf Verschiedenes. Es wirkt umgestaltend auf anderes und wird von anderem umgestaltet, aber es bildet sich nicht selbst fort und um. Eine Ausnahme stellt nur der Vorgang der Kristallisation dar, der darum die Abgrenzung von bloßen Stoffgebilden und Lebewesen so erschwert hat. Hier haben wir in der Tat noch ein *Werden* vor uns, das kein bloßes Verändertwerden durch äußere Einwirkungen ist, sondern das „Fertigwerden" des Stoffgebildes, das vorher noch nicht ganz „es selbst" ist (also *substantielles Werden*), ein Sichhineinbilden des Stoffes in die ihm gemäße Gestalt. Aber das Stoffgebilde *wird* fertig, das Lebewesen niemals: es ist ein immer neu werdendes, ein beständig sich selbst gestaltendes und damit zugleich bestimmungsmächtig und bestimmungsbedürftig im Hinblick auf sich selbst. Der aristotelische Grundsatz, daß nichts im Hinblick auf dasselbe zugleich aktuell und potentiell sein könne, wird dadurch nicht beeinträchtigt, da es ja die Form ist, die bestimmt, und der Stoff, der bestimmt wird. Das Ganze aber ist etwas, was zugleich gezeugt und erzeugt wird und damit nicht bloß wirksam oder „bestimmungsmächtig" ist, sondern gleichsam schöpferisch. Während es so nach der einen Seite alle Wirksamkeit und Wirkfähigkeit der bloßen Stoffgebilde übersteigt, gibt es hier auf der anderen Seite eine Seinsstufe, die noch hinter den ausgebildeten Fähigkeiten (aktiven wie passiven Potenzen) zurückbleibt und die Rede von *potentielle Potentialität* rechtfertigt. Das unentwickelte Lebewesen ist noch nicht im Besitz der Fähigkeiten, die es erlangen kann und soll: das entwickelte hat die Sehfähigkeit — es *kann* sehen, wenn es auch im Augenblick nicht tatsächlich sieht, das unentwickelte hat die Fähigkeit noch nicht, es *kann* noch nicht sehen, aber es kann in den Besitz dieser Fähigkeit gelangen, und so ist auch dieses Können schon eine Möglichkeit, die als Vorstufe zur Wirklichkeit anzusehen ist, und von dem bloßen Nichtvorhandensein unterschieden, das im Nichtsehenkönnen der toten Dinge vorliegt. Das Erlangen von Fähigkeiten im Fortgang der Entwicklung beim Lebewesen ist auch unterschieden von dem Erwerben von Fähigkeiten, wie es bei bloßen Stoffdingen vorkommt. Ein Stück Eisen, das nicht magnetisch ist, kann magnetisch gemacht werden und damit fähig werden, Eisenstückchen anzuziehen. Darin liegt auch der Gegensatz von *potentieller Potenz* und *aktueller Potenz*. Aber das Eisen muß sich nicht erst zu dieser Fähigkeit „entwickeln", muß nicht erst das Seiende (die *Substanz*) werden, in der eine solche Möglichkeit begründet ist, sondern es hat bereits die stoffliche Eigenart, die den Übergang in den magnetischen Zustand unter bestimmten Einwirkungen möglich macht. Das Lebewesen dagegen muß erst das Seiende werden, in dem eine Stelle für die Sehfähigkeit ist.

So ist die Bedeutung von *Akt* und *Potenz* für die Lebewesen noch mannigfaltiger als für die bloßen Stoffdinge und die Spannweite zwischen beiden größer, und gerade in dieser Spannweite zwischen bloß „möglicher Möglichkeit" und schöpferischer Wirklichkeit liegt die Eigentümlichkeit ihres beide Pole umspannenden Seins.

2. Das Lebewesen als οὐσία.

οὐσία — Substanz — essentia — Wesen

Es gilt nun noch die Eigentümlichkeit des Lebewesens als οὐσία herauszustellen und dann die Frage zu beantworten, von der dieses ganze Kapitel ausging: wie οὐσία, *essentia*, *Substanz* und *Wesen* sich zueinander verhalten. Wir haben für οὐσία die Bedeutung „Seiendes in vorzüglichem Sinne" gefunden[284]. Dabei konnte der „Seinsvorzug" noch ein verschiedener sein: der des Existierenden gegenüber dem bloß Gedachten, des Wirklichen gegenüber dem Möglichen, des Selbständigen gegenüber dem Unselbständigen, das kein eigenes Sein, sondern nur am Sein eines „Zugrundeliegenden" Anteil hat. All diese Vorzüge vereint das Seiende, das herkömmlicherweise als *Substanz* bezeichnet wird[285]. Wir haben es als „selbständiges und selbsteigenes Wirkliches" gekennzeichnet. Das berührt sich sehr nahe mit dem, was H. *Conrad-Martius* in ihrer Abhandlung *L'existence, la substantialité et l'âme*[286] herausgestellt hat. Auch bei ihr gehören wirkliches

---

[284] Vgl. Kap. IV, § 4, 5.

[285] In den neuen Thomas-Übersetzungen beginnt der Name „Selbstandwesen" sich durchzusetzen.

[286] Recherches Philosophiques 1932—33 (Paris, Verlag Boivin et Cie). Es ist dies die Einleitung zu der großen Ontologie, deren Umrißlinien in dem Buch über die Seele der Pflanze angedeutet sind. „Existenz" bedeutet darin „wirkliches Sein", ist also enger gefaßt, als wir es getan haben. Entsprechend ist die Abgrenzung von „Existenz" und „essentiellem Sein" etwas anderes als die zwischen „wirklichem" und „wesenhaftem" Sein, die wir getroffen haben. Es scheint mir, daß bei H. Conrad-Martius unter essentiellem Sein noch Verschiedenes zusammengefaßt ist, was in den Untersuchungen dieses und des vorausgehenden Kapitels unterschieden wurde (vgl. besonders Kap. IV, § 5).

Sein (sie nennt es „Existenz") und Substantialität zusammen. Den Unterschied zwischen dem „absoluten Sein" (das wir „reines" oder „erstes" genannt haben) und dem endlichen sieht sie darin, daß jenes durch sich selbst *(per se)* und von sich selbst aus *(a se)* ist und Macht über *alles* Sein besitzt, das endliche Sein dagegen sei *Selbstsein* und in dieser *seitas* gründe ein *in se* und *per se esse*. Es hat ein *Wesen (Essenz)* und hat *Macht zu seinem eigenen Sein.* Dies Letzte bedeutet eine *dynamische Potentialität:* das endliche Wirkliche ist immer auf dem Wege zu seinem Sein und darum wesenhaft zeitlich.

Wenn wir die *Substanz* als „selbsteigenes Seiendes" bezeichneten, so sollte darin zum Ausdruck kommen, daß dieses Seiende „es selbst" ist und sein eigenes Wesen und Sein hat. Das Sein aber haben wir als das Sichauswirken der Wesensform, als die Entfaltung zum ausgewirkten Wesen verstanden, als die Verwirklichung der im Wesen begründeten Möglichkeiten (darin ist die Zeitlichkeit eingeschlossen und die „Macht zum eigenen Sein") und bei der besonderen Gattung des Seienden, die wir als *Stoff* bezeichnen, das Sich-Hineingestalten in den Raum, Sich-ausbreiten, Sich-darbieten und Sich-auswirken im Raum.

Übereinstimmend ist auch bei H. Conrad-Martius und in unseren Untersuchungen die Auffassung von *Stoff* und *Geist* als verschiedenen Gattungen des Wirklichen, die sich nicht aufeinander zurückführen lassen. Das, was wir für das Stoffliche im Gegensatz zum Lebendigen betont haben — daß es in gewissem Sinne „fertig" sei —, nimmt sie auch für den Geist in Anspruch: sie nennt Körper und Geist „aktuelles Seiendes", dessen Konstitution vollendet sei[287]. Dagegen hebt sich *das eigentümliche Sein der Lebewesen dadurch ab, daß sie erst in den Besitz ihres Wesens gelangen müssen.* Von den bloßen Stoffnaturen unterscheidet sich das Lebendige dadurch, daß es eine eigene „Mitte" seines Seins, eine *Seele* hat (oder ein „beseelendes Prinzip", wenn wir den Ausdruck *Seele* für die erst innerhalb der ichhaft geformten menschlichen Totalität auftretende *persönliche* Seele aufbewahren wollen)[288]. Auch die reinen Stoffnaturen, die „seelenlosen" Substanzen, entbehren *als* Substanzen, *als* selbständig daseiende, nicht des selbsthaften Seinsprinzips, nicht der existentiellen Potenz *zum* eigenen Sein. Aber diese Potenz nimmt *in ihnen* (den Stoffnaturen)

---

[287] Mit welchem Recht das auch vom Geistigen gesagt wird, das wollen wir hier noch nicht erörtern, weil die Untersuchungen, die als Grundlage dafür nötig wären, uns noch fehlen (vgl. Kap. VII).

[288] Wir haben diese Einschränkung nicht gemacht, sondern von *Seele* in dem allgemeinen Sinn der *lebendigen Form* gesprochen.

keine „eigene Mitte", keinen besonderen „Raum" ein, da sie eben mit ihrem ganzen Selbst völlig an die sie konstituierende Selbstveräußerung hinausgegeben oder gewissermaßen in sie „hineinverstreut" sind. Wenn dagegen „in einer Substanz dieses selbsthafte Seinsprinzip als ein eigenes ‚Zentrum' *innerhalb* des Selbst auftritt, da kann, ja muß man von einem seelischen oder beseelenden Prinzip sprechen. Eine vegetative Totalität ist nicht mehr nur eine zur völligen Selbstveräußerung aus sich selbst herausgehobene (obwohl diese stoffliche Substantialität des ‚Substrats' bleibt, auf dem sie sich aufbaut!), sondern sie ist *mit* ihrem selbstveräußerten (stofflichen) Sein *in die selbsthafte Seinspotenz als in eine Seinsmitte zurückgenommen*, von der nunmehr das *Ganze* ihrer selbst *als* Ganzes selbsthaft umfaßt, gestaltet und organisiert werden kann". Von der Seinsmitte her wird das Ganze aufgebaut. „Das seelische Prinzip liegt also in der potentiellen, seinskonstituierenden *vorwirklichen* Sphäre!" Während die göttliche *Potenz* Macht *über* das Sein ist und damit „sozusagen ein ‚*Überakt*': *mehr* als Aktualität, nicht ‚weniger', kann man von *Seele* „nur dort sprechen, wo es sich um ein weniger als das aktuelle Sein handelt, nämlich um die bloße Kraftmöglichkeit *zum* Sein". In unserer Sprache müßten wir das etwas anders ausdrücken. Wir sehen im göttlichen Sein den *reinen Akt*, und daran gemessen ist alles endliche Sein — in verschiedenem Maßverhältnis — teils potentiell, teils aktuell: auch die Seele. Als das im Lebewesen Wirkende und es zum wirklichen Sein Gestaltende ist sie selbst wirklich, aber ihr Wirken ist zugleich ständige Verwirklichung ihrer eigenen Möglichkeiten. Diese Überlegenheit über das bloß potentielle Sein soll durch den Namen „*Kraft*möglichkeit" ausgesprochen werden. „Denn die Seinspotentialität der *Seele* (wie überhaupt das selbsthafte Seinsprinzip!) ist keine *Potenz* im Sinne einer nur materialen Formungsbereitschaft, die allererst eines wirkenden Faktors bedürfte, um in den Akt versetzt zu werden. Nein, die Seele ist *selber* das wirkungsmächtige Prinzip; sie ist die Potenz im Sinne der positiven *Macht* zum Sein. Sie ist nur noch nicht dieses Sein in seiner — *durch* die zu Grunde liegende Seinspotenz — ausgewirkten Aktualität". Die Seele kommt aus dem Nichts und birgt doch die Macht zum Sein in sich; „deshalb ist ihr Wesen dieses eigentümliche *zugleich* ‚abgründige' (im Sinne eines bodenlosen Abgrunds) *und* ‚schöpferische'. Sie steht ihrem eigenen Seinsgrunde nach im ‚Nichts', und doch ist sie es, aus der die ganze Substanz ihr ganzes Sein und Selbst schöpft". Diese schöpferische Macht zum eigenen Sein ist es wohl, die in dem Buch über die Pflanzenseele in den Worten „Selbstumfassung" und „Selbstbegründung" ausgedrückt wird. Die Eigentümlichkeit des Seelischen macht es auch verständlich, wie der Gegensatz Stoff—Geist mit der früher herausgestellten Dreiteilung Leib—Seele—Geist zu vereinen ist. Wenn *Stoff* (im Sinne des Raumfüllenden) und *Geist* einander gegenübergestellt werden, so handelt es sich um einen letzten *inhaltlichen* Gegensatz verschiedener Wirklichkeitsbereiche. Wenn Leib, Seele und Geist gegeneinander abgehoben wurden, so waren sie als Grund*formen* wirklichen Seins gekennzeichnet: das sich in geschlossener Gestalt Bewahrende, das zur Gestaltung Drängende, das sich frei Hingebende und Verströmende. Die Form, nach der das Stoffliche als solches verlangt, ist die des Leibes; die Form, nach der das Geistige als solches verlangt, ist die des Geistes. Das Seelische aber als das „Schöpferische", „Unterirdische", wirkt sich nicht in einer dritten Art inhaltlicher Fülle aus, sondern in stofflicher oder geistiger Gestalt. Was man *Lebewesen* zu nennen pflegt, sind *Substanzen*, deren Sein fortschreitende Gestaltung eines stofflichen Leibes aus einer Seele heraus ist. Das Lebendige ist niemals fertig, es ist immer auf dem Wege zu seinem eigenen Selbst, aber es hat in sich — in seiner Seele — die Macht, sich selbst zu gestalten.

Wir kommen zum Schluß: Οὐσία im engsten und eigentlichsten Sinn, um den es *Aristoteles* im Grunde zu tun war, ist *Substanz*, d. h. ein auf sich selbst gestelltes, sein eigenes Wesen umfassendes und entfaltendes Wirkliches. *Essentia* ist das *Wesen* als die zu seinem Sein unaufhebbar gehörige, es begründende Wasbestimmtheit dieses Seienden. Bei den räumlichen Stoffgebilden wurzelt es in der stoffgestaltenden Wesensform; sind es bloße Stoffgebilde, so lassen sich Form und Stoff nicht voneinander trennen: das Wesen ist die bestimmt geartete oder geformte Stofflichkeit, der Stoff ist immer eigentümlich geformter und ohne Form nicht denkbar. Bei den Lebewesen treten Form und Stoff auseinander. Die Form ist *lebendige Form* oder *Seele.* Sie hat die Macht, das Ganze auf eigentümliche Weise zu gestalten und zu beleben. Ihr Sein ist Leben, und Leben ist fortschreitende Stoffgestaltung und damit fortschreitende Verwirklichung des Wesens, das in der eigentümlichen Formung des Stoffes besteht.

Die räumlichen Stoffgebilde — tote und lebendige — erschöpfen nicht den Umfang dessen, was mit οὐσία bezeichnet ist. Selbständiges und selbst-eigenes Seiendes gibt es auch im Bereich des Geistes. Ja, nach allem, was über das *erste Seiende* bereits gesagt wurde, ist schon klar, daß ihm der Name οὐσία im höchsten und eigentlichsten Sinn zukommt, weil es einen unendlichen „Seinsvorzug" vor allem

Endlichen hat. Um über das eigentümliche Sein des unendlichen Geistes und der unendlichen Geister im Gegensatz zu den Stoffgebilden etwas sagen zu können, müßten wir noch klarer herausstellen, was unter *Geist* zu verstehen ist. Was bisher davon angedeutet wurde, ist keine ausreichende Grundlage. Vorläufig begnügen wir uns mit der Klärung jener Grundform des Seienden, die mit den Namen οὐσία oder Substanz bezeichnet wird und in allen gattungsmäßig getrennten Wirklichkeitsgebieten eine Erfüllung findet.

V.

SEIENDES ALS SOLCHES (DIE TRANSZENDENTALIEN)

§ 1. Rückblick und Ausblick

Wir haben nach dem *Sein* gefragt und haben eine vielfältige Antwort gefunden. Es schied sich *ewiges* (unendliches) und *endliches* (begrenztes) Sein, und bei allem Endlichen war es nötig, *Sein* und *Seiendes* zu unterscheiden. Das Seiende erwies sich seinem *Inhalt* nach, d. h. nach dem, *was* es ist, als mannigfaltig und teilte sich dementsprechend in verschiedene *Gattungen*, und den verschiedenen Gattungen des Seienden entsprachen verschiedene *Seinsweisen*. Was wir gewonnen haben, ist durchaus kein vollständiger Überblick über alle Gattungen und Seinsweisen. Wir haben von verschiedenen Ausgangspunkten einen Zugang zum Verständnis des Seienden gesucht: wir sind dem *augustinischen* Weg gefolgt, der von dem uns Nächsten, weil von uns Untrennbaren — dem *Ichleben* — ausgeht; und dem *aristotelischen* Weg, der von dem sich uns zuerst Aufdrängenden — der Welt der *sinnenfälligen Dinge* — ausgeht. Wir haben hier und dort ein Seiendes von eigentümlichem Bau gefunden und gewisse Gemeinsamkeiten des Aufbaus: die Scheidung in *mögliches* und *wirkliches* Sein und Seiendes und die Begründung des Wirklichen wie des Möglichen (als *real* Möglichen) in einem jenseits dieser Scheidung liegenden *wesenhaften* Sein und Seienden. Wir haben aber noch nicht festgestellt, in welchem Verhältnis diese beiden Welten — die äußere und die innere — zueinander stehen: hier liegt eine wichtige, noch ungelöste Aufgabe.

Weitere Aufgaben eröffnen sich von dem aristotelischen Wege her. Aristoteles bezeichnete die Frage nach dem ὄν und nach der οὐσία als gleichbedeutend. Nun haben wir für οὐσία die Bedeutung „Seiendes in vorzüglichem Sinne" gefunden und bei verschiedenem Seienden verschiedene „Seinsvorzüge" entdeckt[1]. Sollte es nicht gelingen, *den Sinn des Seins und des Seienden als solchen* herauszustellen, der in den verschiedenen Bedeutungen von οὐσία enthalten ist und dem sie alle bestimmenden, in gewisser Weise aber noch „darüber" hinausgreifenden ὄν entspricht? Wenn *Heidegger* οὐσία als *Seinssinn* deutet[2],

---

[1] Vgl. die Übersicht S. 147.

[2] Nach der Angabe von O. *Becker*, Mathematische Existenz (a. a. O. S. 471,

so scheint mir das die Meinung des Aristoteles nicht ganz zu treffen. Alle unsere Bemühungen um das Verständnis dieses dunklen Wortes führten ja darauf, daß es dabei um das *Seiende* ginge: allerdings um das Seiende, *sofern in ihm der Sinn des Seins erfüllt ist*, oder um *das Seiende als Seiendes*, ὄν ᾗ ὄν. Wenn wir οὐσία als „Seiendes in vorzüglichem Sinne" auffaßten, so besagt das doch nur, daß es in *eigentlicherem* Sinne *sei* als anderes, das auch als seiend bezeichnet wird. Es deutet sich darin ein mehrfacher Sinn des ὄν an, ein eigentlicher und ein uneigentlicher, und mit dem ὄν im eigentlichen Sinne ist οὐσία gleichzusetzen[3]. Die Aufgabe wird nun sein zu zeigen, wie die Frage nach dem Seienden als solchen auf die Frage nach dem Sinn des Seins zurückweist.

Wir haben noch nicht alle Gattungen des Seienden aufgesucht, in denen der engste Begriff der οὐσία — der des *selbständigen und selbsteigenen Seienden* — Erfüllung findet. Wir haben ihn mit Aristoteles an den sinnenfälligen Stoffdingen aufgewiesen und nur vorgreifend festgestellt, daß er auch auf die geistige Wirklichkeit anzuwenden ist. Dafür ist noch der sachliche Nachweis zu erbringen: Es muß gezeigt werden, daß es Formen gibt, deren Sein nicht in der Gestaltung eines raumfüllenden Stoffes besteht oder sich nicht darin erschöpft, die aber doch ein selbständiges Wirkliches bilden. Sind es überhaupt noch „gestaltende" Formen und was gestalten sie? Ferner: wie stehen die Gegensatzpaare Form—Stoff und Stoff—Geist zueinander? Wie verhalten sich Geist und Form? Schließlich ist zu fragen, ob nur dinglich Wirkliches oder ob nicht auch *ideale Gegenstände* ein selbständiges und selbsteigenes Seiendes zu nennen seien.

Damit hängt eine andere Frage zusammen, die in verschiedenen Zusammenhängen sich immer wieder ankündigte, aber bisher noch nicht aufgegriffen wurde: οὐσία im engsten Sinne schien gleichbedeutend mit *Einzelwesen* oder *Individuum*. Was bedeutet *Individualität*, und bedeutet es auf allen Seinsgebieten dasselbe?

In der letzten Frage ist noch eine andere mitenthalten, die für alle vorausgehenden von Bedeutung ist. Wenn es sich herausstellen sollte daß der Begriff „Individuum" auf verschiedenen Gebieten eine Erfüllung findet, aber eine jeweils verschiedene, wenn also das Wort — ebenso wie ὄν und οὐσία — einen festen und einen wechselnden

---

Anm. 2). Im Vorwort zu „Sein und Zeit" wird es zwar als Aufgabe des Werkes angegeben, die Frage nach dem „Sinn des Seins" herauszuarbeiten, es ist dort aber nicht ausgesprochen, daß dies als Übersetzung des aristotelischen οὐσία aufzufassen sei.

[3] Vgl. dazu S. 265, wo die Frage wieder aufgegriffen wird.

Sinnesbestand hat, sollte dann nicht der feste Bestand als eine *Leer-form* aufzufassen sein, die auf den verschiedenen Seinsgebieten einen verschiedenen *Inhalt* erhält? Oder ist der feste Bestand etwas *inhaltlich* Gemeinsames, was nur eine „Leerstelle" für verschiedene Erfüllung offen läßt, wie wir es bei dem Verhältnis von Gattung und Art fanden?[4] Dieser Gegensatz von Form und Inhalt ist uns früher schon begegnet, als wir uns mit dem formalen Aufbau des Dinges beschäftigten[5]. Und er hat — unausgesprochen — in allen bisherigen Untersuchungen eine Rolle gespielt, weil es uns — auch dort, wo wir die inhaltlichen Unterschiede des Seienden in Betracht zogen — nicht um diese Unterschiede, sondern um den Aufbau des Seienden als solchen zu tun war. So wird auf das bereits Erörterte ein neues Licht fallen, und die folgenden Untersuchungen werden in größerer Klarheit durchgeführt werden können, wenn wir diese Frage — nach der Bedeutung und dem wechselseitigen Verhältnis von Form und Inhalt — an den Anfang stellen[6].

§ 2. Form und Inhalt

Wir haben *Ding* und *dingliche Eigenschaft* als *Leerformen* in Anspruch genommen. Dabei ist Ding — πρώτη οὐσία — selbständiges und selbsteigenes Seiendes: im Besitz seines eigenen Seins und Wesens und auf Grund seines Wesens in bestimmter Weise wirkend und Einwirkungen erleidend. Setzen wir für *Ding* „dieses Stück Sandstein" und für *Eigenschaft* die „rote Farbe" (dieses Stückes Sandstein), dann sind die Formen bis zur letzten Bestimmtheit erfüllt. Allerdings ist die letzte Bestimmtheit — welches Stück und welches Rot gemeint ist — nicht sprachlich ausgedrückt, sondern durch den hinweisenden Finger bezeichnet und nur anschaulich erfaßbar. Aber auch das, was mit Namen genannt ist — Farbe, Rot, Sandstein —, ist, obwohl es etwas Allgemeines ist und in vielen Einzeldingen vorkommen kann, doch schon inhaltliche Fülle im Verhältnis zu den genannten Leerformen. Und alles Inhaltliche ist *ursprünglich* nur *anschaulich* erfaßbar. Es gibt freilich ein unanschauliches Verstehen der allgemeinen Namen — beim Hören und Lesen, ja selbst beim Sprechen und Schreiben ist es sehr häufig —, aber ich verstehe die Bedeutung

---

[4] Kap. IV, § 3, 15.

[5] Kap. IV, § 3, 17.

[6] Darum ist es auch ratsam, die Frage nach den höheren Wesensformen und die damit zusammenhängende nach dem Wesen des Geistes vorläufig zurückzustellen.

der allgemeinen Namen, ohne das Gemeinte vor dem leiblichen oder geistigen Auge zu haben, weil ich aus einer vorausgehenden Anschauung weiß, was gemeint ist. Höre ich von unbekannten Sachen reden, so ist wohl auch noch ein gewisses Verständnis möglich, aber das ist nur ein vorläufiges und uneigentliches, das der Einlösung in einer erfüllenden Anschauung harrt. „Vor dem leiblichen oder geistigen Auge" — das wurde gesagt, um anzudeuten, daß *Anschauung* nicht gleichbedeutend ist mit „sinnlicher Wahrnehmung" dieses Rot, das ich vor mir habe, sondern auch die Vergegenwärtigung eines Rot, das ich früher einmal gesehen habe. Wahrnehmung und Vergegenwärtigung sind sinnliche Anschauungen, und die Farbe eines bestimmten Einzeldinges ist nur durch sinnliche Anschauung zugänglich. Was dagegen „Rot" überhaupt bedeutet, und auch dieses besondere Rot — wenn ich es nicht als Farbe dieses Dinges nehme, sondern als eine letztbestimmte Besonderung von Rot, die auch anderswo vorkommen könnte, als *Idee* oder *Spezies* —, das ist nicht mit den Sinnen wahrzunehmen oder in einer vergegenwärtigenden sinnlichen Anschauung (Erinnerung oder Phantasie) zu erfassen. Es ist aber auch nicht bloß unanschaulich zu verstehen — in jener uneigentlichen und vorläufigen Weise, die zum unanschaulichen Verstehen gehört —, sondern *geistig anzuschauen*, in jener eigentlichsten Weise zu *verstehen (intelligere)*, die der Grund alles Verstehens ist und in der der Geist sich seine Gegenstände — die Sinnelemente und zusammengesetzten Sinngebilde — zu eigen macht[7].

Können wir nun Inhalt und Form so gegeneinander abgrenzen, daß das eine anschaulich, das andere unanschaulich sei? Das wäre voreilig. Wenn wir *Anschauung* in dem weiten Sinne nehmen, daß es das ursprünglichste geistige Erfassen, das eigentliche „Verstehen" in sich begreift, dann gibt es auch für die Formen eine *Anschauung*, ein letztbegründendes Verstehen. Die Anschauung der Formen ist aber eine andere als die der Inhalte. Wenn wir zusammengesetzte Inhalte, z. B. alles, was einem Ding seine „Fülle" gibt, zergliedern, so stoßen wir schließlich auf die letzten Sinnelemente, die wir *Wesenheiten* genannt haben: Röte, Farbe oder auch Freude, Schmerz u. dgl. Im „Anschauen" der Wesenheiten kommt der Geist zur Ruhe. Er ist hier auf dem für ihn erreichbaren Grund angelangt und steht vor einer letzten Tatsächlichkeit, über die er nicht mehr hinaus kann. Heben wir von diesen Inhalten

---

[7] Vgl. S. 63 f. Die geistige Anschauung ist in der sinnlichen Anschauung in ähnlicher Weise beschlossen wie die Species Rot in der bestimmten Farbe des Einzeldinges. Dies als Hinweis darauf, daß das Gesagte nicht im Sinn einer „Erleuchtungslehre" und nicht als Angriff auf die Abstraktionstheorie gemeint ist.

die allgemeine Form ab, die einem jeden Inhalt noch eigen ist, das
„Etwas", so ist auch das ein verstehbarer Sinn, aber im Verstehen
dieses Sinnes kann man nicht ruhen, er weist durch seine Leere selbst
über sich hinaus: er verlangt nach einer Ausfüllung und vermag in
seiner Bedürftigkeit dem Geist nichts zu geben, wobei er sich beru-
higen könnte[8]. Damit glauben wir den eigentlichen Unterschied von
Form und *Inhalt* oder *Fülle* gefaßt zu haben. Beides gehört zueinander. Wo immer wir einen Inhalt erfassen, erfassen wir ihn mit
seiner Form; ohne irgendeine Form, und sei es auch nur die allgemeinste: „Etwas", kann ein Inhalt weder sein noch gedacht werden:
Sie ist gleichsam seine Umrißlinie und gehört zu ihm wie zu einem
stofflichen Ding seine umgrenzende Raumgestalt. Die Formen können
für sich gedanklich abgelöst und begrifflich gefaßt werden; aber sie
haben dann jene eigentümliche Leere und Bedürftigkeit, die sie *als*
Formen kennzeichnet. Alles Seiende ist Fülle in einer Form. Die Formen des Seienden herauszustellen ist die Aufgabe der Wissenschaft,
die *Husserl* als *formale Ontologie* bezeichnet hat[9]. Sie steht in eng-
stem Zusammenhang mit der formalen Logik, weil ihren Formen die
gedanklichen Gebilde angemessen sind, mit denen es die Logik zu tun
hat[10].

§ 3. „Etwas", Kategorien und „Seiendes"

Als die allgemeinste Form haben wir das „Etwas" oder den „Gegenstand" im weitesten Sinne des Wortes bezeichnet. Ihr gibt *jedes Seiende* Ausfüllung. *Ding* dagegen ist eine Form, die eine bestimmte
Einschränkung bedeutet: sie findet nur in einem bestimmten Gebiet
Erfüllung, nämlich im Bereich des *Wirklichen*, und nicht durch alles
Wirkliche, sondern nur durch ein Wirkliches, das ein selbständiges
und eigenständiges ist. „Ding" war uns gleichbedeutend mit der

---

[8] Dieses *anschauliche Verstehen von Leerformen* ist durchaus zu scheiden von
dem *leeren (= unanschaulichen) Verstehen von Worten:* diese können leere oder
erfüllte Formen „meinen". *Husserl* bezeichnet die Leerformen als *formale Kategorien* (Ideen zu einer reinen Phänomenologie und phänomenologischen Philosophie S. 21) und die ihnen entsprechende Anschauung als *kategoriale Anschauung* (Logische Untersuchungen II[2] 128 ff.).

[9] Ihr Gebiet hat er im I. Band seiner „Logischen Untersuchungen" (1. Aufl.
Leipzig 1900, 2. Aufl. Halle 1913), im ersten Abschnitt der „Ideen . . ." und in
seiner „Formalen und transzendentalen Logik" (Halle 1929) abgegrenzt.

[10] *Husserl* hat sie sogar als Teil der Logik bezeichnet. Wer aber als den
Gegenstand der Logik (wie A. *Pfänder*) die „Gedanken" ansieht, wird formale
Ontologie und Logik als verschiedene Wissenschaften bezeichnen müssen.

aristotelischen πρώτη οὐσία und mit *Substanz*. Wir haben die aristotelischen Kategorien als Formen des Seienden bezeichnet. *Form* hat dabei den Sinn der Leerform, wie er jetzt herausgestellt wurde. Es sind die Formen der Dinge und dessen, was *in* den Dingen ist (ihr Wie und Was) oder ihr Sein bedingt (ihr Wo und Wann) oder dadurch bedingt ist (ihre wechselseitigen Beziehungen, ihr Tun und Leiden). Jeder Form des Seienden entspricht eine besondere Seinsweise: der Dingform das *selbständige Sein*, den verschiedenen Formen dessen, was dem Ding „zukommt" (den *akzidentellen Kategorien*), verschiedene Weisen *unselbständigen Seins* (Sein *im* Ding, Sein *auf Grund* des dinglichen Seins usw.). Der Name *Kategorie* wird sowohl für die Formen des Seienden als für die ihnen zugehörigen Seinsweisen gebraucht. Aber das Ding und das, was mit ihm unmittelbar zusammenhängt, erschöpft nicht alles Seiende schlechthin. (Wir erinnern an die *reinen Formen* und an das erste Seiende, das nicht dem Aufbau der endlichen Dinge entspricht.) Wenn die Kategorien auch *Gattungen* genannt werden, so ist zu bemerken, daß dann auch *Gattung* als Name für Formen des Seienden aufzufassen ist und nicht — wie wir es zumeist getan haben — als Bezeichnung eines Inhaltlichen mit einer Leerstelle zu weiterer inhaltlicher Bestimmtheit; d. h. *Gattung* — formal verstanden — bezeichnet die Leerform der inhaltlich verstandenen Gattungen.

Das „Etwas" umspannt alle aristotelischen Kategorien und auch alles, was von ihnen nicht erfaßt wird: alles Seiende überhaupt. Nur von dem ersten Seienden kann man nicht ohne Einschränkung sagen, daß es sich in diese Form einfüge: faßt man „etwas" — wie es dem Wortsinn entspricht — als „irgendein Seiendes", so ist dadurch nahegelegt, es auf ein *endliches* Seiendes zu beziehen, das neben anderen steht[11]: das widerspricht aber der Unendlichkeit des allumfassenden ersten Seienden. Deutet man aber „etwas" als das, was „nicht nichts" ist, so findet es im allumfassenden Seienden seine höchste Erfüllung. Darum ist es möglich, das „Etwas" so weit zu spannen, daß es das Seiende, das alles ist, und das Seiende, das nicht alles und nicht nichts ist, in sich begreift — damit allerdings auch die unendliche Kluft, die wir als *analogia entis* bezeichnen.

Sind „Etwas" und „Seiendes" danach gleichbedeutend und ist das

---

[11] So deutet *Thomas von Aquino aliquid* (etwas) als *aliud quid* (ein anderes Was), das zu anderem im Gegensatz steht (De veritate q 1 a 1 corp; vgl. S. 257). *Gredt* (a. a. O. II 12) unterscheidet einen dreifachen Sinn von *aliquid:* 1. = *aliqua essentia* = irgendein Was, 2. = *non nihil* (nicht nichts), 3. = *aliud quid*. Vgl. dazu S. 269 ff.

Seiende selbst als Leerform aufzufassen? Indem wir sagten, daß jedes Seiende eine Erfüllung des Etwas sei, haben wir diese Frage im Grunde schon verneint. Das Seiende — im vollen Sinn — ist ein „erfülltes Etwas", und das „Etwas" ist eine Form des Seienden.

Wir sind damit wieder bei der Frage angelangt, welches der Sinn des Seienden als solchen sei, der in allem Seienden erfüllt sein muß, welches immer seine Form und Seinsweise sein mag. Wir erinnern uns, daß der hl. *Thomas* in *De ente et essentia* — anschließend an die aristotelische Definition des ὄν im Buch Δ der *Metaphysik* — einen doppelten Sinn des Seins unterscheidet[12]: den des „Seins", das im „ist" des Urteils zum Ausdruck kommt[13], und den des Seins, das durch die Kategorien eingeteilt wird. Wenn hier und dort mit Recht von *Sein* und *Seiendem* gesprochen wird, so muß auch für diese getrennten Bedeutungen noch ein Sinnzusammenhang aufweisbar sein. Ehe das möglich ist[14], muß aber versucht werden, den Sinn des Seienden herauszustellen, der allen Kategorien gemeinsam ist.

§ 4. Die Transzendentalien (Einleitender Überblick)

Das *Seiende als solches* und unabhängig von seiner Scheidung nach verschiedenen Formen und Seinsweisen zu bestimmen, ist die Aufgabe dessen, was die *Scholastik Transzendentalien* nennt. Sie drücken

---

[12] Vgl. Kap. IV, § 1; Met. Δ 7, 1017 a 7.

[13] Darunter kann noch ein Doppeltes verstanden werden: 1. das Sein, das in jedem Urteil behauptet wird: das Bestehen des Sachverhalts, dem die Wahrheit des Urteils entspricht. 2. Aristoteles aber spricht an der genannten Stelle noch von einer besonderen Art des Seins, die im Inhalt einer gewissen Art von Urteilen enthalten ist. Er nennt es „mitfolgend" und meint damit das Sein, das einem Gegenstand mit einer Aussage zugesprochen wird, die etwas zu dem Subjektsbegriff Hinzukommendes ist: z. B. in dem Satz „Der Gerechte ist gebildet" oder „Dieses Lebewesen ist ein Mensch". Das Sein des Sachverhalts und die entsprechende Wahrheit des Urteils, die aus dem „ist" herauszulesen sind, gehören zu jedem Urteil als solchem und sind etwas überall Gleichförmiges. Das zum Urteilsinhalt gehörige Sein dagegen, das gleichfalls im „ist" zum Ausdruck kommt, ist ein sehr mannigfaltiges. Es hängt mit dem inneren Aufbau des Gegenstandes, über den etwas ausgesagt wird — dem Zusammenhang seiner Was- und Wie-Bestimmungen —, und seiner Beziehung zu anderen zusammen. Von dem Sein der Kategorien (als allgemeiner Formen des Seienden) ist dieses Sein dadurch unterschieden, daß es die Aussagen in ihrem Verhältnis zu ihrem Gegenstand angeht und nicht die entsprechenden Formen an sich genommen (dazu vgl. *Thomas von Aquino*, In Met. l 1, 9).

[14] Vgl. dazu S. 265 ff. und Kap. VII.

das aus, was „jedem Seienden zugehört"[15]. Thomas nennt an einer der grundlegenden Stellen — am Anfang der *Quaestiones disputatae de veritate* — als solch streng allgemeine Bestimmungen des Seienden als solchen: *ens, res, unum, aliquid, bonum, verum* (Seiendes, inhaltlich Bestimmtes[16], Eines, Etwas, Gutes, Wahres). An manchen anderen Stellen wird noch das Schöne (*pulchrum*) hinzugefügt[17], es wird als eine besondere Art des Guten behandelt. Zwischen diesen Bestimmungen ist noch ein Unterschied zu machen, je nachdem sie das Seiende in sich selbst bezeichnen oder im Hinblick auf ein anderes Seiende. Das *Seiende in sich* bezeichnet — nach Thomas — außer diesem Namen selbst (*ens* — das Seiende) *positiv* nur noch der Ausdruck *res* (das inhaltlich Bestimmte). Der Unterschied zwischen diesen beiden transzendentalen Formen ist der, daß *ens* das Seiende bezeichnet, sofern es *ist*, *res* aber die *Washeit* oder *Wesenheit* des Seienden ausdrückt *(quidditatem sive essentiam entis)*, also das Seiende mit Rücksicht auf das, *was* es ist. *Negativ* wird das Seiende in sich bestimmt, wenn man es *unum* (Eines) nennt. Denn das besagt, daß es *ungeteilt* ist[18]. Alle anderen transzendentalen Bestimmungen setzen das Seiende in Beziehung zu anderem. Nennt man es *aliquid* (Etwas), so setzt man es in Gegensatz zu *einem anderen* Seienden, und zwar rein formal als „ein Anderes"[19]. Schließlich kann das Sein in seiner *Übereinstimmung* mit einem anderen Seienden betrachtet werden. Als eine transzendentale Bestimmung kann eine solche Übereinstimmung nur in Betracht kommen, wenn es ein Seiendes gibt, dem es eigen ist, mit allem Seienden übereinstimmen zu können. Das trifft — nach *Aristoteles* und *Thomas* — zu bei der *Seele*. Auf die Übereinstimmung ihres *Willens* mit dem Seienden zielt ihr *Streben*, auf die Übereinstimmung des *Verstandes* mit dem Seienden ihr Erkennen. Das Seiende als Gegenstand des Strebens heißt das *Gute*, als Gegenstand des Erkennens das *Wahre*. (Das *Schöne* hat mit beiden etwas Gemeinsames: es ist das Seiende als Gegenstand des *Wohlgefallens*, das in dem Erlebnis der objektiven Übereinstimmung des Seienden mit dem

---

[15] *Thomas von Aquino*, De veritate q 1 a 1 corp; *Gredt*, Elementa II 11 ff.

[16] Ich gebe *res* nicht mit *Ding* wieder, weil dieser Ausdruck als Name einer bestimmten Form des Seienden verwendet wurde. Hier handelt es sich aber um etwas, was von allem Seienden gelten soll.

[17] S. th., I q 5 a 4 ad 1; *Gredt* a. a. O. S. 28f.

[18] Von dieser *transzendentalen Einheit* unterscheidet Thomas die *numerische*, die Einheit als *Zahl*, die zur Kategorie der Quantität gehört. (Vgl. die Erörterung des *unum*, S. 269.)

[19] Vgl. dazu S. 270 ff.

Erkennen — in der Ordnung ihres Aufbaus — begründet ist.) Sofern alles Seiende als solches Gegenstand des Erkennens, Strebens und Wohlgefallens ist, sind das Wahre, Gute und Schöne transzendentale Bestimmungen. Es gilt nun den Sinn der transzendentalen Bestimmungen recht zu verstehen. Klar ist, daß sie das Seiende als solches und unabhängig von seiner Scheidung in formal und inhaltlich unterschiedene Gattungen kennzeichnen wollen. Zu fragen ist aber, ob sie seinen Inhalt angeben oder es formal fassen wollen.

§ 5. Das Seiende als solches (ens, res)

Der grundlegende Transzendentalbegriff ist der des *ens ut ens est,* (ὄν ᾗ ὄν), des *Seienden als solchen.* Nach *Gredt*[20] soll es so allgemein gefaßt werden, daß es sowohl das *geschaffene* als das *ungeschaffene* Seiende in sich begreift, damit auch das *wirkliche* und *mögliche* (aktuelle und potentielle), da ja nur das ungeschaffene Seiende reiner Akt, alles geschaffene Wirkliche teils aktuell, teils potentiell ist. Das ist aber gerade die große Frage, ob und wie eine solche — Geschaffenes und Ungeschaffenes zusammenfassende — Begriffsbildung möglich (d. h. sachlich zu rechtfertigen) ist. Wir werden auf diese entscheidende Frage bald zurückkommen.

Gredt unterscheidet sodann[21] zwischen zwei Bedeutungen dieses *ens* im allgemeinsten Sinne: *ens* als *Name* bezeichne in der allgemeinsten Weise *das, was* ist, d. h. jedes beliebige als ein *Was; ens* als *Partizip* dagegen bezeichne das Seiende als das, was *ist,* d. h. es lege das Gewicht auf das *Sein;* im ersten Sinne werde jedes Seiende *wesenhaft* ein Seiendes genannt, im zweiten aber nur Gott, während bei allem anderen das Sein zu dem, was es sei, hinzukomme. Gegen diese Trennung in „Namen" und „Partizip" besteht das Bedenken, daß im *ens ut ens* die Unterstreichung des Seins liegt und sich nicht wegstreichen läßt: die Partizipialbedeutung gehört zum Sinn des „Namens" *ens.* Das Seiende als Was will Thomas, wenn ich die angeführte Stelle recht verstehe, mit dem Namen *res* ausdrücken, für den sonst kein eigener Sinn mehr übrig bleibt[22]. Daß aber das Sein nur Gott wesenhaft zukomme, hat zur Voraussetzung, daß Sein = Existenz = wirkliches Sein sei[23], was sich wiederum nicht mit unserer Auf-

---

[20] a. a. O. II, 1 ff. (n. 614).   [21] a. a. O. S. 4 (n. 615).

[22] In diesem Sinn spricht sich auch *Gredt* (a. a. O. S. 12, n. 623) aus.

[23] *esse = existentia = id quo res existit seu quo est extra causas et extra nihilum* (a. a. O. S. 5, n. 616).

fassung deckt[24]. Von dem, was wir als *wesenhaftes Sein* bezeichnet haben, kann man nicht sagen, daß es zu dem, *was* wesenhaft ist, hinzukomme. Die *Washeiten* oder *Sinngebilde*, die wir als wesenhaft seiend ansahen, werden ja nicht geschaffen im Sinn der Hineinsetzung in ein zeitliches Dasein wie das Wirkliche, das sie nachbildet. Wenn das Sein, das ihnen unabhängig von ihrer Verwirklichung zukommt, von Gredt gar nicht berücksichtigt wird, so liegt das wohl daran, daß er es als „gedankliches" Sein betrachtet und das gedankliche Sein nicht als Sein im eigentlichen Sinne gelten läßt, darum auch nicht im *ens ut est ens* eingeschlossen sein läßt[25]. Wir haben über das Verhältnis von wesenhaftem und gedanklichem Sein bereits früher gesprochen[26] und werden jetzt bald noch einmal darauf zurückkommen müssen.

Demnach behalten wir nicht zwei verschiedene Bedeutungen des Seienden als solchen, sondern nur die eine, „das, was *ist*" *(ens est habens* „esse" *seu id quod est)*[27]. Daran sind aber verschiedene Teilbedeutungen zur Abhebung zu bringen. Gredt unterscheidet das *Subjekt* und die *Form*. Subjekt setzt er gleich *essentia*: das, wodurch das Ding das ist, was es ist, oder wodurch es artmäßig bestimmt ist *(id quo res est id, quod est, seu quo constituitur in specie)*. Darin ist das *id quod* (das, was) als Eines genommen. Wir haben hier früher noch unterschieden: „das" als den *Träger* der Wesensbestimmtheit und „was" als die Wesensbestimmtheit selbst[28]. „Das" — der Träger ohne die Wesensbestimmtheit — ist als Leerform anzusehen. Träger des *Seins* ist erst die erfüllte Leerform. Als *Fülle* ist aber noch nicht das „was" aufzufassen, wie es in der allgemeinen Beziehung „das, was es ist" steht, sondern das *bestimmte* Was des jeweiligen einzelnen Seienden. Das Was in der allgemeinen Bezeichnung ist nur die Leerform der Fülle. Danach wird die Frage, ob *ens* als der Name des Seienden etwas Inhaltliches bezeichne, auf die andere Frage zurückgeführt, ob das *Sein* etwas Inhaltliches oder etwas Formales besage. Wenn Gredt Form = Sein setzt, so ist selbstverständlich *Form* nicht in unserem Sinn der Leerform aufzufassen. Sie hat aber auch nicht den Sinn der *Wesensform*, wie wir sie bei den stofflichen Dingen kennen gelernt haben: durch sie wird ja das

---

[24] Vgl. die Übersicht S. 147.

[25] Als *transcendentale* bezeichnet er nur das *ens*, das alles *Wirkliche* bedeutet; bezieht man es aber auf *Wirkliches* und *Gedankliches*, so nennt er es *supertranscendentale* (a. a. O. S. 7, n. 618).

[26] Vgl. S. 140 ff.   [27] *Gredt* a. a. O. S. 4, n. 616.

[28] Vgl. Kap. IV, § 3, 17, 18 und die folgende Erörterung des *aliquid* S. 269 ff.

Was der Dinge bestimmt. Ich verstehe den Gebrauch des Wortes *Form* hier aus der Gleichung Essenz : Existenz = Potenz : Akt[29]. Das Was wird hier als „möglich" gesetzt im Sinne der Wesensmöglichkeit. Was bei seiner Verwirklichung hinzukommt, ist das wirkliche Sein oder der Akt. Bei den aus Stoff und Wesensform zusammengesetzten Dingen ist es nach scholastischer Auffassung die Form, die den Übergang des Stoffes aus der Möglichkeit in die Wirklichkeit möglich macht; darum wird sie selbst als *Akt* bezeichnet *(actus formalis* im Gegensatz zum *actus entitativus seu existentiae)*[30]. Umgekehrt wird dort, wo keine Zusammensetzung aus Stoff und Form angenommen wird, sondern nur aus Washeit und wirklichem Sein (Essenz und Existenz), wie es nach der Auffassung des hl. *Thomas* bei den reinen Geistern der Fall ist[31], das wirkliche Sein (der Akt) auch *Form* genannt. Andererseits ist die Gleichsetzung Form = Akt = Sein vielleicht daher zu verstehen, daß in Gott dies alles zusammenfällt. Weil aber dieses Zusammenfallen gerade das ist, was Gott von den Geschöpfen unterscheidet, scheint es mir wichtig, für alles Endliche diese Begriffe scharf auseinanderzuhalten. Den mehrfachen Sinn von *Form* als *Leerform, reine Form* (= Wesenheit) und *Wesensform* können wir nicht entbehren, und durch die Zusätze ist er unschädlich zu machen. Durch den eben erwähnten Gebrauch des Wortes (im Sinne von Sein) möchten wir aber die Gefahr der Verwirrung nicht noch vermehren.

Die Frage nach dem Sinn des Seins, auf die uns die Frage nach dem Seienden als solchen zurückführt, wollen wir erst aufgreifen, wenn wir die anderen transzendentalen Begriffe erörtert haben. Sie fassen nämlich *das* am Seienden, was außer dem Sein noch darin steckt, oder fassen das Sein selbst von einer bestimmten Seite her. Von *res* haben wir bereits gesagt, daß es der allgemeine Name für das *Was* sei. Es besagt, daß jedes Seiende einen Inhalt oder eine Fülle habe, aber es gibt selbst keinen Inhalt, sondern ist die „Form der Fülle".

Die anderen Transzendentalien bezeichnet *Gredt*[32] als Eigenschaften *(proprietates)* oder Prädikate, die jedem Seienden als solchen zukommen oder unmittelbar aus ihm folgen. Sie sind nicht völlig gleichbedeutend mit dem Seienden, aber die Begriffe haben ein *fundamentum in re*, eine sachliche Grundlage im Seienden selbst. Gredt sagt, es gebe so viel Transzendentalbegriffe außer dem Seienden, als es Seins-

---

[29] *Gredt* a. a. O. S. 5, n. 616.
[30] a. a. O. I 222 (n. 258).
[31] Vgl. die früher (S. 32 f.) angeführte Stelle aus „De ente et essentia".
[32] a. a. O. II 11, n. 621 ff.

weisen *(modi essendi)* gebe, die jedem Seienden zukämen. Wir müssen wohl überlegen, was hier unter „Seinsweisen" gemeint ist. Bisher haben wir das Wort einmal für den Unterschied des wirklichen und möglichen (aktuellen und potentiellen) Seins genommen, sodann für die Unterschiede des Seins, die den Kategorien entsprechen (selbständiges Sein und verschiedene Gattungen unselbständigen Seins). Beides kommt hier nicht in Frage. Denn nach diesen Seinsweisen *unterscheidet* sich das Seiende: jedes Seiende ist *entweder* wirklich *oder* möglich (und wenn es beides zugleich ist, dann nicht mit seinem ganzen Bestande, sondern teils so, teils so), entweder selbständig oder unselbständig. Hier soll es sich aber um verschiedene Seinsweisen handeln, die *alle zugleich* dem Seienden als solchem zukommen. Ob es ratsam ist, dann überhaupt den Ausdruck „Seinsweisen" zu gebrauchen, das werden wir bei der Betrachtung der einzelnen Transzendentalbegriffe erwägen[33].

Gredt sagt noch[34], daß die Transzendentalien zum Seienden nichts *Reales* hinzufügten, sondern nur etwas *Gedankliches*. Sie bestünden in dem Seienden selbst, so wie es Grundlage dieser Bezeichnung sei. Ich kann diese beiden Sätze miteinander in Einklang bringen, wenn ich unter dem „Realen" nicht etwas „Wirkliches" oder „Existierendes" (im Gegensatz zum „bloß Gedachten") verstehe, sondern — im Sinne der Deutung von *res* als „Was" — etwas *Inhaltliches*. Der Gegensatz ist dann (in unserer Sprache) etwas *Formales* (im Sinne der Leerform), und das ist dann nicht etwas „bloß Gedachtes", sondern die dem Seienden selbst angehörende Grundlage der transzendentalen Begriffe. Wir haben hier dieselbe Scheidung in Formen des Seienden und ihnen nachgebildete begriffliche Formen wie bei den Kategorien. Der Unterschied ist (wie schon wiederholt hervorgehoben wurde), daß die Kategorien das Seiende nach Gattungen teilen, die Transzendentalien dagegen das ganze Seiende „entfalten"[35]. Der formale Bau des Seienden als solchen wird durch sie auseinandergelegt, jedes stellt einen anderen „Zug" darin dar[36].

---

[33] Vgl. S. 269.

[34] a. a. O. S. 14.

[35] *Gredt* a. a. O. S. 14, n. 626f.

[36] Wenn man von *Transzendentalien* spricht, ist — strenggenommen — dreierlei darunter zu verstehen: die *Namen* (*ens unum* usw.), die entsprechenden *Begriffe* und das durch die Begriffe gedanklich erfaßte *Sachliche*: der formale Bau des Seienden. Es wird sich jedoch in der Folge zeigen, daß nicht *alle* Transzendentalien eine rein formale Deutung zulassen. (Vgl. S. 271, 277, 295 f.)

§ 6. Das Seiende als „Eines" (unum)

Wenn das Seiende *Eines* genannt wird, wie es jedem Seienden
zukommt, so ist damit die formale Eigentümlichkeit ausgedrückt, in
der die Verneinung der Geteiltheit begründet ist. Die Einheit heißt
transzendental, weil es sich um die *Einheit des Seienden als solchen*
handelt, d. h. *Eines ist, was Ein Sein hat*[37]. Was Eines ist, *kann*, aber
muß nicht, *einfach*, es kann auch *zusammengesetzt* sein, und zwar so,
daß nicht nur das Was aus Teilen besteht, sondern daß jeder Teil ein
eigenes Sein hat, daß sie aber miteinander in die Einheit eines Seins
eingegangen sind. (Das Sein der Rose als solcher und das Sein ihrer
roten Farbe gehören beide zum *einen* Sein dieser roten Rose. Noch
deutlicher ist es vielleicht, wenn wir etwas nehmen, was aus selbständigen Einheiten zusammengesetzt ist: eine Familie hat als solche
ein Sein, obgleich jedes Glied sein eigenes Sein hat. Denken wir die
Einheit des Seins aufgehoben, dann *ist* die Familie nicht mehr. An
Stelle der Einheit ist die Geteiltheit getreten, und damit ist das Ganze
zerstört, in die getrennten Teile aufgelöst.) Was hier mit „Einheit"
bezeichnet ist, ist ein Letztes, was nicht mehr auf anderes zurückgeführt werden kann. Wenn es als Ungeteiltes bezeichnet wird, so ist
das nur eine Erläuterung durch den Gegensatz, keine Zurückführung.
Sehr richtig sagt *Gredt*, daß die Geteiltheit des Seienden (= „transzendentale Vielheit") die Einheit voraussetze[38]. Die Einheit ist nach
dem Gesagten als eine *Form* aufzufassen, die bei jedem einzelnen
Seienden eine bestimmte Erfüllung finden muß, und zwar nicht nur
als Form des Seienden, sondern des *Seins*, dem sie ursprünglich zukommt. Das unterscheidet sie von *ens, res* und *aliquid*.

§ 7. Das Seiende als Etwas (aliquid)

Von der Form *aliquid* (etwas) waren wir zunächst ausgegangen[39].
Wir hatten es als die Leerform des Seienden bezeichnet. Damit können
wir uns jetzt nicht mehr begnügen, da wir gesehen haben, daß der
formale Bau des Seienden sich in eine Reihe von Bestimmungen auseinanderlegt. *Gredt* zieht (wie bereits erwähnt[40]) drei Bedeutungen
des *aliquid* in Betracht: 1) = *aliqua essentia* irgendein Was, 2) = *non
nihil* (nicht nichts), 3) = *aliud quid* (ein anderes Was). Die erste Bedeutung schaltet er aus, weil dann *aliquid* und *res* dasselbe besagen wür-

---

[37] Ihr stellt *Gredt* (n. 630) die *nicht transzendentale* — d. i. die Einheit des
Was (in verschiedener Hinsicht) — gegenüber.
[38] a. a. O. S. 18, n. 632.   [39] Vgl. S. 262f.   [40] Vgl. ebd.

den, die dritte (vom hl. *Thomas* angenommene), weil das Seiende als Eines im Gegensatz zu einem anderen das *unum* voraussetze, sich aber nicht *unmittelbar* aus dem Seienden als solchem ergebe. So bleibt ihm das *non nihil*. Darin findet er etwas, was das *ens* noch nicht ausdrücke, was aber unmittelbar daraus folge. Hierbei sehe ich eine Schwierigkeit darin, daß das „Nichts" keinen eigenen Sinn hat, sondern nur durch den Gegensatz zum Etwas zu verstehen ist. Dann läßt sich aber das Etwas nicht auf das Nichts zurückführen; es ist durch den Gegensatz wohl zu verdeutlichen, aber nicht erschöpfend zu kennzeichnen. Ich finde aber in dem formalen Bau des Seienden (das, was ist) einen Teilbestand, der noch durch keinen der bisher behandelten Begriffe gefaßt ist: *das*, was ist, Etwas im Sinne des *Gegenstandes*, dem Was und Sein eigen sind. Dafür möchte ich das *aliquid* in Anspruch nehmen. In ihm hat, außer im Sein selbst, auch das *unum* seine Stelle. So gefaßt ist das *aliquid* noch nicht (wie *aliud quid*) das Seiende in seiner Beziehung zu anderem, sondern es gehört zum Bau des Seienden, wie es in sich ist. Die Auseinanderlegung des *ens* in *aliquid, res* und *esse* (Gegenstand, Was und Sein) ist die ursprünglichste. Der Gegenstand als solcher und als seiender ist *einer* und auf Grund davon im Verhältnis zu anderen „ein anderer". Erst mit dieser letzten — abgeleiteten — Bestimmung beginnt die Betrachtung des Seienden in seinem Verhältnis zu anderem.

Werfen wir auf die bisher erörterten Transzendentalien einen Blick zurück, so bezeichnet *ens* das Seiende als Ganzes: „das, was *ist*", unterstreicht aber darin das Sein; *res* hebt das Was hervor, *aliquid* das Das; *unum* ist eine sowohl zum Das (= Gegenstand) als zum Was und zum Sein gehörige formale Eigenschaft. Die Rede von „Seinsweisen" halten wir hier nicht für angebracht. Es handelt sich — wenn wir vom Sinn des Seins vorläufig immer noch absehen — um *formale Bestandteile des Seienden als solchen*, und zwar so, wie es in sich selbst ist. Erst wenn wir das *aliquid* nicht als etwas (= Gegenstand), sondern als „anderes Etwas" deuten (was die Auffassung des Seienden als Gegenstand aber schon voraussetzt) bringen wir es in Beziehung zu anderem Seienden: in die Beziehung der Nichtübereinstimmung als Gegenstand und dem Sein nach. „Ein anderer Gegenstand" — das ist wiederum eine leere Form. „Gegenstände, deren jeder ein anderes Sein hat" — ob sich das rein formal verstehen läßt, das kann erst vom Sinn des Seins her beantwortet werden. Kann die Nichtübereinstimmung im Sein als „Seinsweise" bezeichnet werden? Offenbar nicht. Sie ist eine *Beziehung*, die im Sein des einen und im Sein des anderen begründet ist; als solche auch erst vom Sinn des Seins her zu verstehen.

§ 8. Versuch einer formalen Fassung des Wahren, Guten und Schönen

Als transzendentale Bestimmungen, die das Seiende als solches in seiner Beziehung zu anderem kennzeichnen — und zwar in Übereinstimmung mit anderem —, sind uns schließlich das Wahre und das Gute (dieses einschließlich des Schönen) genannt worden. Das Seiende, zu dem sie eine Beziehung herstellen, ist aber nicht irgendein Seiendes, sondern ein ganz bestimmtes: die Seele. Damit scheinen die Grenzen einer formalen Untersuchung überschritten.

Wenn von der Übereinstimmung des Seienden mit der *Seele* oder dem *Geist* (wie wohl sachlich angemessener zu sagen wäre) die Rede ist, so wird damit etwas Inhaltliches hereingezogen[41]. *Seele* und *Geist*, im vollen, unverkürzten Sinn genommen, sind keine Leerformen. Aber wenn *Thomas* von „etwas" spricht, „das geeignet ist, mit jedem anderen übereinzustimmen", so ist damit ein formaler Ausdruck gefunden, der von dem absieht, was die Seele ihrem materialen Wesen nach ist. Allerdings bleibt darin unbestimmt, was mit „übereinstimmen" gemeint ist. Wir können es als Leerform einer Beziehung nehmen, wenn wir den ganzen Satz als einen rein formalen deuten wollen und r nennen. Nun bedeutet es aber jedesmal etwas anderes, je nachdem wir das Seiende als wahr, gut oder schön bezeichnen. Wir müssen also r_1, r_2 und r_3 unterscheiden. Der Unterschied ist bedingt durch die Beziehung des Seienden auf das Streben, Erkennen und Wohlgefallen. Dies sind wiederum Namen für materiale Wesenheiten eines bestimmten Seinsgebietes: Akte einer geistigen Person: a_1, a_2, a_3. Nur wenn es gelingt, a_1, a_2 und a_3 auf einen rein formalen Ausdruck zu bringen, werden r_1, r_2 und r_3 als formale Bestimmungen des Seienden in Anspruch zu nehmen sein. Entsprechende Formulierungen sind bei Thomas zu finden[42]: Das Gute und das Wahre sind ihrer Bedeutung nach mit dem Seienden nicht identisch, aber sie fügen ihm nichts „Reales" hinzu: Nichts Hinzukommendes, was nicht zu seinem Wesen gehört (wie ein *accidens*) — denn es gibt nichts, was zum

---

[41] Es ist hier offenbar nicht die Seele als vom Geist unterschiedene Grundform gemeint, sondern die *geistige Seele* als erkennende.

[42] De veritate q 21 a 1 corp (Untersuchungen über die Wahrheit II 175 f.).

Seienden hinzukommen könnte, da alles Sachliche darin eingeschlossen ist; auch nichts Einschränkendes wie die kategorialen Bestimmungen, die das Seiende auf eine bestimmte Form und Seinsweise festlegen. Was sie hinzufügen, kann also nur etwas Gedankliches sein. „Rein gedanklich aber heißt jene Beziehung . . ., vermöge deren etwas in Beziehung steht, was nicht von dem abhängt, wozu es in Beziehung steht, sondern umgekehrt, . . . z. B. zwischen dem Wissen und dem Gegenstand des Wissens; das Wissen nämlich hängt vom Gegenstand des Wissens ab und nicht umgekehrt: darum ist die Beziehung, in der das Wissen zu seinem Gegenstand steht, eine reale; die Beziehung aber, worin der Gegenstand zum Wissen steht, eine gedankliche"[43]. Die „gedankliche" Bestimmung nun, die das Wahre und Gute zum Begriff des Seienden hinzufügen, ist die des Vollkommenheitgebenden. Das Seiende gibt als *Gehalt* dem erkennenden Geist Vollkommenheit, ohne mit seinem Sein in ihn einzugehen; und das ist es, was ihm den Charakter des *Wahren* gibt. Sofern aber ein Seiendes dem anderen auch durch sein Sein Vollkommenheit gibt, heißt es *gut*. Diese Definitionen lassen eine rein formale Deutung zu: wir können das Wahre und das Gute mit ihrer Hilfe so fassen, daß wir das, was das Erkennen und das Streben ihrem inhaltlichen Wesen nach sind, gar nicht darin aufnehmen. a_1 und a_2 sind jetzt zu kennzeichnen als ein Seiendes, das durch ein anderes Seiendes zur Vollkommenheit geführt werden muß: d. h. zu seinem vollkommenen Sein. Sie unterscheiden sich durch die Art ihrer Bedürftigkeit, und dem entspricht die verschiedene Art, wie das Vollkommenheitgebende sie zur Vollendung führt.

§ 9. Die Begriffspaare „inhaltlich—formal", „gedanklich—sachlich"

Es läßt sich indessen nicht leugnen, daß wir mit *dieser* Art formaler Bestimmung noch kein ausreichendes Verständnis dessen gewonnen haben, was „wahr" und „gut" bedeutet. Ja, es will mir scheinen, daß wir uns damit in eine Sachferne begeben, die ein eigentliches Verständnis geradezu ausschließt. Wir müssen „wahr" und „gut" in ihrem vollen Sinn nehmen, um unterscheiden zu können, ob es sich dabei um etwas Inhaltliches oder Formales handelt. Dabei verstehen wir — wie an früheren Stellen — unter „formal" etwas zum Seienden (zur „Sache") selbst Gehöriges, was ebenso wie das Inhaltliche ein Sach-

---

[43] De veritate q 21 a 1 corp. (Untersuchungen über die Wahrheit II 170—171).

liches Verständnis zuläßt und fordert. Demnach haben wir dreierlei
sorgfältig auseinanderzuhalten: das, was ein bestimmtes Seiendes
inhaltlich ist (die Fülle seines Was); die Formen des Seienden, die zu
dieser Fülle gehören (die Formen des Seienden als solchen, die als
Transzendentalien bezeichnet werden, oder die Formen, durch die
sich die Gattungen des Seienden scheiden: die Kategorien oder auch
Formen von noch eingeschränkterer Erfüllungsmöglichkeit); schließlich die gedanklichen Gebilde, durch die das Seiende begrifflich gefaßt
wird: sie können wiederum inhaltlich erfüllt oder leer sein, je nachdem
sie die Fülle des Seienden oder nur eine leere Form wiedergeben wollen.
Es gibt aber hier noch eine andere „Leere": die des Abgelöstseins von
der sachlichen Grundlage. Wenn ich von „irgendeinem Gegenstand"
spreche, so ist das ein Ausdruck, der ein sachliches Verständnis zuläßt.
Was gemeint ist, findet in der Leerform des *aliquid* seine Erfüllung.
Der Ausdruck „nichtseiender Gegenstand" dagegen läßt keine Erfüllung zu, er entspricht einem leeren Denken. Es wird von solchen
leeren Gedankengebilden später noch ausführlicher die Rede sein[44].

§ 10. Versuch einer tieferen Erfassung der Wahrheit
(logische, ontologische, transzendentale Wahrheit)

Es ist wichtig, diese Unterschiede zu beachten, wenn wir nun Klarheit darüber zu gewinnen suchen, was der hl. *Thomas* an der angeführten Stelle[45] unter einer „rein gedanklichen Beziehung" versteht. Er nennt die Beziehung des Gegenstandes zum Wissen (und
zwar ist dabei nur an das geschöpfliche Wissen gedacht) eine rein
gedankliche, weil der Gegenstand von diesem Wissen unabhängig ist:
d. h. der Gegenstand bleibt, was er ist, gleichgültig ob ein Mensch von
ihm weiß oder nicht; es wird dadurch weder an seinem Inhalt noch
an seinem formalen Aufbau etwas geändert. Dagegen wird die Beziehung des Wissens zu seinem Gegenstand „real" genannt, weil das
Wissen von seinem Gegenstand abhängt: 1. gibt es kein Wissen ohne
Gegenstand: das Wissen verdankt also dem Gegenstand (wenn auch
nicht ihm allein) sein *Dasein*, 2. gibt der Gegenstand dem Wissen seinen eigentümlichen „Gehalt" und damit das, was es von einem anderen Wissen unterscheidet[46]; so kann das Wissen auch seinem Was

---

[44] Vgl. Kap. VI. [45] Vgl. S. 271.

[46] Wir sagen „Gehalt" und nicht „Inhalt", weil es sich nicht um einen Inhalt
in dem Sinn, wie wir das Wort bisher gebraucht haben, handelt: nicht um das
dem Wissen eigene *Was*, das es vom Fühlen oder Wollen unterscheidet oder
auch *dieses* Wissen von einem anderen Wissen um denselben Gegenstand, son-

nach nur im Hinblick auf einen Gegenstand zum Abschluß kommen. Demnach bedeutet die „Realität" der Beziehung ein Doppeltes: die Beziehung zum Gegenstand hilft das *Was* des Wissens aufbauen und ist Bedingung seines Wirklichseins (Wissen als *Potenz* des Verstandes, als seelische Fähigkeit, wird durch einen Gegenstand in den *Akt* d. h. in lebendiges geistiges Tun, übergeführt). Ist damit gesagt, daß die Beziehung des Wissens zum Gegenstand etwas Wirkliches sei, d. h. etwas, was auf dieselbe Weise *da wäre* wie Dinge, dingliche Eigenschaften oder Geschehnisse: wirklich in dem Sinne, wie dieser Mensch und dieses sein gegenwärtiges Wissen wirklich ist? Diese Frage ist zu bejahen, wenn wir unter der Beziehung zum Gegenstand die dem Wissen selbst innewohnende Richtung auf seinen Gegenstand verstehen: das „Meinen" des Gegenstandes. Dieses Meinen (die *Intention*) ist ja ein wesentliches Bestandstück des Wissenserlebnisses[47] und hat an dessen Sein Anteil. Etwas Entsprechendes ist im Gegenstand nicht aufzuweisen. Aber diese Beziehung ist noch nicht die Übereinstimmung des Wissens mit seinem Gegenstand, die wir Wahrheit nennen. Von *Übereinstimmung* und *Wahrheit* kann erst gesprochen werden, wenn der Gegenstand, den wir als einen wirklichen *meinen*, auch wirklich *ist*; wenn er *das* ist, *als was* unser Wissen ihn meint, und so, *wie* es ihn meint. Es kommt dabei zweierlei zur Deckung: der *Gehalt* des Wissens (sein *intentionaler Inhalt* oder *logischer Sinn*) und der wirkliche Gegenstand, wie er in einer *erfüllenden Anschauung* gegeben ist: sein Sein, sein Was oder sein Wie, auch sein rein formaler Bau. Es ist also ein doppeltes Seiendes für die Übereinstimmung vorausgesetzt: ein Gegenstand und ein Wissen, das ihm entspricht. Die Übereinstimmung ist weder in dem einen noch in dem anderen, sondern ist ein Seiendes besonderer Art, das in diesem und jenem Seienden begründet ist. Es ist ein „Seiendes besonderer Art" — d. h. es gehört zu einer bestimmten Gattung des Seienden, zu dem, was wir im eigentlichen Sinn *Beziehung* (Relation, πρός τι) nennen.

Wäre demnach das Ergebnis, daß die Wahrheit als Übereinstimmung des Wissens mit seinem Gegenstand gar keine transzendentale Bestimmung sei, sondern zu einer Kategorie gehöre? Das wäre zu

---

dem das, was es „meint", seinen „gegenständlichen Sinn". Zum Wissen als solchem gehört es, eine *Intention* (im phänomenologischen Sinn) zu haben, d. h. auf einen Gegenstand gerichtet zu sein. Nach dem jeweiligen Gegenstand bestimmt sich das Wissen. *Husserl* unterscheidet zwischen „intentionalem Inhalt" und „reellem Inhalt" (Logische Untersuchungen II² 397 ff.).

[47] Es gehört zu seinem „reellen Inhalt".

schnell geschlossen. Die Wahrheit, wie wir sie bisher betrachtet haben, ist — nach *Gredt*[48] — noch gar nicht die *transzendentale*, sondern die *logische Wahrheit*: sie setzt das Seiende in Beziehung zu einem Denken, das sich ihm in einem zeitlichen Verlauf anmißt, oder (was wir bisher nicht erwogen haben) zu einem Denken, an dem es gemessen und dem es nachgebildet wird (das Verhältnis der Werke zum Denken des Bildners, der Geschöpfe zum Schöpfer), oder schließlich zu einem Denken, mit dem es ganz und gar zusammenfällt (Gottes Wesen und Wissen). Immer aber hat die Übereinstimmung des Seienden mit einem so oder so gearteten Denken eine Grundlage im Seienden selbst. Dort werden wir die *transzendentale Wahrheit* zu suchen haben. Gredt bezeichnet sie auch als *ontologische* Wahrheit und setzt sie dem Sinne nach gleich mit *Echtheit*. Wahres Gold ist echtes Gold, d. h. es ist im Besitz alles dessen, was zum Wesen des Goldes gehört. Es scheint klar, daß damit zum Seienden nichts hinzukommt. Jedes Seiende muß ja „in Wahrheit" *sein* und „in Wahrheit" *das* sein, was es ist. Das „in Wahrheit" bekommt überhaupt erst einen Sinn, wenn das Seiende an etwas, was nicht es selbst ist, gemessen wird, und dazu gehört ein erkennender und messender Verstand. Wenn ich Messing für Gold halte und dann enttäuscht werde, so stelle ich fest, daß es „in Wahrheit" nicht Gold, sondern Messing ist. Ich messe das Ding, das ich vor mir habe, an meiner „Idee des Goldes" und finde, daß es damit nicht übereinstimmt, nachdem es anfangs so schien. Aber irgend etwas muß es „in Wahrheit" sein. Auf Grund dessen, was es ist, ist es geeignet, von einem erkennenden Geist erfaßt zu werden; das, was es ist, ist in gewisser Weise auch Grundlage für die vermeintliche Erkenntnis und ihre Enttäuschung. Das Seiende als solches, wie es in sich ist, ist Bedingung der Möglichkeit für die Übereinstimmung oder Nichtübereinstimmung mit dem erkennenden Geist, die *logische* Wahrheit und Falschheit. Und *als* Grundlage der logischen Wahrheit wird das Seiende selbst — in transzendentalem Sinne — wahr genannt. Es ist hier aber noch verschiedenes zu unterscheiden. *Meine* „Idee des Goldes" ist nicht das letzte Maß: sie kann selbst noch wahr oder falsch sein, je nachdem sie mit der *reinen Idee*, dem göttlichen Urbild, übereinstimmt oder nicht[49]. Dieses ist das letzte Maß sowohl für die menschlichen *Ideen* als für die Dinge. Das Ding ist, was es ist; aber damit ist noch nicht gesagt, daß es voll und ganz das ist, was es sein *soll*: darin gibt es ein Mehr und Minder. Wir stoßen hier wieder auf den Gegensatz zwischen dem wirklichen und wesen-

---

[48] a. a. O. S. 19, n. 634.

[49] Von dieser Übereinstimmung wird noch später die Rede sein (vgl. S. 283 f.).

haften Sein der Dinge[50], zwischen Wesensform und reiner Form[51].
Die Übereinstimmung eines Wirklichen mit der entsprechenden reinen
Form wollen wir als *Wesenswahrheit* bezeichnen. Sie ist von der ontologischen Wahrheit (im Sinne von Echtheit) noch unterschieden, aber
für sie vorausgesetzt, weil ein Ding nur insoweit „in Wahrheit" etwas
ist, als es mit einer reinen Form in Übereinstimmung ist. *Die* Eigentümlichkeit des Seienden aber, die *letztlich* seine Übereinstimmung
mit einem erkennenden Geist möglich macht und im eigentlichsten
Sinne *transzendentale Wahrheit* genannt zu werden verdient, scheint
mir noch etwas anderes zu besagen, als daß es in Wahrheit etwas ist und mit einer reinen Form übereinstimmt, obgleich es mit
beiden aufs engste zusammenhängt: Wir haben früher in anderem
Zusammenhang davon gesprochen, daß alles Seiende einen *Sinn* habe
oder — scholastisch ausgedrückt — ein *intelligibile* sei: etwas, was in
einen erkennenden Geist „eingehen", von ihm „umfaßt" werden
kann. Beides scheint mir mit der transzendentalen Wahrheit gleichbedeutend zu sein. Alle drei Ausdrücke sprechen eine *Zuordnung von
Geist und Seiendem* aus. Die „Zuordnung" wird je nach dem Geist,
den wir in Betracht ziehen, einen anderen Sinn bekommen: wir haben
bisher nur die Erkenntnis erwogen, die zu einem unabhängig von ihr
bestehenden Seienden hinzutritt, noch nicht die des gestaltenden
Künstlers und des Schöpfers. Aber schon jetzt dürfen wir eine Antwort auf die Frage wagen, ob die transzendentale Wahrheit etwas
„bloß Gedankliches" sei. Für die logische Wahrheit haben wir es abgelehnt. Wir sahen in ihr ein Seiendes, das in anderem Seienden (dem
erkannten Seienden und der entsprechenden Erkenntnis) begründet
ist. Die Zuordnung von Geist und Seiendem ist für sie vorausgesetzt. Sie fügt zum Seienden (wenn wir darunter „irgendein
Seiendes" verstehen) — wie es in sich ist — nichts hinzu. Aber
das Seiende ist nicht ausreichend gekennzeichnet, wenn man es nur
nimmt, wie es in sich ist. Es gehört zu ihm, *offenbar* zu sein,
d. h. dem erkennenden Geist zugänglich, wenn nicht von vornherein
für ihn durchsichtig (wie es für den göttlichen Geist ist). Im Verhältnis zu dem, was „irgendein Seiendes" in sich ist, ist sein Offenbarsein
oder seine Zuordnung zum Geist etwas Neues. Versteht man allerdings unter „das Seiende" „*alles* Seiende", und zwar als Ganzes: die
Gesamtheit alles dessen, was ist, dann ist auch die Ordnung dieses
Ganzen darin eingeschlossen. Es gehört zum Seienden als Ganzem,
daß es ein *geordnetes Ganzes* ist: daß jedes einzelne Seiende darin
seinen Platz und seine geregelten Beziehungen zu allem anderen hat;

---

[50] Vgl. Kap. III, § 9.   [51] Vgl. Kap. IV, § 4, 2.

die Ordnung ist ein Teil des (so verstandenen) Seienden, und das Offenbarsein oder die Zuordnung zum Geist, die uns mit der transzendentalen Wahrheit gleichbedeutend ist, ist ein Teil dieser Ordnung.

Die Zuordnung zum Geist gehört nicht bloß zu einer Gattung des Seienden, sondern zu allem Seienden — zu jedem Einzelnen und zum Ganzen. Darum ist der Name *transzendental* hier gerechtfertigt. *Geist* aber bezeichnet eine Gattung des Seienden, denn nicht alles Seiende ist Geist. Indessen ist es eine ausgezeichnete Gattung, weil es dem Geist eigen ist, für alles Seiende geöffnet zu sein, davon erfüllt zu werden und in der Beschäftigung mit ihm sein Leben, d. i. sein eigentlichstes (aktuelles) Sein zu haben. Das alles sind inhaltliche Angaben, geschöpft aus dem Verständnis dessen, was zum Wesen des Geistes gehört[52]. So können wir auch ein *volles* Verständnis der transzendentalen Wahrheit nur gewinnen, wenn wir uns das, was „Geist", „Geöffnetsein" des Geistes und „Offenbarsein für den Geist" besagt, inhaltlich klarmachen. Wir können aber daran die Formen zur Abhebung bringen, durch die wir früher die transzendentale Wahrheit zu fassen suchten: Geist = die Gattung des Seienden, die allem Seienden in bestimmter Weise zugeordnet ist; Wahrheit = eine bestimmte Form der Zuordnung alles Seienden zu der Gattung des Seienden, die allem Seienden in entsprechender (nicht in derselben) Form zugeordnet ist.

Wir hatten das Seiende gedeutet als „das, was ist" und können jetzt fragen, an welcher Stelle die Zuordnung zum Geist ansetzt. Offenbar gehört sie zu jedem einzelnen Teil und zum Ganzen mit seiner eigentümlichen Gliederung. In besonderer Weise aber gehört sie dem *Sein* zu. „Offenbar *sein*", „zugeordnet *sein*" — darin steckt ja das Sein selbst. Darin ist aber nicht eine besondere Art des Seins zu sehen, sondern es gehört zum Sein selbst. *Sein ist* (ohne daß damit sein voller Sinnesbestand erschöpft wäre) *Offenbarsein für den Geist.*

So hat uns das Bemühen um das Verständnis der transzendentalen Wahrheit vom Seienden zum Sein und von der rein formalen Betrachtung zur inhaltlichen Betrachtung geführt. Es sind aber noch eine Reihe von ergänzenden Erwägungen nötig, ehe wir uns dem Sinn des Seins als eigentlichem Gegenstand der Untersuchung zuwenden können.

---

[52] Zum Geist im engsten und eigentlichsten *inhaltlichen* Sinn des Wortes: dem des *persönlichen* Geistes.

§ 11. Wahrheit des Urteils

Die Aristoteles-Stelle, die für den hl. *Thomas* in *De ente et essentia* und auch für uns den Ausgangspunkt der Erörterung des Seienden bildete, unterschied einen dreifachen Sinn des Seins und des Seienden [53]. Als das im eigentlichen Sinn Seiende galt ihm *das* Seiende, das durch die Kategorien eingeteilt wird. Die transzendentale Untersuchung wollte daran herausstellen, was dem Seienden aller Kategorien gemeinsam ist. Daneben war als zweiter Sinn des Seins die Wahrheit des Urteils genannt und als dritter der des „mitfolgenden" Seins, das zum Inhalt gewisser Urteile gehört. Auf Grund der Erörterung der Wahrheit, soweit wir sie bisher geführt haben, ist vielleicht schon ein Verständnis dieses früher ausgeschalteten Seins zu gewinnen.

Wenn wir die Wahrheit des Urteils erwägen wollen, so müssen wir uns wenigstens kurz darüber erklären, was wir unter *Urteil* verstehen. Das Wort wird in verschiedenen Bedeutungen gebraucht, die aber in einem Sinnzusammenhang stehen. Wenn ich von „meinem Urteil" spreche, so kann damit das geistige Tun (der *Urteilsakt*) gemeint sein, der der Aussage „Der Baum ist grün" zu Grunde liegt [54]. Wahrheit oder Falschheit wird aber nicht eigentlich meinem Urteilen zugesprochen (davon heißt es vielmehr: „ich urteile richtig"), sondern dem, *was* ich urteile, dem Sinn der Aussage. Mit der Aussage behaupte ich das Bestehen eines Sachverhalts. Wenn der Sachverhalt „in Wahrheit" besteht, dann ist das Urteil „wahr". Der Sachverhalt ist ein Seiendes in dem von der Urteilswahrheit vorausgesetzten Sinn des Seins: d. h. er besteht unabhängig davon, ob tatsächlich darüber geurteilt wird oder nicht [55]. Das „in Wahrheit" hat den Sinn der transzendentalen Wahrheit, die für die logische Wahrheit Grundlage ist. Die *Wahrheit* des *Urteils* aber ist nichts anderes als *logische Wahrheit*: Übereinstimmung des Urteilssinnes mit einem bestehenden Sachverhalt. (Man kann die logische Wahrheit weiter fassen als die Urteilswahrheit und diese als darin eingeschlossen ansehen: sofern der Urteilsakt und das Urteil als bestimmt geformtes gedankliches Gebilde etwas voraussetzt, was auch schon „Erkenntnis" genannt werden kann und auf Übereinstimmung mit einem Seienden Anspruch er-

---

[53] Vgl. S. 263.

[54] Wenn man jemandem „gesundes Urteil" zuspricht, so ist damit nicht ein einzelnes Tun, sondern die *Fähigkeit zu urteilen* gemeint. Von dieser Bedeutung können wir aber hier absehen.

[55] Eine andere Frage ist, ob er sich in die aristotelische Kategorienlehre einordnen läßt und in welchem Verhältnis er zur πρώτη οὐσία steht. Das muß besonderer Untersuchung überlassen werden.

hebt — in unserem Fall die sinnliche Wahrnehmung eines grünen Baumes und ihr Wahrnehmungs-„Sinn".) Die logische Wahrheit als Übereinstimmung einer Erkenntnis mit dem erkannten Gegenstand (d. i. im Falle der Urteilswahrheit der bestehende Sachverhalt) haben wir als ein Seiendes besonderer Art angesehen: es setzt das Sein des erkannten Gegenstandes und das (mindestens mögliche) Sein eines erkennenden Geistes voraus. Weil aber die Möglichkeit einer solchen Übereinstimmung zum Seienden als solchen gehört (in der transzendentalen Wahrheit begründet ist), erstreckt sich die Reichweite der logischen Wahrheit auf alles Seiende. Darauf beruht die Wechselbezogenheit von formaler Ontologie und Logik.

Wir versuchen nun zum Verständnis dessen zu gelangen, was *Aristoteles* als „mitfolgendes Sein" bezeichnet. Wenn wir sagen, dieser gerechte Mensch sei gebildet, so wird in diesem Urteil der ganze Sachverhalt, das Gebildetsein dieses Gerechten, behauptet. Am Bestehen dieses Sachverhaltes wird die Wahrheit des Urteils gemessen. Es sind aber in diesem Urteil noch mehrere andere Sachverhalte mitbehauptet, ohne daß die Behauptung urteilsmäßig gegliedert wäre; die entsprechenden Urteile sind jedoch daraus zu entnehmen: „Dieses ist ein Mensch", „Dieser Mensch ist gerecht", „Diesesda (der Mensch, der Gerechte) ist (wirklich)" (wenn es sich um ein Erfahrungsurteil handelt und nicht etwa um einen Satz aus einer Erzählung; in diesem Fall würde an Stelle des wirklichen Seins eine andere Art des Seins behauptet werden). Man könnte demnach unter „mitfolgendem Sein" das Bestehen der mitbehaupteten Sachverhalte verstehen und schließlich das Sein des Gegenstandes (in engerem Sinn des Wortes „Gegenstand" — hier des bestimmten einzelnen Menschen), dem alle diese Aussagen gelten. Aber augenscheinlich ist es nicht das, worauf Aristoteles abzielt. Das „Mitfolgen" soll besagen, daß der gerechte Mensch auch gebildet sei, obgleich das weder zu seinem Menschsein noch zu seiner Gerechtigkeit notwendig gehöre. Es handelt sich um eine bestimmte Art des Zusammenseins von Beschaffenheiten in einem Ding, d. h. um eine Einzelfrage des inneren Aufbaus innerhalb einer bestimmten Gattung des Seienden, die in der transzendentalen Behandlung des Seienden als solchen mit Recht ausgeschaltet werden konnte.

§ 12. Künstlerische Wahrheit

Wir haben zunächst versucht, ein Verständnis der logischen Wahrheit zu erlangen, soweit es sich dabei um die Übereinstimmung des Seienden mit einer nachträglich hinzugefügten Erkenntnis handelt, und sind dabei auch schon zu einem Verständnis der transzendentalen Wahrheit vorgedrungen. Es ist aber bereits ausgesprochen worden, daß *Zuordnung* zu einem *Geist* etwas anderes bedeutet, wenn es sich nicht um ein nachträglich Hinzutretendes, sondern um ein *schöpferisches geistiges Tun* handelt. Diese Art der Zuordnung und ihr Verhältnis zur transzendentalen Wahrheit muß jetzt geprüft werden.

Der Künstler, der ein Werk schafft, hat ein Wissen um dieses Seiende, das dessen Dasein vorausgeht, und kraft dieses Wissens ruft er es ins Dasein. An seiner *Idee* mißt er das fertige Werk und beurteilt, ob es so ist, wie es sein sollte. Nach scholastischer Auffassung ist hier die Beziehung „real" von seiten des Dinges, das geschaffen wird, „gedanklich" von seiten des schöpferischen Verstandes. Wir wissen schon von der nicht-schöpferischen Erkenntnis her, was darunter zu verstehen ist. Wie dort die Erkenntnis ihrem Gegenstand Dasein und Gehalt verdankt, so ist es hier das Werk, das durch das schöpferische Tun ins Dasein gerufen wird und *das* wird, was es ist. Das Werk ist „geschaffen" und d. h. verursacht; es ist durch ein wirkliches Geschehen, die schöpferische Tätigkeit, zustande gebracht worden, und diese Tätigkeit hat ihren Ursprung im Geist des Künstlers. Worin wir die Beziehung des Künstlers zum Werk zu sehen haben, die als „gedankliche" bezeichnet wird, das ist nicht ohne weiteres ersichtlich. Der Vorgang von der ersten Anregung zu einem Werk bis zur Durchführung ist ein verwickelter und kann auf sehr verschiedene Weise verlaufen. Der Bildhauer kann zuerst die „Idee" haben und dann nach einem passenden „Stoff" (Material) dazu suchen. Es kann aber auch sein, daß ihm beim Anblick des Marmorblocks zuerst der „Einfall" kommt, was man daraus machen könnte. Im zweiten Fall werden einem schon Zweifel kommen, ob es sich um eine rein gedankliche Beziehung vom Künstler zum Werk handelt. Der Marmorblock ist zwar noch nicht das Werk, aber doch ein wesentlicher Bestandteil davon; und der künstlerische „Plan" verdankt ihm sein Dasein, kann auch in seinem Gehalt davon mitbedingt sein.

Betrachten wir etwas näher, was von seiten des Künstlers geschieht, so ist das „Auftauchen" der „Idee" — wie schon früher betont wurde — eher einem Empfangen als einem Schaffen zu vergleichen[56]. Der Menschengeist ruft nicht die *Ideen* ins Dasein wie die Werke, die er nach ihnen gestaltet. Es muß hier von einem Erkennen eigener Art, von einem Erfassen von „Sinngebilden" gesprochen werden: sie „zeigen" sich seinem Geist und regen ihn zur Tätigkeit an. Sie zeigen sich

---

[56] Vgl. S. 151 f.

aber meist nicht sofort in aller Klarheit und Deutlichkeit, sondern verhüllt und verschwommen. Die erste Arbeit, die erforderlich ist, ist darum die rein geistige der scharfen Herausarbeitung der Idee. Und es ist für ein „echtes" oder „wahres" Kunstwerk von größter Wichtigkeit, daß dabei nichts willkürlich geschieht, daß die innere Gesetzmäßigkeit des Gebildes durch keine Zutaten, Fortlassungen oder Änderungen gestört wird [57].

Wenn diese rein geistige Arbeit als die „erste" bezeichnet wird, so ist das nicht so zu verstehen, als müßte sie vollendet sein, ehe die ausführende Tätigkeit beginnen könnte. Vielmehr ist es wohl so, daß sich die Klärung schrittweise während und mit der Durchführung ergibt, so daß der Name *praktische Erkenntnis* sich hier in einem ganz wörtlichen und eigentlichen Sinne erfüllt. Der Vorgang des menschlichen „Schaffens" [58] kann in unserem Zusammenhang nicht weiter verfolgt werden. Es sollte nur daran dargetan werden, daß ein eigentümliches Zusammenspiel von erschauter Idee, schauendem, tätigem und durch den Leib nach außen wirkendem Geist und werdendem Werk vorliegt. Als rein und unabhängig vom schaffenden Geist wie vom geschaffenen Werk erscheint hier nur die Idee (= *reine Form* oder Sinngebilde); Wirken und Werk sind von ihr und wechselseitig voneinander bedingt; und wenn wir unter *Idee* nicht die reine Form verstehen, sondern das menschliche Gedankengebilde, das sie zu fassen sucht, so ist auch dieses von den genannten Bedingungen abhängig. Wenn sie sich auf Grund von Täuschungen und Irrtümern von der reinen Form entfernt, kann von einer „verfehlten Idee" gesprochen werden.

Damit kommen wir zur Frage der *Wahrheit* des Kunstwerks. Sie besagt, daß es das *ist*, was es sein *sollte*. Das „sollte" ist aber noch doppelsinnig. Es kann heißen: der Absicht des Künstlers entsprechend oder: der reinen Idee entsprechend. Wenn das Werk das ist, was der Künstler machen wollte, wenn aber die Idee, die er sich „zurechtgemacht" hat, von der reinen Idee abweicht, dann ist es kein echtes oder wahres Kunstwerk. Es ist nun zu sagen, was diese künstlerische Wahrheit mit der logischen und mit der transzendentalen Wahrheit zu tun hat. Künstlerische Wahrheit ist Übereinstimmung des Werkes mit der reinen Idee, die ihm zu Grunde liegt. Darin liegt eine Verwandtschaft mit der *ontologischen* Wahrheit (auch „wahres

---

[57] Vgl. dazu und zu den folgenden Ausführungen über künstlerische Wahrheit Kap. IV, § 3, 2 (S. 151 f.).

[58] Das Gesagte gilt auch für wissenschaftliche Forschungsarbeit und handwerkliche Tätigkeit.

Gold" entspricht ja der „Idee des Goldes"), aber es besteht auch eine Verschiedenheit zwischen beiden, die dem Unterschied zwischen dem Wesen eines Naturdinges und dem Wesen eines Kunstwerks entspricht. Es ist früher davon gesprochen worden, daß Menschenwerke keine οὐσία (im engsten Sinn des Wortes), keine *Substanz* seien[59]. Sie sind wohl im selben Sinne „Kunstwerk" wie ein Naturding. „Naturding" ist, d. h. wir haben hier und dort die Einordnung in eine Gattung des Seienden. Aber der marmorne Napoleon oder der Napoleon einer Dichtung ist nicht im selben Sinn Napoleon (auch nicht im selben Sinne Mensch) wie der wirkliche Napoleon. Sie sind *Bilder* des wirklichen, sie „stellen ihn vor"; ihr Verhalten (das selbst nur das *Bild* eines Verhaltens ist) entspricht seinem Wesen, aber dieses Wesen ist ihnen nicht eigen, es ist ein ihnen „zugedachter" Sinn. Die künstlerische Wahrheit ist Übereinstimmung des Kunstwerks mit einer reinen Idee; dabei kommt es nicht darauf an, ob dieser Idee etwas in der „wirklichen" Welt, in der Welt unserer natürlichen Erfahrung entspricht. In diesem Sinn kann ein Napoleon-Kopf „wahr" sein, der dem geschichtlichen Napoleon wenig gleicht. Davon unterschieden ist die *geschichtliche Wahrheit*: sie bedeutet die Übereinstimmung eines *Bildes* mit einem Wirklichen, das es darstellen will, und fehlt, wenn das Bild seinem wirklichen Urbild nicht gleicht. Wenn bisweilen gesagt worden ist, daß die Kunst „wahrer" sei als die Geschichte, so ist dabei an das Verhältnis beider zu dem *Urbild* zu denken, das auch noch über dem Wirklichen — als sein Wesen bestimmend — steht. Es ist uns ja bei der Erörterung dessen, was οὐσία bedeutet, klar geworden, daß bei den geschaffenen Dingen zwischen Wesensform und reiner Form zu unterscheiden ist und daß die wirklichen Dinge dem, was sie sein sollen, mehr oder minder entsprechen. Das Leben des geschichtlichen Napoleon ist sicher keine reine Verwirklichung dessen gewesen, was er werden sollte. Der Geschichtsschreiber muß berichten, was Napoleon wirklich getan hat und wie er in Wirklichkeit gewesen ist. Aber seine Aufgabe wäre unvollkommen gelöst, wenn aus seinem Bild nichts von der *reinen Idee* hervorleuchtete, der Napoleon entsprechen sollte. Denn was ein jeder Mensch werden soll — seine persönliche „Bestimmung" —, gehört zu seinem Wesen. Darum kann der Künstler, der durch das rein Äußerlich-Tatsächliche zum Urbild vordringt, mehr von der Wahrheit bieten als der Geschichtsschreiber, der an den äußeren Tatsachen hängen bleibt. Wenn er das wahre Urbild trifft und sich dabei in den Grenzen

---

[59] Vgl. S. 158.

des Überlieferten hält, ist sein Werk auch im Sinn der geschichtlichen Wahrheit wahrer als das des nicht tiefer dringenden Geschichtsforschers. (Abweichungen des Künstlers von der geschichtlichen Wahrheit können einmal darin bestehen, daß er Begebenheiten erfindet, die niemals stattgefunden haben, aber wesenhaft möglich und geeignet sind, das Wesen Napoleons sichtbar zu machen. Sehr viel weiter entfernt er sich von der geschichtlichen Wahrheit, wenn er einen Napoleon zeichnet, der dem wirklichen — und damit auch seinem Urbild — gar nicht entspricht. Es könnte dem Werk trotzdem noch künstlerische Wahrheit zukommen, wenn die Gestalt „echt" — d. h. einer Wesensmöglichkeit entsprechend — wäre. Immerhin dürfte man dem Künstler das Recht absprechen, eine solche Gestalt „Napoleon" zu nennen — denn darin liegt ein gewisser Anspruch auch auf geschichtliche Wahrheit.)

Daß ein Seiendes das ist, was es sein soll, daß sein wirkliches Wesen seiner *Idee* entspricht, das können wir als Wesentlichkeit oder *Wesenswahrheit* bezeichnen. Wir haben sie von der *ontologischen und von der transzendentalen* Wahrheit unterschieden[60]. Der Unterschied ist aber noch von einer anderen Seite her zu fassen. *Transzendental* soll nur das genannt werden, was zum Seienden als solchem gehört, nicht das, was nur einer bestimmten Gattung eigen ist. Nun hat aber Wesenswahrheit als Übereinstimmung des wirklichen Wesens mit seinem Urbild, der reinen Form oder Idee, nur dort eine Stelle, wo der Gegensatz von wesentlichem und wirklichem Sein eine Stelle hat, d. h. in der Welt der wirklichen Dinge, die in der Zeit entstehen und vergehen und in ihrer zeitlichen Entwicklung eine zeitlose reine Form mehr oder weniger vollkommen nachbilden. Für die reinen Formen selbst besteht dieser Gegensatz nicht. Ihr Sein ist die von ihnen selbst unabtrennbare Entfaltung ihres Was. Sie bilden nichts mehr ab, dem sie mehr oder minder entsprechen könnten. Darum ist hier keine Stelle für eine Wesenswahrheit. Ein Seiendes sind aber auch sie, und so muß ihnen — wie allem Seienden — auch ontologische und transzendentale Wahrheit zukommen: d. h. sie sind, was sie sind, und zu ihrem Sein gehört das Offenbarsein oder die Zuordnung zu einem erkennenden Geist, die für die logische Wahrheit Voraussetzung ist. Die künstlerische Wahrheit (ebenso die geschichtliche) setzt die Wesenswahrheit voraus und kann so wenig wie diese der transzendentalen Wahrheit gleichgesetzt werden. Auch sie ist an eine bestimmte Gattung des Seienden — die menschlichen Werke — gebunden. Aber auch das

---

[60] Vgl. S. 274f.

Seiende dieser Gattung ist *Seiendes*, und als solchem kommt ihm transzendentale Wahrheit zu. Es ist, was es ist — Kunstwerk oder Machwerk — „in Wahrheit" und als solches erkennbar.

Gredt hat die Übereinstimmung des Werkes mit der es verursachenden Erkenntnis des Künstlers als eine besondere Art logischer Wahrheit eingeordnet. Wir suchen zu verstehen, was mit der „verursachenden Erkenntnis" gemeint sei. Zu dem, was als Ursache für die Entstehung des Werkes vorausgesetzt ist, gehört — wie wir sahen — an erster Stelle das Erschauen der Idee. Die Übereinstimmung des Werkes mit der Idee haben wir als *künstlerische Wahrheit* in Anspruch genommen und darin eine Abwandlung der Wesenswahrheit gesehen. Weil aber das Werk seine künstlerische Wahrheit der *erschauten* Idee des Künstlers verdankt, weil dieses Erschauen das Tun des Künstlers, womit er die Idee in den Stoff hineinbildet, erleuchtet und leitet und in dem werdenden Werk fortschreitend erfüllende Verwirklichung findet, ist mit der künstlerischen Wahrheit eine eigentümliche Art logischer Wahrheit verbunden. (Unterschieden davon ist *die* logische Wahrheit, die der nachträglich an das Werk herantretenden Erkenntnis des Kunstkenners zukommt.)

Die transzendentale Wahrheit kommt dem Seienden als solchem zu, und zwar vorzüglich dem Sein, zu dem das Offenbarsein gehört. Das Seiende „teilt" sich in inhaltlich und formal unterschiedene Gattungen und Arten; damit besondert sich auch das Sein und mit ihm auch das Offenbarsein oder die Zuordnung zum Geist. Naturgebilde und Menschenwerke haben eine verschiedene Zuordnung zum Menschengeist und die Werke wiederum eine verschiedene Zuordnung zum schaffenden und zum nachträglich hinzutretenden („nachschaffenden" oder „verstehenden") Geist. Dem entsprechen verschiedene Arten der Erkenntnis und der logischen Wahrheit.

§ 13. Göttliche Wahrheit

Wiederum anders liegen die Verhältnisse, wenn wir unter dem „schöpferischen Geist" den allein wahrhaft schöpferischen Gottesgeist verstehen. Wie alle Worte eine Abwandlung ihres Sinnes erfahren müssen, wenn sie von den Geschöpfen auf Gott übertragen werden sollen, so auch das Wort *Erkenntnis*. Im *Er*kennen liegt eigentlich ausgedrückt, daß es sich um etwas Anfangendes handelt, um das ursprüngliche Erwerben eines Wissens. Das gibt es bei Gott nicht. Sein „Erkennen" ist ein Wissen von Ewigkeit her. Darum ist sein Wissen in Wahrheit ein den geschaffenen Dingen vorausgehendes

und von ihnen völlig unabhängig, während das im Fall des menschlichen
Schaffens nicht ohne Einschränkung zugestanden werden konnte.
Sein Wissen ist auch allein in vollem Sinn schöpferisch — menschliches „Schaffen" ist ja nur Umformung eines gegebenen Stoffes nach
einem gleichfalls — wenn auch in völlig anderer Weise — gegebenen
Urbild. Auch in dem Sinn ist das göttliche Wissen um das Werk
wahrhaft schöpferisch, als es sich nicht erst — wie das menschliche
— in ein Tun umzusetzen braucht, das äußerlich wirksam ist: es enthält das schöpferische „Fiat!" in sich. So können wir hier die *scholastische* Bezeichnung „rein gedanklich — nicht real" für die Beziehung des göttlichen Wissens zu den geschaffenen Dingen ihrem Sinn
nach annehmen: in dem uns nun schon vertrauten Sinn, daß das
göttliche Wissen weder in seinem Dasein noch in seinem Gehalt von
den Dingen abhängig ist. Unter *Beziehung* verstehen wir dabei die
dem Wissen selbst innewohnende Richtung auf die Dinge. Daß sie
„rein gedanklich" ist, hebt nicht auf, daß sie im höchsten Grade
wirklich und wirksam ist: ihr verdanken ja die Dinge, daß sie sind
und was sie sind. Das wird ausgedrückt, wenn man sie von seiten der
Dinge *real* nennt. Von der Rolle der *Ideen* im schöpferischen
Denken ist schon früher gesprochen worden[61]. Sie sind zusammen mit
ihrem Verhältnis zu den geschaffenen Dingen im Gehalt des göttlichen
Denkens eingeschlossen. Sie sind nicht etwas von außen zum göttlichen Geist Hinzukommendes, sondern sein eigenes Wesen in der
Selbsteinschränkung und Begrenzung, die es setzt, indem es sich zum
Urbild endlicher Dinge bestimmt. Darin liegt wiederum eingeschlossen,
was schon einmal ausgesprochen wurde: daß die *Ideen* nicht
anders als „wahr" sein können. Es gibt für sie nichts anderes
mehr, woran sie gemessen werden können, wie das göttliche Denken
an ihnen die Dinge mißt. Sie sind, was sie sind, und sind für den
göttlichen Geist offenbar. Von einer *Zuordnung* kann aber hier
kaum noch gesprochen werden, weil die Ideen nichts anderes sind als
der göttliche Geist, der als solcher für sich selbst offenbar ist. Hier
fallen transzendentale Wahrheit und logische Wahrheit zusammen.
Sie sind im göttlichen Sein eingeschlossen. Auch die logische Wahrheit als Übereinstimmung der Dinge (nicht ihrer Urbilder) mit dem
göttlichen Denken gehört unabtrennbar zu diesem göttlichen Denken
selbst. Aber auf seiten der Dinge treten Sein und Wahrheit auseinander. Ihr *Dasein* ist mit ihrem Offenbarsein für den göttlichen
Geist nicht einfach gleichbedeutend und durch diesen selbst als

---

[61] Vgl. Kap. III, § 12 und Kap. IV, § 4, 3.

von ihm unterschiedenes gesetzt, damit zugleich ihre Zuordnung zu einem erkennend hinzutretenden Geist und logische Wahrheit als mögliche Übereinstimmung mit diesem. Bei ihnen hat auch erst die Wesenswahrheit als Übereinstimmung der Dinge mit ihrem Urbild eine Stelle. Wie ihre mögliche Nicht-Übereinstimmung mit ihrem Urbild zu verstehen ist, davon ist früher gesprochen worden[62].

Die Behauptung, daß es für die „Wahrheit" der Ideen kein Maß mehr gebe, kann eine Frage herausfordern, die in der mittelalterlichen Behandlung der Ideenlehre tatsächlich erörtert worden ist: ob Gott in der Gestaltung der Ideen frei und in diesem Sinne ihr Schöpfer sei oder ob sie eine notwendige und unabänderliche Gesetzlichkeit des inneren Aufbaus hätten, an die auch Gott nicht rühren könne. Die verschiedene Beantwortung dieser Frage bestimmt wesentlich den Gegensatz zwischen mittelalterlichem *Voluntarismus* und *Intellektualismus*: Für *Duns Scotus* beruht — nach der Darstellung von G. *Manser* — die Verbindung einfacher Wesenheiten zu den zusammengesetzten Ideen, die als Urbilder der Dinge anzusehen sind, auf Gottes freier Wahl[63], für *Thomas von Aquino* geht das göttliche Wissen dem Willen voraus, und nicht der Wille, sondern „die göttlichen Ideen und die göttliche Natur" sind das „*letzte Prinzip der Dingwesenheiten*"[64]. Ich möchte mich nicht vermessen, diese Frage zu entscheiden. Ich möchte nur die andere Frage dagegenstellen, ob bei der vollkommenen Einfachheit des göttlichen Seins, in dem Wissen und Wollen zusammenfallen, die Möglichkeit eines Früher und Später und einer Bedingtheit des einen durch das andere überhaupt noch sinnvoll erwogen werden kann. Ist der göttliche Wille anders zu denken als frei (d. h. völlig unabhängig von allem, was nicht er selbst ist) und zugleich völlig durchleuchtet von der göttlichen Weisheit, weil mit ihr eins? Vom endlichen Seienden aufsteigend werden wir auf ein ewiges erstes Sein als Grund alles Seins geführt und auf eine Mannigfaltigkeit von Ideen als Grund der Mannigfaltigkeit in der Welt des Werdens und Vergehens. Die Erkenntnis der Ideen (Washeiten oder Sinngebilde), die wir tatsächlich besitzen, enthüllt uns noch Unterschiede ihres inneren Aufbaus: es gibt solche, in denen ein Zug den anderen notwendig fordert, so daß sie nicht anders gedacht werden können (z. B. die reinen geometrischen Gebilde: der Kreis, das Dreieck usw.), und andere, bei denen es nicht einzusehen ist, warum sie so und nicht anders sind (daß der Mensch zwei Hände und zwei Füße

---

[62] Vgl. Kap. IV, § 4, 2.
[63] Vgl. G. *Manser*, Wesen des Thomismus S. 168.   [64] a. a. O. S. 176.

hat, daß er der Sinne zur Erkenntnis bedarf, daß zwischen Leib und Seele bestimmte Abhängigkeitsverhältnisse bestehen u. dgl.). Wir stehen hier vor einer Tatsächlichkeit, deren Gründe wir nicht mehr durchdringen können; und der Unterschied zwischen Notwendigkeit und Zufälligkeit noch innerhalb des wesenhaften Seins ist selbst für uns eine letzte, undurchdringliche Tatsache. Ihren Grund im göttlichen Wesen aufzeigen zu wollen, das scheint mir die Möglichkeiten des natürlichen Verstandes durchaus zu übersteigen. Schon der Versuch, die Einfachheit des göttlichen Seins mit der Vielheit der Ideen in Einklang zu bringen, trägt den Stempel der vom Glauben beschwingten Vernunft, die — von Offenbarungsworten angetrieben — Geheimnisse zu fassen sucht, an denen die menschlichen Begriffe zerbrechen.

§ 14. *Transzendentale Wahrheit, göttliches und geschöpfliches Sein*

Wir sind von der thomistischen Bestimmung der Wahrheit ausgegangen: daß sie zum Seienden als solchen gehöre und zu ihm nur eine „gedankliche" Beziehung hinzufüge: nämlich die des Vollkommenheitgebenden[65]. Welchen Sinn bekommt sie für uns nach den durchgeführten Scheidungen? Wir haben als den eigentlichen Sinn der transzendentalen Wahrheit das „Offenbarsein" oder die Zuordnung zum erkennenden Geist verstanden, die zum Sein selbst und damit auch zum Seienden als solchen gehört. Denken wir an das erste Seiende, wie es für sich selbst offenbar ist, so fallen Sein und Wahrheit hier zusammen. (Darum wird ja auch Gott selbst *die Wahrheit* genannt.) Deshalb kann hier im eigentlichen Sinn weder von einer Zuordnung noch von einem Vollkommenheitgeben die Rede sein. Denken wir an die Gesamtheit alles geschaffenen Seienden in ihrer Zuordnung zum göttlichen Geist, so bedeutet diese Zuordnung für den göttlichen Geist weder etwas Hinzukommendes noch etwas Vollkommenheitgebendes, für das Seiende aber ist sie Grundlage aller seiner Vollkommenheit: *daß* und *was* es „in Wahrheit" ist, beruht darauf. Denken wir schließlich an die Zuordnung alles geschaffenen Seienden zum geschaffenen Geist, so beruht darauf die Vollkommenheit des Geistes, sofern das Seiende das ist, was den Geist zu seinem vollkommenen Sein — d. i. zu seinem Tätigsein — führt, indem es Gegenstand seiner Erkenntnis wird und ihm damit einen Gehalt gibt. Zur Gesamtheit des Seienden fügt die Zuordnung zum Geist — wie wir bereits sagten — nichts hinzu, weil sie schon darin einge-

---

[65] Vgl. S. 271f.

schlossen ist. Verstehen wir unter „dem Seienden" *irgendein* Seiendes, so wird das, *was* es ist, durch die Zuordnung zum Geist nicht verändert. Aber sie ist etwas, was zum Was hinzukommt (wie wir ja auch das Sein, dem wir sie zurechnen, als etwas zum Was Hinzukommendes — wenn auch bei gewissem Seiendem notwendig dazu Gehöriges — ansehen). Und für manches Seiende kann auch die Zuordnung zum Geist in gewisser Hinsicht Bedingung seiner Vollendung sein: indem es im Erkanntwerden in ein geistiges Sein überführt wird (ein *actu intelligibile* wird)[66].

§ 15. Göttliche und geschöpfliche Gutheit

Wie die Wahrheit so ist auch die *Gutheit* als dem Seienden selbst zukommend bezeichnet worden. Als Unterschied war genannt, daß *gut* die *Übereinstimmung des Seienden mit dem Streben* bezeichne; ferner daß das Gute nicht nur — wie das Wahre — durch seinen Gehalt, sondern auch durch sein *Sein* Vollkommenheit gebe. Diesen Unterschied gilt es nun zu klären.

Das Seiende ist gut, sofern es vollkommen ist, und es ist in Übereinstimmung mit dem Streben, sofern das Streben seinem Wesen nach auf die Vollkommenheit gerichtet ist. Vollkommenheit besagt ein Doppeltes: daß an dem, *was* das Seiende ist (oder sein soll), nichts fehlt und daß es im vollen Sinn des Wortes *ist*, d. h. auf der höchsten Stufe des Seins steht. Beides trifft — völlig uneingeschränkt — nur für Gott zu. Er ist die unendliche Fülle und die höchste Wirklichkeit (reiner Akt). Darum ist er die Vollkommenheit oder die Güte selbst.

Kann man hier von einer Übereinstimmung des Seienden mit dem Streben sprechen? Wenn man unter Streben das Gerichtetsein auf ein erst zu erreichendes Ziel versteht, so ist für Gott kein Streben möglich. Er ist von Ewigkeit her am Ziel. Es liegt aber hier das vor, worauf alles irdische Streben abzielt: das Ruhen am Ziel oder die Erfüllung, die „Genuß" ist und auf der höchsten Stufe Seligkeit. Man kann sagen: Gottes Willen ruht in seinem Sein, er ist mit sich selbst im Einklang. Es ist aber nicht Übereinstimmung eines Seienden mit einem anderen, sondern Übereinstimmung des Einen mit sich selbst.

Kein Seiendes außer Gott ist im selben Sinn vollkommen, weil jedes nur etwas und nicht alles ist: jedem ist sein Was und sein Sein zugemessen. Es kann aber vollkommen genannt werden, sofern es

---

[66] Ein entsprechendes Verhältnis besteht zwischen den Sinnendingen und der sinnlichen Erkenntnis.

sein Vollmaß erreicht hat: ganz das ist, was es sein soll, und auf der höchsten ihm erreichbaren Stufe des Seins steht. Wenn das Seiende ein sich entwickelndes Geschöpf ist, so ist das Höchstmaß seines Seins das Ziel seines gesamten Strebens (wenn es auch ein „falsches" Streben — Verirrungen des Strebens — gibt, die nicht „in Wahrheit" auf das Ziel gerichtet sind); im erreichten Höchstmaß findet das Streben Erfüllung und kommt zur Ruhe im Genuß. Dann ist die volle *Übereinstimmung* zwischen dem Streben und dem, worauf es gerichtet ist, erreicht. Aber schon vor Erreichung des Zieles kann von einer Übereinstimmung gesprochen werden, weil im Streben das Erstrebte als das Erfüllungversprechende und Vollkommenheitgebende und darum Gute vor Augen steht (beim bewußten Streben für das Strebende selbst, beim unbewußten—rein triebhaften oder naturhaften—für einen verstehenden Zuschauer). Sofern einem jeden Geschöpf das Maß seines Seins durch den göttlichen Willen bestimmt ist, bedeutet die erreichte Vollendung seines Seins zugleich die vollkommene Übereinstimmung mit dem göttlichen Willen und damit das ihm erreichbare Maß an Güte. Aber auch vor seiner Vollendung ist alles Seiende durch das, *was* es ist, und sofern es überhaupt *ist*, bereits in Übereinstimmung mit dem göttlichen Willen und darum gut: durch den göttlichen Willen *ist* es ja und ist es das, *was* es ist. Und auch das Streben nach der Vollendung ist gut, weil im Einklang mit dem göttlichen Willen. (Als *bewußtes* Streben ist es *sittlich* gut.)

Dem Streben nach dem Höchstmaß seines Seins, das als das Grundstreben alles Geschaffenen anzusehen ist, sind eine ganze Fülle von einzelnen Strebungen ein- und untergeordnet, die auf einzelne *Güter* gerichtet sind. Darunter sind teils Zustände des Strebenden selbst zu verstehen, teils anderes Seiendes, das zur Erreichung dieser Zustände dienlich sein kann: so streben alle Lebewesen nach Sättigung und darum nach der Speise, die sie herbeiführt. (Was nicht um seiner selbst willen, sondern nur als Mittel zum Zweck erstrebt wird, das wird herkömmlicherweise als *bonum utile*, als *nützlich* bezeichnet.) Was erstrebt wird, aber nicht in Wahrheit geeignet ist, zur Vollendung zu führen, das ist nur scheinbar, nicht in Wahrheit ein Gut, weil es nicht im Einklang mit dem göttlichen Willen steht. In der Ordnung des Seienden ist aber jedes endliche Seiende bestimmt, irgendwelchem anderen Seienden zur Vollendung zu dienen, darum gut im Sinne des Vollkommenheitgebenden, nicht nur als von Gott Geschaffenes, so wie es für sich allein ist.

Gehört es zum Guten als solchem, ein Wirkliches zu sein? *Gredt* sagt, das Streben gehe auf etwas Wirkliches, nicht auf bloß Mögliches, weil das Wirkliche das Vollkommene sei. Aber auch das Mögliche sei schon in gewisser Weise gut, weil auf das Wirkliche hingeordnet [67]. Das ist sicher richtig, sofern es sich um ein Seiendes handelt, bei dem der Gegensatz von Wirklichkeit und Möglichkeit eine Stelle hat. Das Streben des Kranken geht darauf, *wirklich* gesund zu werden; deshalb muß es auch auf wirkliche Heilmittel gehen, weil Nicht-Wirkliches keine Heilung wirken kann. Gut ist aber auch das, was jenseits des Gegensatzes von Wirklichkeit und Möglichkeit steht: z. B. die Gesundheit als solche oder der Sinn der Gesundheit. Sie ist freilich nicht das, worauf das Streben des Kranken gerichtet ist und was ihm Erfüllung geben kann. Aber sie ist im Einklang mit dem göttlichen Willen, weil sie selbst eine göttliche Idee ist. Und die *wirkliche* Gesundheit ist so weit Gesundheit, als sie mit ihr übereinstimmt.

§ 16. Verhältnis von Wahrheit und Gutheit

Wir stoßen hier auf die Frage, wie *Wahrheit und Gutheit* zueinander stehen. In Gott fällt beides miteinander und mit dem Sein zusammen. Gott weiß um sein Sein und will sein Sein, und beides ist im Sein selbst enthalten. Nehmen wir aber Wahrheit als Zuordnung zum endlichen erkennenden Geist und Gutheit als Zuordnung zum endlichen Streben (oder als Zuordnung eines Seienden zu einem anderen, dem es zur Vollkommenheit dienen kann), dann treten beide auseinander, es bleibt aber ein bestimmter Zusammenhang zwischen ihnen. Das Seiende ist (transzendental) wahr, sofern es dem erkennenden Geist zugeordnet, d. h. geeignet ist, Gehalt seiner Erkenntnis zu werden. Im Erkennen gelangt der Verstand zu seiner Seinsvollendung: das Seiende, das ihm dazu verhilft, gibt ihm Vollkommenheit, ist also, sofern es wahr ist, auch gut — allerdings nicht schlechthin, sondern in dieser ganz bestimmten Hinsicht. (In anderer Hinsicht kann es schlecht sein: z. B. eine schlechte Tat; ja es kann sogar für den erkennenden Menschen schlecht sein: wenn ihm das an sich gute Wissen um die schlechte Tat Versuchung zur Sünde wird.)

Umgekehrt muß man auch sagen, daß das Gute als solches (das Seiende, sofern es gut ist) auch wahr sein muß, sofern es *als* gut erkennbar ist. Beim bewußten Streben ist die (wirkliche oder vermeintliche) Erkenntnis des Erstrebten als gut sogar Grundlage des Strebens. Beim naturhaften Streben ist für einen vernunftbegabten Beobachter das Erstrebte als Gut für das Strebende erkennbar. In dem

---

[67] a. a. O. II 25.

Namen „wahres Gut" kommt diese Verbindung zum Ausdruck; nur wenn die Erkenntnis des Seienden als gut wahr ist, ist es „in Wahrheit" ein Gut; dann ist es nicht nur in Übereinstimmung mit dem Streben eines Geschöpfes, sondern auch mit dem Willen des Schöpfers und damit zugleich — weil in Gott Erkenntnis und Wollen eins ist — im Einklang mit seinem *Urbild* im göttlichen Geist, d. h. *wahr* im Sinne der Wesenswahrheit.

Die Zusammengehörigkeit und Wechselbedingtheit von Wahrheit und Gutheit bringt nur auf eine neue Weise zum Ausdruck, daß das Seiende als solches wahr und gut ist. Der Sinn von *wahr* und *gut* bleibt dabei unterschieden, wie *Erkennen* und *Streben* verschieden und doch wechselseitig durcheinander bedingt sind. Wir müssen jetzt noch prüfen, ob sich das früher Gesagte bestätigt, daß das Wahre als Gehalt Vollendung gebe, das Gute dagegen durch sein Sein[68].

Wenn ich erkenne, daß dieser Baum grün ist, so umfasse ich mit dem Verstand sowohl das, was den Inhalt dieses Sachverhalts ausmacht, als sein Bestehen. Beides zusammen bildet den „Gehalt" meiner Erkenntnis. Im Vollzug dieser Erkenntnis geht der Verstand vom *möglichen* zum *wirklichen* Sein über, erfährt also eine gewisse Seinsvollendung. Aber in diesem Sein ist der erkannte Sachverhalt und sein Bestehen nicht als ein Teil enthalten, er ist nicht (in diesem Sinn) wirklich darin aufgenommen. Das Bestehen des Sachverhaltes und mein Sein bleiben in der Erkenntnis seinsmäßig getrennt, obgleich ich dem Bestehen des Sachverhalts die Seinssteigerung verdanke, die der Vollzug der Erkenntnis bedeutet. Darum ist es auch nicht von entscheidender Bedeutung, welcher Art das Sein ist, das in den Gehalt meiner Erkenntnis eingeht (obwohl verschiedenartige Erkenntnisse — wie sie im verschiedenen Sein der erkannten Gegenstände begründet sein können — eine höhere oder mindere Seinssteigerung für den Geist bedeuten können: z. B. eine sinnliche Wahrnehmung oder die Einsicht in einen metaphysischen Zusammenhang). Damit der Verstand durch *eine Wahrheit* Vollkommenheit erlange, kommt es nicht darauf an, daß er etwas Wirkliches erkenne, wohl aber, daß er wirklich erkenne. „Wirklich erkennen" kann dabei noch einen doppelten Sinn haben: 1. die Aktualität des Verstandes im Erkennen; 2. daß es sich um eine wahre und nicht bloß um eine vermeintliche Erkenntnis handelt. Auch die vermeintliche Erkenntnis ist *wirklich* im ersten Sinn, d. h. aktuelle Verstandesbetätigung, insofern auch eine gewisse Seinsvollendung, aber nicht *die* Vollendung, zu der der Verstand bestimmt ist. Daß der erkannte Gegenstand kein

---

[68] Vgl. S. 271f.

wirklicher zu sein braucht, gilt nicht nur für die vermeintliche, sondern auch für die wahre Erkenntnis: es muß in diesem Fall die Nichtwirklichkeit erkannt sein.

Wenn der Arzt erkennt, daß der Kranke durch eine Erholungsreise gesund werden könne, so erkennt er die Reise als *Gut* für den Kranken. Sein Verstand (und wenn er dem Kranken dieselbe Erkenntnis vermittelt hat, auch dessen Verstand) hat dadurch eine Bereicherung erfahren, auch wenn die Reise nicht zustandekommt. Aber *das* Gut, das für die beiden Ziel des Strebens ist, die Gesundheit, kann nur durch die wirkliche Reise herbeigeführt werden. Darum ist die *wirkliche* Reise mittelbares Ziel: die Fahrt, die den Kranken an den geeigneten Ort bringt, die Luft, die er dort einatmet, die Bäder, die er nimmt usw. Es handelt sich hier um eine Kette ursächlich verknüpfter wirklicher Geschehnisse, deren Ergebnis der veränderte Gesamtzustand des erholungsbedürftigen Menschen sein soll. Damit ein Streben Erfüllung finde, muß das erstrebte Ziel — und das ist, wenn es sich nicht um ein bloßes Mittel handelt, immer ein Gesamtzustand eines Wirklichen, eine Annäherung an sein vollkommenes Sein — in dem Seienden, für das es erstrebt wird, wirklich werden. (Das braucht nicht immer das Strebende selbst zu sein: in unserem Beispiel ist ja das Streben des Arztes auf die Gesundheit des Kranken gerichtet.) Weil das Streben (im engeren und eigentlichen Sinne des Wortes) immer auf Verwirklichung eines noch nicht Wirklichen gerichtet ist, sind sowohl das erstrebte Gut als das, wofür es erstrebt wird, Dinge, dingliche Geschehnisse oder Zustände in der Welt des Werdens, in der Mögliches wirklich wird. Die Erfüllung des Strebens ist ein wirklicher Vorgang, in dem das Ziel, die Mittel zum Ziel und das Seiende, dessen größere Vollkommenheit Ziel ist, in einen Wirkungszusammenhang — das ist eine Einheit des Seins — treten.

Wie ist mit diesen Klarstellungen die frühere Behauptung verträglich, daß das Wahre als solches (oder das Seiende als Wahres) auch gut sei? Auch beim Erkenntnisstreben wird für ein Seiendes eine größere Vollkommenheit erstrebt: für den Verstand und damit für den erkennenden Menschen. Und auch dieses Streben findet in einem wirklichen Vorgang — im Vollzug der Erkenntnis — Erfüllung. Der Gehalt der Erkenntnis aber, der zu den Bedingungen ihrer Verwirklichung gehört, tritt nicht mit ihr in einen ursächlichen Zusammenhang und in eine Einheit des Seins, sondern in jene eigentümliche Beziehung, die wir die *intentionale* nennen und die in der transzendentalen Wahrheit (als der eigentümlichen Zuordnung des Seienden zum erkennenden Geist) ihre Grundlage hat.

§ 17. Sein, Gut und Wert

Wir haben von der Wahrheit als Zuordnung des Seienden zum erkennenden Geist gesagt, daß sie vom Was irgend eines Seienden
unterschieden sei und im Sein als solchem inbegriffen sei. Gilt dasselbe
auch von der Gutheit? Eine Übertragung ist nicht ohne weiteres möglich,
weil infolge der Verschiedenheit von Erkennen und Streben auch die Zuordnung des Seienden zum einen und zum anderen einen ganz verschiedenen Sinn hat. Zuordnung zum Streben bedeutet zunächst nicht — wie
Zuordnung zum Erkennen — in jedem Fall eine Zuordnung zum Geist.
Denn das Streben als Gerichtetsein auf die Vollkommenheit des eigenen
Seins ist allem geschaffenen Wirklichen als einem Werdenden eigen: neben dem bewußten und in Erkenntnis begründeten (= geistigen) Streben
der vernunftbegabten Geschöpfe stehen das sinnliche der sinnenbegab-
ten, aber vernunftlosen Lebewesen und das naturhafte Streben der
nur belebten (aber nicht empfindenden) und der unbelebten Geschöpfe[69]. (Die Hinwendung der Pflanze zum Licht, das Einschießen
gelöster Stoffe in ihre Kristallform können als Beispiele naturhafter
Strebenstätigkeit dienen.) Nun gibt es außer dem Geist kein anderes
Seiendes, das — wie er — allem Seienden zugeordnet ist. Darin ist
es begründet, daß *Gutheit* keine so allgemeine Zuordnung bedeuten
kann wie Wahrheit; d. h. es ist wohl alles Seiende gut, aber nicht jedes
Seiende ist ein Gut für jedes andere (bzw. für jedes Strebende). Nur
das höchste Gut, das alle Vollkommenheit in sich schließt, ist ein Gut
für alles Seiende, weil ihm alles Seiende seine Vollkommenheit verdankt (*die* Vollkommenheit, die es bereits besitzt, die höhere, zu der
es bestimmt ist, und die Möglichkeit, in deren Besitz zu gelangen).
Jedes endliche Gut hingegen — „endlich" bedeutet dabei nicht zeitliche, sondern sachliche Begrenztheit und ist darum mit Ewigkeit
verträglich — hat nur für einen eingeschränkten Kreis des Seienden
die Bedeutung eines Vollkommenheitgebenden[70]. So ist selbst die
Wahrheit nur für den erkennenden Geist ein Gut, nicht aber für die
ungeistigen Geschöpfe. (Mittelbar kann allerdings auch die erkannte
Wahrheit ein Gut für die ungeistigen Geschöpfe bedeuten: die Einsicht in die Natur der Stoffe kann den Menschen dazu führen, ihnen
die ihnen gemäße Form zu geben.)
Demnach entspricht es dem Sinn des Guten, sich der inhaltlichen

---

[69] Vgl. *Thomas von Aquino*, De veritate q 22 a 1, 3 u. 4.

[70] Die Erkenntnis dieser Zusammenhänge dürfte geeignet sein, den echten
Sinn der „Relativität der Werte" (die mit „Subjektivität" nichts zu tun hat)
herauszustellen.

Mannigfaltigkeit des Seienden gemäß zu sondern. Ein Seiendes, sofern es bestimmt ist, anderem Seienden Vollkommenheit zu geben, nennen wir ein *Gut*. Das, was es zum Gut macht: die in seinem Was begründete Bedeutung für andere, hat in der modernen Philosophie den Namen *Wert* bekommen (*bonum* bezeichnet beides: das Seiende als Gutes und die Güte des Seienden). Die Mannigfaltigkeit der Gattungen und Arten des Seienden begründet eine Mannigfaltigkeit voneinander verschiedener Werte[71]. Die Scheidung von *Gut* und *Wert* ist wichtig, um die Verankerung der Gutheit im Sein klarzustellen.

Das Streben als solches ist schon an eine bestimmte Gattung des Seienden gebunden: streben kann nur ein Werdendes, d. h. ein Wirkliches, das noch unvollendet (also auch nicht vollwirklich, sondern zugleich wirklich und möglich — aktuell und potentiell) ist. Die Vollendung eines Unvollendeten ist das eigentliche Ziel des Strebens, Übergang von der Potenz zum Akt seine Erfüllung. So ist die ganze Güter- und Werteordnung eine Ordnung der wirklichen Welt. Das, was ein jedes Seiende unmittelbar erstrebt, ist sein eigenes Gutsein: die Vollendung seines Was und die Höchststufe seines Seins (die höchste Aktualität). Mittelbar ist für dieses Seiende alles andere Seiende gut, das auf seine Vollendung hinwirken kann. Weil es *wirken* soll, muß es ein *Wirkliches* sein: das Wirken gehört zum wirklichen Sein selbst; *was* es wirkt, das hängt davon ab, *was es ist*. So gehört das Gutsein auch des mittelbaren Gutes (d. h. des Vollkommenheitgebenden) sowohl zum Sein als zum Was des Seienden. Die ganze Welt des Werdens ist durchwaltet von der Ordnung, die jedes Geschaffene nach seiner eigenen Vollkommenheit streben und anderem auf dem Wege zur Vollkommenheit helfen läßt. Diese Ordnung selbst aber ist nicht dem Werden und Vergehen unterworfen, sondern ist ungeworden und unvergänglich. So wie das, was der Name „Mensch" bedeutet, nicht geboren wird und stirbt, so ist das, was das Wort „Heiligkeit" sagt (= Vollkommenheit einer Person; in abgeleitetem Sinn auch auf das zu übertragen, was der Vollkommenheit einer Person dient oder ihren Stempel trägt), nicht dem Werden unterworfen, obwohl Heiligkeit wirklich werden und darum Ziel des Strebens sein kann. *Güter* werden und vergehen. Aber das, was einem Seienden

---

[71] Hier ist die Grundlage für *Schelers* materiale Wertlehre (vgl. „Der Formalismus in der Ethik und die materiale Wertethik", Halle 1913). Die formale Gesetzlichkeit dieses Gebiets hat *Husserl* in seinen Vorlesungen über *formale Axiologie und Praktik* als Parallele zur formalen Logik herausgearbeitet. Leider sind diese bedeutungsvollen Untersuchungen nicht veröffentlicht.

die Bedeutung eines Gutes gibt und was wir *Wert* nennen, gehört in den Bereich des wesenhaften Seins. Nicht nur was ein Seiendes in sich betrachtet ist, sondern auch welche Bedeutung im Gesamtzusammenhang des Seienden — d. h. welcher Wert — ihm zukommt, ist von Ewigkeit her vorgezeichnet. Wenn es in Wahrheit das ist, was es sein soll (d. h. wenn es Wesenswahrheit besitzt), dann ist es auch wahrhaft gut (besitzt Wesensgüte) und — je nach dem Bereich, dem es angehört — wahrhaft heilig, schön, edel oder nützlich.

Es ist hier nicht unsere Aufgabe, in Einzelheiten der Güter- und Wertlehre einzugehen. Es war nur zu zeigen, wo sie ihren Ansatzpunkt in der Lehre vom Seienden als solchen haben. Jedem geschaffenen Wirklichen ist ein erreichbares Höchstmaß des Seins als das von ihm zu erstrebende Gut bestimmt; jedes hat zugleich für anderes die Bedeutung eines Vollkommenheitgebenden und ist darum für dieses ein Gut. Jedes Gute als solches ist im Einklang mit der ewigen (göttlichen) Ordnung des Seienden, die der Grund alles Gutseins und darum selbst gut ist.

§ 18. „Voller Sinn" des Guten und Wahren

Haben wir damit das Gute als eine *formale* Bestimmung des Seienden herausgestellt, d. h. als eine *Leerform*, die durch die verschiedenen inhaltlich bestimmten Güter und Werte eine Erfüllung findet? Der Begriff des Guten ist auf den des Seienden zurückgeführt worden in der Weise, daß es nur vom Seienden und von der Ordnung des Seienden her zu verstehen ist, daß ihm aber doch ein eigener Sinn zukommt, und zwar ein „voller Sinn". Wenn wir die Zusammenhänge von Sein und Gutsein durchschauen, so bestimmt sich dieser Sinn als der formale des Vollkommenen oder Vollkommenheitgebenden. Aber schon das natürliche (vorphilosophische) Sprachverständnis schreibt dem Wort „gut" (ebenso wie dem Wort „wahr") eine inhaltliche Bedeutung zu: einen Sinn, in dessen Verstehen der Geist ruhen kann. *Gut* ist das, worin ein Streben seine Erfüllung findet. Das mag den Verdacht eines *circulus vitiosus* erwecken, wenn man bedenkt, daß *Streben* nichts anderes ist als das Sichausstrecken nach einem Gut. Bei richtigem Verständnis der Sachlage löst sich aber die Schwierigkeit. *Streben* und *Gutheit* (ebenso *Erkennen* und *Wahrheit*) sind ihrem Sinne nach nicht eines ohne das andere zu erfassen; sie gehören untrennbar zueinander und keins ist „früher" als das andere. Wahrheit gibt es nur, wo ein erkennender Geist mit einem Seienden im Einklang ist, Gutheit nur (innerhalb des Endlichen), wo ein Bedürftiges sein Ziel findet. Nur wo der Geist erkennt, kann er „ursprünglich verstehen", was *Erkenntnis* und *Wahrheit* ist; nur wo der Geist strebt oder im Besitz eines Erstrebten ruht, kann ihm der „volle Sinn" dessen, was *Streben* und *Gut* bedeuten, aufgehen. Und dieses ursprüngliche Verstehen ist die Grundlage für das begriffliche Erfassen und Einordnen in die letzten Seinszusammenhänge.

§ 19. Schönheit als transzendentale Bestimmung

Indem wir dem Wahrsein und Gutsein einen „vollen" (= inhaltlichen) Sinn zusprechen und es andererseits als zum Sein selbst gehörig ansehen, nehmen wir auch für das Sein selbst einen inhaltlichen Sinn in Anspruch. Die Frage nach dem Sinn des Seins ist es ja, auf die alle *Transzendentalien* immer wieder zurückweisen. Ehe wir uns aber dieser Kernfrage zuwenden, soll auch noch die letzte der transzendentalen Bestimmungen, die Schönheit, kurz erörtert werden. Sie ist bei *Aristoteles* nur andeutend behandelt[72]. Er unterscheidet das Schöne vom Guten, sofern dieses zur Handlung gehöre, jenes auch dem „Unbewegten" zukomme, und bestimmt es in sich als Ordnung, Ebenmaß und Bestimmtheit begründet[73]. Daß das Gute zur Handlung gehöre, das läßt sich vielleicht in dem Sinn deuten, daß es Ziel des Strebens sei und als Wirkliches in Wirkungszusammenhang mit dem Strebenden stehe. Entsprechend würde die mögliche Unbewegtheit des Schönen bedeuten, daß seine Wirklichkeit nicht erforderlich sei und daß es durch das Wohlgefallen, das es auslöst, so unberührt bleibe wie das Erkannte durch das Erkennen. So scheint es der Auffassung des hl. *Thomas* zu entsprechen, der das Schöne als mit dem Guten zusammenfallend und doch dem Sinne nach davon unterschieden ansieht: „Das Schöne und das Gute sind zwar in ihrem Träger *(in subiecto)* dasselbe, denn sie beruhen auf derselben sachlichen Grundlage, nämlich auf der Form: darum wird auch das Gute als schön gerühmt. Begrifflich aber sind sie verschieden. Denn das

---

[72] Met. M 3, 1078 a 30ff. Aristoteles verweist hier auf einen „anderen Ort", wo er deutlicher darüber sprechen werde. Es ist aber nicht klar, welche Stelle in seinen anderen Schriften er dabei im Auge hat.

[73] Er nennt Ordnung, Ebenmaß und Bestimmtheit oder Begrenztheit (τάξις, συμμετρία, ὡρισμένον) τοῦ δὲ καλοῦ μέγιστα εἴδη. *Rolfes* übersetzt das (a. a. O. II 112): „die Hauptformen des Schönen". Das ist aber offenbar nicht so zu verstehen, als handele es sich um verschiedene *Arten* des Schönen, sondern es sind Ordnung, Ebenmaß und Bestimmtheit als die Grundzüge des Seienden aufzufassen, die es zum Schönen machen.

Gute steht in eigentlicher Beziehung zum Streben: gut ist das, wonach alle streben. Darum ist es auch seinem Wesen nach Ziel: denn das Streben ist gleichsam eine Bewegung zu seinem Gegenstand hin. Das Schöne aber steht in Beziehung zum Erkenntnisvermögen: denn schön nennt man, was beim Anschauen gefällt. Daher besteht das Schöne in einem angemessenen Verhältnis: denn die Sinne finden Genuß in Dingen, die in den rechten Maßen geordnet sind *(in rebus debite proportionatis)*, wie an ihresgleichen. Denn die Sinne, wie jede Art von Erkenntniskraft, sind eine Art Vernunft. Und weil die Erkenntnis durch Verähnlichung zustandekommt, die Ähnlichkeit aber im Hinblick auf die Form besteht, darum fällt das Schöne im eigentlichen Sinn unter den Begriff der Formenursache"[74].

Wenn alles Gute auch schön ist, ergibt sich — da alles Seiende als solches gut ist —, daß auch das Schöne zu den transzendentalen Bestimmungen gehört. Mit Wahrheit und Gutheit hat die Schönheit gemeinsam, daß sie das Seiende zu einem bestimmten Seienden in Beziehung setzt und zwar — wiederum wie die Wahrheit — in Beziehung zum Geist: denn sie ist das am Seienden, wodurch es geeignet ist, Wohlgefallen zu erwecken; Wohlgefallen aber ist ein geistiger Akt. (Auch wenn es sich um sinnenfällige Schönheit handelt, ist sie *als Schönheit* doch nur geistig faßbar[75].) Wie die Wahrheit den Verstand zu seinem vollkommenen Sein führt (d. i. zum Erkennen) und darum als sein eigentümliches Gut anzusehen ist, so ist auch die Schönheit das eigentümliche Gut einer besonderen Geisteskraft. Welches ist die Kraft, die dem Schönen zugeordnet ist und im Wohlgefallen ihre Vollendung findet? Es ist der dem Geist eigene *Sinn* für *Maß, Bestimmtheit und Ordnung*, worin ja *Aristoteles* die Schönheit begründet sah. Das, was zu seinem eigenen Sein gehört — denn er ist ja nach Maß und Art bestimmt und verfährt nach einer in ihn gelegten Ordnung: jener Ordnung, die wir *Vernunft* nennen —, das findet er in dem Seienden, das er erkennt, wieder. Wir haben es ja für alles Geschaffene als wesentlich angesehen, daß ihm ein bestimmtes Maß des Seins zuerteilt ist. Ein jedes ist auch als das, *was es ist*, bestimmt. Das ist es wohl, was Aristoteles im Auge hat, wenn er es ein „Begrenztes" nennt. Und in jedem sind die Teile, aus denen es aufgebaut ist, nach einem bestimmten Gesetz geordnet. In diesem

---

[74] S. th. I q 5 a 4 ad 1.

[75] Der hl. *Thomas* bringt das zum Ausdruck, indem er betont, daß vornehmlich die höheren („geistigen") Sinne den Zugang zum Schönen vermitteln (S. th. I/II q 27 a 1 ad 3) und daß nur der Mensch, nicht das Tier, die Freude am Schönen kennt (S. th. I q 91 a 3 ad 3).

Sinn darf wohl auch die Schriftstelle gedeutet werden, daß alles nach Maß, Zahl und Gewicht geschaffen sei[76]. Wenn der hl. *Thomas* (im Anschluß an *Augustinus*) das Gute in Art, Maß und Ordnung *(species, modus, ordo)* begründet sein läßt[77], so hat er dabei wohl neben der genannten Schriftstelle auch die aristotelische Bestimmung des Schönen vor Augen. Alle diese verwandten Ausdrücke wollen sagen, daß das Seiende als Geschaffenes ein seinem Was nach klar Bestimmtes und in bestimmten Maßen Geordnetes sei: einmal in seinem inneren Aufbau, sodann in seinem Verhältnis zu anderem (Thomas versteht an der zuletzt genannten Stelle unter Ordnung das Verhältnis der Geschöpfe zueinander, wodurch eines für die anderen die Bedeutung des Vollkommenheitgebenden und darum des Guten hat). Der geschaffene Geist (und insbesondere sein Erkennen) stimmt nicht nur als Seiendes mit allem andern Seienden darin überein, daß auch ihn diese Gesetzmäßigkeit des Seienden durchherrscht, er ist als Geist dadurch ausgezeichnet, daß er dieses Einklangs erlebnismäßig inne werden kann: dieses Innewerden ist es, was wir als „Wohlgefallen" oder „Freude am Schönen" oder „ästhetischen Genuß" bezeichnen. Es ist hier nicht der Ort zu untersuchen, wie weit diese verschiedenen Ausdrücke sachlich Gemeinsames, wie weit Verschiedenes bezeichnen, wie Erkenntnis des Schönen und Freude am Schönen sowie die anderen möglichen Verhaltungsweisen ihm gegenüber zueinander stehen, welche Rolle die Sinne dabei spielen, kurz alle die Fragen, die in eine ausgebaute Lehre vom Schönen und vom Erleben des Schönen hineingehören würden[78]. Es soll in unserem Rahmen nur versucht werden, die Einbeziehung des Schönen in die Reihe der transzendentalen Bestimmungen, d. i. der Eigenschaften des Seienden als solchen, verständlich zu machen. Es dürfte klar geworden sein, daß die Schönheit im Aufbau des Seienden als solchen ihre Grundlage hat und daß ihr besonderer Sinn die Möglichkeit einer in diesem Aufbau begründeten erlebten Beziehung des Geistes zum Seienden ist: einer eigentümlichen Beziehung, die von der Wahrheit als Übereinstimmung von Erkenntnis und Seiendem wie von der Gutheit als Übereinstimmung

---

[76] Weish. 11, 21: Es ist an dieser Stelle davon die Rede, daß die Strafen der Ägypter genau ihren Verirrungen angemessen waren. Aber diese Ordnung der göttlichen Gerechtigkeit wird auf die allgemeine Ordnung der Schöpfung zurückgeführt.

[77] De veritate q 21 a 6.

[78] Ebensowenig ist es möglich, die sich aufdrängenden Beziehungen zu *Kants* Ästhetik (Kritik der Urteilskraft) oder etwa zur modernen Einfühlungsästhetik (Th. *Lipps*) zu untersuchen.

des Strebens mit dem Seienden unterschieden ist, aber mit beiden etwas gemeinsam hat: mit der Wahrheit, daß es ein *Erkanntes* (in einem weiten Sinn von *Erkennen*) ist, das gefällt (*visa* placent), aber mit dem Unterschied, daß es eben nicht nur erkannt ist, sondern *gefällt* (visa *placent*); und dieses Gefallen bedeutet für den Geist ein Ruhen am Ziel, wie er es in der Erfüllung des Strebens findet. Darin fallen Gutheit und Schönheit zusammen. Der hl. Thomas bringt diese Zusammenhänge zum Ausdruck mit den Worten: „Wenn man sagt, das Streben habe das Gute und den Frieden und das Schöne zum Ziel, so sind damit nicht getrennte Ziele zum Ausdruck gebracht. Denn eben auf Grund dessen, daß etwas das Gute erstrebt, erstrebt es zugleich das Schöne und den Frieden; das Schöne, sofern es in sich selbst nach Maß und Art bestimmt ist *(modificatum et specificatum)*, was im Begriff des Guten eingeschlossen ist; das Gute fügt jedoch das Verhältnis des Vollkommenheitgebenden für anderes hinzu. Wer immer also das Gute erstrebt, der erstrebt eben dadurch das Schöne. Der Friede aber bedeutet die Entfernung alles dessen, was beunruhigt und das Erlangen hindert. Also wird eben damit, daß etwas begehrt wird, die Entfernung dessen begehrt, was ihm im Wege steht. So wird mit einem und demselben Streben das Gute, das Schöne und der Friede erstrebt"[79].

Da Wahrheit und Gutheit auf dem beruhen, *was das* Seiende ist, und zugleich zu seinem Sein selbst gehören, so ist auch die Schönheit in der Wasbestimmtheit des Seienden begründet (darum der inhaltlichen Mannigfaltigkeit des Seienden entsprechend eine jeweils verschiedene) und zugleich — als im rechten Maße Geordnet*sein* und mit der Ordnung des Geistes Im-Einklang-*sein* — zum Sein selbst gehörig.

Wenn die Schönheit dem Seienden als solchen eigen (also eine echte transzendentale Bestimmung) sein soll, dann darf sie nicht nur dem geschaffenen Seienden zugehören, wie es nach den bisherigen Ausführungen scheinen könnte (da nur das Geschaffene, Endliche ein nach Maß und Art Begrenztes ist). Wie es nun eine göttliche Wahrheit und Gutheit als letzten Grund alles Wahren und Guten gibt, so muß es auch eine göttliche Schönheit als letzten Grund alles Schönen geben. Der hl. *Thomas* kann uns mit einer Bestimmung des Schönen, die bisher noch nicht angeführt wurde, in dieser Richtung weiterhelfen. Bei der Behandlung der Unterschiede der göttlichen Personen schreibt er die Schönheit in besonderer Weise dem Sohn zu und führt dabei aus: „ . . . zur Schönheit ist dreierlei erforderlich: erstens *Un-*

---

[79] De veritate q 22 a 1 ad 12.

versehrtheit oder Vollkommenheit — denn was verstümmelt ist, das ist eben dadurch häßlich —, sodann *Ebenmaß* oder Harmonie und schließlich *Klarheit*. Darum nennt man die Dinge schön, die eine glänzende Farbe haben"[80]. Vollkommen ist ein Seiendes, wenn es ganz das ist, was es sein soll, wenn nichts daran fehlt, und wenn es das Höchstmaß seines Seins erreicht hat. Diese Vollkommenheit bedeutet Übereinstimmung des Seienden mit der göttlichen Idee, die sein Urbild ist (d. h. Wesenswahrheit), und damit zugleich mit dem göttlichen Willen (d. h. Wesensgutheit). Was vollkommen ist, das ist wahr, gut und schön. In der Vollkommenheit ist im Grunde auch schon eingeschlossen, daß das Seiende das rechte Maß hat: daß es als Ganzes im Besitz des ihm zugemessenen Seins ist und daß alle Teile in ihm im rechten Verhältnis sind (daß es auch die rechte Ordnung hat, fügt noch hinzu, daß es auch im Zusammenhang des Seienden den angemessenen Platz einnimmt). Wenn es sich um ein Bild handelt, so bedeutet das rechte Maß überdies, daß es eine vollkommen getreue Wiedergabe des Dargestellten ist: „Ein Bild heißt schön, wenn es seinen Gegenstand — mag er auch noch so häßlich sein — vollkommen darstellt"[81]. (Sofern jedes Geschaffene Abbild eines göttlichen Urbilds ist, fällt das rechte Maß mit der Wesenswahrheit zusammen.) Die „Klarheit" aber ist wie ein Lichtglanz, der über das Seiende ausgegossen ist und seinen göttlichen Ursprung verrät. Es scheint, daß mit diesem Wort der eigentliche Zauber des Schönen ausgesprochen ist: das, was in so eigentümlicher Weise die Seele ergreift und was der natürliche Mensch meint, wenn er etwas „schön" nennt. Wie wir „ursprünglich verstehen", was Wahrheit ist, wenn wir erkennen, und was Gutheit ist, wenn unser Streben Erfüllung findet, so verstehen wir, was Schönheit ist, wenn jener „Glanz" uns an die Seele rührt. Er begegnet uns in der sinnlichen Welt als das Strahlen des körperlichen Lichtes selbst, ohne das uns alle sinnliche Schönheit verborgen bliebe, als Farbenglanz und als Liebreiz körperlicher Gestalten. Aber er ist nicht an die Sinnenwelt gebunden. Es gibt eine geistige Schönheit: die Schönheit der Menschenseele, deren „Wandel oder Tun nach der geistigen Klarheit der Vernunft im rechten Maß geordnet ist"[82]. Je näher ein Geschaffenes dem göttlichen Urbild alles Seienden steht, desto vollkommener ist es. Darum muß die geistige Schönheit eine höhere sein als die sinnliche. Und weil die Seele durch die Gnade in einem ganz neuen Sinn dem göttlichen Sein angenähert wird, muß der Glanz, den die Gnade über eine Seele ausgießt, alle natürliche Harmonie

---

[80] S. th. I q 39 a 8 corp.   [81] a. a. O.   [82] S. th. II/II q 145 a 2 corp.

übertreffen[83]. Was aber allem Geschaffenen Sein und Schönheit gibt, muß die höchste Schönheit — die Schönheit selbst — sein[84]. Gott ist das vollkommene Sein, ohne jeden Mangel und Fehl. Wenn er für uns unbestimmbar und unmeßbar ist, weil seine Unendlichkeit alle unsere Maße und Bestimmungen übersteigt, so ist es doch sein eigenes Maß, in und für sich selbst „ausgemessen" und bestimmt, in und mit sich selbst in vollem Einklang, in und für sich selbst ganz durchleuchtet: das Licht selbst, „in dem kein Schatten von Finsternis ist"[85].

---

[83] *Thomas von Aquino*, In Psalmum 23.

[84] *Thomas von Aquino*, In Dionysium de divinis nominibus, cap. 4, lect. 5. Zur Lehre des hl. Thomas über das Schöne vgl. Martin *Grabmann*, Die Kulturphilosophie des hl. Thomas von Aquin, Augsburg 1925, Kap. V, S. 148 ff.

[85] 1 Joh. 1, 5.

VI

DER SINN DES SEINS

§ 1. Gemeinsamer Sinnesbestand alles endlichen Seins und verschiedene Seinsweisen (wesenhaftes Sein, Existenz, wirkliches und gedankliches Sein)

Die Untersuchung der einzelnen transzendentalen Bestimmungen hat ergeben, daß es Unterschiede zwischen ihnen gibt. Nur ein Teil von ihnen bestimmt das Seiende, wie es in sich ist und (wenn wir vom Sinn des Seins selbst absehen) in seinem rein formalen Aufbau. (In dieser Weise glaubten wir das *ens, res, unum, aliquid* verstehen zu müssen — das letzte, wofern wir es nicht mit *Thomas* als *aliud quid* auffassen.) Dagegen sahen wir im Wahren, Guten und Schönen Bestimmungen, die das Seiende als solches in Beziehung zu einem inhaltlich bestimmten engeren Seinsgebiet setzen und selbst einen entsprechenden inhaltlichen Sinn haben. In *allen* transzendentalen Bestimmungen aber — als Bestimmungen des Seienden *als solchen* — ist das *Sein* enthalten, und so kann man keine volle Klarheit darüber gewinnen, wenn es nicht gelingt, den *Sinn des Seins* zu klären. Als Ausgangspunkt dafür bieten sich uns die verschiedenen Bedeutungen des Seins, die sich im Verlauf unserer Untersuchungen herausgestellt haben[1]. Je nach dem Sinn, den wir in der Bestimmung des Seienden (ὄν, *ens*) = „etwas, was ist" dem „ist" geben, wird sich das leere Etwas verschieden erfüllen, und umgekehrt.

Denken wir uns als Erfüllung des Etwas eine *Wesenheit* oder ein *Sinngebilde*, so ist das entsprechende Sein das *wesenhafte*. Darunter verstanden wir die ruhende (nicht zeitliche) *Entfaltung* dessen, was in der Einheit des Sinnes enthalten ist. Bei den einfachen Wesenheiten ist das ein schlichtes Hingebreitetsein und damit zugleich Offenbarsein[2] für den verstehenden und in diesem Verstehen ruhenden Blick des Geistes. Bei zusammengesetzten Sinngebilden ist es zugleich ein Ineinander und Auseinander der geord-

---

[1] Vgl. wiederum die Übersicht S. 147.

[2] Worin wir den eigentlichen Sinn der transzendentalen Wahrheit sahen.

neten Mannigfaltigkeit von Einzelzügen eines Gefüges. Ihm entspricht in einem zeitlich gebundenen Geist ein schrittweise vorgehendes und wachsendes Erkennen. Von diesem wesenhaften Sein haben wir gesagt, daß es dem entsprechenden „Etwas" unabtrennbar zugehöre. Dieses Sein ist nicht eine besondere Art des Seins, sondern ein unaufhebbarer Sinnbestandteil allen Seins: Wie jedes Etwas einen Sinn hat, so steckt in jedem Sein das dem Sinn zugehörige Sein. Das gilt nicht nur für die Sinnesfülle, die die Stelle des Was einnimmt; auch das leere Etwas und alle leeren Formen haben noch Sinn und Sein als zum Aufbau des Seienden gehörig.

Eine Schwierigkeit macht hier das „Nichts", das einen verstehbaren Sinn zu haben scheint, aber keine Wesenheit ist. Es hat nicht nur keinen *vollen Sinn*, sondern nicht einmal einen *leeren* im Sinn einer leeren, aber erfüllbaren Form, wie es das Etwas ist, sondern einen unerfüllbar leeren; und in der Unerfüllbarkeit der Leere enthüllt sich die „Wesenlosigkeit". Darum kommt ihm kein Sein, sondern das Nichtsein zu, und alles, was von ihm ausgesagt werden kann, ist Verneinung[3].

Das wesenhafte Sein ist also ein unaufhebbarer Bestandteil allen Seins, aber bei jedem Etwas, das nicht bloß reines Sinngebilde ist, kommt zu diesem Sein noch etwas anderes hinzu. Wir haben für diesen reicheren und volleren Sinn des Seins den Namen *Existenz* gewählt und haben darunter nicht nur „Dasein" (= *wirkliches Sein*) verstanden, sondern auch das Sein von *idealen Gegenständen*, wie es die mathematischen sind. Daß „Dasein" im Sinne von wirklichem Sein etwas über das wesentliche Sein hinaus ist (d. h. noch etwas *anderes* als wesentliches Sein — das ist nicht als etwas „Höheres" zu verstehen), braucht nach allen vorausgehenden Untersuchungen kaum noch gezeigt zu werden: es wird etwas „ins Dasein gesetzt", sein wirkliches Sein nimmt einen zeitlichen Anfang. Aber das, *was es ist*[4], war, ehe es wirklich wurde, und hat keinen zeitlichen Anfang. Für das Sein der *idealen Gegenstände* dagegen (der Zahlen, der geometrischen Gebilde, der reinen Farben usw.), für die wir auch *Existenz* in Anspruch genommen haben, ist noch nicht der Nachweis erbracht, daß ihr Sein noch etwas anderes sei als wesenhaftes Sein. Daß ihr Sein ein anderes ist als das wirkliche (das Dasein der Dinge und dessen, was zu ihrem Aufbau gehört oder in ihnen begründet ist), das ist leicht einzusehen: das Dreieck, der Kreis, die Zahlenreihe, die reinen Farben haben niemals an-

---

[3] Vgl. die ergänzenden Ausführungen über *gedankliche Gebilde* S. 306 f.

[4] Als reine Washeit verstanden, nicht als *wirkliches* Wesen.

gefangen zu sein und existieren, gleichgültig ob ihnen etwas in Wirklichkeit entspricht oder nicht. Schwerer ist es, einen Unterschied zwischen ihrem Sein und dem wesenhaften Sein aufzuweisen. Es wird nur gelingen, wenn man den eigentümlichen Aufbau ihres Was untersucht; das muß im Zusammenhang mit der Frage geschehen, ob sie — neben den wirklichen Dingen — als πρώτη οὐσία in Anspruch zu nehmen seien. Nur andeutungsweise möchte ich sagen, daß sie Sinngebilde besonderer Art sind; ihr Aufbau folgt einer strengen Gesetzmäßigkeit, wie sie nicht allen Sinngebilden eigen ist. Dem entspricht die Eigentümlichkeit ihres wesenhaften Seins: wir haben das wesenhafte Sein als (zeitlose) Entfaltung oder Entfaltetsein der reinen Sinngebilde bezeichnet; wenn ihr Was in eigentümlicher Weise aufgebaut ist, dann muß es sich auch in eigentümlicher Weise entfalten. Der strengen Gesetzmäßigkeit ihres Aufbaus entspricht die Notwendigkeit der Sätze, die über sie ausgesagt werden, und die Eigenart der Wissenschaften, deren Gegenstand sie bilden.

Das *ideale Sein* können wir also als eine besondere Art des wesenhaften Seins verstehen: als die eigentümliche Art, wie *ideale Gegenstände* sich (zeitlos) entfalten. Das Reich des wesenhaften Seins wird damit nicht überschritten. Im wirklichen Sein dagegen kommt zur zeitlosen Entfaltung des Was der Dinge eine völlig neue Weise der Entfaltung hinzu: das Hineingestelltwerden und Sichhineingestalten der Dinge in eine zeitliche und räumliche Welt; und das zugrundeliegende Hineingestelltsein in sich selbst und Begründetsein in sich selbst, das wir als Eigentümlichkeit des dinglichen (=substantialen) Seins erkannt haben und das für das „Sichgestalten" vorausgesetzt ist. Die Verbindung zwischen dem wesenhaften Sein des Was und dem wirklichen Sein des entsprechenden Dinges ist begründet im Wesen als der Wasbestimmtheit des Dinges: das Ding könnte sich nicht entfalten, wenn ihm nicht sein Was bestimmt wäre. Wenn wir das Wesen als Was*sein* der Dinge bezeichnet haben, so muß dies Sein von dem wesenhaften Sein des reinen Was unterschieden werden: Es hat seine Wurzel in der Wesensform, die als ein neuer Anfang des Seins gesetzt ist. Ihr Sein ist Gestaltung eines wirklichen Wesens und damit eines durch dieses Wesen bestimmten Gebildes im Zusammenhang der wirklichen Welt. Das Sein dieses Gebildes ist fortschreitendes Sicherschließen eines in sich Verschlossenen: Übergang von Potentialität zu Aktualität.

Existenz haben wir als Sein unabhängig von einem erkennenden (endlichen) Geist, als Sein auf sich selbst gestellter Gegenstände gefaßt. Den Gegensatz dazu bildet das *gedankliche Sein*, das denkende Geister voraussetzt[5]. Alles Denken ist Denken *an* oder *über* etwas oder auch Gestalten von etwas. Wenn das Etwas erfüllt ist, ist das Gedachte ein *voller Sinn*[6].

An etwas denken heißt den geistigen Blick auf einen Gegenstand (im weitesten Sinn) richten, und zwar auf einen, den ich nicht unmittelbar vor Augen habe. Wenn ich einem Ding, das ich sinnlich wahrnehme, zugleich mit dem Geist zugewendet bin, so nennen wir das nicht „Denken an". Dagegen kann ich die Bücher vor mir wahrnehmen und zugleich „an ein Buch denken", das ich gestern gesehen habe. Das bedeutet mehr als daß „mir das Buch einfällt" oder daß ich „mich daran erinnere". Das „Denken an" ist ein tätiges Ergreifen und damit auch etwas, was mit „Begreifen" etwas zu tun hat: Entweder habe ich von dem Gegenstand schon vorher etwas begriffen und fasse ihn jetzt unter dem entsprechenden Begriff: „das vorzügliche Buch, das ich gestern gelesen habe . . .", oder das *Ergreifen* ist ein Ansatz zum *Begreifen*: ich sehe in der Ferne ein Ding, das ich noch nicht erkennen kann, und gerade seine Unbestimmtheit reizt zur denkenden Beschäftigung damit: „Dieses geheimnisvolle Etwas will ich mir doch näher besehen". Das Bemühen um das begriffliche Eindringen ist dann schon „Nachdenken über": „Ob es wohl ein Baum ist oder ein Haus?" In solchen Fällen ist der Gegenstand noch nicht mit seinem vollen Sinn erfaßt, aber es ist vorausgesetzt, daß er einen vollen Sinn hat. Der Gegenstand und der volle Sinn, der ihm „in Wirklichkeit" zukommt, sind in diesen Fällen unabhängig von meinem Denken. Das Was dagegen, das ich ihm in meinen Fragen „zudenke" — „Baum", „Haus" —, steht in einer gewissen Abhängigkeit zu meinem Denken. Es wird durch mein Denken an den Gegenstand herangetragen, und es ist ein gedankliches Gebilde, wohl aus einer sachhaltigen Erkenntnis (in diesem Fall aus der sinnlichen Erfahrung) gewonnen, aber von seiner ursprünglichen Seinsgrundlage abgelöst und vom Geist getragen. Eben dieses „vom Geist getragen sein" oder „im Geist sein" ist es, was wir unter *gedanklichem Sein* verstehen. Weil es ein anderes Sein voraussetzt — das des Seienden, aus dessen Erkenntnis die gedanklichen Gebilde genommen oder nach dem sie „gebildet" wer-

---

[5] Auf die Frage, ob eine Mehrheit endlicher Geister erfordert ist, brauchen wir hier nicht einzugehen. Ebenso ziehen wir den unendlichen Geist jetzt nicht in Betracht.

[6] Es wird besonders zu prüfen sein, was vorliegt, wenn etwas „Unsinniges" oder „Widersinniges" gedacht wird.

den —, haben wir es ein „Sein aus zweiter Hand" genannt. Das
Sein, das ihm zugrunde liegt, braucht nicht das wirkliche zu sein.
Die gedanklichen Gebilde sind *Abbilder* der reinen Sinngebilde
und können nicht nur aus der Erfahrung wirklicher Dinge, sondern
auch aus der Erkenntnis von Wesensmöglichkeiten gewonnen werden. Das ist uns früher am Beispiel des dichterischen Schaffens klar
geworden. Dieses Schaffen von Gebilden auf Grund von Wesensmöglichkeiten ist das, was wir *gedankliches Gestalten* nennen. Es
ist nicht nur für die künstlerische, sondern auch für die wissenschaftliche Arbeit von grundlegender Bedeutung.

Es ist nun aber noch zu fragen, ob es nicht auch ein Denken und
gedankliche Gebilde gibt, denen kein wesenhaftes Sein zugrunde
liegt. Wie steht es mit dem *Nichts*, mit *Unsinn* und *Widersinn*? Vom *Nichts* war schon die Rede[7]. Wir denken es, aber es
ist kein „Gebilde". Es ist inhaltlos und damit wesenlos. Ja es ist
nicht einmal eine leere Form zu nennen, sondern nur die Aufhebung
oder Durchstreichung einer leeren Form — nämlich der des Etwas.
Es erweist die Unfähigkeit des Denkens, „etwas" aus sich zu erzeugen, das nicht auf etwas Gegebenem beruhte.

Von *Unsinn* ist dort zu sprechen, wo etwas vorliegt, das einen
Sinn vermuten läßt, aber auf keinen verstehbaren Sinn führt. Dahin
gehören „sinnlose Silben" (ba — ce — dam): als geformte Lautgebilde
legen sie es nahe, einen Wortsinn in ihnen zu suchen, aber es entspricht ihnen keiner. Man kann ihnen nur den unbestimmt-allge-
meinen Sinn geben: Rohstoff für Wortbildungen. Die sachliche
Grundlage dafür bietet das Wesen der Sprache. Auch Wortreihen,
die nicht den Formgesetzen der Satzbildung genügen und darum
keinen geschlossenen Sinn ergeben, sind als „unsinnig" oder „sinnlos" zu bezeichnen; z. B. „er und oder". Der *Unsinn* legt Zeugnis dafür ab, daß es eine strenge Formgesetzmäßigkeit für Sinngebilde gibt.

Von *Widersinn* ist dort zu sprechen, wo volle sachhaltige Sinngebilde zusammengefügt werden, die miteinander unverträglich sind:
z. B. „dreieckiger Kreis". Das Denken fügt hier sinnvolle Teile zu
einem Ganzen zusammen, dem kein erfüllbarer Sinn entspricht.
Während beim Wider*sinn* durch die Unmöglichkeit einer erfüllenden
Anschauung die Wesenlosigkeit des gedanklichen Scheingebildes erwiesen wird, ist sie beim Wider*spruch* in der fehlerhaften Form begründet. „Das Blatt ist grün und nicht grün" läßt seiner Form nach
keine sachliche Erfüllung zu; setzt man dafür die inhaltlose Formel

---

[7] Vgl. S. 303.

A ist b und nicht b, so wird schon daraus die Wesenlosigkeit erkennbar.

All diese ohnmächtigen Versuche des Denkens, nach eigener Willkür etwas Sinnvolles zu gestalten, beleuchten nur das Verhältnis von gedanklichem und wesenhaftem Sein: echtes gedankliches Sein, d. h. das Sein sinnvoller Gedankengebilde, beruht auf dem wesenhaften Sein reiner Sinngebilde. Ihr Sein ist ein anderes als das wesenhafte, weil sie vom Geist den reinen Sinngebilden nachgestaltet und von ihm im Sein erhalten werden. Wo der Geist sich von den Gesetzen der reinen Sinngebilde losmacht und „selbständig" verfahren will, bringt er nur leere Scheingebilde zustande, und auch das nur mit Hilfe von Teilgebilden, die er der Welt des echten Sinnes entnimmt. Es gehört zur eigentümlichen Freiheit des Denkens einerseits, zur selbständigen Gesetzmäßigkeit der Sinnesformen andererseits, daß es dem Geist möglich ist, mit leeren Formen sein Spiel zu treiben und ganze Gebäude von leeren Gedankengebilden zu errichten. Solange die formalen Gesetze dabei nicht verletzt werden, ist es nicht ausgeschlossen, daß sich für diese Gebilde ein erfüllender sachlicher Sinn finden läßt. Ob es etwas entsprechendes Sachliches gibt oder nicht, das läßt sich aber nicht vom leeren Denken her, sondern nur auf Grund sachlicher Einsicht entscheiden[8].

Nach den vorausgehenden Überlegungen können wir es nun versuchen, den gemeinsamen Sinnesbestand allen (endlichen) Seins zu bestimmen. *Endliches Sein ist Entfaltung eines Sinnes; wesenhaftes Sein ist zeitlose Entfaltung jenseits des Gegensatzes von Potenz und Akt; wirkliches Sein Entfaltung aus einer Wesensform heraus, von der Potenz zum Akt, in Zeit und Raum. Gedankliches Sein ist Entfaltung in mehrfachem Sinn:* die ursprüngliche Entstehung der echten Gedankengebilde ist zeitlich wie die Denkbewegung, durch die sie gebildet werden. Die „fertigen" Gebilde aber haben etwas von der Zeitlosigkeit des Seienden, dem sie nachgebildet wurden und in dem sie als „möglich" immer vorgezeichnet waren. Andererseits ist in jedem Gedankengebilde die Möglichkeit einer neuen Denkbewegung begründet, durch die es nacherzeugt wird und in einem denkenden Geist ein neues Sein gewinnt (ein *actu intelligibile* wird). Bei den Gedankengebilden, denen kein erfüllender sachlicher Sinn entspricht, ist Sein: bloßes Gedacht-sein. Das ist ein Schein-Sein, das echtes Sein vortäuscht.

---

[8] Vgl. dazu in der Abhandlung von O. *Becker* „Mathematische Existenz" (Husserls Jahrbuch Bd. 8, Halle 1927, S. 441 ff.) die Kritik des Hilbertschen Formalismus (S. 472 ff.).

§ 2. Die transzendentalen Bestimmungen und der „volle Sinn" des Seins

Ist der Sinn des Seins mit dem, was wir als gemeinsamen Sinnesbestand in allem wahren Sein gefunden zu haben glauben — Sein als *Entfaltung*, was aber nur ein anderer Name, keine Erklärung oder Zurückführung ist —, erschöpft und ist dies ein *voller Sinn* oder nur die Form einer Fülle, die durch die verschiedenen Seinsweisen eine verschiedene Ausfüllung erfährt? Auf die erste Frage werden wir eine Antwort finden, wenn wir uns das vergegenwärtigen, was schon bei der Erörterung der einzelnen transzendentalen Bestimmungen über den Sinn allen Seins herausgestellt wurde. Sein als Entfaltung eines Was bedeutet nicht nur das Auseinander und Ineinander dessen, was in diesem Was enthalten ist, sondern zugleich sein Offenbarsein (bzw. -werden) oder Faßbarsein für einen erkennenden Geist (d. h. alles Sein ist als solches *wahres* Sein); es bedeutet: seinen Platz in der Gesamtheit alles Seienden einnehmen und damit zu der Vollkommenheit dieses Ganzen beitragen (d. h. *gut* sein); es bedeutet: nach einem bestimmten Aufbaugesetz geordnet sein und dadurch sowohl mit dem ordnenden als mit dem in einer entsprechenden Ordnung erkennenden Geist in Einklang sein (d. h. *schön* sein und zugleich *vernünftig* sein). Wenn vom Ineinander und von der Ordnung der Teile eines Ganzen die Rede ist, so ist darin ferner eingeschlossen, daß zum Sein *Einssein* gehört. Wo das Was ein Einfaches ist, da schränkt sich die Bedeutung von Auseinander und Ineinander und die Ordnung der *Teile* im *Ganzen* ein auf den Gegensatz von *Form* und *Fülle*, wie ihn der Grundaufbau des Seienden: *etwas, was ist*, andeutet. Die Einheit hat im Etwas und im Sein ihre Stelle, durch beide ist die Fülle zusammengeschlossen.

Einheit, Wahrheit, Gutheit, Schönheit gehören zum Sinnesbestand des Seins selbst; und es gehört dazu, daß es Sein eines Etwas — und zwar eines erfüllten Etwas — ist. Da die transzendentalen Bestimmungen das Seiende *als solches* auseinanderlegen, kann es ja auch nicht anders sein, als daß sie zugleich das Sein auseinanderlegen. Der *volle Sinn* des Seins aber ist mehr als die Gesamtheit der transzendentalen Bestimmungen, weil das Seiende, das *ist*, nicht die leere Form des Seienden, sondern das Seiende in der Fülle seines Was ist. Auch die leere Form *ist* zwar, aber nur sofern sie an dem Sein des Ganzen Anteil hat, das sie aufbauen hilft. Das Sein ist *eines*, und alles, was ist, hat daran teil. Sein *voller Sinn* entspricht der Fülle alles Seienden. Wir *meinen* diese ganze Fülle, wenn wir vom *Sein*

sprechen. Aber ein endlicher Geist vermag diese Fülle niemals in die
Einheit einer erfüllenden Anschauung zu fassen. Sie ist die unendliche Aufgabe unseres Erkennens.

Wenn wir das Sein *eines* nennen, so meinen wir nicht die Einheit
eines *Allgemeinen*; es ist keine Gattung, die sich in Arten teilt
und in Individuen vereinzelt. Wenn der hl. *Thomas* sagt, daß das
Seiende keine Gattung sei[9], so gilt das, weil vom Seienden *als solchem*, eo ipso auch vom Sein. Es ist nur dann die Frage, welchen Sinn
die Rede von verschiedenen *Seinsweisen* behält und die Rede von
einem Seienden gegenüber einem anderen (d. h. von einer Einheit
der Zahl nach) und von einem Sein, das einem jeden Seienden als
sein Sein zugehört.

§ 3. *Einheit des Seins und Vielheit des Seienden —*
Eigensein des einzelnen Seienden

Wir wollen die zweite Frage zuerst erwägen. Wir haben die ganze
Betrachtung in der stillschweigenden Voraussetzung geführt, die der
natürlichen Erfahrung entspricht: daß es eine Vielheit von Gegenständen gibt. Nur unter dieser Voraussetzung hat es z. B. einen
Sinn, zu fragen, ob „*das* Seiende" „*irgendein* Seiendes" bedeute oder
„*alles* Seiende". Gäbe es keine Vielheit, so könnte ja weder von
„irgendeinem" noch von „allem" gesprochen werden. Es würde
auch allen Ausführungen über Dinge, die ihr eigenes Sein haben
(damit allem, was über οὐσία gesagt wurde), der Boden entzogen.
Es ist bekannt, wie die Schwierigkeit, Einheit und Vielheit in Einklang zu bringen, das griechische Denken beschäftigt hat. Die *Ele-
aten* haben die augenscheinliche Erfahrungstatsache der Vielheit
preisgegeben, um die Einheit des wahren Seins aufs schärfste
herauszuarbeiten. Demgegenüber wird es *Aristoteles* als besonderes
Verdienst nachgerühmt, daß er das philosophische Denken wieder
auf den sicheren Boden der Erfahrung gestellt habe. Die *Scholastik*
ist ihm darin gefolgt. Es ist nicht Ziel dieser Arbeit, *thomistische*
und *phänomenologische* Erkenntnislehre einander gegenüberzustellen. Dazu wäre ein eigenes großes Werk erforderlich. Es soll
hier nur die in unserem Zusammenhang wichtige Übereinstimmung
hervorgehoben werden, daß beide in der natürlichen Erfahrung den
Ausgangspunkt für alles darüber hinausführende Denken sehen.
Wenn nicht alle Erkenntnis aus der Erfahrung ihr Recht nimmt,

---

[9] De veritate q 1 a 1 corp.

wenn es vielmehr noch eine aus reiner Vernunft erkennbare Rechts-
grundlage der Erfahrung gibt, so bleibt es eben doch Ziel alles Denkens, zum Verständnis der Welt der Erfahrung zu gelangen. Ein
Denken, dessen Ergebnis nicht die Begründung, sondern die Aufhebung der Erfahrung bedeutet (und zwar nicht einer einzelnen Erfahrungstatsache, die sich ja immer als Täuschung herausstellen
kann, sondern der gesamten Welt der Erfahrung), ist bodenlos und
verdient kein Vertrauen.

Wir müssen also versuchen, zu verstehen, wie die Vielheit des Seienden und seine Einheit, das eigene Sein jedes einzelnen Seienden
und *das eine* Sein nebeneinander bestehen können. Was über den
Sinn des Guten und des Schönen gesagt wurde, kann uns Wegweiser
sein. Wenn jedes Seiende für anderes die Bedeutung eines Vollkommenheitgebenden hat und wenn jedes nach einem Aufbaugesetz gebildet
ist, das sich einer allgemeinen Ordnung einfügt, so ist damit ausgesprochen, daß alles Seiende ein einheitlich geordnetes *Ganzes*, also
Eines ist: *das* Seiende, als dessen Teile alle als in sich geschlossen
auffaßbaren Sinn-Einheiten anzusehen sind. Das *eine Sein* ist das
Sein dieses *Ganzen*, an dem alle *Teile* „teilhaben".

Es ist wohl zu erwägen, was dabei unter dem *Ganzen* und den
Teilen zu verstehen ist. Es mag zunächst an die *Natur* als die
Welt der sinnlichen Wahrnehmung und Erfahrung gedacht werden
und an die Dinge, aus denen sie sich aufbaut. Es ist aber dann sofort
an die Verflechtungen zu denken, in denen *Natur* (in diesem mehr
dem neuzeitlichen als dem mittelalterlichen Denken entsprechenden
Sinn) und *Geist* stehen: die der sinnlichen Wahrnehmung unmittelbar zugängliche Welt ist nicht gleichbedeutend mit der „wirklichen Welt" schlechthin, sie ist kein in sich abgeschlossenes Ganzes,
sondern bildet mit der geistigen Welt einen Wirkungs- und damit
einen Wirklichkeitszusammenhang; sie ist überdies — als geistig
faßbare — eine Welt *für* den Geist und auch durch die *(intentionale)*
Beziehung mit ihm zu einer Einheit zusammengeschlossen. Indessen
ist mit Natur und Geisteswelt *das Seiende* noch nicht erschöpft,
wenn wir unter „Geisteswelt" nur endliche Geister und die von
ihnen geschaffenen Gebilde verstehen. Die gesamte geschaffene Welt
weist ja zurück auf die ewigen und ungewordenen Urbilder alles Geschaffenen, die Wesenheiten oder reinen Formen, die wir als göttliche
Ideen aufgefaßt haben. In ihrem wesenhaften Sein ist alles wirkliche
Sein, das ein Werden *und* Vergehen ist, verankert. Auf ihrer Unwandelbarkeit beruht alle Gesetzmäßigkeit und Ordnung der sich
stetig wandelnden geschaffenen Welt. Ihre Mannigfaltigkeit aber

ist geeint in dem *einen* unendlichen göttlichen Sein, das sich in
ihnen zum Urbild der geschaffenen Welt begrenzt und gliedert. In
diesem letzten und letztbegründeten Einen ist alle Fülle des Seins
beschlossen. Es ist früher schon davon gesprochen worden, daß das
Wirklichwerden eines wesenhaft möglichen Was weder vom wesenhaften Sein her (als dem Sein eines begrenzten Sinngebildes) noch
vom wirklichen Sein her (als dem Sein eines endlichen Wirklichen)
zu verstehen ist, sondern nur von einem Sein her, das wesenhaft und
wirklich zugleich und beides von Ewigkeit her ist. Jedes endliche
Mittelglied muß schließlich auf diesen anfangs- und endlosen Urgrund führen: das erste Sein, die πρώτη οὐσία

§ 4. Das erste Sein und die „analogia entis"

Wir haben das erste Sein *reines Sein* genannt und werden das
jetzt vielleicht noch etwas besser verstehen können. Es wurde „rein"
genannt, weil in ihm nichts von Nichtsein ist wie bei dem *zeitlich*
Begrenzten, das einmal war und einmal nicht sein wird, und bei
dem *sachlich* Begrenzten, das etwas und nicht alles ist. Weil es bei
ihm keinen Übergang von der Möglichkeit zur Wirklichkeit gibt,
keinen Gegensatz von Potenz und Akt, wurde es auch *reiner Akt*
genannt. All das aber — die zeitliche und sachliche Unbegrenztheit
wie die unwandelbare Seinsvollendung (die der Name *reiner Akt*
ausdrückt) — weist hin auf jene so schwer faßbare Auszeichnung
des Ewigen und Unendlichen: daß bei ihm nicht mehr — wie bei
allem Endlichen — Sein und Seiendes zu trennen sind. Es wird
wohl auch das *erste Seiende (primum ens)* genannt. Aber das *ens* —
wie alle transzendentalen Namen — gilt von ihm nur in einem
analogen Sinn, ja hier ist die eigentliche Stelle der *analogia entis*:
des eigentümlichen Verhältnisses von endlichem und ewigem Sein,
das es gestattet, auf Grund eines gemeinsamen Sinnesbestandes hier
und dort von *Sein* zu sprechen.

1. Sinn der analogia entis bei Aristoteles und Thomas

Bei *Aristoteles* ist unter *analogia entis* zunächst noch nicht das
Verhältnis von endlichem und ewigem Sein gemeint, sondern das
Verhältnis, in dem alles, was seiend genannt wird, zueinander steht:
„Man spricht vom Seienden in vielfachem Sinn, aber im Hinblick
auf Eines und auf *eine* [allem Seienden als solchem zugehörige] Natur"
(*Metaphysik* Γ 2, 1003 a 33 f.). Und etwas weiter heißt es, jedes Seiende

werde so genannt im Hinblick auf ein Erstes (πρὸς μίαν ἀρχήν; Γ 1003 b 5f.). Im Anschluß daran sagt der hl. *Thomas*, dies Erste sei nicht Ziel oder Wirkursache (wie im Beispiel des Aristoteles alles „gesund" genannt wird, was die Gesundheit zum Ziel hat oder bewirkt), sondern das *Subjekt*. (Wir nannten es *Träger* des Seins.) Es ist dabei, ganz im Sinne des Aristoteles, an die οὐσία gedacht, das selbständige, wirkliche Seiende, das in ursprünglicherem Sinne seiend ist als seine Zustände oder Eigenschaften oder auch das, was „seiend genannt wird, weil es ein Weg zur Substanz ist wie die Vorgänge der Entstehung und Bewegung" (*In Met.* l. 1, lect. 4). Hier stoßen wir wieder auf die verschiedenen *Seinsweisen*, deren Sinn uns fraglich geworden ist und bald noch einmal erörtert werden muß. Wenn das dingliche Sein in ursprünglicherem und eigentlicherem Sinne Sein ist als das *unselbständige* von Zuständen und Eigenschaften, so weist es doch auf ein noch ursprünglicheres und eigentlicheres zurück: eben auf das erste Sein, dem alle Dinge ihren Ursprung verdanken. Was es erlaubt, bei Gott und Geschöpf von *Sein* zu sprechen, ist nach thomistischer Auffassung eine *Verhältnisgleichheit (analogia proportionalitatis)*. Was darunter zu verstehen ist, hat der hl. Thomas ausführlich erklärt: „Die Übereinstimmung gemäß einem Verhältnis kann eine doppelte sein ... Sie ist nämlich eine Übereinstimmung zwischen den Gegenständen selbst, zwischen denen ein wechselseitiges Verhältnis besteht, weil sie einen bestimmten Abstand oder eine andere Beziehung zueinander haben, wie die Zwei zur Eins, weil sie das Doppelte davon ist; bisweilen trifft man auch auf eine Übereinstimmung zweier Gegenstände, zwischen denen kein Verhältnis besteht, sondern vielmehr eine wechselseitige Ähnlichkeit zweier Verhältnisse, z. B. stimmt die Sechs mit der Vier darum überein, weil Vier das Doppelte von Zwei ist wie Sechs das Doppelte von Drei"[10]. Zur ersten Art der Übereinstimmung gehört, wie gesagt wurde, eine bestimmte Beziehung zwischen den Verhältnisgliedern, zur zweiten dagegen nicht. Auf die zweite Art wird z. B. „der Ausdruck Sehen *(visus)* vom körperlichen Sehen und von der geistigen Einsicht *(intellectus)* gebraucht, weil die Einsicht so im Geist ist wie das Sehen im Auge". Nach der ersten Art ist es unmöglich, „etwas von Gott und einem Geschöpf zu sagen; denn kein Geschöpf hat ein solches Verhältnis zu Gott, daß die göttliche Vollkommenheit dadurch bestimmt werden könnte. Aber nach der anderen Art der Analogie ist kein bestimmtes Verhältnis zwischen den

---

[10] De veritate q 2 a 11 corp (Untersuchungen über die Wahrheit I 74f.).

Gegenständen gemeint, die etwas durch Analogie gemeinsam haben; und darum steht nichts im Wege, daß auf diese Weise ein Ausdruck analogisch von Gott und einem Geschöpf gebraucht werden könne"[11]. Es wird dadurch der unendliche Abstand zwischen Gott und dem Geschöpf nicht gemindert wie dort, wo ein bestimmtes Verhältnis behauptet wird; „denn die Ähnlichkeit der Proportionalität ist nicht größer zwischen zwei und eins und sechs und drei als zwischen zwei und eins und hundert und fünfzig. Und so hebt der unendliche Abstand zwischen Gott und Geschöpf die erwähnte Art der Ähnlichkeit nicht auf"[12].

2. Zusammenfallen von Was und Sein in Gott

Im Sinne dieser Verhältnisgleichheit ist es zu verstehen, wenn *Gredt* sagt[13]: „Wie sich das Geschöpf zu seinem Sein verhält, entsprechend verhält sich Gott zu seinem Sein: das geschaffene Sein ist der Akt des geschaffenen Wesens und das, wodurch es existiert, und das göttliche Sein ist der Akt des göttlichen Wesens und das, wodurch es existiert; es wird nämlich von uns so aufgefaßt *(concipitur enim a nobis ut quo)*, obgleich es in Gott dasselbe ist wie das Wesen und ein sich selbst tragendes Sein *(esse subsistens)* ist". Auf den letzten Zusatz kommt es in unserem Zusammenhang besonders an. Hat es noch einen Sinn, vom *Akt* des göttlichen Wesens oder vom *Verhältnis* von Wesen und Sein *(essentia*[14] *und esse)* zu sprechen, wenn Wesen und Sein völlig zusammenfallen? Fehlt nicht hier die Grundlage für ein Verhältnis und damit auch für die Verhältnisgleichheit? Wir müssen fest im Auge behalten, daß sowohl *Wesen* als *Sein* bei Gott einen anderen Sinn haben als beim Geschöpf. Und so kann auch *Verhältnis* nicht denselben Sinn haben. Wir können von einem sich selbst tragenden oder in sich selbst begründeten Sein — einem Sein, das nicht Sein eines von ihm selbst unterscheidbaren Etwas ist — keine erfüllende Anschauung gewinnen. Das können hieße Gott schauen. Wir können nur schließen, daß alles Endliche — sowohl das, *was* es ist, als sein Sein — in Gott vorgebildet sein muß, weil beides aus ihm herstammt. Die letzte Ursache alles Seins und Wasseins aber muß beides in vollkommener Einheit sein.

---

[11] a. a. O.   [12] a. a. O. q 2 a 11 ad 4 (I 76).

[13] a. a. O. II 7 (n. 618, 2).

[14] Die Scheidung von Wesen als Was-*sein* und reinem Was, die wir durchführten (Kap. III, § 3, 4), findet sich bei Thomas nicht: unter *essentia* ist beides zu verstehen. Allerdings steht neben *essentia* der Ausdruck *quidditas* (Washeit), aber ohne scharfe Abgrenzung.

Dafür gibt der hl. *Thomas* drei Gründe an[15]. „Erstens: Alles, was sich in einem Ding außer seinem Wesen findet, das muß sich entweder aus den Wesensgründen herleiten lassen ... oder aus einer äußeren Ursache ... Wenn also das Sein des Dinges von seinem Wesen verschieden ist, so muß es entweder von etwas Äußerem verursacht sein oder von den Wesensgründen des Dinges selbst. Es ist aber unmöglich, daß sich das Sein eines Dinges nur aus seinen Wesensgründen ableiten lasse, denn kein Ding genügt als Ursache seines Seins, wenn es ein verursachtes Sein hat. Wo also das Sein vom Wesen verschieden ist, da muß das Seiende von einem anderen verursacht sein. Das kann man aber von Gott nicht sagen, weil wir Gott die erste Wirkursache nennen. Es ist also unmöglich, daß Gottes Sein etwas anderes wäre als sein Wesen". Was in diesem Beweis dem göttlichen Sein gegenübergestellt ist, das ist offenbar das *Dasein wirklicher Dinge*, das einen Anfang nimmt und etwas Mögliches verwirklicht. Der Übergang von der Möglichkeit zur Wirklichkeit ist nicht vom Möglichen her, sondern nur von einem Wirklichen her zu verstehen. Gott — als das letzte Wirkliche, auf das alles Wirkliche zurückweist — kann von keinem anderen mehr verursacht sein. Es gibt in ihm keinen Gegensatz von Möglichkeit und Wirklichkeit, keinen Anfang des Daseins[16]. Aber wäre es nicht möglich, daß Wesen und Dasein gedanklich getrennt werden müßten, trotzdem sie in Wirklichkeit untrennbar sind: daß das göttliche Wesen zwar von Ewigkeit her wirklich wäre, aber doch etwas anderes bedeutete als das göttliche Sein? Die Antwort auf dieses Bedenken ist aus dem dritten Beweis zu entnehmen: „Wie das, was Feuer in sich hat und doch nicht Feuer ist, durch Teilhabe feurig ist, so ist das, was Sein hat und nicht das Sein ist, seiend durch Teilhabe. Gott aber ist sein Wesen, wie gezeigt wurde (a 3). Wäre er also nicht sein Sein, so wäre er seiend durch Teilhabe und nicht durch sein Wesen. Also wäre er nicht das erste Seiende — eine widersinnige Behauptung. Also ist Gott sein Sein und nicht nur sein Wesen".

Daß Gott sein Sein ist, wird hier damit begründet, daß er sein Wesen sei. Der Beweis dafür wurde im vorausgehenden Artikel der *Theologischen Summe* (I q 3 a 3) geführt, und zwar daraus, daß Gott reine Form sei, die keinen stofflichen Träger habe. Bei Dingen, die geformter Stoff seien, komme zu dem, was sie ihrem Wesen nach seien, immer noch etwas hinzu: so bei diesem Menschen zu seinem

---

[15] S. th. I q 3 a 4 corp.

[16] Damit beschäftigt sich der zweite Beweis des hl. Thomas an der angegebenen Stelle.

Menschsein das, was ihm allein eigen sei und nicht zum Menschsein als solchem gehöre — seine besondere körperliche Bestimmtheit, daß er gerade diese und keine andere Größe, Gestalt, Farbe habe usw. „Dagegen sind bei den Dingen, die nicht aus Stoff und Form zusammengesetzt sind, bei denen daher das Einzelsein nicht auf einem einmaligen Stoff beruht *(individuatio non est per materiam individualem)*, sondern die Formen selbst durch sich selbst ein einmaliges Sein haben, die Formen selbst notwendig ein sich selbst tragendes Seiendes *(supposita subsistentia)*. Darum gibt es bei ihnen keinen Unterschied zwischen der Natur und ihrem Träger. Und da Gott, wie gezeigt wurde (a 2), nicht aus Form und Stoff zusammengesetzt ist, so ist Gott notwendig seine Gottheit, sein Leben und alles, was sonst noch in dieser Weise von Gott ausgesagt wird".

Diese Beweisführung ist mit einer Reihe von schwierigen Fragen belastet: Fragen, in denen wir der thomistischen Lösung nicht folgen können, wie es jeder Kenner des Thomismus schon aus früheren Ausführungen ersehen hat. An erster Stelle steht hier die Lehre von den Gründen des Einzelseins (den *Prinzipien der Individuation)*, deren Behandlung bisher immer zurückgeschoben wurde. Auch jetzt würde ihre ausführliche Erörterung den Zusammenhang zerreißen; sie muß einem besonderen Abschnitt vorbehalten bleiben[17]. Es soll vorläufig nicht mehr darüber gesagt werden, als zur Klärung des Verhältnisses von Wesen und Sein unbedingt erforderlich ist. Es kann für jetzt die Frage ausgeschaltet bleiben, ob wirklich beim Menschen das, was ihm als Einzelwesen eigen ist, rein vom Körperlich-Stofflichen her zu begründen ist, da sie an dieser Stelle nur das Beispiel, nicht die Sache selbst betrifft. Dagegen sind von unmittelbarer sachlicher Bedeutung die Fragen, ob der Stoff als der *Träger* der *Natur* anzusehen sei und ob bei einem stofflosen Seienden beides zusammenfalle; ferner, ob bei den *reinen Formen*[18] das Sein notwendig zum Wesen gehöre und ob es erlaubt sei, Gott als eine von ihnen zu behandeln. Die beiden letzten Fragen hängen nahe zusammen: der hl. Thomas hat sich an mancher anderen Stelle bemüht, zu zeigen, daß bei Gott allein Wesen und Sein zusammenfallen und daß auch bei den geschaffenen reinen Formen noch das Sein zum Wesen hinzukomme, wenn sie auch keine Zusammensetzung nach Stoff und Form hätten. Schon im opusculum *De*

---

[17] Vgl. Kap. VIII, § 2.

[18] Darunter sind hier — im Sinne des hl. Thomas — reine Geister (z. B. die Engel) zu verstehen, nicht — wie an früheren Stellen — die Wesenheiten als Urbilder der Dinge.

ente et essentia haben wir diese Auffassung gefunden[19]. Sie ist auch in der *Summa* nicht aufgegeben: „Es gibt beim Engel zwar keine Zusammensetzung aus Stoff und Form, es gibt aber bei ihm wirkliches und mögliches Sein (Akt und Potenz). Das ist deutlich zu ersehen aus der Betrachtung der stofflichen Dinge, in denen es eine doppelte Zusammensetzung gibt: die erste aus Form und Stoff, aus denen sich die Natur aufbaut. Die so zusammengesetzte Natur ist aber nicht ihr Sein, sondern das Sein ist ihre Verwirklichung. Darum verhält sich die Natur zu ihrem Sein wie die Möglichkeit zur Wirklichkeit. Entfällt also der Stoff und hat die Form keinen Stoff als Seinsgrundlage *(subsistat non in materia)*, so bleibt noch das Verhältnis der Form zum Sein selbst, das dem von Möglichkeit und Wirklichkeit entspricht. So ist die Zusammensetzung bei den Engeln zu verstehen. Und dies wird von manchen Schriftstellern in der Form zum Ausdruck gebracht, daß der Engel aus dem, *wodurch er ist*, und dem, *was er ist (quo est* und *quod est)*, zusammengesetzt sei oder, wie *Boëthius* sagt, aus dem *Sein* und dem, *was er ist (esse* und *quod est)*. Denn das, *was er ist*, ist die in sich selbst ruhende Form *(forma subsistens)*: das *Sein* selbst aber ist das, wodurch das selbständige Seiende *(substantia)* ist; so wie das Laufen das ist, wodurch der Laufende läuft. In Gott aber ist das *Sein* nichts anderes als das, *was er ist*, wie früher gesagt wurde (q 3 a 4). Darum ist Gott allein reiner Akt"[20].

Wenn die verschiedenen angeführten Beweisführungen ohne Widerspruch vereinbar sein sollen, so ist unter den „in sich selbst ruhenden" oder „sich selbst tragenden" Formen offenbar noch nicht ohne weiteres ein *wirklich* Seiendes zu verstehen — wie es Gott ist —, aber doch ein Seiendes. Sie sind „selbständig", sofern sie in sich geschlossene Seinseinheiten sind, und es kommt ihnen das, was wir wesenhaftes Sein nannten, unaufhebbar zu. Und das, was sie sind, haben sie nicht anderswoher („durch Teilhabe"), sondern als ihren eigensten Bestand. Verstehen wir unter den „reinen Formen" die Wesenheiten, so gibt es anderes, was an ihnen Anteil hat und dadurch ist, was es ist (z. B. alles Rote an der Röte). Sie selbst erlangen durch ihre Verwirklichung *Anteil am Dasein*, das ihnen nicht wesenhaft zugehört. Bei den Engeln liegt es anders, weil sie kein „Allgemeines" sind, sondern Einzelwesen: an ihnen hat nichts von ihnen Getrenntes Anteil, und sie gewinnen nicht in einem anderen Seienden Dasein. Aber auch sie „treten ins Dasein" und „gewinnen Anteil daran". Das gerade unterscheidet Gott von den reinen Formen, daß ihm das Sein so zu-

---

[19] Vgl. Kap. II, § 1.   [20] S. th. I q 50 a 2 ad 3.

gehört wie ihnen ihr Was: Das ist der Sinn der *analogia entis* als *Verhältnisgleichheit*. Es gibt kein Sein außer ihm mehr, an dem er Anteil gewinnen könnte.

Ist damit aber auch schon ausgesprochen, daß Gottes Sein und Wesen dasselbe bedeute? Thomas braucht Wendungen wie: „Gott ist seine Güte, sein Leben" usw., und ebenso: „Gott ist sein Sein". Das sind alles Versuche, etwas in Urteilsform auszusprechen, was sich im Grunde nicht mehr in Form eines Urteils aussprechen läßt. Denn zu jedem Urteil gehört eine Zergliederung, das vollkommen Einfache aber läßt keine Zergliederung zu. Am ehesten ist noch die Aussage möglich: „Gott ist — Gott" als Ausdruck der Unmöglichkeit einer Wesensbestimmung durch etwas anderes als Ihn selbst. Gottes Name bezeichnet Wesen und Sein in ungeschiedener Einheit.

3. Der Name Gottes: „Ich bin"

Ich möchte nun versuchen, die letzte aller Seinsfragen noch von einem ganz anderen Punkt her in Angriff zu nehmen: von dem Namen her, mit dem Gott sich selbst genannt hat: „Ich bin der Ich bin"[21]. Es scheint mir höchst bedeutsam, daß an dieser Stelle nicht steht: „Ich bin *das Sein*" oder „Ich bin *der Seiende*", sondern „Ich bin der *Ich bin*". Man wagt es kaum, diese Worte durch andere zu deuten. Wenn aber die *augustinische* Deutung zutrifft, so darf man wohl daraus folgern: Der, dessen Name ist „Ich bin", ist *das Sein in Person*. Daß das sogenannte *erste Seiende* Person sein muß, ist schon aus vielem, was früher gesagt wurde, zu entnehmen: Nur eine Person kann *erschaffen*, d. h. kraft ihres Willens ins Dasein rufen. Und anders denn als *freie Tat* ist das Wirken der *ersten Ursache* nicht zu denken, weil alles Wirken, das nicht freie Tat ist, verursacht, also nicht das erste Wirken ist. Auf eine Person als Urheber weist auch die *vernünftige Ordnung* und *Zweckmäßigkeit* der Welt zurück: nur durch ein vernünftiges Wesen kann eine Vernunftordnung ins Werk gesetzt werden; nur ein erkennendes und wollendes Wesen kann Zwecke setzen und Mittel darauf hinordnen. Vernunft und Freiheit aber sind die Wesensmerkmale der Person.

Der Name, mit dem jede Person sich selbst als solche bezeichnet,

---

[21] 2 Mos. 3, 14. Die hebräischen Worte *Ah' jäh, aschér äh' jäh* sind sehr verschieden übersetzt und gedeutet worden: Ich bin, der Ich bin; Ich werde sein, der Ich sein werde; Ich werde sein, der Ich bin. Wir halten uns an die früher schon angeführte augustinische Auffassung, daß Gott in dem „Ich bin" seinen eigentlichsten Namen ausspreche (vgl. S. 58f.).

ist „Ich"[22]. „Ich" kann sich nur ein Seiendes nennen, das in seinem Sein seines eigenen Seins inne ist und zugleich seines Unterschieden-seins von jedem anderen Seienden. Jedes Ich ist ein Einmaliges, es hat etwas, was es mit keinem anderem Seienden teilt, d. h. etwas *Unmitteilbares* (die thomistische Deutung von *Individualität*). Damit ist noch nicht ausgesprochen, daß es ein *Einzigartiges* sei: daß es das, *was* es ist, mit keinem anderem teile. Der Name „Ich" hat ja einen allgemeinen Sinn, der überall zur Erfüllung kommt, wo er mit Recht angewendet wird. Ob daneben jeder Person eine „Eigenart" zukomme, die sie mit keiner anderen teilt, können wir hier dahin-gestellt sein lassen. Im Namen „Ich" liegt das jedenfalls nicht. Das Unmitteilbare, das zu jedem Ich als solchem gehört, ist eine *Eigen-tümlichkeit des Seins:* jedem entquillt sein Sein, das wir *Leben* nennen, von Augenblick zu Augenblick und wird zu einem *in sich geschlossenen* Seienden, und jedes ist in seiner Weise *für sich selbst da* wie für kein anderes Seiendes, und wie kein anderes für es da ist[23].

Jeder Mensch ist „ein Ich". Jeder fängt einmal an, sich „Ich" zu nennen. Darin liegt, daß auch sein „Ichsein" einen Anfang hat. Es kann sein, daß er das *Wort* „Ich" ausspricht, ehe er noch den Sinn vollziehen kann. Es kann auch sein, daß ihm der Sinn schon auf-gegangen ist (in der schlichten Form des „bewußten Lebens", ohne daß etwa der *Begriff* „Ich" schon gebildet werden könnte), ehe er anfängt, das Wort zu gebrauchen. Das sind kleine Unstimmigkeiten zwischen dem geistigen Leben und seinem natürlichen Ausdruck im Wort, die in der Eigentümlichkeit der Sprache als eines leiblich be-dingten menschlichen Ausdrucksmittels und des Sprechenlernens be-gründet sind. Sie heben die wesentliche Ausdrucksbedeutung der Sprache nicht auf, und so ist der vorstehende Gebrauch des Wortes „Ich" das Zeichen des erwachten Ichlebens. Das Leben des Ich ist sein Sein, aber es deckt sich nicht mit dem Sein des Menschen, und der Beginn des wachen Ichlebens ist nicht gleichbedeutend mit dem Beginn des menschlichen Daseins. Vom eigentümlichen Sein des Ich ist früher ausführlich gesprochen worden[24]: daß es vor den Gehalten, die sein Leben erfüllen, einen doppelten Seinsvorzug habe: sein Leben ist in jedem Augenblick gegenwärtig (aktuell), während die Gehalte nur je einen Augenblick der Gegenwartshöhe haben; und es ist *Träger* der Erlebnisgehalte, sie empfangen ihr lebendiges

---

[22] Zum Sein des Ich vgl. Kap. II, § 6 u. 7.

[23] Was *Leibniz* „Monade" nennt, scheint mir auf diese Eigentümlichkeit abzuzielen.

[24] Vgl. Kap. II, § 6 u. 7.

Sein von ihm und werden von ihm und in ihm zur Einheit zusammengeschlossen. Trotz dieser Vorzüge ist sein Sein ein bedürftiges und aus sich nichtiges: es ist leer, wenn es nicht mit Gehalten erfüllt wird, und die Gehalte empfängt es aus den „jenseits" seines eigenen Bereichs liegenden Welten, der „äußeren "und der „inneren". Und sein Leben selbst kommt aus dem Dunkel und geht ins Dunkel, hat unausfüllbare Lücken und wird von Augenblick zu Augenblick erhalten. Ein unendlicher Abstand unterscheidet es offenbar vom göttlichen Sein, und doch gleicht es ihm mehr als irgend etwas anderes, was im Bereich unserer Erfahrung liegt: eben dadurch, daß es Ich, daß es Person ist. Wir werden von ihm aus zu einem — wenn auch immer nur gleichnishaften — Erfassen des göttlichen Seins kommen, wenn wir alles entfernen, was Nichtsein ist. Es gibt bei Gott nicht — wie beim Menschen — einen Gegensatz von Ichleben und Sein. Sein „Ich bin" ist ewig-lebendige Gegenwart, ohne Anfang und Ende, ohne Lücken und ohne Dunkelheit. Dieses Ichleben hat alle Fülle in sich und aus sich selbst: es empfängt nichts anderswoher — es ist ja das, woraus alles andere alles empfängt, das alles andere Bedingende, selbst Unbedingte. Es gibt darin keine wechselnden Gehalte, kein Auftauchen und Versinken, keinen Übergang von Möglichkeit zu Wirklichkeit oder von niederer zu höherer Wirklichkeit: die ganze Fülle ist ewig-gegenwärtig, d. h. alles Seiende. Das „Ich bin" heißt: Ich lebe, Ich weiß, Ich will, Ich liebe — all das nicht als ein Nacheinander oder Nebeneinander zeitlicher *Akte*, sondern von Ewigkeit her völlig eins in der Einheit des *einen* göttlichen *Aktes*, in dem alle verschiedenen Bedeutungen von *Akt* — wirkliches Sein, lebendige Gegenwart, vollendetes Sein, geistige Regung, freie Tat — völlig zusammenfallen. Das göttliche Ich ist kein leeres, sondern das in sich selbst alle Fülle bergende, umschließende und beherrschende. Seine vollkommene Einheit kommt noch besser zum Ausdruck in einer Sprache, die für das „Ich bin" ein einziges Wort hat, etwa in dem lateinischen *sum*. Beim Ich, bei dem das Sein Leben ist, können wir es am ehesten fassen, daß *Ich* und *Leben* oder *Sein* nicht zweierlei ist, sondern untrennbar eins: die *Fülle des Seins persönlich geformt*. *Form* im Gegensatz zur *Fülle* hat die Bedeutung der Leerform, nicht der Wesensform (die schon „geformte Fülle" ist). Aber hier, im Ursprung alles Seins, ist auch das kein Gegensatz. Das Unendliche, Allumfassende umfaßt und umgrenzt sich selbst — während beim Endlichen die Form die Umgrenzung eines von anderem unterschiedenen Inhalts ist —, das *Ich* besagt hier *Form und Fülle zugleich*, das sich selbst völlig besitzende und beherrschende Sein. Von der Fülle des

Ich her wird auch am ehesten faßlich, daß darin *Was und Sein* zusammenfallen (die Frage, die uns die größten Schwierigkeiten bereitet hat). In ihm ist jegliches Was beschlossen: es umfaßt ja *alles Seiende*, und alles Endliche hat in ihm seinen Ursprung. Seine Fülle ist aber auch *Fülle des Seins in jeglichem Sinn des Wortes*. Es ist *wesenhaftes Sein*, das ja zum Was untrennbar gehört, und ist *wirkliches Sein*, weil Ichleben höchste Wirklichkeit ist, und beides ist in ihm eines, weil das göttliche Ich wirkliches, lebendiges Wesen ist. Es ist zugleich *gedankliches* Sein, weil es sich selbst geistig umfaßt oder für sich selbst durchsichtig ist. Es ist vollwirkliches Sein, in dem es keine unerfüllte Möglichkeit gibt. Dennoch ist in ihm auch der Gegensatz von wirklichem und möglichem Sein vorgebildet, weil Gott ja der Urheber der ganzen Welt des Werdens und Vergehens ist und die Ordnung der Übergänge vom möglichen zum wirklichen Sein festgelegt hat. Wir stehen hier wiederum vor dem großen Geheimnis der Schöpfung: daß Gott ein von dem seinen verschiedenes Sein hervorgerufen hat; eine Mannigfaltigkeit des Seienden, in der alles das gesondert ist, was in Gott eins ist. Ehe wir uns dieser Rätselfrage noch einmal zuwenden, wollen wir die noch ungelöste Schwierigkeit wieder aufgreifen, ob Gottes Sein sein Wesen sei oder — anders ausgedrückt — ob in Gott Wesen und Sein nicht nur notwendig zusammengehören, sondern dasselbe bedeuten. Solange wir Wesen — oder besser Was, wenn wir die früher durchgeführte Scheidung von Was und Wesen (= Wassein) wahren wollen — und Sein in dem Sinn nehmen, wie es uns bei allem Endlichen entgegentritt, so wird immer eine Bedeutungsverschiedenheit bestehen bleiben. Es kann uns einleuchten, daß zu Gottes Wesen das *wirkliche Sein* so notwendig gehöre wie zu den begrenzten Wesenheiten ihr wesensmäßiges Sein, aber das bedeutet noch keine Zurückführung des Wesens auf das Sein oder umgekehrt. Eine solche Rückführung scheint mir überhaupt unmöglich. Die Lösung sehe ich darin, daß in Gott als dem „Ich bin" beides ungeschieden enthalten ist. Wie die Scheidung von Form und Fülle, so tritt die Scheidung von Was und Sein und in der Folge die Scheidung des Was in getrennte Gattungen und Arten des Seienden, des Seins in verschiedene Seinsweisen erst in der geschaffenen Welt (als der Gesamtheit alles endlichen Seienden) ein. Damit ist ausgesprochen, daß Gott nicht nur über den Kategorien, sondern auch über den Transzendentalien steht. Tatsächlich blieb ja bei der Behandlung jeder transzendentalen Bestimmung das Sein als ungelöster Rest. Und jede hatte bei Gott eine andere Bedeutung als beim endlichen Seienden: im „Ich bin" sind sie alle ungeschieden vorgebildet.

4. Die „Teiiung" des Seins in der Schöpfung

Das Verhältnis des göttlichen „Ich bin" zur Mannigfaltigkeit des endlichen Seienden ist die ursprünglichste *analogia entis*. Nur weil alles endliche Sein im göttlichen „Ich bin" sein Urbild hat, hat alles einen gemeinsamen Sinn. Weil sich aber das Sein in der Schöpfung „teilt", hat das Sein nicht in allem Seienden streng denselben Sinn, sondern neben dem gemeinsamen einen verschiedenen Sinnesbestand. Eben diese Teilung des Seins und den Sinn des endlichen Seins als Anteil am Einen Sein gilt es zu verstehen, soweit ein göttliches Geheimnis zu verstehen ist. Die Teilung ist nicht als eine Aufteilung zu verstehen: so als wenn das Eine göttliche Sein sich wie eine Größe — eine Menge oder ein räumlich oder zeitlich Ausgedehntes — in das gesonderte endliche Sein als in getrennte Bestandteile zerlegte. Das hieße den Schöpfer in die Geschöpfe auflösen und damit leugnen, wie es im Pantheismus geschieht. Die *analogia* als ein Abbildverhältnis verlangt einen Gegensatz von ewigem und endlichem Sein. Und der Sinn der Schöpfung als eines Ins-Dasein-rufens verlangt den Beginn eines Seins, das einmal nicht war. Damit scheint die Einheit des Seins aufgehoben. Wenn Gott etwas ins Dasein ruft, was nicht er selbst ist, was ein „selbständiges" Sein hat, so besteht offenbar außer dem göttlichen Sein noch ein anderes. Wie ist es dann noch möglich, zu behaupten, daß alles Sein *eines* sei und alles endliche Sein Anteil an dem einen? Diese Behauptung behält ihr Recht in dem Sinn, daß nichts ist, was nicht von Gott hervorgerufen, was nicht in ihm vorgebildet wäre und was nicht durch ihn im Sein erhalten würde. Die Selbständigkeit des Geschaffenen ist nicht einmal der des Bildes gegenüber dem Dargestellten oder des Werkes gegenüber dem Künstler an die Seite zu stellen. Eher ließe sich das Verhältnis des Spiegelbildes zum abgespiegelten Gegenstand oder des gebrochenen Strahles zum ungebrochenen Licht zum Vergleich heranziehen. Aber auch das sind unvollkommene Bilder für etwas, was ohnegleichen ist.

Es liegt im Sinn der Schöpfung, daß das Erschaffene kein vollkommenes Abbild sein kann, sondern nur ein „Teilbild", ein „gebrochener Strahl": Gott, der Ewige, Unerschaffene und Unendliche, kann nicht seinesgleichen erschaffen, weil es kein zweites Ewiges, Unerschaffenes und Unendliches geben kann.

5. Vergleich zwischen dem Verhältnis des Schöpfers zur Schöpfung und dem Verhältnis der göttlichen Personen zueinander

Es liegt hier nahe, dem Verhältnis des Schöpfers zur Schöpfung das des Vaters zu den andern göttlichen Personen gegenüberzustellen.

Das *Athanasianische* Glaubensbekenntnis nennt den Sohn „gezeugt, nicht erschaffen". Er tritt nicht ins Dasein — er ist „gleich ewig mit dem Vater". Er ist eines Wesens mit dem Vater und darum — weil ja Sein und Wesen in Gott zusammenfallen — auch eines Seins. Er ist kein Teilbild, sondern das Ganze. Es ist üblich, ihn das „vollkommene Bild" des Vaters zu nennen. Dabei ist aber zu bedenken, daß auch „Bild" hier noch ein bildlicher Ausdruck ist. Denn selbst das Spiegelbild, so sehr es auch mit seinem Sein an den abgespiegelten Gegenstand gebunden ist, ist ein anderes Seiendes als der Gegenstand — Vater und Sohn aber sind eins, „*ein* Gott und Herr". Wir kommen dem, was hier mit „Bild" gemeint ist, am ehesten nahe, wenn wir daran denken, daß Gott *Geist* ist. Er schaut sich selbst nicht in einem anderen als er selbst ist — wie es ein gemaltes Bild oder der Spiegel ist —, sondern in sich selbst. Unsere Selbsterkenntnis, so unvollkommen sie ist und so groß ihr Abstand von der göttlichen Selbsterkenntnis, ist ein treffenderes Bild. Wir sehen uns selbst geistigerweise „im Bilde", wenn unser eigenes Wesen uns in anderen Menschen entgegentritt. *Schillers* Sinnspruch: „Willst du dich selber erkennen, so sieh, wie die anderen es treiben", weist darauf hin, welche Bedeutung solches bildhaftes Anschauen für die Selbsterkenntnis hat. Aber wir könnten unser eigenes Bild nicht in anderen wiederfinden, wenn wir von uns selbst nicht durch eine ursprünglichere, unbildliche Erkenntnis wüßten: durch jenes „Selbst-bewußtsein", das unmittelbare Innesein des eigenen Selbst und Seins, das zu unserem Selbst und Sein gehört. Es ist keine klare, deutliche und vollständige Erkenntnis, sondern ein dunkles, unumgrenztes und ungeformtes Spüren — immerhin Grund und Wurzel alles dessen, was wir natürlicherweise von uns und unseresgleichen wissen. Gottes Wissen um sich selbst ist vollkommen klar und sein ganzes unendliches Sein lückenlos und unverfälscht umfassend. Was das unsere mit ihm teilt, ist die *Unmittelbarkeit:* daß es nicht durch ein „Mittel" erreicht wird (wie es jedes Bild ist), sondern zum Sein selbst — zum geistigen Sein als solchem gehört. So ist die Erzeugung eines vollkommenen „Ebenbildes" Gottes nicht die Hervorbringung eines neuen Seins außer dem göttlichen und eines zweiten göttlichen Wesens, sondern die innere, geistige Umfassung des *einen* Seins. Dabei macht es die größte Schwierigkeit, dieses Sein als zweite *Person* zu denken[25]. Gehört es nicht zum Personsein als solchem, zum Ichleben, seines „Selbst" —

---

[25] Von der Schwierigkeit, die Einheit des göttlichen Seins mit der Dreiheit der Personen zu vereinbaren, ist schon früher (Kap. III, § 12) gesprochen worden.

des eigenen Ich — inne zu sein, und wird nicht dieses Wesen des Personseins zugleich mit der Einheit des göttlichen Seins aufgehoben, wenn eine zweite (und dritte) Person hinzukommt? Es wurde früher als Lösung vorgeschlagen, daß die Dreiheit der Personen zum göttlichen Wesen selbst gehöre[26]. Aber wie sollen wir das verstehen nach allem, was über das göttliche Sein gesagt wurde? Bei endlichen Personen können wir ihr Personsein als Form (= Leerform) ihrer Fülle auffassen. Von Gott aber sagten wir, daß in ihm Form und Fülle ebenso ungeschieden seien wie Was und Sein und alles andere, was uns in den Geschöpfen getrennt entgegentritt. So ist es offenbar auch nicht möglich, die Dreipersönlichkeit als Form der Fülle des *einen* Wesens entgegenzusetzen. Und was wird aus der vollkommenen Einheit des „Ich bin" bei drei Personen? Aber vielleicht ist gerade von hier aus ein Zugang zu gewinnen. Das göttliche Personsein ist Urbild alles endlichen Personseins. Dem endlichen Ich aber steht ein Du gegenüber — als ein „anderes Ich", als seinesgleichen, als ein Seiendes, an das es sich Verständnis und Antwort heischend wenden kann und mit dem es, auf Grund der Gemeinsamkeit des Ichseins, in der Einheit eines „Wir" lebt. Das „Wir" ist die Form, in der wir das Einssein einer Mehrheit von Personen erleben. Das Einssein hebt die Vielheit und Verschiedenheit der Personen nicht auf. Die Verschiedenheit ist einmal eine Verschiedenheit des *Seins*, wie wir sie als zum Wesen des Ich gehörig erkannt haben: das Eingegliedertsein in eine höhere Einheit hebt die *monadische* Geschlossenheit des Ichlebens nicht auf. Es ist aber auch eine Verschiedenheit des *Wesens:* die Artgemeinsamkeit, die Grundlage des Wirseins ist, läßt Raum für eine *persönliche Eigenart,* die das Ich mit keinem anderen teilt. Eine solche Wesensverschiedenheit kommt für die göttlichen Personen nicht in Betracht. Gottes „persönliche Eigenart" ist das allumfassende Sein, das *als* allumfassendes einzig und von allem Endlichen verschieden ist. Es gibt darin keinen Gegensatz von *Allgemeinem* und *Einzelnem,* so wie darin auch der Gegensatz von wesenhaftem und wirklichem Sein aufgehoben ist. Das ganze Wesen ist allen drei Personen gemeinsam. So bleibt nur die Verschiedenheit der Personen als solcher: eine vollkommene Einheit des Wir, wie sie von keiner Gemeinschaft endlicher Personen erreicht werden kann. Und doch in dieser Einheit die Geschiedenheit des Ich und Du, ohne die kein Wir möglich ist. Neben der Offenbarung des göttlichen Namens „Ich bin" steht im Alten Testament jene Wendung des Schöp-

---

[26] Vgl. S. 107f.

fungsberichtes „Lasset uns den Menschen machen nach unserem Bilde"[27], die von unsern Theologen als erste Hindeutung auf das Geheimnis der Dreifaltigkeit aufgefaßt wird, und steht das klare Wort des Heilandes: „Ich und der Vater sind eins"[28]. Das Wir als die Einheit aus Ich und Du ist eine höhere Einheit als die des Ich. Es ist — in seinem vollkommensten Sinn — eine Einheit der Liebe. Liebe als Jasagen zu einem Gut ist auch als Selbstliebe eines Ich möglich. Aber Liebe ist mehr als solches Jasagen, als „Wertschätzung". Sie ist Selbsthingabe an ein Du und in ihrer Vollendung — auf Grund wechselseitiger Selbsthingabe — Einssein. Weil Gott die Liebe ist, muß das göttliche Sein Einssein einer Mehrheit von Personen sein und sein Name „Ich bin" gleichbedeutend mit einem „Ich gebe mich ganz hin an ein Du", „bin eins mit einem Du" und darum auch mit einem „Wir sind". Die Liebe als innergöttliches Leben kann nicht durch die Liebe zwischen Gott und den Geschöpfen ersetzt werden, weil dies niemals die Liebe in ihrer höchsten Vollendung sein kann (auch wenn sie in der dem Geschöpf erreichbaren Vollendung in der Glorie gedacht wird). Die höchste Liebe ist wechselseitige ewige Liebe: Gott liebt die Geschöpfe von Ewigkeit her, aber er wird nicht von Ewigkeit von ihnen geliebt. So würde der Liebe ein Wandel und der Mangel der Unerfüllbarkeit anhaften, überdies würde Gott von den Geschöpfen abhängig gemacht, wenn die göttliche Liebe auf die Geschöpfe angewiesen wäre. Und die Liebe zwischen Gott und Geschöpf bleibt immer eine unvollkommene, weil noch in der restlosen Selbsthingabe des Glorienlebens wohl Gott das Geschöpf in sich aufzunehmen vermag, aber kein Geschöpf — auch alle Geschöpfe zusammen nicht — Gott fassen kann. Gottes inneres Leben ist die völlig freie, von allem Geschaffenen unabhängige, wandellose ewige Wechselliebe der göttlichen Personen. Was sie einander schenken, ist das eine, ewige, unendliche Wesen und Sein, das eine jede vollkommen umfaßt und alle zusammen. Der Vater schenkt es — von Ewigkeit her — dem Sohn, indem er ihn erzeugt, und indem Vater und Sohn es einander schenken, geht aus ihnen, als ihre Wechselliebe und Gabe, der Heilige Geist hervor. So ist das Sein der zweiten und dritten Person ein empfangenes und doch kein neu entstehendes wie das geschaffene: es ist das *eine* göttliche Sein, das zugleich gegeben und empfangen wird — das Geben und Empfangen gehört zum göttlichen Sein selbst. Man kann auch noch von einer anderen Seite her einen Zugang zum Geheimnis des dreifaltigen Seins suchen: Gottes

---

[27] 1 Mos. 1, 26.   [28] Joh. 10, 30.

Sein ist *Leben*, d. h. eine Bewegung aus dem eigenen Innern heraus, letztlich ein zeugendes Sein. Es ist keine Bewegung ins Dasein hinein wie die des Endlichen, Geschaffenen; auch keine Bewegung über sich selbst hinaus wie die eines endlichen Zeugens, sondern eine ewige Bewegung in sich selbst, ein ewiges Sich-selbst-schöpfen aus der Tiefe des eigenen unendlichen Seins als schenkende Hingabe des ewigen Ich an ein ewiges Du und ein entsprechendes ewiges Sich-empfangen und Sichwiederschenken. Und weil das in diesem Geben und Empfangen ewig entspringende Einssein das Gegebene und Empfangene noch einmal *gemeinsam* aus sich hervorbringt — weil das höchste Einssein als solches fruchtbar sein muß —, darum schließt sich der Ring des innergöttlichen Lebens in der dritten Person, die Gabe, Liebe und Leben ist.

6. Das göttliche Wort und die Schöpfung

Das innergöttliche Leben ist vorläufig nur zum Vergleich herangezogen worden, um das Verhältnis des unerschaffenen Seins zum geschaffenen Sein deutlicher zu machen. Es wird noch näher erörtert werden müssen, weil es ja für das göttliche Sein wesentlich ist, daß es ein dreipersönliches ist, und weil die Dreipersönlichkeit darum auch für das Abbildverhältnis von ewigem und endlichem Sein nicht ohne Bedeutung sein kann[29]. Zunächst soll aber versucht werden, die angeschnittene Frage — nach der Teilung des Seins — soweit zu klären, als es auf Grund des Ausgeführten möglich ist. Die innergöttlichen Hervorgänge lassen das Sein noch ungeteilt, aber die Teilung ist in ihnen schon vorgebildet. Es ist früher bereits von dem Verhältnis des Göttlichen Wortes zur Schöpfung gesprochen worden[30]. Von dem Göttlichen Wort oder *Sinn* (Λόγος) — der göttlichen Selbsterkenntnis in Person — sagte uns die *Heilige Schrift*, daß durch ihn alle Dinge gemacht seien und in ihm Bestand und Zusammenhang hätten. Den „Zusammenhang" haben wir als Sinnzusammenhang alles Seienden im Logos, als göttlichen Schöpfungsplan gedeutet, den „Bestand" als Begründetsein der geschaffenen Dinge in schöpferischen Urbildern, die im Logos ein zugleich wesenhaftes und wirkliches (darum wirksames) Sein haben. Für die Lösung der Schwierigkeit, wie die Einheit und Einfachheit des göttlichen Wesens mit der Vielheit der *Ideen* in Einklang zu bringen sei,

---

[29] Vgl. Kap. VII, § 6 ff.

[30] Kap. III, § 10. Vgl. die dort angeführten Schriftstellen: Joh. 1, 1 ff. und Kol 1, 17.

haben wir an die *thomistische* Deutung angeknüpft, wonach die Vielheit der Ideen in der Beziehung des einen göttlichen Wesens auf die Mannigfaltigkeit der Dinge begründet ist. Wir fanden dabei für das Sein des Endlichen im Ewigen noch einen doppelten Sinn: das Umfaßtsein alles Endlichen vom göttlichen Geist und das ursächliche Begründetsein alles Endlichen im göttlichen Wesen. Dabei ist freilich zu bedenken, daß „göttlicher Geist" und „göttliches Wesen" nicht voneinander zu scheiden sind und daß das „geistige Umfassen" aller wirklichen und möglichen Dinge bei Gott zugleich ihre ursächliche Hineinsetzung in die ihnen entsprechende Ordnung des Seienden bedeutet. Dennoch bleibt die Gegensätzlichkeit des einen und einfachen Wesens als der ursächlichen Wirklichkeit und der sie abbildenden Mannigfaltigkeit — die beide von Gottes allumfassenden Wissen umspannt werden — bestehen. Wir haben von einem „doppelten Antlitz" des Logos gesprochen, sofern er zugleich das erkannte göttliche Wesen (das „Bild des Vaters") und Urbild und Ursache alles Geschaffenen ist. Weil der Schöpfungsplan — wie alles in Gott — ewig ist, darum gehören der Logos und die Schöpfung von Ewigkeit her zusammen, obwohl die Schöpfung einen zeitlichen Anfang und Werdegang hat. Indem der Vater den Sohn erzeugt (oder das „Wort ausspricht"), übergibt er ihm die Schöpfung als von Ewigkeit her vorhergesehene. Die Mannigfaltigkeit des Seienden als eines gegliederten und geordneten Ganzen und das einem jeden Teil eigene und doch mit allem andern zusammenhängende Sein ist darin vorgesehen.

7. Scheidung von ewigem und zeitlichem, wesentlichem und wirklichem, wirklichem und möglichem Sein, Form und Inhalt

Zur „Ordnung" der Schöpfung gehört die *Zeit* als das, wodurch sich ganz eigentlich das Endliche vom Ewigen scheidet. Denn wenn wir auch einen Sinn von Endlichkeit gefunden haben, der kein Anfangen und Enden in der Zeit bedeutet — die inhaltliche Begrenztheit der mannigfaltigen Sinneinheiten —, so ist doch ihre Abgrenzung gegenüber der Einheit des göttlichen Seins zu verstehen als eine Hinordnung auf zeitliche Verwirklichung. Damit ist zugleich der Gegensatz des *wesentlichen* und *wirklichen Seins* und *Möglichkeit* in einem doppelten Sinn vorgezeichnet: Möglichkeit als Begründetsein des zeitlich-wirklichen im wesenhaften Sein der begrenzten Sinneinheiten (Wesensmöglichkeit) und Möglichkeit als Vorstufe zu höherer Wirklichkeit (Potentialität gegenüber Aktualität), als niedere Weise zeitlichen Seins.

Zeitlich-wirkliches Sein ist nicht vollendete Wirklichkeit (= reiner Akt), sondern *beginnende und fortschreitende Verwirklichung* von Wesensmöglichkeiten. Dazu gehört der Gegensatz des *selbständigen* und *unselbständigen Seins:* Beginn der Verwirklichung ist Übergang von Wesensmöglichkeit zu zeitlicher Wirklichkeit oder Eintritt ins zeitliche Dasein; zu fortschreitender Verwirklichung gehört ein Seiendes, das in sich selbst unverwirklichte Möglichkeiten trägt: etwas, was noch nicht ist, was es sein soll, was aber schon als das bestimmt ist, was es sein soll, und dadurch einen vorgezeichneten Werdegang hat. Das Zeitlich-Wirkliche ist ein *auf sich selbst Gestelltes* und *Wesensbestimmtes* (οὐσία = Substanz). Seine unverwirklichten Möglichkeiten (Potenzen) sind in ihm begründet, und ihr Sein ist Anteil an seinem Sein. Ihre Verwirklichung ist seine Verwirklichung und damit sein eigener Übergang zu einer höheren Stufe des Seins.

Zum *endlichen Sein* als dem eines *sachlich Begrenzten* gehört die Scheidung von *Form* und *Inhalt.* Die Leerform ist die sachliche Umgrenzungslinie, durch die es sich von anderm, als es selbst ist, äußerlich abscheidet und innerlich als ein Gefüge sachlich unterschiedener aufbauender Teile ordnet. Die Leerform des selbständigen Seienden ist die des *Gegenstandes* (im engeren Sinne) oder des *Trägers* von Was und Sein (Hypostase = *subsistens*).

VII

DAS ABBILD DER DREIFALTIGKEIT
IN DER SCHÖPFUNG[1]

§ 1. Person und Hypostase

Das Suchen nach dem Sinn des Seins hat uns auf das Sein geführt, das Urheber und Urbild allen endlichen Seins ist. Es hat sich uns selbst als das Sein in Person, ja als dreipersönliches Sein enthüllt. Wenn der Schöpfer das Urbild der Schöpfung ist, muß sich dann nicht in der Schöpfung ein wenn auch noch so fernes Abbild der Drei-Einheit des ursprünglichen Seins finden ? Und sollte von daher nicht ein tieferes Verständnis des endlichen Seins zu gewinnen sein ? Geschichtlich läßt sich zeigen, daß das Bemühen, die Offenbarungslehre von der Allerheiligsten Dreifaltigkeit begrifflich zu fassen, Veranlassung zur Bildung der philosophischen Begriffe *Hypostase* und *Person* gegeben hat. Damit war etwas Wesentliches nicht nur für das Verständnis der Offenbarung von der Dreipersönlichkeit Gottes, sondern auch für das Verständnis des menschlichen Seins und des Dinglich-Wirklichen überhaupt gewonnen. Von dieser Seite her wollen wir nun auch versuchen, die Offenbarung für die Erkenntnis des endlichen Seins fruchtbar zu machen. Des heiligen *Augustinus* 15 Bücher *De Trinitate*[2] dürfen wohl als Grundlage aller späteren Trinitätstheologie bezeichnet werden. Er bemüht sich darin, erst den Inhalt der Offenbarungslehre klar herauszustellen und dann dem Verstand Wege zu ihrem Verständnis zu bahnen. Die Glaubenslehre hebt die Einheit der *Substanz* (d. h. hier: des Wesens) in

---

[1] Der hl. *Thomas* unterscheidet zwischen *Spur* und *Abbild*. Er spricht von *Spur* dort, wo aus der Wirkung nur die *Ursächlichkeit* der Ursache zu entnehmen ist (wie man aus dem Rauch auf das Feuer schließen kann), von *Abbild* nur, wo in der Wirkung eine *Darstellung* der Ursache durch eine ihr ähnliche Form vorliegt (wie das Standbild des Merkur den Merkur darstellt). Mit *Augustinus* findet er eine Spur der Dreifaltigkeit in der ganzen Schöpfung, ein Abbild aber nur in den vernunftbegabten Geschöpfen, die Verstand und Willen haben (S. th. I q 45 a 7). Indessen finden wir eine gewisse Abbildlichkeit auch in dem, was Thomas als Spur der Dreifaltigkeit aufweist (s. unten § 6 ff.), und sprechen daher nur vom Abbild.

[2] *Migne*, P. L. 42.

allen drei Personen hervor: dadurch sind sie völlig gleich und sind
Eines. Das Unterscheidende sind die *Relationen*: daß der Vater
den Sohn *erzeugt* und Vater und Sohn den Heiligen Geist *hau-
chen*. Dazu kommt der Unterschied in der zeitlichen Erscheinung
der zweiten und dritten Person: nur der Sohn ist aus der Jungfrau
geboren, gekreuzigt, gestorben und begraben, nur der Heilige Geist
in Tauben- und Zungengestalt erschienen[3]. Diese Erscheinungen sind
nicht mit den Personen selbst gleichzusetzen, ihre Unterschiede sind
darum auch nicht als Unterschiede der Personen selbst anzusehen,
aber sie weisen als *Zeichen* auf deren Unterschiedenheit hin[4]. Besonders die Aufnahme der menschlichen Natur in die Einheit der
Person Christi setzt die Scheidung der göttlichen Personen voraus.
Äußerst schwierig aber ist es für uns, die Unterschiede der Personen
selbst zu fassen — ja wir dürfen ruhig sagen: sie sind für uns unfaßlich. Wenn wir den Unterschied in die *Relationen* der Personen
verlegen, so müssen wir bedenken, daß *Relation* hier nicht dasselbe bedeutet wie bei endlichen Dingen. *Augustinus* sucht das klarzumachen, indem er zeigt, daß die Relationen hier weder Substanz
noch Akzidens seien[5]. Substantiell sind sie nicht, weil alles, was
von Gott substantiell (d. h. hier: als zu seinem Wesen gehörig) ausgesagt wird — und das ist alles außer den Relationen —, von allen
drei Personen gilt und von jeder einzelnen ohne Rücksicht auf die
andern. Beides trifft für die Namen der göttlichen Personen nicht zu[6].
Akzidentiell aber können die Relationen nicht sein, weil sie nicht —
wie bei allem Endlichen — veränderlich sind, was zu den Akzidentien als solchen gehört. So ist es nötig, von der Substanz (hier =
οὐσία = *essentia* gesetzt) die Hypostase als ihren Träger zu unterscheiden[7]. Der Einheit der Substanz steht eine Dreiheit von Trä-
gern gegenüber. Wenn wir sie *Person* nennen, so ist das nur eine
menschliche Redeweise, um Unsagbares auszudrücken[8]. Alles, was
wir sonst *Person* nennen — Menschen wie Engel —, ist *rationalis
naturae individua substantia* (Einzelwesen von vernünftiger Natur)[9]
in dem Sinne, daß es in seinem Was etwas „Unmitteilbares" enthält,

---

[3] a. a. O. I 4.   [4] Vgl. a. a. O. II 9.   [5] a. a. O. V 2ff.

[6] An sich ist es wohl möglich, jede göttliche Person „Vater" zu nennen im
Verhältnis zu allen „Kindern Gottes". Man könnte auch jede der drei Personen „Heiliger Geist" nennen, weil jede Geist und heilig ist. Aber „Sohn"
kann nur die zweite, „Gabe" nur die dritte Person genannt werden (a.a.O. V 11).

[7] a. a. O. V 8.

[8] a. a. O. V 9.

[9] *Thomas von Aquino*, S. th. I q 29 a 1, 1.

etwas, was es mit keinem andern teilt. Hier aber stehen wir vor drei Personen, die ihr ganzes Was gemeinsam haben und von denen keine ohne die andern möglich ist[10]. Und die drei Personen sind nicht mehr als eine: die unendliche Vollkommenheit, die einer jeden für sich eigen ist, ist unvermehrbar[11].

Auf die Frage, ob dennoch der Name *Person* auf Gott anwendbar sei, antwortet der hl. *Thomas*: „*Person* bezeichnet das Vollkommenste in der ganzen Natur, nämlich etwas, was in sich selbst Bestand hat, und eine vernunftbegabte Natur *(subsistens in rationali natura)*. Da nun alles, was zur Vollkommenheit gehört, Gott zugeschrieben werden muß, weil sein Wesen alle Vollkommenheit in sich enthält, ist es angemessen, Gott den Namen *Person* zu geben, aber nicht im selben Sinne wie bei den Geschöpfen, sondern in einem vorzüglichen Sinn"[12]. Daß es sich um einen *analogen* Gebrauch des Wortes handelt, ist ja früher schon gezeigt worden[13]. Dieser analoge Gebrauch ist — nach Thomas — auch auf den ursprünglichen Sinn des Wortes *persona* auszudehnen, wonach es die Rollen in einem Schauspiel bezeichnet[14]. In dieser Bedeutung kommt der Name *Person* Gott allerdings nicht zu im Hinblick auf das, wovon er hergenommen ist, aber doch im Hinblick auf das, was er zum Ausdruck bringen soll. „Weil nämlich in Komödien und Tragödien Männer von Ruf dargestellt werden, wurde der Name *Person* zur Bezeichnung von Würdenträgern verwendet. . . . Daher geben manche für Person die Definition: ‚Die Person ist eine Hypostase, deren unterscheidende Eigenschaft eine Würde ist *(proprietate distincta ad dignitatem pertinente)*. Und weil es eine große Würde ist, Träger einer vernunftbegabten Natur zu sein, darum wird jedes Einzelwesen von vernunftbegabter Natur *Person* genannt . . . Die Würde der göttlichen Natur aber übersteigt jede Würde; darum kommt Gott der Name Person im höchsten Maße zu'"[15].

Thomas wendet auch den Namen *Hypostase* auf Gott an, ohne ihn mit *Person* gleichzusetzen. Die Unterscheidung ist für uns wichtig. Die Bestimmung des Begriffs ὑπόστασις wird durch das Verhältnis zum Begriff *Substanz* gegeben. Dabei wird die Deu-

---

[10] *Augustinus* a. a. O. VI 7.

[11] a. a. O. VI 8.

[12] S. th. I q 29 a 3 corp.

[13] Vgl. Kap. VI, § 4, 4.

[14] Eigentlich die Masken, durch die die Worte der Schauspieler „hindurchtönen".

[15] a. a. O. q 29 a 3 ad 2.

tung von Substanz = *essentia*[16] ausgeschaltet zugunsten des andern: *subiectum vel suppositum quod subsistit in genere substantiae* (ein Gegenstand, der als für sich bestehender zur Gattung der Substanz gehört). „Zur Bezeichnung dieser Sache gibt es drei Namen, nämlich: *Ding, Subsistenz* und *Hypostase (res naturae, subsistentia, hypostasis)*, die die sogenannte Substanz von drei verschiedenen Gesichtspunkten betrachten. Sofern sie nämlich durch sich selbst und nicht in einem andern existiert, heißt sie Subsistenz *(subsistentia)*[17], denn das nennen wir subsistierend, was nicht in einem andern, sondern in sich selbst existiert. Sofern es aber Träger einer allgemeinen Natur ist *(supponitur)*, heißt es *Ding (res naturae)*; z. B. ist dieser Mensch ein Ding, dem die Menschennatur eigen ist. Als Träger der Eigenschaften (Akzidentien) aber heißt es *Hypostase* oder *Substanz*. Was aber diese drei Namen gemeinsam in der ganzen Gattung der Substanzen bezeichnen, das bezeichnet Person in der Gattung der vernunftbegabten Substanzen"[18].

Person ist hier der engere Begriff, die Vernunftbegabung ist der artbildende Unterschied[19]. Wollte man sich streng an die festgelegten Bedeutungsunterschiede der Namen *res, subsistentia, hypostasis* halten, so dürfte man die göttlichen Personen nicht *Hypostasen* nennen, weil sie ja keine Träger von Akzidentien sind[20]. Es ist aber üblich geworden, *Hypostase* im Sinn von *Subsistenz* zu nehmen. Und in diesem Sinne trifft es auch für die göttlichen Personen zu. Es ist aber wohl zu beachten, wie *subsistere* zu verstehen ist. Thomas sagt: was in sich selbst, nicht in einem andern ist. Wenn wir das als „Selbständigkeit" deuten wollen, würde es den göttlichen Personen in ihrer Unterschiedenheit voneinander und vom göttlichen Wesen nicht entsprechen, weil ja keine ohne die anderen und ohne das allen gemeinsame Wesen sein kann. Wir haben früher für Hypostase das Wort *Träger* gesetzt. Nun ist aber das Wort Träger (für das lateinische *suppositum*) schon in zwei Bedeutungen gebraucht worden, die sich beide nicht mit der hier geforderten decken: das Ding wurde Träger einer allgemeinen Natur genannt und Träger seiner Eigenschaften. Beides kommt für die göttlichen Personen nicht in Betracht:

---

[16] Wie sie sich bei Thomas selbst in „De ente et essentia" findet.

[17] Entsprechend unserer scharfen Trennung von Seiendem und Sein würden wir hier lieber Subsistierendes *(subsistens)* sagen.

[18] S. th. I q 29 a 2 corp.

[19] Thomas erwähnt aber, daß es bei den Griechen üblich sei, auch *Hypostase* in diesem engeren Sinn zu gebrauchen (a. a. O. a 2 ad 1).

[20] Dieser Einwand wird q 29 a 3, 3 erhoben.

es gibt hier keine (vom Wesen unterscheidbaren) Eigenschaften; und das göttliche Wesen ist keine *allgemeine Natur*, die sich in den Personen *vereinzelt*, sondern ein Einziges und Einmaliges, das ihnen gemeinsam ist. Das, was „getragen" wird, ist das eine, unteilbare göttliche Wesen, und die Personen sind es, die es tragen. Dieser Begriff des Wesensträgers scheint mir höchst bedeutsam für den Aufbau alles Seienden. Bei den Bemühungen um das Verständnis der Allerheiligsten Dreifaltigkeit mußte er rein zur Abhebung gebracht werden. Es kam hier nicht ein verschiedener Stoff als *Träger* einer allgemeinen Wesensform in Betracht, um die Personen voneinander zu unterscheiden (wie es bei den Körperdingen geschah), noch eine inhaltliche Unterscheidung verschiedener Formen als *Träger* verschiedener Eigenschaften (wie bei den geschaffenen reinen Geistern): die Geistigkeit, Einheit und Einfachheit des göttlichen Wesens ließ nichts anderes übrig als einen völlig stoff- und inhaltlosen Träger — einen, der nichts anderes ist als Träger, als leere Form der Wesensfülle. Wir sind in ganz verschiedenen Zusammenhängen auf diese Leerform des Trägers gestoßen. Das *reine Ich* erschien uns als Träger der Erlebnisfülle, die (endliche) Person als Träger ihrer Eigenart, die Dingform als Träger ihrer Inhaltsfülle und in der allgemeinsten Fassung des Seienden als solchen der „Gegenstand" oder das „Etwas" als Träger des Was und des Seins. Jetzt glauben wir beim Urbild dieser verschiedenen Trägerformen angekommen zu sein und sie im Verhältnis zu ihm und zueinander fassen zu können. Allerdings stehen wir hier wieder vor der Tatsache, daß Urbild und Abbild durch einen unendlichen Abstand voneinander getrennt sind. Aber dieser Abstand und die Unfaßlichkeit des Urbildes ändert nichts daran, daß sich der Sinn des Abbilds von ihm her bestimmt. Der Gegensatz des einen Wesens und der drei Personen führt zur Ablösung der leeren Form — aber gerade hier bilden Form und Fülle eine untrennbare Einheit. Auch anderswo sind Form und Fülle aufeinander angewiesen: alles Seiende ist gefüllte Form oder geformte Fülle. Aber die einzelne Form ist an ihre jeweilige Fülle nicht unwandelbar gebunden: es gibt Veränderung als teilweisen Wechsel des inhaltlichen Bestandes, und es gibt — als äußerste Grenze — Wesenswandel, bei dem der Träger bleibt, aber ein anderes Wesen annimmt. Bei Gott gibt es weder Veränderung noch Wandel. Form und Fülle sind hier untrennbar eins. Es ist keine andere Fülle denkbar, die in diese Form sich fügen, keine andere Form, die diese Fülle fassen könnte.

§ 2. Person und Geist

Das Suchen nach dem Sinn des Seins hat uns bis zum ersten Sein geführt: zum *Sein in Person*, ja in drei Personen. Um es zu verstehen, soweit hier noch ein Verstehen möglich ist, und um auf Grund des ersten Seins dann ein neues Verständnis des endlichen Seins zu gewinnen, ist die Klärung dessen, was *Person* besagt, unternommen worden. Aber das Personsein als solches und damit das erste Sein selbst bleibt völlig im Dunkeln, wenn es nicht gelingt, noch etwas anderes zu größerer Klarheit zu bringen, als es bisher geschehen ist, nämlich das *Wesen des Geistes.* Das göttliche Sein ist als geistiges in Anspruch genommen worden. Und wenn die Person als Träger einer *vernunftbegabten* Natur bezeichnet wurde, so scheint auch damit ihre Geistnatur ausgesprochen zu sein, denn *Geist* und *Vernunft* scheinen untrennbar zueinander zu gehören. Was aber besagt *Geist?* Wir haben schon von verschiedenen Seiten her einen Zugang dahin gesucht [21]. Das Geistige ist gekennzeichnet worden als das Unräumliche und Unstoffliche; als das, was ein „Inneres" in einem völlig unräumlichen Sinn hat und „in sich" bleibt, indem es aus sich herausgeht. Dieses Aus-sich-herausgehen ist ihm wiederum wesenhaft eigen: es ist das völlig „Selbstlose": nicht als hätte es kein Selbst, sondern weil es sein Selbst ganz und gar hingibt, ohne es doch zu verlieren, und in dieser Hingabe restlos offenbar wird — im Gegensatz zu der Verborgenheit des Seelischen. In der restlosen Selbsthingabe der göttlichen Personen, in der jede sich ihres Wesens vollkommen entäußert und es doch vollkommen bewahrt, jede ganz in sich selbst und ganz in den andern ist, haben wir den Geist in seiner reinsten und vollkommensten Verwirklichung vor uns. Die Dreifaltige Gottheit *ist* das eigentliche „Reich des Geistes", das „Überirdische" schlechthin. Alle Geistigkeit oder Geistbegabtheit von Geschöpfen bedeutet eine „Erhebung" in dieses Reich, wenn auch in verschiedenem Sinn und auf verschiedene Weise.

Dennoch haben auch die andern Grundformen des Seins hier im Reich des Geistes ihr Urbild, und es kann ja nicht anders sein, wenn das Reich des Geistes mit dem ersten Sein zusammenfällt und *alles* Sein einen „Anteil" am ersten Sein bedeutet, von ihm seinen Ausgang nimmt und in ihm vorgezeichnet ist. Wenn wir „leiblich" ein Seiendes nennen, das sein Wesen in „ausgeborener" Gestalt besitzt, so müssen wir sagen, daß Gott einen wahren Leib hat (natürlich keinen stofflichen, sondern einen Geistleib), denn er besitzt die ganze

[21] Vgl. Kap. IV, § 3, 20 und § 4, 8.

Fülle seines Wesens in ausgewirkter, offenbarer, lichthafter Gestalt und trotz ihrer Unendlichkeit als mit sich selbst umschlossene, weil er sich selbst ganz in der Hand hat. Hier ist nichts „Vorwirkliches", erst der Gestaltung Harrendes. Und doch hat auch das Seelische als das „Schöpferische", als „Lebensquell" in Gott sein Urbild, weil das göttliche Leben sich ewig neu aus sich selbst schöpft und aus der eigenen Tiefe aufquillt[22]. Wäre es starr und unbewegt, so wäre es nicht *Leben;* und es ist doch *das* Leben — alles irdische Leben nur ein fernes Abbild davon. Sollten nicht die drei Grundformen des wirklichen Seins in ihrer Einheit aufs engste mit der Dreifaltigkeit zusammenhängen? Dem Vater, aus dem alles ist, der selbst aber nur aus sich selbst ist — dem Ur-Schöpfer —, würde das seelische Sein entsprechen, dem Sohn als der „ausgeborenen" Wesensgestalt das leibliche; das freie und selbstlose Ausströmen aber verdient noch einmal in besonderem Sinne den Namen *Geist.* So hätten wir im ganzen Bereich des Wirklichen eine dreieinige Seinsentfaltung.

Wie hängen Geistigkeit und Personhaftigkeit zusammen? Wir haben unter Person den Wesensträger, und zwar den Träger einer *vernunftbegabten* Natur, verstanden. Die Vernunftbegabung scheidet die Person von der Hypostase als dem Wesensträger im weiteren Sinn. Wenn zwischen beiden ein echter Unterschied vorhanden ist — und das wird der Fall sein müssen, wenn eine *Leerform* und ihre *Fülle* nicht nur äußerlich verbunden sind, sondern wesenhaft zusammengehören —, dann muß nicht nur die Natur, sondern auch das „Tragen" bei der Person etwas Besonderes sein. Es ist früher das „Ich" Träger seines Lebens genannt worden: es ist das, dem das innere Leben entquillt (*inneres* Leben als Gegensatz zu dem in Stoffgestaltung sich *veräußernden* der sogenannten *Lebewesen*), das *in* diesem Leben lebt und es als das *seine* erlebt. Es ist klar, daß das Tragen hier ein anderes ist als bei einem Ding das Tragen eines Wesens: das *Leben* wird nicht nur getragen, sondern das Tragen ist selbst Leben, und zu diesem Leben gehört ein Innesein seiner selbst, wenn auch nicht notwendig ein *Erkennen* seiner selbst (in dem engen Sinne eines begrifflichen Fassens) und kein so geartetes *Bewußtsein,* daß daraus eine begriffliche Erkenntnis hervorgehen kann. Es gibt also ein Ichleben und ein zugehöriges „Innesein", das kein Begreifen und kein Verstehen seiner selbst ist. Darum kann hier auch von keinem „Vernehmen" die Rede

---

[22] Vgl. H. *Conrad-Martius*, Realontologie, Anm. S. 94 ff.

sein und von keiner *Vernunft*. Denn von Vernunft sprechen wir da, wo eine innere Gesetzlichkeit des Seins herrscht und verstanden ist. Wo ein Seiendes zwar von einer verstehbaren Gesetzlichkeit beherrscht ist und sich ihr gemäß verhält, aber sie nicht verstehen kann, da spricht man von verborgener Vernunft. *Vernunftbegabt* aber nennt man ein Geschöpf, das die Gesetzlichkeit seines eigenen Seins verstehen und sich mit seinem Verhalten danach richten kann. Dazu gehört *Verstand* als die Gabe des Verstehens und *Freiheit* als die Gabe, das eigene Verhalten selbst aus sich heraus zu gestalten. Wenn zum Personsein Vernunftbegabung gehört, dann muß die Person als solche Verstand und Freiheit besitzen. So kommen wir zu der Scheidung von Ich und Person, daß nicht jedes Ich ein persönliches zu sein braucht. Dagegen muß jede Person ein Ich sein: d. h. ihres eigenen Seins inne sein, da dies zur Vernunftbegabung gehört. Es kommt in unserem Zusammenhang darauf an, die besondere Art des „Tragens" zu verstehen, die im Personsein liegt. Wenn zum Ich als solchem gehört, daß ihm sein Leben entquillt und daß es dieses Lebens als des seinen inne ist, so muß das persönliche Ich überdies sein Leben verstehen und es frei aus sich gestalten können. So verstehen wir, daß Gott, der in vollkommener Freiheit sein Leben selbst gestaltet und der durch und durch Licht ist (dem nichts verborgen ist), im höchsten Sinne Person sein muß. Weil das persönliche Leben ein Aus-sich-herausgehen und zugleich ein Sein und Bleiben in sich selbst ist, dieses beides aber das Wesen des Geistes kennzeichnet, darum muß persönliches Sein auch geistiges Sein bedeuten. Es wird aber noch zu fragen sein, ob persönliches Sein und geistiges Sein schlechthin zusammenfallen: ob ein „unpersönliches" geistiges Sein denkbar ist[23] und ob das, dessen Träger die Person ist, notwendig ein rein Geistiges sein muß[24]. Das hängt mit der anderen Frage zusammen, wie die Person Träger ihres *Wesens* ist. Indem wir die Person als Ich und das Ich als Träger seines Lebens verstanden, sind wir dahin gelangt, die besondere Weise zu kennzeichnen, wie die Person Träger ihres *Lebens* ist. Bei Gott ist kein Unterschied zwischen Leben und Wesen — so wenig wie zwischen Sein und Wesen. Wo aber Wesen und Leben sich nicht decken, da wird auch das „Tragen" des einen und des andern Verschiedenes bedeuten.

---

[23] Vgl. im Folgenden Kap. VII, § 4.
[24] Vgl. den folgenden Abschnitt.

§ 3. *Das menschliche Personsein*

So werden wir zur Eigentümlichkeit des Personseins der geschaffenen, endlichen Personen geführt. Die reinen Geister als solche stehen wohl Gott näher als die Menschen. Wegen der größeren Einfachheit ihres Wesens scheint auch die Untersuchung bei ihnen leichter. Indessen ist es doch das Natürlichste, von dem uns Nächstliegenden, der menschlichen Natur, auszugehen. Und auch rein sachlich kommt ihr eine besondere Stellung zu, weil — gerade durch die Verbindung von Geist und Stoff — in ihr die ganze Schöpfung zusammengefaßt ist. Wenn wir hier von der *Natur* des Menschen sprechen, so ist damit das Wesen des Menschen als solches gemeint, und es ist darin inbegriffen, daß er Person ist. Das Wesen ist nach den früher durchgeführten Untersuchungen die Wasbestimmtheit, das, was es macht, daß der Mensch Mensch ist. Was gehört zum Menschsein des Menschen, und in welchem Sinn kann man sagen, daß er sein Menschsein „trage"?

1. Das menschliche Sein als leiblich-seelisch-geistiges. Eigentümlichkeit des menschlichen Geisteslebens

Das menschliche Sein ist leiblich-seelisch-geistiges Sein. Sofern der Mensch seinem Wesen nach Geist ist, geht er mit seinem „geistigen Leben" aus sich selbst heraus und in eine sich ihm erschließende Welt ein, ohne dabei sich selbst zu verlassen. Er „atmet" nicht nur — wie jedes wirkliche Gebilde — sein Wesen auf geistige Weise aus, sich selbst unbewußt aussprechend: er ist überdies persönlich-geistig tätig. Die Menschenseele *als* Geist erhebt sich in ihrem geistigen Leben über sich selbst. Aber der Menschengeist ist von oben und von unten bedingt: er ist eingesenkt in das Stoffgebilde, das er zu seiner Leibgestalt beseelt und formt. Die menschliche Person trägt und umfaßt „ihren" Leib und „ihre" Seele, aber sie wird zugleich davon getragen und umfaßt. Ihr geistiges Leben erhebt sich aus einem dunklen Grunde, es steigt empor gleich einer Kerzenflamme, die leuchtet, aber von einem selbst nicht leuchtenden Stoff genährt wird. Und sie leuchtet, ohne durch und durch Licht zu sein: der Menschengeist ist für sich selbst sichtbar, aber nicht restlos durchsichtig; er vermag anderes zu erhellen, aber nicht völlig zu durchdringen. Wir haben seine Dunkelheiten schon kennen gelernt[25]: er

---

[25] Soweit sie das unmittelbare Erfassen des eigenen Lebens betreffen — auf die Lücken und Mängel bei der Erkenntnis ich-fremder Gegenstände gehen wir hier nicht ein.

weiß durch sein eigenes inneres Licht wohl um sein gegenwärtiges Leben und um vieles, was einmal sein gegenwärtiges Leben war, aber das Vergangene ist lückenhaft, das Zukünftige nur in Einzelheiten mit einiger Wahrscheinlichkeit vorauszusehen, in weit größerem Umfang unbestimmt und ungewiß, wenn auch in dieser Unbestimmtheit und Ungewissheit faßbar, Ursprung und Ziel völlig unzugänglich (solange wir uns an das zum Leben selbst gehörige Bewußtsein halten und nicht fremde Erfahrung, urteilendes und schließendes Denken oder Glaubenswahrheiten zu Hilfe nehmen — lauter Hilfsmittel, deren der reine Geist zu seiner Selbsterkenntnis nicht bedarf). Und das unmittelbar gewisse Gegenwartsleben ist die flüchtige Erfüllung eines Augenblicks, sofort zurücksinkend und sehr bald völlig entgleitend. Das ganze bewußte Leben ist nicht gleichbedeutend mit „meinem Sein" — es gleicht der belichteten Oberfläche über einer dunklen Tiefe, die sich durch diese Oberfläche kundgibt. Wenn wir das menschliche Personsein verstehen wollen, müssen wir versuchen, in diese dunkle Tiefe einzudringen.

2. Ichleben und leiblich-seelisches Sein

Wir sprachen von einem doppelten Jenseits, zu dem der Menschengeist in seinem wachen, bewußten Leben vordringt: die äußere und die innere Welt. (Über beide hinaus führen die Wege in das „höhere" Jenseits des göttlichen Seins.) Die *äußere* Welt kann doppelt verstanden werden: als alles, was nicht zu „mir", zur *monadischen* Einheit meines Seins gehört — dann würde sie auch die inneren Welten anderer Geister umfassen. Oder als das, was nur äußerer Wahrnehmung zugänglich ist, die Körperwelt mit allem, was ihr zugehört. Dann würden zur *inneren* Welt auch die inneren Welten anderer Personen gehören. Wir beschränken die Betrachtung zunächst auf die eigene innere Welt. Damit ist jetzt nicht allein das bewußte Ichleben gemeint — das gegenwärtige und das von ihm her im Rückwärts- und Vorwärtsgreifen zugängliche vergangene und künftige, die Einheit des *Erlebnisstroms* —, sondern das nicht unmittelbar Bewußte, aus dem das bewußte Leben aufsteigt. Ich denke über eine schwierige Frage nach und bemühe mich vergebens, eine Lösung zu finden. Schließlich stecke ich es auf, weil ich „heute zu dumm bin". Meine Dummheit kann ich nicht mit den äußeren Sinnen wahrnehmen (von dem äußerlich wahrnehmbaren Gepräge, das sie dem Körper geben kann, dürfen wir hier absehen); sie kann mir auch nicht „unmittelbar bewußt sein" wie das Nachdenken, dessen Verlauf sie mir kundgibt. Aber ich „erfahre" sie — sie gibt sich mir kund, wie ich die Stumpfheit des Messers erfahre, das mir beim Brotschneiden den Dienst versagt. Die ursprünglichste Form solcher Erfahrung, auf die sich darüber hinausgehende Urteile und Schlüsse aufbauen und die — gedächtnismäßig bewahrt — in allmählicher Ansammlung zu jenem festen Erfahrungsbesitz führt, durch den wir „uns selbst kennen", nennen wir mit *Husserl innere Wahrnehmung.* Sie ist von dem das Ichleben *(als Leben des reinen Ich)* unaufhebbar begleitenden Bewußtsein durchaus verschieden, es spielt aber dafür eine unentbehrliche Rolle. Das, was ich innerlich wahrnehme und im Laufe meines Lebens immer besser kennenlerne, ist ein dingartiges Etwas: es hat dauernde Eigenschaften (Gaben des Verstandes — z. B. mehr oder minder große Leichtigkeit der Auffassung, Schärfe des Urteils, Fähigkeit, Zusammenhänge zu entdecken), wechselnde Zustände, die sich über mehr oder minder lange Zeitspannen erstrecken (Fröhlichkeit und Aufgelegtheit zu allerhand Unternehmungen oder Niedergeschlagenheit und Gehemmtheit), ist auf mannigfache Weise tätig, erfährt Einwirkungen von außen und übt selbst eine über seine eigene innere Welt hinausreichende Wirksamkeit aus, reiht sich damit in den Wirkungszusammenhang der ganzen Erfahrungswelt ein. Das sind nur einige erste Andeutungen, um auf ein Seiendes von höchst verwickeltem Aufbau aufmerksam zu machen. Das kleine Erlebnis, von dem wir ausgingen, kann uns noch in verschiedener Richtung weiterführen. Ich habe festgestellt, daß ich *heute* zu dumm sei. Ich bin also ein andermal gescheiter gewesen und hoffe es auch morgen wieder zu sein. Dann handelt es sich nicht um eine unwandelbare Eigenschaft, sondern um eine vorübergehende Beschaffenheit. Ich glaube auch zu wissen, womit sie zusammenhängt: mein Kopf ist heute so dumpf; es ist, als ob ein lastender Nebel darüber läge. Diese Feststellung lenkt den Blick auf ein ganz neues Gebiet: daß der Kopf mit dem Denken etwas zu tun hat, das gehört in den großen Fragenkreis des Verhältnisses von Leib und Seele. Was ist die Seele? Was ist der Leib? Ist die Seele das dingartige Etwas, das ich innerlich wahrnehme und erfahre, oder ist es das Ganze aus Leib und Seele? Eine verwirrende Fülle von Fragen taucht auf. Wir wollen nur versuchen, uns so weit hindurchzuarbeiten, daß die Eigentümlichkeit der menschlichen Person und damit des Menschseins überhaupt faßbar wird.

Der Kopf und der ganze Leib ist ein Körperding, das ich mit den äußeren Sinnen wahrnehmen kann. Aber ich bin bei dieser Wahrnehmung merkwürdigen Beschränkungen unterworfen wie bei keinem andern Körper: ich besitze ihm gegenüber keine volle Bewegungsfreiheit, kann ihn nicht von allen Seiten betrachten, weil ich nicht „von ihm loskomme". Dafür bin ich ihm gegenüber nicht auf die äußere Wahrnehmung angewiesen: ich nehme ihn auch von innen wahr. Darum ist er *Leib* und nicht bloß Körper, und „mein" Leib, wie nichts Äußeres „mein" ist, weil ich in ihm wohne als in meiner mir „angeborenen" Behausung und spüre, was in ihm und an ihm vorgeht, und mit diesem Spüren zugleich ihn wahrnehme. Das Spüren der leiblichen Vorgänge ist so gut „mein Leben" wie mein Denken und meine Freude, obgleich es Lebensregungen ganz anderer Art sind. Die Kälte, die über die Haut rieselt, der Druck im Kopf, der Schmerz im Zahn — das alles vollziehe ich nicht wie eine willkürliche Denktätigkeit, es steigt auch nicht aus einer inneren Tiefe auf wie die Freude, aber ich bin darin: was meinen Leib trifft, das trifft auch mich und eben dort, wo es ihn trifft — ich bin in allen Teilen meines Leibes gegenwärtig, wo ich etwas Gegenwärtiges spüre. Das Spüren kann in einer *unpersönlichen* Form vor sich gehen: als rein sinnliches Empfinden, wovon das geistige Ich nicht eigentlich erreicht wird. Insofern wird es freilich erreicht, als ihm das Empfinden oder Spüren bewußt wird, so daß es (geistig) darauf hinblicken und es feststellen kann. Aber das Spüren und das Bewußtwerden ist zweierlei. Und wir gelangen von hier aus zur Einsicht in die Möglichkeit eines puren Empfindungslebens, das niemals die Form des persönlichen Ichlebens annimmt, wie wir es bei dem bloßen Sinnenwesen zu denken haben. Andererseits *können* die leiblichen Vorgänge ins persönliche Leben einbezogen werden: jeder Schritt, jede Handbewegung, frei und sinnvoll unternommen, ist persönliche Tat, in deren Einheit der Leib mitwirkt und als mitwirkender gespürt und verstanden ist. Als Werkzeug meiner Taten gehört der Leib mit ·zur Einheit meiner Person [26]. Das menschliche Ich ist nicht nur ein *reines Ich*, nicht nur ein geistiges, sondern auch ein leibliches.

Was aber leiblich ist, das ist niemals *bloß* leiblich. Was den Leib von einem bloßen Körper unterscheidet, ist, daß es ein *beseelter* Körper ist. Wo Leib ist, da ist auch Seele. Und umgekehrt: Wo Seele ist, da ist auch Leib [27]. Ein Stoffding ohne Seele ist nur Körper, nicht lebendiger Leib. Ein Geistwesen ohne körperlichen Leib ist reiner

---

[26] Nicht *nur* in dieser Eigenschaft, aber wir betrachten ihn zunächst einmal von dieser Seite.

[27] Die Trennung von Leib und Seele im Tode ist Durchschneidung einer natürlichen Einheit und vermag die Zusammengehörigkeit nicht aufzuheben. Beide Teile verlieren dabei etwas von ihrer Natur.

Geist, nicht Seele. Wer bei den Pflanzen nicht von *Seele* sprechen will, darf ihnen auch keinen Leib zugestehen. Er muß dann einen anderen Namen gebrauchen, um diese belebten Stoffgebilde von den leblosen zu unterscheiden. Wir haben die *thomistische* Auffassung der Seele kennengelernt, die — mit *Aristoteles* — in der Seele die Wesensform alles Lebendigen sieht und verschiedene Stufen solcher Formung unterscheidet, je nachdem dadurch nur lebendige Stoffgestaltung oder auch ein *inneres* Leben hervorgebracht wird und ob dieses innere Leben nur sinnliches oder auch geistiges ist. Nach dieser Abstufung ihrer Leistungen unterscheiden sich Pflanzen-, Tier- und Menschenseele (= Lebens-, Empfindungs- und Vernunftseele), und zwar so, daß die höhere dasselbe leistet wie die niederen und hinzufügt, was ihre besondere Aufgabe ist. Wir haben den Sinn der Form[28] dahin geklärt, daß sie dem Seienden seine Wesensbestimmtheit gibt: beim toten Stoffgebilde ist darunter nur das zu verstehen, was die artmäßige Eigentümlichkeit ihres stofflichen Seins festlegt, ihre besondere Art der Raumgestaltung, Raumerfüllung, der Bewegung und des Wirkens, und der geistige Sinn, der in der Besonderheit ihrer räumlichen Formensprache zum Ausdruck kommt. Die unterscheidende Eigentümlichkeit der *lebendigen* Formen gegenüber den leblosen ist ihre stoffüberlegene Kraft, die eine Mannigfaltigkeit bereits vorhandener Stoffgebilde zusammenzufassen und umzuformen und zu einem gegliederten Ganzen zu bilden vermag und die ausgeformte Gestalteinheit in beständigem Stoffwechsel erhält und fortbildet. Ihr „*Sein ist Leben*, und *Leben ist Stoffgestaltung* in den drei Stufen: *Umformung der Aufbaustoffe, Selbstgestaltung und Fortpflanzung*"[29].

Es ist wohl zu beachten, was das *Leben* in diesem Sinne — das Sein der lebendigen Stoffgebilde *als* lebendiger — vom Leben der reinen Geister scheidet. *Stoffgebundenes Leben* ist Werden eines Seienden, das erst in den Besitz seines Wesens gelangen muß, das sich „entwickelt", das auf dem Wege zu seinem vollen Selbst ist. Geistiges Leben ist Wesensentfaltung als Betätigung eines in seiner Wesensart Vollendeten[30]. Wiederum stehen wir vor einer *Analogie:* der Name *Leben* ist nicht einfach doppelsinnig gebraucht, sondern hat hier und dort einen gemeinsamen Sinnbestand. Beides ist Sein als Selbstbewegung aus dem Grunde des eigenen Wesens. Im einen Fall aber ist es eine Bewegung, in der das Seiende — als Wer-

---

[28] In der aristotelisch-scholastischen Bedeutung des Wortes, nicht als *Leerform* verstanden. Vgl. dazu Kap. IV, besonders die Zusammenfassung in § 5.
[29] Vgl. Kap. IV, § 5, 1.   [30] Vgl. Kap. IV, § 5, 2.

lendes — zu sich selbst kommt; im andern eine Bewegung, in der
es — als Vollendetes — aus sich herausgeht, sich hingibt, ohne dadurch sich selbst zu verlassen oder zu verlieren: beides *Abbilder*,
die an der Lebensfülle des göttlichen Seins mehr und minder vollkommen „Anteil haben“.

Als Eigentümlichkeit der *Seele* haben wir es (mit Hedwig *Conrad-
Martius*) angesehen, daß sie als eigene *Seinsmitte* des Lebewesens aufzufassen ist und als der verborgene Quell, aus dem es sein Sein
schöpft und zu sichtbarer Gestalt aufsteigt[31]. Das unbelebte Stoffgebilde ist ein selbsteigenes und selbständiges Wirkliches, eigentümlich und einheitlich gestaltet, aber nicht aus einer eigenen Mitte,
aus einem Innern heraus. Beim endlichen reinen Geist wiederum
ist von einer Seinsmitte nicht zu sprechen, weil er weder ein ihm
selbst naturhaft verbundenes *Äußere* hat, das dem Inneren entsprechend und von innen her zu formen wäre, noch aus einem verborgenen Grunde heraus sich gestaltet.

Zunächst halten wir den Sinn fest, wonach *Seele* die Seinsmitte
der lebendigen Stoffgebilde ist — alles dessen, was die „Macht zur
Selbstgestaltung in sich trägt“[32]. Eine noch eigentlichere Erfüllung
aber findet der Name *Seele* dort, wo das *Innere* nicht nur
Mittel- und Ausgangspunkt äußerer Gestaltung ist, sondern wo das
Seiende nach innen aufgebrochen ist, wo *Leben* nicht mehr bloß
Stoffgestaltung ist, sondern ein Sein in sich selbst, jede Seele eine
in sich geschlossene, wenn auch nicht aus dem Zusammenhang mit
dem Leib und mit der gesamten wirklichen Welt gelöste „innere
Welt“. Das ist schon die bloße Sinnenseele, die noch kein den reinen
Geistern vergleichbares geistiges Leben hat. Ihr seelisches Leben
ist durchaus leibgebunden, es erhebt sich nicht über das leibliche Leben als ein ablösbarer Bereich von selbständiger Bedeutung. Was dem
Leib widerfährt, das wird empfunden, gespürt; und es wird daraus
von innen heraus, von der Lebensmitte her geantwortet mit Bewegungen und Triebhandlungen, die der Erhaltung und Steigerung des
leiblichen Lebens dienen. Dennoch wäre es nicht richtig, die Tierseele lediglich als eine „Einrichtung“ im Dienste des Leibes, als ihm
untergeordnet anzusehen. Es herrscht hier Gleichgewicht zwischen
Innerem und Äußerem, während bei der Pflanze das Äußere durchaus
überwiegt, beim Menschen die Seele ein vom Leib ablösbares Leben
von eigenem Sinn hat. Das Tier ist eine leiblich-seelische Gestalteinheit, seine Eigenart ist auf doppelte Weise ausgeprägt, in leiblichen
und seelischen Eigenschaften, und bekundet sich in leiblichem und

---

[31] Kap. IV, § 4, 2 und § 5, 2.   [32] Vgl. Kap. IV, § 5, 2.

seelischem Verhalten. Es steht als dieses Ganze in seiner Umwelt und setzt sich als Ganzes in der ihm eigenen Weise damit auseinander. Es setzt sich damit auseinander vom innersten Punkt seines Seins her, wo der Umschlag erfolgt von äußeren Eindrücken zu antwortendem Verhalten. Es ist dies ein *lebendiger* Mittelpunkt, in dem alles zusammenströmt und von dem alles ausgeht: das Spiel von „Gereiztwerden" und Antworten ist *Ichleben*. Aber es ist kein bewußtes Erleben und kein freies Stellungnehmen: dieses Ich ist dem „Getriebe" seines Lebens ausgeliefert und hingegeben, es steht nicht persönlich aufgerichtet dahinter und darüber.

3. Leib, Seele, Geist, „Die Seelenburg"

In der Menschenseele ist diese Aufrichtung erfolgt. Das *innere* Leben ist hier bewußtes Sein, das Ich ein waches, dessen geöffnetes Geistesauge nach außen und nach innen blickt: es kann das, was zu ihm herandrängt, verstehend entgegennehmen und in persönlicher Freiheit so oder so darauf antworten. Das *kann* es, und *weil* es das kann, ist der Mensch geistige Person, *Träger* seines Lebens in dem ausgezeichneten Sinn des persönlichen „In-der-Hand-habens". Aber er macht von seiner Freiheit nicht in vollem Umfang Gebrauch, sondern überläßt sich weitgehend dem „Geschehen" oder „Treiben" wie ein Sinnenwesen. Und in der Tat *ist* er ja Sinnenwesen und gar nicht imstande, sein gesamtes Leben zu freier Tat zu gestalten. Der geschaffene reine Geist ist nur dadurch in seiner Freiheit beschränkt, daß er sein Sein nicht aus sich hat, sondern empfängt und während der ganzen Dauer seines Seins als immer neue Gabe empfängt. Alle geschöpfliche Freiheit ist bedingte Freiheit. Dennoch ist das Sein des reinen Geistes im vollen Umfang persönliches Leben, freier Einsatz seiner selbst. Sein Erkennen, Lieben und Dienen — und selige Freude im Erkennen, Lieben und Dienen —, das alles ist Empfangen und Annehmen zugleich, freie Hingabe seiner selbst in dies geschenkte Leben hinein. Für den Menschen gibt es nur einen Bereich der Freiheit, der nicht mit dem ganzen Umfang seines Seins zusammenfällt. Und die Seele ist hier *Mitte* in einem neuen Sinn: die Vermittlung zwischen Geistigkeit und Leib-Sinnenhaftigkeit. Es ist aber die überlieferte Dreiteilung Leib-Seele-Geist nicht so zu verstehen, als sei die Seele des Menschen ein drittes Reich zwischen zwei ohne sie und unabhängig voneinander schon bestehenden: in ihr selbst treffen Geistigkeit und Sinnenhaftigkeit zusammen und sind ineinander verflochten. Eben das scheidet das eigentümliche Sein der Geistseele

342

von dem der Sinnenseele und des reinen Geistes. Der Mensch ist weder Tier noch Engel, weil er beides in einem ist. Seine Leib-Sinnenhaftigkeit ist anders als die des Tieres, und seine Geistigkeit ist anders als die des Engels. Es war davon schon gelegentlich die Rede. Er empfindet oder spürt, was in und mit dem Leib geschieht, aber dies Spüren ist *bewußtes* Empfinden und ist darauf hingeordnet, in die *verstehende Wahrnehmung* des Leibes und der leiblichen Vorgänge überzugehen und in die Wahrnehmung dessen, was „in die Sinne fällt" der äußeren Welt. Die Wahrnehmung ist schon Erkenntnis, geistiges Tun. Darin tritt das Erkennende dem Erkannten gegenüber, der eigene Leib — nicht nur die äußere Welt — wird *Gegenstand,* wenn auch ein Gegenstand eigener Art; das Ich löst sich in gewisser Weise vom Leib und richtet sich in persönlicher Freiheit über seiner Leiblichkeit und Sinnlichkeit auf. „In gewisser Weise", denn es bleibt doch darin haften. Das geistige Leben erhebt sich immer aufs neue aus dem sinnlichen und steht nicht auf eigenem Grunde, aber das Ich hat die Möglichkeit, in seinem *höheren* Sein seinen Standort zu nehmen und von dort aus das *niedere* frei in Angriff zu nehmen. Es kann es sich z. B. als Ziel setzen, den eigenen Leib und das eigene Sinnenleben erkenntnismäßig zu durchforschen. Es lernt die Möglichkeiten kennen, Leib und Sinne als Werkzeug seines Erkennens und Handelns zu gebrauchen, sie für gewisse Zwecke zu üben und dadurch zu einem immer vollkommeneren Werkzeug zu gestalten. Es hat auch die Möglichkeit, sinnliche Regungen zu unterdrücken, sich aus dem leiblich-sinnlichen Leben weitgehend zurückzuziehen und dafür fester Fuß zu fassen im geistigen. Das geistige Leben ist das eigentlichste Gebiet der Freiheit: hier vermag das Ich wirklich aus sich heraus etwas zu erzeugen. Das, was wir *freie Akte* nennen — ein Entschluß, die willentliche Inangriffnahme einer Handlung, die ausdrückliche Zuwendung zu einem „aufsteigenden" Gedanken, das bewußte Abbrechen eines Gedankenganges, ein Fragen, Bitten, Gewähren, Versprechen, Befehlen, Gehorchen —, all das sind „Taten" des Ich, mannigfach in ihrem Sinn und inneren Aufbau, aber alle darin einig, daß das Ich damit seinem Sein Inhalt und Richtung bestimmt und, indem es sich selbst in bestimmter Richtung einsetzt und an einen erwählten Erlebnisgehalt hingibt, in einem gewissen Sinn sein eigenes Leben „erzeugt". Es wird damit nicht sein eigener Schöpfer und nicht unbedingt frei: die Freiheit zur Selbstbestimmung ist ihm *gegeben*, und die „Lebendigkeit", die es in einer erwählten Richtung entfaltet, ist ihm gegeben, und jede Tat ist Antwort auf eine Anregung und Ergreifen eines Dargebotenen. Dennoch bleibt den freien Akten die Eigentümlichkeit des Sich-selbst-einsetzens, die die eigentlichste Form persönlichen Lebens ist. Alle willensmäßige Einwirkung auf den Leib aber und alles gestaltende Eingreifen in die äußere Welt, das den Leib als Werkzeug gebraucht, beruht darauf, daß die Freiheit nicht auf das rein geistige Gebiet beschränkt und daß dies kein in sich abgeschlossener Bezirk ist. Die Grundlage, auf der das geistige Leben und freie Tun sich erhebt und der es verhaftet bleibt, wird ihm selbst als *Stoff* in die Hand gegeben, um sie zu durchleuchten, zu gestalten und zu gebrauchen. So wird das leiblich-sinnliche Leben des Menschen selbst zu einem persönlich geformten und zum Bestandteil der Person. Es hört aber niemals auf, „dunkler Grund" zu sein. Ihn immer mehr zu durchleuchten und stärker persönlich durchzuformen, ist lebenslange Aufgabe der freien Geistigkeit.

Damit ist aber das Seelische in seinem allerletzten Sinn noch nicht getroffen. Die Seele ist der „Raum" in der Mitte des leiblich-seelisch-geistigen Ganzen; als Sinnenseele wohnt sie im Leib, in allen seinen Gliedern und Teilen, empfängt von ihm und wirkt gestaltend und erhaltend auf ihn ein; als Geistseele steigt sie über sich selbst hinaus, blickt in eine jenseits des eigenen Selbst liegende Welt — eine Welt von Dingen, Personen, Geschehnissen — hinein, tritt verstehend damit in Verkehr und empfängt von ihr; als *Seele* im eigentlichsten Sinne aber wohnt sie bei sich selbst, in ihr ist das persönliche Ich zu Hause. Hier sammelt sich alles an, was aus der sinnlichen und aus der geistigen Welt eindringt, hier erfolgt die innere Auseinandersetzung damit, von hier aus wird dazu Stellung genommen, und hier wird daraus gewonnen, was persönlichstes Eigentum wird, Bestandteil des eigenen Selbst — was (bildlich gesprochen) „in Fleisch und Blut übergeht". Die Seele als „innere Burg", wie sie unsere heilige Mutter *Teresia* gezeichnet hat[33], ist nicht punktartig wie das *reine Ich*,

---

[33] Vgl. in der älteren Pustetschen Ausgabe der „Schriften der hl. Teresia von Jesu" Bd. IV (in der Neuausgabe, die bei Kösel-Pustet seit 1933 erscheint, ist die „Seelenburg" als V. Band erschienen).

Der heiligen Mutter *Teresia* ist es rein darum zu tun, die „Seelenburg" als das „Haus Gottes" zu zeichnen und deutlich zu machen, was sie selbst erfahren hat: wie der Herr selbst die Seele aus ihrer Verlorenheit an die äußere Welt zurückruft, sie näher und näher an sich zieht, bis er sie schließlich in ihrem eigenen Mittelpunkt mit sich vereinen kann. Es lag ihr durchaus fern, zu erwägen, ob dem Bau der Seele auch abgesehen von der Einwohnung Gottes noch ein Sinn zukomme und ob es vielleicht noch eine andere „Pforte" zur Einkehr gebe als die des Gebetes. Beide Fragen müssen wir jedoch bejahend beantworten.

sondern ein „Raum" — ja eine „Burg" mit vielen Wohnungen —, worin das Ich sich frei bewegen kann, bald nach außen gehend, bald sich mehr ins Innere zurückziehend. Und es ist kein „leerer Raum", obgleich eine Fülle darin eindringen und aufgenommen werden kann, ja werden muß, wenn sie das ihr eigentümliche Leben entfalten soll. Die Seele kann nicht leben, ohne zu empfangen; sie nährt sich von den Gehalten, die sie „erlebend" geistig aufnimmt, wie der Leib von den Aufbaustoffen, die er verarbeitet, aber dieses Bild zeigt deutlicher als das vom Raum, daß es sich nicht bloß um das Ausfüllen einer Leere handelt, sondern daß das Aufnehmende ein Seiendes von eigenem Wesen ist (eine οὐσία), auf *seine Art* aufnimmt und das Aufgenommene sich eingestaltet. Es ist das Wesen der Seele mit den darin wurzelnden Eigenschaften und Fähigkeiten, das sich im Erleben aufschließt und dadurch aufnimmt, was sie braucht, um zu werden, was sie sein soll. Dieses Wesen mit seiner Eigenart gibt dem Leib wie allem persönlich geistigen Tun sein eigentümliches Gepräge und strömt überdies in unbewußter und ungewollter Weise von ihm aus.

4. Ich, Seele, Geist, Person

Ich, Seele, Geist, Person — das alles hängt offenbar innerlichst zusammen, und doch hat jedes der Worte einen besonderen Sinn der sich mit dem der anderen nicht völlig deckt. Unter *Ich* verstehen wir das Seiende, dessen Sein Leben ist (und zwar nicht Leben im Sinn der Stoffgestaltung, sondern als Entfaltung des Ich in einem Sein, das aus ihm selbst hervorquillt) und das in diesem Sein seiner selbst inne ist (in der niederen Form des dumpfen sinnlichen Spürens oder in der höheren des wachen Bewußtseins). Es ist nicht gleichbedeutend mit der Seele, wie es auch mit dem Leib nicht gleichbedeutend ist. Es „wohnt" im Leib und in der Seele — an jedem Punkt gegenwärtig, wo es etwas gegenwärtig-lebendig spürt, wenn es auch in einem bestimmten Punkt des Leib-Körpers und an einem bestimmten „Ort" der Seele seinen eigentlichsten „Sitz" hat[34],

---

[34] Vgl. A. *Pfänder*, Die Seele des Menschen, Halle 1933, S. 20: „Das seelische Subjekt hat innerhalb seiner *bewußten* Umgebung eine *bestimmte Lage.* Auf der einen Seite ist es in gewissem Sinn die Mitte der eigenen Seele und des eigenen Seelenlebens. Auf der andern Seite liegt es hinter den Augen, etwa in der Mitte des Kopfes ... Das Subjekt kommt *sich selbst* immer näher, wenn es sich von den andern Teilen seines eigenen Leibes bis zu dieser Kopfmitte zurückbewegt. Von dieser Stelle im Kopf aus orientiert sich das seelische

und weil „sein" Leib und „seine" Seele ihm zugehören, darum überträgt man den Namen *Ich* auch auf den ganzen Menschen. Nicht alles leibliche Leben ist Ichleben — Wachstum und Ernährungsvorgänge z. B. vollziehen sich weitgehend, ohne daß wir etwas davon spüren, wenn wir auch manches spüren, was dazu gehört oder damit in Zusammenhang steht. Auch das Leben der Seele ist keineswegs durchweg reines Ichleben. Die Entfaltung und Gestaltung der Seele vollzieht sich großenteils, ohne daß mir etwas davon zum Bewußtsein kommt. Es kann sein, daß ich eine schmerzliche Erfahrung für „überwunden" halte und lange nicht mehr daran denke. Aber plötzlich wird sie mir durch ein neues Erlebnis wieder in Erinnerung gebracht, und der Eindruck, den sie nun auf mich macht, die Gedanken, die sie hervorruft, lassen mich erkennen, daß sie die ganze Zeit in mir gearbeitet hat, ja daß ich ohne sie nicht das wäre, was ich heute bin. „In mir" — d. h. in meiner Seele, in einer Tiefe, die meist verborgen ist und sich nur manchmal öffnet. Das wache und bewußte Ichleben ist der Zugangsweg zur Seele und ihrem verborgenen Leben, wie das Sinnenleben der Zugang zum Leib und seinem verborgenen Leben ist. Es ist Zugangsweg, weil es Bekundung dessen ist, was in der Seele geschieht, und Auswirkung ihres Wesens. Alles, was ich erlebe, kommt aus meiner Seele, ist Begegnung der Seele mit etwas, was ihr „Eindruck" macht. Sein Ansatz- oder Ausgangspunkt in der Seele kann mehr an der Oberfläche oder in der Tiefe liegen. Das Woher und diese Schichtenordnung der Seele selbst offenbaren sich *durch* das Erleben, das aus ihnen aufsteigt, und *in* ihm, weil sie sich in ihm öffnen, darin zu ihrem aktuellen, gegenwärtig-lebendigen Sein gelangen. Das geschieht schon in der ursprünglichen Erlebnisrichtung, ehe noch ein rückwärts gewandter Blick (eine *Reflexion*) — aufmerkend, beachtend, beobachtend oder zergliedernd — dem Erlebnis sich zuwendet, wie die ursprünglichste Form des *Bewußtseins* das Ichleben begleitet, ohne sich als eine besondere *Wahrnehmung* davon abzuspalten und sich ihm zuzuwenden. Darum lernt sich jeder Mensch schon durch sein bloßes waches Leben kennen, ohne sich selbst zum Gegenstand zu machen und sich durch Selbstbeobachtung und Selbstzergliederung um Selbsterkenntnis zu bemühen. Zur *Selbstwahrnehmung* oder *inneren Wahrnehmung*

Subjekt in seinem eigenen Leibe und in der übrigen bewußten Leib-Umgebung. Unwillkürlich wenden sich daher die Blicke der andern Menschen (und auch einiger Tiere) zu dieser Stelle im Kopf hinter den Augen, wenn sie sich dem seelischen Subjekt selbst zuwenden wollen".

(beides deckt sich nicht, weil zur Selbstwahrnehmung auch die Wahrnehmung des Leibes gehört und weil es zum Leib auch einen Zugang durch die äußere Wahrnehmung gibt, über den Leib — durch die leiblichen Ausdruckserscheinungen — aber auch von außen her einen Zugang zur Seele) wird das ursprüngliche Bewußtsein erst, wenn das Ich aus dem ursprünglichen Erleben herausgeht und es zum Gegenstand macht. Dann kommt ihm die Seele als ein „Dingartiges", „Substantielles" mit dauernden Eigenschaften, mit Fähigkeiten, die der Ausbildung und Steigerung fähig und bedürftig sind, mit wechselnden Zuständen und Tätigkeiten zu Gesicht. Damit kommt es aber sich selbst zu Gesicht, denn in dem, was *Träger* des Erlebens ist, was die Tätigkeiten vollzieht und die Eindrücke erleidet, findet es sich selbst wieder. Das Ich, dem alles Ichleben entquillt und das sich darin seiner selbst bewußt ist, ist dasselbe, dem Leib und Seele eigen sind, das sie geistig umfaßt und umschließt. Was beim *toten* Ding die leere Gegenstandsform leistet, das ist hier Sache des lebendig-geistig-persönlichen Ich. Wir haben unter *Person* das bewußte und freie Ich verstanden. *Frei* ist es, weil es „Herr seiner Taten" ist, weil es aus sich heraus — in der Form *freier Akte* — sein Leben bestimmt. Die freien Akte sind der erste Herrschaftsbereich der Person. Weil sie aber durch ihr Tun gestaltenden Einfluß auf Leib und Seele hat, gehört die ganze ihr eigene „Menschennatur" zu ihrem Herrschaftsbereich; und weil sie durch ihr seelisch-leibliches Wirken auch in die umgebende Welt eingreifen kann, hat sie auch dort einen Machtbereich, den sie als „mein" bezeichnen kann. Was sie frei und bewußt vollzieht, ist Ichleben, aber sie holt es aus der Tiefe heraus — aus einer größeren oder geringeren: den Entschluß zu einem Spaziergang z. B. aus einer sehr viel oberflächlicheren Schicht als die Entscheidung über den Lebensberuf —, und diese Tiefe ist die Tiefe der Seele, die im Ichleben „lebendig" wird und aufleuchtet, vorher aber verborgen war und auch trotz dieses Aufleuchtens geheimnisvoll bleibt. Was der Mensch als freie Person „kann", das erfährt er erst, wenn er es tut, oder in gewisser Weise vorgreifend schon, wenn es als *Forderung* an ihn herantritt. Die Zusammenhänge zwischen Ich, Person und Seele werden jetzt schon deutlicher. Wenn das *reine Ich* als der „Punkt" genommen wird, von dem aus alles freie Tun in Angriff genommen und in dem alles Empfangen gespürt wird und zum Bewußtsein kommt, so ist eine solche Betrachtungsweise wohl möglich. Aber sie sieht ab von der Verwurzelung des Ichlebens in dem Grunde, aus dem es aufsteigt. Das Ich ist gleichsam die Durchbruchstelle aus der dunklen Tiefe zur klaren Helligkeit des bewußten Lebens und damit zugleich von der „Möglichkeit" oder „Vorwirklichkeit" zur vollen gegenwärtigen Wirklichkeit (von der Potenz zum Akt). Im Erlebnis des „Könnens" wird das Ich sich der „Kräfte" bewußt, die in seiner Seele „schlummern" und aus denen es lebt; und das Ichleben ist die Verwirklichung, die Leistung dieser Kräfte, wodurch sie sichtbar werden. Die Person als das Leib und Seele umfassende, erkenntnismäßig durchleuchtende und willensmäßig beherrschende Ich haben wir als den hinter und über dem leib-seelischen Ganzen aufgerichteten Träger oder als die zusammenfassende Form der Fülle aufgefaßt. Wie aber allgemein gesagt wurde, daß die Leerform nicht ohne Fülle, die Fülle nicht ohne Form bestehen könne, so zeigt es sich hier besonders deutlich. Als *reines Ich* könnte die Person nicht leben. Sie lebt aus der Wesensfülle, die im wachen Leben aufleuchtet, ohne jemals ganz durchleuchtet oder beherrscht werden zu können. Sie trägt diese Fülle und wird zugleich von ihr als von ihrem dunklen Grunde getragen. Hier zeigt sich die Eigentümlichkeit der *menschlichen* Person: das, was ihr mit dem Personsein Gottes und der reinen Geister gemeinsam ist und was sie davon scheidet. Als bewußt und frei lebend, ihre Wesensfülle umfassend und tragend, gleicht sie den reinen Geistern, als aus einem dunklen Grunde aufsteigend und von ihm getragen, als unfähig, ihr ganzes „Selbst" persönlich durchzuformen, zu erleuchten und zu beherrschen, bleibt sie hinter ihnen zurück, hat aber andererseits vor den geschaffenen reinen Geistern einen gewissen Seinsvorzug durch die ihr eigene „Tiefe" und damit eine von der ihren verschiedene Gottähnlichkeit.

Dieses eigentümlich zwiespältige Sein wird sich noch weiter klären, wenn wir nun versuchen, das Verhältnis von *Geist und Seele* herauszustellen. Die Menschenseele wird als geistiges Geschöpf bezeichnet, und wenn man alles Wirkliche in Geist und Stoff einteilen will, dann bleibt ja keine andere Möglichkeit, denn raumfüllend und sinnenfällig wie alles Räumlich-Stoffliche ist sie nicht. Wohl aber — und das unterscheidet sie wesentlich von den reinen Geistern — naturhaft *stoffgebunden*. Das kommt klar darin zum Ausdruck, daß sie *Form* des *Leibes* ist. Sie ist das nicht nur durch ihre niederen Fähigkeiten, die sie mit der Pflanzen- und Tierseele teilt, sondern durch ihr ganzes einheitliches Wesen, in dem auch die höheren wurzeln, die sie allein auszeichnen und den reinen Geistern annähern. „Der Geist als Seele baut von Augenblick zu Augenblick in Stoff und Raum den Menschen als immerdar bewegtes, sich veränderndes Wesen so auf, daß das Äußere tatsächlich immer durch das Innere und

Innerste bemessen und geformt ist ..."[35] Das „Innere und Innerste" — das ist aber das „Geistigste", das der Stofflichkeit Fernste,
was die Seele in ihrer Tiefe bewegt. Wenn uns das wunderbar erscheint, so müssen wir uns über das noch größere „Wunder" klar-
werden (in dessen Zusammenhang es hineingehört), daß *alles Stoffliche vom Geist aufgebaut* ist. Das will nicht nur sagen, daß die ganze
stoffliche Welt vom göttlichen Geist geschaffen ist, sondern daß *jedes
Stoffgebilde geisterfüllt* ist. Jedes trägt entweder als Naturding seine
Form in sich, die es von innen her gestaltet, oder es ist als Menschenwerk von außen her gestaltet und durch seine Gestalt zum Träger
eines Sinnes gemacht worden. Die stoffgestaltende Form ist nicht
selbst Stoff. Um ihr Verhältnis zum Geist zu verstehen, müssen wir
eine erweiterte Bedeutung des Wortes „Geist" in Betracht ziehen.

§ 4. Weitere Klärung des Geistbegriffs: Geist als Sein und Leben (Idee und Kraft)

Wenn wir das geistige Sein als freibewußtes persönliches Leben betrachteten, so wurde doch schon hinzugefügt, daß dies die „ursprünglichste Form" geistigen Seins sei. Es ist uns ja durchaus geläufig, von *Geist* auch bei unpersönlichen Gebilden zu sprechen.
Wir nennen ein Buch „geistvoll", und es ist üblich geworden, die
Wissenschaften in Natur- und Geisteswissenschaften einzuteilen. Und
als Gegenstand der Geisteswissenschaften betrachtet man nicht nur
Personen und persönliches Leben, sondern alles, was der Menschengeist geschaffen hat. Es muß nun geprüft werden, in welchem Sinn
und mit welchem Recht das geschieht. Und es muß erwogen werden,
ob nicht das, was für Menschenwerke gilt, auch für die Werke des
Schöpfergeistes in Anspruch zu nehmen ist. Es ist ferner daran zu
denken, daß wir das Geistige wohl in einem Sinn als ein bestimmtes
Wirklichkeitsgebiet vom Stofflichen abgegrenzt haben, daß wir es
aber andererseits als eine Grundform des Seins kennenlernten, die
in den verschiedenen Wirklichkeitsgebieten wiederkehrt. Eine Melodie ist für uns keine bloße Folge von Tönen, die wir sinnlich vernehmen. Es singt daraus eine Menschenseele, jubelnd oder klagend,
schmeichelnd oder grollend. Wir verstehen ihre „Sprache", sie rührt
an die Seele und bringt sie in Bewegung. Es ist eine Begegnung mit

---

[35] Diese glückliche Formulierung stammt aus einem Aufsatz „Das Karten-
lesen" von P. D. *Feuling* O. S. B., in: Benediktinische Monatsschrift XVII,
Jahrg. 1935, Heft 9/10, S. 393.

einem uns verwandten Leben. Es ist nicht gesagt, daß in dem Sänger oder Geiger das vorgeht, was sein Gesang oder Spiel ausdrückt. Nicht einmal der schaffende Künstler muß Selbsterlebtes zum Ausdruck gebracht haben. Sie können sich in etwas „einleben", was nach diesem Ausdruck verlangt, und ihm zum Ausdruck verhelfen; und dieses Etwas verstehen wir, ohne daß wir den Künstler, der uns den Zugang vermittelt, dabei beachten müssen. So wie wir den Sinn eines Gedichtes erfassen und uns daran freuen können, ohne der Handschrift, in der es geschrieben ist, und dem, was Persönliches aus ihr spricht, Beachtung zu schenken. Was die Wortfolge des Gedichts, die Tonfolge der Melodie zum Ausdruck bringt (beide beim „Vortrag" durch „entsprechende" Klänge unterstützt), ist ein *Sinngebilde* besonderer Art: es verlangt danach, in einer Seele Leben zu gewinnen, und die Seele des Künstlers wie des Hörers hilft ihm zu dieser „Verwirklichung". Die kurze Überlegung zeigt wiederum, was schon in anderem Zusammenhang klar wurde: daß Sinngebilde nicht von Menschen geschaffen, sondern nur nachgebildet werden. Sie haben ihr eigenes *ideales* oder *wesenhaftes* Sein, und es entspricht ihnen ein *Stoff*, der durch sie geformt und durch den sie „verwirklicht" werden. Dabei haben *Stoff* und *Verwirklichung* aber noch einen mehrfachen Sinn: der Sinn der Melodie ist einmal das, was eine Reihe von Tönen zu einer einheitlichen „Tongestalt" formt. Die erforderlichen Töne sind ein erster ihr entsprechender *Stoff*, aber kein räumlicher: jeder ist selbst ein Sinngebilde, das die Möglichkeit des Eingehens in eine höhere Sinneinheit hat[36]. Die Tonfolge wiederum kann verwirklicht werden als in Raum und Zeit erklingende durch die Schwingungen der menschlichen Stimmorgane oder der Musikinstrumente; das ist dann eine Hineinformung in die Naturwirklichkeit und in einen räumlichen Stoff. Die eigentlichste Verwirklichung aber ist das Eingehen als „Gehalt" in eine „Erlebniswirklichkeit". Und der *Stoff*, der sich dafür bietet, ist das *Leben* der Seele: ihr *geistiges* Leben. *Geist ist Sinn und Leben — in voller Wirklichkeit: sinnerfülltes Leben.* Restlos eins ist beides nur in Gott. Bei den Geschöpfen ist zu scheiden zwischen der Lebensfülle, die durch den Sinn gestaltet wird, und dem Sinn, der sich in der Lebensfülle verwirklicht. Stoff im Sinn der Lebensfülle ist nicht Ungeistiges, sondern gehört zum Geist selbst. Ungeformte Lebensfülle ist *Kraft* zu geistigem Sein (Potenz), die noch zur Seinsvollendung geführt wer-

---

[36] Vgl. den früher schon erörterten Doppelsinn von *Stoff* als Raumfüllendem und als etwas, was weitere Formung gestattet.

den muß. Sinn ohne Lebensfülle ist *Idee*, die erst in einem Lebendigen wirklich wird. Mit räumlicher Stofflichkeit hat weder der Sinn noch die Lebensfülle, die zum Geist gehört, etwas zu tun. Es wird von dieser unräumlichen Stofflichkeit später noch ausführlicher gesprochen werden[37]. Das sinnerfüllte Leben aber ist überströmendes, ausstrahlendes Leben: es hat die Form des Seins, die wir *geistig* nennen.

Wie das Verhältnis von Sinn und Kraft sich bei den unpersönlichen Gebilden gestaltet, die als geistige in Anspruch genommen werden, das wird sich nur herausstellen lassen, wenn wir diese Gebilde in ihrer Beziehung zu den geistigen Personen betrachten. Nur so kann überhaupt ihr Sein verständlich werden, wenn es auf das persönliche Sein als des ursprünglichen angewiesen ist und zurückweist. Es fehlt uns aber im Bereich dieses ursprünglichen geistigen Seins noch eine wichtige Gestaltungsform: die der geschaffenen *reinen Geister*.

§ 5. Die geschaffenen reinen Geister

1. Möglichkeit einer philosophischen Behandlung der Engellehre

Die Behandlung des endlichen Seins hat uns zum ewigen Sein als dem ursprünglichen und alles andere bedingenden geführt. Wir haben dieses ursprüngliche Sein als persönliches kennengelert und sind von da aus zum menschlichen Sein als dem uns vertrautesten zurückgekehrt, an dem uns am ehesten der Sinn des Personseins klar werden kann. Welche Bedeutung kann aber bei dem Bemühen um den Sinn des Seins die Beschäftigung mit den sogenannten *reinen Geistern* haben? Wer sich nicht von dem Boden der Erfahrung als der Grundlage aller natürlichen Erkenntnis entfernen will, der wird vielleicht noch bereit sein, Erwägungen über Gott innerhalb einer philosophischen Untersuchung Raum zu geben, weil er zugeben muß, daß die Dinge der Erfahrung in ihrer Bedingtheit ein Unbedingtes voraussetzen. Aber er wird nicht geneigt sein, sich mit Engeln und Teufeln zu beschäftigen. Den mittelalterlichen Philosophen waren solche Bedenken fremd. Wenn es ihnen darum zu tun war, das All des Seienden zu begreifen, so durften darin die guten und bösen Geister nicht fehlen, deren Dasein die Heiligen Schriften des Alten und Neuen Testaments durch eine Fülle von Zeugnissen als sicherste Tatsachen beglaubigten, von deren liebreichem Beistand und gefährlichen Anfeindungen man sich auf Schritt

---

[37] Vgl. im Folgenden § 5, 6.

und Tritt umgeben wußte. Weil ihnen die Offenbarungswahrheiten Ausgangspunkt für ihre Erwägungen über die Engel sind, ist man geneigt, alle Untersuchungen über diesen Gegenstand als rein theologische anzusehen und für philosophisch belanglos zu halten. Selbst die neuesten Bearbeiter der Engellehre des hl. *Thomas*[38] betonen den vorwiegend theologischen Charakter dieser Abhandlungen. Es ist auch ohne weiteres zuzugeben, daß in der *theologischen* Summe die leitende Absicht die theologische ist: die Engel werden behandelt als der Teil der Schöpfung, in dem wir das reinste Abbild Gottes vor uns haben[39]. Dennoch verleugnet Thomas auch hier den Philosophen nicht, dem es darum zu tun ist, das Seiende in allen seinen Gestaltungsformen zu ergründen. Und er deutet an, daß es auch auf dem rein natürlichen Erkenntnisweg einen Zugang zu diesen unserer unmittelbaren Erfahrung entzogenen Geschöpfen gibt. „... Schon allein die Tatsache, daß der Verstand höher steht als die Sinnlichkeit, macht es für die Vernunft einleuchtend, daß es irgendwelche unkörperlichen Dinge geben muß, die allein vom Verstand erfaßbar sind"[40]. Das besagt zwar zunächst nur, daß es überhaupt etwas Geistiges gebe und nicht nur Körperliches. Es beweist nicht das Dasein *reiner* Geister. Thomas hat aber auch dieses wenn nicht streng bewiesen, so doch der natürlichen Vernunft nahezubringen gesucht. Es würde zur Vollkommenheit der Welt, im Stufenbau der geschaffenen Dinge etwas fehlen, wenn es nicht außer den bloßen Körpern und den körperlich-geistigen Wesen die rein geistigen gäbe. Er hat die Gründe für das Dasein reiner Geister in der *philosophischen* Summe zusammengestellt[41] und damit gezeigt, daß es sich nach seiner Auffassung dabei nicht nur um eine rein theologische, sondern auch um eine philosophische Angelegenheit handle. Wir brauchen den Gründen für das Dasein der Engel nicht nachzugehen, weil es uns gar nicht um die Frage geht, ob es wirklich Engel gibt, sondern darum, was reine Geister wesenhaft sind und wie ihr Sein sich zum göttlichen verhält. Eine solche Untersuchung ist als reine Möglichkeitsbetrachtung durchzuführen. Wir haben eine Erfahrung von geistigen Geschöpfen, nämlich von unserem eigenen Geist und dem anderer Menschen. In der Einstellung des natürlichen Lebens und der Erfahrungswissenschaft — etwa der Geschichte — ist es

---

[38] Deutsche *Thomas*-Ausgabe Bd. IV: Schöpfung und Engelwelt, Salzburg 1936, S. 499 u. 559.

[39] S. th. I q 50 a 1.   [40] a. a. O. q 50 a 1 corp.

[41] Summa contra gentiles II 91 (in der deutschen Ausgabe „Summe wider die Heiden", Leipzig 1935, II 398 ff.).

uns darum zu tun, die geistige Eigentümlichkeit dieses oder jenes Menschen oder auch ganzer Menschengruppen kennenzulernen, wie sie tatsächlich ist. In der Wesenseinstellung, die die eigentlich philosophische Geisteshaltung ist, sind wir darauf gerichtet, was Geist überhaupt ist und welche Arten geistiger Geschöpfe möglich sind. Für eine solche Erwägung der Wesensmöglichkeiten und -notwendigkeiten bedarf es einer Erfahrungsgrundlage. Auf dieser Grundlage aber ist sie möglich, weil jede Erfahrung eine Wesenserkenntnis als unentbehrlichen und ablösbaren Bestandteil in sich birgt: verborgen und ungeklärt, aber fähig, ans Licht hervorgeholt und geklärt zu werden. Keine Erfahrung von Geistigem wäre möglich, wenn nicht darin ein gewisses Verständnis dessen, was Geist überhaupt ist, eingeschlossen wäre. So können wir unsern Menschengeist daraufhin betrachten, was zum Geist als solchem notwendig gehört. Und wir können davon abheben, was nur menschliche Eigenart ist und bei andern Geistern anders sein könnte. Die Möglichkeit, an dem erfahrungsmäßig Gegebenen Notwendiges und Zufälliges zu unterscheiden — zufällig vom Standpunkt des gattungsmäßigen Wesens aus —, eröffnet uns den Blick auf andere Wesensmöglichkeiten als die tatsächlich vorliegende. Und wir haben eine geistige Kraft, die es uns ermöglicht, solche Wesensmöglichkeiten in Freiheit „auszudenken": die Phantasie oder Einbildungskraft. Ihre „Freiheit" ist nicht Willkür: sie ist an die Wesensgesetze gebunden und hat die Aufgabe, Wesens-*möglichkeiten*, nicht Wesensunmöglichkeiten herauszuarbeiten. Mancherlei von der menschlichen Natur abweichende Geistwesen sind uns aus Märchen und Sage vertraut: die Elementargeister — Feuergeister, Nixen, Elfen, Kobolde —, die guten und bösen Feen. Wir könnten diese Gebilde freigestaltender Phantasie daraufhin prüfen, ob uns in ihnen echte Wesensmöglichkeiten vorliegen, in welcher Weise sie sich vom Menschengeist unterscheiden und ob die Gegenüberstellung uns vielleicht im Verständnis des Menschengeistes weiterhelfen könnte. Aber viel wichtiger als diese Fabelwesen sind uns jene Geister, deren Wirklichkeit uns durch die Heilige Schrift, die Glaubenslehre und das Glaubensleben bezeugt ist, deren Wirksamkeit machtvoll in unser eigenes Leben eingreift. Die *Kirchenväter* haben es sich angelegen sein lassen, aus der Fülle der Schriftworte, die von den Engeln handeln, die Gestalt dieser Geistwesen herauszuarbeiten. Wohl das geschlossenste Bild liegt uns in den Schriften des *Areopagiten* vor [42]; sie haben die Grundlage für die

---

[42] Die Schriften, die unter dem Namen des *Dionysius Areopagita* erhalten sind, finden sich bei *Migne*, P. G. Bd. III/IV: „Über die himmlische Hier-

Engellehre der Scholastik geliefert. Der hl. *Thomas* hat von den areopagitischen Schriften den weitestgehenden Gebrauch gemacht. Es kann hier nicht die Aufgabe sein, das Verhältnis beider zu bestimmen. Das wäre nur möglich mit Hilfe einer Darstellung des gesamten Weltbildes, in das sich hier und dort die Engellehre einfügt. Die Absicht des *Dionysius* (oder Pseudo-Dionysius) ist, seiner eigenen Angabe nach, eine rein theologische, ja exegetische. Er will herausstellen, was uns in der Heiligen Schrift über die Engel offenbart ist. Damit soll nicht etwa behauptet werden, daß seine Schriften frei von philosophischem Einschlag wären. Alle Schriftdeutung ist bedingt durch die Geistesart dessen, der sie unternimmt. Und es ist unverkennbar, daß der Verfasser der areopagitischen Schriften die Be-

---

archie", „Über die kirchliche Hierarchie", „Über die göttlichen Namen", „Über die mystische Theologie" und 10 Briefe. Sie bilden ein einheitliches Ganzes, das auf die mittelalterliche Theologie und Mystik von entscheidendem Einfluß wurde und heute noch wirksam ist. Der Verfasser erwähnt außerdem Werke, die nicht auf uns gekommen sind, vor allem die „Theologischen Unterweisungen", die seine Lehre von der Allerheiligsten Dreifaltigkeit enthielten. Er nennt sich *Dionysius* und bezeichnet als seinen Führer und Lehrer den Paulusschüler *Hierotheus* und den hl. *Paulus* selbst. Darum lag es nahe, an den Areopagiten zu denken. Seine mittelalterlichen Erklärer *(Albertus Magnus, Thomas von Aquino u. a.)* waren dieser Ansicht, und hervorragende Gelehrte des 16. und 17. Jahrhunderts *(Baronius, Bellarmin, Baltasar Corderius S. J.,* der Herausgeber und Übersetzer der areopagitischen Schriften) haben sie gegenüber der humanistischen Kritik verteidigt. Die neueste Forschung glaubt feststellen zu können, daß die Schriften erst um 500 n. Chr. entstanden sind (vgl. besonders die Arbeiten von J. *Stiglmayer* S. J. und H. *Koch* seit 1895, verzeichnet in dem Artikel „Dionysius der Areopagit", im Lexikon für Theologie und Kirche, herausgegeben von *Buchberger*, Bd. III², Freiburg i. Br. 1931, S. 334 f). Ich kann zu dieser Frage hier nicht Stellung nehmen. Aber soviel möchte ich sagen: Die sogenannten areopagitischen Schriften sind ein überwältigender Lobgesang auf die Größe und Liebe Gottes, durchweht und bis in den sprachlichen Ausdruck hinein geprägt vom Geist heiliger Ehrfurcht. Dem Verfasser dieser Schriften eine bewußte Fälschung zuzutrauen, scheint mir unmöglich. Wenn eine Fälschung vorliegt, so kann man sich nur denken, daß andere sich seiner Werke bedienten — nach Stiglmayer haben sich die *Monophysiten* darauf gestützt — und es für zweckmäßig hielten, die Stellen einzufügen, die auf den Areopagiten weisen. Wir verehren dann unter dem Namen Dionysius einen unbekannten Heiligen und einen der einflußreichsten, wenn nicht *den* einflußreichsten der griechischen Väter. Stiglmayer vermutet hinter dem Decknamen den Patriarchen *Severus von Antiochia*, einen Monophysiten. Das Für und Wider dieser Mutmaßung kann hier nicht erwogen werden.

griffswelt der griechischen Philosophie wie ein natürliches Geistes-
organ handhabt. Aber er gebraucht sie als Werkzeug bei seinen theologischen Untersuchungen, er verfährt nicht als Philosoph. Wie wir
eine Reisebeschreibung benutzen, um uns über einen unbekannten
Erdteil zu unterrichten, so wollen wir uns durch diese aus der Heiligen Schrift geschöpfte Engellehre in einen Bezirk des geistigen
Seins einführen lassen, zu dem uns die Erfahrung keinen Zugang
gewährt, dann wollen wir prüfen, was dieses Bild für eine Wesenserkenntnis des Geistes ergibt. (Es bedarf wohl kaum noch der Ver-
sicherung, daß wir die Offenbarung nicht auf gleiche Stufe mit der
natürlichen Erfahrung stellen, die uns — als Erfahrung anderer —
in der Reisebeschreibung an Stelle eigener Erfahrung als Erkenntnisquelle dient. Da es uns hier nicht um erfahrungswissenschaftliche
Feststellungen zu tun ist, spielt es keine Rolle, aus welcher Quelle
das gezeichnete Bild stammt, wenn es nur eine echte Wesensmöglichkeit darstellt.)

2. Die Engellehre des Areopagiten

Albertus Magnus hat im Prolog zu der *Himmlischen Hierarchie*
den Grundgedanken der areopagitischen Schriften und damit den
Grundriß ihres Weltbildes durch ein kurzes Schriftwort hell erleuchtet: *Ad locum, unde exeunt flumina, revertuntur, ut iterum fluant*
(Eccles. 1, 7)[43]. Gott ist der Ort, von dem alles Seiende ausgeht:
alle natürlichen Geschöpfe wie alle Gnaden- und Gloriengaben, die
über sie ausgegossen werden. Alles, was ist, das hat die göttliche Güte
erschaffen, um ihm Anteil am göttlichen Sein zu geben. Das geschieht
durch einen Strahl der Erleuchtung, der von Gott ausgeht und die
ganze Schöpfung durchdringt, um sie zu Gott hinzuwenden und
mit ihm zu vereinen; aber es vollzieht sich stufenweise; die höchsten,
Gott am nächsten stehenden Geschöpfe fangen als erste die Erleuchtung auf, werden davon durchdrungen und Gott zugewendet, neigen
sich aber zugleich zu den niederen herab, um aus der Fülle, die sie
empfangen haben, auf jene überströmen zu lassen, was sie zu fassen
vermögen. Diese Gott am nächsten stehenden Geschöpfe sind die
Engel. Sie bilden ihrerseits eine *Hierarchie*, d. h. eine Stufenordnung höherer, mittlerer und niederster Geistwesen. Die Schrift über
die *Himmlische Hierarchie* beschäftigt sich vorwiegend damit, die
Unterschiede der neun Engelchöre und ihr Verhältnis zueinander

---

[43] „Zu dem Ort, von dem die Flüsse ausgehen, kehren sie zurück, um wiederum auszufließen" (*Albertus Magnus*, Opera omnia Bd. XIV, S. 1, Ausgabe
Borgnet, Paris 1892).

darzustellen. Uns kommt es aber hauptsächlich darauf an, was die himmlischen Geister als solche kennzeichnet. Es soll also diese allgemeine Kennzeichnung aus dem Ganzen herausgearbeitet werden.

Die Heilige Schrift spricht von den reinen Geistern, wie von Gott selbst, in Bildern, die der Sinnenwelt entnommen sind. Diese Bilder müssen verstanden werden nach dem Grundgesetz, daß alles Sinnenfällige uns Geistiges darstellt. Es ist ein Gemeinsames vorhanden, was diese Darstellung möglich macht, aber niemals eine Gleichheit zwischen Bild und Dargestelltem, sondern immer nur eine Ähnlichkeit, der eine größere Unähnlichkeit entspricht. Das Gemeinte ist nur durch Bilder faßbar, aber immer als ein ganz anderes als das, wodurch es uns faßbar wird. Das gilt auch noch dann, wenn das uns erfahrungsmäßig vertraute Irdische, durch das wir uns Überirdisches nahezubringen suchen, ein Seelisches oder Geistiges ist. So ist der *Zorn*[44] bei den vernunftlosen Geschöpfen eine unvernünftige Erregung, bei den geistigen Wesen die männliche Kraft ihrer Vernunft, ihr unwandelbares Stehen in den göttlichen, unbeweglichen Wohnungen. *Begierde* ist bei den vernunftlosen Wesen unüberlegt, auf etwas Stoffliches und Wandelbares gerichtet, eine auf Grund natürlicher Neigung oder Gewohnheit ohne eigene Macht hervorgerufene Zuständlichkeit, eine unvernünftige Vorherrschaft des körperlichen Strebens, das das ganze Lebewesen zu dem sinnlich Begehrlichen hinzieht. Bei den reinen Geistern ist damit gemeint die göttliche Liebe, womit sie das höhere Geistige in verstehender und vernünftiger Weise lieben, und die beständige Sehnsucht nach der reinen, leidensfreien Beschauung und Vereinigung mit der höchsten und reinsten Liebe[45].

Diese Beispiele weisen hin auf das Grundgesetz, nach dem die Heilige Schrift zu lesen und die natürliche Welt zu betrachten ist. Es ist das *Gesetz der Analogie*, wonach alles Irdische über sich selbst hinaus auf Überirdisches deutet. Es ist uns bereits begegnet im Verhältnis des endlichen zum ewigen Sein. Es ist aber auch die Pforte zum Reich der endlichen reinen Geister. So weist die irdische *Hierarchie* hin auf die himmlische, die sie nachbildet und mit der sie zugleich eine Einheit der Ordnung und des Wirkens bildet. Was

---

[44] „Zorn" — *ira*, ϑυμός — ist hier in dem weiten Sinn zu nehmen, den das Wort in der scholastischen Psychologie hat: als leidenschaftliche Stellung-nahme gegen etwas, was sich dem Begehren in den Weg stellt. (Vgl. *Thomas von Aquino*, De veritate q 25 a 2 ff.; q 26 a 4/5: Untersuchungen über die Wahrheit II 343 ff. 379 ff.)

[45] Himmlische Hierarchie II § 4 (*Migne*, P. G. 3, 141 C — 144 A).

besagt *Hierarchie*? *Dionysius* versteht darunter eine *heilige Ord-nung*, ein *Wissen* und *Wirken*, das auf Grund eingegossener göttlicher Erleuchtung das göttliche Wissen und Wirken, soweit möglich, nach-zubilden sucht[46]. Ihr Ziel ist die möglichste Angleichung und Ver-einigung mit Gott, der ihr Führer in allem Wissen und Wirken ist. Beständig auf seine göttliche Schönheit schauend, bildet sie diese, so-weit möglich, nach und macht die ihr Angehörigen zu klaren, unbe-fleckten Spiegeln, die den Strahl des ursprünglichen Lichtes und der höchsten Gottheit empfangen. Von diesem erfüllt, lassen sie es nach göttlichem Gesetz neidlos auf die ihnen folgenden überströmen.

Jeder, der zur Hierarchie gehört, hat den göttlichen Vorzug, *Mit-arbeiter Gottes* zu sein und sein Wirken in sich hervorleuchten zu lassen. Es entspricht dieser heiligen Ordnung, daß einige *reinigen*, andere gereinigt werden, einige *erleuchten*, andere erleuchtet wer-den, einige *vollenden*, andere vollendet werden. *Reinigung* bedeutet dabei die Befreiung von allem, was Gott unähnlich ist und die Ver-einigung mit ihm hindert. *Erleuchtung* ist die Erfüllung mit gött-lichem Licht. *Vollendung* ist Befreiung von Unvollkommenheit, Aus-rüstung mit der vollkommenheitgebenden Wissenschaft der Heiligen. Das alles hängt aufs engste zusammen: es sind verschiedene Auswir-kungen des *einen* Strahls göttlichen Lebens[47].

Die himmlische Hierarchie ist also die alle himmlischen Geister umfassende Ordnung. Sie stehen Gott am nächsten, weil sie den vielfältigsten Anteil am göttlichen Sein haben. Sie übertreffen die leblosen Dinge, die vernunftlosen Lebewesen und auch die mit bloß menschlicher Vernunft begabten dadurch, daß sie Anteil an der göttlichen Führerstellung haben. In ihrer reinen Geistigkeit sind sie stetig und strecken sich beharrlich nach der unwandelbaren gött-lichen Liebe aus. So empfangen sie die ersten Erleuchtungen auf unstoffliche lautere Weise, gestalten sich danach und haben ein ganz geistiges Wesen. Die Erleuchtung durch das einfache göttliche Licht ist für sie Speise, Erquickung, Beseligung[48]. Sie heißen *Engel* (d. i. Boten), weil sie zuerst von Gott erleuchtet werden und uns die

---

[46] a. a. O. III § 1 (P. G. 3, 165 D). Heute ist der Begriff der Hierarchie — wie er gewöhnlich gefaßt wird — eingeengt auf die Stufenordnung der kirchlichen Stände; er ist *statisch* geworden. Bei Dionysius ist er vorwiegend *dynamisch;* er umfaßt das göttliche *Leben*, das alle „Stände" der Himmel und Erde ver-bindenden heiligen Ordnung durchkreist.

[47] a. a. O. III § 2 (P. G. 3, 166 A—C).

[48] a. a. O. VII § 4 (P. G. 3, 212 A—D).

Offenbarungen vermitteln, die uns zuteil werden[49]. Weil dieses Botenamt allen himmlischen Geistern gemeinsam ist, wird der Name *Engel* für alle gebraucht, obgleich es im besonderen die Bezeichnung für die niederste Ordnung ist[50].

Es ist die Eigentümlichkeit der höchsten Geister, daß sie in lauterster Liebe, in einer rein geistigen, unwandelbaren Bewegung um Gott kreisen und daß es für sie keine Veränderung zum Schlechteren hin gibt. Ihre Gotteserkenntnis vollzieht sich weder durch sinnliche noch durch geistige Bilder noch auch durch ein Emporsteigen, wie es uns durch die Heilige Schrift ermöglicht wird, sondern sie sind in einer einfachen, umfassenden Erkenntnis von einem höheren Licht erfüllt. Darin ist auch ein erhabenes Wissen um die göttlichen Werke eingeschlossen, sie lernen sie nicht durch ein schließend vorgehendes Denken kennen und verstehen[51]. Ihre Erleuchtung gibt sich kund in *ewigen Lobgesängen* zur Ehre Gottes[52].

Der Schlüssel zur Erkenntnis der Engel sind ihre Namen, deren jeder eine Wesenseigentümlichkeit enthüllt[53]. Aus der Verschiedenheit der Bezeichnung für die einzelnen Chöre liest Dionysius ab, was für einen jeden auszeichnend ist. Aber in gewisser Weise dürfen wir wohl für alle Namen in Anspruch nehmen, was er von dem Namen *Engel* gesagt hat: daß etwas von dem, was sie aussprechen, allen himmlischen Geistern zukomme, wenn auch nicht allen im gleichen Maß und nur einem Chor als das ihn besonders Auszeichnende. Wenn *Seraphim* als „Entzünder" oder „Erwärmer" gedeutet wird, als Ausdruck für die flammende Glut der Gottesliebe bei jenen der höchsten Ordnung angehörenden Geistern und ihre Fähigkeit, die ihnen untergeordneten Geister zu ähnlicher Glut zu entzünden, wenn die *Cherubim* nach ihrer Fassungskraft für das einströmende göttliche Licht heißen, nach der Gabe, Gottes Schönheit zu schauen und anderen von der sie erfüllenden Weisheit mitzuteilen: so bedingt ja gerade dieses Überströmen auf die niederen Ordnungen, daß alle zu einem gewissen Anteil an dieser Liebesglut und Weisheitsfülle gelangen. Und selbst den niedersten ist noch die Kraft eigen, aus ihrer Fülle mitzuteilen: nämlich an die Menschen. Davon haben ja sie den ihnen besonders zugeeigneten Namen *Engel*. Wenn *Thronen* das Erhobensein über alles Niedere bezeichnet, das ungehinderte Em-

---

[49] a. a. O. IV § 2 (P. G. 3, 180 A—B).
[50] a. a. O. V (P. G. 3, 196 B).
[51] a. a. O. VII § 2, 3 (P. G. 3, 208 B — 210 A).
[52] a. a. O. VII § 4 (P. G. 3, 210 D — 212 A).
[53] a. a. O. VII § 1 (P. G. 3, 206 B — D).

porgetragenwerden zum Göttlichen und den Eifer, der mit allen
Kräften unwandelbar fest dem Allerhöchsten anhängt, so verstehen
wir wohl, daß dies der auszeichnende Name für die höchsten unter
den himmlischen Geistern sein mag. Aber im Verhältnis zu allen
anderen Geschöpfen ist dieses Thronen in der Höhe wiederum allen
himmlischen Geistern eigen.

Der Name *Herrschaften* bezeichnet einen absoluten Übergang zum
Himmlischen, frei von jedem irdischen Nutzen, und eine durch keine
tyrannische Entstellung geminderte, in großzügiger Freiheit strenge
Herrschaft, erhaben über jede verächtliche Knechtschaft, jede Er-
niedrigung, jeder Entstellung fern, voll dauernden Verlangens nach
der wahren Herrschaft und dem Ursprung aller Herrschaft, nach dem
diese Geister sich selbst und alles ihnen Untergeordnete gestalten.
Kräfte heißen die himmlischen Geister wegen ihrer tapferen, un-
erschütterlichen Männlichkeit, die auf alle ihre Handlungen über-
strömt und nichts zuläßt, wodurch die ihnen von Gott verliehenen
Erleuchtungen vermindert werden könnten. Sie strebt mit aller Kraft
nach der Nachbildung Gottes, bleibt nicht in feiger Schwäche hinter
dem zurück, was die göttliche Bewegung verlangt, sondern schaut
beständig auf die überwesentliche, machtschaffende Kraft und ist,
soweit möglich, ein Abbild dieser Kraft, wendet sich kraftvoll dieser
ursprünglichen Kraft zu und fließt auf das, was ihr untergeordnet
ist, kraftspendend über.

Der Name *Mächte* weist auf eine von der höchsten, ursprünglichen Macht verliehene überirdische Macht hin. Sie wird von den
Engeln niemals tyrannisch zum Schlimmen mißbraucht, vielmehr
benutzt, um sich selbst mit unbesiegtem Geist in der rechten Weise
zu Gott hinzuwenden und die untergeordneten Geister voll Güte
zu fördern, um sich selbst, soweit möglich, dem Urbild aller Macht
zu nähern und sie, soweit Engel das vermögen, durch die herr-
lichsten Leistungen ihrer machtvollen Kraft zu offenbaren[54].

Fürstentümer bezeichnet die Gewalt, in gottähnlicher Weise zu
führen und zu leiten, sich zu dem Urbild aller Führung hinzuwenden und andere dazu anzuleiten, die göttliche Führung in sich nach-
zubilden und damit, soweit möglich, zu offenbaren[55]. Über den Namen *Engel* ist schon gesprochen worden. Wenn wir auch aus der
Bezeichnung der *Erzengel* (die in der untersten Ordnung der himmlischen Geister den Platz zwischen den Fürstentümern und Engeln

---

[54] a. a. O. VIII § 1 (P. G. 3, 237 B — 240 B).
[55] a. a. O. IX § 1 (P. G. 3, 258 B).

einnehmen) etwas für die Gesamtheit der himmlischen Geister entnehmen wollten, so wäre es die Mittelstellung, die sie einnehmen:
wie sie die Verbindung zwischen den Fürstentümern und Engeln
herstellen, so die Engel die Verbindung zwischen den geschaffenen
reinen Geistern und den Menschen, die höchsten Chöre die Verbindung zwischen Gott und den niederen, die Gesamtheit der geschaffenen reinen Geister die Verbindung zwischen Gott und den
übrigen Geschöpfen.

Wenn alle himmlischen Geister *Kräfte* genannt werden, so hat das
noch einen besonderen Grund: weil bei jedem geistigen Geschöpf
Wesen, Kraft und *Wirken* zu unterscheiden sind, können alle als himmlische Wesen oder himmlische Kräfte bezeichnet werden[56].

Alles, was die Heilige Schrift an körperlichen Gebilden verwendet,
um uns das Wesen der Engel nahezubringen, ist sinnbildlich zu
verstehen. Sie bevorzugt das Bild des Feuers — Feuerströme, Feuer-
räder, Feuermänner —, weil es durch seine Eigenart zur Veranschaulichung des göttlichen Wesens und darum auch der Gottähnlichkeit der himmlischen Geister tauglich ist: das sinnenfällige Feuer
nämlich ist sozusagen in allem, geht rein durch alles hindurch und
wird von allem aufgenommen; und obwohl es ganz leuchtend ist,
ist es doch zugleich verborgen und bleibt unbekannt für sich ohne
einen Stoff, in dem es seine Kraft offenbart; es ist unmeßbar und
unsichtbar, beherrscht alles und führt alles, worin es ist, dazu, seine
eigene Leistung zu vollbringen . . ., es ist wirksam, mächtig, allem
unsichtbar gegenwärtig . . ., und soviel es sich leuchtend mitteilt,
es wird doch nicht vermindert[57].

Wenn man die Engel gern in Menschengestalt, frei aufgerichtet
darstellt, so will man damit die ihnen, wie den Menschen im Unterschied zum Tier, eigene Geistbegabtheit und Berufung zum Herrschen
andeuten. Man gibt ihnen mit Vorliebe ein jugendlich-kraftvolles
Aussehen, um auf ihr ewig-blühendes Leben hinzuweisen. Die Flügel
bedeuten die Schnelligkeit ihres Aufstiegs zur Höhe, die Leichtigkeit der Flügel das durchaus Unirdische, das ohne alle Beimischung
von Erdenschwere nach oben getragen wird[58]. Wenn Isaias die
himmlischen Wesen mit sechs Flügeln, mit vielen Füßen und Ange-

---

[56] a. a. O. XI § 1 (P. G. 3, 284 B — C).

[57] a. a. O. XV § 2 (P. G. 3, 328 C — 329 C). Bei dieser Darstellung ist daran
zu denken, daß den Alten das Feuer als Element galt. Das bedarf hier keiner
Widerlegung, weil es in unserem Zusammenhang nicht auf die naturwissenschaft-
lich richtige Deutung, sondern auf den Symbolwert des *Phänomens* ankommt.

[58] a. a. O. XV § 3 (P. G. 3, 329 C — 332 C).

sichtern sah, so sollte ihm dadurch die vielfältige und vielschauende Kraft der höchsten Geister klargemacht werden und durch das Bedecken der Füße und Angesichter mit den Flügeln ihre heilige Scheu vor einer dreisten, verwegenen, unmöglichen Erforschung der tiefsten Geheimnisse; das Schwingen der Flügel aber gab ihm die unaufhörliche, hochfliegende, dauernde Bewegung ihrer Gott nachahmenden Tätigkeit zu verstehen[59]. So enthüllt jeder Teil der sichtbaren Gestalten etwas vom geistigen Wesen der Engel. Die Nacktheit und Unbeschuhtheit der Füße bezeichnet die losgelöste, unbehinderte, von allem äußeren Beiwerk freie Kraft, die sich der göttlichen Einfachheit, so weit möglich, anpaßt[60]. Und so ist auch alles, was die Heilige Schrift ihnen an Kleidung und Werkzeugen beigibt, sinnbildlich zu verstehen.

Winde werden die Engel genannt wegen der Schnelligkeit, womit sie alles vollenden, unverzüglich überall hindurchdringen, und der Fähigkeit, hinauf- und hinunterzugehen, wodurch die niederen zu größerer Höhe aufsteigen, die höheren dazu gelangen, sich vorsorgend den niederen mitzuteilen und in sie einzugehen[61]. (Der Name „Wind" — *ventus*, ἄνεμος — ist ja aufs nächste sinnverwandt mit „Hauch" — *spiritus*, πνεῦμα —, dem Ausdruck, der allgemein für den Geist als solchen verwendet wird und an die Entsprechung des Geistigen und des Gasförmigen erinnert.)

Kurz zusammenfassend können wir auf Grund der areopagitischen Engellehre sagen: Die Engel sind *reine* Geister, ihre Geistigkeit ist eine *höhere* als die menschliche, sie sind *persönlich freie, dienende* Geister und stehen miteinander und mit allen anderen geistig-persönlichen Wesen in Gemeinschaft, in einem *Reich schenkender und empfangender Liebe*, dessen Anfang und Ende die dreifaltige Gottheit ist. So ist uns ihr Bild gezeichnet worden. Nun haben wir zu fragen, ob wir darin eine Wesensmöglichkeit erkennen, zu der wir von unserer menschlichen Geistigkeit her einen Zugang haben.

3. Die Möglichkeit *reiner* Geister

Die reine Geistigkeit der Engel bedeutet Körperlosigkeit: sie sind nicht, wie die Menschenseelen, Formen eines durch sie gestalteten stofflichen Leibes. Die sinnenfälligen Gestalten, in denen sie sich bisweilen den Menschen zeigen, sind von ihnen nach Art eines Werkes

---

[59] a. a. O. XIII 4 (P. G. 3, 304 D — 305 A).
[60] a. a. O. XV § 3 (P. G. 3, 329 C — 332 C).
[61] a. a. O. XV § 6 (P. G. 3, 333 C — 336 A).

hervorgebracht, um sich durch sie Geschöpfen, deren Erkenntnis an die Sinne gebunden ist, verständlich zu machen. Diese Auffassung des *Areopagiten* hat der hl. *Thomas* sich zu eigen gemacht und in der Auseinandersetzung mit gegenteiligen Ansichten seiner Zeit weiter ausgebaut[62]. Es kommt auch ihm dabei nicht nur auf die rein theologische Frage an, ob die Engel tatsächlich so oder so beschaffen seien, sondern auf die Wesensmöglichkeit *reiner Formen*. Wir folgen zunächst nicht seinen Gedankengängen, sondern suchen einen Zugang von der Erfahrung unser selbst. Unser eigenes Geistesleben ist in mannigfacher Weise leibgebunden. Wir schöpfen unsere Kenntnis der Außenwelt aus sinnlicher Wahrnehmung, die auf leibliche Organe angewiesen ist. Und der ganze Ablauf unseres geistigen Lebens ist in unmittelbar erfahrener Abhängigkeit vom Zustand des Leibes, vom Wechsel von Gesundheit und Krankheit, Frische und Ermattung. Aber dieses Abhängigkeitsverhältnis ist bei verschiedenen Menschen und auch beim selben Menschen zu verschiedener Zeit nicht das gleiche. Wir erfahren in uns die Kraft des Geistes, sich von solchen leiblichen Einflüssen weitgehend unabhängig zu machen, und können uns diese Freiheit gesteigert denken bis zu der idealen Grenze einer völligen Abgelöstheit von leiblicher Bindung. Und dieses „uns gesteigert denken", das Verfahren, in dem der Geist sich in freien Möglichkeitserwägungen über die Erfahrungsgrundlage erhebt, ist uns ein Beispiel für Erkenntnisweisen, die über die Grenzen des sinnlich Erfaßten und Erfaßbaren hinausgehen. Von hier aus leuchtet wiederum die Möglichkeit eines Erkennens auf, das keiner sinnlichen Zugangswege mehr bedarf.

4. Die Möglichkeit *höherer* (d. h. übermenschlicher) Geister

So führt uns schon die Körperlosigkeit zu der Möglichkeit einer *höheren* Geistigkeit, als es die unsere ist. Wir erfahren in uns die Leibgebundenheit als eine Fessel, die den Aufschwung des Geistes hemmt. Von solcher Bindung frei wird er zu Höherem fähig sein, als es der Menschengeist ist. Es ist freilich daran zu erinnern, daß es dem Leib als solchem nicht wesenhaft eigen ist, Hemmnis des Geistes zu sein. Es kommt ihm vielmehr nur im „gefallenen" Zustand zu. Es ist eine Art Leiblichkeit denkbar, die den Geist nicht beschwert, sondern ihm ein unbedingt gefügiges Werkzeug und Ausdrucksmittel ist. (So denken wir uns den Zustand der ersten Menschen vor dem Fall und der Seligen nach der Auferstehung.) Demnach verdanken

---

[62] S. th. I q 50 ff.

die reinen Geister die Überlegenheit ihres Geisteslebens nicht der
Leiblosigkeit als solcher, sondern der Freiheit von einer Leiblichkeit,
wie sie die unsere tatsächlich ist. Andererseits erfordert aber das
reine Geistesleben keine Leiblichkeit als Mittel seiner Verwirklichung.
Die Möglichkeit leiblich gestalteter Wesen von höherer Geistigkeit,
als unsere menschliche es ist, schließt also die Möglichkeit reiner
Geister nicht aus.

Wie sollen wir uns nun dieses dem unseren überlegene Geistesleben denken? Es erschließt sich uns wiederum durch eine freie gedankliche Abwandlung und Steigerung des unseren, nach Art einer
idealen Grenze: ähnlich wie wir aus den Gestalten der natürlichen
Körper die reinen geometrischen Gestalten „herausschauen". Es
handelt sich dabei in der Tat um ein geistiges Schauen: nicht ein
leeres Denken, sondern ein *erfülltes*, ein einsichtiges Erfassen von
Wesensmöglichkeiten. Allerdings ist diese Erfüllung keine letzte:
wenn wir ein höheres Geistesleben als das unsere „uns denken können", so fordert dieses Denken als seine letzte Erfüllung den wirklichen Vollzug eines solchen Geisteslebens. Und dazu gelangen wir
in unserem Erdenleben nicht.

a) Höhere Erkenntnis

Unser *Erkennen* ist ein schrittweise vorgehendes: von dem, was
uns unmittelbar zugänglich ist, arbeiten wir uns allmählich vorwärts
zu anderem, was wir nicht unmittelbar erfassen, durch begriffliches
Denken, Urteilen und Schließen. So sammeln wir in fortgesetzter
Bewegung einen wachsenden Schatz von Erkenntnissen an trotz
mancher Ab- und Umwege durch Täuschungen und Irrtümer. Aber
die Bewegung ist auf ein Ziel und ein Ruhen am Ziel gerichtet. Dieses Ziel ist das *Anschauen des Seienden*. Im Bereich der sinnlichen
Erkenntnis ist es die sinnliche Wahrnehmung, aber nicht als bloß
sinnlicher „Eindruck", sondern als geisterfüllte, verstehende Anschauung. Im Bereich des schließenden Denkens ist es die Einsicht in
einen Sachverhalt. Für die ganze Mannigfaltigkeit verschiedener Er-
kenntnisbemühungen, die den verschiedenen Gattungen des Seienden entsprechen, könnte im einzelnen aufgewiesen werden, auf welche
Art erfüllender Anschauung sie abzielen. Wenn wir ein solches Ziel
erreicht haben, so gibt es für uns einen Augenblick der Ruhe, die
etwas Beglückendes hat. Aber sie ist nie von langer Dauer, weil wir
immer nur ein Teilziel erreichen, das über sich selbst hinausweist
und uns neue Aufgaben stellt. Immerhin: die erfüllende Anschauung, in der wir ruhen können, ist die Erkenntnis im eigentlichen

Sinn, alles denkende Bemühen ist nur Mittel und Weg dazu. Und von der Erfahrung des Ruhens am Ziel, die wir haben, gelangen wir zur Idee eines Geistes, der der Mühe des Weges enthoben ist, weil er von Anbeginn da ruht, wo für uns das Ziel ist: im Anschauen der Fülle des Seienden. Ursprünglich und alles Seiende schlechthin umfassend kann dieser Besitz nur bei dem Geist sein, der selbst die Fülle des Seins ist und allem Seienden das Sein gibt: bei Gott. Aber es sind endliche Geister denkbar, die so geartet sind, daß ihnen das volle Maß der Erkenntnis, dessen sie von Natur aus fähig sind, von Beginn ihres Daseins an eigen ist, frei von Täuschungen und Irrtümern, in der geschlossenen Einheit eines ganz erfüllten Lebens ohne Nachlassen und Abspannung. Einen Zuwachs an Erkenntnis könnte es für sie nur geben, wenn sie über ihre eigene Natur hinaus erhoben würden, wenn Gott ihnen aus der unendlichen und unerschöpflichen Fülle seines Seins etwas mitteilte. Eine solche Mitteilung nennen wir *Gnade. Dionysius* hat dafür den Namen *Erleuchtung.* Vorläufig bleiben wir bei der natürlichen Erkenntnis der Engel stehen. Das also ist der Vorzug, den sie vor der menschlichen hat: sie ist Ruhen am Ziel, geistiges Schauen des Seienden in seiner Fülle. Es hängt das mit einer anderen Wesenseigentümlichkeit der reinen Geister zusammen, die noch zu besprechen sein wird: daß sie sich überhaupt nicht „entwickeln“, sondern „fertig“ ins Dasein treten. Aber wir müssen noch etwas bei ihrem Geistesleben verweilen.

b) Einheit des Lebens

Unsere Erkenntnis ist die Grundlage, auf der wir zum Seienden Stellung nehmen und in der Welt wirken. Die Dinge erkennen, dazu gehört: sie in ihrer Bedeutung für uns und füreinander erfassen. Diese Bedeutung macht sich in unserem Inneren spürbar in einem lebendigen Werterfassen, das als Antwort aus dem Innern heraus gewisse Stellungnahmen des Gemütes und Willens sachgemäß fordert und zu einem entsprechenden tätigen Angreifen und Wirken anreizt. Bei uns sind Erkennen, Fühlen, Wollen und Handeln zwar nicht völlig getrennt und unabhängig voneinander, vielmehr in wechselseitigen Abhängigkeiten durcheinander bedingt, aber auch nicht untrennbar eins. Sie lassen sich als selbständige Regungen voneinander abheben, und die sachgemäßen Zusammenhänge sind keineswegs immer rein verwirklicht: es gibt eine Wertblindheit bei scharfem Blick für die bloße Sachbeschaffenheit der Dinge; es gibt ein *totes* Werterfassen, das der Bedeutung der Dinge verstandesmäßig gerecht wird, ohne daß sich innerlich dabei etwas regte; es

gibt bei lebendigem Werterfassen ein Versagen im Wollen und Handeln, durch Schwäche, Trägheit, Unentschlossenheit oder Untreue.
All das ist sehr verschieden bei verschiedenen Menschen und beim
selben Menschen zu verschiedenen Zeiten. Es gibt Augenblicke, in
denen unsere ganze Geisteskraft zum vollen Leben erwacht und dieses Leben zu vollkommener Einheit gesammelt scheint: Erkenntnis,
Liebe und Tat untrennbar eins. Und diese Höhepunkte eröffnen uns
wiederum den Ausblick auf ein Geistesleben, das sich unwandelbar,
ohne alle Schwankungen auf solcher Höhe hält. So haben wir uns
das Leben der Engel zu denken.

c) Einheit der Kraft

Bei *Dionysius* fanden wir die Bemerkung, daß bei den Engeln
Wesen, Kraft und Wirken zu unterscheiden seien. Bei den Geschöpfen,
die wir aus der natürlichen Erfahrung kennen, ist das Wirken Betätigung einer Kraft, die zuvor bloßes Vermögen (δύναμις, Potenz)
war und nun im Wirken „wirklich" wird. Der Mannigfaltigkeit der
nach Ziel und Gehalt verschiedenen Tätigkeiten eines selbständigen
Wirklichen (einer οὐσία) entsprechen mannigfaltige Kräfte oder Vermögen, in die sich die *eine* natürliche Kraft spaltet, d. h. die zur
Natur oder zum Wesen eines Wirklichen gehörige. Den Ausdruck
Wesen haben wir in doppeltem Sinn gebraucht: für die allgemein
faßbare artmäßige Bestimmtheit und für das, was das Individuum
zu dem macht, was es ist. Nach der Auffassung des hl. *Thomas* kommt
bei den Engeln diese Scheidung nicht in Frage, weil bei den reinen
Geistern jedes Einzelwesen eine eigene Art verkörpert[63]. Wir brauchen auf diese Frage vorläufig nicht einzugehen, weil auch dort, wo
die artmäßige durch die individuelle Bestimmtheit inhaltlich ergänzt wird, das *wirkliche Wesen* doch beides, zum individuellen
Ganzen vereint, in sich enthält. Es kommt uns jetzt darauf an, wie
Wesen, Kraft und Kräfte zueinander stehen. Es gehört zum Wesen
des Menschen, bestimmte Kräfte — z. B. Verstand und Willen —
zu haben. Es gehört zum Wesen dieses Menschen, daß sein Verstand
klar, sein Wille entschieden ist. Jede Verstandes- und Willenstätig-
keit ist eine „Kraftleistung", in jeder ist lebendige Geisteskraft in
bestimmter Weise geformt. Wir haben uns ja schon klargemacht,
daß *Geist* im vollen Sinn des Wortes Sinn und Leben sei und daß
dies beides sich verhalte wie Form und Stoff, sofern der Sinn der
unbestimmten Lebensfülle inhaltliche Bestimmtheit gibt. Wir haben
aber bei dem Ausdruck *Stoff* darauf hingewiesen, daß es sich in

---

[63] S. th. I q 50 a 4.

diesem Zusammenhang nicht um *raumfüllenden* Stoff handle. Es ist auch daran zu denken, daß das, was wir im Gebiet der stofflichen Raumgebilde *Form* nennen, Sinn und Kraft zugleich ist und daß die Kraft das ist, was die Formung eigentlich „leistet", während der Sinn die Art der Formung bestimmt. Die Scheidung von Sinn und Kraft oder Lebensfülle ist sowohl bei der einzelnen geistigen *Leistung* zu machen als bei dem *Vermögen*, das ihr zugrunde liegt. Die Mannigfaltigkeit der Sinnesbestimmtheit gestaltet die *eine* geistige Kraft, die dem Menschen eigen ist, zu einer Mannigfaltigkeit von Kräften. Die Einheit trotz dieser mannigfaltigen Ausgestaltung zeigt sich darin, daß bei einem Menschen von großer Geisteskraft alle Leistungen kraftvoll sind. Andererseits darin, daß eine starke Inanspruchnahme dieser Kraft in bestimmter Richtung ihre Auswirkung in anderer Richtung hemmt. Es gehört zum Wesen dieses Menschen ein bestimmtes Kraftmaß, das für seine Eigenart kennzeichnend ist, und ebenso die vorzügliche Richtung der Betätigung, die ihm von Natur aus eigen ist. Das Kraftmaß darf man sich aber nicht als eine unveränderlich festgelegte Größe denken. Die Geisteskraft untersteht wie das ganze Wesen des Menschen dem Gesetz der Entwicklung, sie gelangt erst allmählich und unter den angemessenen Bedingungen zu der ihr erreichbaren Höhe und Ausgestaltung, aber die möglichen Entwicklungslinien sind in der Wesensform vorgezeichnet und für die einzelnen verschieden. Was ist von diesen Verhältnissen für die reinen Geister festzuhalten und was ist abgewandelt zu denken? Wenn zur geistigen Wirklichkeit als solcher Sinn und Lebensfülle gehören, so muß sich beides auch bei den Engeln finden. Im Vergleich zur menschlichen Geistigkeit gehört zu ihrer höheren eine weit größere Geistesfülle. Das deutet der Name *Kräfte* an. Ist diese Fülle auch bei ihnen ein Unbestimmtes und Bestimmbares, das durch eine Seinsmannigfaltigkeit verschiedene Ausgestaltung erfährt, also eine Art geistiger *Stoff* (der ihrer Körperlosigkeit keinen Eintrag tun würde)? Jedenfalls ist diese Ausgestaltung bei ihnen nicht als ein zeitlicher Entwicklungsvorgang zu denken. Sie sind, was sie ihrer Natur nach sein sollen, vom Beginn ihres Seins an, und sind auch sofort auf der Höhe ihrer Kraft. Diese Kraft ist auch bei ihnen nicht, wie bei den Menschen, mancherlei Schwankungen auf Grund wechselnder äußerer Bedingungen unterworfen. Sie verbraucht sich nicht in ihren Leistungen, sie erleidet keine Änderung. Wohl aber kann sie übernatürlich gesteigert werden durch gnadenhafte Einflüsse. Ist sie zu einer Mannigfaltigkeit verschiedener Kräfte ausgeformt zu denken? Die Namen der Engel scheinen dar-

auf hinzudeuten: wenn die Seraphim nach ihrer Liebesglut, die
Cherubim nach ihrer erleuchteten Erkenntnis genannt werden, so
scheint das darauf hinzudeuten, daß bei den einen eine andere Kraft
als bei den anderen vorherrschend und kennzeichnend sei. Das hat
aber bei den Engeln einen anderen Sinn als bei den Menschen. *Kraft*
bedeutet bei ihnen kein *bloßes Vermögen*, das einmal in Tätigkeit
ist und dann wieder in den Zustand bloßer Möglichkeit übergeht,
das zur Entfaltung kommen, aber unter ungünstigen Bedingungen
auch immer unentfaltet bleiben kann. Ihre Kraft ist immer lebendig-
wirksam und zwar immer in jeder ihnen möglichen Richtung und
in dem ihnen erreichbaren Höchstmaß. Darum ist es angemessener,
bei ihnen nicht von *Kräften*, sondern von *einer* mannigfaltig geformten und wirksamen Kraft zu sprechen. Sie unterscheiden sich
voneinander durch das Maß an Kraft, das einem jeden von Natur
aus eigen ist, und durch die angedeutete Verschiedenheit in der Formung ihrer Kraft. Der Einheit der Kraft entspricht die geschlossene
und gesammelte Einheitlichkeit ihres Lebens, von der früher die
Rede war: die untrennbare Einheit von Erkenntnis, Liebe, Dienst.

5. Wirklichkeit und Möglichkeit. *Potentia oboedientialis.* Natur, Freiheit und Gnade. Das Böse

Der hl. *Thomas* hat die Frage behandelt, ob bei den reinen Geistern
überhaupt noch der Unterschied von Wirklichkeit und Möglichkeit
bestehe, und hat sie bejaht: einmal, weil sie erschaffen werden und
in ihrer Erschaffung das „mögliche" Wesen ein wirkliches wird. Es
besteht aber in ihnen der Gegensatz von Wirklichkeit und Möglichkeit
noch in anderem Sinn: sie werden zwar mit einer „fertigen" Natur
ins Dasein gestellt; nicht mit einer der Entwicklung fähigen und
bedürftigen wie der Mensch; sie müssen nicht erst „werden", was
sie sein sollen, sie haben keine unausgebildeten natürlichen Fähigkeiten. Dennoch sind sie, wie schon erwähnt, einer Seinssteigerung
fähig, und zwar durch die *Gnade* und *Glorie*. Sie haben, wie die Menschen, die *potentia oboedientialis*, die Aufnahmebereitschaft für das
göttliche Sein. Der hl. Thomas sagt von ihr, daß durch sie „im Geschöpf alles geschehen kann, was der Schöpfer darin geschehen haben
will"[64]. Die Gnade ist das, was Gott und das Geschöpf zu einem ver-

---

[64] De veritate q 8 a 12 ad 4 (Untersuchungen über die Wahrheit I 228). Zu
dem, was den Engeln von Gott über ihre Natur hinaus geschenkt wird, rechnet
Thomas die Anschauung des göttlichen Wesens, zu der kein Geschöpf von
Natur aus fähig ist. Vgl. a. a. O. q 8 a 3 corp. (I 201f.).

bindet. Betrachten wir sie als das, was sie in Gott ist, so ist sie die göttliche Liebe oder das göttliche Sein als *bonum effusivum sui,* als sich selbst ausströmendes und mitteilendes (sich dabei aber unvermindert bewahrendes) Gut. Nehmen wir die Gnade als das, was sie im Geschöpf ist, so ist sie das, was es als mitgeteiltes göttliches Sein in sich aufnimmt, „eine mitgeteilte Ähnlichkeit der göttlichen Natur"[65], ein Begrenztes und Geschaffenes, aber unbegrenzt vermehrbar aus der unerschöpflichen Quelle des unendlichen göttlichen Seins. Manches von dem Gesagten mag so klingen, als sei die Gnade eine „zweite Natur" oder gar von der Natur überhaupt nicht unterschieden. In der Tat bestehen tiefgehende Unterschiede. Die Natur, obgleich von Gott geschaffen und gegeben, trennt von Gott (wenn auch nicht in dem Sinn, in dem das Böse von Gott trennt und darum die gefallene Natur von Gott getrennt ist): das „Naturding" ist das aus Gott Herausgesetzte — wenn es auch andererseits „in Ihm" bleibt, weil es kein „außer Ihm gibt" — und auf sich Gestellte: die ihr eigenes Sein und Wesen in sich tragende Substanz oder πρώτη οὐσία. Die Gnade eint mit Gott: sie wird in das Geschöpf eingesenkt, ohne daß ihre Wurzeln aus Gott gelöst würden, und macht es zur „Rebe am Weinstock". Das ist im vollen Sinn nur möglich bei Geschöpfen, die *frei* sind. Tote Dinge können zum Werkzeug des göttlichen Wirkens gemacht werden und in diesem Sinn Gnade „in sich enthalten" (wie die Sakramente[66]), aber sie können nie „von Gnade erfüllt" und ihre *Träger* werden wie eine Person. Begnadete Menschen und Engel sind persönliche Träger der Gnade, ohne daß Gott aufhörte, als der lebendige Spender auch Träger der Gnade zu sein. Die Gnade will „persönlich" in Empfang genommen werden. Sie ist ein Ruf Gottes und ein Anklopfen, die angerufene Person soll hören und öffnen: sich selbst öffnen für Gott, der in sie eingehen will. Darum ist die Empfangsbereitschaft, die *potentia oboedientiae* im engeren und eigentlichen Sinn, eine Fähigkeit zu *gehorchen,* auf Gott

---

[65] S. th. III q 62 a 1 corp. Mitteilung des göttlichen Seins an die Geschöpfe ist sowohl das Gnaden- als das Glorienleben. Der Unterschied ist nach kirchlicher Lehre, daß die Gnade als Vorbereitung zur Glorie gegeben wird; die Glorie wird als Lohn für die freie Mitwirkung mit der Gnade und als endgültiger Besitz verliehen. Ihr ist die selige Gottesschau der Himmelsbürger vorbehalten, während die Gnade den „Erdenpilger" noch in der Dunkelheit des Glaubens läßt.

[66] Bei der Hl. Eucharistie liegt es anders als bei den anderen Sakramenten weil die *tote* Materie hier in den lebendigen Leib Christi umgewandelt wird, der zur Einheit der Person gehört.

zu hören und sich ihm in Freiheit anheimzugeben. Das ist ein Verhalten von Person zu Person und ermöglicht jenes Einssein, das nur zwischen Personen möglich ist: das Einssein der Gnadenverbundenheit. So setzt die Gnade Freiheit voraus und setzt *Natur* voraus, da es ja freie Geschöpfe geben muß, damit das Gnadenwirken einsetzen kann. Die Natur aber setzt nicht wiederum Freiheit voraus und wird nicht „persönlich" in Empfang genommen. Die Geschöpfe finden sich mit ihrer Natur im Dasein vor und können sie nicht „annehmen" oder „ablehnen" wie die Gnade[67]. Das gilt auch für die Engel. Auch sie werden mit ihrer Natur ins Dasein gesetzt, und es steht ihnen keine Entscheidung darüber zu. Ja es bestehen für sie noch weniger Möglichkeiten eines freien Verhaltens ihrer Natur gegenüber, weil sie keine durch das freie Verhalten beeinflußbaren natürlichen Entwicklungsmöglichkeiten haben. So bedeutet alle Natur Bindung. Kein Geschöpf ist unbedingt frei. Unbedingt frei — weil aus sich selbst — ist nur der Schöpfer. Es gibt aber doch bei den freien Geschöpfen, bei Engeln und Menschen, auch ein Ja oder Nein zur eigenen Natur, das gleichbedeutend ist mit einem Ja oder Nein gegenüber dem Schöpfer. Das *non serviam* Luzifers, das Eingehen der ersten Menschen auf das *eritis sicut Deus* ⟨sic!⟩ der Schlange sind Auflehnungen gegen die eigene Geschöpfnatur und damit gegen den Schöpfer. Was kann Sinn und Wirkung eines solchen Verhaltens sein? Das Ziel, ein Geschöpf Gott gleich zu machen, ist ein sinnwidriges und unmögliches. Nicht nur für die Ohnmacht des Geschöpfes unerreichbar, sondern selbst für den Schöpfer unmöglich, *weil* sinnwidrig. Nun die andere Seite: die Ablehnung der Gebundenheit und Unterworfenheit der Geschöpfnatur. Gibt es für das Geschöpf einen Weg, sich davon freizumachen — wenn nicht durch Selbsterhöhung, dann durch Selbstvernichtung? Der Engel als körperloses Wesen hat nicht die Möglichkeit, seinen Leib zu zerstören und dem leiblichen Leben willkürlich ein Ende zu setzen, wie es der Mensch kann. Sein Leben ist ein rein geistiges; es besteht — wie wir sagten — aus Erkenntnis, Liebe und Dienst. Zu all dem gehört Freiheit und darum in gewisser Weise auch die Möglichkeit, sich zu versagen und es zu unterbinden. *Erkenntnis* (im weitesten Sinn des

---

[67] Die Wiedergeburt durch die Taufe bei neugeborenen Kindern ist kein Einwand. Gottes Gnadenruf ergeht an alle Seelen, und die Kirche nimmt in der Taufhandlung für die Seelen, die noch nicht antworten können, ein stellvertretendes Bekenntnis entgegen. Gott eint die unmündige Seele auf Grund des stellvertretenden Bekenntnisses mit sich, es hängt aber von der späteren persönlichen Entscheidung ab, ob die Einigung bestehen bleibt.

Wortes) ist ein Gewinnen oder Besitzen von Kenntnis. Bei den Geschöpfen gehört dazu ein *Empfangen* (das nicht in ihrer Macht steht, weil es das „Gegebene" und letztlich den Geber voraussetzt) und ein *Annehmen*, das Sache ihrer Freiheit ist. Man kann dabei noch an Verschiedenes denken, was freies Tun des Erkennenden ist. Bei der sinnlichen Wahrnehmung des Menschen sind die Dinge und Vorgänge in der äußeren Welt das „Gegebene", das anzunehmen ist. Bei ihm steht es, ob er sich ihnen zuwenden, näher herantreten und anderes tun will, was ihm zu genauerer Kenntnis verhelfen kann. Eher als an diese Bemühungen wird man aber bei dem Wort „Annahme" an das denken, was man gewöhnlich mit dem Wort *Zustimmung* oder *Glauben* bezeichnet (im weitesten — nicht religiösen — Sinn des Wortes, den das englische *belief* hat): ich muß dem, was ich sehe oder höre, auch Glauben schenken. Bei der fast unabweisbaren Aufdringlichkeit, mit der sich die Dinge der näheren Umgebung darbieten, scheint es kaum möglich, einer solchen „Gegebenheit" die Annahme zu versagen. Aber es gibt doch Fälle, in denen man seinen eigenen Augen und Ohren nicht traut. Man hat die Worte ganz deutlich verstanden, aber man meint sich verhört zu haben. Man sieht etwas greifbar vor sich, ist aber geneigt, es für eine Sinnestäuschung zu halten. In solchen Fällen pflegen „Gründe" vorhanden zu sein (mehr oder weniger vernünftige), die Glaubenszustimmung zu versagen. Aber diese Gründe sind *Beweg*gründe: sie bewegen den Willen, sie zwingen ihn nicht. Und es gibt Fälle, wo kein vernünftiger Grund zum Zweifel besteht und wo doch dem Glaubwürdigen der Glaube versagt oder das Unglaubliche geglaubt wird. Der Anteil der Freiheit an der Erkenntnis wird um so größer, je mehr sie Sache des Verstandes, des urteilenden und schließenden Denkens wird: es ist dann mehr eigenes Bemühen erforderlich, um Kenntnis zu erwerben; und die Zahl der Gründe und Gegengründe für die Zustimmung wächst, wird schwerer übersehbar und läßt mehr Spielraum für die freie Entscheidung. Wenn es auch nicht so sein sollte, so spielt doch im geistigen Leben das *stat pro ratione voluntas* eine große Rolle; und in vielen Fällen ist es sogar nicht einmal „unvernünftig", sondern es ist keine andere Lösung für uns möglich.

Wenn bei den Engeln ein ursprünglicher Erkenntnisbesitz vorhanden ist, der nicht im Laufe ihres Lebens erst erworben wird, sondern zu ihrem Sein selbst gehört, so ist er doch mit ihrem Sein zugleich empfangen. In diesem Fall wird die Verweigerung der „Annahme" zu einem Widerstand gegen das eigene wahre Sein. Ein solches Verhalten liegt dort vor, wo das Geschöpf verlangt, Gott gleich zu sein. Luzifer kennt den Abstand zwischen seinem Sein und dem göttlichen. Aber er „will ihn nicht wahrhaben". Damit wird er zum „Vater der Lüge". Lüge ist nicht — wie Irrtum — ein Verkennen der Wahrheit oder eine vermeintliche Erkenntnis, sondern der Versuch, die Wahrheit zu vernichten. Es ist ein ohnmächtiger Versuch: die Lüge zerschellt an der Wahrheit. Aber was heißt das? Denken wir uns einen geschaffenen Geist, dessen ganzes Sein im Erkennen bestünde, so müßte sein Versuch, die Wahrheit im ganzen Umfang seiner Erkenntnis zu leugnen, zu seiner völligen Vernichtung führen, wenn die Erkenntnis allein von seiner Freiheit abhinge. Das ist aber nicht der Fall. Er hat sich Sein und Erkenntnis nicht gegeben und kann sie sich nicht nehmen. Was er leugnet, steht ihm doch beständig vor Augen. Er wird als widerwilliger Zeuge der Macht, die er bestreitet, im Sein erhalten: der Macht, die allein imstande wäre, ihn zu vernichten, wie sie allein ihn zu erschaffen vermochte. Es ist aber ein Sein, das ganz und gar Widerstand und Empörung ist, gegen die ganze göttliche Seinsordnung und damit gegen das eigene wahre Sein, ein sich selbst beständig verzehrendes und in diesem Sinne nichtiges Sein.

Die Annahme eines Geistes, dessen Sein sich im Erkennen erschöpfte, ist aber nicht haltbar. Weil zum Erkennen Freiheit gehört, ist der Geist als erkennender notwendig auch wollender. Einem ursprünglichen Besitz gegenüber bedarf es freilich keiner erwerbenden Mühe mehr: Die Vollendung der Erkenntnis besteht hier im inneren Jasagen dazu, im Jasagen zu Gott, zu allem Geschaffenen, damit auch zum eigenen Sein. Dieser Einklang ist Liebe, Freude und Dienstbereitschaft. All das muß im Widerstand gegen das Sein in sein Gegenteil verkehrt werden. Die Leugnung des Seins muß zugleich Haß sein — Selbsthaß und Gotteshaß und Haß alles Seienden — und beständiger ohnmächtiger Vernichtungskampf gegen alles Seiende. Damit ist nicht gesagt, daß der Teufel selbst nicht sein wollte: Er will nicht so sein, wie er in Wahrheit ist, er will sein wie Gott und damit bejaht er noch im Kampf dagegen das göttliche Sein.

Der Verfasser der *areopagitischen* Schriften wie auch der hl. *Thomas* haben in ihrer Lehre vom Bösen mit aller Schärfe herauszuarbeiten gesucht, daß alles Seiende als solches gut sei. Das Schlechte könne dann nichts anderes sein als ein Mangel des Seins, selbst die „bösen" Geister seien noch gut, sofern sie sind und ihr Wesen bewahrt haben[68]:

---

[68] Vgl. *Dionysius*, De divinis nominibus Kap. 4, § 23 (P. G. 3, 724 B — 725 C); *Thomas von Aquino*, S. th. I q 64 a 1 corp.

Sie sind ja immer noch reine Geister, sie haben immer noch eine Verstandesschärfe, eine Willensstärke und Fülle der Kraft, die ihnen eine Überlegenheit über die Menschen gibt. Und diese natürlichen Gaben sind gut, nur der sinnwidrige Gebrauch, den sie davon machen, ist schlecht. Dazu kommt als Strafübel der Verlust der übernatürlichen Gaben, vor allem die Aufhebung der gnadenhaften Vereinigung mit Gott.

Die wiedergegebene Lehre vom Bösen ist im Kampf gegen zwei verschiedene Irrtümer aufgebaut worden: gegen den *manichäischen Dualismus*, der zwei selbständige Urgründe alles Seienden annimmt, ein Urgutes und ein Urböses, und gegen eine Auffassung, die Gott wohl als einzigen Urgrund alles Seienden anerkennt, gerade darum aber auch das Schlechte auf ihn zurückführen möchte. Wenn das Böse kein Seiendes ist, dann sind diese beiden Klippen umgangen. Und darum haben die christlichen Theologen allen Scharfsinn aufgeboten, um nachzuweisen, daß das Böse weder ein selbständiges Seiendes noch etwas in einem Seienden sei noch irgend eine Weise des Seins habe. Es scheint mir aber, daß bei diesen Bemühungen der Unterschied zwischen einem bloß natürlichen Mangel — etwa einer angeborenen Schwäche des Verstandes — und dem eigentlich Bösen — z. B. dem Mißbrauch des „guten" Verstandes zu schlechten Zwecken — nicht genügend herausgearbeitet worden ist. Die theologische Unterscheidung zwischen Sünde und Strafübel nimmt darauf Rücksicht, aber in der metaphysischen Erörterung verschwimmt der Gegensatz in der Zusammenfassung beider Arten von Übeln unter dem Namen des Nichtseienden. Die deutsche Sprache gibt der Seinsverschiedenheit, auf die es hier ankommt, Ausdruck durch die Bedeutungsverschiedenheit der Worte „schlecht" und „böse", die beide dem lateinischen *malum* entsprechen. Wir reden von *bösen* Geistern, nicht von schlechten, andererseits von *schlechten* Anlagen, nicht von bösen. „Böse" im strengen und eigentlichen Sinn ist nur etwas, was dem freien Willen entspringt. Der Teufel hat keine mangelhafte Natur, sondern hat seine gute Natur durch ihren naturwidrigen Gebrauch ins Böse verkehrt. Der natürliche Verstand sträubt sich dagegen, das Böse als Mangel oder Schwäche gelten zu lassen, weil er deutlich spürt, daß ihm im Bösen eine wirksame Macht gegenübersteht. Diese Macht ist die Kraft der freien geistigen Person. Der geschaffene Geist hat diese Macht nicht aus sich selbst. Darum ist der freie Wille, auch der des höchsten aller Engel, kein selbständiger letzter Seinsgrund neben Gott. Und er vermag kein Seiendes aus sich heraus zu erzeugen; es eignet ihm die Nichtigkeit alles Geschaffenen im Vergleich zum Schöpfer. Aber er vermag seinem Tun die Richtung zu geben, auch eine, die dem göttlichen Willen entgegengesetzt ist. Und eben eine solche, dem göttlichen Willen entgegengesetzte geschöpfliche Willensleistung ist es, was wir „böse" nennen. Sie ist als Willensleistung etwas Seiendes, ja sie gehört zum Höchsten, was es im Bereich des geschöpflichen Seins gibt. Aber durch ihre Richtung ist sie „negativ", dem Seienden entgegengesetzt. Den geschöpflichen Willen, der sich gegen den göttlichen Willen empört, dürfte man wohl das „Urböse" nennen; man muß sich nur immer darüber klar bleiben, daß es kein *Urseiendes* ist. Die geschöpfliche Freiheit ist die Bedingung der Möglichkeit des Bösen, und wenn alle natürlichen Mängel, alles, was man unter dem Namen des „physischen Übels" zusammenfaßt, als Strafübel zu denken ist, so ist sie zugleich das, worauf alles Schlechte zurückzuführen ist. Die Möglichkeit des Bösen wie die Möglichkeit der geschaffenen Gnade wurzelt in der Freiheit der geschaffenen Geister.

Die Gnade ist Steigerung des geschöpflichen Seins durch Vereinigung mit Gott und Mitteilung göttlichen Seins. Das Böse als die Verkehrung des geschöpflichen Willens ist Absperrung gegen das Einströmen der Gnade und damit Aufhebung der gnadenhaften Seinssteigerung. Es ist aber auch ein Sein entgegen der eigenen ursprünglichen Natur und Seinsrichtung, ein in buchstäblichem Sinn „verkehrtes" Sein. Die Natur oder das Wesen wird dadurch nicht aufgehoben, aber ihrerseits „verkehrt", in ihr negatives Gegenbild umgewandelt. Die Theologie nennt diese Umwandlung „Verhärtung im Bösen" oder „Verstockung". Bei den Menschen gibt es, ihrem zeitlichen Werdegang oder ihrer Entwicklung entsprechend, eine allmähliche „Gewöhnung" zum Guten und zum Bösen. Und dem schwankenden Zustand zwischen Gut und Böse entspricht die Möglichkeit einer Umkehr, einer Wiederherstellung der ursprünglichen Natur und Seinsrichtung nach dem „Fall", aber auch eines wiederholten Falls. Der „fertigen" Natur der reinen Geister entspricht es, daß ihr Fall die radikale Verkehrung in einem einzigen Augenblick der Entscheidung ist und keine Möglichkeit der Umkehr offen läßt.

Der Übergang aus der Wesensmöglichkeit ins wirkliche Dasein durch das Erschaffenwerden, die Seinsverkehrung durch die Empörung des Willens und die Seinssteigerung durch die Gnade zeigen uns, daß in verschiedenem Sinn der Gegensatz von Wirklichkeit und Möglichkeit bei den Engeln in Betracht kommt. Der Aufstieg von einer Vorstufe des wirklichen Seins zur Vollwirklichkeit, wie er bei den Menschen und den niederen Lebewesen in der „Ausbildung" von Anlagen sich vollzieht, kommt für die Engel nicht in Betracht. Aber es ist noch ein anderer Gegensatz zu erwägen. Wenn der Mensch gehen, sprechen, Geige spielen gelernt hat, so hat er die entsprechenden bloßen *Fähigkeiten* zu *Fertigkeiten* entwickelt, über die er frei verfügen kann — *kann*, aber nicht muß. Es besteht für ihn keine Notwendigkeit, beständig von allen seinen Fertigkeiten Gebrauch zu machen, ja er hat nicht einmal die Möglichkeit — und insofern sind seiner freien Verfügung Grenzen gesetzt —, weil gewisse Tätigkeiten sich gegenseitig ausschließen und weil auch seine begrenzte Kraft nicht alles zugleich zu leisten vermag. So hat er auch nicht den ganzen Wissensschatz, den er sich im Lauf seines Lebens erworben hat, beständig gegenwärtig. Gibt es wohl diese Zwischenstufe zwischen Fähigkeit (Potenz) und Tätigkeit (Akt) — die Fertigkeit oder den verfügbaren Besitz (Habitus) — bei den Engeln? Wenn etwas Entsprechendes bei ihnen anzunehmen wäre, dann jedenfalls nicht als Zwischenstufe. Es gibt ja bei ihnen keine unausgebildeten Fähigkeiten und darum keinen Gegensatz von Fähigkeit und Fertigkeit (Potenz und Habitus). Es ist also nur zu fragen, ob ihre stets verfügungsbereiten Fähigkeiten als zeitweise ruhend gedacht werden können. Die Einheit ihrer ungeteilten und keinen natürlichen Schwankungen unterworfenen Kraft spricht dagegen, wie sie es auch verbietet, bei ihnen überhaupt von getrennten Fähigkeiten — im eigentlichen Sinn — zu sprechen. Ihr Wesen mit der ihm eigenen geistigen Kraftfülle wirkt sich stetig in voll-lebendiger Erkenntnis, in Liebe und Dienst aus. Dennoch ist ihr Leben nicht als völlig unwandelbar anzusehen. Die Seinssteigerung durch die Gnade, deren sie fähig sind, bedeutet eine Erhöhung und Bereicherung ihres gesamten Lebens. Und selbst innerhalb ihres natürlichen Seins scheint ein Zuwachs an Erkenntnis und ein Wechsel der Tätigkeit möglich, da sie ja nicht wie Gott von Natur aus allwissend, allmächtig und allgegenwärtig sind, andererseits aber nicht so abgeschlossen und festgelegt, daß keine Aufnahme von etwas ihnen natürlicherweise nicht schon von Anbeginn Vertrautem und keine freie Bewegung zu etwas nicht in ihrem ursprünglichen Wirkungsbereich Liegendem möglich wäre. Natürlich sind „Aufnahme" und „Bewegung" hier geistig zu denken. *Augustinus* und *Thomas* sprechen von einer Wechselverständigung der Engel, die sie „Rede" nennen: sie bedarf keiner äußeren Mittel, sondern besteht darin, daß sie sich einander zuwenden und füreinander öffnen[69]. Damit geben sie einander Anteil an ihrem

---

[69] De veritate q 9 a 4 corp. (Untersuchungen über die Wahrheit I 253f.).

eigenen persönlichen Leben, und das ist auf beiden Seiten eine Bewegung und für die niederen eine Bereicherung. Ähnlich ist wohl auch der Verkehr der Schutzengel mit den ihrer Obhut anvertrauten Menschen zu denken. Wenn sie nicht von Natur aus die Geheimnisse des menschlichen Herzens erkennen, so kann das Vernehmen eines Hilferufes ihnen etwas Neues erschließen. Andererseits ist ihre Hilfeleistung eine Bewegung, die als anfangend und vorübergehend zu denken ist, nicht als vom Anbeginn ihres Seins von ihnen vorhergesehen und geordnet, wie wir uns das Wirken der göttlichen Vorsehung zu denken haben. Das Bild verschiebt sich allerdings, wenn wir neben der natürlichen Erkenntnis der Engel die übernatürliche in Betracht ziehen, und zwar jene, die sie die geschaffenen Dinge in Gott schauen läßt (Thomas nennt sie im Anschluß an Augustinus die „morgendliche"[70]). Es wird ihnen auf diesem Wege vieles zugänglich, was sie von Natur aus nicht erkennen, ohne daß es noch einer natürlichen Mitteilung von den Geschöpfen her bedürfte. Es sollte aber hier nur klargestellt werden, welche Möglichkeiten natürlicherweise bestehen. Daß jede übernatürliche Seinssteigerung das Leben erhöht und bereichert, war ja schon erwähnt worden. So sind auf natürliche und übernatürliche Weise Wandel und Wechsel im Leben der Engel denkbar. Immer aber ist ihr Sein Leben, es gibt in ihnen nichts Unlebendiges, kein Sein, das nicht geistiges Leben wäre. Das gehört zur Auszeichnung der reinen Geister gegenüber jenen, die Form eines raum- und stoffgebundenen Leibes sind.

Der reinen Geistigkeit entspricht eine ungehemmtere Freiheit und ein uneingeschränkteres Personsein, als es das menschliche ist. Sie sind in dem Sinn nicht unbedingt frei, als ihnen ihr Sein und ihre bestimmt umgrenzte Natur geschenkt ist; die damit gegebenen Schranken können sie von sich aus nicht durchbrechen. Aber ihr gesamtes Sein ist ihnen in die Hand gegeben, um frei darüber zu verfügen und es restlos einzusetzen in dem Leben, für das sie geschaffen sind. Es gibt hier kein „naturhaftes Geschehen" nach starrer Gesetzlichkeit wie in der Körperwelt, ohne Spielraum für freie Tat. Das ganze Leben ist freie Tat und Sache der persönlichen Entscheidung. So gibt es für sie nur ein „für oder wider Gott", kein Abgleiten in eine nicht eigentlich gewollte Gottferne. Auch von hier aus fällt wieder Licht auf die einmalige und unwiderrufliche Entscheidung der Engel über ihr ewiges Schicksal.

---

[70] De veritate q 8 a 16 f. (I 237 ff.).

6. Form und Stoff, Wesen und Wesensträger bei den reinen Geistern

Mit der Eigentümlichkeit des Personseins der Engel hängt es zusammen, daß sie vom hl. *Thomas* als *subsistierende Formen* bezeichnet werden[71]. Es ist damit gemeint, daß sie keinen raumfüllenden Stoff als Seinsgrundlage haben, daß sie nicht „in einem andern", sondern „in sich selbst" sind oder „sich selbst tragen". Es ist aber hier daran zu erinnern, daß wir auch dort, wo ein raumfüllender Stoff Wesensbestandteil eines Dinges ist, zwischen *Grundlage* und *Träger* im eigentlichen Sinn die Leerform des Gegenstandes angesehen haben. Die *Person* wiederum galt uns als Träger in ausgezeichnetem Sinn, weil sie ihr Wesen nicht nur hat und umfaßt, sondern in ganz eigentümlichem Sinn „besitzt", d. h. Herr ihrer selbst ist und frei über sich verfügen kann. Und das Personsein der reinen Geister ist eine reinere Erfüllung der Idee der Person, weil in ihrem Sein nichts ist, was diesem freien Verfügenkönnen entzogen wäre.

Wenn wir aber zwischen Wesen und Wesensträger einen Unterschied machen, können wir dann noch von einer „sich selbst tragenden Form" sprechen? Vor der Beantwortung dieser Frage wird es gut sein, noch eine andere Frage zu klären. Nach *Aristoteles* und *Thomas* fallen dort, wo kein raumfüllender Stoff vorhanden ist, *Form* und *Wesen* zusammen. Nun haben wir aber auch im Bereich des rein Geistigen etwas gefunden, was in einem gewissen Sinn als *Stoff* in Anspruch genommen werden kann, nicht im Sinn des Raumfüllenden, aber im Sinn der bestimmbaren Unbestimmtheit. Wer mit der Seinslehre des *Duns Skotus* vertraut ist, wird hier daran denken, daß der *Doctor Subtilis* für die Engel, wie für alles endliche Seiende überhaupt, die Zusammensetzung aus Form und Stoff behauptet und mit dem ihm eigenen bewundernswerten Scharfsinn begründet und verteidigt hat[72]. Es fällt ihm nicht ein, die Körperlosigkeit der reinen Geister zu bestreiten. Die *materia primo prima*, die ihnen mit allem endlichen Seienden gemeinsam ist, ist kein raumfüllender Stoff, sondern etwas, was sich in der Körperwelt und in der Geisterwelt entsprechend den verschiedenen Formen besondert. Der Stoff der Geisterwelt ist also von dem der Körperwelt gattungsmäßig verschieden.

---

[71] Vgl. De spiritualibus creaturis, besonders a 5 ad 8.

[72] Die folgenden Ausführungen stützen sich auf die „Quaestiones disputatae de rerum principio", herausgegeben von R. P. *Marianus Fernandez Garcia* O. F. M., Quaracchi 1910, q 7/8. Die Echtheit der Schrift wird von P. Ephrem *Longpré* als sicher angesehen. (Vgl. „Stand der Skotusforschung 1933" in der Zeitschr. „Wissenschaft und Weisheit" I 1, 1934, S. 67.)

Die *materia primo prima* ist nach Duns Skotus die niederste Stufe des Seienden. Sie ist von Gott geschaffen als ein Seiendes mit eigenem Sein, als von der Form unterschieden, aber nicht getrennt von der Form, sondern in dem Ganzen, das aus Form und Stoff aufgebaut ist. Sie ist gleichbedeutend mit der *potentia passiva*: d. i. einerseits die Möglichkeit des Nichtseins und darum des Vernichtetwerdens, die allem Geschaffenen als solchem eigen ist, andererseits die Aufnahmebereitschaft und Formungsfähigkeit.

Es ist nicht möglich, die skotistische Theorie der Materie hier bis in alle Einzelheiten zu verfolgen und durchzusprechen. Es soll nur versucht werden, das, was wir als *Kraft* oder *Lebensfülle* der Engel in Anspruch nehmen, mit der Materie in Beziehung zu bringen, die Duns Skotus den Engeln zuschreibt. Was wir im Auge haben, das gehört nach unserer Auffassung zum Geist als solchem, also auch zum göttlichen Geist. Darum kann es nicht mit passiver Potenz, mit der Möglichkeit des Nichtseins gleichgesetzt werden. Wir müssen hier an das denken, wovon unsere ganze Untersuchung des Seins ausgegangen ist: die Machtfülle Gottes — die *potentia Dei* —, in der nichts von unerfüllter Möglichkeit ist, die vielmehr vollwirkliches und vollwirksames Sein ist; die unendliche Machtfülle, die zugleich unendliche Seinsfülle ist, beides untrennbar eins. In allem endlichen Wirklichen ist der Macht etwas von Ohnmacht beigemischt, dem Sein etwas von Nichtsein, und Sein und Kraft sind nicht unlöslich eins. Jedes endliche Wirkliche hat *aktive* und *passive* Potenz, die Möglichkeit, zu wirken und zu leiden. Die Möglichkeit zu wirken nennen wir *Macht* oder *Kraft* und schreiben sie der Form zu: sie ist ja das, was Formung wirkt. Die Möglichkeit zu leiden ist das, was Annahme einer Gestalt möglich macht. Die Annahme einer Gestalt setzt etwas voraus, was entweder noch gar nicht gestaltet ist oder nicht ganz durchgestaltet oder von seiner Gestalt trennbar. Die *materia primo prima* ist als das vollkommen Gestaltlose gedacht. Das ist die Kraft der Engel nicht. Sie hat das Gepräge des Geistes, dem sie eigen ist, sie ist sinnvoll und sie ist wirksam in dem Leben, in dem sie sich offenbart. Und das individuelle Wesen des Engels, in dem Sinn und Kraft sich durchdringen, ist nicht auflösbar, Sinn und Kraft sind nicht voneinander trennbare „Bestandteile"; es ist darum keine „Umformung" der Kraft denkbar in der Art, wie ein Stück Wachs umgeformt wird. Indessen haben wir gesehen, daß die endlichen Geister nicht völlig durchbestimmt sind. Sie sind aufnahmefähig für eine ihnen zuströmende neue Kraft und Seinsfülle. Und es gehört zum Wesen des persönlichen Geistes, daß er aufnahmefähig ist für fremde Kraft- und Seinsfülle, sofern er nicht — wie der göttliche Geist — schon von vornherein alle Fülle in sich enthält. Diese Aufnahmefähigkeit ist *passive Potenz*: sie ist auf fremde Wirksamkeit angewiesen. Es müssen aber *aktive* und *passive* Potenz etwas gemeinsam haben. Darauf weist schon der gemeinsame Name *Potenz* hin, und es ist auch sachlich auf-zuzeigen. Das, was aufnimmt, und das, was aufgenommen wird, durch-dringen einander ja in der Aufnahme, sie werden eins, und das ist nur möglich bei einer Wesensgemeinsamkeit. Es ist also das, was ein Engel dem andern vermöge seiner wirkenden Kraft mitteilt, dem verwandt, in dem es Aufnahme findet. Und überdies ist in dem auf-nehmenden Engel die geformte und wirksame Kraft nicht von der formungs- und aufnahmebereiten zu trennen. Es ist ja die geformte und wirksame Kraft selbst, die im Aufnehmen zu höherer und rei-cherer Wirksamkeit gesteigert wird. Das, was wir als *Kraft* der Engel bezeichnen, ist also *aktive* und *passive* Potenz zugleich. Die aktive rechnen wir (wie auch *Duns Skotus*) zur Form. Wollen wir (mit ihm) die passive Potenz als Stoff bezeichnen, so bilden Form und Stoff hier ein untrennbares Ganzes. Wenn ich ihn recht verstehe, ist dies auch die Meinung des *Doctor Subtilis*, denn er sagt, Form und Materie seien im höchsten Grade eins bei den Engeln: „*Je ak-tueller* die Form, *desto mehr dringt sie ins Innerste* der Materie und eint sie mit sich; die Formen der Engel und der vernunftbegabten Seele sind die *aktuellsten*, darum einen sie sich die Materie vollstän-dig, und vermöge ihrer einigenden Kraft verfallen sie nicht der *Aus-dehnung* und haben keine körperliche Form . . .“[73] Danach dürf-ten wir mit dem hl. *Thomas* die Engel als reine (d. h. körperlose) Geister bezeichnen, aber nicht als reine Formen, weil zu ihrem Auf-bau etwas gehört, was der Formung unterliegt.

Im Sinne früherer Ausführungen[74] unterscheiden wir zwischen dem, was letzte Grundlage der Formung ist, und dem Wesensträger. Das Wesen als das Ganze aus Form und Stoff ist auf sich selbst gestellt; und an diesem auf sich selbst gestellten Wesen — der aristotelischen πρώτη οὐσία, die man heute gern „Selbstandwesen“ nennt — ist etwas zur Abhebung zu bringen, was alle Wesensfülle, Form und

---

[73] Quanto forma *actualior*, tanto *magis se intimat* materiae, et unit eam sibi: sed forma Angeli et animae rationalis sunt *actualissimae*; ergo omnino se uniunt materiam, ac per hoc nec in *quantitatem* prorumpunt, quia virtutis *unitivae* sunt; nec habent aliquam formam corporalem . . . (De rerum principio q 7 a 2 n 215, Quaracchi 1910, S. 137).

[74] Vgl. Kap. IV, § 3, 18.

Stoff, „trägt". Die Geistwesen nennen wir, sofern sie ihr Wesen tragen, Personen. Form und Stoff, Wirken und Empfangen haben hier die eigentümliche Gestaltung des persönlichen Seins.

7. Das Reich der himmlischen Geister und ihre Mittlerschaft

Aus der Aufnahmefähigkeit der reinen Geister für die Einwirkungen anderer Geister ergibt sich noch etwas anderes, was in der areopagitischen Engellehre eine große Rolle spielt: daß die Engel nicht jeder eine in sich geschlossene Welt sind, sondern miteinander in einem „Reich" stehen, als Lebensgemeinschaft einem festgeordneten „Staatsgebilde", jeder an seinem Platz, eingefügt. Dieser „Gottesstaat" — so dürfen wir ihn nennen, weil alles Leben, das ihn durchströmt, und alle Herrschaft, die ihn durchwaltet, von Gott ausgeht — ist das ideale Urbild aller menschlichen Gemeinschaft und Gesellschaftsordnung, soweit sie auf rein geistiger Grundlage ruht. Man spürt es aus der Darstellung der Über- und Unterordnungsverhältnisse bei *Dionysius*, daß ihm die menschlichen Entstellungen dessen vor Augen stehen, was er bei den Engeln in Reinheit vor sich sieht: darum betont er, daß die *Herrschaft* der himmlischen Geister nicht durch Tyrannei und Knechtschaft getrübt sei.

Wenn wir von menschlichen Gemeinschaften und Lebensordnungen her einen Zugang zum Reiche der himmlischen Geister suchen wollen, müssen wir uns natürlich an die rein geistigen Grundlagen halten und alles ausschalten, was von der Leib-Körper-Natur herkommt. Und da es hier nicht möglich ist, einen Überblick über alle jene Gebilde zu geben, denen Menschen als aufbauende Gliedwesen eingefügt sind, so ist es am besten, wenn wir uns an jenes Gebilde halten, das dem Reich der himmlischen Geister unter allen irdischen Ordnungen am nächsten steht: die *Kirche*. Die „kirchliche Hierarchie" bringt ja auch *Dionysius* mit der „himmlischen" in enge Verbindung.

Die irdische Kirche wird einerseits — gleich dem Staat — als ein rechtlich begründetes und geordnetes Gebilde angesehen, als eine Herrschaftsordnung. Als solche ist sie in der Freiheit der Personen begründet, die ihr angehören: es gehört dazu ein Gesetzgeber (eine Person oder eine Mehrheit von Personen), der ihr Recht „setzt", d. h. kraft freien Willens ihre Lebensordnung schafft. (Auch *ewiges Recht*, das unabhängig von aller Willkür Recht ist, muß „gesetzt" werden, um in einem Staat oder einem staatenähnlichen Gebilde verbindliche Lebensordnung zu werden.) Es gehören *Träger* dieser Ordnung dazu, die für die Beobachtung des Gesetzes Sorge tragen; schließlich *Untertanen*, die von der Rechtsordnung betroffen werden und sich ihr kraft ihrer Freiheit unterwerfen[75]. All das ist bei der irdischen Kirche erfüllt: sie hat Gott zum Oberherrn und Gesetzgeber (sichtbar verkörpert durch seinen obersten Stellvertreter auf Erden und durch die Bischöfe, soweit ihnen in ihrem Machtbereich ein Anteil an der gesetzgebenden Gewalt zusteht), das Priestertum in seinen verschiedenen Ständen zu ausführenden Organen[76], das Kirchenvolk oder die *Laien* als Untertanen. Aber dieser rechtliche Aufbau erschöpft das Wesen der Kirche nicht, ist auch nicht ihr eigentlicher Wesenskern. Man hat sie freilich lange Jahre hindurch vorwiegend von dieser Seite her gesehen, und Außenstehende tun es noch heute. Aber bei den Theologen unserer Zeit und auch im schlichten Glaubensleben ist wieder die paulinische Auffassung des „Haupt und Leib — ein Christus" zum Durchbruch gekommen. Das besagt, daß die Kirche nicht eine willkürlich, künstlich, von außen her gestaltete „Einrichtung" ist, sondern ein lebendiges Ganzes. Ähnlich wie beim Staat in der Regel auch die lebendig erwachsende Volksgemeinschaft das Erste ist, die staatliche Form und Ordnung das Hinzukommende, der äußere Abschluß und die willentliche Bestätigung dessen, was natürlich gewachsen ist.

Das Leben, das dieses lebendige Ganze durchströmt, ist nicht das natürliche Leben der einzelnen Menschen und menschlichen Gemeinschaften, die ihm angehören. Es ist das neue Leben der *Gnade*, das die Kirche belebt und durch sie ihren Gliedern mitgeteilt wird. Ohne Gnadenleben gibt es keine Kirche. Gnade aber ist mitgeteiltes *göttliches* Leben: so strömt der Kirche alles Leben von ihrem göttlichen Haupt zu. Es ist derselbe Christus, der ihr das Leben gibt und das Gesetz ihres Lebens vorschreibt. Alle „Gesetze" und „Einrichtungen" dienen der Mitteilung, Erhaltung und Wiederherstellung des göttlichen Lebens. Weil die „lebendigen Bausteine" der Kirche Menschen sind, nimmt ihr Aufbau mit allen Einrichtungen auf die menschliche Natur Rücksicht. Darum ist ihr Haupt Gott und Mensch zugleich, darum läßt Er ihr das göttliche Leben durch die Vermittlung seiner menschlichen Natur zukommen, spricht zu den Menschen in menschlichen Worten und hat die Einrichtungen zur Lebensmittei-

---

[75] Zum Aufbau des Staates vgl. E. *Stein*, Eine Untersuchung über den Staat, in: Husserls Jahrbuch Bd. 7, Halle a. S. 1925; auch als Sonderdruck erschienen.

[76] Es ist keine Schwierigkeit, daß dieselben Personen zugleich *gesetzgebende Gewalt* (im Namen Gottes) und *Vollzugsgewalt* haben. Auch das Staatsleben kennt ja solche Vereinigung der Gewalten in einer Person.

lung so geordnet, daß Er den Weg über den Leib nimmt, um die Seele zu erreichen. Denken wir uns eine Kirche aus reinen Geistern, so muß alles fortfallen, was durch die leibliche Natur bedingt ist. Es muß alles erhalten bleiben, was der Kirche als solcher wesentlich ist: das göttliche Haupt als Spender des Gnadenlebens und als Gesetzgeber, endliche Personen als freie Empfänger, Hüter und Vermittler des Gnadenlebens. Eben das ist die „himmlische Hierarchie". Die himmlischen Geister sind geöffnet zu Gott hin und vermögen das Leben in sich aufzunehmen, das ihnen von dort zuströmt. Sie sind für einander geöffnet, so daß die höheren sich den niederen mitteilen, die niederen von den höheren empfangen können. Haben wir zu solcher Lebensmitteilung von unserem menschlichen Gemeinschaftsleben her einen Zugang? Aller Wechselverkehr menschlicher Personen ist auf den leiblichen Ausdruck des Innenlebens aufgebaut. (Ausdruck ist dabei im weitesten Sinn zu nehmen, der die sprachliche wie jede andere willkürliche oder unwillkürliche Äußerung einschließt.) Aber der leibliche Ausdruck ist ein Tor, das ins Innere hineinführt, eine Berührung und ein Einswerden der Geister (in gewissen Grenzen) möglich macht. Im echten Schülerverhältnis nimmt der Schüler vom Lehrer nicht nur das auf, was in den Lehrworten unabhängig von dem persönlichen Leben des Sprechenden ausgedrückt ist. Die Worte selbst, der Tonfall, das Mienenspiel — kurz all das, was wir in dem Namen *Ausdruck* zusammenfassen — lassen den Schüler in jenes persönliche Leben, in eine ihm bislang unbekannte geistige Welt eingehen, er lebt ein fremdes Leben mit, wird davon erfüllt und geformt; es wird, in den Grenzen seiner Aufnahmefähigkeit und -willigkeit, sein eigenes geistiges Sein. Das kann in sehr verschiedener Weise und mit entsprechend verschiedener Wirkung geschehen. Ein selbständiger, kühner und lernbegieriger Geist wird andern Menschen wie ein Eroberer gegenübertreten. Er wird sich ihrer geistigen Welt zu bemächtigen suchen, um davon aufzunehmen, was ihm gemäß ist, und daran zu wachsen. Er wird sich das fernhalten, was ihm nicht entspricht. Ein schwacher Geist von geringem Betätigungsdrang kann, ohne es zu wollen, von dem stärkeren Leben hingerissen und überwältigt werden. Vielleicht wird er davon getragen, ohne es selbständig aufnehmen und, auf sich gestellt, fortführen zu können. Vielleicht wird er auch davon erdrückt, so daß sein Eigenleben sich nicht entfalten kann. Natürlich ist die Art und das Maß der Aufnahme nicht nur von dem Empfangenden, sondern auch von dem Gebenden abhängig: davon, ob er sich schrankenlos mitteilt oder ob er mit etwas zurückhält: mit seinen Kenntnissen, seiner persönlichen Stellungnahme, seiner Kraft und Eigenart; ob seine Selbstmitteilung Eroberung oder dienende Hingabe ist. Es gibt also auf beiden Seiten ein geistiges Sichöffnen und -verschließen, das Sache der Freiheit ist. Wir sind nicht einfach die wehrlose Beute dessen, was von außen her, durch Ausdruckserscheinungen, auf uns eindringt. Wir sind auch nicht einer hemmungslosen Preisgabe alles dessen, was in uns lebt, ausgeliefert. Mitteilung und Aufnahme von geistigem Besitz und persönlichem Leben sind weitgehend unserer Freiheit anheimgestellt. Und was dadurch zustandekommt, ist geistiges Geschehen: Miteinanderleben geistiger Personen, geistiges Wachstum und geistige Formung der einzelnen, Bildung geistiger Gemeinschaft.

Von da aus ist es wohl möglich, sich einen geistigen Wechselverkehr und ein geistiges Gemeinschaftsleben zu denken, das nicht an die Vermittlung des leiblichen Ausdrucks gebunden ist. Wir verstehen es, daß bei reinen Geistern das freie Sichöffnen zu Mitteilung und Aufnahme genügt. Und wir können uns ein geistiges Gemeinschaftsleben frei von allen jenen Entstellungen denken, die das menschliche Gemeinschaftsleben trüben. Das können Mängel sein, die in der Unvollkommenheit des menschlichen Ausdrucksvermögens liegen: Unfähigkeit, sich durch leiblichen Ausdruck angemessen mitzuteilen, und Unfähigkeit, leiblichen Ausdruck zu verstehen. Wir haben aber auch schon Entartungen angedeutet, die eine rein geistige Wurzel haben, in der Verkehrtheit des Willens begründet sind. Bei den Engeln gibt es keine falsche Selbstbehauptung, kein Zurückhalten mit der empfangenen Gnadenfülle um der eigenen *Geltung* willen, ebensowenig ein Sichverschließen gegen zuströmenden Reichtum. Die höheren teilen sich neidlos mit, und wenn sie etwas zurückhalten, so geschieht es aus zarter Rücksicht auf die schwächeren Geister, die der ganzen Fülle nicht gewachsen wären. Das Reich der himmlischen Geister ist ein vollendetes, jedes Glied steht darin am rechten Platz und verlangt nach keinem anderen, jedes ist mit seinem ganzen Wesen geborgen, ungehemmt entfaltet und fruchtbar, gespeist aus dem Urquell der Liebe und davon ausspendend in dem ihm zugewiesenen Wirkungskreis.

Vielleicht macht der Grundgedanke der „Hierarchie" noch Schwierigkeiten: die Mittlerrolle der Engel. Müssen wirklich die niederen Geister alles Gnadenleben von den höheren empfangen und die Menschen von den Engeln? Gibt es keinen unmittelbaren Zugang zu Gott? Gewiß bedarf Gott einer solchen Vermittlung nicht. Er hält jedes Geschöpf in Seiner Hand und kann auf jedes unmittelbar einwirken. Er schaltet sich selbst auch nicht aus, wenn Er Seine „erstgeborenen Söhne" zu Seinen Mitarbeitern macht. In allem Wirken der Geschöpfe ist Er gegenwärtig. Und in besonderer Weise ist Er wirksam in allem Gnadenwirken, das ja Mitteilung göttlichen Lebens ist. Wenn also auch Millionen Engel zwischen Gott und uns vermittelten, so würde das doch keine Trennung und keinen Abstand zwischen Ihm und uns bedeuten, weil Er noch im letzten „Mittler" uns selbst lebendig nahe wäre. Wir haben hier nicht festzustellen, ob eine solche Vermittlung tatsächlich stattfindet. Es geht uns nur um ihre Wesensmöglichkeit, und die scheint mir nicht von der Hand zu weisen zu sein. Das innerste Wesen der Liebe ist Hingabe. Gott, der die Liebe ist, verschenkt sich an die Geschöpfe, die Er zur Liebe geschaffen hat. Warum sollten nicht die Geister, die Ihm am nächsten stehen, das Vorrecht haben, an allen Seinen Ausspendungen teilzuhaben und sie weiterleiten zu helfen? Eben dadurch baut sich ja das Reich der Liebe auf, in dem alle eins sind, Gott mit jedem Geschöpf, dem Er sich hingibt und das sich Ihm hingibt, und die Geschöpfe miteinander durch Teilnahme an der sich herablassenden Liebe Gottes und wechselseitige Teilnahme an ihrer aufstrebenden Gottesliebe [77].

---

[77] Vielleicht wird sich auch das theologische Bedenken regen, wie die Mittlerrolle der Engel zwischen Gott und den Menschen mit der Stellung Christi als König der ganzen Schöpfung und mit der Stellung Marias als Königin der Engel und Mittlerin aller Gnaden zu vereinen sei. Es läßt sich nicht leugnen, daß Dionysius von der Menschheit Christi nur wenig spricht — die bedeutsamsten Stellen, die sich auch für die Ausschließung einer monophysitischen Deutung verwenden ließen, finden sich naturgemäß in der „Kirchlichen Hierarchie" — und die Gottesmutter nur einmal an einer sachlich belanglosen Stelle erwähnt. In Wahrheit scheint mir jedoch die areopagitische Engellehre die Königswürde des Gottmenschen und seiner Mutter nicht zu gefährden. Es ist durchaus denkbar, daß der Erlöser in seinem menschlichen Leben Gnadenstärkung durch die Engel erfahren hat (wie es ja auch die Hl. Schrift wiederholt bezeugt; vgl. Matth. 4, 11 und Luk. 22, 43), daß Er aber bei seiner Himmelfahrt emporgestiegen ist über alle Engel zum Thron Gottes. Ist nicht der tiefste Sinn dieses „Emporsteigens" — für Christus und für Maria — das Erfülltwerden mit einem göttlichen Leben, dessen Maß alle anderen Geschöpfe hinter sich zurückläßt? Und wenn wir sie von Engeln emporgetragen sehen, wie die christliche Kunst es immer dargestellt hat, was bedeutet dieser Engeldienst anderes, als daß die himmlischen Geister ihnen mitteilen, was sie selbst an göttlichem Leben empfangen haben, bis sie über alle Engel emporgewachsen sind und nun ihrerseits aus ihrer Fülle an die ganze Kirche, an Engel und Menschen, ausspenden?

§ 6. Sinn und Fülle, Form und Stoff. Gegensatz und Abbildverhältnis zwischen Schöpfer und Schöpfung

Die Untersuchung der endlichen reinen Geister, der Geschöpfe, die Gott am nächsten stehen, hat uns erst recht das eigentlich Geschöpfliche am Geschöpf in den Blick gebracht. Gott ist die unendliche Fülle und vollendete Form: *reine* Form, weil in ihm nichts ist, was noch der Formung bedürfte, darum auch keine Möglichkeit, Einwirkungen zu erfahren. Alles endliche Seiende ist begrenzte Fülle und geformt, aber nicht zur letzten Vollendung durchgeformt. Und diese noch der Formung fähige und bedürftige Fülle ist der *Stoff* der zu allem endlichen Wirklichen gehört. Sie ist — neben der Begrenztheit — das, was das Geschöpf dem Schöpfer als das „ganz andere" entgegensetzt. Zugleich das, was es, auch nachdem es geschaffen und damit auf sich selbst gestellt ist, in Unterwerfung unter die göttliche Gestaltungsmacht hält. Durch sie ist es bildsam durch eigene Gestaltungsmacht, d. h. durch die Gestaltungskraft der eigenen Form, und äußeren Einwirkungen von seiten anderer Geschöpfe zugänglich. Form und Stoff hängen aufs engste zusammen. Die Fülle ist das, was beiden gemeinsam ist. Form ist gestaltete oder bestimmte und wirksame Fülle. Stoff ist unbestimmte, der Gestaltung und Wirkung unterworfene Fülle. In der Gestaltung wird der Stoff in die Form aufgenommen; die unbestimmte wird bestimmte, gestaltete, im Sinn der Form wirksame Fülle.

Das, was innerhalb der Form die Fülle bestimmt, haben wir als *Sinn* (Idee) bezeichnet. In Gott können wir nur Sinn und Fülle — beide in vollkommener Einheit — denken. Die Scheidung des Seins in der Schöpfung bedingt eine Sonderung in verschiedene Seinsgebiete, die nach Form und Stoff unterschieden sind. Der körperliche Stoff ist unbestimmte Raumfülle, der geistige Stoff ist unbestimmte Lebensfülle. Die körperlichen Formen gestalten sich bzw. ihren Stoff in den Raum hinein zu einer Welt von körperlichen Dingen. Die geistigen Formen gestalten ihre Lebensfülle in ein geistiges Reich hinein, in ein geistiges Reich von Personen und Werken, die alle in einem geistigen Wirkungszusammenhang stehen. Aber Geisteswelt und Körperwelt stehen nicht beziehungslos nebeneinander. Was nicht reiner Geist ist, das ist vom Geist geformtes Gebilde; unmittelbar vom göttlichen Geist oder mittelbar von geschaffenen Formen aus dem ihnen entsprechenden Stoff. Bei den Naturgebilden sind Stoff und Form in Weseneinheit verbunden. Die Menschenwerke setzen solche Naturgebilde voraus, denen dann durch eine von außen angreifende Wirksamkeit ein neuer Sinn gegeben wird. Als Einheit von Sinn und Leben sind die geschaffenen Gebilde Abbilder des göttlichen Wesens. Durch ihre Stofflichkeit sind sie von ihm unterschieden. Es soll nun versucht werden, das endliche Sein durch sein Abbildverhältnis zum göttlichen zu kennzeichnen. Das ist nur möglich, wenn wir zunächst das göttliche selbst ins Auge fassen. Wir sind von den Geschöpfen her dazu aufgestiegen, vom Endlichen und Bedingten zum Unendlichen und Unbedingten, das es als Urheber und Urbild fordert. Wir haben auch bereits die Grenzüberschreitung vollzogen von dem, was aus den Geschöpfen an Aufschluß über den Schöpfer zu gewinnen ist, zu dem, was Gott selbst von sich selbst offenbart hat. Ohne diesen Übergang wäre es nicht möglich, vom göttlichen Sein her Aufschluß über das geschöpfliche zu gewinnen. Es ist also die Dreifaltige Gottheit, in der wir das Urbild dessen suchen, was wir im Bereich des Geschöpflichen als Sinn und Lebensfülle bezeichnen.

Was den *Sinn* angeht, so können wir an frühere Ausführungen anknüpfen[78]. Wir haben das *Ewige Wort*, den Logos, als die *Einheit des Sinnes* angesehen, die alle Sinnesfülle in sich schließt als das Urbild aller endlichen Sinneinheiten. Als den Urheber des Lebens, den „Lebendigmacher", bezeichnet die Kirche in ihrem Credo den *Heiligen Geist*. Lebendigmachen kann aber letztlich nur, wer selbst das Leben nicht empfängt, sondern das „Leben in Person" ist. So dürfen wir im Heiligen Geist die göttliche *Lebensfülle* sehen. Es braucht kaum noch betont zu werden, daß darin keine Aufteilung des göttlichen Wesens ausgesprochen sein soll. Das *eine* Wesen, das allen göttlichen Personen eigen ist, ist Leben und Liebe, Weisheit und Macht. Es kann — außer den Beziehungen der Personen zueinander — nichts von einer Person ausgesagt werden, was nicht auch den andern zukäme. Es sind Versuche, das Unfaßbare faßbar zu machen, wenn wir in der unteilbaren Einheit Gottes *Eigenschaften (Attribute)* unterscheiden und wenn wir die eine dieser, die andere jener Person besonders zuschreiben *(appropriieren)*. Dennoch ist das, was das geschöpfliche Abbild uns vom göttlichen Urbild aufschließt, geeignet, uns das geschöpfliche Sein in einem neuen Licht zu zeigen.

Um nun den Heiligen Geist als Lebensspender und Urbild des geschöpflichen Lebens zu verstehen (so weit hier von „Verstehen" die Rede sein kann), muß erst über die Stellung der dritten Person in der Gottheit etwas gesagt werden. Wie schon früher hervorgehoben wurde, gibt es zwischen den Personen keinen anderen Unterschied als den ihrer Beziehungen zueinander, die durch die verschiedene

---

[78] Vgl. Kap. III, § 2 u. 12; Kap. VI, § 4, 6.

Art ihres Hervorgehens erläutert werden. Der Vater heißt *Vater,* weil von Ihm alles, Er aber von niemandem ausgeht. Der Sohn heißt *Sohn,* weil Er vom Vater ausgeht. Und „Er wird *Wort des Vaters* genannt, weil Er vom Vater als Erzeugnis der Verstandestätigkeit hervorgeht, als eine Geistesgeburt, wie auch in uns das innerlich vom Geist hervorgebrachte Wort genannt wird"[79]. Die dritte Person heißt *Heiliger Geist,* „weil sie vom Vater durch den Sohn in einer einzigen Hauchung in der Weise der Liebe hervorgeht, und ist die erste und höchste Liebe: sie bewegt und führt die Herzen zur Heiligkeit, die letztlich in der Liebe zu Gott besteht"[80].

Wir haben versucht, die Mehrheit der göttlichen Personen von daher zu verstehen, daß Gott die *Liebe* ist, die Liebe aber freie Selbsthingabe des Ich an ein Du und Einssein beider im Wir[81]. Weil Gott Geist ist, ist Er für sich selbst durchsichtig und erzeugt von Ewigkeit her das zu Seinem Sein selbst gehörige „Bild", in dem Er sich selbst in sich selbst anschaut — den wesensgleichen Sohn, die Weisheit oder das Wort. Weil Gott die Liebe ist, darum ist das, was Er als Sein „Bild" erzeugt, wiederum Liebe und das Wechselverhältnis von Vater und Sohn liebende Selbsthingabe und Einssein in Liebe. Weil aber die Liebe das Freieste ist, was es gibt[82], Sichselbstverschenken als Tat eines Sichselbstbesitzenden, d. h. einer *Person* — bei Gott aber Tat einer Person, die nicht, wie wir, ist und liebt, sondern die Liebe selbst ist oder deren Sein Liebe ist —, darum muß die göttliche Liebe selbst Person sein: die *Person der Liebe.* Wenn Sohn und Vater einander lieben, so ist Ihr Sichverschenken zugleich freie Tat der Person der Liebe.

Liebe aber ist *Leben* in der höchsten Vollendung: Sein, das sich ewig hingibt, ohne eine Verminderung zu erfahren, unendliche Fruchtbarkeit. Der Heilige Geist ist darum die *Gabe*: nicht nur die Hingabe der göttlichen Personen aneinander, sondern das Sichverschenken

---

[79] Secunda Persona Sanctissimae Trinitatis appellatur *Verbum Patris,* quia a Patre procedit secundum actum intellectus, ut conceptus mentis, sicut etiam in nobis interior mentis conceptus *verbum* dicitur (Catechismus Catholicus, ed. 11, Rom 1933, Pro adultis cap. III q. 86, S. 112).

[80] In sacris Litteris appellatio *Spiritus Sancti* tertiae Sanctissimae Trinitatis Personae reservari solet, quia ipsa a Patre per Filium unica spiratione procedit per modum amoris, et est primus summusque Amor, qui animos movet agitque ad sanctitatem, quae demum amore in Deum continetur (a. a. O. cap. III q. 119, S. 123).

[81] Vgl. Kap. VI, § 5.

[82] Vgl. *Duns Scotus,* Quaestiones disputatae de rerum principio, q 4 § 6.

der Gottheit „nach außen"; er begreift in sich alle Gaben Gottes an die Geschöpfe[83]. Weil Gottes Weisheit von Ewigkeit her alles Geschaffene vorhergesehen hat, darum ist der Logos als die Weisheit in Person das umfassende Urbild aller Wesensbestimmtheit der Geschöpfe, alles dessen, was sie sein sollen. Weil Gottes Schöpferwille, Seine daseinweckende und lebenspendende Liebe von Ewigkeit her den Geschöpfen die *Seinsmacht* oder *Kraft* zur Entfaltung ihres Wesens zugemessen hat, darum ist der Heilige Geist als die Person des Lebens und der Liebe das Urbild alles geschöpflichen Lebens und Wirkens und jenes geistigen Ausstrahlens des eigenen Wesens, das auch den stofflichen Gebilden eigen ist. Dürfen wir schließlich im Aufsichselbstgestelltsein jedes selbständigen Wirklichen — der πρώτη οὐσία — ein Bild des Vaters als des ersten, unbedingten Anfangs sehen, so wird der Aufbau des geschaffenen Seienden als „etwas, was ist" zum Abbild der Dreifaltigen Gottheit. Weil aber das Seiende *Eines* ist: die *Leerform* nie ohne Fülle und die Wesensfülle Sinn und Kraft zugleich, die sich ins Dasein hineingestaltet, darum ist zugleich die Einheit des göttlichen Wesens darin nachgebildet[84].

§ 7. Das Abbild der Dreifaltigkeit in den leblosen Körperdingen

Wir gewinnen von hier aus Verständnis für die Wesensform als das Sinngebende und Seinsvollendende, Gestaltungsmächtige. Das ist sie schon im niedersten Wirklichkeitsbereich der bloß körperlichen Dinge. Ihre Seinsmacht ist hier Kraft zu raumfüllender Gestaltung und Wirken im Raum. Die körperlichen Gebilde sind durch die in ihnen waltende Formkraft, unter Mitwirkung äußerer Ursachen, gestaltet. Wir haben auf dieser untersten Stufe keinen der Formung zeitlich vorausgehenden Stoff, aber doch eine Einheit aus Form und Stoff. Die Fülle ist hier *Raumfülle*. Sie ist geformt, aber nicht durchgeformt, sondern weiterer Formung fähig, darum *Stoff* in dem doppelten Sinn des Raumfüllenden und des bestimmbaren Unbestimmten. In der Erschaffung der Körperwelt haben wir den Ursprung von Form und Stoff und die Scheidung von raumfüllendem Stoff und Geist vor uns. Der Geist schafft sich im Raum und der

---

[83] Vgl. dazu *Augustinus*, De Trinitate XV 17 ff.

[84] Weil wir in der geschöpflichen Seinsselbständigkeit, Sinn- und Lebensfülle eine Abbildlichkeit zur göttlichen finden, nicht nur einen Hinweis auf die Urheberschaft des Dreieinigen, darum sprechen wir hier von einem „Abbild" und nicht bloß, wie Thomas, von einer „Spur". (Vgl. im Vorausgehenden S. 328[1].)

Raumerfüllung ein ihm selbst fremdes *Mittel*, um sich darin dar-zustellen. Es ist ein weiterer Schritt über das hinaus, was wir in der „Heraussetzung" der Ideenwelt aus dem göttlichen Geist vor uns haben. Stoffliche Formung ist Sichabbilden des Geistes im räum-lichen *Gebilde*. Die Formen der körperlichen Dinge sind ein Mitt-leres zwischen persönlichem Geist und raumfüllendem Stoff und der Weg von einem zum andern. Als Sinn und sich entfaltende Kraft haben sie etwas vom Wesen des Geistes in sich, aber es fehlt ihnen zur vollen Geistigkeit die Bewußtheit und Freiheit und die Lebendig-keit als Beweglichkeit aus sich selbst. Der Geist benützt sie als Übergänge in eine Welt von Raumgestalten, die ihm als Sprache dienen soll. Sie sind als Sprache vom Geist gesprochen und dem Geist verständlich, aber sie verstehen sich nicht selbst. Sie sind als Kräfte bewegt und bewegend, aber sie bewegen sich nicht selbst. Der Geist als verstehender *(intellectus)* spricht das Wort oder den Sinn aus, und es bleibt ein Verstehbares *(intelligibile)*, dem Geist Zugäng-liches. Der Geist als bewegter *(voluntas)* macht den Sinn zu einem krafterfüllten bewegten, beweglichen und bewegenden *(motum, mo-bile et motivum)*. Die erste Bewegung ist die Formung als Stoffge-staltung in den Raum hinein. Sie ist die Voraussetzung für die zweite: das Wirken der geformten Stoffgebilde — der Körper — im Raum, ihr Bewegt- und Verändertwerden, Bewegen und Verändern im ursächlichen Zusammenhang. Das ist zunächst der Zusammenhang der ganzen räumlich-stofflichen Welt oder Natur. Wie aber das vom schöpferischen Verstand „Gesprochene" ein Verstehbares für den geschaffenen Verstand bleibt, so das vom schöpferischen Willen Ge-wirkte und Wirkungsmächtige auch ein für den geschaffenen Willen Zugängliches. Es ist aber hier zu beachten, was früher über die ver-schiedenen möglichen Zustände der geschaffenen Welt gesagt wurde. Die Stoffnatur, die wir aus der Erfahrung kennen, ist weder reiner Ausdruck des göttlichen Schöpfungsplans noch reine Auswirkung des göttlichen Willens, weder reine Gestaltung von innen nach außen noch reibungsloses, wechselseitig förderndes Ineinandergreifen der Kräfte. Aber indem ihr tatsächlicher Zustand als „gefallener" über sich selbst hinaus auf einen „integren" zurückweist, wird dessen Mög-lichkeit sichtbar.

Zur Klärung des Aufbaus der rein stofflich-körperlichen Gebilde ist noch daran zu erinnern, daß in den vorausgehenden Ausführungen die Ausdrücke Leib, Seele, Geist in verschiedenem Sinn gebraucht wurden. In dem Sinn, den die Erfahrung nahelegt, sind sie an be-

stimmte Wirklichkeitsbereiche gebunden. *Seele* ist dann die stoffüberlegene Form, die einen Körper belebt und mit Hilfe fremder
Aufbaustoffe in einem zeitlichen Entwicklungsgang von innen her
der Wesensart entsprechend gestaltet. *Leib* ist eben dieser von
der Seele belebte und gestaltete Körper. Unter *Geist* wird ein
unkörperliches, vernünftiges und frei tätiges Wesen verstanden (die
Menschenseele oder ein *reiner* Geist). Im weiteren Sinn wird der
Name auch auf unpersönliche Gebilde ausgedehnt: auf Sinngebilde,
die für persönliche Geister verständlich sind und für ihr Leben Bedeutung haben.

Wenn man die Namen Leib, Seele, Geist so versteht, dann ist
ein körperliches Gebilde, das nicht in lebendigem Entwicklungsgang
durch eine stoffüberlegene Form gebildet ist, kein Leib, die zugehörige Form ist keine Seele, erst recht kann hier von einem freitätigen
Geist nicht die Rede sein. Aber einen *Sinn* hat der *tote Körper*
wie jedes Geschöpf, und so ist er, im weiteren Sinn des Wortes, ein
geisterfülltes Gebilde, durch das der Schöpfergeist zum geschaffenen
Geist spricht. Indem es mit Hilfe seiner sinnenfälligen Erscheinung
seinen Sinn ausspricht, geht es aus sich heraus und hat ein *geistiges
Sein*. Damit kommen wir zu der zweiten Bedeutung von Leib —
Seele — Geist, wonach sie die Grundformen des wirklichen Seins
bezeichnen: seelisches Sein die fließende Bewegtheit, die zur Gestaltung drängt, leibliches Sein der Besitz des ausgestalteten Wesens,
geistiges Sein das freie Herausgehen aus sich selbst, das Sichaus-
sprechen oder -ausatmen des Wesens. Diese dreieinige Entfaltung ist
auch für die *toten Dinge* in Anspruch zu nehmen, sofern auch sie
erst im Lauf ihres zeitlichen Daseins zu der ihrer Wesensbestimmtheit entsprechenden Gestalt gelangen, sofern sie diese ausgeformte
Wesensgestalt wirklich besitzen und sofern sie ihr Wesen aussprechen
oder aushauchen.

So finden wir im Gebiet des stofflichen Seins eine zweifache Drei-
einheit: im Aufbau des Seienden, sofern es als dinglicher Träger
seines Wesens ein auf sich selbst Gestelltes ist, durch sein Wesen ein
Sinnvolles und vermöge der zur Wesensform gehörigen Kraft sich
in seinem Sein entfaltet. Die Seinsentfaltung ist wiederum eine
dreieinige; das Sichhineinformen in die wesenseigentümliche Gestalt, der Besitz des ausgeformten Wesens und das Hinausgehen
über sich selbst in äußerer Wirksamkeit (im Eingreifen in den ursächlichen Zusammenhang der körperlichen Natur und in der Ausstrahlung des eigenen Wesens in die geistige Welt).

Schließlich hat die dreifache Seinsentfaltung im Gebiet des stofflichen Seins noch ein Sinnbild in den drei Grundarten der Raumerfüllung: der flüssigen, festen und gasförmigen Stoffgestaltung.

§ 8. Das Abbild der Dreifaltigkeit in den unpersönlichen Lebewesen

Als stoffüberlegene Form, lebendige Form oder Seele haben wir das in der Gestaltung der Lebewesen Wirksame angesprochen, das sich als „Mitte" einer Gestalteinheit auswirkt: sie selbst von innen her umgrenzend und abschließend, bereits vorhandene Stoffe zu ihrem Aufbau in sich aufnehmend und umformend, schließlich neue selbständige Gebilde derselben Art aus sich hervorbringend. Hier ist Formung *Leben* als *Eigen*bewegung, als in sich geschlossener Kreislauf und doch über sich selbst hinausgreifende Zeugung: darin Abbild der göttlichen Selbstgenügsamkeit und Selbstbewahrung und zugleich der göttlichen Selbsthingabe und Fruchtbarkeit. Das Lebendige ist stärker als das nur Körperlich-Stoffliche auf sich selbst gestellt, weil es ein in sich selbst Anfangendes ist — also ein stärker ausgeprägtes Bild des Vaters. Es ist als aus sich selbst umgrenzte Gestalt geschlossene Sinneinheit — also stärker ausgeprägtes Bild des Logos. Es trägt die Kraft zur Entfaltung des eigenen Wesens und zur Zeugung neuer Gebilde in sich — als Lebendiges und Fruchtbares ist es stärker ausgeprägtes Bild des Heiligen Geistes. Seine *Seinsmacht* oder *Lebenskraft* ist eine bemessene: der Gestalteinheit entsprechend, zu der es sich entfalten soll, und den „Geburten", die es darüber hinaus leisten soll. Wie aber sein Wesen ein nicht von vornherein abgeschlossen verwirklichtes, sondern ein sich entwickelndes, in der Zeit sich verwirklichendes ist, so trägt es auch das ihm durch sein Wesen bestimmte Kraftmaß nicht von vornherein in sich, sondern muß erst in seinen Besitz gelangen. Und es ist dafür, wie für den Aufbau seiner Gestalteinheit, auf die Stoffe der Körperwelt angewiesen. Wie es fremde Stoffe aufzunehmen und sich einzugestalten vermag, so kann es auch die ihnen innewohnenden Kräfte sich dienstbar machen, in lebendige Kraft umformen. Darum ist die mehr oder minder vollkommene Entfaltung seines Wesens von der *Umwelt* abhängig.

Bei den Pflanzen ist die Formung noch reine Stoffgestaltung. Sie sind noch nicht „zu sich selbst" und damit zu innerer Gestaltung gekommen. In der *Tierseele* ist dieser Durchbruch erfolgt. Sie leistet noch, wie die niederen Formen, die räumliche Stoffgestaltung, aber darüber hinaus ist ihr *Leben innere Bewegung* und *Formung einer seelischen Gestalt.* Die Nahrungsaufnahme wird „gespürt": der Geschmack der aufgenommenen Stoffe als Sinneseindruck „von außen" und die Sättigung als Vorgang im Leibe und Zustand des Leibes, beides verbunden mit einem „inneren Eindruck", mit Lust oder Unlust, und einer länger dauernden inneren Zuständlichkeit, Wohlbehagen oder Mißbehagen. Ja auch das vorhandene Maß an Kraft wie seine Steigerung und Minderung wird gespürt in eigentümlichen *Lebensgefühlen.* Das alles ist begründet im Wesen der Seele, die hier eine dreifache Entfaltungsrichtung hat: in die stoffliche Leiblichkeit hinein, in sich selbst hinein und aus sich selbst heraus — denn jeder äußere Sinneseindruck ist Begegnung mit der Außenwelt, der Gegensatz von *Selbst* und Außenwelt ist *gespürt*, das seelische Leben ist Auseinandersetzung mit der äußeren Welt, Leib und Seele formen sich in dieser Auseinandersetzung. Dieser Formung des Einzelwesens in seinem leiblich-seelischen Leben geht aber schon die ursprüngliche Formung durch die artmäßige Wesensbestimmtheit voraus. Die *Lebenskraft* ist hier *leiblich-seelische* Kraft; und das bedeutet nicht nur Kraft, den Stoff zum Leib zu gestalten, sondern Fähigkeit, den schon gestalteten Leib im Raum auf mannigfache — aber immer der Wesensart entsprechende — Weise zu bewegen und zu betätigen (eben darin erfährt er seine „Ausgestaltung") und sich innerlich auf mannigfache Weise zu bewegen und zu betätigen (darin prägt sich die ursprünglich „angelegte" Gestalt der Seele aus). Das, was dem Tier „begegnet", setzt es innerlich in Bewegung und veranlaßt es zu Stellungnahmen dem Begegnenden gegenüber: Furcht, Zorn u. dgl. Sie sind „Antworten" auf die erlittenen Eindrücke, haben ihren Ansatzpunkt im Innern, aber eine Richtung nach außen und eine mehrfache Auswirkung: sie geben dem Leib ein bestimmtes Gepräge (das, was wir leiblichen *Ausdruck* des Seelischen nennen: vorübergehende Gestaltung und bleibende „Züge"), sie geben Anlaß zu nach außen gerichteter leiblicher Tätigkeit (z. B. Flucht- oder Greifbewegungen), und sie hinterlassen auch „Spuren" in der Seele: eine Geneigtheit und Bereitschaft zur Wiederholung der entsprechenden Stellungnahmen, auch eine dauernde innere Gestimmtheit (das, was die Scholastik *habitus* nennt). Die seelische Kraft, die *eine* ist, erfährt dadurch eine Gliederung und Ausformung zu einer Mannigfaltigkeit von *Kräften* (Fähigkeiten, Fertigkeiten, Neigungen), ohne ihre Einheit zu verlieren. Und das *Leben* selbst, in dem sie sich entfaltet, ist geformt zu Lebensregungen von verschiedenem Gehalt. In all dem offenbart sich eine

Stoffüberlegenheit, die über die der Pflanzenseele weit hinausgeht : ein vom raumfüllenden Stoff abgelöstes inneres Eigenleben, das sich in dem bereits geformten Stoffgebilde (dem Leib) durch beständige Umgestaltung (in den Ausdruckserscheinungen) widerspiegelt und den Leib zum Werkzeug seiner Betätigung in der äußeren Welt macht. Das wird ermöglicht durch die Doppelnatur des Leibes, der zugleich ein Körper in der Körperwelt und ein von der Seele geformtes lebendiges Gebilde ist, und die Doppelnatur der Seele, deren Leben zugleich innere Bewegung und äußere Stoffgestaltung ist: so ergibt sich die Umformung von seelischer zu leiblicher und von leiblicher zu körperlicher Bewegung. Andererseits bleibt das seelische Leben leibgebundenes und bedingtes. Es widerfährt der Seele nichts, was ihr nicht durch den Leib widerführe und Leib und Seele gemeinsam beträfe, und nichts, was sich nicht in irgendeiner Weise wieder leiblich auswirkte. Und die Kraft der Seele, die sich in ihrem inneren Leben (wie auch in ihrer äußeren Stoffgestaltung) betätigt und verbraucht, wird genährt durch die Zuströme, die sie durch Vermittlung des Leibes aus der Körperwelt erfährt, andererseits auch verzehrt durch die Widerstände, denen sie bei der Auseinandersetzung mit der Außenwelt begegnet.

Mit dem Aufbruch eines inneren Lebens ist ein ganz neues Abbildverhältnis zur Gottheit gewonnen: ein Widerspiel der Doppelheit von innerem Eigenleben und über sich hinausgreifendem Gestalten einer äußeren Welt. Und das innere Leben trägt schon in sich das Siegel der Dreifaltigkeit: als *eigenständiges* Leben das Bild des Vaters, als *sinnerfülltes* Leben (das ist es durch seine Gehalte, wenn sie auch noch nicht vom Ich selbst verstandene Gehalte sind) ein Bild des Sohnes und als *Leben, Kraft*äußerung und Wesensausstrahlung ein Bild des Heiligen Geistes. Das gesamte Innenleben aber und die Formung des Leibes wie das Hineinwirken in die äußere Welt sind noch durchaus „Geschehen": unverstanden und unfrei, nicht persönliche Tat des freien Geistes.

§ 9. Das Gottesbild im Menschen

1. Die Menschenseele im Vergleich zu den niederen Formen und zu den reinen Geistern

Alle Formen körperlicher Gebilde sind „Übergänge" vom persönlichen Geist zum raumfüllenden Stoff, Wege oder Mittel zu seiner Hineingestaltung in den Raum. Sie gehören dem Geist zu als sein

Erzeugnis und tragen — von den niederen zu den höheren aufsteigend — immer mehr von seiner Natur in sich. Wo ein inneres
Eigenleben vorhanden ist — also in der Tierseele — da ist schon eine
Vorstufe geistigen Lebens erreicht. Und wo das seelische Eigenleben
persönlich geformt ist, da ist die Geistnatur voll ausgeprägt: darum
ist die *Menschenseele* nicht nur ein Mittleres zwischen Geist und
Stoff, sondern ein *geistiges Geschöpf*, nicht nur Gebilde des Geistes,
sondern *bildender Geist*. Weil sie aber nicht aufhört, Mittel und Übergang zu sein, weil sie als Form des Leibes sich in derselben Weise
wie die niederen Formen in den Raum hinein gestaltet und weil ihre
Geistigkeit selbst die Spuren der Stoffgebundenheit an sich trägt,
schließlich weil sie verborgener Grund ist, auf dem das geistige Leben
aufsteigt, darum ist sie gattungsmäßig von den reinen Geistern unterschieden. Es soll versucht werden, zu zeigen, wie sie sich als stoffgestaltende Form von den niederen Formen, als Geist von den höheren Geistern unterscheidet. Die Formung des Leibes und der Seele
geschieht zunächst — d. h. vor der Geburt und in der ersten Lebens-
zeit — ähnlich wie beim Tier — als unwillkürliches Geschehen. Diese
unwillkürliche Formung hört während des ganzen Lebens nicht auf,
es tritt ihr aber eine andere zur Seite, greift in sie selbst ein und
gewinnt ihr Boden ab, sobald die *Erziehung* einsetzt. Als ein Mittleres
zwischen der völlig unwillkürlichen Formung (wie sie etwa im Wachstum und in der Ausbildung der Glieder und Organe vorliegt — in dem,
was wir *physiologische Vorgänge* nennen) und zwischen der willent-
lichen, etwa der freien Beherrschung der Körperhaltung und des
Mienenspiels, liegt die *Gewöhnung* des Kleinkindes, die man der
Dressur der Tiere vergleichen kann[85]. Das Kind wird daran gewöhnt,
zu bestimmten Stunden zu schlafen und zu essen, es „lernt" unter
Anleitung gehen und „sprechen" (damit ist vorläufig nur gemeint:
bestimmte Worte äußerlich nachbilden), ehe es zur Vernunft erwacht
ist, d. h. seinen Willen einsetzen und verstehen kann, was von ihm
verlangt wird. Es handelt sich hier um eine Benutzung bildsamer
Triebe durch den gestaltenden Willen der Erwachsenen, und das
Ergebnis sieht dem Gehaben freier und vernunftbegabter Personen
zum Verwechseln ähnlich, in Wahrheit liegt aber noch keine *persönliche* Formung vor. Diese wird erst möglich, wenn das eigentliche
Geistesleben beginnt: wenn das Ich „erwacht" und seiner selbst im
vollen Sinne bewußt ist — ein Bewußtsein, das in echtes *Verstehen*

---

[85] Es ist nicht dasselbe, weil das Seelenleben des Kindes die Vorstufe eines
persönlich geformten Geisteslebens mit der Möglichkeit des Übergangs ist.

des eigenen Lebens und alles begegnenden Sinnes übergehen kann — und wenn es sich selbst bestimmen, d. h. seinem Tun die Richtung geben und darin sich einsetzen kann. Erziehung setzt Freiheit und Verständnis voraus, weil sie sich an den Willen wendet, um ihm eine Richtung für sein Tun zu weisen; diese Richtung einzuschlagen aber ist seine Sache. *Körperliche Erziehung* ist daher nicht Körperpflege und nicht Gewöhnung, sondern Anleitung des Willens zu planmäßiger — d. h. zielbewußter und freier — Formung des Leibes. Möglich wird solche freie Formung dadurch, daß auch hier die Seele Form des Leibes ist, deren Verhalten sich natürlicherweise im Leib ausdrückt, daß aber in dieser Seele das Ich wohnt, daß ihre Verhaltungsweisen sein Leben sind, daß es sie — in einem gewissen Umfang — selbst hervorrufen und in noch weiterem Umfang unterdrücken, in der Entstehung hemmen kann. Auch das Hineinwirken in den Leib kann willkürlich in Angriff genommen und gehemmt werden. (Der Ausdruck der Freude kann unterdrückt oder auch künstlich hervorgebracht werden.) Das ermöglicht die willkürliche Gestaltung des Leibes. Weil es sich dabei aber um Beeinflussung eines im Gange befindlichen Geschehens handelt, wird für den scharfen Beobachter „Echtes" und „Vorgetäuschtes" oder „Gemachtes" unterscheidbar bleiben. Wo nicht erst der leibliche Ausdruck, sondern schon die Gemütsbewegungen selbst gedämpft und gezügelt werden, da allerdings ist die äußere Beherrschtheit schon wieder natürlicher Ausdruck. Und wo seelisches Gleichmaß Ergebnis innerer Sammlung ist, da entspricht ihre äußere „Eingezogenheit" als letzter Abschluß einer Durchformung vom Innersten her.

Aus dem Gesagten ist schon klar geworden, daß *freie Formung* oder *Selbstgestaltung* nicht nur Gestaltung des Leibes, sondern auch und sogar vornehmlich Gestaltung der eigenen Seele ist. Der Mensch ist geistige Person, weil er nicht nur seinem Leib, sondern auch seiner Seele frei gegenübersteht, und nur soweit er über seine Seele Macht hat, hat er sie auch über den Leib. Die Fähigkeit zur Selbstgestaltung hängt bei der Seele zugleich mit dem zusammen, was sie mit dem reinen Geist gemeinsam hat und was sie von ihm unterscheidet. Das Gemeinsame ist, daß sie sich ihres Ichlebens bewußt werden und daß sie frei auf seinen Verlauf einwirken kann. Das Unterscheidende ist, daß ihr freies Verhalten nicht ihr ganzes Sein umfaßt, sondern Eingreifen in ein bereits im Gange befindliches Geschehen ist und daß ihr Verhalten Spuren in ihr zurückläßt, daß sie dadurch erst Ausgestaltung und feste Prägung bekommt. Der reine Geist bekommt sein Wesen als fertig geprägte Gestalt in die Hände und entfaltet es in seinem Leben, ohne daran etwas zu ändern[86]. Die Seele muß erst in den Besitz ihres Wesens gelangen, und ihr Leben ist der Weg dazu. Darum ist hier *Gestaltung* möglich und nötig. Damit aber diese Gestaltung *freie* Gestaltung sei, nicht unwillkürliches Geschehen wie die Gestaltung der Tierseele durch ihren naturhaften Entwicklungsgang, muß sie um sich selbst wissen und zu sich selbst Stellung nehmen können. Die Seele muß in einem doppelten Sinn „zu sich selbst kommen": sich selbst *erkennen* und *werden*, was sie sein soll. An beidem hat ihre Freiheit Anteil. Aber auch das erkenntnismäßige Zu-sich-selbst-kommen hat noch einen mehrfachen Sinn, weil sowohl *Erkenntnis* als *Selbst* mehrdeutig ist. Es ist davon schon gelegentlich gesprochen worden.

2. Stufen der Selbsterkenntnis[87]

Es kann hier nicht die Aufgabe sein, den Sinn des Wortes *Erkenntnis* allseitig zu entfalten. Nur auf verschiedene Möglichkeiten und Stufen der Selbsterkenntnis soll hingewiesen werden, weil damit zugleich etwas vom Wesen der geistigen Seele enthüllt wird. Die ursprünglichste Form der Selbsterkenntnis ist das Bewußtsein, von dem das Leben des Ich begleitet ist. Das Ich ist hier das seiner „selbst" und seines Lebens Bewußte. Daß zu seinem Sein (= Leben) das Für-sich-selbst-dasein (= Bewußtsein) gehört, daß das Ich ein „sich" im Gefolge hat, die dem geistigen Leben innewohnende Rückbezogenheit, gibt dem *Selbst* seinen ursprünglichsten Sinn. Dieses Bewußtsein ist kein eigener *Akt*, keine selbständige Erlebniseinheit, und das seiner selbst bewußte Ich ist kein *Gegenstand*: d. h. es gibt hier noch kein Gegenüber von Erkenntnis und Erkanntem wie bei äußerer und innerer Wahrnehmung. Es ist bereits erwähnt wor-

---

[86] Abgesehen von der Verkehrung des Wesens in der einmaligen Entscheidung der gefallenen Engel.

[87] Unsere heilige Mutter *Teresia* sagt, daß es freilich ein merkwürdiger, ja krankhafter Zustand sei, daß jemand sein eigenes Haus nicht kennt. Aber tatsächlich sind viele Seelen „so krank und mit äußerlichen Dingen sich so zu beschäftigen gewohnt . . ., daß es ihnen unmöglich scheint, in ihr Inneres einzukehren". So haben sie es verlernt, zu beten. Darum ist die *erste Wohnung*, in die man durch die Pforte des Gebetes gelangt, die der *Selbsterkenntnis*. Gotteserkenntnis und Selbsterkenntnis stützen sich gegenseitig. Durch die Selbsterkenntnis nähern wir uns Gott. Darum wird sie niemals überflüssig, wenn man auch schon in die inneren Wohnungen gelangt ist. Anderseits „werden wir . . . nie zur vollkommenen Selbsterkenntnis gelangen, wenn wir uns nicht auch befleißen, Gott kennenzulernen".

den, daß mit dem ursprünglichen, ungeteilten Ichleben schon ein erkenntnismäßiges Hinausgreifen über das *reine Ich* verbunden ist. Ich erlebe meine Lebensregungen oder Lebensbetätigungen als aus einer mehr oder minder großen Tiefe aufsteigend. Der dunkle Grund, aus dem sich alles menschliche Geistesleben erhebt — die Seele —, tritt im Ichleben ans Tageslicht des Bewußtseins (ohne damit „durchsichtig" zu werden). Dadurch enthüllt sich das Ichleben als ein seelisches und zugleich — durch das Ausgehen von sich selbst und das Aufsteigen zum Licht — das seelische Leben als geistiges. Das *Selbst* erweitert sich von dem punktartigen *reinen Ich* um den „Raum" der Seele, den das Ich umfaßt, ohne ihn als ganzen ins Licht heben zu können, den es nicht erfüllt, aber durchwandern kann[88]. Ich und Seele stehen nicht nebeneinander, eins ist nicht vom anderen ablösbar: zur Menschenseele gehört ein persönliches Ich, das in ihr wohnt, das sie umfaßt, in dessen Leben ihr Sein gegenwärtig-lebendiges und bewußtes wird. Und das menschliche Ich ist ein solches, dessen Leben aus der dunklen Tiefe einer Seele aufsteigt.

Die erhellbare Dunkelheit der Seele macht es verständlich, daß Selbsterkenntnis (im Sinn von Erkenntnis der Seele) als ein allmählich anwachsender Besitz aufzufassen ist. Daß ihr Erwerb *Aufgabe* sein kann, dafür ist Voraussetzung, daß sie frei vollziehbar ist. Das ursprüngliche Bewußtsein, das alles Ichleben als ihm zugehörig begleitet, ist einfach da, ohne willentlich eingeleitet zu werden. Es kann aber übergehen in eine Erkenntnis*tätigkeit*, die *als* Tätigkeit frei ist; und weil sie es ist, darum ist auch der Übergang dazu bereits frei vollziehbar. Wenn ich mich irgendeiner geistigen Lebensregung, etwa einer Freude zuwende, so ist diese Zuwendung nicht mehr — wie das begleitende Bewußtsein — ein die Freude selbst mitaufbauender Bestandteil, sondern etwas Neues, eine selbständige Erlebniseinheit. Die Freude und das sich ihr zuwendende aufmerkende Erfassen stehen sich als Gegenstand und gegenständlich gerichtetes Erkennen gegenüber[89]. Die aufmerkende Zuwendung ist der erste Schritt zur Erkenntnis im engeren und eigentlichen Sinn des Wortes: zur verstandesmäßigen Aneignung, die feststellt, *was* das Erkannte ist, und es begrifflich faßt und einordnet; die ferner seinen Zusammenhängen, seinem Woher und Wozu, seinen Bedingungen und Folgen nachgeht.

---

[88] Es ist früher schon erwähnt worden, daß durch die Zusammenhänge von Ich, Seele und Leib auch der Leib in das *Selbst* einbezogen wird.

[89] Ob eine solche *Vergegenständlichung* möglich ist, solange die Freude noch lebendig ist, oder erst nach ihrem Abklingen, das braucht hier nicht erörtert zu werden.

So mannigfaltig das seelische Sein und Leben ist, so mannigfaltig sind auch die Erkenntnisweisen, durch die es zu erfassen ist. Die Aufmerksamkeit kann sich dem Gehalt des Erlebnisses — z. B. der Freude — zuwenden, um daran zur Abhebung zu bringen, was Freude überhaupt ist. Von solcher allgemeiner Wesenserkenntnis können wir hier absehen, weil sie in der Selbsterkenntnis (jedenfalls unmittelbar) nicht weiterführt. Es kann aber auch sein, daß der Blick auf die zuvor verborgene Tiefe der Seele gelenkt wird, die in dem Erlebnis aufgeleuchtet ist. Ich habe etwas getan, was ich mir bisher nicht zugetraut hätte, und es geht mir daran erst auf, ,,was ich für ein Mensch bin". Auch das kann noch in verschiedener Weise geschehen. Es gibt eine Art, sich selbst zu betrachten, wie man andere betrachtet; gleichsam von außen wahrnehmend, feststellend, beobachtend[90]. Das ist es, was wir *innere Wahrnehmung* nennen. Selbsterfahrung und Selbstbeobachtung bauen darauf auf und führen in derselben Richtung weiter. Und die Selbsterziehung kann daran anknüpfen. Ich versuche mich im Malen, finde, daß es nicht übel geht, und beschließe, das neuentdeckte Talent auszubilden. Ich habe mich ein paarmal bei einem vorschnellen Urteil ,,ertappt" und sehe darin eine schlimme Gewohnheit, die ich bekämpfen muß. Solche Feststellungen, bei denen ich mir selbst wie einem Gegenstand gegenüberstehe, zeigen — wie früher gesagt wurde — die Seele als ein dingartiges Ganzes mit Eigenschaften, die sich in ihrem Verhalten bekunden, andererseits durch das Verhalten beeinflußbar sind. Und weil dies Verhalten ,,mein" Verhalten ist, Sache meiner Freiheit, darum habe ich die Macht, an der Gestaltung meiner Seele selbst mitzuarbeiten. Aber mit solcher Betrachtung und Behandlung seiner selbst wird das Wesen der Seele nicht erreicht und darum auch keine echte Wesensgestaltung. Nicht die hinzutretende Feststellung, sondern das ursprüngliche Erlebnis enthüllt etwas vom Wesen der Seele, das sich in diesem Erlebnis nicht bloß ,,bekundet", sondern darin *lebt* und zutage tritt. Und nur als ein ursprünglicher Lebensvorgang ist echte Wesensgestaltung möglich. Dabei ist unter ,,Wesen der Seele" nicht das *allgemeine* Wesen gemeint (was eine Seele überhaupt ist), sondern das der einzelnen Menschenseele Eigene, ihre *persönliche Eigenart*. Wenn ich auf Grund einer Belehrung die

---

[90] Auf der anderen Seite gibt es eine Art, mit anderen ,,mitzuleben", die mehr dem eigenen ursprünglichen Leben verwandt ist als einer Wahrnehmung von außen. Selbsterkenntnis und Erkenntnis anderer greifen in eigentümlicher Weise ineinander und bedingen sich gegenseitig. Das ist aber hier nicht näher zu erörtern.

verstandesmäßige Überzeugung gewinne, daß es unrecht sei, vorschnell zu urteilen, wenn ich in der vorhin geschilderten Weise diesen Fehler an mir bemerke und mir vornehme, ihn zu bekämpfen, so ist es möglich, daß mir das gelingt, daß ich mich in einer für mich selbst und andere deutlich merklichen Weise verändere — und bei all dem braucht in der Tiefe nichts zu geschehen. Ich bin „im Grunde noch derselbe Mensch". Etwas ganz anderes ist es, wenn ich z. B. durch ein leicht ausgesprochenes Urteil einen Menschen schwer gekränkt habe und nun merke, „was ich angerichtet habe". Ich *erfahre* hier in einer ursprünglichen und eigentlichen Weise, was es um das Urteilen ist. Es erfaßt mich ein Entsetzen vor der Folgenschwere meines Verhaltens, ich werde mir in meiner Leichtfertigkeit selbst zum Abscheu. Das ist die *contritio*, die reuige Zerknirschung, die die Seele zu einer echten inneren Erneuerung fähig macht. Hier wird wirklich das Übel an der Wurzel gepackt. Es soll jetzt nicht die sachlich naheliegende Frage erörtert werden, was bei einem solchen Vorgang natürlich und was übernatürlich ist. Es muß erst der natürliche Bau der Seele geklärt sein, ehe verständlich werden kann, wo in ihr eine Ansatzmöglichkeit für übernatürliche Einwirkungen ist.

Es ist öfter von der Seele als von einem „Raum" gesprochen worden, von ihrer „Tiefe" und „Oberfläche". Dasselbe besagt das Bild von der *Seelenburg*, die äußere und innere Gemächer und schließlich ein Allerinnerstes hat. Das Ich ist der Bewohner dieser Burg und kann sich in einem der äußeren Gemächer aufhalten oder auch mehr ins Innere zurückziehen. Die erörterten Beispiele können uns helfen, den Sinn dieser Bilder zu verstehen: sie bleiben ja immer ein Notbehelf, um völlig unräumliche Verhältnisse zu veranschaulichen. Das Ich, das sich selbst wahrnimmt, beobachtet und bearbeitet gleich einem äußeren Ding, sitzt offenbar nicht im Inneren. Es scheint fast, als hätte es die Burg verlassen, um sie von außen zu betrachten. Das ist nun freilich nicht möglich; denn das Betrachten seiner selbst ist *Ichleben*, und das Ich hat kein Leben, das nicht Leben der Seele wäre; ohne Zusammenhang mit ihr wäre es nichts. Wenn es sich geistig in den Standpunkt eines Zuschauers versetzt, um sich selbst zu betrachten, so bleibt es mit diesem Sichversetzen doch in sich selbst verhaftet. Aber das darf man sagen, daß es den natürlichen Ort seines Seins, den Schwerpunkt verlassen hat, daß es die ursprüngliche Lebensrichtung aufgegeben hat und nicht die volle, ungebrochene und ungeteilte Lebenskraft besitzt. Wenn es sich aber an einem Punkt befindet, in dem es nicht ganz und ungeteilt „es selbst" ist, kann es sich auch nicht ganz mit umgestaltender Kraft umfassen.

3. Wesen, Kräfte und Leben der Seele

Die Seele als Ganzes wurde als Wesensform des Leibes in Anspruch genommen. Sie ist aber (wie sich schon bei der Tierseele zeigte) selbst etwas Geformtes und trägt ihre Form in sich. Das Wesen der Seele (wiederum als Einzelwesen verstanden: das *diesem* Menschen Eigene, das ihn zu dem macht, was er ist) ist das ihre *Kräfte* und ihr *Leben* Formende, und diese Formung beruht darauf, daß im Wesen selbst, wie gesagt wurde, *Sinn* und *Kraft* zu unterscheiden sind. Der Sinn ist die Zielgestalt, auf die die Seele durch ihre Wesensbestimmtheit hingeordnet ist; die Kraft oder Seinsmacht ist ihr gegeben, um das zu werden, was sie sein soll. Die Kraft entfaltet sich im Leben der Seele (*Leben* im dreifachen Sinn der Leibgestaltung, des innerseelischen, nicht bewußten Geschehens und des bewußten Ichlebens). Das Ichleben ist wiederum Geformtes, Sinnerfülltes. Es erhält seine Sinnbestimmtheit durch das Wesen der Seele, aber nicht allein von daher. Das Ichleben ist — wenn nicht allein, so doch überwiegend — Auseinandersetzung der Seele mit etwas, was nicht sie selbst ist: mit der geschaffenen Welt und zuletzt mit Gott; es ist Empfangen von Eindrücken, innere Verarbeitung und Antwort darauf; dadurch bestimmt sich die Mannigfaltigkeit seines Sinnesgehaltes und seine Gliederung in ein Nacheinander und Nebeneinander in sich geschlossener Erlebniseinheiten, während auf dem durch alle hindurchgehenden, ununterbrochenen Fluß des Lebens die Einheit des *Erlebnisstroms* beruht. Den Grundrichtungen des Ichlebens (als empfangendes, innerlich verarbeitendes und antwortendes) entsprechend formt sich zugleich die *eine* seelische Kraft zu einer Mehrheit verschieden gerichteter *Kräfte* (= Potenzen): auf das Empfangen hingeordnete Erkenntniskräfte (*niedere* und *höhere* oder *sinnliche* und *geistige*, dem Aufbau und der Gliederung der gegenständlichen Welt entsprechend), innerlich bewahrende und verarbeitende (von ihnen wird noch besonders zu sprechen sein) und antwortende, mit dem scholastischen Ausdruck *vires appetitivae* — Strebenskräfte — genannt und herkömmlich auch in niedere und höhere geteilt, in sinnliche Strebevermögen und Willen[91]. Die Her-

---

[91] Die nähere Erörterung dieser Kräfte ist Aufgabe einer durchgeführten *Seelenlehre*. Die alte *metaphysische Psychologie* hat ihre Aufgabe so verstanden, die *empirische Psychologie* des 19. Jhs. hat sie zugunsten einer einseitigen Berücksichtigung des bewußten Seelenlebens zurückgestellt. Einen entschiedenen Vorstoß, aus dem Wesen der Seele ihren Aufbau und ihr Leben verständlich zu machen, finden wir in A. *Pfänders* „Die Seele des Menschen. Versuch einer verstehenden Psychologie", Halle 1933.

ausbildung einer Mannigfaltigkeit von *Kräften* hebt die Einheit der Seele und der ihr innewohnenden Kraft nicht auf. Erfahrungsmäßig zeigt sich das darin, daß ein starker Kraftverbrauch durch eine bestimmte Art der Betätigung eine Hemmung für andersgerichtete Betätigungen bedeutet.

Es ist ferner zu bedenken, daß bei der Menschenseele — ebenso wie bei den Wesensformen der niederen Lebewesen — das Maß an Kraft, das ihr nach ihrer Wesensbestimmtheit zukommt, nicht vom Beginn ihres Daseins an vorhanden ist, sondern daß es im Lauf ihrer Entwicklung erst erworben werden muß. Ihr Leben selbst ist ein ständiger Kraftverbrauch, aber es führt dazu, ihr Quellen der Kraft zu erschließen. Das geschieht einmal durch den Aufbau des Leibes, aus dem die seelische Kraft immer wieder erneuernde Zuschüsse erhält (wenn auch das leibliche Leben ebenso wie das innerseelische einen dauernden Kraftverbrauch darstellt); es geschieht aber auch durch Zuströme aus der ich-jenseitigen Welt, die durch das Ichleben zugänglich wird. Der helle Sonnenschein und das strahlende Blau des Himmels, eine heitere Landschaft, ein fröhliches Kinderlachen, ein aufmunterndes Wort — all das kann in der Seele neues Leben wecken. Was davon in die Sinne fällt, ist Ausdruck eines Geistigen, das in die Seele aufgenommen zu werden verlangt, um darin Leben zu gewinnen. Indem es aber darin aufgenommen wird, entfaltet es eine lebenspendende Kraft. Darin enthüllt sich noch einmal ein neuer Zusammenhang zwischen *Sinn* und *Kraft*. Der aus dem Lebenszusammenhang geistiger Personen gelöste Sinn, wie er uns in den vom Geist geschaffenen unpersönlichen Gebilden entgegentritt, ist gleichsam mit Kraft geladen (mit *potentieller Energie*) und kommt zur Entladung, wenn er wieder in den Lebenszusammenhang einer geistigen Person eingeht. Das vollzieht sich im Innern der Seele, wo die aufgenommenen Sinnesgehalte verarbeitet werden.

4. Das Innere der Seele

Das Innere der Seele recht zu verstehen, ist von größter Bedeutung, um über die Eigentümlichkeit der Menschenseele Klarheit zu gewinnen. Die Erkenntniskräfte versehen gleichsam den Außendienst in der Seelenburg; sie lassen die Dinge der Außenwelt herein oder holen sie sogar herbei: die Sinne sind die Eingangstore für die „sinnenfälligen" Dinge; der Verstand dringt erobernd in die räumliche Ferne, die jenseits des sinnenfälligen Bereiches liegt, und ins „Innere" der Dinge, das nicht in die Sinne fällt, aber durch das sinnenfällige

Äußere zugänglich wird. Die sinnliche Wahrnehmung wie die Verstandeserkenntnis ist eine Erlebniseinheit von mehr oder minder langer Dauer. Sie geht vorbei und macht neuen Lebensregungen Platz. Aber mit ihrem Verklingen geht ihr Gehalt nicht verloren. Der einmal aufgenommene Sinngehalt wird im Inneren verwahrt — für längere oder kürzere Zeit, möglicherweise auch für immer. Die erste Art inneren Aufnehmens und Bewahrens ist die *gedächtnismäßige*[92]. Was aus dem Bewußtsein entschwindet, geht der Seele nicht verloren; sie bewahrt es und holt es gelegentlich wieder „ans Tageslicht": manchmal in der Form der Erinnerung, in der die ganze frühere Erlebniseinheit „wieder lebendig wird", manchmal als Bestandstück ihres allmählich erwachsenden Schatzes an Wissen und Erfahrung, losgelöst von den Umständen des ursprünglichen Aufnehmens: wie etwa ein Lehrsatz für einen Beweis herangeholt wird oder eine allgemeine Lebensregel als Hilfe für eine augenblickliche Entscheidung. Wie lange etwas im Gedächtnis bewahrt wird, das hängt — nicht allein, aber doch in hohem Grade — davon ab, wie tief es ursprünglich eingedrungen ist. Und dafür wiederum ist maßgebend, von welcher Tiefe her das Aufnehmen stattfand. Die Verstandestätigkeit muß sich von mancher Seite die Auffassung gefallen lassen, als sei sie an sich etwas verhältnismäßig Oberflächliches. Solche geringschätzige Bewertung pflegt als Rückschlag auf ein Zeitalter der *Aufklärung* mit einseitiger Überbewertung des Verstandes einzutreten[93]. Sie hat den Anschein für sich, daß in der Tat ein verstandesmäßiges Tun möglich ist, das die Tiefen der Seele unberührt läßt. Aber solche Oberflächlichkeit ist nicht im Wesen des Verstandes begründet, vielmehr kommt dabei seine eigene Kraft nicht zu voller Entfaltung. Es kann sein, daß zwei Menschen zusammen eine Nachricht hören und bei ihrem Inhalt verstandesmäßig klar erfassen: z. B. die Meldung vom serbischen Königsmord im Sommer 1914. Der eine „denkt sich nichts weiter dabei", geht ruhig

---

[92] Nach thomistischer Auffassung wird das Gedächtnis nicht als eine eigene Grundkraft neben Verstand und Willen angesehen, sondern als sinnliches und geistiges — dem niederen und höheren Erkenntnisvermögen zugeordnet. In der Tat wäre ja ohne die Leistung des Gedächtnisses keine Erkenntnis möglich. Dagegen finden wir in den Schriften unsrer heiligen Mutter *Teresia* und des heiligen Vaters *Johannes vom Kreuz* die Dreiteilung: Verstand, Gedächtnis, Willen, wie sie *Augustinus* durchgeführt hatte (De Trinitate X).

[93] So in der *Empfindsamkeit* des 18. Jhs. und der Romantik zu Beginn des 19.; in der Gegenwart als Rückschlag auf den neukantianischen Rationalismus.

weiter und ist nach wenigen Minuten schon wieder mit den Plänen
für seine Sommerreise beschäftigt. Der andere ist im Innersten erschüttert, er sieht im Geist einen großen europäischen Krieg her-
aufziehen, er sieht sich selbst aus seiner Laufbahn herausgerissen
und in das große Geschehen verstrickt, er kann mit seinen Gedanken gar nicht mehr davon loskommen und lebt nur noch in der fie-
berhaft gespannten Erwartung der kommenden Dinge. Die Nachricht hat bei ihm tief ins Innere eingeschlagen. Das Verstehen geschieht von dieser Tiefe her, und weil die volle Geisteskraft darin
lebt, dringt es in die Zusammenhänge, in die „Folgenschwere" des
Ereignisses ein[94]. Es ist ein Denken, an dem „der ganze Mensch"
beteiligt ist. Es prägt sich deutlich wahrnehmbar in seinem Äußeren
aus. Es wirkt auf die leiblichen Organe ein: auf Herzschlag und
Atmung, auf Schlaf und Nahrungsaufnahme. Das kommt daher,
daß er „mit dem Herzen denkt". Das *Herz* ist die eigentliche *Lebensmitte*. Wir bezeichnen damit das leibliche Organ, an dessen Tätigkeit
das leibliche Leben gebunden ist. Aber es ist uns ebenso geläufig, darunter das Innere der Seele zu verstehen, offenbar weil das Herz
am stärksten an dem beteiligt ist, was im Inneren der Seele vorgeht,
weil der Zusammenhang von Leib und Seele nirgends deutlicher zu
spüren ist.

Im Inneren ist das Wesen der Seele nach innen aufgebrochen.
Wenn das Ich hier lebt — auf dem Grunde seines Seins, wo es eigentlich zu Hause ist und hingehört —, dann spürt es etwas vom Sinn
seines Seins und spürt seine gesammelte Kraft vor ihrer Teilung
in einzelne Kräfte. Und wenn es von hier aus lebt, so lebt es ein *volles*
Leben und erreicht die Höhe seines Seins. Was an Gehalten von
außen aufgenommen wird und bis hierher vordringt, das bleibt nicht
nur gedächtnismäßiger Besitz, sondern kann „in Fleisch und Blut"
übergehen[95]. So kann es zum lebenspendenden Kraftquell in ihr
werden. Es ist allerdings auch möglich, daß Wesensfremdes eindringt,
was am Leben der Seele zehrt und ihr zur tödlichen Gefahr wird,
wenn sie nicht alle ihre Kraft zusammennimmt und es ausscheidet.

---

[94] Der hl. *Thomas* sieht es als Auszeichnung der höheren Geister vor den
niederen an, daß sie mehr mit einem Blick erfassen, daß sie eine größere Kraft
der *Zusammenschau* haben. (Vgl. De veritate q 8 a 10; S. th. I q 55 a 3.) Er führt
das darauf zurück, daß sie allgemeinere *Erkenntnisformen* haben, aber es gehört
auch die Kraft des Geistes dazu, bis zu allem Erreichbaren wirklich vorzudringen.

[95] Marie von *Ebner-Eschenbach* hat einmal gesagt, Bildung sei das, was
übrigbleibe, wenn wir alles vergessen hätten, was wir gelernt haben. Offenbar
meint sie damit das, was in Fleisch und Blut übergegangen ist.

Die innere Verarbeitung dessen, was in die Tiefe der Seele eindringt, geschieht nicht in einem Augenblick, sondern nimmt längere
oder kürzere Zeit in Anspruch — in manchen Fällen kann sie sich
über eine sehr lange Zeit erstrecken. Mit der inneren Verarbeitung ist
dann gewöhnlich ein nach außen gerichtetes Stellungnehmen, vielleicht auch Handeln verbunden. Die Nachricht, die von außen ins
Innere eindringt, findet es immer schon in einer bestimmten Verfassung vor, die von der Seele als *Stimmung* gespürt wird. Das
Eindringende kann eine Änderung dieser Verfassung herbeiführen;
die Seele fühlt sich in ihrem Sein bedroht und antwortet mit Schrek-
ken und Furcht. Das ist zugleich eine veränderte innere Verfassung.
War sie vorher „bei sich" in Ruhe und Frieden, so herrscht jetzt
Unruhe und Aufruhr und ein Stellungnehmen nach außen: gegen
das, was ihr droht. Das ist zunächst noch ein innerseelisches Geschehen und ein unwillkürliches „Antworten". Es kann aber daraus
ein freies Tun und schließlich ein in die äußere Welt übergreifendes
Handeln hervorgehen. Was in das Innere eindringt, ist immer ein
Aufruf an die *Person*. Ein Aufruf an ihre *Vernunft* als die Kraft,
geistig zu „vernehmen", d. h. zu *verstehen*, was ihr widerfährt. Und
so ist es ein Aufruf zur *Besinnung*, d. h. zum Suchen nach dem *Sinn*
dessen, was an sie herantritt. Ein Aufruf an ihre *Freiheit*: schon das
verstandesmäßige Suchen nach dem Sinn ist freies Tun. Darüber
hinaus aber wird ein weiteres, diesem Sinn gemäßes Verhalten von
ihr gefordert: wer mitten in seiner Arbeit entdeckt, daß Feuer im
Hause ausgebrochen ist, muß die Arbeit abbrechen und sich ans
Löschen begeben. Es wäre ebenso unvernünftig, weiterzuarbeiten,
wie „starr vor Schrecken" überhaupt nichts zu tun. Das persön-
lich-geistige Leben der Seele ist eingegliedert in einen großen Sinnzusammenhang, der zugleich ein Wirkungszusammenhang ist: jeder
verstandene Sinn verlangt ein ihm entsprechendes Verhalten und
hat zugleich bewegende Kraft, sie zu der geforderten Leistung an-
zutreiben. Wir haben für dieses „Inbewegungsetzen" der Seele
durch ein Sinn- und Kraftvolles und *zu* einem sinn- und kraftvollen
Verhalten herkömmlich den Namen *Motivation* [96]. Es wird darin
aufs neue sichtbar, wie im geistigen Leben Sinn und Kraft verbunden
sind. Zugleich wird deutlich, daß es sich dabei nicht um ein naturhaftes Geschehen handelt, sondern um *Anruf* und *Antwort*. Die Per-

---

[96] Vgl. A. *Pfänder*, Motive und Motivation (Münchener Philosophische Abhandlungen, Lipps-Festschrift), Leipzig 1911, S. 163 ff., und E. *Stein*, Beiträge
zur philosophischen Begründung der Psychologie und der Geisteswissenschaften,
in Husserls Jahrbuch Bd. V, Halle a. S. 1922, S. 34 ff.

son wird durch das, was an sie herantritt, nicht „gezwungen": wohl kann sie zunächst zu einer unwillkürlichen, antwortenden Stellungnahme bewegt werden; aber sie braucht und soll sich nicht einfach weiter „treiben" lassen, sondern zu ihrer eigenen Stellungnahme frei „Stellung nehmen" — sie unterdrücken oder sich ihr hingeben —, sie soll von ihrer Vernunft Gebrauch machen, sich über ihre Lage klar werden, verstehend herausfinden, wie sie sich zu verhalten hat, und frei ihre Kraft in der geforderten Richtung einsetzen.

Das persönliche Ich ist im Innersten der Seele ganz eigentlich zu Hause. *Wenn* es hier lebt, dann verfügt es über die gesammelte Kraft der Seele und kann sie frei einsetzen. Dann ist es auch dem Sinn alles Geschehens am nächsten und aufgeschlossen für die Forderungen, die an es herantreten, am besten geeignet, ihre Bedeutung und Tragweite zu ermessen. Es gibt aber wenige Menschen, die so „gesammelt" leben. Bei den meisten hat das Ich seinen Standort vielmehr an der Oberfläche, wird wohl gelegentlich durch „große Ereignisse" erschüttert und in die Tiefe gezogen, sucht dann auch dem Geschehen durch ein angemessenes Verhalten zu entsprechen, kehrt aber nach längerem oder kürzerem Verweilen doch wieder an die Oberfläche zurück. Was von außen herantritt, ist auch vielfach so, daß es von einem oberflächlichen oder doch nicht sehr tiefgelegenen Standort aus einigermaßen sachgemäß „erledigt" werden kann. Es ist nicht die letzte Tiefe nötig, um es in etwa zu verstehen, und es ist auch nicht erforderlich, mit dem Einsatz der ganzen gesammelten Kraft darauf zu antworten. Aber wer gesammelt in der Tiefe lebt, der sieht auch die „kleinen Dinge" in großen Zusammenhängen; nur er vermag ihr Gewicht — an letzten Maßstäben gemessen — in der richtigen Weise einzuschätzen und sein Verhalten entsprechend zu regeln. Nur bei ihm ist die Seele auf dem Wege zur letzten Durchformung und zur Vollendung ihres Seins. Wer nur gelegentlich in die Tiefen der Seele zurückgeht, um dann wieder an der Oberfläche zu verweilen, bei dem bleibt die Tiefe unausgebildet und kann auch ihre formende Kraft für die weiter nach außen gelegenen Schichten nicht entfalten. Und es mag Menschen geben, die überhaupt nie bis zu ihrer letzten Tiefe gelangen und darum nicht nur nie zur Vollendung ihres Seins, zur Durchformung ihrer Seele im Sinne ihrer Wesensbestimmtheit, sondern nicht einmal zu dem ersten, „vorläufigen" Besitz ihrer selbst, der für den Vollbesitz Voraussetzung ist und schon bei einem vorübergehenden Verweilen in der Tiefe erreicht wird: einem — wenigstens dunkel ahnenden — Wissen um den Sinn ihres Seins und um die Kraft, von sich aus auf das Ziel hinzuarbeiten, sowie um die Verpflichtung dazu. Ein solches Wissen bringt das „Aufleuchten" der Tiefen bei einschneidenden Ereignissen des eigenen Lebens mit sich. Es kann aber auch durch verstandesmäßige Belehrung (vor allem durch die Glaubenslehre, die das Menschenleben in diesem Sinn darstellt) vermittelt werden. Beides sind Aufrufe an die Seele, „bei sich selbst einzukehren" und das Leben von ihrem Innersten her in Angriff zu nehmen.

Das Innerste der Seele ist das „Geistigste" an ihr. Obgleich Eindrücke, die durch die Sinne vermittelt sind, bis hierher gelangen und obgleich sich das, was hier geschieht, bis in die Formung des Leibes hinein auswirkt, haben wir es doch mit einem von aller Sinnlichkeit und Leiblichkeit ablösbaren Sein zu tun: wir können uns ein *inneres Leben* der Seele denken, das bei ihrer Trennung vom Leib und beim Fortfall aller Sinneseindrücke bestehen bleibt. So ist das Leben der Seele nach dem Tode und vor der Auferstehung des Leibes zu denken. So ist ihr Leben — nach den Zeugnissen der Mystiker — in jenen ekstatischen Zuständen, in denen sie „entrückt" ist, die Sinne ohne Empfänglichkeit für äußere Eindrücke, der Leib wie tot, der Geist aber im Schauen zur höchsten Lebendigkeit, zur Fülle des Seins gelangt.

Vom Innersten her erfolgt auch die *Ausstrahlung* des eigenen Wesens, das unwillkürliche geistige Ausgehen von sich selbst. Je gesammelter ein Mensch im Innersten seiner Seele lebt, um so stärker ist diese Ausstrahlung, die von ihm ausgeht und andere in seinen Bann zieht. Um so stärker trägt aber auch alles freie geistige Verhalten den Stempel der persönlichen Eigenart, die im Innersten der Seele beheimatet ist. Um so stärker ist ferner der Leib davon geprägt und eben dadurch „vergeistigt". Hier ist der wahre Mittelpunkt des leiblich-seelisch-geistigen Seins.

Worin kann das Leben der Seele bestehen, wenn sie keinerlei äußere Eindrücke mehr empfängt, wenn sie auch nicht mehr mit dem beschäftigt ist, was sie gedächtnismäßig in sich bewahrt? Wir sagten, in ihrem Innern sei die Seele für sich selbst aufgebrochen; sie spürt hier, was sie selbst ist und in welchem Zustand sie ist. Das darf nicht etwa dahin mißverstanden werden, als könnte die Seele in diesem Leben natürlicherweise sich selbst erkennen, „wie sie erkannt ist"[97], d. h. wie Gott sie kennt. Es wurde von „spüren" gesprochen, weil es sich zwar um etwas Geistiges handelt, aber um keine klare Verstandeserkenntnis, die sich begrifflich fassen und in

---

[97] 1 Kor. 13, 12.

Worten ausdrücken ließe. Etwas davon macht sich auch geltend, wenn die Seele nicht bei sich verweilt, sondern in Auseinandersetzung mit der Welt sich nach außen betätigt; in der *Stimme des Gewissens*, die sie zum rechten Tun. anleitet und vor dem unrechten zurückhält, die über ihre Taten, wenn sie vollbracht sind, das Urteil spricht und über die Verfassung, in der sie die Seele zurücklassen. Das Gewissen offenbart, wie die Taten in der Tiefe der Seele verwurzelt sind, und es bindet das Ich — trotz seiner freien Beweglichkeit — in die Tiefe zurück: die Stimme aus der Tiefe ruft es immer wieder dahin, wo es hingehört, um Rede und Antwort zu stehen über sein Tun und sich zu überzeugen, was es damit bewirkt hat — denn die Taten lassen ihre Spuren in der Seele zurück, sie ist nachher in einer anderen Verfassung, als sie vorher war. Die Seele ist etwas in sich: das, als was sie Gott in die Welt gesetzt hat. Und dieses Was hat seine eigentümliche Beschaffenheit, die dem ganzen Leben, in dem es sich entfaltet, einen eigenen Stempel aufprägt: sie macht es, daß — wenn zwei dasselbe tun — es doch nicht dasselbe ist. *Was* und *wie* sie ist, das spürt die Seele in ihrem Inneren, in jener dunklen und unsagbaren Weise, die ihr das Geheimnis ihres Seins *als* Geheimnis zeigt, ohne es zu enthüllen. Sie trägt überdies in ihrem Was die Bestimmung dessen, was sie *werden* soll: durch das, was sie empfängt und was sie tut. Sie spürt, ob das, was sie in sich aufnimmt, mit ihrem eigenen Sein verträglich und dafür förderlich ist oder nicht, und ob das, was sie tut, im Sinne ihres Seins ist oder nicht. Und dem entspricht die Verfassung, in der sie sich nach jeder Berührung und Auseinandersetzung mit der Welt „befindet".

Das bewußte Leben der Seele auf ihrem Grunde ist natürlich erst möglich, wenn sie zur Vernunft erwacht ist. Sie trägt dann schon das Gepräge dessen, was vorher in und mit ihr geschehen ist; sie vermag sich nicht vom Beginn ihres Daseins an und so, wie sie am Beginn ihres Daseins war, zu fassen. Überdies ist ihr natürliches Leben auf Auseinandersetzung mit der Welt und Betätigung in ihr angelegt. Darum ist ihre natürliche Lebensrichtung das Hinausgehen aus sich selbst und nicht die Einkehr ins Innere und das Verweilen „bei sich". Sie muß in sich hinein *gezogen* werden — wie es durch die *Forderungen*, die an sie herantreten, und durch die *Stimme des Gewissens* geschieht —, aber natürlicherweise wird der Zug nach außen immer wieder stärker sein, so daß das Verweilen im Inneren nicht lange dauert. Wir müssen auch bedenken, daß das Ich natürlicherweise nicht viel vorfindet, wenn es bei sich einkehrt und alle Verbindung zur äußeren Welt löst: d. h. nicht nur die Tore

der Sinne schließt, sondern auch von dem absieht, was sein Gedächtnis an Eindrücken aus der Welt bewahrt, und von dem, was es an
sich selbst *wahrnimmt*, wenn es sich als einen „Menschen in dieser
Welt" betrachtet — die Rolle, die es in der Welt spielt, die Talente
und Fähigkeiten, die es hat. Als Gegenstand der inneren Wahrnehmung, Erfahrung und Beobachtung bietet der Mensch — und die
Seele mindestens so sehr wie der Leib — reichlich Stoff zur Beschäftigung. Und so ist ja auch vielen das „eigene Ich" (in diesem
Sinne) wichtiger als die ganze übrige Welt. Aber was bei solcher
innerer Wahrnehmung und Beobachtung erfaßt wird, sind Kräfte
und Fähigkeiten zur Betätigung in der Welt und Ergebnisse solcher
Betätigung: es ist nicht das eigentliche Innere, sondern Niederschlag
des ursprünglichen seelischen Lebens, Krusten, die sich — stetig
wachsend — um das Innere legen. Zieht man sich aus all dem wirklich ins Innere zurück, so ist da allerdings nicht nichts, aber doch
eine ungewohnte Leere und Stille. Das Lauschen auf den „Schlag
des eigenen Herzens", d. h. auf das innerseelische Sein selbst, vermag
den Lebens- und Tatendrang des Ich nicht zu befriedigen. Und so
wird es sich hier nicht lange aufhalten, wenn es nicht durch etwas
anderes festgehalten wird, wenn das Innere der Seele nicht durch
etwas anderes als von der äußeren Welt her erfüllt und in Bewegung
gebracht wird. Das ist es aber, was die Kenner des *inneren Lebens*
zu allen Zeiten erfahren haben: sie wurden in ihr Innerstes hinein-
gezogen durch etwas, was stärker zog als die ganze äußere Welt; sie
erfuhren dort den Einbruch eines neuen, mächtigen, höheren Lebens,
des übernatürlichen, göttlichen. „. . . Suchst du wohl einen hohen
Ort, einen heiligen Ort, so biete dich innen als Tempel Gottes. ‚Denn
der Tempel Gottes ist heilig, und der seid ihr'. Im Tempel willst
du beten ? In dir bete. Aber zuvor sollst du Tempel Gottes sein, weil
er in seinem Tempel hört auf den Beter"[98]. „. . . Ruf mich zurück aus
Irrsalen: Du sei Führer — und ich gehe zurück in mich und in Dich"[99].
Die mystische Begnadung gibt als Erfahrung, was der Glaube lehrt:
die Einwohnung Gottes in der Seele. Wer, von der Glaubenswahrheit geleitet, Gott sucht, der wird sich in freiem Bemühen eben dahin
aufmachen, wohin der mystisch Begnadete gezogen wird: sich aus den
Sinnen und den „Bildern" des Gedächtnisses, ja selbst noch aus der
natürlichen Tätigkeit des Verstandes und Willens zurückziehen in
die leere Einsamkeit seines Inneren, um dort zu verweilen im dunklen

---

[98] *Augustinus*, In Io. 15, 25 (*Przywara* a. a. O. S. 135).
[99] *Augustinus*, Soliloquia II 6, 9 (*Przywara* a. a. O. S. 135).

Glauben — in einem schlichten liebenden Aufblick des Geistes zu dem verborgenen Gott, der verhüllt gegenwärtig ist[100]. Hier wird er in tiefem Frieden — weil am Ort seiner Ruhe — verharren, bis es dem Herrn gefällt, den Glauben in Schauen zu verwandeln. Das ist, in wenigen Strichen angedeutet, der *Aufstieg zum Berge Karmel*, wie ihn unser heiliger Vater *Johannes vom Kreuz* gelehrt hat[101].

5. Können, Sollen und inneres Leben

Zum Einwohnen Gottes in der Seele und zur Verankerung ihres Seins im göttlichen gibt es noch einen anderen Zugang von der inneren Erfahrung her: vom Erlebnis des *Könnens* und *Sollens* her oder, was damit zusammenhängt, vom Verhältnis der Freiheit des Ich zu der ihm zu Gebote stehenden Kraft. Die Kraft, die einem Menschen jeweils als bereits vorhandener Besitz zur Verfügung steht, und selbst das ihm seiner Wesensbestimmtheit nach zugedachte Höchstmaß ist ein *Maß*, d. h. „bemessen", eine endliche Größe. Jede freie Tat ist eine *Leistung*, die Kraft verbraucht, und so kann schließlich eine natürliche Erschöpfung eintreten, wenn nicht aus den früher behandelten Quellen ausreichende Zuströme kommen. So kann der Fall eintreten, daß das Ich sich einer Forderung, die es vernimmt, nicht mehr gewachsen fühlt. Der Arzt, der nach übermäßiger Tagesarbeit nachts wiederum zu einem Kranken gerufen wird, mag sich außerstande fühlen, noch einmal hinauszugehen. Aber die *Forderung* schweigt davor nicht still. Es steht ein Menschenleben auf dem Spiel — „du kannst, denn du sollst". Dieser Satz, den man in *Kants Kritik der praktischen Vernunft* vielleicht mit Befremden gelesen hat, drängt sich hier als Ausdruck der erlebten Forderung auf. Es mag sein, daß im einzelnen Fall das Gefühl des Unvermögens eine Selbsttäuschung war, daß die natürlichen Kräfte, wenn man sie nur recht zusammenraffte, noch zu der Leistung fähig waren. Es kann aber auch sein, daß das *Sollen* über die natürliche Kraft hinaus verpflichtet. (Damit ist nicht gemeint, daß jede Forderung, die Menschen stellen können — wenn sie nur in sich recht sei —, in dieser Weise verpflichte. Gegenüber mensch-

---

[100] Aber es wird eine solche Welt- und Selbstentäußerung nur unter der Leitung der Gnade und in den Grenzen, die sie vorschreibt, sinnvoll und fruchtbar sein.

[101] Gesammelte Schriften des hl. Johannes vom Kreuz Bd. I (Theatiner-Verlag, München).

lichen Anforderungen gibt es durchaus ein *ultra posse nemo obligatur*, wobei das *posse* sich nach dem Maß der natürlichen Kraft bestimmt.) Im Gebot der Pflicht offenbart sich die Freiheit des Ich auch noch gegenüber seiner eigenen Natur. (So ist es bei Kant gemeint.) Das kann aber nicht heißen, daß es aus sich selbst heraus zu Kraftleistungen über seine Natur hinaus fähig wäre. Damit würde man ihm eine Schöpferkraft zusprechen, wie sie kein Geschöpf besitzen kann. Wird es über seine natürliche Kraft hinaus verpflichtet, so kann das nur den Sinn haben, daß es sich auf eine Kraftquelle außerhalb seiner Natur stützen könne. Der Glaube gibt die Antwort darauf, wo diese Kraftquelle zu suchen sei. Gott verlangt nichts vom Menschen, ohne ihm zugleich die Kraft dafür zu geben. Der Glaube lehrt es, und die Erfahrung des Lebens aus dem Glauben bestätigt es. Das Innerste der Seele ist ein Gefäß, in das der Geist Gottes (das Gnadenleben) einströmt, wenn sie sich ihm kraft ihrer Freiheit öffnet. Und Gottes Geist ist Sinn und Kraft. Er gibt der Seele neues Leben und befähigt sie zu Leistungen, denen sie ihrer Natur nach nicht gewachsen wäre, und er weist zugleich ihrem Tun die Richtung. Im Grunde ist jede *sinn*volle Forderung, die mit verpflichtender Kraft vor die Seele tritt, ein *Wort Gottes*. Es gibt ja keinen *Sinn*, der nicht im *Logos* seine ewige Heimat hätte. Und wer ein solches Wort Gottes bereitwillig in sich aufnimmt, der empfängt eben damit die göttliche Kraft, ihm zu entsprechen. Jeder Zuwachs an Gnade ist aber auch eine Stärkung des geistigen Seins und erschließt der Seele ein reicheres und feineres Verständnis für das *göttliche Wort*, für den übernatürlichen Sinn, der aus allem Geschehen spricht und der sich auch als „Einsprechung" in ihrem Inneren vernehmlich macht. Darum ist die Seele, die sich kraft ihrer Freiheit auf den Geist Gottes oder auf das Gnadenleben stützt, zu einer vollständigen Erneuerung und Umwandlung fähig. Ihr von der Gnade getragenes freies Tun hat Macht gegenüber allem unwillkürlichen seelischen Verhalten. Es ist nicht möglich, das Zusammenwirken von Natur, Freiheit und Gnade in der Gestaltung der Seele hier in seinem ganzen Umfang zu zeigen, es soll nur durch ein Beispiel klargemacht werden.

Vielleicht hat der früher ausgesprochene Satz: „Die Liebe ist das Freieste, was es gibt", Staunen und lebhaften Widerspruch hervorgerufen. Natürlicherweise sieht man ja Liebe und Haß als Elementargewalten an, die über die Seele hereinbrechen, ohne daß sie sich ihrer erwehren könnte. Schon von ihren Neigungen und Abneigungen pflegen die Menschen zu sagen, daß sie „nichts dafür könnten". Und in der Tat: die Seele „antwortet" auf den „Eindruck", den sie von einem Menschen empfängt — oft sofort bei der ersten Begegnung, sonst bei längerer Bekanntschaft —, unwillkürlich mit Zuneigung oder Abneigung, vielleicht auch mit Gleichgültigkeit; sie fühlt sich angezogen oder abgestoßen; und es kann darin eine durchaus sinnvolle Auseinandersetzung ihres eigenen Seins mit dem fremden liegen; ein Sich-hingezogen-fühlen zu dem, der ihr Bereicherung und Förderung verspricht, ein Zurückschrecken vor jemandem, der eine Gefahr für sie bedeutet. Andererseits sind hier schwere Täuschungen möglich: Äußerlichkeiten können das wahre Sein des Menschen verdecken und damit auch die Bedeutung, die ihm für den anderen zukommt. Diese natürlichen Regungen sind also nicht etwas, worüber man einfach hinweggehen dürfte; es ist aber auch nicht „vernünftig", sich ihnen einfach zu überlassen: sie sind einer Nachprüfung mit Hilfe des Verstandes und einer Beeinflussung durch den Willen zugänglich und bedürftig. Und gegenüber allem Spiel der Neigungen und Abneigungen richtet sich das Gebot des Herrn auf: Du sollst Deinen Nächsten lieben wie Dich selbst. Das gilt ohne Bedingungen und Abstriche. Der „Nächste" ist nicht der, den ich „mag". Es ist ein jeder, der mir nahekommt, ohne Ausnahme. Und wieder heißt es: Du kannst, denn du sollst! Es ist der Herr, der es verlangt, und er verlangt nichts Unmögliches. Vielmehr er *macht* möglich, was natürlicherweise nicht möglich wäre[102]. Heilige, die sich im Vertrauen darauf zu heldenmütiger Feindesliebe entschlossen, haben es erfahren, daß sie die Freiheit hatten, zu lieben. Ein natürlicher Widerwille wird sich vielleicht noch eine Zeitlang behaupten; aber er ist kraftlos und vermag das Verhalten nicht zu beeinflussen, das von der übernatürlichen Liebe geleitet wird. In den meisten Fällen wird er bald vor der Übermacht des göttlichen Lebens weichen, das die Seele mehr und mehr erfüllt. Liebe ist ja ihrem letzten Sinne nach Hingabe des eigenen Seins und Einswerden mit dem Geliebten. Den göttlichen Geist, das göttliche Leben, die göttliche Liebe — und das alles heißt nichts anderes als: Gott selbst — lernt kennen, wer den Willen Gottes tut. Denn indem er mit innerster Hingabe tut,

---

[102] Der hl. *Hieronymus* sagt über das Gebot der Feindesliebe: Multi praecepta Dei imbecillitate sua, non Sanctorum viribus aestimantes, putant esse impossibilia quae praecepta sunt ... Sciendum est ergo, Christum non impossibilia praecipere, sed perfecta. (Viele messen die Gebote Gottes an ihrer Schwäche, nicht an den Kräften der Heiligen, und halten darum das Gebotene für unmöglich ... Man muß also wissen, daß Christus nicht Unmögliches gebietet, sondern Vollkommenes.) Kommentar zu Matth. 5 u. 6, Buch 1; Römisches Brevier, Feria VI post Cineres.

was Gott von ihm verlangt, wird das göttliche Leben *sein* inneres Leben: er findet Gott in sich, wenn er bei sich einkehrt.

Wenn die Seele vom göttlichen Leben erfüllt ist, dann ist sie in einem neuen und höheren Sinn Abbild des Dreieinigen Gottes, als die anderen Geschöpfe es sind, ja als sie selbst es ihrem natürlichen Bau nach ist. Zunächst soll aber das natürliche Abbildverhältnis herausgestellt werden.

6. Das Gottesbild in der Seele und im ganzen Menschen (Erster Ansatz)

Gott schuf den Menschen nach seinem Bilde. Der Schöpfergott ist ein dreifaltiger Gott. Wir haben versucht, in das Geheimnis der Allerheiligsten Dreifaltigkeit einzudringen, und haben versucht, ein Bild des Menschen zu zeichnen. Wird es uns nun gelingen, das Abbildverhältnis herauszuarbeiten?

Wir haben bei den niederen Geschöpfen die Ähnlichkeit mit dem göttlichen Urbild vornehmlich auf der Seite der Form gesucht, weil der Stoff — in dem doppelten Sinn des Raumfüllenden und des bestimmbaren Unbestimmten — Gott gegenüber das ganz Andere ist. Nur als geformter hat er an der Gottähnlichkeit Anteil. Auszuschalten ist er nicht: einmal, weil er ja *als* geformter Sinnbild ist; ferner, weil das *Ganze* aus Form und Stoff das auf sich selbst Gestellte ist (die οὐσία), als auf sich Gestelltes das Bild des Ur-Seienden, des Vaters, als sinn- und krafterfülltes Ganzes das Bild der ganzen dreieinigen Gottheit.

Im Aufstieg von den niederen zu den höheren Formen sind wir zur Menschenseele gelangt. Betrachten wir sie als Form des Leibes, so werden wir in dem ganzen Menschen das Gottesbild suchen. Wiederum ist es ja das einheitliche Ganze, das als ein Selbständiges ins Dasein gesetzt ist. Durch die Seele ist das Ganze ein Sinnvolles und Lebendiges.

Weil aber die Seele in der Hineingestaltung in den Leib nicht ihr einziges und nicht ihr eigentlichstes Sein hat, weil für sie ein von ihm abgelöstes, selbständiges Eigenleben möglich ist, darum kann auch sie für sich allein als Abbild des Dreieinen angesehen werden. Als persönlich-geistiges Wesen ist sie ein auf sich selbst Gestelltes, Sinn- und Krafterfülltes, das sich selbst seinem Sinn gemäß ausformt. Das Gottesbild im seelischen Sein und im gesamten leiblich-seelisch-geistigen Sein des Menschen soll später noch schärfer und tiefer gefaßt werden.

7. Das Gottesbild im natürlichen Geistesleben
des Menschen

Zunächst sei darauf hingewiesen, daß auch das menschliche Geistesleben als ein dreifaltiges und dreieiniges zu betrachten ist. Die bahnbrechenden Versuche in dieser Richtung verdanken wir dem hl. *Augustinus*. Wir finden bei ihm einen mehrfachen Ansatz: die Liebe als solche[103], ferner *Geist, Liebe* und *Erkenntnis* bezeichnet er als *drei* und *eins*[104], sodann *Gedächtnis, Verstand* und *Willen*[105].

Gott ist die Liebe, davon geht Augustinus aus, und das ist an sich schon die Dreieinigkeit. Denn zur Liebe gehört ein Liebender und ein Geliebtes, schließlich die Liebe selbst. Wenn der Geist sich selbst liebt, so sind Liebender und Geliebtes eins, und die Liebe, als dem Geist und Willen angehörig, ist mit dem Liebenden eins. So wird der geschaffene Geist, der sich selbst liebt, zum Bild Gottes. Doch um sich zu lieben, muß er sich erkennen. *Geist, Liebe* und *Erkenntnis* sind *drei* und *eins*. Sie sind im rechten Verhältnis, wenn der Geist nicht mehr und nicht weniger geliebt wird, als es ihm entspricht: nicht weniger als der Körper und nicht mehr als Gott. Sie sind eins, weil Erkenntnis und Liebe im Geist sind, drei, weil Liebe und Erkenntnis in sich verschieden und aufeinander bezogen sind; sie sind wie zwei körperliche Stoffe in einer Mischung: jeder ist in jedem Teil des Ganzen und doch vom anderen unterschieden. Geist, Liebe und Erkenntnis sind ein jedes ganz in sich und ganz in den andern: der Geist erkennt sich ganz und liebt sich ganz; die Erkenntnis durchleuchtet sich selbst und die Liebe und damit den erkennenden und liebenden Geist; die Liebe umfaßt sich selbst und die Erkenntnis und damit den liebenden und erkennenden Geist[106]. Die Erkenntnis seiner selbst ist aus dem Geist geboren wie der Sohn aus dem Vater. Er ist für sich erkennbar, ehe er sich erkennt, und erlangt die Erkenntnis durch Forschen. Das Gefundene *(repertum)* ist ein Geborenes *(partum)*. Das Verlangen, es zu finden, ist etwas Willensmäßiges, etwas von der Art der Liebe, und wird zur Liebe, sobald es gefunden ist. So wird durch die Liebe die Erkenntnis erzeugt, die Liebe selbst nicht. Das aus dem Geist durch die Liebe erzeugte *Wort* ist *geliebte Erkenntnis*. Wenn der Geist sich liebt und erkennt, wird ihm durch die Liebe das Wort hinzugefügt. Die Liebe ist im Wort, das Wort ist in der Liebe, und beide sind im Liebenden und

---

[103] *Augustinus*, De Trinitate VII 10 u. IX 2.
[104] a. a. O. IX 1 — 5 10 12.
[105] a. a. O. X, XII 4, XIII, XIV.
[106] a. a. O. IX 1 — 5.

Sprechenden. So ist der Geist mit der Erkenntnis und Liebe seiner selbst ein Abbild der Dreieinigkeit[107].

Das andere Bild: *Gedächtnis, Verstand, Wille* hält Augustinus für noch einleuchtender. Es ergibt sich aus einer tiefergehenden Untersuchung des Verhältnisses von Liebe und Erkenntnis: Niemand kann etwas völlig Unbekanntes lieben. Der Eifer, etwas Unbekanntes zu erkennen, beruht auf Erkenntnis der Bedeutung der Kenntnis des Unbekannten. Wenn der Geist sich selbst liebt, so muß er auch eine Erkenntnis seiner selbst haben. Und wenn er nach Erkenntnis seiner selbst sucht, so ist das nicht ohne vorausgehende Erkenntnis möglich: er muß sich als Nichtwissenden wissen. Mit dem, was er weiß, fragt er nach dem, was er nicht weiß[108].

Wie kommt es, daß der Geist, der doch in sich selbst ist, sich selbst sucht? Es liegt daran, daß er den Körpern anhängt, gleichsam bei ihnen ist und zu sich selbst zurückkehren muß. Sobald der Geist das Gebot versteht: „Erkenne dich selbst!", erkennt er auch sich selbst; er erkennt, daß er bei sich ist und sich nicht zu suchen braucht wie ein Abwesendes; er braucht sich nur auf sich selbst als ein Gegenwärtiges zu richten. Er weiß, daß er *ist, lebt* und *erkennt* und daß das Erkennen sein eigentümliches Sein und Leben ist. Es sind darin Gedächtnis-, Verstandes- und Willensleistung vereint, sie sind drei und eins zugleich und dadurch ein Abbild der Dreieinigkeit[109].

Theodor *Haecker* hat in jüngster Zeit wieder eindringlich die Aufgabe herausgearbeitet, „zu erforschen und zu sagen, daß der Mensch, als Ebenbild Gottes, der ein trinitarischer ist, am schönsten, wahrsten und seligsten gemäß der *analogia Trinitatis* zu erkennen ist, und mit dem Menschen und durch den Menschen auch die ganze Schöpfung, die durch und durch eine *similitudo*, eine Ähnlichkeit Gottes ist"[110]. Auch er weist auf Augustins Bemühungen hin, berücksichtigt aber nur die Dreiheit: Gedächtnis — Verstand — Willen. Diese Dreiteilung erscheint ihm nicht glücklich, weil ohne Gedächtnis keine Verstandesleistung möglich sei. Ihr gegenüber habe der *Thomismus* mit Recht die Zweiteilung: Verstand — Willen gesetzt. Aber dadurch sei die Spur der Analogie verloren gegangen[111]. Die echte Dreiteilung des Geisteslebens sei die in *Denken, Fühlen, Wollen.* Die moderne Psychologie habe sie entdeckt, ohne zu ahnen, daß sie damit den Grund zu einer neuen und entsprechenderen *analogia Trinitatis* legte.

---

[107] a. a. O. IX 10—12.   [108] a. a. O. X 1—4.   [109] a. a. O. X 8—12.

[110] Th. *Haecker*, Schöpfer und Schöpfung, Leipzig 1934, S. 145.

[111] Sollte es Haecker entgangen sein, daß der hl. *Thomas* das Gottesbild im Menschen ausführlich behandelt (S. th. I q 93)?

Die Herausstellung des Fühlens als eines gleichberechtigten Bezirks neben Denken und Wollen ist ihm so wichtig, weil er hier die eigentliche Heimat der *Liebe* sieht. Die Beheimatung der Liebe im Willen sei das Unbefriedigendste an der thomistischen Psychologie gewesen. Haecker sieht wohl, daß die Liebe auch zum Denken und Wollen gehöre, aber ihre eigentliche Wohnung sei das Fühlen in seiner Maßlosigkeit.

Ich habe den Eindruck, daß Augustinus durch diese Berichtigung nicht „erledigt" sei. Es gibt wohl kaum einen Denker, bei dem so klar wie bei ihm hervortritt, daß die Liebe die Triebfeder des Denkens ist. Die Glut der Liebe treibt ihn zu immer schärferer Anspannung des Geistes. Er beruhigt sich nicht bei einer gefundenen Lösung, sondern sucht immer tiefer einzudringen. Und weil er als Forscher vom inneren Leben ausgeht, darum kommt auch in der Erkenntnisarbeit bei ihm die Liebe durchaus nicht zu kurz. Er versenkt sich denkend in sie, weil er überzeugt ist, daß sie für uns der Weg zur Erkenntnis der Trinität sei[112]. Heißt es doch: wer in der Liebe bleibt, der bleibt in Gott. Wer also die Liebe recht erkennt, der wird auch Gott erkennen. Das ist der Leitfaden.

Hat Augustinus Liebe und Willen einfach gleichsetzen wollen? Er nennt das Verlangen etwas Willensmäßiges und etwas nach Art der Liebe. Es werde zur Liebe, wenn das Verlangte (die Erkenntnis) gefunden sei. Sicherlich besteht eine nahe Beziehung zwischen Liebe und Willen. Wer liebt, den drängt es dazu, die Gebote Gottes zu halten, d. h. seinen Willen nach dem göttlichen Willen zu richten. Der Wille geht aus der Liebe hervor und aus dem Wollen das Tun. Aber im Erfüllen der göttlichen Gebote erlangen wir eine tiefere Erkenntnis Gottes, und dadurch wächst wiederum die Liebe. Die Liebe ihrerseits sucht nach immer tieferer Erkenntnis, sie ist aber auch schon im ersten Ansatz nicht ohne Erkenntnis möglich, sie schließt selbst eine Erkenntnis in sich und hat eine gewisse Art von Erkenntnis zur Voraussetzung. Das geistige Leben ist ein aufsteigendes, und jede Grundform des geistigen Lebens bedingt durch ihren Aufstieg den der anderen, wird aber auch durch sie gefördert. Das unlösbare Ineinander der Grundformen trotz ihrer Verschiedenheit macht sie ja gerade zum Bild des Drei-Einen.

Welches aber sind diese Grundformen? Müssen wir uns für eine der vorgeschlagenen Dreiteilungen entscheiden und die andern abweisen? Das Vorgehen Augustins scheint mir zu zeigen, daß es sich

---

[112] De Trinitate VIII 7.

nicht um ein Entweder-Oder handelt. Das Drei-und-Eins darf wohl als ein Grundgesetz des geistigen Lebens (wie der ganzen Schöpfung) angesehen werden: ein Grundgesetz, das in allen seinen Verzweigungen wiederkehrt wie das Gestaltgesetz eines Lebewesens in allen seinen Teilen. Es ist durchaus einleuchtend, daß Augustin in der Liebe allein schon ein Drei-und-Eins findet. Es ist ebenso einleuchtend, daß die Liebe nicht ohne Erkenntnis möglich ist und daß der Geist sich in der einen wie in der andern entfaltet. Erkenntnis ist Verstandesleistung. Sie ist nicht möglich ohne Gedächtnis. Augustinus versteht unter der *memoria* offenbar Verschiedenes. Ich sehe jetzt davon ab, daß sowohl eine bestimmte geistige Kraft (ein *Vermögen*) als die Leistung dieser Kraft gemeint sein kann. Es geht uns jetzt um das geistige *Leben*, und so können wir uns auf die Gedächtnis*leistung*[113] beschränken. Auch in dieser Beschränkung ist noch Verschiedenes darunter zu verstehen: das „Innesein", das allem geistigen Leben eigen ist, wodurch es „bewußt" ist, ehe es in einem eigenen darauf gerichteten Akt erkannt wird[114]; sodann das „Behalten" dessen, was einmal erkannt wurde, und die „Erinnerung", das Wiederaufleben des Behaltenen. Die erste Form der *memoria* ist die Urform des Erkennens. Die andern sind Stufen im Fortgang des Erkennens und machen seinen Fortgang möglich. Ohne Gedächtnis wäre aber auch kein Wollen möglich; es bedarf des Inneseins, des Behaltens und des Wiederauflebens, um zum Vollzug und zur Auswirkung zu kommen. Ohne Gedächtnis gäbe es keinen „Strom" geistigen Lebens und damit überhaupt kein geistiges Sein. Darum kann man es verstehen, daß Augustinus ihm eine selbständige Stellung neben Verstand und Willen einräumt und offenbar eine grundlegende Stellung, denn es ist ja dort eingesetzt, wo in der vorausgehenden Dreiteilung (Geist — Liebe — Erkenntnis) der Geist stand. Machen wir Ernst damit, daß es sich um ein geschaffenes Abbild der ungeschaffenen Dreieinigkeit handeln soll, so darf wohl gesagt werden, daß das „Aussprechen" des Ewigen Wortes ein ursprüngliches Wissen Gottes um sich selbst (in einem nicht zeitlich zu verstehenden Sinn) voraussetze, so daß die Urform der *memoria* dem Vater zuzueignen wäre. Das Ewige Wort, die „ausgeborene" Erkenntnis, ist immer dem Sohn gleichgesetzt worden, und der Heilige Geist

---

[113] Der hl. *Thomas* betont, daß vornehmlich in der *Geistestätigkeit* das Gottesbild zu suchen sei, weil nur darin von *Hervorgängen* die Rede sein könne (S. th. I q 93 a 7).

[114] Vergleiche, was in Kap. VII, § 9, 2 über die Stufen der Selbsterkenntnis gesagt ist.

wird die Person der Liebe genannt. Der hl. *Thomas* hat sich hauptsächlich an die augustinische Einteilung Geist — Liebe — Erkenntnis gehalten, weil er das *eigentliche* Gottesbild im Hervorgehen des
Wortes aus der Erkenntnis und im Hervorgehen der Liebe aus beiden
sieht[115], hat aber die andere Einteilung nicht abgelehnt. Beide machen
offenbar keinen scharfen Unterschied zwischen Liebe und Willen.

Sachliche Klarheit kann nur eine tiefergehende Untersuchung beider schaffen. Augustinus hat das Verlangen nach Erkenntnis etwas
Willensmäßiges und etwas nach der Art der Liebe genannt. Es ist
weder das eine noch das andere im vollen Sinn. Wer nach Erkenntnis
„verlangt", der sehnt sich nach ihrem Besitz, er fühlt sich unvollkommen ohne sie. Aber das Verlangen kann eine Haltung sein, in
der man darauf wartet, daß das Ersehnte einem in den Schoß falle.
Es greift nicht selbsttätig zu. Wer Erkenntnis „will" — im vollen
Sinn des Wortes —, der setzt sich selbst dafür ein. Er ist entschlossen,
zu tun, was in den Besitz der Erkenntnis führen kann; und wenn er
Mittel und Wege sieht, dann geht das Wollen ins Tun über. Die Entschlossenheit, der frei-tätige Einsatz der eigenen Person, unterscheidet das Wollen vom bloßen Verlangen.

Wenn das Verlangen erfüllt ist, hört es auf. Der Besitz des Ersehnten macht ihm ein Ende. Nicht dem Wollen, erst recht nicht
der Liebe. Ich will nicht nur die Erkenntnis, die mir noch fehlt, sondern auch die bereits erlangte. Das Wollen ist jetzt Zustimmung
zu dem Erreichten und Bereitschaft, zu tun, was den Besitz sichern
kann. Man kann nicht sagen, daß dieses Wollen als Wollen vollkommener sei als das auf ein noch unerreichtes Ziel gerichtete. Die Liebe
dagegen kommt erst im Besitz zu ihrer vollen Entfaltung.

Verlangen, Wollen und Liebe haben alle gemeinsam, daß sie ein
Gut bejahen. Das Verlangen ist auf das Empfangen des begehrten
Gutes gerichtet, das Wollen auf seine Verwirklichung mit Einsatz
des eigenen Tuns, sofern es dessen bedarf. Die Liebe ist Hingabe an
das Gut. Hingabe im eigentlichen Sinn ist nur einer Person gegenüber möglich. So geht die Liebe im vollen und eigentlichen Sinn
von Person zu Person, wenn es auch mancherlei „von der Art der
Liebe" gibt, was auf Unpersönliches gerichtet ist. Die Hingabe zieht
auf Einswerden, sie kommt erst zur Vollendung durch Annahme von
seiten der geliebten Person. So fordert die Liebe zu ihrer Vollendung
die Wechselhingabe der Personen. Und nur so kann die Liebe auch
volles Jasagen sein, weil eine Person sich der andern nur in der Hin-

---

[115] S. th. I q 93 a 6.

gabe erschließt. Nur im Einswerden ist eigentliche Erkenntnis von Personen möglich. Die Liebe in dieser höchsten Erfüllung schließt also die Erkenntnis ein. Sie ist zugleich Empfangen und freie Tat. So schließt sie auch den Willen ein und ist Erfüllung des Verlangens. Die Liebe in ihrer höchsten Vollendung ist aber nur in Gott verwirklicht: in der Wechselliebe der göttlichen Personen, in dem sichselbsthingebenden göttlichen Sein. Die Liebe ist Gottes Sein, Gottes Leben, Gottes Wesen. Sie entspricht jeder der göttlichen Personen und ihrer Einheit.

Im endlichen Abbild spaltet sich, was im göttlichen Urbild eins ist. Liebe, Erkenntnis und Wille fallen hier nicht zusammen, obwohl die Liebe etwas von der Art des Erkennens und etwas von der Art des Wollens einschließt; denn sie kann nicht völlig „blind" sein, und sie ist frei. Sie ist, wie früher im Anschluß an *Duns Scotus* gesagt wurde, das Freieste, was es gibt, denn sie verfügt nicht nur über eine einzelne Regung, sondern über das ganze eigene Selbst, die eigene Person. Die Liebe selbst hat im Bereich des Endlichen verschiedene Arten und Formen: als Liebe des Niederen zum Höheren hat sie mehr vom Verlangen an sich und ist vornehmlich auf Empfang gestellt; als Liebe vom Höheren zum Niederen ist sie mehr freies Schenken aus eigener Überfülle. Immer muß sie aber Hingabe sein, um echte Liebe zu sein. Ein Begehren, das nur für sich gewinnen will, ohne sich selbst zu geben, verdient den Namen Liebe nicht. Man darf wohl sagen, daß der endliche Geist in der Liebe seine höchste Lebensfülle erreicht. Wenn Augustinus sie in der Dreiteilung Gedächtnis — Verstand — Willen nicht mehr nennt, so läßt sich das sachlich dadurch rechtfertigen, daß die Liebe als Grund und Ziel dieser dreifachen geistigen Leistung anzusehen ist. Daß Erkennen und Wollen (oder willentliches Tun) durch die Liebe bedingt sind und wiederum zu einer höheren Stufe der Liebe führen, davon war schon die Rede. Was aber hat diese mit dem Gedächtnis zu tun?

Die Leistungen des Gedächtnisses: das Innesein, das zum geistigen Leben als solchem gehört, das Bewahren und das Erinnern, spielen sich alle im „Inneren" ab. Mit der Erkenntnis und mit dem Wollen geht der Geist aus sich heraus, selbst dann, wenn er erkennend und wollend auf sich selbst gerichtet ist. Mit den Gedächtnisleistungen bleibt er bei sich selbst. Es wird dadurch ein innerer Besitz angesammelt und gelegentlich — im Erinnern — fruchtbar gemacht. Ohne Gedächtnis könnte die geistige Person sich selbst nicht besitzen, darum auch sich selbst nicht hingeben, d. h. nicht lieben. Andererseits wird das geistige Leben und der geistige Besitz um so fester und sicherer innerlich angeeignet und bewahrt, je tiefer aus dem Inneren das Erleben oder Aufnehmen geschah. Die Liebe aber ist das Tiefste. Darum hat das Gedächtnis in der Liebe seinen sichersten Grund. So kann man wohl sagen, daß Verstand, Willen und Gedächtnis in der Liebe Grund und Ziel haben, aber sie bezeichnen verschiedene Richtungen des geistigen Lebens: durch Verstand und Willen geht der Geist aus sich heraus: erkennend, um das Seiende aufzunehmen, wie es ist; wollend, um es nach seinem Gutdünken zu gestalten oder auch in seinem Sein und Sosein gleichsam zu bestätigen. Durch das Gedächtnis bewahrt er sich selbst und richtet sich mit dem, was er aufnimmt, bei sich selbst ein.

Mit dem Gedächtnis ist aber das „innere Sein" nicht erschöpft. Das Leben, dessen man in der ursprünglichsten Leistung der *memoria* innewird, ist die Entfaltung der persönlichen Eigenart. In seinem Inneren *fühlt* der Mensch, wie er geartet ist, und wie er sich jeweils „befindet" oder „gestimmt" ist. Im Innern ist also der Sitz des *Gefühlslebens*. Aber das Gefühlsleben ist nicht auf innere Gefühlszuständlichkeiten und Stimmungen beschränkt. Der Geist geht nicht nur erkennend und wollend, sondern auch fühlend aus sich heraus. Sein Aufnehmen des Seienden erfolgt aus seinem so gearteten und jeweils so oder so gestimmten Inneren heraus, darum als ein nicht bloß verstandesmäßig erkennendes, sondern als ein *fühlendes Aufnehmen*: so wird das Seiende in seinem Wert und in seiner Bedeutung für das eigene Sein erfaßt, es wird dazu fühlend und wollend Stellung genommen. Das Fühlen steht, bedingt und bedingend, zwischen dem verstandesmäßigen Erkennen und dem Wollen.

So haben wir eine dreifache Entfaltung des geistigen Lebens nach außen im verstandesmäßigen Erkennen, Fühlen und Wollen, die doch *eins* sind *als* Entfaltung des Geistes und durch ihre Wechselbedingtheit. Wir haben andererseits ein dreifaches inneres Leben: ein erkenntnismäßiges Innesein des eigenen Seins in der Urform des Gedächtnisses, die zugleich die Urform des Erkennens ist, ein Sichfühlen und ein willensmäßiges Jasagen zum eigenen Sein. Das *innere Sein* des Geistes, das *Nach-außen-gehen* und die *Auseinandersetzung zwischen innen und außen* sind die *Grundrichtungen des geistigen Lebens*. Das Gedächtnis in seiner dreifachen Leistung ist selbst eine Drei-Einheit und macht den Aufbau des inneren Seins sowie das Nach-außen-gehen möglich. Das Fühlen als Sich-Fühlen, Wertfühlen und Gefühlsstellungnahme ist wiederum eine Drei-Einheit. Und Ähnliches ließe sich wohl bei näherer Untersuchung für das Erkennen und Wollen zeigen. Die Liebe aber ist die große Drei-Einheit, die alles in sich zusammenfaßt und Inneres und Äußeres eint.

Was muß das aber für eine Liebe sein, die solches vermag? Kann es die Selbstliebe des Geistes sein, von der *Augustinus* ausging? Er selbst ist dabei nicht stehen geblieben. Er hat den Geist auch im Verhältnis zu den äußeren Dingen betrachtet, hat auch da ein dreifaltiges Leben gefunden. aber kein echtes Bild der Gottheit wegen der Abhängigkeit von einem Niederen[116]. Um Abbild des Ewigen zu sein, muß der Geist sich auf Ewiges richten: es im *Glauben erfassen*, im *Gedächtnis* bewahren und mit dem *Willen* liebend ergreifen, darin sieht Augustinus die Trinität des inneren Menschen[117]. Aber auch das ist noch nicht das echte Gottesbild, weil der Glaube etwas Zeitliches, Vorübergehendes ist: er wird einst durch das Schauen abgelöst[118]. Was in der Seele die Trinität abbildet, muß etwas Bleibendes sein, es darf der unsterblichen nicht verloren gehen, muß also in dem gesucht werden, was in ihr unsterblich ist[119]. Das ist der Geist, der denkend sich selbst erkennt, nachdem er zuvor schon durch die ursprünglichste Gedächtnisleistung um sich selbst gewußt hat und liebend nach dem Genuß seiner selbst strebt[120]. Es scheint, daß Augustinus hierin ein echtes Gottesbild, wenn auch noch nicht das höchste, sieht. Es mag befremden, daß die Selbstliebe so hoch bewertet wird. Aber der Heilige hat schon an einer früheren Stelle, als er davon sprach, hinzugefügt, es müsse die *rechte* Selbstliebe sein: den Nächsten, wie uns selbst, sollen wir um Gottes willen lieben, Gott allein um Seiner selbst willen[121]. So ist die rechte Selbstliebe nur aus der Gottesliebe zu verstehen.

Zu diesem Ergebnis werden wir auch kommen, wenn wir an das denken, was wir über das Wesen der Liebe gesagt haben. Wenn die Liebe in ihrer höchsten Erfüllung Wechsel-Hingabe und Einswerden ist, so gehört dazu eine Mehrheit von Personen. Das „Hängen" an der eigenen Person, die Selbst-Behauptung, die der verkehrten Selbstliebe eigen sind, bilden den äußersten Gegensatz zum göttlichen Wesen, das ja Selbst-Hingabe ist. Die einzige vollkommene Verwirklichung der Liebe, so wurde früher gesagt, ist das göttliche Leben selbst, die Wechselhingabe der göttlichen Personen. Hier

---

[116] De Trinitate XI 5. [117] a. a. O. XIII 20.
[118] a. a. O. XIV 2. [119] a. a. O. XIV 3/4.
[120] XIV 6. [121] a. a. O. VIII 8.

findet jede Person in der andern sich selbst wieder, und da ihr Leben wie ihr Wesen eines ist, so ist die wechselseitige Liebe zugleich Selbstliebe, Jasagen zum eigenen Wesen und zur eigenen Person. Die nächste Annäherung an diese reine Liebe, die Gott ist, im Bereich des Geschöpflichen ist die Hingabe endlicher Personen an Gott. Es vermag zwar kein endlicher Geist den göttlichen Geist ganz zu umfassen. Aber Gott — und Er allein — umfaßt jeden geschaffenen Geist ganz: wer sich ihm hingibt, der gelangt in der liebenden Vereinigung mit ihm zur höchsten Seinsvollendung, zu jener Liebe, die zugleich Erkenntnis, Herzenshingabe und freie Tat ist. Sie ist ganz Gott zugewendet, aber in der Vereinigung mit der göttlichen Liebe umfaßt der geschaffene Geist auch erkennend, selig und frei bejahend sich selbst. Die Hingabe an Gott ist zugleich Hingabe an das eigene gottgeliebte Selbst und die ganze Schöpfung, namentlich an alle gottgeeinten Geistwesen [122].

---

[122] H. *Scholz* hat in seiner überaus scharfsinnigen, von großem philosophischem und religiösem Ernst getragenen Abhandlung „Eros und Caritas. Die platonische Liebe und die Liebe im Sinne des Christentums" (Halle a. S. 1929) in dem Schriftwort „Gott ist die Liebe" eine Aporie gefunden (S. 54). Es müsse bei Gott außer der Liebe mindestens noch *eine* andere Geisteshaltung angenommen werden, nämlich der Zorn. Er deutet also das Johanneswort darin um, daß von Gott eine Liebe zu prädizieren sei, die von keinem andern Wesen prädiziert werden könne. Die Schwierigkeit erwächst für Scholz daraus, daß er anfangs die Liebe als eine Gemütsverfassung definiert hat. Danach muß er ein Subjekt dafür fordern. In scharfem Gegensatz zur klassischen katholischen Philosophie und Theologie sieht er im *actus purus* — in Gott, der die Liebe, die Weisheit, die Güte selbst ist, und dies alles in einem — einen „Inbegriff subjektloser Eigenschaften". Dies Ergebnis scheint mir darin begründet, daß Scholz das *Gesetz der Analogie* — m. E. das Grundgesetz des theologischen Denkens — nicht berücksichtigt. Dieses Gesetz macht es unmöglich, die Kategorien des Endlichen in völlig unverändertem Sinn auf Gott zu übertragen. Gott hat weder Gemütszustände noch Eigenschaften. Was Ihm davon zugeschrieben wird, ist gleichnisweise zu verstehen. (Vgl. hierzu auch, was im Vorausgehenden S. 417 ff. über die Analogie von Irdischem und Überirdischem gesagt ist.) Und was in den Geschöpfen getrennt ist, ist in Gott eins. — Nicht minder tiefgehend ist der Gegensatz zwischen dem philosophischen Verfahren bei Scholz und in unseren Untersuchungen: Er definiert zwar scharf, was eine platonische Idee sei, aber er geht so vor, als ob es keine Ideen (im Sinn von Wesenheiten) gäbe. So gibt es keine Möglichkeit, die verschiedenen *Begriffe* der Liebe, die historisch exakt herausgearbeitet werden, an der „*Idee* der Liebe" als ihrer sachlichen Grundlage zu messen und festzustellen, was sie von dieser sachlichen Grundlage erfaßt oder nicht erfaßt haben.

8. Das übernatürliche Gottesbild durch Innewohnen Gottes in der Seele

Zu einer solchen Liebeshingabe ist aber der Mensch aus sich allein, durch seine eigene Natur nicht fähig. Wenn er schon zur Erkenntnis und zu wirklich erfüllter Liebe anderer Menschen nur gelangen kann, falls sie selbst sich ihm liebend erschließen — alles andere, was wir Menschenkenntnis und Menschenliebe nennen, sind nur Wege und Vorstufen dazu —, wie soll er zur Liebe Gottes kommen, den er nicht sieht, ohne daß er von Gott zuvor geliebt wird ? Alle natürliche, von den Geschöpfen aufsteigende Gotteserkenntnis schließt ja sein verborgenes Wesen nicht auf. Sie kann Ihn, trotz aller Entsprechung, die Geschöpf und Schöpfer verbinden muß, doch immer nur als den ganz Anderen fassen. Das könnte — in der unverderbten Natur — schon genügen, um zu erkennen, daß dem Schöpfer eine größere Liebe gebührt als irgendeinem Geschöpf. Um sich Ihm aber liebend hinzugeben, müssen wir Ihn als den Liebenden kennen lernen. Und so kann nur Er selbst sich uns erschließen. In gewisser Weise tut dies das Wort der Offenbarung. Und zur gläubigen Annahme der göttlichen Offenbarung gehört sinngemäß schon liebende Zuwendung. Sie vollendet sich aber erst, wenn Gott sich im Gnaden- und Glorienleben der Seele selbst hingibt, ihr Sein göttliches Leben mitteilt und sie in Sein göttliches Leben hineinzieht.

Das göttliche Leben, das sich in der gottliebenden Seele entfaltet, kann kein anderes sein als das dreifaltige der Gottheit. Es ist ja der Dreieinige, dem sie sich hingibt. Sie übergibt sich dem Vaterwillen Gottes, der gleichsam in ihr aufs neue den Sohn erzeugt. Sie eint sich dem Sohn und möchte in ihm verschwinden, damit der Vater in ihr nichts mehr sehe als den Sohn. Und ihr Leben eint sich dem Heiligen Geist, es wird zur göttlichen Liebesausgießung. Es ist deutlich, daß dieses Gottesbild im geschaffenen Geist durch die gnaden- und glorienhafte Liebeseinigung unvergleichlich ist mit jedem bloß natürlichen Abbild. „Bild" ist dafür kaum noch der rechte Ausdruck. Es muß schon so verstanden werden, wie der Sohn Bild des Vaters ist. Handelt es sich doch um echte Gotteskindschaft.

Weil die Seele den Geist Gottes in sich aufnimmt, kann sie ein „geistiges Gefäß" genannt werden[123]. Aber das Wort „Gefäß" gibt doch nur ein sehr wenig treffendes Bild für die Art des Aufnehmens,

---

[123] *Vas spirituale* nennt die Lauretanische Litanei die Gottesmutter. Aber was von ihrer Seele gesagt wird, ist auf jede Menschenseele anwendbar, weil jede zu dem bestimmt ist, was Maria am vollkommensten verwirklichte.

um die es sich handelt. Ein räumliches Gefäß und das, was es in sich aufnimmt, bleiben „außereinander"; sie vereinigen sich nicht zu *einem* Seienden, und wenn sie wieder voneinander getrennt werden, so ist jedes, was es vor der Vereinigung war (es sei denn, es wären Stoffe, die einander „angreifen", aber in diesem Fall wäre das Gefäß ein „mangelhaftes"; so weit es angreifbar ist, ist es als Gefäß untauglich). Weit inniger ist die Verbindung eines Stoffes mit der Form, die ihm innewohnt — etwa zwischen Leib und Seele. Hier liegt ein nicht mehr räumlich zu verstehendes Ineinander vor. Und getrennt voneinander sind beide nicht mehr das, was sie in ihrer Vereinigung, und auch nicht, was sie vorher waren. Denn beide sind ein einziges Seiendes; der Leib verdankt der Seele sein Sein, und zum Sein der Seele gehört es, sich in den Leib hineinzugestalten. Bei der Vereinigung der Seele mit dem göttlichen Geist werden Gott und die Seele nicht in *dieser* Weise eins: d. h. nicht Teile *eines* Seienden. Das göttliche Sein wird durch die Vereinigung mit dem menschlichen weder vermehrt noch vermindert noch in irgendeiner Weise verändert. Die Seele freilich (und darum der ganze Mensch) erfährt durch die Vereinigung eine Umwandlung von Grund auf. Dennoch bleibt sie in ihrem eigenen Sein erhalten, es wird nicht ein Teil des göttlichen. Und trotzdem darf diese Vereinigung eine noch innigere genannt werden und in eigentlicherem Sinn ein Ineinander als die von Seele und Leib. Denn die Seele gestaltet sich in den Leib hinein wie in ein ihr fremdes Mittel, einen von ihr selbst gattungsmäßig verschiedenen Stoff. Gott und die Seele aber sind *Geist* und durchdringen sich, wie nur Geist und Geist sich durchdringen können: kraft gegenseitiger freier persönlicher Hingabe, die Geschiedenheit des Seins voraussetzt, aber — trotz des unendlichen Abstands von Ungeschaffenem und Geschaffenem — eine Wesensgemeinsamkeit, die ein wahrhaftes *Eingehen* ineinander möglich macht.

9. Geist und Seele

Die Geistnatur der Seele ist für ihre Vereinigung mit Gott (d. h. für ihr Gnaden- und Glorienleben) vorausgesetzt. Sie erhebt sich damit zu einem Sein, das dem der reinen Geister an die Seite zu stellen ist. Daß es aber eine „Erhebung" ist, das scheidet sie von den reinen Geistern. Denn das Sein der reinen Geister besteht ganz eigentlich in ihrer freien Hingabe an Gott und seinen Dienst — als andere Möglichkeit steht dem nur noch das Versagen der Hingabe gegenüber, wie es bei den bösen Geistern vorliegt. Die Seele aber hat die doppelte (oder dreifache) Aufgabe: der Selbstgestaltung, als Entfaltung ihres eigenen Wesens und Formung des Leibes, und des Aufsteigens über sich selbst zur Vereinigung mit Gott.

Von hier aus wird die früher erwähnte Scheidung: Leib — Seele — Geist noch besser verständlich. Als Form des Leibes nimmt die Seele jene Mittelstellung zwischen Geist und Stoff ein, die den Formen der körperlichen Dinge eigen ist. Als Geist hat sie ihr Sein „in sich" und kann sich in persönlicher Freiheit über sich selbst erheben und ein höheres Leben in sich aufnehmen. Sie strahlt nicht nur unbewußt und unwillkürlich ihr Wesen aus — in jedem geistigen Sein, das auch den niederen Geschöpfen zukommt —, sondern geht in ihrer Geistestätigkeit in persönlicher Freiheit aus sich heraus. Wie schon früher betont wurde, ist damit kein Nebeneinander von Geist und Seele im Menschen ausgesprochen. Es ist die eine Geistseele, die eine mehrfache Seinsentfaltung hat. Die Scheidung ist auch nicht in dem Sinn zu verstehen, wie man *Geist* (= *mens*) und Sinnlichkeit als höheren und niederen „Teil" in der Seele scheidet oder — noch enger gefaßt — im höheren Teil *Geist* (= Verstand, *intellectus*) als Erkenntnisvermögen gegenüber dem Willen abgrenzt. Die Seele ist *Geist* (= *spiritus*) ihrem innersten Wesen nach, das der Ausbildung aller ihrer *Kräfte* zugrunde liegt.

Es gibt in den Briefen des hl. *Paulus* einige Stellen, die mir auf die Scheidung von Seele und Geist hinzuweisen scheinen, auf die es hier ankommt. Wo er von der Auferstehung der Toten spricht[124], sagt er: „Gesät wird ein beseelter Leib (*corpus animale*, σῶμα ψυχικόν), auferstehen wird ein Geistleib (*corpus spirituale*, σῶμα πνευματικόν). Wenn ein beseelter Leib ist, dann ist auch ein Geistleib, wie geschrieben steht: der erste Adam wurde zu einer lebenden Seele gemacht, der letzte Adam zu einem lebenspendenden Geist (*anima vivens* — *spiritus vivificans*, ψυχὴ ζῶσα — πνεῦμα ζωοποιοῦν). Doch nicht das Geistige ist früher, sondern das Seelische: dann kommt das Geistige"[125]. In unserm Zusammenhang geht es nicht um den Unterschied von *beseeltem Leib* und *Geist-Leib*, sondern um das, worin der Unterschied begründet ist, die „lebendige Seele" und den „lebenspendenden Geist". „Lebendig" ist die Seele, die ihr eigenes (natürliches) Leben in sich hat und den Leib zu einem lebendigen macht. Aber sie ist kein sprudelnder Quell, der aus sich heraus Leben erzeugt wie der „lebenspendende Geist" des neuen Adam. Dieser lebenspendende oder lebenweckende Quell ist die Seele Christi, weil sie die Fülle des göttlichen Geistes in sich trägt; aber nicht darum allein, sondern auch weil sie in der unbeschränkten Freiheit der

---

[124] 1 Kor. 15, 35 ff.   [125] a. a. O. 15, 44/46.

göttlichen Person Christi über ihre Lebensfülle verfügen kann. Diese Seele ist nicht nur in naturhafter Weise in den Leib eingesenkt[126], es ist ihr „Macht gegeben", ihr Leben im Leib zu beginnen und zu enden und wieder aufzunehmen; und es gehen nicht nur „Ströme lebendigen Wassers"[127] von ihr aus (wie auch sonst von begnadeten Seelen), sondern sie *verfügt* über ihre Lebensfülle auch in der Auswirkung auf andere; ja sie kann selbst den geschaffenen Geistern gebieten: abgeschiedene Seelen in den entseelten Leib zurückrufen und böse Geister aus ihrem eroberten Herrschaftsbereich hinausweisen. Es verbinden und durchdringen sich hier die naturhafte Bindung an den Leib, die die Seele zur *Seele* macht, und die — noch über alle persönliche Freiheit der geschaffenen Geister erhabene — Herrschermacht der göttlichen Person. Das wäre aber nicht möglich, wenn die Seele des Menschen nur „lebendig" gleich der Tierseele wäre und nicht schon ihrer Natur nach persönlich geformter Geist, der imstande ist, göttliches Leben aufzunehmen. Und darum kann jede Menschenseele zur Herrschaft über ihren Leib und ihre eigene Natur erhöht werden[128]. Und es kann ihr etwas von der Herrschergewalt Christi über die Geistesfülle (als Gnadengabe — *Charisma* — schon in diesem Leben oder als ihr ewiger Lohn im Glorienleben) übertragen werden. Die Scheidung zwischen ihrem *seelischen* (= leibverhafteten) und *geistigen* (= gottzugewandten) Sein läuft durch das Wesen der Seele selbst. Darum kann das *Wort Gottes* durchdringender als ein „zweischneidiges Schwert" genannt werden, weil es „hinabreicht bis an die Scheidung von Seele und Geist"[129]. Dabei ist an das Richterwort Gottes gedacht, das die geheimsten Gedanken und Absichten des Herzens aufdeckt und auf Grund der eigenen Richtung der Seele, die es bloßlegt, die Lösung vollzieht: die Erhebung der Seele aus der naturhaften Gebundenheit[130] an den Leib und in sich selbst zur freien Herrschaft über ihn und sich selbst und über das göttliche Leben, mit dem sie erfüllt wird.

---

[126] Es kann darunter zweierlei verstanden werden: 1. die *Belastung* der Seele durch den materiellen Leib, die Christus für sein *irdisches* Leben mit der Menschennatur angenommen hat, von der aber der Auferstandene frei war; 2. die Hineingestaltung in einen ihr entsprechenden Leib, die auch dem Verklärten eigen ist.

[127] Joh. 7, 38.

[128] Daß denen, die das göttliche Wort aufnehmen, das „neue Leben" als frei verfügbares übergeben wird, liegt in den Worten des Johannesevangeliums, daß uns die „Macht" (ἐξουσία, *potestas*) gegeben werde, Kinder Gottes zu sein (Joh. 1, 12).

[129] Hebr. 4, 12.

[130] In der ersten der beiden unterschiedenen Bedeutungen (s. oben Anm. 126).

Von dieser Erfüllung heißt es: „. . . nicht nach Maß gibt Gott den Geist"[131]. Der geschaffene Geist, die Seele als Geistwesen, wie sie ihrer Natur nach ist, ist ein Gemessenes. In diesem Sinn ist ihr der Geist „nach Maß gegeben". Der Geist Gottes aber ist unermeßlich und bindet sich, wenn er sich schenkt, nicht an das Maß dessen, dem er sich schenkt. Wohl hat der endliche Geist eine begrenzte Fassungskraft und vermag nichts Unendliches aufzunehmen. Aber durch das, was ihm mitgeteilt wird, wird seine Fassungskraft gestärkt, und so sind seiner Erfüllung und Erhöhung keine Grenzen durch ein endliches Maß gesetzt.

Die Umgestaltung der Seele durch die Aufnahme göttlichen Lebens, die Umformung ihrer Kräfte und ihres gesamten Verhaltens in ihrem ganzen Umfang darzustellen, ist eine zu große Aufgabe, um sie hier im Vorübergehen durchzuführen[132].

10. Die dreifaltige Formkraft der Seele. Leib, Seele, Geist

Es muß nun wieder daran erinnert werden, daß das Sein der Menschenseele sich nicht in ihrem geistigen Leben erschöpft. Wenn wir an die Wurzel des menschlichen Seins zurückgehen, so finden wir die dreifache Entfaltungsrichtung: Gestaltung des Leibes, Gestaltung der Seele, Entfaltung im geistigen Leben. All das leistet die Formkraft der Seele und ist doch *eine* in ihrer dreifachen Formwirkung. Sie wirkt die Formung des Leibes nach Art einer Pflanzenseele und doch durchaus als Menschenseele: es ist ein Menschenleib, Werkzeug und Ausdrucksfeld eines freien Geistes, was sie gestaltet, kein Pflanzengebilde. Sie lebt in ihrem Leib und gestaltet sich selbst nach Art einer Tierseele, und doch wieder ganz anders, weil ihr ganzes Sinnenleben dem Geist geeint und von ihm geformt ist. Sie erhebt sich zu einem Geistesleben, mit dem sie sich den reinen Geistern an die Seite stellt, und doch ist dieses Geistesleben

---

[131] Joh. 3, 34.

[132] Ein lebendiges Bild des inneren Lebens der mit Gott geeinten Seele gibt in knappem Rahmen das Buch „Das Ideal des geistlichen Lebens", herausgegeben von P. Odilo *von Zurkinden* O. S. B. (München 1936; Verfasser ist der ungenannte Kartäuser, dem wir schon das Buch „Im Banne des Dreieinigen" verdanken). Reichste Veranschaulichung bieten die mystischen Schriften aller Jahrhunderte. Zu einer Darstellung der Umformung der seelischen Kräfte unter der Einwirkung des Hl. Geistes bietet vorzügliche Beiträge das Buch der Schwester *Isidora* „Die sieben Gaben des Heiligen Geistes", Freiburg i. Br. 1926; ferner: Schwester *Teresia Renata de Spiritu Sancto* O. C. D., Die siebenfache Gabe, Freiburg i. Br. 1936.

durch seine Verwurzelung im leiblich-sinnlichen Leben eigentümlich gestaltet. So sind im Menschen die getrennten Reiche der Schöpfung zur Einheit eines Wesens verbunden, während sie außerhalb des Menschen nur in einem Wirkungs- und Sinnzusammenhang stehen.

Die dreifache Formkraft der Seele ist als eine Drei-Einheit zu betrachten, aber auch das, was sie gestaltet: Leib — Seele — Geist. Wenn wir versuchen, diese Drei-Einheit zur göttlichen in Beziehung zu bringen, so werden wir in der Seele als dem Quellhaften, das sich aus sich selbst schöpft und in Leib und Geist gestaltet, das Bild des Vaters sehen, im Leib als dem festumrissenen Wesensausdruck das Bild des Ewigen Wortes, im geistigen Leben das Bild des göttlichen Geistes. Denken wir ferner daran, daß unter *Leib* nicht bloß ein belebter Körper zu verstehen ist, sondern die „ausgeborene" Wesensgestalt, entsprechend unter *Seele* nicht bloß die Wesensform eines körperlichen Lebewesens, sondern alles urquellhafte Leben, unter *Geist* das freie Ausgehen aus sich selbst, so ist diese Drei-Einheit schon in der Seele selbst zu finden. Sie schöpft sich aus sich selbst, formt sich zur festumrissenen Gestalt und geht im geistigen Leben von sich selbst aus. Ihr dreifaltiges Sein bildet so das innere Leben der Gottheit nach. Die Hineingestaltung in einen ihr fremden Stoff bei der Bildung des Leibes kann dann der Menschwerdung des Wortes verglichen werden, ihr Ausgehen aus sich selbst in eine äußere Welt, der sie ihr Gepräge gibt, der Sendung des Geistes in die Schöpfung.

So kann die Seele mit ihrer dreifaltigen Formkraft und Seinsentfaltung schon natürlicherweise als Bild der dreifaltigen Gottheit betrachtet werden. Öffnet sie sich dann in ihrem Innersten dem Einstrom des göttlichen Lebens, dann wird sie selbst und durch sie der Leib zum Bilde des Sohnes Gottes geformt, und es gehen von ihr „Ströme lebendigen Wassers" aus, die dahin wirken, das Angesicht der Erde aus dem Geist zu erneuern. Der Menschengeist, der vom göttlichen Geist durchdrungen und geleitet ist, erkennt im göttlichen Licht die Urgestalt der Schöpfung unter den entstellenden Hüllen und kann an ihrer Wiederherstellung mitarbeiten.

§ 10. Unterschied des Gottesbildes in den vernunftbegabten Geschöpfen (Engeln und Menschen) und in der übrigen Schöpfung

Die Einigung der Seele mit dem dreifaltigen Leben der Gottheit setzt die Geistnatur der Seele voraus: d. h. ihr persönlich-geistiges Wesen. Weil der Mensch Person ist und nicht **nur** zu unwillkürlichem und unbewußtem geistigen Ausgehen von sich selbst fähig, sondern zu freiem und bewußtem Geistesleben, darum ist der Menschengeist schon natürlicherweise in viel eigentlicherem Sinn Gottesbild als die anderen Geschöpfe. So können wir verstehen, daß der hl. *Thomas* nur im menschlichen Geist und in den Engeln eine *imago* Gottes anerkennt. Wir konnten ihm nicht darin folgen, daß die übrige Schöpfung nur eine *Spur (vestigium)* des Dreieinen zeige[133]. Eine gewisse Abbildlichkeit glaubten wir in der ganzen Schöpfung aufweisen zu können. Wohl aber ist zwischen einer näheren und entfernteren Abbildlichkeit zu unterscheiden, wie sie Thomas mit den Ausdrücken *imago* und *similitudo* kennzeichnet[134]. Er will von *similitudo* sprechen, wo eine Übereinstimmung in der Gattung oder in einer Eigenschaft vorliegt, von *imago*, wo die Art gemeinsam ist. Im Verhältnis zu Gott sind all diese Ausdrücke nicht streng zu nehmen: da Gott weder einer Art noch einer Gattung angehört, noch Eigenschaften hat, kann es in all dem keine eigentliche Übereinstimmung mit Ihm geben. Aber alles hat im einfachen göttlichen Wesen sein Urbild, und das Abbild kann ein näheres und entfernteres sein. Weil die vernunftbegabten Geschöpfe mit dem, was sie vor allem anderen auszeichnet, dem Schöpfer gleichen: mit der persönlichen Geistigkeit, darum kann hier von einer *Ebenbildlichkeit* gesprochen werden, die ihnen allein zukommt.

Alle Geschöpfe haben einen drei-einigen Aufbau als auf sich selbst gestellte, als sinn- und krafterfüllte. Alle selbständigen Gebilde haben die drei-einige Seinsentfaltung, die wir leiblich-seelisch-geistig nennen.

In der körperlichen Natur spiegelt sich die dreifache Seinsentfaltung im Festen, Flüssigen und Gasförmigen. Im Bereich des Lebendigen finden wir den besonderen Ausdruck der dreifachen Entfaltung im Pflanzlichen, Tierischen und Menschlichen. Im Menschlichen ist dies alles noch einmal zusammengefaßt. Aber nur die Geistpersonen haben mit der Gottheit die Personhaftigkeit gemein. Nur sie haben ein persönlich-geistiges Leben und darin etwas, was an die Hervorgänge in der Gottheit erinnert, eine geistige Fruchtbarkeit: wenn die Erkenntnis sich im Wort vollendet, dann hat sich gleichsam aus dem schöpferischen Geist etwas wie eine reife Frucht losgelöst. Und wenn der Geist dieses sein Gebilde betrachtet, so entspringt daraus jenes freudige Jasagen, das „etwas von der Art der Liebe" ist.

Es kann hier ein Einwand erhoben werden, der das gesamte Gottes-

---

[133] Vgl. die Anmerkung S. 328.
[134] S. th. I q 93 a 2 u. 9.

bild in der Schöpfung betrifft: Wir können überall ein Drei-und-Eins aufweisen und bei den geschaffenen Geistern ein persönliches und geistig fruchtbares Leben, aber in keinem Geschöpf eine Dreipersönlichkeit. Was wir im Geschöpf als Abbild der göttlichen Personen auffassen, sind keine Personen. Es ist nur Verschiedenes innerhalb *einer* Person (oder eines unpersönlichen Gebildes), was sich jeweils vorzugsweise zu dieser oder jener göttlichen Person in Beziehung bringen läßt. Der Ausweg, die Dreipersönlichkeit in einer Mehrheit geistiger Personen zu suchen (etwa Mann, Weib und Kind), ist von *Augustinus* wie von *Thomas* zurückgewiesen worden[135]. Es ist ja der einzelne Mensch, in dem sich das Gottesbild finden soll, unabhängig davon, ob er andere erzeugt oder nicht. Außerdem ist die leibliche Zeugung etwas, was der Mensch mit dem Tier gemeinsam hat und was ihn von den reinen Geistern, von Gott und den Engeln, trennt. Allerdings gilt das nur, wenn wir die Zeugung in ihrer tierischen Form nehmen und nicht bedenken, daß sie bei Menschen etwas anderes sein kann und soll: persönlich-freie Tat, die leibliche Einigung Ausdruck seelischer Hingabe freier Personen, die in der Liebe eins werden und in einem gemeinsamen Zeugungswillen nicht nur leiblich fruchtbar[136]. Das Einswerden in der Liebe bringt ein geistiges Aufnehmen des geliebten Wesens mit sich und macht den Liebenden zum *Abbild* des Geliebten. Und was als Frucht aus solcher Einigung hervorgeht, das trägt den Stempel der Wesensgemeinsamkeit. Eine solche Zeugung ist nur bei geistigen Personen (nicht bei niederen Lebewesen) und ist auch als *rein* geistige möglich: in der liebenden Vereinigung der Geister, die sich einander ganz erschließen und in ihrer Wesenseinigung fruchtbar sind: durch die Atmosphäre, die von ihnen auf ihre Umgebung ausstrahlt, vielleicht auch durch Werke, die sie gemeinschaftlich schaffen und durch die sie ihren Geist „fortpflanzen". Man wird sagen dürfen, daß alle Gemeinschaft endlicher Personen ihr Urbild in der göttlichen Dreieinigkeit hat, freilich ist das Abbild ein unendlich fernes und unvollkommenes — wie jedes endliche Abbild des Ewigen. Die Unvollkommenheit zeigt sich hier darin, daß die Wesensgemeinsamkeit immer nur eine teilweise ist und daß sie keine ursprüngliche ist, sondern das ursprüngliche Eigenwesen der einzelnen Personen zur Grundlage hat. Ferner darin, daß anstelle der dritten Person eine offene Vielheit endlicher Personen steht. Wie das urbildliche göttliche Sein im Abbild der Schöpfung gebrochen erscheint in eine Vielheit von Seiendem

---

[135] *Augustinus,* De Trinitate XI 5/6; *Thomas von Aquino,* S. th. I q 94 a 6 ad 2.
[136] Vgl. dazu im Folgenden Kap. VIII, § 3, 3.

und mannigfaltigen Seinswesen, so ist auch das Abbild der Drei-einigkeit ein gebrochenes. Einzelwesen und Gemeinschaft geben das Urbild in verschiedener Weise wieder und ergänzen einander in ihrer Abbildlichkeit. Und die Gemeinschaft ist keine streng geschlossene Drei-Einheit.

Vollkommener als diese Abbildung der göttlichen Dreipersönlichkeit in der geschaffenen Gemeinschaft ist jene früher erwähnte durch die Einwohnung der göttlichen Personen in der Einzelseele im Gnaden- und Glorienleben, weil dieses ein wirkliches Mit- und Nachleben des dreipersönlichen und göttlichen Lebens ist.

Echtes natürliches Gemeinschaftsleben, Gnaden- und Glorienleben setzen persönliche Hingabe voraus und sind daher etwas, was die geschaffenen Geister — Engel und Menschen — vor der ganzen übrigen Schöpfung voraushaben.

§ 11. Unterschied des Gottesbildes in Engeln und Menschen

Nach dem, was früher über die reinen Geister gesagt wurde, dürfte es wohl möglich sein, herauszuarbeiten, wie sich das Gottesbild in ihnen von dem Gottesbild im Menschen unterscheiden mag. Der Grundaufbau, der jeder οὐσία eigen ist, findet sich auch bei ihnen: jeder ist auf sich selbst gestellt, jeder hat sein eigenes Wesen und entfaltet es in seinem Leben mit der ihm eigenen Kraft. Aber diese Entfaltung ist kein zeitliches Geschehen, in dem sie erst zu ihrer festumrissenen Wesensgestalt kämen. Sie *haben* eine festumrissene Wesensgestalt (ihren „Geist-Leib"), aber ohne sie erst zu gestalten. Ihr Leben ist freies, geistiges Herausgehen aus sich selbst. Kann man also bei ihnen nur von leiblichem und geistigem Sein sprechen, nicht aber von seelischem? Eine Seele als dunklen Grund, der zur Gestaltung drängt, haben sie nicht. Aber sofern sie ihr Wesen nicht nur als fest umrissenes besitzen und nach außen ausstrahlen, sondern auch innerlich in Bewegung sind und ihr „Inneres" verschließen oder öffnen können, darf doch auch bei ihnen von einer dreifachen Seins-entfaltung gesprochen werden. Ihrem *geistigen Sein*, d. h. ihrem Herausgehen aus sich selbst, haben wir früher den dreifachen Namen gegeben: Erkenntnis, Liebe, Dienst. Es geschah dies noch nicht im Hinblick auf das Abbild der Dreifaltigkeit. Im Sinn der augustinischen Einteilung: Geist — Liebe — Erkenntnis müßten Liebe und Dienst (als Auswirkung der Liebe) zusammengefaßt werden. Denken wir an die drei Grundrichtungen des menschlichen Seelenlebens: Aufnehmen, innere Verarbeitung und antwortendes Verhalten nach außen, so würde das Erkennen dem Aufnehmen entsprechen und der Dienst dem antwortenden Verhalten, die Liebe aber vermittelt zwischen beiden und hat zugleich an beidem Anteil als Aufnehmen ins Innerste und Antworten aus dem Innersten. Es ist aber zu bedenken, daß dies bei den Engeln keine zeitliche Abfolge bedeutet: ihr geistiges Leben ist einheitlich (und darin dem göttlichen näher), nur eine sachliche Ordnung ist in dieser Einheit aufzuweisen. Ihr Geist hat von Natur aus die Kraft, fremde Geistigkeit zu empfangen, sie dem eigenen Inneren zu einen und das eigene Innere anderen zu öffnen (worin das Wesentliche ihrer Dienstleistung besteht). In all dem aber ist die Liebe (als Hingabe des eigenen Selbst) das Grundlegende: sie öffnet den geschaffenen Geist für das göttliche Leben, sie läßt das eigene Wesen von diesem göttlichen Geist durchdringen und läßt ihn ausstrahlen und die niederen Geister erfassen.

Wegen der Reinheit ihrer Hingabe ist das Gemeinschaftsleben der Engel auch ein reineres Bild des dreipersönlichen göttlichen Lebens: jeder himmlische Geist wird durch die Liebe mit einem höheren geeint (wenn nicht unmittelbar mit Gott selbst) und durch diese Einigung fruchtbar zur Erweckung des göttlichen Lebens im niederen.

Schließlich stellt ihr Glorienleben einen Anteil am Leben des dreieinigen Gottes dar, wie er für keinen Menschen während des Erdenlebens möglich ist (natürlich abgesehen von Christus, der den Stand des „Erdenpilgers" mit dem der Himmelsbewohner vereinte).

Die reinen Geister sind wie Strahlen, durch die das ewige Licht sich der Schöpfung mitteilt. Größer ist der Abstand und weiter der Weg zu den geistigen Wesen, die in eine stoffliche Hülle eingesenkt sind und wie ein Quell aus verborgener Tiefe emporsteigen. Aber gerade diese Verborgenheit und Quellhaftigkeit gibt ihnen etwas von der Unergründlichkeit des göttlichen Seins. Und in ihrer Abgelöstheit scheinen sie stärker auf sich selbst gestellt als die ganz gottgetragenen reinen Geister. Schließlich haben sie gerade durch ihre Stoffgebundenheit eine eigentümlich nahe Verbundenheit mit Dem, der herniederstieg in die Tiefe des irdischen Seins, mit dem fleischgewordenen Wort. Von diesem geheimnisvollen Zusammenhang etwas aufzudecken, soll unser letztes Bemühen sein.

VIII.

SINN UND BEGRÜNDUNG DES EINZELSEINS

Bei der Behandlung des menschlichen Personseins ist öfters an
eine andere Frage gerührt worden, auf die wir auch in anderen Zusammenhängen schon gestoßen sind und die jetzt geklärt werden muß,
wenn das Wesen des Menschen, seine Stellung in der Ordnung der
geschaffenen Welt und sein Verhältnis zum göttlichen Sein verständlich werden soll: die Frage des *Einzelseins* (der Individualität)
des Menschen, die sich nur im Zusammenhang einer Erörterung des
Einzelseins überhaupt behandeln läßt.

§ 1. Einzelding, Einzelheit und Einheit (Einzelsein und Einssein)

Es muß zunächst klar herausgearbeitet werden, was unter Einzelsein zu verstehen ist. Denn das ist keineswegs eindeutig. Mit *Individuum (= Einzelding)* bezeichnet man gewöhnlich das, was
Aristoteles τόδε τί (ein Diesda) genannt hat: ein Ding, das man
nicht mehr mit einem Namen nennen kann (weil alle Namen einen
allgemeinen Sinn haben), auf das man nur noch mit dem Finger
zeigen kann. Für dieses Hinweisen hat *Avicenna* den Ausdruck *sig-
nare* oder *designare*, den der hl. *Thomas* von ihm übernommen
hat[1]. Das τόδε τί ist, wie wir früher zu zeigen suchten, das, worin
Aristoteles die πρώτη οὐσία sah[2]. Es hat wohl ein allgemein faßbares
Wesen, das sich begrifflich ausdrücken läßt — *dieser* Mensch ist
„Mensch“, und das Menschsein ist allgemein faßbar —, aber damit
ist nicht erschöpft, was es ist. Und was es darüber hinaus ist, das
ist des Einzeldinges alleiniges und unmittelbares Eigentum. Darum
ist die Individualität selbst als *Unmitteilbarkeit* bezeichnet worden[3].
Das *allgemeine Wesen* ist das, was ein Ding mit anderen teilt.
Worin aber besteht das, was das Einzelding mit keinem anderen
teilen kann und was es zum *Einzelding* macht? Das Einzelding selbst

---

[1] Vgl. die gründliche Studie über das Problem der Individualität bei *Roland-Gosselin*, De ente et essentia, Le Saulchoir, Kain-Belgique 1926, S. 51.
[2] Vgl. Kap. IV.
[3] Vgl. S. th. I q 29 a 3 ad 4.

bestimmt der hl. Thomas als „das, was in sich ungeschieden, von allem anderen aber geschieden ist"[4]. Das innere Ungeschiedensein ist gleichbedeutend mit Einheit oder Eines-sein[5]. Die transzendentale Einheit kommt aber dem Seienden als solchem zu, nicht nur dem Einzelding, sondern auch dem *Allgemeinen*. Das, was das Wort „Mensch" bedeutet — der *Sinn* oder die *Wesenheit* —, ist *Eines*: in sich ungeschieden und von jedem anderen Sinngebilde geschieden. Aber schlechthin — in jeder Hinsicht — unteilbar und darum unmittelbar ist es nicht[6]: es ist das, woran alle Menschen durch ihr Menschsein Anteil haben. Darum reicht die transzendentale Einheit zur Bestimmung des Einzelseins nicht aus. Reicht die *zahlenmäßige Einheit* dafür aus? Was zahlenmäßig eines ist, steht im Gegensatz zum Vielen und ist zugleich dafür vorausgesetzt als das, woraus eine Menge (= „ein Vieles") sich aufbaut. Zum „Vielen" gehört etwas Gemeinsames, was es möglich macht, „Eines und Eines und Eines . . ." zur Einheit einer Menge zu verbinden. Im äußersten Fall braucht das nur die gemeinsame Leerform des „Etwas" zu sein. So kann man „Zahl", „Farbe" und „Gedicht" zusammenfassen als „3 Gegenstände" (im weitesten Sinn von *Gegenstand*). Man kann sie auch „3 Sinngebilde" nennen, weil jedes ein inhaltlich Bestimmtes ist — aber sie haben inhaltlich nichts gemeinsam. Jedes ist dann zahlenmäßig eines: aber ein Einzelding ist es darum nicht. Also ist Einzelsein durch zahlenmäßige Einheit auch nicht erschöpfend zu bestimmen. Der äußerste Gegensatz zu dem Fall, in dem die Leerform das einzig Gemeinsame ist, liegt dort vor, wo mehrere Dinge sich inhaltlich überhaupt nicht unterscheiden: z. B. „3 Exemplare" eines Buches oder eines vervielfältigten Bildes. Wir sagen geradezu, „dasselbe" sei so und so oft vorhanden. Hier scheint in der Tat das Einzelsein nur durch die zahlenmäßige Einheit faßbar zu sein. Selbst in diesem Fall ist beides nicht einfach gleichbedeutend. *Gredt* sagt: die Einzelheit „ist das, wodurch in der körperlichen Ordnung die Wesen derselben Art untereinander rein zahlenmäßig verschieden sind"[7]. Darin kommt zum Ausdruck, daß das Einzelsein der Zahlbestimmtheit *zugrunde* liegt, also nicht mit ihr zusammenfällt. Es

---

[4] a. a. O. a 4 corp. Vgl. dazu auch J. *Gredt* O. S. B., Die aristotelisch-thomistische Philosophie I, Freiburg i. Br. 1935, S. 80f. (Dieses Werk ist die freie deutsche Bearbeitung des früher öfters angeführten lateinischen Handbuches, dem Neuling in der Scholastik leichter zugänglich als die streng schulmäßigen „Elementa".)

[5] Vgl. dazu im Vorausgehenden Kap. IV, § 6.

[6] Vgl. dazu S. 158f.   [7] a. a. O. I 81.

heißt an der angegebenen Stelle weiter: „den Einzelheitsunterschied erkennen wir nicht, da wir das Einzelwesen als solches nicht wesenhaft erfassen". Das ist offenbar so zu verstehen, daß zwei Einzeldinge derselben Art ihrem Wesen nach voneinander unterschieden seien, daß aber wir diesen Unterschied nicht zu fassen vermöchten. Augenscheinlich wird hier *Einzelwesen* und *allgemeines Wesen* (Gattungs- und Artbestimmtheit) geschieden, wie wir es früher getan haben [8]. Aber es klingt so, als hätten wir einen *inhaltlichen* Unterschied der Einzelwesen untereinander — und damit zugleich eine inhaltliche Bestimmtheit des Einzelwesens, die über seine allgemeine Wesensbestimmtheit hinausgeht — anzunehmen, aber eine Bestimmtheit, die wir nicht inhaltlich erfassen und angeben können, sondern nur leer-formal als das die Zahl-Einheit und damit die Zählbarkeit Begründende. Die Dinge müssen sich aber doch für uns als unterschiedene bemerkbar machen, damit wir ihre Unterschiedenheit und Zählbarkeit erkennen können: „Wir unterscheiden . . . die körperlichen Einzeldinge untereinander durch zufällige, äußerlich sinnfällige Merkmale, insbesondere durch die Gestalt, die Stellung im Raum und in der Zeit" [9].

§ 2. Auseinandersetzung mit der thomistischen Lehre vom Grund des Einzelseins

Verschiedene Fragen knüpfen sich an die wiedergegebene Darstellung. 1. Handelt es sich beim Einzelunterschied in der Tat um etwas Inhaltliches — *kann* oder *muß* es sich darum handeln? 2. Warum wird diese Unterschiedenheit auf die *Körperwelt* beschränkt? Die beiden Fragen lassen sich nicht getrennt behandeln, denn sie sind veranlaßt durch die thomistische Auffassung vom Grund des Einzelseins (dem *Prinzip der Individuation*) und werden von daher gemeinsam beantwortet [10]. (Die Frage ist nur, ob wir uns diese Antwort zu eigen machen können und ob nicht bei einer anderen Auffassung eine getrennte Behandlung notwendig wird.)

1. Einzelsein der Körperdinge

Wir versuchen zunächst, uns diese thomistische Lösung klar vor Augen zu stellen. Die Ungeschiedenheit oder Ungeteiltheit des Einzeldings ist — im Gegensatz zu der des Allgemeinen — Ungeteiltheit

---

[8] Vgl. Kap. III, § 5. [9] *Gredt* a. a. O. I 81.
[10] Vgl. die scharfe und klare Darstellung bei *Gredt* a. a. O. I 241 ff.

schlechthin. Das Allgemeine ist nur seinem *Sinne* nach *eines* und ungeteilt. In seiner Verwirklichung teilt es sich, indem es sich mitteilt: „Das allgemeine Gattungswesen ist in den Dingen geteilt durch Artunterschiede und so den verschiedenen ihm untergeordneten Arten mitgeteilt. Ebenso ist das allgemeine Artwesen geteilt durch Einzelheitsunterschiede und so den ihm untergeordneten Einzeldingen mitgeteilt"[11].

Die Einheit des Einzeldings aber besagt „einen solchen Zustand des Seienden, der jede Teilung und Mitteilung an Untergeordnete von sich abweist". Wo ein Ding von anderen derselben Art zahlenmäßig verschieden ist, da muß dieser Unterschied „zum allgemeinen Artwesen etwas Positives" hinzufügen, und das „kann . . . nicht durch das Artwesen als solches geschehen . . . Wenn das Artwesen unmittelbar durch sich selbst diese Vollendung hat, kraft deren es unteilbar und an Untergeordnete unmitteilbar ist (was nach der thomistischen Lehre bei den Engeln zutrifft), dann ist es unmittelbar durch sich selbst von jedem anderen unterschieden, und es kann keine Gemeinsamkeit mehrerer der Art nach geben"[12].

Wo aber die Art teilbar und mitteilbar ist, da muß die Unteilbarkeit und Unmitteilbarkeit durch etwas anderes begründet sein. Und da das Artbestimmende die Form ist, so muß die Einzelheit, „das ihnen Innerliche, wodurch sie Einzeldinge sind" *(principium individuationis formale)*, auf der Seite des *Stoffes* gesucht werden. Darum kann es nur in der Körperwelt Einzeldinge derselben Art geben.

„Nach den Thomisten ist Grund der Einzelheit (wurzelhafter Grund: *principium individuationis radicale*) der durch die Ausdehnung bezeichnete Stoff *(materia signata quantitate)*, d. h. der durch die Ausdehnung unterschiedene oder abgeschiedene Stoff"[13]. Mit dieser *Bezeichnung* ist nicht die tatsächliche Ausdehnungsbestimmtheit des *fertigen* Stoffes gemeint: dann würde die Einzelheit auf eine zufällige Beschaffenheit *(accidens)* zurückgeführt: und das ist unmöglich, weil 1. die Beschaffenheiten ihr Einzelsein nur dem Ding verdanken, dem sie zukommen, und weil 2. die Beschaffenheiten eines Dinges — auch seine Ausdehnungsbestimmtheit, seine tatsächliche Gestalt oder Größe — wechseln, während das Ding dasselbe bleibt. Es handelt sich vielmehr um die Beziehung des Stoffes zu einer noch nicht bestimmten Ausdehnung *(quantitas interminata)*. Der Entstehung eines Körperdinges geht eine „Stoffzubereitung" voraus, die es auf *diese* Ausdehnung hinordnet. „Daher ist der

---

[11] a. a. O. I 241.   [12] a. a. O. I 242.   [13] a. a. O. I 242.

Stoff schon unterschieden von dem übrigen Stoff und geschieden, d. h. als abzuteilend bezeichnet, bevor die Ausdehnung tatsächlich da ist, weil er kraft der vorhergegangenen Stoffzubereitung sich auf *diese* Ausdehnung bezieht und sie fordert"[14]. So hat „die Ausdehnung auf die Einzelheitsbestimmung einen Einfluß ..., nicht nach ihrer bestimmten Größe und Gestalt, sondern einzig als durch die Stellung von jeder andern Ausdehnung unterschiedene und geschiedene".

2. Der formale Bau des Dinges
(Stoff, Form, Selbstand, Dasein)

Im Beweis für die dargelegte Lehre hebt *Gredt* hervor: „Der Grund der Einzelheit der Körpersubstanzen muß etwas diesen Substanzen Innerliches sein, das sie zu Einzeldingen macht, indem es sie zugleich innerhalb derselben Art vervielfältigt"[15]. Warum das nicht durch hinzukommende Beschaffenheiten geschehen kann, ist bereits gesagt worden. Als aufbauende Bestandteile des Dinges selbst, wie es in sich ist (der *Substanz*), nennt Gredt „den Stoff, die Form, den Selbstand und das Dasein" *(materia et forma et subsistentia et exsistentia)*[16]. Fassen wir Stoff und Form als das *Was* des Dinges zusammen, so können wir darin den Grundbau des Seienden als solchen — „etwas, was ist" — wiederfinden. Für die Auffassung dieses Grundbaues und darum auch für die Lehre von der Vereinzelung scheinen mir die folgenden Sätze von entscheidender Bedeutung zu sein: „Nun scheiden aber von vornherein Selbstand und Dasein aus als Gründe der Einzelheit, da sie das Wesen als Einzelwesen schon voraussetzen. Denn selbständig und für sich seiend und daseiend kann nur ein Einzelwesen sein, nicht aber ein Allgemeines". Diese beiden Sätze, die an der genannten Stelle ohne nähere Begründung hingestellt sind, müssen wir genau erwägen.

3. Selbstand und Vollselbständigkeit
(subsistentia und suppositum = hypostasis)

Wir suchen zunächst Aufschluß über das, was mit *Selbstand* (Subsistenz) gemeint ist. Wir erhalten darauf die Antwort, der Selbstand bedeute „eine doppelte Unabhängigkeit des Wesens im Dasein: a) die Unabhängigkeit von einem Träger, dem das Wesen anhaftete, b) die Unabhängigkeit von jedem anderen substantiellen Wesen, mit dem das selbständige Wesen das Dasein gemeinsam hätte, so daß es derart im Dasein von ihm abhinge, daß es nur mit ihm zusammen

---

[14] a. a. O. I 243. [15] a. a. O. I 244. [16] a. a. O. I 303.

und nicht für sich allein das Dasein hätte"[17]. Unter *Träger* ist hier nicht das verstanden, was wir mit diesem Ausdruck bezeichneten: die Leerform des *Etwas* oder des *Gegenstandes*, die das Wesen umschließt. Es ist vielmehr in dem Sinn gemeint, in dem man das Ding Träger seiner Eigenschaften zu nennen pflegt. *Trägersein* in unserem Sinne deckt sich vielmehr mit der unter a) genannten Unabhängigkeit: „sich selbst zu tragen, d. h. für sich zu sein"[18]. *Träger* in diesem Sinn ist nicht der Gegenstand im weitesten Sinn des *Etwas* („Etwas als umschließende Leerform mit einer Inhaltfülle ist auch ein Unselbständiges, z. B. eine Eigenschaft), sondern der Gegenstand im engeren Sinne des auf sich Gestellten. Wir müssen allerdings an den Doppelsinn denken, der auch unserem Trägerbegriff noch anhaftet: streng genommen ist der *Gegenstand* das Tragende, die Wesensfülle das Getragene. Beide sind ohne einander unmöglich, und darum kann nur von dem Ganzen aus beiden gesagt werden, daß es „für sich sei". Es kann auch nur von dem Ganzen gesagt werden, daß es „sich selbst trage": aber es kann nur darum von ihm gesagt werden, weil es in seinem Aufbau etwas hat, was das eigentliche Tragende ist. Die erste Unabhängigkeit fehlt (nach *Gredt*) sowohl dem Stoff als der Form der Körperdinge (von der Menschenseele abgesehen), weil eines ohne das andere „weder fähig ist, Akzidentien, noch sich selbst zu tragen"[19]. Die Menschenseele besitzt diese Unabhängigkeit, „weil sie, auch vom Körper getrennt, die geistigen Akzidentien trägt *(substat)* und sich selbst trägt, d. h. für sich ist *(subsistit)*". Wegen der Trennbarkeit vom Leib kann ihr auch die zweite (unter b) genannte Selbständigkeit zugesprochen werden, aber sie ist doch nur „unvollkommen selbständig", weil sie „zwar ihr Sein für sich allein hat, ihrer Natur nach aber dennoch darauf hingeordnet ist, mit einem anderen ihr Sein zu haben". Sie ist „vollständig als Substanz", aber „unvollständig als Art", weil sie „ihrer Natur nach eine dem Stoff mitteilbare Form ist und mitgeteilt das Sein gemeinsam mit dem Stoff hat. Der Substanz hingegen, die auch als Art vollständig ist, kommt es zu, „Vollselbständiges" *(suppositum,* ὑπόστασις) zu sein. Das Vollselbständige ist schlechthin in jeder Weise unmitteilbar und in der Ordnung des Fürsichseins das Vollständigste: es ist so für sich, es hat das Sein so für sich allein, daß es einem andern, mit dem es das Sein gemeinsam hätte, nicht mitgeteilt werden kann. Das Vollselbständige wird daher bestimmt: die vollkommen, d. h. unmitteilbar für sich seiende Einzelsubstanz.

---

[17] a. a. O. II 114.   [18] a. a. O. II 113.   [19] a. a. O. II 113.

Das Vollselbständige vernünftiger Natur wird *Person* genannt. *Der Selbstand, als Bestimmtheit, durch die das Vollselbständige gebildet wird, ist zu bestimmen: das, wodurch bestimmtheitlich die Einzelsubstanz für sich seiend und unmitteilbar wird*[20]. Das Vollselbständige verhält sich zum Wesen, zur Natur, wie das Ganze zu seinen bestimmtheitlichen Teilen. Daher ist das Vollselbständige das, *was* ist, die Natur ist das, *wodurch* es dieses Artbestimmte ist. Das Vollselbständige ist das, in dessen Besitz die Natur ist, und die Natur das, wodurch das Vollselbständige artbestimmt ist. Das Vollselbständige als das, *was* ist, ist auch das, *was* tätig ist; die Natur das, *wodurch* es tätig ist[21].

Auch in diesen Ausführungen ist die Ausdrucksweise etwas anders als die unsere. Wir müßten sagen: das Vollselbständige ist ,,etwas, was ist"; das *was* in diesem zusammengesetzten Ausdruck hatten wir für die Wesensfülle vorbehalten. Es ist aber ,,Vollselbständiges", in sich Abgeschlossenes, weil es in der Form des *Gegenstandes* ist (im engeren Sinn des Wortes: des auf sich selbst Gestellten, auf der höchsten Stufe: der *Person*, die wir ja ebenso wie die allgemeinere des *Trägers* in dem Doppelsinn des Wesensträgers und des Ganzen aus Träger und Getragenem — Form und Fülle — genommen hatten): das ist es, was ihm seine *Selbständigkeit* gibt. Sachlich stimmen wir Gredt durchaus zu, wenn er den *Selbstand* eine ,,positive Vollkommenheit" nennt, weil er Unabhängigkeit verleihe und Unabhängigkeit eine Vollkommenheit sei[22].

Er erklärt ihn sodann als eine die Einzelsubstanz abschließende Vollkommenheit, einen ,,Abschluß der Einzelsubstanz, der diese Substanz abschließt, insofern sie Wesen und Natur ist. Denn er ist das, wodurch die Natur vollkommen selbständig, also endgültig abgeschlossen ist. Dieser Abschluß ist aber nicht bloß verneinend zu fassen in dem Sinne, daß jetzt nichts Weiteres mehr zur Natur hinzukommt, sondern er ist eine bejahende Vollkommenheit, da er die Natur so abschließt, daß sie dadurch befähigt wird, als Trägerin die Akzidentien und das Dasein aufzunehmen, ohne daß diese mit der Natur verschmelzen"[23]. Wir fügen hinzu, daß das so abgeschlossene Ganze — die auf sich selbst gestellte oder in sich selbst hineingesetzte *Natur* — eben darum imstande ist, die zum Wesen hinzukommenden Beschaffenheiten zu tragen, weil darin der Natur- oder Wesensträger vom Wesen oder der Natur zu unterscheiden ist. Darum ist es durchaus in unserem Sinn, wenn der Selbstand als von ,,der Natur,

---

[20] Von mir in kursiver Schrift hervorgehoben.
[21] a. a. O. II 114f.   [22] a. a. O. II 115f.   [23] a. a. O. II 117.

die den Selbstand hat", *sachlich verschieden* bezeichnet wird, als „die der Natur innerliche Abschlußgrenze"[24]. Wie wir die Trennbarkeit von Natur und Naturträger durch die Glaubenslehre (vom *einen* Wesen und den *drei* Personen in der Gottheit) gestützt haben, so geschieht es hier durch die Berufung auf die Annahme der menschlichen Natur durch die göttliche Person Christi (die wir auch schon in diesem Zusammenhang erwähnt haben). Und wenn dieser Unterschied *modal* sachlich im Unterschied zu einem schlechthin sachlichen genannt wird, so entspricht das offenbar dem Unterschied, den wir zwischen *Inhalt* und *Leerform* des Seienden gemacht haben, die wir beide als zur „Sache" gehörig, d. h. zum Seienden selbst, ansahen.

4. Selbstand, Selbständiges (Substanz) und Einzelwesen

Zu prüfen ist aber nun die Frage des Verhältnisses des Selbstandes zum Einzelding und zum Einzelheitsunterschied. Um ihretwillen ist ja diese ganze Erörterung über den Selbstand eingeschoben worden. *Gredt* erklärt: „Der Selbstand ist eine zur Einzelsubstanz hinzukommende Vollkommenheit"[25]. Dabei ist *Substanz* mit *Wesen* gleichgesetzt, wie aus der Begründung hervorgeht: „Das Selbständige, das für sich seiende Wesen, ist der Träger der Akzidentien; denn es ist an und für sich, es trägt sich selbst und alles, was an ihm ist. Das Wesen hingegen, als solches betrachtet, können wir nicht denken als Träger der Akzidentien. Denn das Wesen als solches, auch das Einzelwesen, z. B. die Menschheit, verhält sich als Teil, als artgebender Teil, der nicht selbständig für sich ist; er ist im selbständigen, für sich seienden Ganzen: die Menschheit ist im Menschen. Das Wesen als solches ist somit nicht selbständig; es ist nicht Träger seines Selbst und kann somit auch nicht als Träger die Akzidentien aufnehmen. Wenn es sie aufnähme, würde es sie als zu sich gehörend aufnehmen: die Akzidentien würden sich mit dem substantiellen Wesen vermischen. So würde durch die aufgenommene Farbe die Menschheit weiß werden. Das ist aber falsch, da die Akzidentien äußerlich bleiben und vom Wesen sachlich verschieden sind. Das Selbständige, das für sich seiende Wesen, fügt also durch sein Fürsichsein, durch den Selbstand zur Einzelsubstanz eine Vollkommenheit hinzu, durch die es befähigt wird, als Träger die Akzidentien aufzunehmen."

Wir haben früher als den eigentlichen Sinn von Substanz = πρώτη οὐσία gerade den des auf sich selbst Gestellten, in sich Gegründeten

---

[24] a. a. O. II 118.
[25] a. a. O. II 116.

oder Eigenständigen herauszustellen gesucht. Das ist aber das Einzelding, das bereits durch den Selbstand abgeschlossene, das von seinem Träger getragene Wesen. Darum können wir den Selbstand nicht als etwas zur Einzelsubstanz Hinzukommendes bezeichnen, sondern nur als etwas ihr innerlich Zugehöriges, nur von ihrer Wesensfülle als die sie umschließende sachliche Leerform Abhebbares.

Bedeutsam ist ferner, was hier als *Einzelwesen* in Anspruch genommen ist: der „artgebende Teil" des Einzeldinges, z. B. die Menschheit dieses Menschen. Danach hat jedes Einzelding *sein* Wesen, aber das *gleiche* wie alle andern seiner Art. Es ist früher schon deutlich geworden, daß wir uns dieser Auffassung nicht anschließen können: wir sehen das Wesen des Sokrates in seinem Sokratessein (in dem das Menschsein eingeschlossen ist) und betrachten es als nicht nur zahlenmäßig, sondern durch eine besondere Eigentümlichkeit vom Wesen jedes anderen Menschen verschieden. Darauf wollen wir aber erst etwas später eingehen, weil es uns jetzt darauf ankommt, herauszufinden, worauf das Einzelsein dort beruht, wo es gleiche Einzeldinge derselben Art gibt. Denn daß überhaupt die Möglichkeit einer Vielheit von gleichen Einzeldingen besteht, bestreiten wir nicht. Darum wählen wir das Beispiel lieber aus einem andern Gebiet: aus dem der bloßen Körperdinge. Zehn völlig gleiche Kieselsteine können wir uns ohne Schwierigkeit denken. Jeder von ihnen ist ein selbständiges Einzelding. Für uns unterscheidbar sind sie nur durch ihre verschiedene Lage im Raum, die sie ihrer Stoffnatur verdanken. Denn was stofflich ist [26], das ist ausgebreitet und erfüllt den Raum, sodaß dieselbe Raumstelle nicht von verschiedenen Dingen eingenommen werden kann und derselbe Stoffteil nicht zugleich mehrere Raumteile (der entsprechenden Größe) ausfüllen kann.

5. Der Stoff als Grund des Einzelseins. Bedenken gegen diese Auffassung

Nach *thomistischer* Auffassung ist nun der Stoff nicht nur Mittel der Unterscheidbarkeit der Einzeldinge, d. h. Erkenntnisgrund ihres Einzelseins, sondern Seinsgrund: „... Im Stoffe finden wir die Bedingungen zur Vereinzelung der Substanz. Er ist nicht artbestimmend (wie die Form), da er gemeinsamer, ganz unbestimmter Untergrund ist. Er setzt auch nicht die schon vereinzelte Substanz voraus (wie der Selbstand und das Dasein), da er Wesensbestand dieser Substanz selbst ist. Aber er vervielfältigt die Form und die ganze

---

[26] *Stoff* ist hier in dem engeren Sinn des Raumfüllenden genommen.

Substanz rein der Zahl nach, ohne eine Artveränderung zu verursachen, weil er die artbestimmenden Formen nicht als solche, sondern rein dem Untergrunde nach voneinander verschieden macht: die Form ist diese und jene, einzig weil sie in diesem und jenem Stoffe ist. *Jede hat zu einem durch die Ausdehnung bezeichneten Stoff eine transzendentale Beziehung, die ihr innerlich ist*[27] und ihr bleibt, auch dann, wenn sie, wie die Menschenseele, vom Stoff getrennt wird. Zugleich verhindert der Stoff als letzter unmitteilbarer Untergrund jede weitere Vervielfältigung: er macht die Substanz zu einer unmitteilbaren, d. h. er macht sie zum Einzelding. Denn Einzelding ist das an Untergeordnete Unmitteilbare. Es kann ja die aus der Verbindung von Stoff und Form entstandene Substanz nicht wieder einem weiteren Untergrund mitgeteilt und so vervielfältigt werden, wie die Form mitgeteilt und vervielfältigt wird. Aber der Stoff, der die Körpersubstanz unterscheidet und vereinzelt, ist nicht der Stoff an und für sich. Der Stoff an und für sich ist ja unbestimmt und allen körperlichen Dingen gemeinsam. Er kann auch nicht Grund der Einzelheit, *Grund des zahlenmäßigen Unterschiedes* sein. Das *ist* vielmehr *der durch die Hinordnung zur Ausdehnung bestimmte und geteilte Stoff*[28]. Unter allen andern Akzidentien unterscheidet einzig die Ausdehnung durch ihr Wesen sich selbst der Zahl nach von jeder Ausdehnung derselben Art: durch die Stellung, die Ordnung, das Nebeneinander. Aus ihrem Wesen heraus besagt die Ausdehnung Teile, die durch die bloße Stellung schon der Zahl nach voneinander verschieden sind: Die stetige Ausdehnung besagt zusammenhängende Teile, die durch die bloße Stellung schon der Zahl nach voneinander verschieden sind. . . . Die Ausdehnung hat also aus sich selbst eine Weise der Vereinzelung[29]. Daher ist sie Bedingung zur Vereinzelung der Substanz als transzendental geforderte Ausdehnung *(ut connotata)*, die die Stoffteile bezeichnet und, als geteilte Ausdehnung, sie auch voneinander abteilt. Dies vorausgesetzt, dient der Stoff als Grund der Einzelheit. Denn durch sein Wesen (als letzter Untergrund) ist er jedem andern Stoff, von dem er abgeteilt ist, unmitteilbar. Er ist daher auch durch sich selbst vereinzelt und geeignet, die Form und die Substanz zu vereinzeln"[30].

---

[27] Von mir in kursiver Schrift hervorgehoben.

[28] Von mir in kursiver Schrift hervorgehoben.

[29] In der Anmerkung (*Gredt* a. a. O. I 246) wird *diese* Vereinzelung der „*geforderten* Ausdehnung" unterschieden von der Vereinzelung der *anhaftenden* Ausdehnung, die auf der Einzelheit der Substanz beruhe.

[30] a. a. O. II 244/46.

Folgende Fragen knüpfen sich für uns an den wiedergegebenen Beweisgang:

1. Kann der Stoff aus sich wirklich das leisten, was ihm hier zugeschrieben wird?[31]
2. Kommt der Form nur die Artbestimmung zu und nichts weiter?[32]
3. Ist das Einzelsein für Selbstand und Dasein „vorausgesetzt", wie Gredt zu beweisen sucht?[33]

Zur Beantwortung der ersten Frage brauchen wir die Frage nach dem Urstoff nicht noch einmal zu erörtern, weil nach Gredt nicht der ungeformte Urstoff Grund der Vereinzelung ist (nur als „letzte Unterlage" spielt er in den wiedergegebenen Ausführungen eine Rolle), sondern der durch die „unbestimmte Ausdehnung bezeichnete" oder „durch die Hinordnung zur Ausdehnung bestimmte und geteilte Stoff". Was ist aber diese „Bezeichnung" oder „Hinordnung" anderes als eine erste Formung? Das „Auseinander", das räumliche Ausgedehntsein und Teilbarsein ist die Form des Stoffes als solchen, ist das, was die stofflichen (= raumfüllenden) Dinge gattungsmäßig von den Geistern scheidet (wenn man sie durch das kennzeichnen will, was sie *sind*, und nicht durch das, was sie *nicht* sind — etwa als leblos, bewußtlos u. dgl.). Jedem stofflichen Ding gehört *sein* Stoff zu, und das ist in seiner Form vorgezeichnet. Darum unterstrichen wir bei Gredt die Worte: Jede Form „hat zu einem durch die Ausdehnung bezeichneten Stoff eine transzendentale Beziehung, die ihr innerlich ist"[34]. Wir schließen daraus aber nicht: „die Form ist aber diese und jene, einzig weil sie in diesem und jenem Stoff ist", sondern: der Stoff ist dieser und jener, weil er zu dieser und jener Form gehört.

Allerdings müssen wir hier das Verhältnis zwischen den *Stoffen* als artmäßig bestimmten, aber nicht als Gestalteinheiten in sich geschlossenen Bestandteilen der raumkörperlichen Welt oder *Natur* (in dem Sinn genommen, in dem man *Natur* und *Geist* einander gegenüberstellt) und den Stoffdingen als den Gestalteinheiten, in die sie geteilt sind und in denen sie „vorkommen", in Betracht ziehen. *Jeder Stoff* — Gold, Eisen usw. — *ist ein Ganzes, aber* kein Unteilbares und darum *kein Einzelding*, kein *Individuum*. Zum Einzelding gehört es, artmäßig bestimmt und als Gestalteinheit geschlossen zu sein. Beides ist in seiner Form vorgezeichnet. Es ist früher davon gesprochen worden[35], daß die äußere Raumumgrenzung der stoff-

---

[31] Antwort S. 440.   [32] Antwort S. 445.   [33] Antwort S. 446 ff.
[34] S. 440.   [35] Vgl. Kap. IV, § 4, 6.

lichen Dinge weitgehend durch äußere Einwirkungen bestimmt sei: ein „Stück Stoff" kann zerschlagen oder durchschnitten oder auf andere Weise „geteilt" werden. Es entstehen dann mehrere Einzeldinge von gleicher Stoffbestimmtheit und gleicher oder verschiedener Größe und Gestalt. Aber die Raumumgrenzung beruht nicht rein auf dem äußeren Geschehen. Jedem Stoffding wohnt eine seiner besonderen Stoffbestimmtheit entsprechende eigentümliche Richt- und Gestaltungskraft inne. Wenn jene früher erwähnte Auffassung zuträfe, die jeden Stoff als „eigentlich" zu kristallischer Gestaltung bestimmt ansieht, so würde — ohne störende Einflüsse — jeder sich zu der ihm eigenen Kristallgestalt „ausformen" und entsprechend teilen. Ein Kristall ist ein Einzelding (Individuum) im vollen Sinn des Wortes, ein Gebilde, das aus einer Menge von zusammenhängenden Kristallen besteht, ist ein Ganzes, das aus vielen Einzeldingen aufgebaut ist; ein Kristall, der in Stücke geschlagen wird, bleibt nicht dasselbe Ding, sondern weicht einer Anzahl neuer Dinge, die „aus ihm" entstehen. Der einzelne, ungeteilte Kristall ist von innen heraus zum Einzelding „durchgeformt". Die Stücke, in die er zerschlagen wird — ebenso die räumlich getrennten Teile nicht kristallisierter Stoffe —, verdanken ihre Raumumgrenzung und ihr Einzelsein teilweise äußerer Einwirkung: teilweise nur, denn (wie auch schon erwähnt wurde) es ist nicht gleichgültig dafür, wie sie in sich geartet sind, sondern es liegt in ihnen einmal die Möglichkeit des Zerstückeltwerdens überhaupt, und außerdem ist die Art und Weise, wie das geschehen kann, in ihrer besonderen Stoffnatur vorgezeichnet.

Nach dem bisher Gesagten ist die Frage, ob der ungeformte Stoff zur Begründung des Einzelseins imstande sei [36], zu verneinen. Nur der geformte Stoff vermag es, weil (räumliches) Stoffsein selbst schon ein Geformtsein besagt, ein Hineingesetztsein in eine inhaltlich bestimmte Gattung des Seienden: die des Ausgedehnten, Raumfüllenden und Teilbaren. Durch diese ihre Gattungsnatur sind die Stoffe Bedingung der Möglichkeit ihrer Zerstückung in Einzeldinge. Aber die Gattungsnatur ist nicht zureichender Grund für die wirkliche Zerstückung. Einen Schritt weiter auf dem Wege zum Einzelsein führt die Artbestimmtheit, durch die sich die Stoffe voneinander unterscheiden. Die Gattungsbestimmtheit ist ja noch keine Form. Was nur durch sie bestimmt wäre, dem fehlte das Maß an Bestimmtheit, das zum wirklichen Sein erforderlich ist. Der artbestimmte Stoff

---

[36] Vgl. S. 440.

(z. B. Gold) hat durch seine Artbestimmtheit nicht nur die Möglichkeit, irgendwie zerstückt zu werden, sondern ist auf bestimmte Wege der Zerstückung und auf eine beschränkte Auswahl möglicher umgrenzender Raumgestalten hingeordnet. Aber auch die Artbestimmtheit fällt noch nicht mit der Wesensform zusammen. Nur dann könnten wir beide gleichsetzen, wenn wir annehmen wollten, daß das Ganze eines artbestimmten Stoffes (z. B. „alles Gold") ursprünglich als ein in sich geschlossenes Ding in die Welt gesetzt sei: wenn wir uns eine Schöpfungsordnung dächten, wonach zunächst die *Elemente* als in sich geschlossene und voneinander getrennte Stoffganze ins Dasein treten würden, um dann — durch den „ersten Anstoß der Bewegung" — in den großen Wirkungszusammenhang zu treten, in dem sie geteilt würden, in Mischungen und Verbindungen eingingen und so die Mannigfaltigkeit der in sich geschlossenen einzelnen Körperdinge aufbauten. Es wäre dann nicht nötig, den Einzeldingen, wie sie sich tatsächlich vorfinden, eine eigene Form zuzusprechen. Das ursprüngliche gestalteinheitliche Stoffganze wäre das große *Individuum*, das die artbestimmende Form in sich trüge. Sie würde aber nicht nur die Artbestimmtheit als Unterschiedenheit von andern Stoffen begründen, sondern zugleich die *Ausformung* des Ganzen zu Teilstücken von eigentümlich gestalteter Raumumgrenzung durch ihr eigenes Wirken und sein Zusammenspiel mit den andern stofflichen Formen. Gegen eine solche Deutung bestehen aber erhebliche Bedenken. Vor allem hat jedes in sich geschlossene und von andern räumlich getrennte Teilstück eines Stoffes sein *eigenes Sein*: es entfaltet sein artmäßiges Wesen in Wirkungen, die es in seiner unmittelbaren körperlichen Umgebung ausübt und erleidet, vielleicht auch durch den gestaltenden Einfluß geistgeleiteten Werkschaffens, unabhängig von „seinesgleichen", und hat darin sein eigenes „Schicksal". Was aber mit seinem Sein und Wirken auf sich selbst gestellt ist, das ist eine echte *Substanz* oder πρώτη οὐσία, die aus eigener Wesensform heraus wirkt und leidet und sich darbietet. Dazu kommt, daß nicht nur Einzeldinge als Teilstücke bestehender Stoffe entstehen, sondern als ihrer Artbestimmtheit nach neuentstehende Stoffmengen: wir haben es ja beständig vor Augen, daß durch Verbindung und Auflösung, Mischung und Trennung aus einfachen Stoffen (Elementen) zusammengesetzte entstehen und umgekehrt. Und es besteht kein Grund, einen *Urzustand* anzunehmen, in dem entweder alle möglichen einfachen und zusammengesetzten Stoffe (oder auch nur die Elemente) bereits vorhanden und voneinander gesondert gewesen wären. Was die Heilige Schrift über das Tohuwabohu sagt, läßt eher die Deutung zu, daß der Sonderung der Stoffe und dem naturgesetzlich geordneten Ablauf des Entstehens und Vergehens ein Zustand der Mischung vorausging, der noch keine volle Ausformung der Stoffe zuließ. Von diesem Gemisch ließe sich manches sagen, was der *Thomismus* der *prima materia* zuspricht: es hätte die „Möglichkeit, alles zu werden", d. h. sich zu der ganzen Mannigfaltigkeit der Körperwelt auszuformen. Es wäre noch nicht vollwirklich, aber auch nicht nichts, sondern eine Vorstufe der wirklichen Welt. Und in jedem wirklichen Ding wäre ein Teil davon als „Unterlage" der weiteren Formung enthalten. Aber man könnte nicht davon sagen, daß es völlig unbestimmt sei. Es wären die artbestimmten Stoffe darin enthalten, nur in einer Bindung durch ihre wechselseitigen Einflüsse, die ihre freie Entfaltung hinderte. Außerdem handelt es sich ja nur um einen möglichen Anfangszustand, dessen Tatsächlichkeit nicht feststeht und an dessen Stelle andere denkbar sind. Es ist als Wesensmöglichkeit ebenso gut denkbar, daß die Schöpfung als wohlgegliederte Welt ausgestalteter Dinge aus Gottes Hand hervorgegangen wäre — freilich mit der Möglichkeit der Umformung, nicht als fertig abgeschlossen und unwandelbar, weil sonst Werden und Vergehen, Bewegung und Veränderung unverständlich würden: sie bestimmen aber das Gesicht unserer Welt, in ihnen besteht das „Naturgeschehen". Mögen wir es uns als fortschreitende Entwicklung vom Chaos zum Kosmos denken oder als stete Wandlung eines ursprünglichen Kosmos — auf jeden Fall haben wir mit einer Stufenfolge von Formungen zu rechnen; ob sie als zeitlich getrennte Schöpfungswerke zu denken sind oder als in *einem* schöpferischen Werde! zusammengefaßt, das muß dahingestellt bleiben. Die unterste Stufe des Seienden sind die artbestimmten Stoffe. Sie sind durch ihre Formen artmäßig voneinander unterschieden, zugleich aber mit Richt- und Gestaltungskräften begabt, die sie auf eine Teilung in Einzelgebilde von geschlossener, arteigentümlicher Raumgestalt hinordnen. Die Teilung und Umgrenzung erfolgt, wie schon gesagt wurde, nicht rein als Entfaltung von innen heraus, sondern unter Mitwirkung äußerer Einflüsse. Sie ist eine Umformung in dem Sinn, daß die Teilgestalten an Stelle des Ganzen treten und das Ganze „vergeht", damit sie „aus ihm" entstehen können; und jedes neu entstandene Gebilde hat *seine* Form, die die Arteigentümlichkeit in sich enthält. Es ist der Seinssinn der Stoffe, zum Aufbau von Raumgebilden zu dienen, in denen der Geist sich ein Ausdrucksmittel schafft. Die ausgeformten Gebilde sind seine Sprache. Das Ziel der Formung sind „ausdrucksvolle Gestalten". Die äußeren Einflüsse können im Sinne dieses Ziels, können aber auch hemmend wirken. Die Zielgestalten, auf die die Formung hinarbeitet, können, um ihre wesensgemäße Größe zu erlangen — denn die Größe ist für den Sinn eines Gebildes nicht gleichgültig, sondern ihm entsprechend vorgezeichnet, wenn nicht eindeutig, so doch durch Grenzen, die ein Mindest- und Höchstmaß bedeuten —, eine Teilung, aber auch einen Zusammenschluß ursprünglich vorhandener Stoffmengen verlangen. In manchen Fällen erhalten sich die Bestandteile in dem Ganzen, das aus ihnen erwächst, als selbständige Einheiten mit eigener Form (z. B. Felsblöcke in einer Gruppe); in andern Fällen werden sie unselbständige Teile des Ganzen (so die Wassermengen, die ein Strom aus seinen Zuflüssen aufnimmt).

Wir glauben nun die Antwort auf die Frage geben zu dürfen, ob der Form nur die Artbestimmung zukomme und nichts weiter[37]. Die Wesensformen der Stoffdinge geben den Dingen nicht nur ihre Artbestimmtheit, sondern sind im Sinne der Artbestimmtheit wirkende, stoffgestaltende Kräfte und als solche jede ein einzelnes Wirkliches. Eine solche Form ist schon in jeder räumlich geschlossenen Teilmenge eines Stoffes wirksam. Aber die noch nicht im Sinne ihrer Artbestimmtheit ausgeformte Teilmenge ist nur Durchgangsstufe zu den Einzeldingen oder aus Einzeldingen zusammengesetzten Gebilden, in denen die Zielgestalten eine mehr oder minder vollkommene Verwirklichung finden. Die Gattungsnatur des Stoffes als solchen macht ein Nebeneinander gleicher Einzeldinge möglich (dabei kann die Gleichheit bloße Artgleichheit sein, die für Verschiedenheit der Einzelgestalt Raum läßt, oder auch volle Gestaltgleichheit, so daß nur noch die räumlich gesonderte Stoffmenge als inhaltlich Unterscheidendes bleibt)[38]. Aber sie ist nicht das, was das Einzelsein begründet, sondern das, was durch die Form gefordert ist.

„Mitteilbar" an eine Vielheit von Einzeldingen ist nicht die Wesensform, sondern die reine Form oder Wesenheit[39], an der die Dinge durch ihre Wesensform „teilhaben". Von einer „Mitteilung" der Wesensform an den ihr zugehörigen Stoff kann im selben Sinn gar nicht gesprochen werden; ja, so wie wir das Verhältnis der Form zum Stoff in den rein stofflichen Dingen auffassen, ist hier der Ausdruck „Mitteilung" überhaupt nicht am Platz, weil Form und Stoff nicht ohne einander sein können: das Sein der Form ist Stoffgestal-

---

[37] Vgl. S. 439 f.

[38] Unter *Gestalt* ist hier mehr verstanden als Raumgestalt: die ganze „Eigenart" des Gebildes, soweit sie zum „Ausdruck" gelangt ist.

[39] Vgl. Kap. III, § 2, 3 u. 10.

tung; das Werden des Stoffes fällt zusammen mit dem Sichhineingestalten der Form in den Raum. Der Stoff als solcher freilich ist in keiner Weise mitteilbar; er hat aus sich und für sich weder Sinn und Wirksamkeit — weder etwas, *was* er mitteilen könnte, noch die Kraft mitzuteilen; er ist das, was empfängt, Anteil hat und teilbar ist.

Wir schreiben demnach der Form des Dinges das Einzelsein zu[40]. Ist es etwas zu ihr Hinzutretendes oder ihr innerlich Zugehöriges, sie Aufbauendes? Indem die Wesensform als unmitteilbar bezeichnet wurde, ist sie bereits als ein Einzelnes „in sich" in Anspruch genommen worden. Aber das Einzelsein eines Dinges ist von dem eines andern durch nichts inhaltlich unterschieden: es gehört zu seiner *Leerform*. Wenn zwei Einzeldinge als dieses oder jenes unterscheidbar sein sollen, so müssen sie über ihr Einzelsein hinaus noch etwas Unterschiedenes haben. Bei gleichen Stoffdingen ist das ihr von jedem andern räumlich unterschiedener Stoffanteil. Es wird zu erwägen sein, ob er bei Einzeldingen anderer Gattung durch etwas anderes ersetzt werden kann. Zuvor soll aber das Verhältnis des Einzelseins zu Selbstand und Dasein untersucht werden.

6. Selbstand, Einzelsein und Dasein bei stofflichen Körperdingen und idealen Gegenständen

Nach *Gredt*[41] ist das Einzelsein für den Selbstand vorausgesetzt. Das leuchtet für die stofflich-körperlichen Dinge bei unserer Auffassung leicht ein, da wir ja schon der Form das Einzelsein zuschreiben, die Form aber ohne Stoff nicht sein kann: ihr Sinn *ist* ja Stoffgestaltung. Dasselbe gilt auch für das Verhältnis von Einzelsein und Dasein, weil die Wesensformen der Stoffdinge nur im Stoff Dasein haben. Es ist aber noch zu fragen, ob dasselbe Verhältnis auch dort zutrifft, wo die selbständigen Gegenstände keine Stoffdinge sind. Gibt es selbständige Dinge, die keine Einzeldinge sind? Und ist bei Einzeldingen, die keine Scheidung in Form und Stoff zulassen, das Einzelsein vom Selbstand zu unterscheiden?

Bei der ersten Frage denke ich an das, was man *ideale Gegen-*

---

[40] Wenn ich ihn recht verstehe, tut das auch *Duns Scotus*: er sieht als *principium individuationis* etwas positiv Seiendes an, das die individuelle Wesensform von der allgemeinen scheidet. (Vgl. R. *Meßner* O. F. M., Das Individualprinzip in skotistischer Schau, in: Zeitschr. „Wissenschaft und Weisheit" I, 1934, S. 8ff.)

[41] a. a. O. II 116.

stände nennt. „Das Dreieck" ist in jedem einzelnen Dreieck enthalten — ist also jedenfalls ein Mitteilbares und kein Einzelding —, und selbst das vollbestimmte Dreieck von festgelegter Winkelgröße und Seitenlänge scheint noch Vereinzelung zuzulassen: wir sprechen ja von *kongruenten* Dreiecken und können uns beliebig viele Dreiecke denken, die durch nichts als durch ihre Lage im Raum unterschieden sind. Ist „das Dreieck" ein selbständiger Gegenstand? Es ist ein Sinngebilde, das in sich eins und von jedem andern unterschieden ist, und hat eine strenge Gesetzlichkeit des Aufbaus, die es zum Gegenstand wahrer (und zwar notwendig geltender) Urteile macht. Aber es fehlt ihm die volle Bestimmtheit, die zur Selbständigkeit erforderlich ist. Es gehört zum Sinn seines Seins, zum Aufbau selbständiger Gegenstände beizutragen. Es ist darum kein selbständiges Seiendes, kein *Gegenstand* im engeren Sinn des Wortes. Ist das Dreieck A B C von den Seitenlängen a, b, c mit den Winkeln α, β, γ selbständig? Es scheint voll bestimmt zu sein, an seinem inneren Aufbau fehlt nichts mehr — und doch mangelt ihm noch ein Abschluß, um „stehen" zu können. Es ist seinem Sinne nach ein Ausgedehntes, und dazu gehört eine bestimmte Lage im Raum. Das seiner Lage nach bestimmte Dreieck ist ein einzelnes: es ist voll bestimmt und unmittelbar, d. h. es können nicht zahlenmäßig verschiedene Gebilde daran Anteil haben wie an der Dreiecksgestalt A B C, die darin „vereinzelt" ist[42]. Ist das einzelne Dreieck etwas Selbständiges? Oder ist es wiederum nur etwas, was seinem Sinne nach bestimmt ist, zum Aufbau eines Selbständigen beizutragen? Das führt uns auf das Verhältnis der geometrischen Gebilde zur dinglichen Welt. Sicherlich gehört es zum Seinssinn der geometrischen Gebilde, daß sie für den Aufbau der Körperwelt, der stofflichen Dinge, Bedeutung haben. Aber sie gehen nicht als aufbauende Teile in die Dinge ein; sie sind keine Eigenschaften oder Beschaffenheiten der Dinge, d. h. sie fallen nicht mit den Raumgestalten der Dinge zusammen, sondern verhalten sich dazu wie das Urbild zum Abbild. Wir haben das früher schon damit begründet, daß rein geometrische Gebilde in der Natur überhaupt nicht vorkommen, sondern daß sie „Grenzen" darstellen, denen sich die stofflichen Körper mit ihren Begrenzungsflächen und -linien mehr oder minder annähern. Sie sind das *Maß*, nach dem die Körperwelt gemacht ist[43].

---

[42] Indessen ist es möglich, daß mehrere einzelne Dreiecke dieselbe Lage haben und dadurch für uns ununterscheidbar werden. (Vgl. S. 445.)

[43] Vgl. Weish. 11, 21: „. . . Du hast alles nach Maß, Zahl und Gewicht geordnet".

Damit ist ausgesprochen, daß sie den Dingen gegenüber selbständig sind, sie haben keine dinglichen Träger. Tragen sie sich selbst oder haben sie etwas anderes als ein Stoffding zum Träger ? Es ist üblich, sie als etwas *Gedankliches* in Anspruch zu nehmen und zu sagen, daß sie „im Geist" seien. Das ist richtig, wenn man das Gedankliche nicht als vom Menschengeist Erzeugtes ansieht, sondern als *intelligibile*, als das, was der Geist umfassen und was in diesem Sinn in ihn eingehen kann. Sie haben also nicht den Menschengeist als persönlichen Träger wie das Denken und das Gedachte im Sinne des vom Denken Hervorgebrachten. Haben sie Gottes Geist als persönlichen Träger? Das haben sie in dem Sinn, in dem alles Sein aus Gott hervorgeht und von ihm erhalten wird, und in dem insbesondere aller *Sinn* im Logos seine Heimat hat. Aber wie die wirklichen Dinge von Gott geschaffen und erhalten werden und doch *durch* die Erschaffung aus dem göttlichen Sein heraus- und in sich hineingesetzt, „auf sich gestellt" sind, so sind schon die Sinngebilde, die Urbilder der wirklichen Dinge, in gewisser Weise als in sich geschlossene Einheiten aus dem göttlichen Geist herausgesetzt — obgleich von ihm umschlossen — als eine „Schöpfung vor der Schöpfung". Der Menschengeist findet sie vor und muß sich mit seinem Denken nach ihrer Gesetzlichkeit richten, die Dinge sind nach ihnen gebildet und werden an ihnen gemessen. Darum wurden sie von *Hering* als das *erste Seiende* in Anspruch genommen[44]. Untereinander stehen sie in einer Ordnung, die die einen — „die mitteilbaren" — zum Aufbau der andern beitragen und darin ihren Sinn erfüllen läßt; die inhaltlich voll bestimmten Einzelgebilde aber sind „unbedürftig", auf kein anderes Gebilde ihrer Art mehr angewiesen, unabhängig von ihrer Verwirklichung und ebenso unabhängig davon, ob sie von Menschen gedacht werden oder nicht. Man kann aber nicht sagen, daß sie unabhängig von jedem persönlichen Geist überhaupt seien, und dies nicht nur auf Grund des Verhältnisses, das alles endlich Seiende zum Schöpfergeist hat: darüber hinaus kommt den geometrischen Einzelgebilden noch eine besondere Abhängigkeit vom Geist zu. Sie sind nicht *wirklich* und sind nicht so im Raum, wie wirkliche Dinge im Raum sind. Sie „sind nicht da" als etwas, was in die Sinne fällt oder sich durch seine Wirkungen bemerkbar macht; sie wirken nicht und füllen auch nicht den Raum, obgleich sie räumlich ausgedehnt sind und eine Lage im Raum haben. Sie umgrenzen ein Raumstück, aber sie nehmen es nicht so ein, daß es

---

[44] Vgl. Kap. III, § 2.

für andere Gebilde unzugänglich wird. Wir dürfen sogar sagen, sie sind nur im Raum „gedacht": es gehört ihnen kein bestimmter Ort zu, sondern „irgendein" ihrer Ausdehnungsbestimmtheit entsprechendes Raumstück. Darum können wir sie in diese oder jene Lage versetzen und können sie bewegt denken, obgleich sie sich nicht selbst bewegen und auch nicht „wirklich", d. h. im Zusammenhang des Naturgeschehens, bewegt werden können. Aber diese Freiheiten sind uns durch das Wesen der geometrischen Gebilde eingeräumt — wir könnten sie uns nicht „nehmen", wenn die Gebilde nicht so geartet wären. Die Unwirklichkeit der idealen Gegenstände macht auch ihre Selbständigkeit zu einer eigentümlichen. Sie sind nicht in der Weise „auf sich gestellt" wie *Substanzen*: sie „besitzen" sich nicht selbst, sie haben keine *Seinsmacht* zur Entfaltung ihres Wesens in einem zeitlich bemessenen Dasein. Ihr Sein ist überhaupt kein Sichentfalten, sondern ein Entfaltetsein. Und die Möglichkeiten, die in ihnen begründet sind: zur Versetzung in verschiedene räumliche Lagen, zur Teilung und Zusammenfügung (wie wir sie in den geometrischen „Konstruktionen" vor uns haben), sind nicht Möglichkeiten zu eigenem Tun, sondern Möglichkeiten für den Geist, in bestimmter Weise mit ihnen umzugehen, ohne daß sie dadurch „angegriffen" werden. Und diese Möglichkeiten bedeuten nicht nur etwas für den Geist, sondern auch für die Gebilde, mit denen er umgeht. Das Dreieck A B C ist ein einzelnes, es hat eine bestimmte Ausdehnung und durch seine Ausdehnung einen Anspruch auf einen Platz im Raum. Aber es ist weder „von Natur aus" an einem Platz, noch kann es sich einen Platz „verschaffen" oder ihn „behaupten". Es ist darauf angewiesen, daß es an einen ihm entsprechenden Platz „gesetzt" wird, und das kann nur durch einen denkenden Geist geschehen. Die Lage, die es erst zu einem vollbestimmten und von andern unterschiedenen macht, muß ihm „zugedacht" werden. Es kann aus einer Lage in eine andere verschoben werden, und selbst die Unterschiedenheit seiner Lage von andern ist keine unaufhebbare: wenn wir den Kongruenzbeweis für zwei Dreiecke dadurch führen, daß wir sie in Deckung bringen, so versetzen wir sie in dieselbe Lage; damit werden sie ununterscheidbar, aber man kann nicht sagen, es sei aus beiden ein einziges geworden.

Wir versuchen nun das Verhältnis von Einzelsein, Selbstand und Dasein festzustellen. Es gibt Einzelgegenstände, die in dem Sinne selbständig sind, daß sie inhaltlich vollbestimmt sind und nicht einem *Träger* anhaften (wie dingliche Eigenschaften einem Ding), sondern selbst Träger eines Wesens und Träger von Eigenschaften sind. Aber ihre Selbständigkeit ist keine unbeschränkte, weil die Eigentümlichkeit ihres Seins sie in gewisser Weise auf einen denkenden Geist anweist. Dieses Sein ist kein wirkliches Dasein. „Es gibt" Dreiecke nicht in dem Sinne wie Steine und Menschen. Einzelsein und Dasein gehören also nicht notwendig zusammen. Mit der Eigentümlichkeit ihres Seins hängt aber auch eine Eigentümlichkeit ihres Einzeldaseins zusammen. Jedes ist es selbst, dieses eine und kein anderes und kann mit seinesgleichen zu einer Vielheit zusammengefaßt werden. Aber die Vielheit aller gleichen Einzelgebilde kann keine endliche Anzahl sein: es sind ihrer unendlich viele möglich — und zwar nicht nur im unendlichen Raum, sondern schon in einem endlichen Raumstück, weil sie einander den Raum nicht „streitig machen" —, und da es für sie keinen Unterschied von Möglichkeit und Wirklichkeit gibt, so sind ihrer so viele, als (ideal) möglich sind, d. h. „beliebig viele", eine offene Unendlichkeit.

Wie verhalten sich Selbstand und Einzelsein bei diesen Gebilden zueinander? „Selbständig" nennen wir sie, weil sie in sich geschlossen, vollbestimmt sind und ihr eigenes Was selbst umschließen oder „tragen"; „einzeln", weil jedes dieses eine und kein anderes ist. Es ist nicht dieses eine, weil es eine seiner Ausdehnung entsprechende Lage hat; sondern weil es dieses eine ist, hat es *seine* Ausdehnung und damit die Angewiesenheit auf eine entsprechende Lage. Einzelheit und Selbständigkeit sind beide in dem Gebilde selbst verankert, und zwar darin, daß es *Etwas* oder ein *Gegenstand* (im engeren Sinn) ist: Träger eines Was und Wesens. Die Selbständigkeit kommt dem Ganzen zu — dem Träger mit dem Getragenen —, das Einzelsein aber schon dem Träger für sich und allem, was er trägt oder in sich schließt: dem Wesen sowie allen seinen Teilen und allen hinzukommenden Beschaffenheiten. So haben Selbstand und Einzelsein eine gemeinsame Grundlage im formalen Aufbau des Seienden. Sie selbst fordern einander gegenseitig, und so kann keines „früher" als das andere genannt werden: was selbständig ist, muß auch ein Einzelnes sein; ein Einzelnes muß nicht notwendig selbständig sein; wenn es aber nicht selbständig ist, so muß es aufbauender Teil eines Selbständigen sein.

Was das Verhältnis zum Dasein betrifft, so haben wir gesehen: es gibt Einzelnes und Selbständiges (allerdings in etwas abgewandeltem Sinn), dem kein Dasein (= wirkliches Sein) zukommt. Was aber wirklich ist, das ist Einzelnes und Selbständiges oder aufbauender Teil eines solchen oder ein Ganzes, das aus selbständigen Einzeldingen aufgebaut ist. Einzelheit und Selbständigkeit können dem Dasein gegenüber als das sachlich Frühere bezeichnet werden. Wir haben ferner gelernt, zwischen Unterschiedensein und Unterscheidbarkeit (= Erkennbarkeit des Unterschiedenseins) von Einzelgegenständen zu unterscheiden. Die Unterschiedenheit beruht auf ihrem Träger, die Unterscheidbarkeit bei den Stoffdingen auf ihrem Stoffanteil, bei den reinen geometrischen Gebilden auf ihrer Lage; in beiden Fällen ist sie in der räumlichen Natur der Gegenstände begründet.

7. Das Einzelsein der geschaffenen reinen Geister

Indem wir das Trägersein als Grund des Einzelseins bezeichnet haben, führten wir dieses auf den formalen Aufbau des Seienden zurück. Damit ist es von der räumlichen Natur bestimmter Gattungen des Seienden abgelöst. Auch ein Unräumliches kann ein Einzelnes sein. Das ist uns nicht neu und auch dem *Thomismus* nicht fremd: er sieht ja die reinen Geister als *Substanzen*, d. h. als Einzelnes, Selbständiges und Wirkliches an. Aber er muß nach einem andern Grund ihres Einzelseins als bei den raumkörperlichen Stoffdingen suchen, da er dort den Stoff als Grund der Unterschiedenheit ansah: die Engel werden als *reine Formen* angesprochen[45], die „durch sich selbst vereinzelt sind und innerhalb derselben Art nicht vervielfältigt werden können. In der Ordnung dieser rein geistigen Formen gibt es daher so viele Arten, als es Einzelwesen gibt"[46]. Nach unserer Auffassung, die auch bei den reinen Geistern die Artbestimmtheit von ihrem Träger — d. i. in diesem Fall die Person — scheidet, ist eben dieser persönliche Träger der Grund des Einzelseins. Und da wir in der „Mitteilung" oder besser Hineingestaltung der Form in einen raumfüllenden Stoff nicht den Grund des Einzelseins sehen, sondern die wesensgemäße Entfaltung einer bestimmten Gattung von Formen, darum ist für uns mit der „Unmitteilbarkeit" der geistigen Formen an einen solchen Stoff noch nicht die Unmitteilbarkeit der Artbestimmtheit an eine Mehrheit von Einzelwesen bewiesen. Andererseits ist auch der *geistige Stoff*, den wir für die reinen Geister annehmen, nicht als das anzusehen, was die Vereinzelung der Art begründet, weil Form *und* Stoff etwas Einzelnes

---

[45] Solange man unter *Stoff* nur das Raumfüllende versteht, können wir dem zustimmen. Wir haben aber bei den Engeln etwas gefunden, was als *Stoff* im Sinn der bestimmbaren Unbestimmtheit anzusprechen ist. Darum haben wir sie nicht reine Formen genannt, wohl aber reine Geister (Kap. VII, § 5, 6).

[46] *Gredt* a. a. O. I 250.

und hier untrennbar eins sind. Wenn es zutrifft, daß es keine gleichen Engel derselben Art gibt, daß jeder vom andern nicht nur zahlenmäßig, sondern durch eine unwiederholbare *Eigenart* unterschieden ist, so muß das einen andern Grund haben. *Gredt* schreibt den reinen Geistern „eine gewisse Unendlichkeit zu. Sie sind unendlich nicht schlechthin, wohl aber beziehungsweise, in ihrer Art. *Ein* Einzelwesen erfüllt daher gleichsam den ganzen Umfang der Art . . .“[47] In dieser „Unendlichkeit" könnten wir einen Grund dafür finden, daß es tatsächlich keine artgleichen Engel gibt: es „bedarf" dessen nicht, um die Art zur Ausgestaltung zu bringen. Der hl. *Thomas* stützt sich in diesem Zusammenhang auch auf den Gedanken der *Erhaltung der Art*: Da die reinen Geister unvergänglich sind, bedarf es nur *eines* Einzelwesens zur Sicherung der Art, bei den stofflichen Gebilden ihrer Vergänglichkeit wegen einer Vielheit[48]. Aber die Unmöglichkeit einer Vielheit artgleicher Geister wäre damit nicht bewiesen. Wir werden auf das Verhältnis von Art und Eigenart noch später zurückkommen[49]. Vorläufig wollen wir die Frage des Einzelseins auf seine Unterscheidbarkeit hin weiter verfolgen.

Zwei reine Geister sind voneinander unterschieden, weil sie Personen und als solche etwas Einzelnes und Selbständiges sind. Aber was macht sie unterscheidbar? Der Raum kommt hier nicht als Unterscheidungsmittel in Betracht. Man könnte an die *Zeit* denken. Es gibt zeitliche Gebilde, die sich nur durch ihre Stellung in der Zeit unterscheiden lassen, wie gleiche Raumgebilde nur durch ihre räumliche Lage. Wenn „dieselbe" Melodie zweimal gespielt wird (angenommen, daß es am selben Ort geschieht und auf völlig gleiche Weise), so haben wir zwei Zeitgebilde, die durch ihr Nacheinander getrennt sind. Geschähe es gleichzeitig (was freilich nicht vollkommen, aber doch annähernd zu verwirklichen ist), so wären sie ununterscheidbar. So wären auch zwei gleiche Geister (vorausgesetzt, daß es so etwas gäbe) unterscheidbar, wenn sie zu verschiedener Zeit ins Dasein treten würden. Allerdings scheint hier noch eine Möglichkeit in Betracht zu kommen, die bei den ursprünglichen Zeitgebilden nicht besteht: eine Wiederkehr desselben Geistes nach einer Unterbrechung des Daseins. Wenn „dieselbe Melodie" nochmals gespielt wird, so ist das, was als dasselbe bezeichnet wird — die Melodie als „Zeitgestalt" —, nicht ein Einzelnes, sondern ein „Mitteilbares". Die Vorgänge, in denen es verwirklicht wird, sind zahlenmäßig getrennt, und es hätte keinen Sinn, zu sagen, „derselbe" Tonvorgang kehre

---

[47] a. a. O.   [48] S. th. I q 47 a 2 corp.
[49] Vgl. auch im Vorhergehenden Kap. IV, § 3, 2.

zurück. Der Melodie entspricht bei einer geistigen Person ihr „Lebenslauf" als Zeitgestalt. Wir sehen den Lebenslauf eines Menschen als etwas Einmaliges an, was sich nicht wiederholen kann. Aber jene Weltauffassung, die in der Weltgeschichte einen sich immer wiederholenden Kreislauf sieht und mit einer Wiederkehr der Seelen rechnet — so viel sich auch aus Gründen des Glaubens und der natürlichen Vernunft dagegen einwenden läßt —, macht uns doch auf eine Möglichkeit aufmerksam, die im Wesen der Person als solcher begründet ist. Die Person ist *Träger* in einem andern Sinn als jedes unpersönliche Etwas. Ihr Leben „entquillt" ihr, und es ist denkbar, daß es enden würde, ohne daß sie selbst zu nichts würde, und daß sie ein neues Leben beginnen würde [50]. Ob es sich bei zeitlich getrennten gleichen Lebensläufen um dieselbe Person handelte oder um verschiedene, dafür gäbe es die Möglichkeit einer Unterscheidung in der Person selbst [51]: sie könnte sich in dem „neuen Leben" als dasselbe Ich wiederfinden, das schon einmal gelebt hätte, wie wir uns nach Unterbrechungen unseres bewußten Lebens „wiederfinden". Dieselbe Möglichkeit besteht nun überhaupt zur Unterscheidung von Personen; in der Eigentümlichkeit des Selbst-Bewußtseins, das zum persönlichen Ichsein gehört, ist es begründet, daß jede Person sich selbst von allen andern unterscheiden kann, mögen sie nun zur selben oder zu anderer Zeit leben, mögen sie gleich oder verschieden geartet sein. Um dagegen fremde Personen als zahlenmäßig unterschieden zu erkennen, bedarf es eines andern Unterscheidungsmittels. Dafür kommt außer der Verschiedenheit der Zeitbestimmtheit und als wichtigstes Unterscheidungsmittel überhaupt — für Personen wie für andere Einzeldinge — die *inhaltliche Verschiedenheit* in Betracht.

Gleiche oder „zum Verwechseln ähnliche" Dinge, die wir nur durch ihre Stellung in Raum und Zeit als zahlenmäßig unterschieden erkennen können, kommen erfahrungsgemäß viel seltener vor als solche, die durch ihre *Eigenart* genügend von allen andern unterschieden sind. Die tatsächliche Verschiedenheit der Dinge wird natürlich auch von niemandem geleugnet. Sie wird sogar manchmal in der gesteigerten Form behauptet, daß es völlig gleiche Dinge „in Wirklichkeit" gar nicht gebe, sondern nur ununterscheidbar ähnliche. Darum versteht man unter einem *Individuum* gewöhnlich

---

[50] Irgendeine Art des Seins müßte ihr freilich für die Dauer der Unterbrechung ihres persönlichen Lebens zugesprochen werden.

[51] Wir sehen hier ab von der göttlichen Allwissenheit, für die das für uns Ununterscheidbare natürlich immer unterscheidbar ist.

nicht nur ein Ding, das zahlenmäßig eines und von allen andern unterschieden ist, sondern auch und sogar in erster Linie ein von allen anderen inhaltlich verschiedenes. Beides ist aber durchaus zu trennen. Sollte völlige Gleichheit in Wirklichkeit nicht vorkommen, so ist sie doch denkbar und kein Hindernis der zahlenmäßigen Unterschiedenheit. Da nun zahlenmäßige Unterschiedenheit und inhaltliche Verschiedenheit einen verschiedenen Sinn haben und auch in Wirklichkeit getrennt zu denken sind, so dürfte auch ihr Seinsgrund verschieden sein.

Auch der hl. *Thomas* scheidet scharf zwischen zahlenmäßiger Unterschiedenheit und Ungleichheit (= inhaltlicher Verschiedenheit). Diese bezeichnet er als Verschiedenheit der Form nach *(formalis)*, jene als Verschiedenheit dem Stoffe nach *(materialis)*. Unter *Form* ist bei ihm natürlich die Wesensform, nicht die Leerform verstanden. Darum ist ihm Formverschiedenheit gleichbedeutend mit Artverschiedenheit. „Da nun der Stoff nur um der Form willen da ist, so ist der stoffliche Unterschied nur um des Formunterschiedes willen da"[52]. Damit wird es begründet, daß eine Vielheit gleicher Gebilde (zur Erhaltung der Art) nur bei den vergänglichen Stoffdingen zu finden sei. Das tatsächliche Vorhandensein einer Vielheit artgleicher Dinge wird so durch ihren Zweck verständlich gemacht, aber es wird nicht die zahlenmäßige Unterschiedenheit als solche in ihrer Verankerung im Aufbau der Dinge aufgezeigt. Wir haben einen solchen Aufweis versucht und den Wurzelpunkt des Einzelseins in dem formalen Bau der Gegenstände als solchen gefunden: darin, daß der als Leerform ihr Wesen abschließende Träger unmitteilbar ist. Das ist von der inhaltlichen Verschiedenheit der Gattungen des Seienden unabhängig und gilt darum in gleicher Weise für alle. Die inhaltliche Verschiedenheit der Einzeldinge dagegen ist nicht in ihrem formalen Bau begründet. Darum kann sie in den verschiedenen Gattungen verschieden begründet sein.

8. Der Grund der inhaltlichen Verschiedenheit bei den räumlich-stofflichen Dingen

Die Mannigfaltigkeit in der Beschaffenheit der stofflichen Einzeldinge von gleicher Artbestimmtheit führen wir ursächlich auf die Verschiedenheit der äußeren Einflüsse zurück, die — im Zusammenwirken mit der Artbestimmtheit — das „Schicksal" der Einzeldinge und ihre jeweilige tatsächliche *Gestalt* bewirken. Wenn *Thomas*

---

[52] Vgl. S. th. I q 47 a 2 corp.

sagt: *Individuum est de ratione materiae*, so meint er damit nicht nur, daß das Einzelsein der Dinge auf ihrem Stoffanteil beruhe, sondern auch ihre inhaltliche Beschaffenheit, soweit sie nicht auf der Artbestimmtheit beruht, die sie mit allen andern Einzeldingen ihrer Art teilen. Über das Einzelsein braucht hier nicht noch einmal gesprochen zu werden. Was die Beschaffenheit angeht, so müssen wir daran denken, daß wir mit einem nicht artbestimmten Stoff nicht rechnen dürfen. Wir können von dem einzelnen Stoffding sagen: es verdankt die Artbestimmtheit seiner Form; aber ebensogut: es hat *diese* Artbestimmtheit, weil es „ein Stück *dieses* Stoffes" ist. Was die einzelnen Stücke dieses Stoffes inhaltlich unterscheidet — verschiedene Größe, Gestalt, Farbe —, ist darauf zurückzuführen, daß der Stoff als solcher (seiner Gattungsbestimmtheit nach) zerstückbar ist, daß er mannigfache, je nach seiner Artbestimmtheit verschiedene Einwirkungen von andern Stoffen (aber auch von Geistern) erfahren kann und daß die räumlich getrennten Stücke verschiedenen Einflüssen unterliegen. Es ist aber auch daran zu denken, daß jedem Stoff seiner Artbestimmtheit entsprechende Formkräfte eigen sind, die ihn auf eine ihm eigentümliche Gestaltung hinordnen und ihn befähigen, einen *Sinn* auszudrücken, der durch die sinnenfälligen Gestalten der stofflichen Gebilde zum verstehenden Geist spricht. Die äußeren Einwirkungen können diese inneren Formkräfte befreiend entbinden, können ihnen aber auch (in der „gefallenen" Natur) hemmend entgegenarbeiten. Im Hinblick auf die *Sprache*, zu der die stofflichen Gebilde berufen sind, kann die inhaltliche Mannigfaltigkeit artgleicher Gebilde sinnvoll und in der Artbestimmtheit als möglich vorgezeichnet sein. Es ist also durchaus nicht alle Ungleichheit innerhalb einer Art als *zufällige* Abwandlung durch äußere Einflüsse anzusehen. Die Möglichkeiten zu mannigfacher Ausgestaltung sind in der Formbestimmtheit der einzelnen Stoffe und in der Gesamtordnung der stofflichen Welt vorgezeichnet.

9. Verhältnis von Art- und Einzelwesen bei den untermenschlichen Lebewesen

Die Möglichkeit, *innerhalb* des Einzeldinges zwischen Form und Stoff als Gründen der artmäßigen und der dem Einzelding eigentümlichen Beschaffenheit zu unterscheiden, beginnt für uns erst dort, wo wir *stoffüberlegene* Formen haben, d. h. solche, die ihr Dasein in einem schon zuvor bestehenden und bestimmten Stoff beginnen und aus ihm und andern dazugenommenen Stoffen ein Einzelgebilde gestalten: also bei den *Lebewesen.* Die Arteigentümlichkeit erhält hier eine verschiedene Ausprägung je nach den Aufbaustoffen, die die einzelne Form „findet". (Es ist damit nicht gesagt, daß die mannigfaltige Ausgestaltung der Arteigentümlichkeit allein auf die Verschiedenheit der Aufbaustoffe zurückzuführen ist.) Es ist früher davon gesprochen worden, daß in der Gattungseigentümlichkeit der Lebewesen im Unterschied zu den leblosen Dingen eine andere Art der Entstehung und Ausgestaltung begründet ist: wir haben hier kein „Zerfallen" und „Zusammengeraten" von Stoffmengen, sondern eine Gestaltung von einer Lebensmitte her als Selbstgestaltung und darüber hinausgehende Zeugung von Einzelwesen durch Einzelwesen. Das Artganze ist hier nicht ein Stoffganzes (räumlich zusammenhängend oder zerstückt), sondern ein Abstammungszusammenhang. Im Verhältnis zu den leblosen Stoffgebilden kommt hier dem Einzelgebilde gegenüber dem Artganzen eine erhöhte Bedeutung zu. Jedes ist eine gegliederte Einheit mit eigenem Sinn und Ausdruckswert, nicht nur Durchgangsstufe für die eigentlichen Zielgestalten, wie wir es bei den Stoffmengen im Verhältnis zu den ausgestalteten Gebilden kennen gelernt haben. Das Sein ist *Selbst*gestaltung als Gestaltung des Einzelgebildes von seiner Lebensmitte her, nicht bloß Entfaltung der Arteigentümlichkeit unter der Einwirkung von außen angreifender Kräfte. Und dem entspricht eine geschlossene Kraft und eine ihr entspringende stärkere Eigenwirksamkeit und Eigentätigkeit. Jedes Einzelwesen hat aber auch eine erhöhte Bedeutung *für* das Artganze. Die Einzelwesen *verkörpern* die Art und *erhalten* sie durch die Fortpflanzung; in ihnen erfährt sie aber auch fortschreitende *Umbildung.* Sie teilt sich in *Spielarten,* bei denen es noch deutlicher ist als bei den Stoffgebilden, daß sie vom Standpunkt der Arteigentümlichkeit nicht bloß *Zufälligkeiten* sind, mehr oder minder vollkommene Verwirklichungen je nach der Gunst oder Ungunst der äußeren Umstände (das gibt es freilich auch) — sie bringen die Arteigentümlichkeit nach verschiedenen Seiten zur Ausprägung und dürfen als in und mit ihr vorgesehene *Zielgestalten* angesehen werden. Dabei besteht noch die doppelte Möglichkeit, daß die Art schon der ursprünglichen Entstehung nach in verschiedenen *Stämmen* „auftritt", die nicht aufeinander zurückzuführen sind, oder daß ein einziger Abstammungszusammenhang mit fortschreitender Sonderung und Verzweigung anzunehmen ist. Eine Entscheidung ist weder aus reinen Vernunftgründen noch durch Erfahrung möglich. Aber es handelt sich dabei nicht schlechthin um ein Entweder-Oder: auch wenn wir ursprünglich gesonderte Spielarten anzunehmen hätten, läßt sich doch eine fortschreitende Sonderung und Umgestaltung nicht leugnen. Sie vollzieht sich *in* den Einzelwesen und *durch* sie: durch die „Schicksale", die sie erleiden und die für ihre Ausgestaltung von Bedeutung sind, und durch die Verbindung verschiedener *Erbanlagen* in Einzelwesen, die auf dem Wege geschlechtlicher Zeugung entstehen. Obgleich jedes Einzelwesen ein selbständiges Wirkliches (πρώτη οὐσία oder Substanz) ist, müssen wir doch die Gesamtheit aller in einem Abstammungszusammenhang stehenden Einzelwesen als ein wirkliches Ganzes mit eigenen Lebensgesetzen ansehen (freilich nicht als ein selbständiges, weil es ja nur *in* den Einzelwesen wirklich ist, und darum nicht als *Substanz*). Das Einzelwesen ist demnach Träger der Arteigentümlichkeit und ihrer Entwicklung. Sein Einzelsein und seine Sondergestalt sind Glieder in einer Kette. Darum können wir auch hier das *de ratione materiae* — die Begründung der inhaltlichen Mannigfaltigkeit innerhalb einer Art durch den Stoff — nicht ohne Einschränkung annehmen. Die Wesensformen der Lebewesen sind lebendige Formen, die selbst einer Entfaltung und Umgestaltung fähig sind. Dabei folgen sie eigenen Gestaltungsgesetzen; die Aufbaustoffe wirken mit zum Ergebnis, aber in dienender Weise. Wir gehen nicht so weit, auf dieser Stufe für jedes Einzelwesen eine von allen andern inhaltlich verschiedene Form anzunehmen. Die Arteigentümlichkeit fordert hier Ausprägung in verschiedenen Spiel*arten*, deren Träger die Einzelwesen sind, es bedarf keiner *einzigartigen* Einzelwesen: ja die Erhaltung der einmal ausgeprägten Spielarten ist sogar Aufgabe. Weil das Einzelwesen entsteht und vergeht, muß es „seinesgleichen" hervorbringen, damit die *Gestalt* nicht verloren gehe. Erhaltung und Fortbildung müssen in der Entfaltung der Arteigentümlichkeit nebeneinander hergehen, wenn ihr Seinssinn zur Erfüllung kommen soll. Ob die mitbedingenden äußeren Umstände dazu führen, daß ihrer tatsächlichen Beschaffenheit nach keine zwei Einzelwesen einander völlig gleichen, können wir dahingestellt lassen. Der Reichtum des Lebens kann sich nicht nur in der Mannigfaltigkeit verschiedener Gestalten, sondern auch in der wachsenden Fülle gleicher Gebilde offenbaren.

10. Arteigentümlichkeit, Eigenart und Einzelsein des Menschen

Der *Thomismus* betrachtet den Menschen als eine Art der Gattung *Lebewesen* und macht in der Begründung des Einzelseins keinen Unterschied zwischen Pflanzen, Tieren und Menschen. In der Tat gilt ja vieles von dem Gesagten auch ohne weiteres von den Menschen: das Menschsein als solches ist das gemeinsame, immer und überall gleichbleibende Wesen aller einzelnen Menschen, daneben aber hat jeder etwas, was ihn von andern inhaltlich unterscheidet; dabei ist wiederum eine Verzweigung der Menschheit in *Sonderarten* (Rassen, Völker, Stämme, Geschlechter, Familien) festzustellen, Gruppen von Einzelwesen, die durch Abstammungszusammenhang und gemeinsame Eigenart in sich geeint und von andern abgehoben sind; die einzelnen sind Träger der Arteigentümlichkeit und ihrer Ausgestaltung zur Sonderart unter Mitwirkung der äußeren Umstände; die stoffliche Beschaffenheit des Einzelwesens selbst und der *Umwelt*, in die es eingegliedert ist, sind dabei mitbestimmend. Hat aber auch hier Einzelsein und Sondergestalt nur die Bedeutung eines Gliedes in einer Kette ? Wenn wir an den Doppelsinn des menschlichen *Lebens* denken: daß es auf der einen Seite stoffgestaltendes Leben ist wie das tierische und pflanzliche und auf der andern Seite geistig-persönliches, innerliches, in sich geschlossenes und doch wieder über sich selbst hinaussteigendes, eine Welt umfassendes und für Mitlebende erschlossenes und aus ihren Quellen sich erneuerndes, schließlich durch das Ich frei bestimmtes, dann müssen wir doch fragen, ob dieser tiefe Schnitt durch das menschliche Sein nicht auch für Einzelsein und Eigenart des Menschen von Bedeutung sei.

Daß das Einzelsein des Menschen — wie jeder geistigen Person — sich vom Einzelsein aller unpersönlichen Dinge unterscheidet, ist schon deutlich geworden: es gehört dazu, daß das Leben dem Ich entquillt und daß es dem persönlichen Ich auf doppelte Weise in die Hand gegeben ist: um sich seiner als eines von allem gesonderten Lebens bewußt zu werden und um es frei zu gestalten. Wir haben aber auch gesehen, daß das Ich nicht als ein bloßes *reines Ich* zu denken ist; daß dieses nur gleichsam das Durchgangstor ist, durch welches das Leben der menschlichen Person aus der Tiefe der Seele zur Helle des Bewußtseins aufsteigt. Und das Innerste der Seele, ihr Eigenstes und Geistigstes, ist kein farb- und gestaltloses, sondern ein eigentümlich geartetes: sie spürt es, wenn sie „bei sich selbst", „in sich gesammelt" ist. Es läßt sich nicht so fassen, daß man es mit einem allgemeinen Namen nennen könnte, es ist auch nicht mit andern vergleichbar. Es läßt sich nicht in Eigenschaften, Charakterzüge u. dgl. zerlegen, weil es tiefer liegt als sie: es ist das *Wie* (ποῖον) des Wesens selbst, das seinerseits jedem Charakterzug und jedem Verhalten des Menschen seinen Stempel aufprägt und den Schlüssel zum Aufbau seines Charakters bildet. Durch diese „Äußerungen" wird das Innerste der Seele auch von außen faßbar. Wir „spüren" das Unaussprechliche ihres Wesens auch an andern. Es ist das, was uns im tiefsten Grund „anzieht" oder „abstößt". Wir können uns dabei wie von etwas Verwandtem berührt fühlen. Aber meine *Art* und die des andern lassen sich nicht in etwas Gemeinsames und etwas Unterscheidendes auseinanderlegen. In diesem Sinn müssen wir zugestehen, daß der Wesensunterschied des Einzelnen nicht faßbar ist.

Kann es vollkommene Gleichheit zwischen Menschen geben? In der Dichtung spielt die Erscheinung des „Doppelgängers" eine Rolle, aber als etwas, was die Schranken der Natur durchbricht: als Ausgeburt einer kranken Einbildungskraft oder als höllisches Trugbild. Das ist kein Beweis, aber es zeigt, daß der Mensch sich selbst als ein Unwiederholbares fühlt. Es lassen sich Gründe angeben, die es zwar nicht als unabweisbar notwendig erscheinen lassen, aber doch verständlich machen, warum es so sein mag. Natürlicherweise können Menschen einander äußerlich so sehr gleichen, daß sie von andern beständig verwechselt werden (z. B. Zwillinge). Aber Menschen, die ihnen sehr nahestehen, wissen sie wohl zu unterscheiden. Und sie selbst kommen sich so verschieden vor — auch wenn sie sich miteinander so verbunden fühlen wie mit niemandem sonst in der Welt —, daß ihnen das Verwechseln kaum begreiflich ist. Dabei kommt es nicht darauf an, daß tatsächlich doch die Nase ein klein wenig anders geformt oder die Augenfarbe ein wenig verschieden sein mag — der äußere Beobachter mag so etwas herausfinden und sich als Kennzeichen merken —, auch nicht, daß eine bestimmte Begabung bei dem einen etwas stärker hervortritt als bei dem andern: jeder fühlt sich in seinem innersten Wesen als etwas „Eigenes" und wird auch von denen, die ihn wirklich „erfaßt" haben, so betrachtet. Ist es möglich, eine solche innerste Wesensverschiedenheit darauf zurückzuführen, daß die Seelen in Körpern wohnen, die aus räumlich geschiedenem Stoff bestehen? Gewiß nicht. Aber was berechtigt uns denn, einen solchen Wesensunterschied als wirklich anzunehmen, welcher vernünftige Grund läßt sich angeben, daß wir unserm „Gefühl" trauen dürfen? Darauf ist zunächst zu sagen, daß wir es hier nicht mit *Gefühl* im Sinne einer bloßen seelischen Zuständlichkeit zu tun haben, die nichts weiter zu bedeuten hat. Das „Fühlen", von dem wir sprechen, hat selbst Erkenntniswert, es erschließt uns etwas: ein Etwas, zu dem es der entsprechende Zugangsweg ist. Es ist ein geistiger *Akt*, ein geistiges *Wahrnehmen*. Wir nennen es „Fühlen", weil es ein „dunkles" Erfassen ist, nicht die Klarheit und Deutlichkeit der begrifflich faßbaren Verstandeseinsicht hat, und weil es ein „Wahrnehmen mit dem Herzen" ist: Was auf solche Weise gefühlt wird, das spricht zum Innern der Seele und will dort aufgenommen werden. Wir reden von *Wahrnehmung*, weil dieses Wahrnehmen mit dem sinnlichen Wahrnehmen etwas gemeinsam hat: daß ein Einmaliges und Wirkliches darin erfaßt wird. Aber es ist ein Geistiges, das erfaßt wird, und selbst den Sinnen nicht zugänglich, wenn es sich auch durch sinnenfällige Zeichen (den leiblichen *Ausdruck* des Seelischen) bemerkbar macht. Diese Wahrnehmung ist, wie die sinnliche, der Täuschung unterworfen. Aber sie darum grundsätzlich zu verwerfen, wäre ebenso unvernünftig wie der vollständige Verzicht auf den Gebrauch der Sinne als Erkenntnismittel, weil sie „trügerisch" seien[53]. Wenn wir also unser eigenes Wesen und das anderer als ein so beschaffenes und sein „So" als ein „Einmaliges" fühlen, so trägt dieses Fühlen als eine besondere Weise ursprünglicher Erfahrung ihren eigenen Rechtsgrund in sich. Es scheint, daß mit der Behauptung, das „So" sei ein Einmaliges, der Rahmen einer Einzelerfahrung überschritten und ein allgemeiner Satz gewagt werde. In der Tat liegt es ja im Sinn dieser Aussage, daß diesem So kein anderes gleiche. Das ist begründet im formalen Bau der Person: in der Einzigkeit des seiner selbst bewußten Ich als solchen, das seine Wesensart als sein „Eigenstes" umfaßt und jedem andern Ich die gleiche Einzigkeit und *Eigenheit* zuschreibt. Der Inhalt des „So" aber ist nicht allgemein faßbar.

§ 3. Erwägungen über den Sinn des menschlichen Einzelseins auf Grund seines Verhältnisses zum göttlichen Sein

So glauben wir auf Grund des innersten Selbstbewußtseins und der daraus zu entnehmenden Auffassung der allgemeinen Form des Personseins die Einzigartigkeit des Innersten jeder Menschenseele und damit der ganzen menschlichen Person, soweit sie vom Innersten her geformt ist, annehmen zu dürfen. Wir versuchen nun, für den Sinn dieser Tatsache Verständnis zu gewinnen. Die Möglichkeit dazu ergibt sich aus dem Verhältnis der Seele zu Gott.

---

[53] Vgl. *Husserls* „Prinzip aller Prinzipien": „daß *jede originär gebende Anschauung eine Rechtsquelle der Erkenntnis* sei . . ." (Ideen zu einer reinen Phänomenologie und phänomenologischen Philosophie, Halle 1913, S. 43).

1. Die Berufung der Seele zum ewigen Leben

Das Innerste der Seele haben wir als die „Wohnung Gottes" kennen gelernt. Durch seine reine Geistigkeit ist es fähig, den Geist Gottes in sich aufzunehmen; durch seine freie Persönlichkeit vermag es sich so hinzugeben, wie es für diese Aufnahme nötig ist. Die Berufung zur Vereinigung mit Gott ist Berufung zum ewigen Leben. Schon *natürlicherweise* ist die Menschenseele als rein geistiges Gebilde nicht sterblich[54]. Als geistig-persönliche ist sie überdies einer übernatürlichen Lebenssteigerung fähig, und der Glaube lehrt uns, daß Gott ihr das ewige Leben, d. h. den ewigen Anteil an Seinem Leben schenken *will*. So ist die einzelne Seele mit ihrer „einmaligen" Eigenart nicht ein Vergängliches, das nur bestimmt wäre, die Arteigentümlichkeit für eine vorübergehende Zeitdauer in sich auszuprägen und während dieser Zeitdauer an „Nachkommen" weiterzugeben, damit sie über das Einzelleben hinaus erhalten bleibe: sie ist zu ewigem Sein bestimmt, und das läßt es verständlich erscheinen, daß sie Gottes Bild auf eine „ganz persönliche Weise" wiedergeben soll. Die Heilige Schrift bietet manchen Anhaltspunkt für eine solche Deutung. So dürfen wir den Psalmvers: *Qui finxit sigillatim corda eorum* („Er hat eines jeden Herz einzeln gebildet")[55] dahin verstehen, daß jede einzelne Menschenseele aus Gottes Hand hervorgegangen ist und ein besonderes Siegel trägt. Und wenn es in der Offenbarung Johannis heißt[56]: „Dem Sieger werde ich einen ... weißen Stein geben, und auf dem Stein wird ein neuer Name geschrieben stehen, den niemand kennt, als der ihn empfängt" — sollte jener Name nicht ein *Eigen*name im vollen Sinn des Wortes sein, der das innerste Wesen des Empfängers ausspricht und ihm das in Gott verborgene Geheimnis seines Seins aufschließt? Es ist ein „neuer" Name nicht für Gott, aber für den Menschen: auf der Erde hat er einen andern Namen geführt; die menschliche Sprache hat ja keine wahren Eigennamen; sie nennt die Dinge und auch Personen nach irgendwelchen Merkmalen, die allgemein faßbar sind. Die Menschen „kennzeichnen", indem sie möglichst viele solcher Merkmale zusammentragen. Ihr Innerstes und Eigenstes bleibt ihnen meist verborgen, es wird verdeckt durch das Gepräge, das die menschliche Natur in ihnen im Laufe ihres Lebens unter dem Einfluß der Umwelt und besonders durch den Wechselverkehr in der

---

[54] Sie könnte, wie alles Geschaffene, von Gott vernichtet werden, aber das wäre kein „natürliches Ende".

[55] Ps. 32, 15.

[56] Apk. 2, 17.

Gesellschaft annimmt. Was sie davon in sich und an andern spüren, das bleibt dunkel und geheimnisvoll und ist für sie ein „Unaussprechliches". Wenn aber das irdische Leben endet und alles abfällt, was vergänglich war, dann erkennt sich jede Seele, „wie sie erkannt ist"[57], d. h. wie sie vor Gott ist: als was und wozu Gott sie, sie ganz persönlich, erschaffen hat und was sie in der Natur- und Gnadenordnung — und dazu gehört wesentlich: kraft ihrer freien Entscheidungen — geworden ist.

Wir müssen auch daran denken, was das Aufnehmen Gottes in das Innerste der Seele bedeutet. Gegenwärtig ist ja der allgegenwärtige Gott überall und immer: in den leblosen und vernunftlosen Geschöpfen, die ihn nicht so wie die Seele aufnehmen können, in den „äußeren Wohnungen" der Seele, wo sie selbst nichts von der Gegenwart Gottes merkt, und in ihrem Innersten, auch wenn sie selbst sich nicht dort aufhält. Es kann also nicht davon die Rede sein, daß Gott an einen Ort käme, wo er vorher nicht war. Daß die Seele Gott aufnimmt, das heißt vielmehr, daß sie sich ihm frei öffnet und hingibt zu jener Vereinigung, wie sie nur zwischen geistigen Personen möglich ist. Es ist dies eine *liebende* Vereinigung: Gott ist die Liebe, und der Anteil am göttlichen Sein, den die Vereinigung gewährt, muß ein Mitlieben sein. Gott ist die Fülle der Liebe. Geschaffene Geister aber sind nicht fähig, die ganze Fülle der göttlichen Liebe in sich aufzunehmen und mitzuvollziehen. Ihr Anteil bemißt sich nach dem Maß ihres Seins, und das bedeutet nicht nur ein „Soviel", sondern auch ein „So": die Liebe trägt den Stempel der persönlichen Eigenart. Und das macht es wiederum verständlich, daß Gott sich in jeder Menschenseele eine „eigene" Wohnung geschaffen haben mag, damit die göttliche Liebesfülle durch die Mannigfaltigkeit verschiedengearteter Seelen einen weiteren Spielraum für ihre Mitteilung fände.

2. Vergleich zwischen der Eigenart der Menschen und Engel

Wird durch die Annahme einer unwiederholbaren Eigenart in jeder Menschenseele der Mensch den Engeln gleichgestellt ? Wird jeder für eine „eigene Art" erklärt, und wie stünde diese Art zur Menschheit?

Zum Wesen des Menschen als solchen gehört die Doppelnatur: geistige Person und leiblich gestaltet zu sein. Als Geist gehört er zur selben Gattung des Seienden wie die andern geschaffenen Geister. Als leib-körperlich-seelisch gestaltet gehört er zur Gattung der Lebewesen. Weil aber das geistige Sein und das leib-körperlich-seelische

---

[57] 1 Kor. 13, 12.

in ihm nicht getrennt nebeneinander hergehen, sondern *eins* sind, darum scheint es mir angemessen, hier von einer eigenen Gattung zu sprechen. Das geistige Leben des Menschen ist anders geartet als das der Engel, weil es aus der verborgenen Tiefe der Seele aufsteigt, von der aus auch die Formung des körperlichen Leibes geschieht. Die Engel haben keine Seele im Sinn einer Seinsmitte, die sich selbst in einem zeitlichen Entwicklungsgang entfaltet, indem sie sich in den körperlichen Leib und in ihr geistiges Leben hineingestaltet. Ihr Sein hat keinen andern Sinn als die Entfaltung dessen, was sie sind (und nicht erst zu werden brauchen) in einem Leben der reinen Hingabe an Gott: in Erkenntnis, Liebe und Dienst. Eben das ist es, was sie gattungsmäßig miteinander gemeinsam haben. Die Art, *wie* sie erkennen, lieben und dienen, ist das, was sie voneinander unterscheidet: sie ist das, worin ihre *Eigenart* sich entfaltet. Dabei sind Erkenntnis und Liebe nicht geschieden, weil in der Anschauung Gottes, die nichts anderes ist als die liebende Vereinigung, Gottes Wesen, das Liebe ist, im Mitlieben erkannt wird. Der Dienst aber ist Auswirkung der Liebe. Und weil die Liebe nach der persönlichen Art verschieden ist, ist es das ganze geistige Leben.

Wir haben früher gesagt, daß an sich die „Mitteilung" einer solchen Eigenart an eine Mehrheit persönlicher Träger nicht völlig undenkbar ist[58] (wie ja auch unter den Menschen „Doppelgänger" gedacht werden können). Wenn aber schon bei den Menschen gewichtige Gründe gegen eine solche *Vereinzelung* sprachen, so kommt bei den Engeln noch ein weiterer hinzu. Er ist auch schon erwähnt worden: daß ein einziger Engel ausreicht, um den ganzen Reichtum seiner Art zur Entfaltung zu bringen. Was das heißt, kann durch den Gegensatz der Menschheit erläutert werden. Schon der einzelne Mensch ist nicht imstande, in seinem Leben alle Möglichkeiten zu entfalten, die in seinem Wesen (als Einzelwesen verstanden) begründet sind. Seine Kraft ist so begrenzt, daß er Höchstleistungen auf einem Gebiet mit Mängeln auf einem andern erkaufen muß. Darum dürfen wir annehmen, daß für jeden die Seinsvollendung in der Glorie nicht nur die Befreiung von den Schlacken der verderbten Natur, sondern auch die Entfaltung seiner unerfüllten Möglichkeiten bringen wird. Aber auch dann bringt er das „Wesen des Menschen" nicht vollendet zur Ausprägung. Zum Wesen des Menschen gehört es, daß der einzelne *Glied* ist und daß er als Ganzes, mit allen darin begründeten Möglichkeiten sich in der *Menschheit* verwirklicht, in der die einzelnen „Glied zu

---

[58] Vgl. S. 448.

Glied" sind. Jeder muß die „allgemeine Menschennatur" verkörpern, um Glied dieses Ganzen sein zu können. Aber sie ist nur ein Rahmen, der durch die Mannigfaltigkeit der einzelnen Gliedwesen ausgefüllt werden muß. Das erinnert in gewisser Weise an das Verhältnis von Farbe und Farbarten, weil es ja auch zum Wesen der Farbarten gehört, *Farbe* zu sein, und zum Wesen der Farbe, *eine* Farbe zu sein. Und doch ist das Verhältnis wiederum ein ganz anderes, weil das Einzelwesen nicht bloß inhaltliche Besonderung eines allgemeineren ist, sondern Glied eines Ganzen, das sich als *Lebenseinheit* verwirklicht und nur im Lebenszusammenhang des Ganzen, an seiner Stelle und im Zusammenwirken mit den andern Gliedern, zur Entfaltung kommen kann. Dabei spielen nicht nur die Lebensgesetze der Fortpflanzung, Pflege und Arbeitsteilung in der Beschaffung des Lebensnotwendigen, die dem Menschen mit den niederen Lebewesen gemeinsam sind, eine Rolle, sondern auch die Gesetze des geistigen Lebens, wonach alle Erzeugnisse des Menschengeistes zum Gemeingut der Menschheit werden, zur „Nahrung" für die Seelen mitlebender und nachfolgender Geschlechter oder zu Lebensordnungen mit richtunggebender Gewalt und gestaltender Kraft: durch ihre Geistnatur ist die Menschheit zu einem Gemeinschaftsleben berufen, das die Schranken von Zeit und Raum aufhebt, nachdem es aus einem zeit-, raum- und erdgebundenen Boden erwachsen ist. Weil nun die einzelne Seele an dem für sie bereiteten Ort erblüht — vorbereitet durch den geschichtlichen Werdegang ihres Volkes, ihrer engeren Heimat, ihrer Familie — und weil sie nach ihrer reinen und vollen Entfaltung an der für sie bestimmten Stelle einem ewig-unverwelklichen Kranz eingereiht werden soll, darum ist es nicht angemessen, ihr Wesen als eine *Art* zu fassen, die sich in einer Vielheit gleicher Gebilde *vereinzeln* könnte. Gewiß kann in einem Kranz eine seltene und auserlesene Blüte von vielen unscheinbaren Blümchen umgeben sein, die einander fast völlig gleichen und deren jedes auch durch ein anderes ersetzt werden könnte. Gewiß unterscheiden wir in der Geschichte der Menschheit und auch in dem kleinen Kreis unserer eigenen Lebenserfahrung die „großen", „starken", „ausgeprägten" Persönlichkeiten von den „Durchschnittsmenschen", an denen wir kaum wesentliche Unterschiede entdecken können. Aber wir wissen schon, daß das nur für eine oberflächliche Betrachtung so aussieht. Wenn die Truppen, die in Reih und Glied durch die Straßen marschierten, sich auflösen, dann wird jeder, der da in gleichem Schritt und Tritt mittrottete und vielleicht selbst kaum noch etwas von sich wußte, wieder zu einer kleinen, in sich geschlossenen Welt. Und wenn die

Neugierigen am Weg nur eine ununterscheidbare Masse sahen — für die Mutter oder für die Braut ist der, den sie erwartete, doch der einzige, dem kein anderer gleicht: das Geheimnis seines Wesens, von dem ihre Liebe etwas spürt, kennt nur das alles durchdringende Auge Gottes, vor dem die menschlichen Maßstäbe „groß" und „klein", „bedeutend" und „unbedeutend" zunichte werden. Damit soll nicht geleugnet werden, daß es auch im Himmelreich „Große" und „Kleine" gibt. Und die Unterschiede haben sich im irdischen Leben vorbereitet: durch die Ausstattung, die einem jeden mitgegeben wurde, und durch die Art, wie er sein „Pfund" verwaltet hat. Es besteht die Möglichkeit, mehr oder weniger „zu sich selbst zu kommen"[59]. Und es besteht auch die Gefahr, sich selbst zu verlieren. Denn wer nicht zu sich selbst gelangt, der findet auch Gott nicht und kommt nicht zum ewigen Leben. Oder richtiger noch: wer Gott nicht findet, der gelangt auch nicht zu sich selbst (mag er auch noch so sehr mit sich selbst beschäftigt sein) und zu dem Quell des ewigen Lebens, der in seinem eigenen Innersten auf ihn wartet.

Dem doppelten Sinn des Wortes „Menschheit" — das bald zur Bezeichnung der allgemeinen Menschennatur, bald zur Bezeichnung des lebendigen Ganzen verwendet wird — entspricht ein doppeltes Verhältnis des einzelnen Menschen zur „Menschheit": er ist Verkörperung des *Allgemeinen* und Glied des Ganzen. Auch der einzelne Engel ist Verkörperung einer allgemeinen „Engelnatur", aber er ist nicht

---

[59] Weil die Seele ein persönlich-geistiges Gebilde ist, darum ist ihr Innerstes und Eigentlichstes, ihr Wesen, aus dem ihre Kräfte und das Wechselspiel ihres Lebens entspringen, nicht nur ein unbekanntes X, das wir zur Erklärung der erfahrbaren seelischen Tatsachen annehmen, sondern etwas, was uns aufleuchten und spürbar werden kann, wenn es auch immer geheimnisvoll bleibt. Ihr ganzes geistiges Leben ist *bewußt* und ermöglicht ihr ein Zurückblicken auf sich selbst, auch ohne daß sie durch die Pforte des Gebetes eingeht. (Vgl. S. 344, Anm. 33.) Allerdings ist wohl zu bedenken, auf was für ein Selbst die Seele dann stößt, und das hängt damit zusammen, durch welche andere Pforte sie eingeht. Eine Möglichkeit des Zugangs ins Innere ergibt sich aus dem Verkehr mit anderen Menschen. Ein anderer Antrieb ergibt sich durch das Erstarken des Eigenwesens in der Zeit des Reifens vom Kinde zum Jugendlichen. Schließlich denken wir an die wissenschaftliche Erforschung der *inneren Welt*, die sich diesem Seinsgebiet wie allen anderen zugewendet hat. Doch am Ende wird man zu der Frage gedrängt, ob nicht doch die Pforte des Gebetes der einzige Zugang zum Inneren sei. Es wäre eine eigene große Aufgabe, die Geschichte der Psychologie einmal unter dem Gesichtspunkt durchzugehen, wie sich Grundeinstellung im Glaubensleben und Auffassung der Seele — beim einzelnen Forscher und im jeweiligen Zeitalter — zueinander verhalten.

im selben Sinn wie der Mensch Glied eines Ganzen. Wohl dürfen wir
von einer „Engelwelt" sprechen, in der jeder einzelne eine besondere
Stufe des geistig-persönlichen Seins darstellt und mit den andern
zusammen gleichsam eine vieltönige Harmonie bildet; es ist auch Ansicht der Kirchenlehrer (wie früher schon erwähnt wurde), daß sie
miteinander in Wechselverkehr stehen und Bedeutung füreinander
haben, sofern einer den andern erleuchtet. Aber kein Engel verdankt
dem andern seine Natur[60], keiner bedarf zur Entfaltung seiner Natur
der andern — eine Einheit bilden sie als der „himmlische Hof", der
den Thron des Allerhöchsten umgibt.

Das Gliedsein des Menschen ist etwas, was wir als Tatsache erfahren.
Allerdings muß der einzelne in seiner Entwicklung weit fortgeschrit-
ten sein, um die Menschheit als Ganzes zu erfassen und sich ihr verpflichtet zu wissen. Zunächst findet er sich beim Erwachen der Vernunft nur als Glied einer engeren Gemeinschaft vor (der Familie oder
einer andern Pflege- und Erziehungsgemeinschaft), und übersehbar
werden für ihn die größeren Gemeinschaften nie (schon eine größere
Stadtgemeinde ist es nicht mehr, erst recht nicht Stamm, Volk,
Rasse oder gar die ganze Menschheit), aber es gibt doch Wege, auf
denen er ihre Wirklichkeit erfährt. Für die engeren Gemeinschaften,
denen wir angehören, ist zur Erfassung ihrer geschlossenen Einheit
und unseres Eingegliedertseins besonders wichtig der Gegensatz zu
andern, mit denen wir bekannt werden und die uns als *fremd-artig*
berühren. Für das Erfassen der Menschheit als des uns umschließen-
den und tragenden Ganzen andererseits ist von Bedeutung die Erfahrung des Gemeinsamen, das uns mit den Menschen aller Zeiten und
Himmelsstriche, trotz aller Verschiedenartigkeit, verbindet, und die
Bereicherung und Ergänzung, die wir durch Berührung mit anders-
geartetem Menschentum erfahren können.

3. Einheit des Menschengeschlechts.
Haupt und Leib *ein* Christus

Diese immer bruchstückhafte, oft mißdeutete[61] oder ganz un-
verstandene Erfahrung erhält eine feste Grundlage und Sinnes-
klärung durch die Schöpfungs- und Erlösungslehre, die den Ursprung

---

[60] Daß die Engel nicht einer aus dem andern hervorgehen, ist durch eine
eigene dogmatische Erklärung festgelegt (Dz. 533). Im übrigen läßt die Glaubenslehre bezüglich der Auffassung der Engel große Freiheit: nur daß darunter
von Gott erschaffene reine Geister zu verstehen sind, ist in den Glaubens-
bekenntnissen ausgesprochene kirchliche Lehre (Dz. 428, 1783).

[61] Daher die Einseitigkeiten des Nationalismus, Internationalismus usw.

466

aller Menschen von einem Stammvater herleitet und das Ziel der ganzen Menschheitsentwicklung im Zusammenschluß unter dem *einen* gottmenschlichen Haupt, in dem *einen* „mystischen Leib" Jesu Christi sieht. Die Tatsache der *Erbsünde* — daß alle Kinder Adams getrennt und mit einem Herzen, „dessen Sinn und Gedanken . . . zum Bösen geneigt sind von Jugend auf"[62], zur Welt kommen — wäre völlig unbegreiflich ohne die Voraussetzung, daß in dem „*einen* Menschen" „alle . . . gesündigt haben". Es ist hier Verschiedenes zu unterscheiden. Nach der Lehre vom Urstand war die heiligmachende Gnade den ersten Menschen über ihre Natur hinaus als ein freies Geschenk Gottes gegeben und auch ihren Nachkommen zugedacht. Die Entziehung der Gnade als Strafe des Ungehorsams für die Schuldigen leuchtet ohne weiteres ein. Daß diese Strafe auch die Nachkommen treffen sollte, mag Grübeleien über die Gerechtigkeit und Güte Gottes hervorrufen, aber es ist immer noch begreiflich von einer Auffassung her, die den einzelnen Menschen als völlig auf sich gestellt ansehen wollte: wenn die Gnade als ein freies Geschenk betrachtet wird, das Gott Adam gab und gewissermaßen ihm zulieb auch allen seinen Kindern geben wollte, so könnte man sich denken, daß der Verlust des höchsten Gutes ihn um so empfindlicher treffen sollte, weil es durch seine Schuld auch den Nachkommen entzogen wurde. Anders steht es schon mit dem leiblichen Tod, der „durch die Sünde" „in die Welt gekommen" und „auf alle Menschen übergegangen" ist[63]. Denn damit scheint doch eine Veränderung der Natur ausgesprochen zu sein. Allerdings wird die Gabe der Unsterblichkeit und Leidensunfähigkeit des Leibes nicht als zur Ausrüstung des Urstandes gehörig angesehen, sondern als etwas, was mit dem Glorienstand erst durch die Bewährung im Mitwirken mit der Gnade verdient werden sollte. Wenn von einer „Unsterblichkeit Adams" gesprochen wird, so ist das nach dem hl. *Thomas* nicht so aufzufassen, „als wäre er von innen her gegen jede tödliche äußere Einwirkung geschützt gewesen, wie gegen eine Verwundung durch das Schwert u. dgl., sondern weil er durch die göttliche Vorsehung davor bewahrt wurde"[64]. Aber wenn er nicht durch seine eigene Ausrüstung gegen jede Verletzung gesichert war, so trug er doch nicht den Keim der Verderbnis in sich selbst: er wäre nicht eines „natürlichen Todes" gestorben, und es hätte ohne den Fall in seiner Nachkommenschaft keine „erblichen Krankheiten" und keine „Mißgeburten" gegeben. Es

---

[62] 1 Mos. 8, 21.   [63] Röm 5, 12.

[64] De veritate q 24 a 9 corp. (Untersuchungen über die Wahrheit II 308).

ist also als Strafe der Sünde nicht bloß eine Entziehung von Gaben und eine Verhängung des Todes — beides gleichsam als etwas von außen zu Vollstreckendes und zu Erleidendes — anzusehen, sondern eine Veränderung der Natur und eine Fortpflanzung dieser veränderten Natur. Das hat wiederum zur Voraussetzung, daß auch die unversehrte Natur auf dem Wege der Fortpflanzung weitergegeben werden sollte. Und hier beginnt das so Rätselhafte, das uns schon früher beschäftigt hat: daß auf dem Wege der Zeugung neue Einzelwesen aus den Erzeugenden hervorgehen und daß doch ein jedes ganz auf sich gestellt und gleichsam ein erster Anfang ist. Wenn das schon bei den niederen Lebewesen geheimnisvoll bleibt, so erst recht beim Menschen, zu dessen Natur es gehört, eine Geist-Seele zu haben, und der diese Seele nicht von seinen Vorfahren, sondern unmittelbar von Gott empfängt. Als Erfahrungstatsache drängt es sich auf, daß Ähnlichkeiten zwischen Vorfahren und Nachkommen bestehen, die auf eine Erbanlage hinweisen. Und ebenso in die Augen fallend ist es, daß sich die Ähnlichkeit nicht nur auf leibliche, sondern auch auf seelische Eigentümlichkeiten erstreckt. Es liegt ja auch in der Auffassung der Seele als Form des Leibes begründet, daß der Leib sein Gepräge (soweit es sich um die Wesensart und nicht um zufälliges Abweichen davon handelt) der Seele verdankt. Der hl. Thomas führt sogar die Vergänglichkeit des Leibes auf das im Fall des Menschen begründete veränderte Verhältnis des Leibes zur Seele zurück: ,,Eben darum ist unser Leib vergänglich *(corruptibile)*, weil er nicht völlig der Seele unterworfen ist: wenn er nämlich völlig der Seele unterworfen wäre, dann würde von der Unsterblichkeit der Seele die Unsterblichkeit auf den Leib überfließen, wie es nach der Auferstehung sein wird . . .‘‘[65] Es scheint also nach theologischer Auffassung, ja nach der Glaubenslehre (wenn wir an die bereits angeführte Paulus-Stelle denken, die als Beleg für die Erklärung der Erbsünde in den Katechismus aufgenommen ist) eine leiblich-seelische Natur, die uns von den Stammeltern überliefert ist: eine Natur, in der ,,das Fleisch‘‘ im Kampf liegt gegen den Geist, der Verstand (im Vergleich zur unverderbten Natur) verdunkelt, der Wille geschwächt, das Herz zum Bösen geneigt ist. Aber trotzdem sich die Sündenfolgen in der Seele der Nachkommen zeigen, scheint doch hier die Wurzel des Übels auf der Seite des Leibes zu liegen. In den ersten Menschen hat sich die Wandlung der Natur vollzogen. Es trennte sich der menschliche Wille in freier, persönlicher Tat vom göttlichen, und als Folge trat die

---

[65] De veritate q 13 a 3 ad 2 (a. a. O. I 381).

Störung in der Ordnung der menschlichen Natur ein. Doch „in uns kommt die Verderbnis in umgekehrter Reihenfolge zustande wie in Adam; denn in Adam bringt die Seele dem Leib die Verderbnis und die Person der Natur; in uns aber ist es umgekehrt"[66]. Kann uns diese bedeutsame Stelle zur Lösung der Schwierigkeit helfen? Die menschliche Natur, wie sie Gemeingut des ganzen Menschengeschlechts werden sollte, war Adam gleichsam zur Verwahrung übergeben. Als „lebendige Seele" trug er in sich die Kraft, nicht nur den eigenen Leib zu beleben und zu beherrschen[67], sondern darüber hinaus den Samen zu bilden, aus dem neue Einzelwesen seiner Art hervorgehen sollten. Ein Vorspiel und in gewisser Weise ein Urbild der Fortpflanzung haben wir vor uns in dem, was der Schöpfungsbericht über die Erschaffung des Weibes sagt: daß Gott den *Stoff* dazu vom Leib des Mannes nimmt, aber selbst die Seele einhaucht. Wird uns darin nicht gezeigt, daß beide *eins* sein sollen — „zwei in *einem* Fleisch"[68] — und doch *zwei*, jedes durch die eigene Seele auf sich gestellt und in sich geschlossen? Und ist das nicht das Gesetz, unter dem auch die Fortpflanzung steht? Sie formt und nährt das „fleischliche" Gebilde, das bestimmt ist, die Geistseele in sich aufzunehmen und mit ihr *eins* zu werden. So ist der neue Mensch mit den Vorfahren verbunden und doch von ihnen getrennt. Es muß aber bei beiden Verhältnissen — bei dem des Mannes zur Frau und bei dem der Nachkommen zu den Vorfahren — gründlich erwogen werden, wie weit Seelisches dabei mitspielt, und bei dem zweiten überdies, wie sich dieser Anteil auf die Seele des neuentstandenen Geschöpfes und der Erzeuger verteilt. Abgesehen davon, daß nach unsrer Auffassung der durchgehenden Einheit von Seele und Leib alle leiblichen Vorgänge (wenn es wirklich *leibliche* und nicht rein körperliche sind) zugleich auch seelische sind, ist ja das Verhältnis des Weibes zum Mann nach dem Willen des Schöpfers sicher nicht als ein bloß oder vorwiegend leibliches zu denken. Es sollte ja Adam eine „Hilfe"[69] gegeben werden, damit er „nicht allein sei" — beides Ausdrücke, bei denen man zunächst an ein seelisches Verhältnis denken muß: „Gott schuf den Menschen nach seinem Bilde ..., als Mann und Weib erschuf er sie"[70] und gab ihnen den Segen der Fruchtbarkeit[71]. Er

---

[66] De veritate q 2 a 6 ad 5 (a. a. O. II 358).

[67] Von „Gestaltung" des Leibes durch die Seele kann hier nur in eingeschränktem Sinn gesprochen werden, weil die ersten Menschen vom Beginn ihres Daseins an als voll ausgebildet und keiner Entwicklung bedürftig zu denken sind.

[68] 1 Mos. 2, 24.   [69] 1 Mos. 2, 18.   [70] 1 Mos. 1, 27.   [71] 1 Mos. 1, 28

schuf sie nach seinem Bilde als geistig-persönliche Wesen. Und war es nicht eben darum „nicht gut", daß eines allein sei, weil der höchste Sinn des geistig-persönlichen Seins Wechselliebe und Einssein einer Mehrheit von Personen in der Liebe ist? Der Herr gab Adam eine „Hilfe wie ihm gegenüber"[72]: eine Gefährtin, die ihm entsprach wie eine Hand der anderen, ihm fast völlig gleich war und doch wieder ein wenig anders und so zu einer eigenen und ergänzenden Wirksamkeit fähig, ihrem leiblichen und ihrem seelischen Sein nach. Dürfen wir nun das „in einem Fleisch sein" nicht nur als Wesensgemeinsamkeit der leiblichen Natur auffassen, sondern zugleich als ein Ineinandergreifen der Lebensvorgänge, die aus beiden eine Einheit des Seins erwachsen läßt, so ist für die Seelen eine noch innigere Einheit möglich, weil es im geistigen Leben ein Einswerden gibt, das im Bereich des körperlichen Seins nicht seinesgleichen hat: das geschöpfliche Abbild der Liebe zwischen dem Ewigen Vater und dem göttlichen Sohn. Die Geschöpfe haben wohl jedes sein eigenes Wesen — nicht ein einziges gemeinsam wie die göttlichen Personen; aber die Menschenseelen können sich kraft ihrer freien Geistigkeit für einander öffnen und in liebender Hingabe eine die andere in sich aufnehmen: niemals so vollständig, wie die Seelen in Gott sein können, aber doch mehr oder minder weitgehend. Und dieses Aufnehmen ist nicht bloß ein erkennendes Umfassen, das den *Gegenstand* in der Ferne stehen läßt und für das Innere der Seele wenig bedeutet: es ist ein Aufnehmen ins Innere, das die Seele nährt und gestalten hilft. Und so dürfen wir den Schöpfungsbericht in dem Sinn deuten, daß das Weib dem Manne an die Seite gestellt wurde, damit eines des anderen Sein zur Vollendung führen helfe. Es ist aber die Kraft der Hingabe nicht nur das Maß des Beistandes, der geleistet wird, sondern auch dessen, was man selbst in seine Seele aufzunehmen und darum an Seinssteigerung erfahren kann. Und wenn dem Wesen der Frau die größere Kraft der Hingabe entspricht, so wird sie in der liebenden Vereinigung nicht nur mehr geben, sondern auch mehr empfangen.

Die Fruchtbarkeit der Lebewesen, die Kraft, aus sich selbst ihresgleichen zu erzeugen, ist als Teil ihrer Gottebenbildlichkeit zu fassen: als Bild des *bonum effusivum sui*, der sich selbst ausspendenden Güte Gottes. Wenn es der Vorrang des Menschen vor den niederen Geschöpfen ist, daß er als *Geist* Gott nachbildet, so wird auch seine Zeugungskraft im Geist wurzeln müssen: es darf als im Sinne der ursprüng-

---

[72] So entspricht es wörtlich dem hebräischen *eser kenegdo*, während das *adiutorium simili sibi* (eine ihm ähnliche Hilfe) der *Vulgata* etwas blasser ist.

lichen Schöpfungsordnung angesehen werden, daß die körperliche
Vereinigung als Ausdruck und Auswirkung der seelischen Einigung
eintreten sollte und als Vollzug eines dem göttlichen Schöpferwillen
geeinten gemeinschaftlichen Zeugungswillens; dagegen erscheint ein
aus diesem Sinnzusammenhang gelöstes und selbständig gewordenes
Triebleben als Folge des Falles und der dadurch bedingten Aufhebung der ursprünglichen Ordnung[73]. Das Kind ist als die Frucht
der gegenseitigen Hingabe, ja die verkörperte „Gabe" selbst anzusehen. Jedes der beiden Gatten empfängt darin „im Bilde" sein
eigenes Wesen und das des anderen als dessen Gabe. Die Gabe ist
eine dritte Person, ein selbständiges Geschöpf und als „Geschöpf"
im vollen Sinn des Wortes ein Geschenk Gottes. Ob es sich noch
weiter ergründen läßt, was dieses Geschöpf im Augenblick seiner Entstehung unmittelbar von Gott, was es durch Vermittlung der Eltern
empfängt? Erhält das Gebilde, das dem gemeinsamen Zeugungswillen sein körperliches Dasein verdankt, auch von daher ein seelisches Gepräge, das der in jener Betätigung lebendigen Eigenart der
Eltern und der Eigentümlichkeit ihres Einsseins entspricht, oder
gibt ihnen Gott in der Seele des Kindes die ihnen entsprechende Gabe,
wie er dem Mann die ihm entsprechende Gefährtin gab? Wir wollen
die Frage unentschieden lassen. Immerhin scheint die zweite Möglichkeit der kirchlichen Lehre von der unmittelbaren Erschaffung jeder
Seele besser angemessen zu sein. Daß das neue Geschöpf vom ersten
Augenblick seines Daseins im Mutterschoß an eine leiblich-seelische
Eigenart hat, die der elterlichen verwandt und doch wieder etwas
ganz Besonderes ist, wird auf beiden Wegen verständlich.

Nun ist weiter zu bedenken, daß vom ersten Augenblick seines
Daseins an das neue Menschenkind selbst Träger seines Seins — wenn
auch noch nicht frei-bewußter Träger — ist und seine Entwicklung beginnt. Es nimmt Nahrung auf, wächst und gestaltet sich. Sollte nicht
auch die Seele schon in dieser Zeit Eindrücke empfangen und ihre
Ausgestaltung beginnen ? Die Fachgelehrten sind sich darüber nicht
einig, die Erfahrungsweisheit des Volkes sieht es als feste Tatsache
an, daß die Gemütsverfassung der Mutter in der Zeit zwischen Empfängnis und Geburt von maßgebender Bedeutung für das Geschick
des Kindes sei. Als Wesensnotwendigkeit ist weder dies noch das
Gegenteil anzusprechen. Die Glaubenslehre sagt nichts unmittelbar
zu dieser Frage, enthält aber doch Sätze, die Schlüsse dafür ziehen
lassen: wenn die Allerseligste Jungfrau im Augenblick ihrer Empfäng-

---

[73] Vgl. dazu, was das Buch *Tobias* (6, 17/22 und 8, 4ff.) über die Ehe sagt.

nis vom Makel der Erbsünde befreit werden konnte, dann ist in diesen Augenblick die Vereinigung der Seele mit dem Leib und der Beginn des menschlichen Daseins zu verlegen. Und wenn das Sein der Seele ein doppeltes ist, Gestaltung des Leibes und *inneres* Leben, so dürfen wir auch von diesem Augenblick an mit einem inneren Leben und mit einer Empfänglichkeit für Eindrücke rechnen. Bestätigt wird das durch die Lehre von der Heiligung des Täufers im Mutterleib bei der Begegnung seiner Mutter mit der Allerseligsten Jungfrau und durch den Bericht über sein freudiges Aufhüpfen bei diesem Ereignis[74]. Wenn aber eine seelische Empfänglichkeit besteht — mag es auch eine dumpfe, noch keine klar-bewußte sein —, so kommen die stärksten natürlichen Einflüsse jedenfalls von der Seele der Mutter und durch ihre Vermittlung. Wie die wechselseitige Hingabe der Eltern und ihr gemeinsamer Zeugungswille das Dasein des Kindes und seine Ausrüstung für das Dasein vorbereiten, so verlangt sein Wachstum und seine leiblich-seelische Gestaltung eine liebende Hingabe der Mutter gegenüber dem Kind und der Aufgabe der Mutterschaft. Wir haben das Urbild im *Fiat!* der Gottesmutter[75]. Darin ist die liebende Hingabe an Gott und den göttlichen Willen, der eigene Zeugungswille und die Bereitschaft, Leib und Seele dem Dienst der Mutterschaft zu weihen, zugleich ausgesprochen. Ist es nicht unmöglich, das Verhältnis der Gottesmutter zu ihrem Kinde anders aufzufassen denn als ein liebendes Umfassen mit der ganzen Kraft der Seele? Das war freilich hier noch in anderer Weise möglich als unter den gewöhnlichen Umständen, weil diese Kindesseele vom Beginn ihres Daseins an vom Licht der Vernunft erhellt war und darum ihrerseits zu frei persönlicher Hingabe und Annahme fähig. Aber sollte nicht der Menschensohn, der in allem Mensch sein wollte außer in der Sünde, von der Liebe seiner Mutter nicht nur Fleisch und Blut zur Bildung seines Leibes, sondern auch Nahrung der Seele angenommen haben? Ja, sollte dies nicht der tiefste Sinn der Unbefleckten Empfängnis sein, daß die Mutter makellos rein sein mußte, der der Reinste an Leib und Seele als ihr Sohn gleichen wollte?

Die Mutterschaft Marias ist das Urbild aller Mutterschaft; wie sie, so sollte jede menschliche Mutter mit ganzer Seele Mutter sein, um den ganzen Reichtum ihrer Seele in die Seele ihres Kindes hineinzugeben. Je mehr sie in liebender Hingabe vom Wesen des Gatten in sich aufgenommen hat, desto mehr wird auch durch ihre Vermittlung die Eigenart des Kindes durch die des Vaters mitbestimmt sein.

---

[74] Luk. 1, 41 u. 44.   [75] Luk. 1, 38.

Eine Mittlerrolle zwischen Vater und Kind bleibt ihr ja auch meist im späteren Leben. Die überragende Bedeutung der Mutterschaft im Verhältnis zur menschlichen Vaterschaft scheint mir schon rein durch die Tatsache ausgesprochen, daß Jesus von einer menschlichen Mutter geboren, aber von keinem menschlichen Vater erzeugt werden wollte: alles in seinem Erdenleben hat ja vorbildliche Bedeutung, da es nur unseretwegen gelebt wurde. Er mußte wie ein Mensch geboren werden, um an Leib und Seele ein Mensch zu sein. Wenn es aber seine Speise sein sollte, den Willen des himmlischen Vaters zu tun[76], so mußte die Mutter, deren Wesen seine erste Speise sein sollte, selbst mit der ganzen Kraft ihrer Seele dem Willen des himmlischen Vaters hingegeben sein.

Wir glauben jetzt ein wenig besser zu verstehen, daß die Abstammung des Menschen von menschlichen Erzeugern ihn an Leib und Seele zu ihresgleichen macht und daß er sich trotzdem rühmen darf, unmittelbar ein Gotteskind zu sein und ein eigenes unwiederholbares Gottessiegel in seiner Seele zu tragen. So wird es auch bis zu einem gewissen Grade verständlich, daß der Riß durch die menschliche Natur, den die Schuld der Stammeltern zur Folge hatte, sich an den Kindern wieder zeigen konnte. Wie ist es aber zu verstehen, daß „in dem *einen* alle gesündigt haben"? Es besagt doch offenbar mehr, als daß wir alle, die wir von dem ersten Menschenpaar herstammen, die Folgen ihres Falles als angeborenes Erbübel mit in die Welt bringen. Daß aber das Tun des Stammvaters der ganzen Menschheit zugerechnet würde, weil er ihr „Haupt" ist, ohne daß ein persönlicher Anteil an der Schuld vorläge, das läßt sich nicht ohne Einbuße für die Freiheit und Verantwortlichkeit des einzelnen Menschen oder für die Strafgerechtigkeit Gottes annehmen. Mir scheint die Lösung darin zu liegen, daß Gott in der ersten Sünde alle künftigen Sünden voraussah und in den ersten Menschen uns alle, die wir „alle unter der Sünde sind"[77]. Wer von uns die Stammeltern anklagen wollte, weil sie uns die Last der Erbsünde zugezogen hätten, dem könnte der Herr wie den Anklägern der Ehebrecherin zurufen: „Wer von euch ohne Sünde ist, der werfe den ersten Stein auf sie!"[78] Wir können uns nicht damit entschuldigen, daß wir, die wir mit der Erbsünde behaftet sind, es schwerer hätten, die Reinheit von persönlicher Sünde zu bewahren, als die Menschen im Urstand: wenn es schwerer ist, so ist es doch nicht unmöglich — es gibt auch nach dem Fall keine Notwendigkeit zu sündigen. Und überdies: wer dürfte es wagen, von sich zu behaup-

---

[76] Joh. 4, 34.   [77] Röm. 3, 9.   [78] Joh. 8, 7.

ten, daß er aufrecht geblieben wäre, wo die ersten Menschen fielen? So müssen wir wohl sagen, daß wir alle in Adam und Eva gerichtet wurden, weil wir es verdienten. Sie standen für uns alle im Gericht, weil jede persönliche Sünde ein Eingehen auf die Einflüsterungen der Schlange ist, weil ihr Fall sich von Geschlecht zu Geschlecht wiederholt.

Aber der Blick des göttlichen Richters sah neben dem ersten Menschenpaar und allen, die es „vertrat", ein zweites, das von seinem Spruch nicht getroffen wurde: den *neuen Adam* und die *neue Eva* — Christus und Maria. Er hörte ihr *Fiat voluntas tua!* — *Fiat mihi secundum verbum tuum!* Sie sind die wahren Stammeltern und Urbilder der gottgeeinten Menschheit. Christus — nicht Adam — ist der *Erstgeborene* Gottes und das Haupt der Menschheit. Er ist der Erstgeborene nicht nur als der ewige Gottessohn, sondern — wie ich es sehe — auch als Vater der Auserwählten, als das menschgewordene Wort, dessen Erdenweg und Himmelsherrlichkeit von Ewigkeit her im Plan Gottes lag. Christus der Auferstandene, der König der Herrlichkeit, ist Urbild und Haupt der Menschheit — die Zielgestalt, auf die alles menschliche Sein hingeordnet ist und von der es seinen Sinn bekommt. Wenn im Logos die ganze Schöpfung vorgebildet war, so die Menschheit noch in einem besonderen Sinn. Es ist ja der Sinn des menschlichen Seins, daß in ihm Himmel und Erde, Gott und Schöpfung sich vermählen sollen: aus den Stoffen der Erde ist der menschliche Leib gebildet; er ist geeint und gestaltet durch die Seele, die als geistig-persönliches Wesen Gott näher steht als alle unpersönlichen Gebilde und zur Vereinigung mit ihm fähig ist. Eine engere und stärkere Verein gung der getrennten Naturen ist nicht denkbar als die in einer Person, wie sie durch die Menschwerdung des Wortes vollzogen wurde. Durch sie wird die menschliche Natur — zunächst in Christus selbst — von göttlichem Leben erfüllt, soweit es dem göttlichen Willen entspricht: kraft seiner persönlichen Freiheit, mit der der Gottmensch über beide Naturen verfügt, kann er das göttliche Leben in das menschliche überfließen lassen, aber auch dieses Einströmen zurückhalten. Durch das Einströmen wird Christus vom ersten Augenblick seines menschlichen Daseins an *lebenspendender Geist*. Die *lebendige Seele* des natürlichen Menschen hat die Kraft, die Stoffe, die ihr zum Aufbau ihres Leibes zur Verfügung stehen, zusammenfassend zur Einheit zu gestalten und diese Einheit in ihrer Gestalt während einer gewissen Dauer zu erhalten und zu beleben; sie hat darüber hinaus ihr *inneres* Sein und die Fähigkeit, neues Leben aus fremden Quellen in sich aufzunehmen und dadurch Ver-

mehrung, Stärkung und Erhöhung ihres eigenen zu erfahren. Sie hat
nicht die Kraft, aus sich heraus — ohne die Hilfe vorhandener Stoffe —
einen Leib zu gestalten (einen *Geistleib*) wie der Heilige Geist
die sichtbaren Gestalten, in denen er den Menschen erschien (die
Taube und die feurigen Zungen), oder die Engel den Menschenleib,
mit dem sie sich auf der Erde zeigten; sie vermag auch nicht, dem
irdischen Leib Unverletzlichkeit und Unvergänglichkeit zu verleihen,
wie sie ihm für das Glorienleben verheißen ist, oder aus sich heraus
neues Leben zu erzeugen und andern mitzuteilen. Zu all dem gehört
schöpferische, göttliche Kraft. Und sie ist der Seele Christi eigen, weil
sie ihr aus der mit ihr vereinten Gottheit zuströmt. Darum gehen von
der Seele Christi Ströme lebendigen Wassers aus: auf den eigenen
Leib (der nur darum für gewöhnlich *nicht* die Eigenschaften eines
verklärten Leibes zeigte, weil der Wille des Herrn auf wunderbare
Weise die natürliche Auswirkung der Vereinigung beider Naturen
zurückhielt, um Leiden und Tod zu ermöglichen[79]) und auf Leib und
Seele derer, die die göttliche Wunderkraft an sich erfuhren. Die Vereinigung beider Naturen in Christus ist die Grundlage für die Vereinigung der andern Menschen mit Gott. Durch sie ist er der Mittler
zwischen Gott und den Menschen, der „Weg", ohne den niemand
zum Vater kommt[80]. Ist das nur im Hinblick auf die Rechtfertigung
zu verstehen, die durch den Erlöser geleistet wird und die gefallenen
Menschen zu Gott zurückführt, oder hat es schon für die Menschen
vor dem Fall unabhängig davon Bedeutung? Der Hauptstrom der
theologischen Überlieferung beschränkt sich auf den Sündenfall als
Grund der Menschwerdung. Was im Glaubensbekenntnis ausgesprochen ist —... *qui propter nos homines et propter nostram salutem
descendit de coelis* —, ließe auch eine erweiterte Deutung zu.

Die *kirchliche Rechtfertigungslehre*, wie sie das Konzil von Trient als
Ergebnis der Auseinandersetzung mit den Irrlehren des 16.Jahrhunderts
zusammengefaßt hat[81], begründet die *Notwendigkeit der Rechtfertigung*
damit, daß „alle Menschen in der Übertretung Adams die *Unschuld
verloren hatten* (Röm. 5, 12 u. 18; 1 Kor. 15, 22) ... und bis zu dem Grade
Knechte der Sünde waren (Röm. 6, 20) ..., daß nicht nur die Heiden
durch die Kraft der Natur ... nicht mehr imstande waren, sich davon
zu befreien oder zu erheben, sondern nicht einmal die Juden durch
den Buchstaben des Gesetzes Mosis; denn obzwar die *freie Entschei-*

---

[79] Vgl. *Thomas von Aquino*, S. th. III q 45 a 2 corp. (Ausgabe des Kath.
Akademiker-Verbandes. Bd. 27, S. 243).

[80] Joh. 14, 6.   [81] Dz. 793 ff.

dung in ihnen *keineswegs erloschen* war . . ., war sie doch an Kraft geschwächt und (zum Bösen) geneigt"[82]. Darum „würden sie niemals gerechtfertigt", wenn sie nicht in *Christus* wiedergeboren würden, da ihnen diese Wiedergeburt durch das *Verdienst* seines *Leidens* zuteil wird, kraft der Gnade, durch die sie gerecht werden"[83]. Es besteht also die Rechtfertigung *nicht nur* in der *Vergebung der Sünden*, sondern ist „Heiligung und *Erneuerung* des inneren Menschen durch die freiwillige Annahme der Gnade und der Gaben, wodurch der Mensch aus einem Ungerechten ein Gerechter wird und aus einem Feinde ein Freund, so daß er *Erbe des ewigen Lebens* wird *gemäß der Hoffnung* (Tit. 3, 7)"[84]. „*Einzige Formalursache* der Rechtfertigung ist die Gerechtigkeit Gottes, nicht die, wodurch er *selbst* gerecht ist, sondern wodurch er *uns zu Gerechten macht* . . .: wenn wir nämlich von ihm damit ausgestattet sind, werden wir im Geist unseres Herzens *(spiritu mentis nostrae)* erneuert und nicht *nur für gerecht erachtet, sondern* werden in Wahrheit Gerechte genannt und *sind* es, da wir die Gerechtigkeit in uns empfangen, ein jeder nach dem Maß, das *der Heilige Geist den Einzelnen zuteilt, wie er will* (1 Kor. 12, 11), und nach eines jeden eigener Bereitschaft *(dispositio)* und Mitwirkung"[85]. „Denn es kann zwar niemand anders als durch den Anteil an den Verdiensten des Leidens unseres Herrn Jesu Christi ein Gerechter sein, die Mitteilung geschieht jedoch bei dieser Rechtfertigung des Gottlosen, indem durch das Verdienst eben dieses hochheiligen Leidens *die Liebe Gottes durch den Heiligen Geist in den Herzen derer ausgegossen wird* (Röm. 5, 6), die gerechtfertigt werden, und fest in ihnen *haftet (inhaeret)* . . .; darum erhält der Mensch in der Rechtfertigung zugleich mit der Sündenvergebung durch Jesus Christus, dem er eingepfropft wird, dies alles eingegossen: *Glaube, Hoffnung* und *Liebe*"[86].

Wir entnehmen daraus das in unserem Zusammenhang Bedeutsame: Jesus Christus leistet durch sein Leiden und seinen Tod Sühne für die Sünden aller Menschen und genügt der göttlichen Gerechtigkeit. Die menschliche Natur ist Werkzeug dieser Genugtuung, weil sie Leiden und Tod ermöglicht. Daß die Sühneleistung hinreichenden, ja überfließenden Wert hat, beruht darauf, daß sie das Werk einer göttlichen Person ist: dadurch ist sie unendlich, wie die Beleidigung Gottes unendlich war, und durch keine menschliche Leistung, auch durch alle guten Werke der ganzen Menschheit nicht, ersetzbar. Wie ist es aber zu verstehen, daß den Menschen diese Leistung zugerechnet werden kann, daß sie von ihrer Schuld befreit werden? Ist es ein

---

[82] Dz. 793.   [83] Dz. 795.   [84] Dz. 799.   [85] Dz. 799.   [86] Dz. 800.

freies Geschenk der göttlichen Barmherzigkeit? Das ist es freilich. Es besteht für Gott keine Verpflichtung zur Sündenvergebung um der Verdienste Christi willen. Dennoch ist es nicht *nur* ein Geschenk: es ist notwendig, daß die Menschen, „die durch die Sünde von Gott abgewandt waren" und durch die *zuvorkommende,* erweckende und helfende Gnade Christi zur Bekehrung und Rechtfertigung berufen werden, „durch *freie* Zustimmung und Mitwirkung mit der Gnade sich bereitmachen: wenn also Gott durch die Erleuchtung des Heiligen Geistes das Herz des Menschen berührt, so tut der Mensch nicht gar nichts, da er jene Eingebung annimmt, die er ja auch ablehnen könnte; andererseits könnte er jedoch *ohne die Gnade* Gottes kraft seines freien Willens ... keine Bewegung auf die Gerechtigkeit zu vollbringen ..."[87] Das „Bereitmachen" besteht in folgenden Schritten: wenn die Sünder „durch die göttliche Gnade erweckt und gestützt werden", müssen sie „den *Glauben* vom Hören (Röm. 10, 17) *in sich aufnehmen,* sich *frei* zu Gott hinbewegen im Glauben an die Wahrheit dessen, was von Gott offenbart und verheißen ist . . ., und besonders daran, daß Gott den Gottlosen durch seine Gnade rechtfertige, durch die Erlösung, die in Christus Jesus ist (Röm. 3, 24); in der Einsicht, daß sie Sünder sind, wenden sie sich von der Furcht vor der göttlichen Gerechtigkeit, die sie heilsam erschüttert hat, zur *Betrachtung* der Barmherzigkeit Gottes, *richten sich* darin *auf zur Hoffnung,* im Vertrauen, daß Gott ihnen um Christi willen gnädig sein werde, und *beginnen* ihn als die Quelle aller Gerechtigkeit *zu lieben*; deshalb *nehmen* sie mit Haß und Abscheu *Stellung gegen die Sünde . . .*: d. h. mit jener Reue, die vor der Taufe nötig ist . . .; endlich *fassen* sie *den Vorsatz,* die Taufe zu empfangen, ein neues Leben zu beginnen und die göttlichen Gebote zu beachten"[88].

Wenn also der Sünder auf Gottes Anregungen eingeht und sich die göttlichen Gesinnungen (menschlich gesprochen) zu eigen macht, dann kann Gott in Christus jeden reumütigen Sünder sehen und Christi Sühne für alle Sünden annehmen. Es ist aber wohl zu beachten, daß unser Verhältnis zu Christus ein anderes ist als das zu Adam: wir könnten ohne die Schuld Adams sündigen, und jeder von uns hätte an seiner Stelle fallen können; aber wir könnten nicht ohne Christus zu Gott zurückfinden, und keiner von uns könnte an Christi Stelle Genugtuung leisten. Es ist eine Anregung der Gnade — d. h. eine göttliche Tat, zu der kein Mensch fähig ist (nur als Werkzeug der Gnade kann ein Mensch dienen) —, die uns auf den Weg zu Gott zurück-

---

[87] Dz. 797.   [88] Dz. 798.

ruft: zu Reue, Buße, Sühne und gläubigem Anschluß an den Erlöser. Wir verdanken diese vorbereitende Gnade den Verdiensten Christi. Und weil diese Verdienste überfließend sind, ist es auch die Barmherzigkeit Gottes gegen die Sünder: Christus darf uns nicht nur durch einen Gnadenruf erwecken und die Sündenlast von uns nehmen, sondern uns *gerecht*, d. h. *heilig* machen: mit göttlichem Leben erfüllen und dem himmlischen Vater als seine Kinder zuführen. Wir sind durch die Rechtfertigung wieder Kinder Gottes, wie die Menschen es vor dem Fall waren.

Nun fragen wir weiter: wem verdankten die ersten Menschen ihre Gotteskindschaft? Sie war ein Geschenk Gottes und — wie jede Gabe Gottes — ein Geschenk des Dreifaltigen, also auch des Sohnes. Aber wurde sie den Menschen unabhängig von der menschlichen Natur Christi gegeben? Das erscheint mir nicht vereinbar mit dem Gedanken des „Haupt und Leib ein Christus", der in der Theologie des hl. *Paulus* eine so beherrschende Stellung einnimmt und gerade in unserer Zeit so einflußreich geworden ist. Wenn Christus das „Haupt" der erlösten Menschheit ist und das Gnadenleben allen Erlösten von ihm zuströmt, so gehören zu den Gliedern des mystischen Leibes auch die Stammeltern. Und wenn sie „Erlöste", von der Sünde Losgekaufte *durch* das Leiden Christi, aber *vor* seiner zeitlichen Verwirklichung, waren — sie sind ja nach der Lehre der Kirche in der Gnade gestorben, wenn auch erst nach dem Kreuzestod Christi in die Seligkeit eingegangen —, so waren sie auch bereits im Besitz der Urstandsgnade als Glieder des mystischen Leibes Christi vor der Menschwerdung. Ja, vielleicht ist es nicht zu kühn zu sagen, daß in gewissem Sinn die Erschaffung des ersten Menschen schon als ein Beginn der Menschwerdung Christi anzusehen sei. Sicherlich wohnt in dem Gottmenschen nicht nur alle Fülle der Gottheit, sondern auch alle Fülle der Menschheit. Es scheint mir zum Sinn des mystischen Leibes Christi zu gehören, daß es nichts Menschliches — außer der Sünde — gibt, was nicht zur Lebenseinheit dieses Leibes gehörte: ja selbst die Sünde vollzieht sich in den Gliedern dieses Leibes, wenn auch als etwas, was nicht vom Haupt ausgeht und was sie zu toten Gliedern macht. Das Gnadenleben strömt den Gliedern zu, weil sie schon *von Natur aus* mit dem Haupt in Verbindung stehen und befähigt sind — als geistige Wesen und kraft ihres freien Sichöffnens —, sein göttliches Leben in sich aufzunehmen. Die Verbindung zwischen Haupt und Gliedern ist eine dreifach begründete: in *Natur, Freiheit* und *Gnade*. Die ganze Menschheit ist die Menschheit Christi — wenn auch der Person des göttlichen Wortes in anderer Weise verbunden als die Einzelnatur, die es durch die Geburt aus der Jungfrau annahm —, und sie beginnt ihr Dasein in dem ersten Menschen. Wir wollen versuchen, das Verhältnis zwischen Adam und Christus zu verstehen. Der erste Mensch hat wie jedes Geschöpf sein Urbild im göttlichen Wort. Er ist — wie jeder Mensch — als geistige Person vollkommeneres Abbild Gottes als alle unpersönlichen Geschöpfe und zur persönlichen Vereinigung mit Gott befähigt. Er steht überdies — ebenfalls wie jeder Mensch — in einer besonderen Beziehung zum *Menschen* Christus; seine *besondere* Beziehung zu Christus aber ist eine, die ihn vor allen andern Menschen auszeichnet: er sollte der *Stellvertreter Christi* als Haupt der Menschheit sein. Wir müssen annehmen, daß kein späterer Mensch dem Menschen Jesus von Natur aus so sehr geglichen habe wie Adam. (Die Gottesmutter dürfen wir nicht in den Vergleich einbeziehen, weil sie in anderer Weise ihrem Sohn einzigartig nahestand.) Was den Menschen Christus vor allen andern Menschen auszeichnet und ihn zum „Haupt" der Menschheit macht, ist nicht nur seine Freiheit von aller Sünde, sondern das, was ich in den Worten ausdrücken wollte, daß „alle Fülle der Menschheit" in ihm war. In ihm war das ganze Artwesen der Menschheit voll verwirklicht, nicht nur einem Teilbestand nach wie in den andern Menschen. Aus seiner Fülle haben wir alle empfangen: nicht nur „Gnade um Gnade"[89], sondern schon unsere Natur;·damit wir, jeder in seiner Eigenart, das Urbild in der Weise nachbilden sollen, wie jedes Glied einer lebendigen Gestalteinheit auf seine Weise das Wesen des Ganzen verkörpert und alle zusammen das Ganze aufbauen. Das macht die Gestalt des Heilands, wie die Evangelien in schlichter Treue sie zeichnen, so geheimnisvoll und unerschöpflich. Er ist „ganz Mensch" und eben darum keinem andern Menschen gleich. Er ist nicht so als „Charakter" faßbar wie Petrus oder Paulus. Darum bedeutet jeder Versuch, den Herrn uns durch ein Lebens- und Charakterbild nach Art einer modernen Biographie „nahezubringen", eine Verarmung, eine Festlegung auf eine einseitige Sicht — wenn es nicht überdies noch eine Verzerrung und Fälschung ist. So wird die Fülle der Menschheit in doppelter Weise wirklich: in der Person Christi und im ganzen Menschengeschlecht; in der Person Christi verhüllt während seines Erdenlebens, unverhüllt strahlend in der Herrlichkeit des Auferstandenen, thronend zur Rechten des Vaters. Der Weg des Menschengeschlechtes ist ein Weg aus Christus zu Christus. Er schuf den Menschen nach dem Bilde, das er selbst einst in eigener Person verwirklichen wollte. Adam besaß in seiner unversehr-

---

[89] Joh. 1, 16.

ten Natur das reinste Abbild dieses Urbildes und überdies die Zeugungskraft, um eine Nachkommenschaft hervorzubringen, die in ihrer Gesamtheit ein umfassenderes Bild werden sollte. Gottheit und Menschheit waren in ihm nicht in einer Person vereinigt wie in Christus. Aber er war durch die Gnade mit Christus vereint (wie eine Person mit der andern vereint sein kann) und zur Teilnahme am göttlichen Leben erhoben. In dieser Verbindung begegnen sich freie Herablassung Gottes und frei sich erhebende Hingabe des Menschen: weil Adam eine vollkommenere Erkenntnis Gottes und der Geschöpfe besaß als die Menschen nach dem Fall und einen noch ungeschwächten Willen, dürfen wir uns den ersten Empfang der Gnade bei ihm als ein klar bewußtes und frei entschiedenes Empfangen denken (nicht wie jetzt den Empfang der heiligmachenden Gnade in der Kindertaufe, vielmehr der Begnadung der geschaffenen reinen Geister zu vergleichen); wir dürfen auch bei ihm eine Erkenntnis Christi als des künftigen gottmenschlichen Hauptes des Menschengeschlechtes und seines Sohnes dem Fleische nach annehmen und darum auch seine Einwilligung gegenüber dem Ruf der Gnade als Einigung mit dem Gottmenschen und bereitwillige Zustimmung zu seiner eigenen Sendung als Stammvater der für Christus und um Christi willen zu erzeugenden Menschheit. Dagegen ist die Erkenntnis des *Erlösers* nicht vor der „Erkenntnis des Guten und Bösen" anzusetzen, die erst mit dem Fall verbunden war, und ist der Offenbarung zu verdanken, die sich an das Strafgericht nach dem Fall anschloß[90]. Wenn wir Adam eine reichere Ausstattung an Natur- und Gnadengaben zuschreiben dürfen als allen seinen Nachkommen (mit Ausnahme des „Menschensohnes" und seiner Mutter), so doch nicht die ganze Fülle wie Christus: weil ja erst der Gottmensch die Vollendung dessen bringen sollte, was in Adam seinen Anfang genommen hatte. Daß Adam der *ergänzenden* Gefährtin bedurfte und daß beide bestimmt waren, ein *Geschlecht* von Menschen hervorzubringen, scheint mir darauf hinzuweisen, daß er allein nicht die Fülle der Menschheit in sich verkörperte, sondern daß sie erst durch das ganze Geschlecht verwirklicht werden sollte. Christus erzeugt nicht dem Leibe nach, weil er der Schöpfer vor aller Zeit, der Vollendete und der Vollender in der Zeit ist. Wenn er in der Zeit und als ein Nachkomme Adams geboren wurde wie ein Mensch, so ist doch sein Menschsein nicht empfangen wie das aller andern Menschenkinder: er ist nicht „ins Dasein geworfen" wie alle andern, sondern kam in die Welt, weil und wann er es selbst wollte, so wie er

---

[90] 1 Mos. 3,15.

gestorben ist, weil und wann er es selbst wollte. Und alles menschliche Sein vor und nach seinem Erdenleben ist auf das seine hingeordnet und durch das seine als die Zielursache hervorgerufen. Weil aber Gott, der uns „ohne uns schuf, uns nicht ohne uns erlösen wollte", hat er nicht nur den Empfang der heiligmachenden Gnade in jedem einzelnen von seiner freien Zustimmung und Mitwirkung abhängig gemacht, sondern auch die Menschwerdung des Erlösers, von dem uns die Gnade zuströmt. Diese Mitwirkung bestand im Alten Bunde in der gläubigen Erwartung des verheißenen Messias, in dem Bedachtsein auf Nachkommenschaft um dieser Verheißung willen und in der Bereitung der Wege des Herrn durch treue Beobachtung seiner Gebote und Eifer in seinem Dienst: alles dies findet seine Krönung und seinen vollkommensten Ausdruck im *Fiat!* der Jungfrau und seine Fortsetzung in allem Wirken zur Ausbreitung des Gottesreiches durch Arbeit am eigenen Heil und für das Heil anderer. So wird durch das Zusammenwirken von Natur, Freiheit und Gnade der Leib Christi aufgebaut. Jeder einzelne Mensch ist dazu erschaffen, ein Glied dieses Leibes zu sein: darum ist schon von Natur aus keiner dem andern gleich — um den Sinn des menschlichen Einzelseins zu verstehen, wurde ja diese Betrachtung über den mystischen Leib angestellt —, sondern jeder eine Abwandlung des allen gemeinsamen Wesens, eine eigene Gestalteinheit und zugleich aufbauender Teil einer Gesamtgestalt. Aber es liegt im Wesen des Menschen, daß jeder einzelne und das ganze Geschlecht das, wozu es seiner Natur nach bestimmt ist, erst in einer zeitlichen Entfaltung werden muß und daß diese Entfaltung an das freie Mitwirken jedes einzelnen und das Zusammenwirken aller gebunden ist. Es ist in der Verderbnis der Natur nach dem Sündenfall begründet, daß eine reine Entfaltung und ein reines Wirken des Willens in ihrem Sinn erst durch die Erlösungsgnade ermöglicht wird. Sie bahnt darüber hinaus die Erfüllung dessen an, worauf das natürliche menschliche Sein ursprünglich hingeordnet war: den Anteil am göttlichen Leben in der freien persönlichen Hingabe. Die in und durch Christus geeinte erlöste Menschheit ist der Tempel, in dem die Dreifaltige Gottheit wohnt.

Es ist hier vom mystischen Leib Christi im engeren Sinn gesprochen worden. Es ist möglich, ihn im weiteren Sinn zu fassen. Der hl. *Thomas* nennt Christus — und zwar nicht nur seiner Gottheit, sondern auch seiner Menschheit nach — das „Haupt der Engel", weil Engel und Menschen auf dasselbe Ziel, den Genuß der göttlichen Herrlichkeit, hingeordnet seien und dadurch einen Leib bildeten. Christus sei das Haupt dieses Leibes, von Gott dem Vater (nach Eph. 1, 20) nicht nur über alle Menschen gesetzt, sondern über alle Mächte, Fürstentümer, Kräfte und Gewalten[91]. Wir können noch weiter gehen und unter dem mystischen Leib die ganze Schöpfung verstehen: der natürlichen Ordnung nach, weil alles nach dem Bilde des Sohnes Gottes geschaffen ist und weil er durch seine Menschwerdung in den Gesamtzusammenhang dieser Schöpfung eingetreten ist; der Gnadenordnung nach, weil die Gnade des Hauptes allen Gliedern zuströmt: nicht nur den Menschen, sondern allen Geschöpfen. Wie in den Fall des Menschen die ganze untermenschliche Natur verstrickt wurde, so soll sie auch mit dem Menschen durch die Erlösung erneuert werden. Und wenn bei den Engeln von *Erlösung* nicht gesprochen werden kann, weil es für sie keine Rückkehr nach dem Fall gibt, so darf doch gesagt werden, daß die treu gebliebenen Engel sich dank der Gnade, die Christus verdient hat, bewähren konnten und ihm ihre Herrlichkeit verdanken.

Unbeschadet dieses berechtigten weiteren Sinnes darf und muß doch von der Menschheit als dem mystischen Leib Christi im engeren Sinn gesprochen werden. Denn die Menschheit ist die Pforte, durch die das Wort Gottes in die Schöpfung eingegangen ist, die menschliche Natur hat es angenommen, und nur mit den Menschen, nicht mit der niederen Natur und nicht mit den Engeln verbindet es die Einheit eines Abstammungszusammenhangs. Als Haupt der Menschheit, die selbst Höheres und Niederes in sich verbindet, ist Christus das Haupt der ganzen Schöpfung.

---

[91] S. th. III q 8 a 4 corp.

NACHWORT

1. HISTORISCH-ARCHIVALISCHE VERANTWORTUNG

Endliches und Ewiges Sein wurde in den Jahren 1935/36 abgefaßt. Kurz nach Beendigung des Noviziatsjahres im Frühling 1935 begonnen, trägt das Werk als Datum der Vollendung den 1. September 1936.

Als authentische Beweise dafür liegen vor:

1) die diesbezüglichen Hinweise, die sich in dem Steinschen Vorwort zu *Endliches und Ewiges Sein* (S. VIII ff. dieses Bandes) finden. E. Stein schreibt (S. IX): „Nachdem die Verfasserin in den Orden der *Unbeschuhten Karmeliten* aufgenommen war und ihr Noviziatsjahr beendet hatte, erhielt sie im vergangenen Jahr von ihren Vorgesetzten den Auftrag . . ." (Die Ablegung der heiligen Gelübde fand am 21. April 1935 statt.) E. Stein fügt der Unterzeichnung des Vorworts ergänzend hinzu: „Köln-Lindenthal, 1. 9. 1936".

2) ein handgeschriebener Brief E. Steins an Frau Malvine *Husserl* (Gattin E. Husserls), der sich im Besitz des Husserl-Archivs befindet. In diesem Schreiben aus dem Karmel zu Echt vom 29. 2. 1940 heißt es: „Wie Sie wissen, habe ich in den Jahren 1935/36 ein zweibändiges opus über die ontologischen Grundfragen in Auseinandersetzung zwischen Thomismus und Phänomenologie geschrieben".

Eine vergleichende Kritik widersprechender, d. h. ungenauer oder falscher Angaben an anderer Stelle behalten wir uns im Rahmen unserer archivalisch-biographischen Studie vor, die im Anschluß an die Herausgabe der Gesammelten Werke erscheinen wird.

In der Betitelung des Werkes sind zwei Fassungen zu unterscheiden, jeder Zweifel über die letztgültigen Absichten der Verfasserin ist jedoch ausgeschlossen.

Die ursprüngliche Fassung des Titels aus den Jahren 1935/36 lautet:

Edith Stein (Schwester Theresia Benedicta a Cruce o.c.d.)

Ewiges und endliches Sein

(Variante: Vom ewigen und vom endlichen Sein)

Ein Durchblick durch die Philosophia perennis

In der definitiven Fassung des Titels aus den Jahren 1938/40 schreibt E. Stein:

Soror Teresia Benedicta a Cruce O.C.D.

Endliches und Ewiges Sein
Versuch eines Aufstiegs zum Sinn des Seins

Wir führen als authentische Beweise dafür an:

1) Für die ursprüngliche Fassung des Titels:
   a) Wortlaut des Manuskriptes (durchgestrichener Titel: Inhaltsverzeichnis des I. Bandes, S. 1);
   b) Wortlaut eines von E. Steins Hand beschriebenen losen Zettels, der sich im Besitz des Husserl-Archivs befindet. Dieser Zettel wurde bei der Rekonstruktion der Steinschen Manuskripte zwischen anderen Papieren aufgefunden; er lautet:
   „Titel und erster Satz für die neue, verbesserte Ausgabe von *Potenz und Akt:*

   Vom ewigen und vom endlichen Sein
   Ein Durchblick durch die philosophia perennis

   Unter *philosophia perennis* verstehe ich kein Schulsystem, sondern das nimmer ruhende Forschen des Menschengeistes nach dem wahren Sein".

2) Für die endgültige Fassung des Titels:
   a) Wortlaut des Manuskriptes (Titelblatt des II. Bandes mit Radierungen, die unzweideutig auf eine nachträgliche Umstellung im Haupttitel hinweisen). Da E. Stein, als sie in der Neujahrsnacht 1938 nach Holland flüchtete, das Manuskript in Köln zurückließ (s. im Folgenden), wurden die Umstellung im Haupttitel und die Veränderung des Untertitels also vor diesem Datum vorgenommen.
   b) Aufschrift von E. Steins Hand auf der Druckfahne II. Bd., S. 1 (im Besitz des Husserl-Archivs[1]);

---

[1] Als E. Stein 1942 deportiert wurde, hinterließ sie im Karmel zu Echt eine umfangreiche Sammlung eigener Schriften und Manuskripte, die die Mitschwestern in einem benachbarten Kloster zu Herkenbosch verbargen. Nach der Zerstörung dieses Klosters Ende 1944 konnte S. H. P. *Avertanus*, damaliger Provinzial der Unbeschuhten Karmeliten, die Mehrzahl der Steinschen Papiere aus den Trümmern des Klosters retten. Die Initiative zu diesem persönlichen Eingreifen ist S. H. P. Prof. *Van Breda* O.F.M., Direktor des Husserl-Archivs, zu danken, wodurch in weiterer Folge dieser viele tausend Blätter umfassende geistige Nachlaß E. Steins dem Archivar des Husserl-Archivs, Dr. L. *Gelber*, zur Rekonstruktion und wissenschaftlichen Auswertung anvertraut werden konnte.

Wenn an dieser Stelle oder später von Manuskripten E. Steins gesprochen wird, die sich im Besitz des Husserl-Archivs befinden, so ist das dahin zu verstehen, daß es sich um Manuskripte aus dem erwähnten Nachlaß handelt. Die Autorenrechte dieser Werke stehen ausschließlich dem holländischen Provinzial der Unbeschuhten Karmeliten zu.

c) Aufschrift auf dem Deckel des Sach- und Namenregisters (aus den Echter Jahren 1939/42, im Besitz des Husserl-Archivs);

d) Aufschrift eines maschinegeschriebenen Inhaltsverzeichnisses (I. und II. Band), dessen Seitenzahlen übereinstimmen mit den Borgmeyerschen Druckfahnen. E. Stein sandte dieses Inhaltsverzeichnis zu Beginn des Jahres 1940 an S. H. P. Van Breda.

Überdies kann dieses Inhaltsverzeichnis aus folgendem Grund nicht vor dem Jahr 1939 abgefaßt sein: Das Inhaltsverzeichnis trägt die Seitenzahlen auch der Druckfahnen des II. Bandes; die Borgmeyerschen Druckfahnen des II. Bandes jedoch wurden erst im Laufe des Jahres 1939, d. h. nach E. Steins Flucht nach Echt, geliefert.

e) der angeführte Brief an Frau Malvine Husserl vom 29. 2. 1940, in dem E. Stein als Titel des Werkes erwähnt: „Endliches und ewiges Sein" (ein Hinweis auf die Umstellung im Haupttitel, keine Erwähnung des Untertitels);

f) ein Dokument, das gegenüber dem vorhergehenden Beweismaterial den Rückschluß zuläßt, daß die Umstellung im Haupttitel bereits vor Juli 1938 vollzogen wurde (über die Veränderung des Untertitels gibt es keine Auskunft): ein Durchschlag des Borgmeyerschen Verlagsvertrags, den E. Stein als Beilage zu dem Briefe vom 29. 2. 1940 übersandte. In § 2 dieses Vertrags vom 22. Juli 1938 lautet der Text: „. . . das alleinige Verlagsrecht an dem Werke ‚Schw. Teresia Benedicta a Cruce, Endliches und ewiges Sein'"[1].

Endliches und Ewiges Sein sollte bei Borgmeyer, Breslau (Frankes Verlag und Druckerei) erscheinen, demselben Haus, das bereits die Steinsche Thomas-Übersetzung verlegt hatte. Die Drucklegung begann im Herbst 1936, mußte aber — nach mehrfachen monatelangen Pausen — 1939 endgültig eingestellt werden. Den nationalsozialistischen Zwangsmaßnahmen entsprechend durften keine Werke aus der Feder nichtarischer Autoren im Druck erscheinen. Zu diesem Zeitpunkt war der I. Band des Werkes fertig umbrochen, die Druckfahnen des II. Bandes waren einschließlich der beiden Anhänge und der Anmerkungen gesetzt.

Die obigen Ausführungen stützen sich auf die folgenden Quellenbeweise (im Besitz des Husserl-Archivs):

1) das bereits mehrfach erwähnte Steinsche Schreiben vom 29. 2. 1940;

2) die Borgmeyerschen Korrekturabzüge (Bogen u. Fahnen); s. im Folgenden.

Eine zusammenfassende Wiedergabe aller Einzelheiten, verbunden mit einer Kritik abweichender Darstellungen, ist im Rahmen unserer archivalisch-biographischen Studie vorgesehen.

---

[1] In der Schreibweise des Titels wird ein Wechsel hinsichtlich Groß- und Kleinschreibung bestimmter Worte offenbar. Wir gaben im obigen die Schreibweise des jeweiligen Beweismaterials originalgetreu wieder.

Wir wollen uns nun der Frage nach dem archivalischen Bestand zuwenden, der der heutigen Herausgabe des Werkes zugrunde liegt. Aus zweierlei Gründen erscheint uns eine genaue Beschreibung dieses Bestandes zweckmäßig:

Zum ersten werden hierdurch die Tatsache und die Notwendigkeit einer inhaltlichen und formalen Revision ersichtlich. Denn die vorliegende Herausgabe stellt keineswegs einen Wiederabdruck der Borgmeyerschen Korrekturabzüge dar, sondern eine Redaktion des Textes, die sich auf ein vergleichendes Studium der verschiedenen Textfassungen, Korrekturgänge usw. stützt.

Zum zweiten bildet diese Beschreibung die sachliche Grundlage für die Erläuterung der Revision.

Im Besitz des Kölner Karmel befinden sich:

1) das Manuskript des Werkes, das E. Stein ihrem Mutterhaus als Andenken hinterließ, als sie Ende Dezember 1938 nach Holland flüchtete. Dank den weisen Maßnahmen der Ehrwürdigen Priorin *Teresia Renata de Spiritu Sancto* blieb das Manuskript unversehrt, als das Kloster selbst 1944 in Flammen aufging.

Beschreibung:

1368 Einzelblätter im Format 21×16,5 cm (Haupttext 1099 Bl., Vorwort und Inhaltsverzeichnis 36 Bl., Anhang I 78 Bl., Anhang II 155 Bl.). Handschrift: Tinte mit nachträglichen Verbesserungen in Tinte und Bleistift; Ergänzungen in Maschinenschrift.

2) die Druckfahnen des I. und II. Bandes mit teilweiser Eintragung der Steinschen Korrekturen.

Im Husserl-Archiv befinden sich:

1) Druckfahnen, Bogen des 1. Umbruchs und Bogen des 2. Umbruchs (Verbesserung des 1. Umbruchs) des I. Bandes. Fahnen und Bogen sind versehen mit Korrekturen von E. Steins Hand.

Erläuterung der Rekonstruktion des I. Bandes aus diesen Unterlagen:

Einerseits fehlen Bogen resp. Fahnen, sowohl in den Umbrüchen als auch im ersten Satz. Anderseits liegen Dubletten vor von einer größeren Anzahl Bogen und Fahnen.

Der wiederhergestellte I. Band setzt sich demzufolge zusammen: aus den Bogen des 2. Umbruchs, ergänzt durch Bogen des 1. Umbruchs. Zugleich wurden Korrekturen berücksichtigt, die sich in den Druckfahnen oder im 1. Umbruch von E. Stein eingezeichnet finden, deren Verbesserung jedoch im darauffolgenden Druckgang übersehen wurde.

2) die Druckfahnen des II. Bandes einschl. Anhang I und II, ebenfalls versehen mit Korrekturen von E. Steins Hand.

Da der II. Band nicht mehr umbrochen werden konnte (s. im Vorhergehenden), sind von ihm keine Bogen vorhanden.
Gegenüber dem I. Band liegen aber auch keine Dubletten der Fahnen vor.

3) eine unvollständige Maschinenabschrift mit Durchschlägen von Anhang II; sie konnte aus beschädigten losen Blättern zusammengestellt werden;

4) das Manuskript des Sach- und Namenregisters zu *Endliches und Ewiges Sein.*

Beschreibung:
Schreibheft mit alphabetischem Register, 21×15 cm, 113 beschriebene Blätter, dazu etwa 30 Einlagen (lose Blätter oder Zettel).
Handschrift: Tinte und Bleistift.
Titel auf der Innenseite des Deckels: Sach- und Namenregister zu *Endliches und Ewiges Sein.* Die Prüfung des Inhalts ergab jedoch, daß das Register sich ausschließlich auf den Umbruch des I. Bandes bezieht.
Kein Datum. Aus Rückseiten der eingelegten Blätter geht eindeutig hervor, daß das Register erst in Echt beendet wurde. Da ferner die Seitenzahlen auf den Umbruch des I. Bandes verweisen und E. Stein bereits in Echt weilte, als die ersten Bogen geliefert wurden (Brief vom 29. 2. 1940), darf als erwiesen gelten, daß das Register in der Echter Zeit entstand.

5) ein maschinegeschriebenes Inhaltsverzeichnis zu den Druckfahnen des I. Bandes und ein maschinegeschriebenes Inhaltsverzeichnis in zweifacher Ausführung zu den Fahnen des II. Bandes.

Bei dieser zweifachen Ausführung handelt es sich um Dubletten, die vor der Lieferung der letzten 40 Fahnen Text mit den entsprechenden 4 Fahnen Anmerkungen (Anhang II, Abschnitt B) geschrieben wurden. In einem dieser beiden Exemplare findet sich die Ergänzung des unvollständigen Inhaltsverzeichnisses von Anhang II nachträglich mit Maschine eingetragen.

2. BEZIEHUNG DES VORLIEGENDEN WERKES ZU *POTENZ UND AKT*

Wie E. Stein selbst im Vorwort erwähnt, ging *Endliches und Ewiges Sein* aus der Umarbeitung einer umfangreichen Studie hervor, die den Titel *Potenz und Akt* trägt und vor dem Eintritt E. Steins in den Kölner Karmel abgefaßt wurde. Näheres darüber ist bis heute nicht festgestellt.

Da sich *Potenz und Akt* im Besitz des Husserl-Archivs befindet[1], soll im Folgenden versucht werden, den Zusammenhang zwischen den beiden Werken archivalisch zu belegen und inhaltlich zu beleuchten. Alle Zweifel über Inhalt und Wert dieser Studie, die sich auf die fälschliche Annahme gründen, daß *Potenz und Akt* ein unbekanntes „Erstlingswerk" sei, werden damit hinfällig.

Hier zunächst zwei archivalische Beweisstücke:

1) der im Zusammenhang mit der ursprünglichen Fassung des Titels erwähnte Zettel von E. Steins Hand (s. S. 484);

2) die diesbezüglichen Angaben E. Steins im Vorwort zu *Endliches und Ewiges Sein* (s. S. VIII f.).

Sodann als Ausgangspunkt der inhaltlichen Beleuchtung: Titelblatt, Hauptgliederung des Inhaltsverzeichnisses und verkürzte Wiedergabe des Vorworts zu *Potenz und Akt.*

Da *Potenz und Akt* nicht in die Gesammelten Werke aufgenommen wird (E. Stein selbst bezeichnet es als Vorstufe zu *Endliches und Ewiges Sein*), sei dem Fachmann hiermit Gelegenheit geboten, sich über den Aufbau dieses Werkes zu informieren:

a) Wiedergabe des Titelblatts:

Potenz und Akt

Studien zu einer Philosophie des Seins

von

Edith Stein

b) Hauptgliederung nach dem Inhaltsverzeichnis, mit Ergänzung der Anzahl Paragraphen und Seiten:

Inhalts-Verzeichnis

Vorwort (S. 1—4)

   I. Die Problematik von Akt und Potenz
     (3 Paragraphen, S. 5—28)

  II. Formal-ontologische Betrachtung
     (4 Paragraphen, S. 28—79)

 III. Überleitung von den formalen zu materialen Untersuchungen
     (4 Paragraphen, S. 79—106)

 IV. Versuch einer materialen Bestimmung des Materiellen
     (4 Paragraphen, S. 106—124)

  V. Versuch einer Bestimmung des Geistigen
     (9 Paragraphen, S. 125—240)

---

[1] Das Werk konnte bei der Sichtung des Steinschen Nachlasses wiederhergestellt werden.

VI. Die endlichen Dinge als Stufenreich „geformter Materie", durch-
geführt in Auseinandersetzung mit H. *Conrad-Martius'* „Meta-
physischen Gesprächen"
(23 Paragraphen, S. 241—377)
Exkurs über den transzendentalen Idealismus
(S. 378—434)
Schluß: Sein und Nichtsein, Geist und Materie, Akt und Potenz
(S. 434—437)

c) Verkürzte Wiedergabe des Vorworts:

Vorwort

Die folgenden Untersuchungen sind hervorgegangen aus dem Bemühen,
einen Zugang zum Verständnis der Methode des hl. *Thomas* zu gewinnen.
Als ich anfing, mich mit den Schriften des Aquinaten zu beschäftigen, be-
unruhigte mich beständig die Frage: Nach welcher Methode wird hier eigentlich vorgegangen? An die phänomenologische Arbeitsweise gewöhnt, die
keinerlei überliefertes Lehrgut verwendet, sondern alles *ab ovo* selbst untersucht, was zur Lösung einer Frage nötig ist, stutzte ich vor einem Verfahren,
bei dem bald Schriftstellen, bald Väterzitate, bald Sätze der alten Philosophen herangezogen wurden, um daraus Ergebnisse abzuleiten. Dabei
hat man sehr bald den Eindruck, daß dieses Verfahren kein „unmethodisches"
ist. ... Für die Zuverlässigkeit bürgt die Fülle der Ergebnisse, zu denen
man auf diesem Wege gelangt: ... Man kommt auch schnell dahinter, daß
die „Autoritäten" nicht ohne Wahl und Prüfung herangezogen werden. ...
Aber die Prüfung wird, wenn sie positiv ausfällt, zumeist nicht vor unsern
Augen vorgenommen. Die Sätze werden wie ein längst allgemein als gültig
anerkanntes Wissensgut behandelt, mit dem man ohne weiteres arbeiten
kann. Welches sind die Kriterien, die ihre Wahrheit verbürgen? Dafür
hat man einen Anhaltspunkt an der Behandlung gegnerischer Ansichten.
Wenn diese als widerlegt gelten, sobald ihre Unvereinbarkeit mit gewissen
Sätzen nachgewiesen ist, so muß andererseits mit diesen Sätzen im Einklang stehen, was als gültig eingeführt wird. So wird man vom Negativen
her zu einem Grundbestand an Wahrheiten geführt werden, die als Kriterien für alles andere dienen. Doch auch die vergleichende Betrachtung
der positiven Beweisführungen hilft auf die Spur der Methode ... Die Beweisführungen der Theologischen Summe werden bei scharfer Prüfung oft
als lückenhaft erscheinen. Das Ergebnis ist wohl plausibel, aber der Zusammenhang nicht eigentlich „schlüssig". Er erlangt aber die Schlüssig
keit sofort, wenn man etwas einfügt, was der Heilige an anderer Stelle aus
gesprochen hat (z. B. etwa bei ausführlicherer Behandlung derselben Frage
in den *Quaestiones disputatae*). ... Würde man das Gesamtwerk des Heiligen in dieser Weise durcharbeiten und von überall zusammentragen, was
an gewissen Stellen herbeigezogen werden muß, um das Schlußgebäude
tragfähig zu machen, dann müßte man zu dem Organon der thomistischen
Grundbegriffe und Grundsätze kommen. Man hätte dann den Einblick

in die Methode und zugleich in den systematischen Zusammenhang dieses Gesamtwerks. Eine gewaltige Interpretationsaufgabe wäre gelöst. ... Aber damit wäre noch keineswegs erledigt, was der Philosoph dem hl. Thomas schuldig ist. Ja man darf wohl sagen, es wäre erst die geisteswissenschaftliche Vorarbeit für die eigentliche philosophische Arbeit geleistet. Der Geisteswissenschaftler darf zufrieden sein, wenn er den inneren Zusammenhang einer in sich geschlossenen Gedankenwelt aufgedeckt hat und den Motivationen vom Fundament zum Giebel nachgehen kann. ... Der Philosoph muß nicht nur sehen und zeigen können, *daß* ein anderer so und so vorgegangen ist; er muß nicht nur Einblick in die Zusammenhänge von Gründen und Folgen haben; sondern er.muß *begreifen, warum* es so geschah. Er muß in die Gründe selbst hinabsteigen und *sie* begreifen, d. h. von ihnen ergriffen und bezwungen werden zur Entscheidung für sie und zum *inneren* Mitgehen aus ihnen heraus in die Folgerungen und evt. noch weiter, als der Vorgänger gegangen ist; oder *sie* bezwingen, d. h. sich durchringen zur Freiheit von ihnen und zur Entscheidung für einen anderen Weg. Von den „Gründen" des hl. Thomas so bezwungen werden, hieße ihn für uns philosophisch erobern. Seine Gründe bezwingen, hieße mit ihm philosophisch „fertig werden". ...

Ein Blick auf diese Belegstellen lehrt, daß das Studium dieses Werkes unerläßlich ist, um Einsicht in die Entwicklung der in *Endliches und Ewiges Sein* durchgeführten Gedankengänge zu gewinnen. Zwischen der Abfassung dieser beiden Werke liegen fünf entscheidende Jahre (1931—1936) in E. Steins philosophischer und menschlicher Entwicklung, die sich in der ursprünglichen und späteren Behandlung der Seinsfrage widerspiegelt.

Drittens geben wir, als Ergänzung der voraufgehenden Angaben, eine kurzgefaßte archivalische Beschreibung des Werkes.

Das Husserl-Archiv besitzt eine von E. Steins Hand korrigierte Maschinenabschrift, die aus den schwerbeschädigten Blättern zweier Abschriften (Durchschläge) zusammengestellt werden konnte[1].

Dieses Manuskript umfaßt VII u. 437 Seiten in 4°. Hiervon fehlen S. 5, 8, 12 und zwei auf S. 76 erwähnte Ergänzungsblätter, die trotz vielfacher Bemühungen nicht mehr aufzufinden waren.

Mit Ausnahme einiger Sätze (Worte) wurde durch geeignete Behandlung des Papiers die Lesbarkeit des Textes wiederhergestellt.

Das Vorwort ist von E. Steins Hand datiert: Breslau, im September 1931.

Wir wollen uns nun der Frage zuwenden, welcher Art die Entwicklung ist, die sich uns bei einem Vergleich der beiden Werke *Potenz und Akt* und *Endliches und Ewiges Sein* offenbart.

---

[1] Eine Maschinenabschrift des Werkes mit Korrekturen von E. Steins Hand ist auch im Besitz von Frau H. *Conrad-Martius*.

Die Stellung E. Steins zur Frage des Seins als solcher wie auch zu den Ideen der für ihre Gedankengänge maßgebenden Philosophen zeigt sich bereits 1931 gefestigt. Sie erfährt demzufolge in der Umarbeitung keine grundsätzliche Veränderung. Dennoch kommt dieser Umarbeitung nicht allein formale, sondern auch inhaltliche Bedeutung zu. So weist schon der Vergleich der drei Titel (s. S. 483 f.) auf eine Verschiebung des inhaltlichen Akzentes hin, d. h. auf eine Verschiebung und Erweiterung des Gesichtspunktes, unter welchem die Seinsfrage in Angriff genommen wird. Die anfänglichen Studien zur *Philosophie* des Seins führen E. Stein zur Idee der *Philosophia perennis* als nimmer ruhenden Forschens des Menschengeistes nach dem wahren Sein. Da aber Erkenntnis einer Sache, dem tiefsten Wesenszug der Steinschen Persönlichkeit entsprechend, Stellungnahme zu dieser Sache bedeutet, folgt E. Stein dem inneren Ruf zum nimmer ruhenden Forschen[1]. Doch dies bedeutet nun Forschen nach dem *Sinn* des Seins. Und als umfassendes „Bekenntnis" werden die Ergebnisse dieses Forschens in dem Versuch eines Aufstiegs zum Sinn des Seins niedergelegt. E. Stein selbst beschreibt diesen Werdegang in den folgenden schlichten Worten: „Der Ausgang von der thomistischen Akt-Potenz-Lehre wurde beibehalten — aber nur als Ausgangspunkt. Im Mittelpunkt steht die *Frage nach dem Sein*. Die Auseinandersetzung zwischen thomistischem und phänomenologischem Denken erfolgt in der sachlichen Behandlung dieser Frage".

Dieses Zitat aus dem Vorwort zu *Endliches und Ewiges Sein* (S. IX) sei durch vier vergleichende Hinweise ergänzt:

a) E. Stein nimmt in *Potenz und Akt* Stellung gegen die thomistische Lehre, daß der Stoff *(materia)* als Grund des Einzelseins *(principium individuationis)* anzusprechen sei, und sucht hier bereits die Lösung dieser Frage in der Unterscheidung des Begriffes *Stoff:* Stoff als raumfüllend und als bestimmbare Unbestimmtheit.

In *Endliches und Ewiges Sein* hält sie fest an dem Grundgedanken, daß das Formprinzip einheitlich sein und ausschließlich durch den Geist bedingt sein muß, und wird dadurch zu der Schlußfolgerung geführt: einerseits dort, wo ein raumfüllender Stoff Wesensbestandteil eines Dinges ist, zwischen *Grundlage* und *Träger* zu unterscheiden und als Träger im eigentlichen Sinn die Leerform des Gegenstands anzusehen; andererseits an Stelle der *subsistierenden*

---

[1] Siehe hierzu in der verkürzten Wiedergabe des Vorwortes zu *Potenz und Akt* (oben S. 490) die Abgrenzung der philosophischen Aufgabe gegenüber der geisteswissenschaftlichen.

Form der reinen Geister, wie sie der hl. *Thomas* annimmt, die *materia primo prima* des *Duns Scotus* zu setzen. Gleichbedeutend mit der *potentia passiva*, ist der *materia primo prima* dann die Möglichkeit des Nichtseins und darum des Vernichtetwerdens alles Geschaffenen, zugleich die Aufnahmebereitschaft und Formungsfähigkeit eigen.

b) Ebenfalls im Zusammenhang mit dem Problem Form—Stoff und der Scheidung von Potenz und Akt innerhalb des Seelischen selbst wird E. Stein dazu geführt, die *Lebenskraft* als die *seelische Materie* anzusprechen:

„Die Mannigfaltigkeit aller Species seelischer Akte ist ein gewisses Analogon der Mannigfaltigkeit sinnenfälliger Qualitäten, der Qualitäten materieller Dinge; wie diese die Materie kennzeichnen, die durch die substantialen Formen in sie hineingeformt wird, so wird durch das, was die Seelen dauernd aktuell sind, etwas der Materie Analoges geformt. Wie die Materie der Körper und ihre Akzidentien nur durch die Vereinigung mit einer substantialen Form von der Potentialität zu aktuellem Sein übergehen, so auch die seelischen Akzidentien und diese *Materie der Seelen.* Die Gehalte seelischer Akte können nur im lebendigen Vollzug der Akte durch ein seelisches Subjekt ins Dasein treten. Jeder durch eine Species qualifizierte Akt ist ein *Stück seelisches Leben.* Haben wir hier nicht die gesuchte *seelische Materie,* das Analogon der körperlichen Materie? Wie jeder substantialen Form auf körperlichem Gebiet ein bestimmtes Quantum Materie zugehört so jeder Seele ein bestimmtes Quantum *Lebenskraft" (Potenz und Akt* S. 355).

„In einem gewissen Sinn ist alles Sein *von oben,* sofern nichts ist, was nicht sein Sein und das, was es ist, vom höchsten Sein empfangen hätte Das gilt auch noch von dem, was im äußersten Gegensatz zum höchsten Sein steht, dem Niedersten im Bereich des Seienden, das — für sich betrachtet — noch nicht *ist* und noch nicht *etwas* ist, sondern pure Empfänglichkeit für Sein und Was ist, die es durch die substantiale Form gewinnt. Diese pure Potentialität ist uns in doppelter Gestalt entgegengetreten: als *Materie,* die den Raum erfüllt, und als *Leben,* das in die Zeit hinein und durch die Zeit hindurch vorwärtsdringt. Die substantialen Formen, die in dieses schlechthin Potentielle hineingesenkt sind und ihm Sein und Gehalt geben, können relativ zu ihm als *von oben* und jenes in Relation zur Form als *von unten* bezeichnet werden. Die substantialen Formen, die der zweifachen *Materie* entsprechen, sind unter sich verschieden: *materielle Formen* und *lebendige Formen.* Die organische Form steht in gewisser Weise zwischen materieller und animalischer Form, indem sie einerseits nach der Art jener der Materie verhaftet ist, andererseits nach der Art dieser sie gestaltet, d. h. organisch gestaltet" *(Potenz und Akt* S. 360f.).

Auch in der Verarbeitung dieser Gedankengänge schreitet E. Stein in *Endliches und Ewiges Sein* auf dem eingeschlagenen

Wege fort, um sich abermals in die scotistischen Gedankengänge gelenkt zu sehen. In weiterer Folge der bereits unter a) erwähnten Stellungnahme zu dem aristotelisch-thomistischen Begriff der *sich selbst tragenden Form* glaubt sie in der *potentia passiva* des *Duns Scotus* einen ihrer seelischen Materie (Lebenskraft) entsprechenden Begriff erkennen zu dürfen. Und dies führt sie in den Erwägungen über die reinen Geister zu der Schlußfolgerung, die Engel mit dem hl. *Thomas* als reine, d. h. körperlose Geister zu bezeichnen, aber nicht als reine Formen, weil zu ihrem Aufbau etwas gehört, was der Formung unterliegt[1].

c) *Potenz und Akt* gleicht auf den ersten Blick einer großzügigen Durchführung des im Jahre 1929 begonnenen „Gespräches" zwischen E. *Husserl* und dem hl. *Thomas von Aquino*[2], wobei E. Stein in dozierender Weise eine Kette streng phänomenologischer Analysen darbietet und in Zusammenfassung ihrer Ergebnisse den von ihr vertretenen Standpunkt definiert. Dies bedeutet bei näherem Studium dieses Werkes, daß es sich tatsächlich um eine Auseinandersetzung E. Steins mit E. *Husserl* und der phänomenologischen Schule (im besonderen mit H. *Conrad-Martius*) einerseits und mit der thomistischen Lehre andererseits handelt. Dem entspricht, daß die Darlegungen den Charakter einer persönlichen Studie tragen und weder gestützt noch belegt werden durch Literaturverweise usw.

Demgegenüber bringt *Endliches und Ewiges Sein* eine grundsätzliche Auseinandersetzung nicht allein mit *Thomas von Aquino*, sondern auch mit der griechischen Philosophie (*Plato, Aristoteles*), mit den Kirchenvätern (vor allem *Augustinus*) und mit der Scholastik im allgemeinen. Unter eingehender Berücksichtigung des Thomismus und gestützt auf gründliches Studium der einschlägigen Literatur und des christlichen Dogmas, erscheinen die Darlegungen dieses Werkes durchsetzt und solid unterbaut mit Belegen und Verweisen.

Wenn E. Stein in der ihr eigenen Zurückhaltung im Vorwort zu *Endliches und Ewiges Sein* auf den Unterschied hinweist, daß es für den *einen* Denker der gewiesene Weg ist, den Zugang zu den „Sachen" durch die begriffliche Fassung zu finden, die ihnen andere Geister bereits gegeben haben, daß ein anderer dagegen durch seine Geistesart zu unmittelbarer Sachforschung berufen

---

[1] Siehe „Endliches und Ewiges Sein" S. 376 ff. und ebd. im Vorwort die allgemeine Erwähnung dieser Wendung zur Lehre des Duns Scotus.

[2] „Was ist Philosophie? Ein Gespräch zwischen Edmund Husserl und Thomas von Aquino": E. Steins Werke Bd. IV.

ist und zum Verständnis fremder Geistesarbeit nur mit Hilfe dessen gelangt, was er sich selbst zu erarbeiten vermag, so liefert obiger Vergleich der beiden Werke objektive Anhaltspunkte für E. Steins phänomenologischen Denkhabitus und phänomenologische Arbeitsweise. Sie beginnt *ab ovo*, um nachträglich die Ergebnisse des eigenen Denkens zu prüfen und zu messen an den Darlegungen der maßgebenden Philosophen. Ebenso handelt sie gegenüber der einschlägigen Fachliteratur. Sie schneidet ihre Kommentare nicht mit der Schere aus den Auseinandersetzungen der philosophischen Forscher, sondern sie fundiert nachträglich ihren persönlichen Versuch der Auslegung durch eingehende Berücksichtigung der Fachliteratur, d. h. die ursprünglichen Gedankengänge werden durchsetzt mit Literaturbelegen.

d) Zugleich jedoch bringt *Endliches und Ewiges Sein* auch eine weitgehende Ergänzung und Vertiefung der eigenen Gedankengänge. Einige charakteristische Bemerkungen aus *Potenz und Akt* mögen zeigen, daß dieser Prozeß inneren Wachstums bereits während der Ausarbeitung dieses ersten Entwurfs der Seinslehre begann:

„All das sind nur Titel für größere Analysen, in denen die *similitudo* und *maior dissimilitudo* Gottes und der geschaffenen Subjekte nach allen Richtungen zu verfolgen wäre" (*Potenz und Akt* S. 133).

„Natürlich müßten die einzelnen Faktoren, die in der Generation wirken, und ihr Zusammenspiel genauer untersucht werden, um die möglichen Leistungen der Entelechie, ihre Reichweite und ihre Grenzen näher zu begreifen" (*Potenz und Akt* S. 347).

„Daß und wie Stoffaufnahme Kraftzunahme bedingt, wäre besonders zu zeigen" (*Potenz und Akt* S. 405).

Daß es sich hierbei nicht um leere Phrasen handelt, sondern um seiner selbst bewußtes Hinauswachsen über sich selbst, davon legt *Endliches und Ewiges Sein* sprechendes Zeugnis ab. Wie berücksichtigt beispielsweise E. Stein bei der Umarbeitung die im obigen angeführte Forderung nach größeren Analysen hinsichtlich der *similitudo* und *maior dissimilitudo*? Ein ganzer Buchteil wird der *analogia entis* gewidmet[1]. Zugleich wird mit dieser umfassenden Behandlung die Idee in das Absolute gesteigert: gegenüber der thomistischen Spur des Dreieinen im Weltall sucht E. Stein — im Sinne gleichgerichteter zeitgenössischer Strömungen — die Abbildlichkeit Gottes in der ganzen Schöpfung zu beweisen. Unter Aufhebung der thomistischen Einschränkung

---

[1] Kap. VI—VIII waren ursprünglich als II. Band des umgearbeiteten Werkes vorgesehen; s. im Folgenden die Bemerkungen zur Revision der Gliederung.

des Begriffs *imago* auf das menschliche Sein verfolgt E. Stein Spur *(vestigium)* und Abbild *(imago)* des göttlichen Seins in allem geschaffenen Sein (*Endliches und Ewiges Sein* S. 328).

Ein Blick in das Inhaltsverzeichnis zu *Endliches und Ewiges Sein* lehrt, daß gleiches entsprechend auch hinsichtlich der anderen Fragen festzustellen ist.

3. REDAKTIONELLE ERLÄUTERUNGEN

Revision der Gliederung des Werkes

Das Manuskript, die Borgmeyerschen Korrekturabzüge und das Inhaltsverzeichnis zeigen eine Zweiteilung des Werkes: Vorwort und Kapitel I—V sind als I. Band zusammengefaßt, Kapitel VI—VII nebst Anhang I und II als II. Band.

Die Gründe zu dieser Zweiteilung sind eindeutig technischer Art: Band I und II erhalten keine gesonderten Untertitel; die Kapitel werden durchlaufend numeriert (Band II beginnt mit Kapitel VI); die Schmalheit des Borgmeyerschen Satzspiegels erlaubte keinen Abdruck des Werkes in einem Band.

Demgegenüber vereinigt die vorliegende Ausgabe das Werk in *einem* Band, ohne dadurch, wie aus den obigen Feststellungen hervorgeht, seinen Aufbau zu beeinträchtigen. Verweise auf Stellen des Werkes wurden entsprechend berichtigt.

E. Stein läßt dem Schlußkapitel zwei Anhänge folgen: Anhang I: Die Seelenburg; Anhang II: Martin Heideggers Existentialphilosophie.

Anhang I gibt vorwiegend in Zitaten eine Darlegung der wesentlichen Gedanken und Leitsätze, die die heilige Mutter *Teresia* in der *Seelenburg* ausspricht.

Anhang II faßt, ebenfalls in der Form von Zitaten, diejenigen Gedankengänge *Heideggers* zusammen, zu denen E. Stein im zweiten Abschnitt dieses Anhangs Stellung nimmt. Da dieser Anhang zugleich mit dem Werk im Jahre 1936 beendet wurde, finden sich darin nur die einschlägigen Publikationen Heideggers berücksichtigt, die vor diesem Jahr erschienen: *Sein und Zeit; Kant und das Problem der Metaphysik; Vom Wesen des Grundes; Was ist Metaphysik?*

Diese beiden Anhänge von insgesamt 4¹/₂ Druckbogen Umfang wurden in die vorliegende Ausgabe des Werkes nicht aufgenommen. Statt dessen wurde das in den Anhängen verarbeitete persönliche Ge-

dankengut E. Steins in Fußnoten an jenen Stellen des Werkes eingefügt, wo sie selbst auf die Anhänge hinwies.

Diese Veränderung der Originalfassung erschien aus den folgenden
Gründen zweckmäßig:

Der Aufbau des Werkes gewinnt hierdurch an Einheit und Schönheit. Da sich E. Stein in der Darbietung des fremden Gedankenguts
bewußt auf Zitate aus den Originaltexten beschränkt, konnte durch
Weglassung dieser Abschnitte und den bloßen Abdruck der Steinschen Kommentare der Umfang des Buches vermindert werden.
Der Anhang über *Heidegger* stammt, wie erwähnt, aus dem Jahre
1936. Seine Herausgabe würde eine gründliche Umarbeitung seitens
der Verfasserin selbst erfordern.

Ferner wurde im Rahmen dieser Ausgabe auf die Aufnahme des
Sach- und Namenregisters verzichtet, da der Entwurf von E. Steins
Hand nicht druckreif ausgearbeitet ist. Er bezieht sich ausschließ-
lich auf die ersten 5 Kapitel des Werkes (I. Band, nach der ursprüng-
lichen Teilung des Werkes) und stützt sich in den Verweisen auf die
Seitenzahlen der Borgmeyerschen Umbrüche.

Die Herausgabe dieses Registers würde eine durchgreifende Revision und Ergänzung sowohl der Stichworte als auch der Seitenzahlen für die vorliegende Ausgabe erfordern. Überdies würde der
Druck des Registers erhebliche Mehrkosten verursachen.

Die Möglichkeit wird jedoch erwogen, das Register zu einem späteren Zeitpunkt als losen Anhang zu dem Werk erscheinen zu lassen.

Revision des Textes

Einerseits zeigten sich beim Vergleich des Manuskriptes und der
Borgmeyerschen Korrekturabzüge Abweichungen des Wortlauts, teilweise stilistischer, teilweise inhaltlicher Art; andererseits wurde
durch den Vergleich der Borgmeyerschen Druckfahnen und Umbrüche offenbar, daß sich in den Druckfahnen Korrekturen von
E. Steins Hand eingezeichnet finden, die im Umbruchsatz nicht berücksichtigt erscheinen.

Grundprinzipe der Revision waren: 1. Versuch, den letztgültigen
Gedankengang oder die zeitlich letzte Fassung des Gedankens festzuhalten; 2. Berücksichtigung der stilistischen Wünsche E. Steins.

Die Prüfung der inhaltlichen Abweichungen ergab, daß es sich
nirgends um grundsätzliche Fragen handelt, die beispielsweise auf
eine Veränderung des Standpunkts oder auf eine Änderung der Konzeption des Gedankengangs hinweisen. Aus diesem Grund glaubten
wir von einem textkritischen Kommentar absehen zu dürfen.

An vereinzelten Stellen, an denen uns eine Verdeutlichung der Satzkonstruktion unerläßlich erschien, haben wir dies durch Spitzklammern (⟨⟩) angezeigt. Gleiches gilt von Stellen, deren Eigenart des Ausdrucks wir als solche kennzeichnen wollten.

Revision der Anmerkungen

Die Revision der Anmerkungen betraf in erster Linie die Literaturverweise. Sie war aus zweierlei Gründen unerläßlich: einerseits enthalten sowohl die Borgmeyerschen Korrekturabzüge als auch das Manuskript eine erhebliche Anzahl unvollständiger oder fehlerhafter Verweise; andererseits entbehren sie jeglicher Einheit der Formulierung.

Ferner galt es, die Verweise inhaltlich nachzuprüfen, fehlende Angaben zu ergänzen und, wie bereits erwähnt, die Verweise auf Stellen des Werkes entsprechend zu berichtigen. Von einer Kennzeichnung der von uns ergänzten Seitenzahlen usw. haben wir abgesehen, da wir uns bei ihrer Ermittlung auf authentische Hinweise stützen konnten.

Schließlich wurden auch in den Anmerkungen die Verbesserungen durchgeführt, die sich aus dem Vergleich des Manuskripts und der Borgmeyerschen Korrekturabzüge ergaben (s. oben: Revision des Textes).

Drucktechnische Revision

Mangels entsprechender Anweisungen seitens der Verfasserin fehlen dem Borgmeyerschen Satz des Werkes Klarheit und wissenschaftliche Präzision des Textbildes, beides Vorbedingungen für die Lesbarkeit eines nach Inhalt und Stil schwierigen Textes.

Eine durchgreifende satztechnische Revision erschien demnach unerläßlich. Infolge widriger Umstände konnte diese nicht mehr in dem vollen Umfang durchgeführt werden, wie es die Herausgeber und der Verlag selbst gewünscht hätten. Doch gebührt an dieser Stelle dem Verlagshaus Herder und im besonderen seinem Lektorat unser aufrichtiger Dank für ihr bereitwilliges Entgegenkommen und ihre fachkundige Unterstützung unserer Bestrebungen.

P. Fr. Romaeus Leuven o.c.d.   Dr. L. Gelber

WALTER BRUGGER (Hrsg.)

Philosophisches Wörterbuch
Sonderausgabe

„Dieses bewährte Standardwerk wurde in umfassender Weise neu bearbeitet und erweitert. Der Herausgeber und die Mitarbeiter haben die neuesten Problemstellungen der heutigen gesellschaftlichen und geistigen
Situation und ihre Lösungsversuche berücksichtigt und in die Bearbeitung
eingebracht ... Gleichwohl wurde die Grundauffassung und Gesamtan-
lage des ‚Wörterbuches‘ beibehalten: Es soll nicht in erster Linie ein lexi-
kalisch knappes Nachschlagewerk sein, sondern ein gründlich einführen-
des Orientierungswerk, das die philosophischen Begriffe in ihrem
sachlichen Begriffszusammenhang darstellt und in ihrem geschichtlich gewordenen Sinn aufschließt. Damit soll der Leser behutsam in den eigenen
Vollzug des Philosophierens eingeführt werden. Die gründliche Neubear-
beitung unter Berücksichtigung neuester geistes- und naturwissenschaftli-
cher Erkenntnisse, die klare und sachliche Sprache und der durchsichtige
Aufbau jedes Abschnittes machen diesen Band zu einer ausgezeichneten
Hilfe für alle, die sich – sei es im Studium, sei es aus rein persönlichem In-
teresse – mit philosophischen Problemen auseinandersetzen" (Aachener
Prisma).

„Der ‚Brugger‘ bietet entschieden mehr als ein bloßes Wörterbuch: er in-
formiert ausführlich über wichtige Schulen oder Strömungen der Philosophie und bringt knappe, zusammenfassende Darstellungen von Grund-
disziplinen wie Ethik, Logik, Ontologie ... Es ist eines der wertvollsten
Hilfsmittel für den Studierenden wie für jeden, der sich um Verständnis
für philosophische Probleme und Texte bemüht"
(Rheinischer Merkur / Christ und Welt).

640 Seiten, Paperback. ISBN 3-451-20410-X

Verlag Herder Freiburg · Basel · Wien

JOHANNES HIRSCHBERGER

Geschichte der Philosophie

Band 1: Altertum und Mittelalter
13. Auflage. 608 Seiten, Leinen. ISBN 3-451-13283-4

Band 2: Neuzeit und Gegenwart
12. Auflage. 690 Seiten, Leinen. ISBN 3-451-13284-2

Das zuverlässige, übersichtlich-klar gefaßte und sachgemäß ausgestattete
Werk bildet zur Zeit wohl das beste Hilfsbuch für akademische Vorlesungen und privates Studium. Es kommt einem großen Bedürfnis entgegen.

Professor Caspar Nink, Frankfurt

Die Aufgabe, die unabsehbare Menge des Stoffes in zwei Bänden über-
sichtlich und konzentriert zur Darstellung zu bringen, löst der Verfasser
mit einer Gewissenhaftigkeit und einer wissenschaftlichen Lauterkeit, die
uns eine restlose Bewunderung abnötigen. Dieses Werk ist so vollständig,
als es bei diesem Umfang nur sein kann; dadurch, daß es nicht nur präzis,
sondern in allen Einzelheiten durchsichtig und auf Erfassung des wesentlichen Details gerichtet ist, wird es zu einem hervorragenden Führer zur
systematischen Orientierung, und es ist nicht nur als Ganzes, sondern in
beliebigen Quantitäten lesbar. Es ist in seiner streng sachgemäßen Gestaltung zweifellos das beste zeitgenössische Werk zur Geschichte der Philosophie.

Schweizer Rundschau, Zürich.

Verlag Herder Freiburg · Basel · Wien